ライプニッツの最善世界説

ライプニッツの
最善世界説

ポール・ラトー 著
酒井 潔・長綱啓典 監訳

訳 者
上野里華・清水洋貴
谷川雅子・寺嶋雅彦
根無一信・林　拓也
三浦隼暉

知泉学術叢書 36

Leibniz et le meilleur des mondes possibles

by

Paul Rateau

© 2015 Classiques Garnier Multimedia, Paris

Japanese translation rights arranged
through Japan UNI Agency, Inc., Tokyo

凡　例

- 原題 *Leibniz et le meilleur des mondes possibles* を直訳する
  なら「ライプニッツと，諸々の可能世界のうちの最善」あ
  るいは「ライプニッツと最善可能世界」となるであろう。
  しかし日本語としてはやや通りの良さに欠けるだけでな
  く，「可能な」世界という面がやや強調され過ぎるように
  も思われる。しかし著者ラトーの主旨は明らかに，この現
  実の世界こそ諸々の可能世界のなかで「最善」であるとい
  うこと，要言すれば「最善世界」のテーゼこそがライプ
  ニッツ『弁神論』の真骨頂であるという点に存する。そこ
  で本訳書の和題名は「ライプニッツの最善世界説」とした。

- 原書は 400 頁に迫る大冊であり，しかも各頁には著者によ
  る詳細な注が設けられている。そこで本訳書では，なし得
  る限り簡潔な表現に努めた。また訳注はこれをとくに設け
  ることはしなかった。しかし読者の理解のために必要と判
  断される場合には，本文中に，〔　　〕を付して，最小限
  の鍵語などを挿入するようにした。また人名については，
  人名索引において原綴り，生没年，主な属性を併記して，
  読者の便をはかった。

- 原文中のイタリックについては，それが強調を意味する場
  合には傍点で示し，著作名である場合には，『(書名)』ま
  たは「(論文名)」で示した。ただし，ライプニッツの著作
  はすべて『・・』で示した。また，イタリックが，当該
  語がテクニカル・タームであることを意味する場合には，

凡　例

「・・」〔という語〕とあらわす。例：le mot -une *théo-dicée*
「弁神論」〔という語〕

- 訳者による補足には〔　　〕を付した。

- とくに重要と思われる術語には，原則的に，各章における
  初出に限り，（　）を付して原語を示した。

- [　　]は，著者ラトーによる補足である。

- 欧文著作のタイトルについては，簡潔のため，その和訳を
  表記するにとどめたが，必要と思われる場合は，各章にお
  ける初出時に，欧文題目を（　）付きでイタリックにより
  併記した。

- 原文中の　：　や　；　などの記号は，それが用いられて
  いる箇所の意味や機能にしたがって，日本語で表現するよ
  うにした。例えば，「すなわち」，「そして」等。ただし，
  記号の意味が自明であり，かつその使用が効果的と考えら
  れる場合には，そのまま残した箇所もある。

- 原文中の──（ダーシ）が起点だけで使われ，挿入を意味
  しない場合には，日本語でニュアンスを表現するようにし
  た。また，とくに意味をもたないものは，これを略して訳
  した箇所もある，

- 疑問や反語等を示す　？　は，元来欧文で用いられる記号で
  あるが，本訳書ではそのまま生かし，著者のニュアンスが
  視覚的にも読者に伝わるようにした。

- 訳語については，できる限り統一に努めたが，格別に重要
  な術語ではない場合，最終的には各訳者の決定に委ねたも
  のもある。

凡　例　　　　　vii

- ライプニッツの著作，書簡，覚書等からの引用の訳文については，工作舎『ライプニッツ著作集』第 I, II 期（略号：K）に収載されているものについては，原則的にこれに従った（例えば，佐々木能章訳『弁神論』K I, 6, 7）。ただし，各訳者の判断で適宜変更を加えた箇所もある。なお，工作舎版以外の邦訳を参照した場合については，〔　〕を付して出典を示した。そしてまだ邦訳の存在しない著作等については，各訳者が自訳を試みた。

- 脚注に用いられている Cf.（〜を参照せよ），Voir（〜を見よ）については，両者とも指示を表わす点で同義であることが著者に確認できたので，本訳書では訳出はせずに省略し，簡潔を期した。ただし，文脈によっては訳出している箇所もある。

- 脚注において，書簡は，原則的に「デ・ボス宛 1712 年 1 月 6 日付」とのみ記し，「書簡」や「手紙」という表記は略し，簡潔を期した。

- 脚注にあげられている文献には，邦訳が既刊の場合も存するが，その書誌データについては各訳者が実際に参照したもののみを記載している。ライプニッツの著作や書簡では，邦訳が既刊の場合には工作舎版『ライプニッツ著作集』（K）の巻，頁を併記し，読者の便宜を図った。

- 脚注において，現代のモノグラフィーの書誌情報で，出版地と出版社の両方が記載されている場合（例：Paris, Vrin），出版社のみを記し，簡潔を期した。

略記法

ピエール・ベール

CPD 『彗星雑考続編』 *Continuation des pensées diverses.*

DHC 『歴史批評辞典』 *Dictionnaire historique et critique*, 5e éd., Amsterdam 1740.

OD 『著作集』 *Pierre Bayle, Œuvres diverses,* La Haye, 1727–1761, 4 vol.

PDC 『彗星雑考』 *Pensées diverses sur la comète.*

RQP 『ある田舎者の質問に対する回答』 *Réponse aux questions d'un provincial.*

デカルト

AT アダン・タヌリ版『デカルト全集』 *Œuvres de Descartes*, publiées par Ch. Adam et P. Tannery, Paris, L. Cerf, 1897–1913, 11 vol. ; nouvelle présentation, Paris, Vrin/CNRS, 1964–1974.（略記例：AT VI, 25 ＝ 第6巻25頁）

ライプニッツ

A アカデミー版『ライプニッツ全集』 *G. W. Leibniz : Sämtliche Schriften und Briefe*, hrsg. von der Akademie der Wissenschaften, Berlin, 1923–（略記例：A II, 1, 123 ＝第2系列第1巻123頁）

Belaval ベラヴァル版『哲学者の告白』 *G. W. Leibniz.*

略記法　　　　　　　　　　　　　ix

Confessio Philosophi. texte, traduction et notes par Y. Belaval, Vrin, 1970, 1993.

C　　クーテュラ版『ライプニッツ未公刊小品及び断片集』*Opuscules et fragments inédits de Leibniz.* éd. par L. Couturat, F. Alcan, 1903 ; rep. Olms, 1966.

DM　　『形而上学叙説』*Discours de métaphysique.*

Dutens　　デュタン版『ライプニッツ全集』*Leibnitii Opera omnia,* éd. par L. Dutens, 6 tomes, Genève, 1768 ; rep. Olms, 1990.

FC (L)　　フシェ・ド・カレイユ版『ライプニッツ未公刊書簡集及び小品集』*Lettres et opuscules inédits de Leibniz,* éd. par A. Foucher de Careil, Paris, Ladrange, 1854 ; rep. Olms, 1975.

FC (NL)　　フシェ・ド・カレイユ版『新・ライプニッツ未公刊書簡及び小品集』*Nouvelles lettres et opuscules inédits de Leibniz,* éd. A. Foucher de Careil, Paris, A. Durand, 1857; rep. Olms, 1971.

FC (O)　　フシェェ・ド・カレイユ版『ライプニッツ著作集』*Œuvres de Leibniz,* éd. par A. Foucher de Careil, 7 tomes, Paris, Didot, 1859–1875 ; rep. Olms, 1969.

Fichant　　フィシャン版『人間的教説の地平』*G. W. Leibniz. De l'Horizon de la doctrine humaine, Ἀποκατάστασις πάντων (la Restitution Universelle),* textes inédits, traduits et annotés par M. Fichant, Vrin, 1991.

GB　　『ライプニッツ－ヴォルフ往復書簡』*Briefwechsel zwischen Leibniz und Christian Wolff,* hrsg.von C. I. Gerhardt, Halle, 1860 ; rep. Olms, 1971.

GM　　ゲルハルト版『ライプニッツ数学著作集』*Leibnizens mathematische Schriften,* hrsg. von C. I. Gerhardt, 7 Bde., Berlin, Halle, 1849–1863 ; rep. Olms, 1962.（略記例：GM II, 84 ＝第 2 巻 84 頁）

GP　　ゲルハルト版『ライプニッツ哲学著作集』*Die philosophischen Schriften von Leibniz,* hrsg. von C. I. Gerhardt, 7 Bde., Berlin 1875–1890 ; rep. Olms, 1960–1961.（略記例：GP VI, 107 ＝第 6 巻 107 頁）

Grua　　グリュア版『ライプニッツ未公刊テクスト集』

x 略記法

Leibniz. Textes inédits éd. par G. Grua, 2 vol., PUF, 1948 ; rep. PUF, 1998.

K　工作舎版『ライプニッツ著作集』第 I 期全 10 巻 (1988–1999), 第 II 期全 3 巻（2015-18）（略記例： K I, 6, 127 ＝第 I 期第 6 巻 127 頁

Klopp　クロップ版『ハノーファー収蔵遺稿に拠るライプニッツ著作集』*Die Werke von Leibniz*, hrsg. von O. Klopp, Reihe I, 11Bde., Hannover 1864–1884.

LBr　ニーダーザクセン州立図書館藏ライプニッツ往復書簡 Leibniz–Briefwechsel.

LH　ニーダーザクセン州立図書館藏ライプニッツ手稿 Leibniz-Handschriften.

Mo　『モナドロジー』*Monadologie* (GP VI, 607–623)

Mollat　モラット版『ライプニッツ未刊行著作報告』 *Mittheilungen aus Leibnizens ungedruckten Schriften*, von G. Mollat, Kassel, 1887 ; Leipzig, 1893.

NE　『人間知性新論』*Nouveaux essais sur l'entendement humain*（引用箇所の頁は A VI, 6 による）

PNG　ロビネ版『理性に基づく自然と恩寵の原理』 *Principes de la nature et de la grâce fondés en raison*, texte cité dans l'édition d'André Robinet, in : *Principes de la nature et de la grâce fondés en raison. Principes de la philosophie ou Monadologie*. PUF, 1954 ; réédition PUF, 2002.

SN　『実体の本性と実体相互の交渉ならびに心身の結合についての新説』*Système nouveau de la nature et de la communiaction des substances, aussi bien que de l'union, qu'il y a entre l'âme et le corps.*

Th　『弁神論』*Théodicée sur la bonté de Dieu, la liberté de l'homme et l'origine du mal,* I, II, III (GP VI, 49–365)

Th-CD　『弁神論』「神の大義」*Causa Dei* (GP VI, 437–462)

Th-DPC　『弁神論』「信仰と理性の一致についての緒論」 *Discours préliminaire de la conformité de la foi avec la raison* (GP VI, 49–101)

序

    本書は，未発表および既発表の 10 篇の論文からなる。それは，統一的なテーマが後から，しかも編集上の必要から人為的に見つけられるような論文集ではない。本書では全体が部分に先行している。なぜなら諸部分は同じ目的をもって書かれたのだから。その目的とは，諸々の可能世界の最善が現実存在するという，かくも知られると同時に，かくも戯画化され，かくも誤解されたライプニッツのテーゼを説明しようと試みることである。このテーゼは弁神論の心臓部にある。これを説明するとは，理論的かつ実践的な観点から，弁神論の意味と諸々の含蓄を開示することである。神が最善の宇宙を創造したとする主張は何を意味するのか？　それは「すべては善い」とか「すべては最善に向かう」というのではたしかにない。しかしそれでは世界の「完成」は，それの進歩と，そこに住む存在者たちの進歩を排除するのか？　進歩は可能だが，しかしそれがとり得る形は数多くさまざまである。そのような世界の中で生き行動すると言おうとすることで結局何ができるのか？　もしそれが可能な最善であるなら，そこで人間はいかなる役割をはたすのか？　神の王国は，われわれの祈りや気遣いがなくても到来するだろう，とルターは言っていた。これに対し，ライプニッツ的道徳は，世間の事柄から退出することにでも，また受忍せねばならない運命に従うことにでもなく，むしろそれは「最善」が到来するためにつねに

そして休みなく行動することのうちにこそ成り立つ。

　宇宙の進歩に終着点を求めるような人には，ライプニッツは，最善はパラダイスではない，と答える。われわれは，次のように付言したくなるだろう。最善は，パラダイスより以上に善きものであると。なぜなら最善は，物事を肯定し，改善し，完成する余地を残すからである。一言でいえば，物事を行ないそして考える余地を残すからである。しかし，イエズス会士たちから最初は拍手喝采され，次に疑わしいと判断され，最後に百科全書派たちからは体系的過ぎる，形而上学的過ぎるとして拒絶されたという，18 世紀フランスにおけるこの「オプティミスム」の教説ほど数奇な運命があろうか。弁神論，それは隠された理神論者の弁護，運命論，そして唯物論なのか？　ライプニッツはたしかに神を普遍理性と同一視したが，しかし彼はそこに人格的で愛する本性をも回復したのだった。彼は，精神を，自由で，恩寵の道徳的秩序に参加する存在者であると同時に自然的存在者であるとした。弁神論，それはあまりに経験から遊離し，宇宙規模で壮大だがかくも茫漠としたヴィジョンの名のもとに世間の苦痛を忘れ去るのか？私の悪は，それが私の主の善をなすからといって，悪であることをやめはしない。弁神論は悪を前に沈黙はしない。しかしわれわれは悪をおそらく理解しようとはしまい。弁神論はわれわれにとってあまりにも真剣なのかもしれない，つまり善と最善を混同し，善をわれわれだけの善と混同するわれわれにとっては。

日本語版への序

　本書[1]を日本語に翻訳する構想が私のなかに浮かんだのは，酒井潔教授の親切な招待により 2015 年に東京に滞在した折のことです。「日本ライプニッツ協会」の大会に集った日本の研究者たちとの出会いや意見交換は，私にとってたいへん実り多いものでした。私がすでにヨーロッパと合衆国で得ていた所見は，彼らによってあらためて確かなものとなりました。その所見とは，大学での研究は長年の間ライプニッツの著作のうち形而上学や道徳の観点を，なかんずく悪および神の正義（弁神論）という問題の扱いを脇へ追いやり，論理学，認識論，言語，自然学，さらに数学といった他の諸テーマの研究を優先してきたということなのです。ライプニッツの偉大なスペシャリストである石黒ひでの論理と言語に関する業績は，研究者のあいだでのこの支配的傾向を完璧なまでに描いています。疑いなくこの〔形而上学や道徳の〕無視はバートランド・ラッセルのいまだに残る影響と，彼が，神学や道徳にささげられたライプニッツの諸テクストに対して行なった侮蔑的な判定から来ています。

　だからこそ，日本の読者に私の仕事の結論，そしてとくに「神は諸々の可能世界のうちで最善のものを創った」と

---

　1)　Paul Rateau, *Leibniz et le meilleur des mondes possibles*, Classiques Garnier, Paris 2015.

いうライプニッツの有名であるとともに，かくも戯画化され，かくも誤解されたこのテーゼについて，私の提示する解釈を知ってもらうことが重要だと思われるのです。このテーゼは逆説的です。それはわれわれを苦しめ悲しませる諸悪に対して，無防備で不快なものに見えるかもしれません。

　さらにそこでも日本への旅は私にとって有益だったのです。すなわち，酒井潔教授によって学習院大学で開催されたセミナーにおいて，ひとりの男子学生が私に質問をしたのです，「どうして3・11が可能世界のうちの最善なのですか？」と。この質問は，18世紀の人々がリスボンの大地震（1755年）の翌日に自問したあの問いを私に想起させたのです。それは，実際大きな不幸の起きる度に自問しうる問いです。ライプニッツの答えはどのようなものでしょうか。それは，まず，最善は悪を排除しないが故に，最善は常に善であるとは限らず，われわれの善を必ず意味するものでもない，ということを肯定します。最善は場合によっては悪を要求することさえあり得るのです。次に，ライプニッツは，世界のいろいろな出来事とその意味についてわれわれが行なう解釈において自制と賢慮を推奨します。というのも，われわれには実際のところ，あれこれの個別的な悪がどのようにして神の計画のうちに入っており，諸可能世界のうちの最善のものにそれぞれの仕方で貢献しうるのかはわからないのです。

　そして最後に，このドイツの哲学者がわれわれに教えるのは，もし（いかにしても変えられない）過去に満足しなければならないとしても，現在の諸事物の状態に決して満足してはならず，これを改革し，悪を除去し，将来における善を促進するように努力しなければならない，ということなのです。われわれの世界は，最善世界が最善であるためにわれわれが為さなければならないことを為すことなし

日本語版への序

に，つまり，われわれが最善を欲しそれに向かうことなしには，諸可能世界の最善であることはできないのです。それでは，ライプニッツにとって何が可能世界のうちの最善なのでしょうか。それは，自らの知性によって，自らの自由によって，唯一それ〔すなわち最善〕を実現できる存在者たちを含む世界であるという意味において，まさにわれわれの世界なのです。そして，さらに必要であるのは，彼ら〔すなわちわれわれ〕がそこにおいて熱意と粘り強さでもって働きかけることなのです。

　終わりに，私の同僚にして友人である酒井潔教授と長綱啓典准教授に，そしてこの刊行を実現するためチームを結成した翻訳者の皆様にも心からの御礼を申し上げます。ここに私の感謝のすべてを表するものです。

　　パリにて　2021 年 8 月 25 日

　　　　　　　　　　　　　ポール・ラトー

目　　次

凡　例……………………………………………… v
略記法…………………………………………… viii

序　………………………………………………… xi
日本語版への序 ……………………………………xiii

序章　弁神論 ── 論証しない学知？ ………………… 3
  a.　弁神論の諸基礎と諸要件 ……………………… 7
  b.　悪についての法学的，神学的，
      人間学的アプローチ ……………………… 14
  c.　弁神論のもつ弁護的な側面と教説的な側面 ……… 20
  d.　可能な最善世界の現実存在は
      論証されうるか？……………………………… 26
  e.　神は最善以外のものを選択できるか？ ………… 33
  f.　学知と信仰……………………………………… 43

第 I 部
諸可能世界の最善とは何か？

第 1 章　世界をつくるもの
        ── 共可能性，完全性，調和 ………………… 51
  1.1.　世界の統一性，唯一性，偶然性………………… 54

目　次

1.2. 空間と時間の秩序，および世界の諸条件 ········· 65
1.3. 諸可能世界と，非共可能性の根 ···················· 79
1.4. 結論 ··· 93

第2章　ライプニッツにおける完全性，調和，そして
　　　　神による選択
　　　　　　── いかなる意味で世界は最善なのか？ ······· 98
2.1. 可能な最善宇宙の創造というテーゼの確立
　　　　　── 「ネガティヴな」道 ···························· 101
2.2. 最も決定された形式としての最善
　　　　　── 「ポジティヴな」道 ···························· 114
2.3. 各々の完全性と普遍的な調和 ····················· 124

第Ⅱ部
最善なるものは進歩を排除するか？

第3章　永劫回帰に反して ── 1694–1696 年以前
　　　　における世界の進歩と精神の至福 ················· 137
3.1. 進歩の「一般的規則」と精神の至福に関する議論
　　　　··· 142
3.2. 進歩に対する制限と進歩の必然性
　　　　── 事物の能力と神の選択 ····················· 166
3.3. 永劫回帰の拒否と普遍的救済の問題 ············· 177
3.4. 結論 ·· 195

第4章　世界は進歩するのか？
　　　　　── ライプニッツにおける世界の進展モデル ···· 199
4.1. 進歩の意味 ··· 199
4.2. 進歩のさまざまなモデル ··························· 205
4.3. 停滞モデルの解釈と量的完全性 ··················· 215
4.4. 増加モデルの解釈と質的完全性 ··················· 224

目　次　　xix

4.5.　結論 ………………………………………………… 232

第Ⅲ部
諸精神の王国

第5章　精神の本性と特殊性 ………………………… 237
5.1.　単純なものと複合的なものとの関係に関する問題
　　　………………………………………………………… 237
5.2.　モナドの完全性の程度 ………………………… 272
5.3.　結論 —— 秩序と進歩 ………………………… 304

第6章　愛 —— 同一性と表出 ……………………… 309
6.1.　一義性 —— 「誠実で純粋な」愛 ……………… 312
6.2.　相互性 —— 愛の「螺旋」 ……………………… 329
6.3.　活動性 —— 「人間のものを神的なものへ移す」… 346
6.4.　結論 ………………………………………………… 364

第Ⅳ部
可能な最善の世界での行為

第7章　ライプニッツにおける道徳の地位と
　　　　その諸原理の起源 ………………………… 371
7.1.　道徳の哲学者ライプニッツ？ ………………… 371
7.2.　道徳の定義とその適用領域の問題 …………… 382
7.3.　道徳における原理と論証 ……………………… 404
7.4.　論証と，蓋然的なものの論理学 ……………… 433
7.5.　結論 ………………………………………………… 447

第8章　無神論者は有徳でありうるか？ ………… 451
8.1.　無神論 —— 哲学的な問題？ ………………… 451
8.2.　神の知性と力能 —— 道徳への二重の依存 …… 463

xx 目　次

8.3. 倫理の相対的自律と宗教の役割……………………481
8.4. 有徳な無神論者の可能性，そして真と善のあいだ
の区別…………………………………………………490
8.5. 結論……………………………………………………499

終章　フランスにおけるオプティミスムの運命（1710–
1765 年）―― あるいは「問題」としての弁神論‥505
a. 最初の受容（1710–1716 年）
―― 『弁神論』へのイエズス会士たちの期待感 ……509
b. 追悼文，そして最初の嫌疑（1716–1721 年）……521
c. 断絶（1737 年），そしてオプティミスムの創案‥533
d. 『百科全書』―― 空疎になったオプティミスム
……………………………………………………………555
e. 結論 ……………………………………………………567

訳者解説…………………………………………………………570
人名索引…………………………………………………………583
事項索引…………………………………………………………602
訳者紹介…………………………………………………………617

ライプニッツの最善世界説

序　章

弁　神　論

——論証しない学知？ [1]——

　ライプニッツは「弁神論」（théodicée）という術語の創案者である。この語は θεός（神）と δίκη（正義）という二つのギリシア語からなる。この新造語は，Theodicaea（弁神論）というラテン語形で，或る未公刊断片の表題に見られる。それは，ガストン・グリュアによって 1695 年から 1697 年の断片と推定されている [2]。われわれの知る限り，「弁神論」という術語が最初にフランス語で登場するのは，1696 年 6 月 8 日付のエティエンヌ・ショヴァン宛書簡 [3] においてである。哲学の伝統的な諸概念をためらうことなく踏襲し，そのうえでそれらを定義し直して自分のものとする著者〔ライプニッツ〕にあっては，新語つまり特別な語を創り出すというこの選択は理由なしになされたことではない。われわれによれば，彼は悪の問題を論じるにあたって，独創的な試みと新機軸のアプローチを明示し

---

1)　本章の初出は，「ライプニッツの弁神論の理論的諸基礎」と題して以下に発表された。Larry M. Jorgensen/Samuel Newlands (éd.), *New Essays on Leibniz's Theodicy*, Oxford Univ. Press, 2014.

2)　Grua, 370.

3)　A I, 12, 625. ライプニッツはこの術語を複数形で書いている（「私の諸々の弁神論」（mes Théodicées））。

4   序章　弁神論──論証しない学知？

ているのである。たしかに，ライプニッツは神の知恵，善
意，全能を，この世界に悪が存在していることと両立させ
ようとした最初の人物ではないし，また最後の人物でもな
い。ライプニッツは，プラトンが創始し，それにストア
派，アウグスティヌス，そして中世の人々が続いた長い伝
統に含まれる。彼はこの遺産を意識しながらも，自分以上
にこの問題に取り組んできた者はおそらく殆どいない，と
『弁神論』の序論で評している[4]。そして彼は，『論争要約』
──『弁神論』の附論として発表された──において，悪
の存在にもかかわらず，われわれの世界は最善の可能世界
であるということを示すに至った，と主張する[5]。

　読者や注釈者たちがライプニッツの企ての新しさを理解
したかどうかは定かでない。弁神論は，独創的な寄与とし
てよりも，悪の存在によって疑問視されてしまう神の正義
に有利になるよう伝統を通して蓄積されてきた諸々の議論
のあざやかな総合として，哲学史の中に現れた。この解釈
によれば弁神論は，まもなくカントがその不当性と失敗を
指弾することになる，かの合理神学の最後の果実のひとつ
ということになろう。つまり，自らの認識能力の限界を守
らず，超感性的なものの領野に無批判に身を投じる理性の
所業，というわけだ。

　どうやら人々には，ライプニッツが創案した術語の方
が，彼がそこに秘めた独特の構想よりは受け入れられたよ
うである。「弁神論」という語はいわばその成功の犠牲で
あった。この語は，もっぱらライプニッツに帰されること
からも，それどころかとくにライプニッツに帰されること
からもほど遠く，〔逆に〕世界における諸々の欠陥の現存
から引き出された諸反論に対し，理性によって神を弁護す

───────────
　4)　GP VI, 43.
　5)　本書 27 頁に引用あり。

るあらゆる試みを指す普通名詞となった。『弁神論のあらゆる哲学的試みの失敗について』（1791年）で——そこではライプニッツの名はいっさい引用されていない——カントが〔「弁神論」について〕与えている定義がそのことを示す：

　　弁神論という名のもと，世界の中に反合目的的なものがあることに依拠して理性が神に向ける非難に対抗し，世界の作者の至高の知恵を擁護すること，が解されている。[6]

　弁神論は，それが自然神学の別名でないうちは——そうなるのはヴィクトル・クーザンからだろう[7]——すっかり哲学の一ジャンルとなった。弁神論は，当初或る読者たちには固有名詞，つまりライプニッツが身を隠した偽名だと思われたが，なんと逆説的な運命であろう[8]！

　もちろん，諸概念を自由に使用し，さらには元々の意味からずらして用いることを禁じるものは何もない。弁神論という術語の場合，ライプニッツの文脈から離れて一般的な受容に従った使用法は，じっさい哲学史によって何らかの仕方で正当化されている。しかしそれは問題を生み出さないわけではない。この術語を他の教説に，つまりライプニッツ以前の教説（ひとはプラトン的，ストア主義的，アウグスティヌス的，あるいはデカルト的な弁神論について

────────────

6)　Kant, *Œuvres philosophiques*, édition publiée sous la direction de Ferdinand Alquié, Gallimard, Bibliothèque de la Pléiade, 1985, II, p. 1393.

7)　Victor Cousin, *Nouvelle théodicée d'après la méthode psychologique*, texte établie, présenté et annoté par Renzo Ragghianti, L'Harmattan, 2001.

8)　デ・ボス宛1712年1月6日付（GP II, 428）。

語るだろう），あるいは以後の（例えばヘーゲルの）教説に当てはめることによって，ひとは「弁神論」が理論的対象としてライプニッツの創案に先立って存在し，ライプニッツ以後にも首尾よく存続しうると想定してしまう。この創案がもっぱら偶然的なものであり，その作者〔ライプニッツ〕の哲学に内的に結びついていないと想定してしまう。〔しかし〕それがどうしたと言うのか。ライプニッツは，ひとつの研究テーマ，つまり彼以前にすでに存在していた学問分野，すなわち悪が存在することから引き出される諸々の反論を扱う神学のこの部分に，〔弁神論という名で〕洗礼を授けたのではないのか〔と反論する向きもあろう〕。しかしそこには二重の不都合がある。すなわち，悪を正当化しようとする合理的な試みのすべてを「弁神論」と同一視することは，この術語を台無しにするばかりでなく，ライプニッツの企図が基づいている根本諸前提を捨象し，その企図を駆り立てている特異な足取りを無視することによって，その独創性を捉え損ねることに導くのである。

　この序章の考察の目的は，どのように，そしてなぜライプニッツは悪の問題に取り組むのかを示すことである。より正確にいえば，なぜこの問題はライプニッツにおいては，彼が「弁神論」と呼ぶものを通じて取り扱われるのかを――くり返すが，彼はこの特別な語を創出したのだ――示すことである。〔それは〕それの根本的な理論的諸要件，つまり内的構造が――二つの主要部において――復元されるであろうとともに，ライプニッツがそれを完全で当然の権利をもつ学知と定義することに抑制的であるために，その曖昧な認識論的ステイタスが見られるであろうような弁神論なのである。

a. 弁神論の諸基礎と諸要件

　弁神論の構想は古くからあり，ライプニッツの言を信じるなら，長いあいだ熟考されてきた。自分は若い頃から「神の至高の力と抵抗されざる影響にくわえて，その善意，知恵，正義を弁護する」という考えを培ってきた，とライプニッツはヤブロンスキに宛て書いている[9]。その目的は理論的であると同時に実践的なものである。ライプニッツが悪の問題に取り組むのは，外的な——いわば状況的な——理由によるのと同時に，彼自身の哲学的な歩みに由来する内的な理由にもよる。彼は，無信仰，無神論，そして懐疑論が拡大する当時の状況を憂いている。世の中の悪の経験が，摂理の観念に嫌疑をかけ，神が存在することを疑うまでになってしまった人々の用いる主要な論拠の一つである，ということを彼は熟知している。しかし，また〔神を〕「弁護〔する〕」側から神の大義は必ずしもうまく主張されてはいないともライプニッツは見ている。神学者たち——とりわけ神の絶対権力の支持者たち——は至高の存在者を（善良にして賢明なる王ではなく）専制君主のようにただ気まぐれに行動する者と考え[10]，真正なる敬虔を傷つけている。じっさい，善悪を恣意的なやり方で分配するように見え，また明白な理由もなく或る人間を罰し，他を救済するような神など，どうして愛することができようか？

　こうした実践的で護教論的な次元に属するモチーフは，しかしそれらがより根本的な関心や内的な諸理由と結びついていなかったならば，十分ではありえなかったであろ

---

9)　ヤブロンスキ宛 1700 年 1 月 23 日付（GP VI, 3）。

10)　Th Préface（GP VI, 29）。

う。内的な理由とはつまり，体系的な一貫性によって導かれる思惟そのものの要請のことである。神が存在することと，悪が存在することとの間の明白な矛盾を解決することは，以下の三つのテーゼを自らのものと認める者〔ライプニッツ〕にとって必要不可欠な仕事である。

1. 第一のテーゼは神学的なものである。神の能力はつねに神の知恵に従属する。その完全な独立性と絶対的な自由とを理由として，神をして恣意的に，つまりいかなる法もいかなる善も考慮することなく行動させてしまうようなあらゆる神概念をライプニッツは拒絶する。まさに完全な存在者においてはよく意志することが理性の代わりになりうるという考え方を彼は認めない。「理性の代わりに意志が立つ」（Stat pro ratione voluntas）はまさしく「暴君のモットー」である[11]。神の振る舞いは知恵，善意，そして正義によって鼓舞される。もっとも，われわれには神の摂理の諸理由についてその細部まで理解することはできないし，なぜこれこれの悪が世界の中で容認されたのかを個別的に説明することもできない。われわれにできるのは，神がそこから善を引き出すことなしに悪を容認することはありえないだろうし，したがって悪は善の（あるいは最善の）それなしにはない（sine qua non）という条件としてしか，それどころか善を獲得するための積極的な手段としてしか容認されない，と一般的に主張することである[12]。しかし，

---

11) 1702 年の『正義の共通概念についての省察』（*Méditation sur la notion commune de la justice*, Mollat p. 41–43）。ライプニッツはホッブズの主意主義を批判する。正義に関するホッブズの考え方は，プラトンの『国家』の中でトラシュマコスによって与えられる定義（338c）に似ている。それは，最も権力ある者にとって都合の好い物事が正しい，というものである。

12) ライプニッツは「それなしにはない」条件〔必要条件〕と手段とをはっきり区別する。道徳的悪（罪）は，神と同様に人間に

a. 弁神論の諸基礎と諸要件　　　　9

このことはわれわれが間違いなく確実にこの善（あるいは
この最善）を個別的に同定できるということを意味しな
い。

2.　第二のテーゼは，第一のテーゼを補完するもので，
認識的な次元に属する。真理は一義的であり，論理的，形
而上学的，そして道徳的な原理は普遍的である。人間（適
切に理性を用いるところの）にとって善いこと，正しいこ
と，賢明であること，真であることは，神を含むすべて
の理性的存在者にとってもまたそうである[13]。神は善と悪，
正と不正を自由に設定するわけではないし，デカルトが主
張しているのとは違って，諸々の理性的真理（数学，論理
学，形而上学の真理）についても同様である。これらの観
念はすべて，神において創造されざるものであり，した
がって永遠のものである。それらは神の知性の部分をなす
ので，ライプニッツによれば，神がそれらの作者で有り得
るなどと主張することは馬鹿げている——神を神自身の作
者とみなすのでないかぎり。もっとも，そのようにみな
すとしたら，創造されざるものである神の本性に矛盾する
のだが。

とっても，善を獲得するための合法的な手段ではけっしてありえない。
道徳的悪が最善のための「それなしにはない」条件〔必要条件〕であ
るのは，罪をなしにすることが全体としてはより不完全な世界を創造
することになる場合に，言い換えれば，最善世界が生じるために罪の
存在が要請される場合に限られる。つまり形而上学的悪と身体的悪の
みが手段でありうるのであって，その意味で，それらは最善に積極的
に寄与する媒介物であることによって「補足的な善」とみなされうる。
じっさい普遍的調和は多様性と豊かさを，したがって諸被造物におけ
る不完全性を必要とする。そして諸精神の向上にはときとして痛みや
苦しみが含まれる。この点については『弁神論』第 23 節から第 25 節
および第 158 節，「補足的な善」(bien subsidiaire) の観念については
Grua 474; GP III, 32; Th-CD§35.
　　13)　エルンスト・フォン・ヘッセン＝ラインフェルス方伯宛
1690 年 7 月 14 日付（A II, 2, 341)。

永遠真理の創造に関するデカルトのテーゼは維持できない。なぜなら，次の二つの事態のどちらかになるからである。一つ目はこうである。すなわち，この創造は恣意的であり，まったく無差別な神を想定する。しかるにこの無差別はキマイラのようなもの，不可能なもの，不毛なものである。なぜなら，規定されたものは規定されざるものからは生じえず，いかなる規定も無規定な状態から発することはないのだから。そのうえこうした無差別は，この上なく完全であると言われる理性に従って働くような知性を備えた存在者の観念とは相容れない。二つ目はこうである。すなわち，こうした〔無差別な神による〕創造は諸々の動機に依拠するのであって，そうであればまさに，神によるこれらの真理の「設定」に先立ち，それらの内容を規定したり抱かせたりする何かがある。しかるに，神は諸理由によって選択するということが承認されるのであれば，神は自身がすでに有している善や正義の概念以外のいったい何に基づいて善や正の概念を創造するというのであろうか。神が善の概念を作りあげることができるのは，先行する善の表象に依拠することによってのみである。もしこの表象それ自体が創出されたものであるとするならば，今度はこの表象もまた別の先行する表象をよりどころとしなければならないことになり，以下同様に続く。無限後退を回避するためには，神は善の観念を創造したのではなく，自らのうちにその観念が永遠にわたって書き込まれているのを見出すのである，と認めねばならない。

3. 第三のテーゼは，第二のテーゼから帰結するものであるが，信仰と理性との根本的な一致——すなわち真理の統一性——を主張することに存する。信仰と理性は，真理の二つの秩序でなく，諸真理の二つの正当な源泉を成すのである。それらの合致が意味するのは，宗教の教えと理性的な真理とが認識論的に同じステイタスを有するというこ

a. 弁神論の諸基礎と諸要件　　　11

とである。もっともそれらは同一の起源を有するわけでは
ない——すなわち一方は超常的な啓示に由来し，他方は自
然の光に由来する。それらはしかし同じ形式をもつ。つま
りそれらは等しく同一の資格において真理である。した
がって，ベールが主張するのとは違って，信仰と理性が矛
盾しあうことはありえないだろう。いくつかの宗教上の教
義（例えば三位一体や受肉）がわれわれの理解力を超えて
いるとしても，それらは，われわれの精神が独力で把握で
きる諸真理とともに，唯一つの切れ目ない連鎖を形成す
る[14]。これこそ，神の知性と同一視される普遍的な大文字
の理性に他ならない。信仰が啓示する事柄は理性を超えて
いるかもしれないが，決して理性に反することはない——
ここでは「理性」raison はわれわれの有限な小文字の理性
を意味し，それはこの諸真理の連鎖の限られた部分しか含
まない。〔しかし〕もし小文字の理性 raison（部分）に反
するなら，直接且つそれだけで大文字の理性 Raison（全
体）に反することになる[15]。宗教上の諸真理もそれ以外の
諸真理と同様に理性的なものとみなされなければならな
い。

　真理の統一性というこの問題は根本的なものである。そ
れは理性によって神を弁護することの可能性そのものを条
件づけるのであるから。信仰と理性が相互に矛盾しあう，
あるいは衝突しあうかもしれないことが示されるならば，
神の大義を擁護せんとするあらゆる試みは失敗せざるをえ
ないだろう。

　　まずは予備的に，信仰と理性の一致について，また神

---

　　14)　拙論：*Sur la conformité de la foi avec raison: Leibniz contre
Bayle*（*Revue philosophique de la France et de l'étranger*, PUF, 2011/4,
tome 136），p. 467–485。

　　15)　Th-DPC §61.

学における哲学の効用について問うことから始める。というのも，これから本書で扱おうとしている主要な論題にこのような問題が大きく関わっているからであるし，ベール氏も随所でこの手の問題を議論にのせているからである。[16]

じっさい，もし神に関するこの言説において提示される議論がことごとく信仰の教えによって覆されてしまう可能性があるとしたら，われわれがもっぱら自然の光をとおして有する観念に基づく言説にどんな価値があるのだろう？キリスト教の文脈においては，理性神学と啓示神学のあいだの一致は条件であり，先決問題である。だからこそ『弁神論』は「信仰と理性の一致についての〔予備的〕叙説」（Discours〔préliminaire〕de la conformité de la foi avec la raison）によって幕を開けるのである。その目的はまさにこの一致を打ち立てることである。〔『弁神論』の〕企図全体の帰趨はここにかかっている。

これら三つの理論的な立場——神における知恵に対する能力の従属，真理の一義性と統一性，神と人間における正義の諸原理の同一性——は，それらを承認する者にとってとりわけ要求が多く拘束するものである。なぜなら，悪が存在するではないかという反論を前にしたとき，それら〔の三つの理論的な立場〕はあらゆる種類の回避や逃げ口上を禁ずるからである。われわれは神の正義や善意についてのいかなる観念も持っていないとか，神の絶対的な優位性は原則的に神をあらゆる法の上に置くとかを口実にして，世界の無秩序や不完全性に関して摂理に向けられた非難を無視することは今や不可能なのである。至高の存在者

---

16)　Th-DPC §1（GP VI, 49）。

a. 弁神論の諸基礎と諸要件　　13

があらゆる精神と同様に普遍法学の諸規則に服している以上，神に対するいかなる非難も，いかなる不平も権利上（en droit）受け入れられない（そうした不平が事実上（en fait）言われのないものであることをライプニッツが示すであろうにしても）。理性の法廷において神を弾劾し，「訴訟を起こす」のは原理上可能である。たしかに神は，自身がおのれの行為について責任を負うことになるようないかなる上位者にも従属しないし，人間に対して何の借りもない。しかし，「神は自らを満足させずにはいない」[17]。神は「至高の知恵において自らに対して自らの無罪を証明」[18]しなければならない。知恵たるもの，もしくは神の知恵（La / sa sagesse）が神を義務づけ，神に釈明を求める。そして神が自らに対し為すべきことは（あるいは自らに為されるべきことは），理性に諮るあらゆる精神に対し神が為すべきことに他ならない[19]。

　「善良なる神がいるのなら，なぜ悪があるのか？」，「神が全能であるのなら，神は悪を妨げることはできなかったのか？」，「神による容認は神が悪を望むか，少なくとも神が悪の共犯者であることを示してはいないか？」。神の力が法を為し[20]，神の正義はわれわれのものとは異なる法律

---

17)　Grua 252.

18)　『正義の共通概念についての省察』（Mollat p.42），『ザムエル・プーフェンドルフの諸原理への意見』（Dutens IV, 3, p. 280）。神は無責任（inaccountable: Grua 252）ではない。神の全能は神を免責（anupeuthunia: Grua 472, 474）するものではない。

19)　『自由，運命，神の恩寵について』（*De libertate, fato, gratia Dei*, A VI, 4-B, 1596）。

20)　例えばホッブズを見よ：「神の能力は，他の一切の助けを借りずそれだけで，神が果たすあらゆる行為を十分に正当化する［…］。神が為すことは神が為すがゆえに正しい。私が主張しているのは，われわれにおいては必ずしも正しくなくても，神においては正しいということである」（*De la liberté et de la nécessité*, traduction par F. Lessay, Vrin, 1993, p. 68）。

に基づくのだから，われわれは神のことを判断できない，などという口実で以上の問いを無視することはできない。それらの問いに対し，受けつけないという決着をつけるのは，「ゴルディアスの結び目を断ち切ることであって，解きほぐすことではない」[21]。それは，問題の存在を単に否定してその問題を解決することである。これはライプニッツとは正反対の態度である。ライプニッツにとって，悪の存在を説明し，神を弁明することは正当な要求であるし，それどころか理性からの要請である。これこそあらゆる一義性の神学（théologie de l'univocité）が果たすべき務めである。悪が存在するではないかという反論を弁神論は真剣に受けとめる。弁神論を，それが失敗していると言って非難することはできるが，浅薄だと言って咎めることはできない。正義の名において，神でさえ「賢者たちの法廷」で弾劾されることは可能である。しかし，まさにこの同じ正義の名において，神は無罪放免されるであろう。

b. 悪についての法学的，神学的，人間学的アプローチ

　ゆえにライプニッツは言い逃れすることなく悪の問題に立ち向かう。彼がこの問題にどのような仕方で，そしてどのような術語によって取り組むのか，さらに知る必要がある。なぜ彼はこのように正義というテーマに，より正確には神の正義にくり返し言及するのか？　1695 年から 1697 年にかけての諸々の草案的なテクストにおいて[22]弁

---

　21)　Th Préface の草稿（1707 年初頭？ Grua 496）。ここで批判されているのは，ルター，カルヴァン，ホッブズのような両義性（équivocité）の哲学者である。

　22)　Grua 370：ショヴァン宛 1696 年 6 月 8 日付（A I, 12, 625），

b. 法学的，神学的，人間学的アプローチ 15

神論とは，悪の起源，必然と偶然の差異，そして救霊予定
（prédestination）の諸理由についてのさまざまな考察の集
まりに付された表題である。それは，神の正義に有利にな
るように主に自然神学と自然法学から引き出された諸論証
をまとめることになる。かくして弁神論はこれらふたつの
学問分野（弁神論はこれらに直接的に依拠している）が交
差するところに見出される。このような法学的で神学的な
アプローチについてその理由を説明するものは何であろう
か？　たしかにライプニッツは専門知識をもった法学者で
あり，キリスト教神学のコンテクストの内部で悪の問題に
ついて考えている。しかしそれだけではない。われわれの
哲学者は正義／権利の観点から悪の問題に取り組むのであ
る。なぜなら，真の悪は正確には不正義である，言い換え
れば法に反するものである，とライプニッツは考えるから
である。つまり犯された不正義（過ち，罪）と，被った不
正義（いわれのないものであるかぎりでの身体的苦痛と精
神的苦しみ）である。ショッキングなのは，世界に苦痛や
不幸があり，それどころか悪人がいるということではさし
てない。むしろ，善人が苦しむこと，有徳な人々が悲嘆に
くれること，無実の者が迫害されること，悪人が罪を犯し
ても罰せられず，その罪からむしろ幸福を引き出しそれに
よって報われているように見えること，不品行な者が不安
であるどころか自らの恥知らずな試みをまんまとやりおお
せていること，こうしたことが問題なのである。

　悪はそれ自体としてはライプニッツにとってスキャンダ
ルではない。スキャンダルとなるのは，悪が不正な仕方で
配分されているか，そう思われるからである。すなわち，
苦痛を被るいわれのない人に苦痛がふりかかり善人を打ち
のめすからであり，何らの支障もなく犯された過ちにいっ

マリアベーキ宛 1697 年 9 月 30 日付（A I, 14, 520–521）。

さい制裁が伴わず，過ちを犯した者を利しさえするからである。悪が悪であるのは，ただ悪が，有ることと有るべきこととの，つまり事実と権利のあいだの許容しがたい矛盾の経験だからである。道徳的善（徳）にはつねに身体的善（幸福という報酬）が伴い，道徳的悪（罪）にはつねに身体的悪（懲罰の苦痛）が伴うべきであるのに，道徳的善は身体的悪に，そして道徳的悪は身体的善に結びついている。これでは秩序が転倒しているように思われる。そこでは徳と潔白はないがしろにされ罰を受け，悪徳は敬われ報われる。それゆえ考察の真の出発点は「なぜ悪が存在するのか？」あるいは「悪はどこから来るか？」と問うことではなく，むしろ「善であり，賢明であり，全能であると言われる神のもとでこのような無秩序がいかにして可能なのか？」と問うことなのである[23]。

　神の正義はここで直接に問題視される——だからこそ弁神論が必要となる。この正義は二つの意味で理解されなければならない。それは，まず法（droit）という意味においては，神がそれに従って宇宙の全体を統治し，とりわけ各人の功績に応じて善と悪，報酬と懲罰を分配することによって諸精神の共和国を統治するところの，その法則（loi）である。次に，完全性という意味においては，それは聖性と同一視される。聖性は善意の最高段階であり[24]，それによって神は自らの本性の卓越性そのものを理由として善を意志し善をなす[25]。諸事物の見かけ上の無秩序（とりわけ

　23）　例えば『神の全能と全知および人間の自由について』（*Von der Allmacht und Allwissenheit Gottes und die Freiheit des Menschen,* A VI, 1, 537）。

　24）　Th §151.

　25）　〔正義の〕この区別は人間の正義の場合にも見出される。すなわち正義は，人間社会の統治と制度との様態として解されうるし，また善人の徳としても解されうる。後者〔の正義〕によって人間は称賛に値するものとなる。

b. 法学的，神学的，人間学的アプローチ　　17

悪人の勝利と善人の不幸）は第一の意味でとられた正義に
反し，摂理の観念そのものを危うくする。悪（身体的およ
び道徳的悪）における神の自然的および道徳的な協働につ
いては，第二の意味で理解された正義，つまり神の属性と
しての正義と相容れないように思われる。あらゆることが
神に依存している。したがってあらゆる被造物がその存在
と実在性を神に負い，神のはたらきによって現実存在にと
どまるのである。つまり保存は連続的創造なのである。だ
から神はその意志と能力によって罪に貢献する〔とも言え
よう〕。なぜなら，神がそれを生じさせ，意志しなければ，
あるいは少なくとも容認しなければ，何ものも生じ得ない
——いかなる存在者も現実存在しえないし，いかなる行為
も産出されえない——からである。ここで提起されたの
が，人間の自由の問題，救霊予定の問題であり，それに関
連して，人間が罪を犯したとして，この罪が実際のところ
究極的には神のせいであるとしたら，その人間を罰するこ
とが正当かどうかという問題である。

　悪と正義のあいだに，また悪と神の正義（正義は〔上に
述べた〕二つの意味によって理解される）のあいだに打ち
立てられた繋がりは，悪の問いについてのライプニッツの
取り組み方が弁神論を経由せざるをえないことを説明す
る。上述の諸困難（摂理，神の完全性，人間の自由，懲罰
と報酬の与え方の正当性に関わる）の解決は，神の正義
についての教説を示すことを前提とするものである[26]。こ
の教説は神の潔白を，神の聖性を証明するものであろう
し，世界の中で，そして自らの被造物に対して行なう神の
振る舞いについて諸々の一般的規則を説明するものであろ
う。争点は神学的なものでしかないということなのだろう

───────────

26）「弁神論は，神の法（droit）と正義（justice）についての教
説である」（デ・ボス宛 1712 年 1 月 6 日付（GP II, 428））。

か？　ポール・リクールはそう考えているようだ。彼は弁神論のことを，一見両立不可能な以下の三つのテーゼを一致させようとする試みと定義しているからである。すなわち，「神は全能である。神の善意は無限である。悪は存在する」[27]という三つのテーゼを。しかるに，ライプニッツの観点は神学的なものに終始するわけではないということを確信するためには，1710 年に公刊されたこの著作に与えられている完全なタイトル，すなわち『神の善意，人間の自由，悪の起源についての弁神論』を読むだけで十分である。

　弁神論は，神学者たちだけの関心事ではない──たとえそれがまずは神学に関わるとしても──。なぜならその射程は人間学的なものでもあるからだ。ライプニッツが 1707 年にピエール・ウンベール宛書簡で告げているように，「［自分の著書の］目的は，神の正義と人間の自由を正当化し，そして悪がこれらの属性のどちらとも両立可能であると示すことである」[28]。神は正しい。人間は自由である。悪は存在する。ライプニッツが一致させようとしている三つのテーゼとは，むしろこのようなものなのである。

　諸理由の順序と依存関係は，〔考察を〕神から開始することを，つまり諸々の事柄をその起源から理解することを〔われわれに〕求める。これは悪の問題を全体にわたって解決しうるためである。悪はまずは諸々の可能的なものについての観念のなかに存在し，神の知性はこれらの観念を，世界を創造する以前に含みもっている。それゆえ悪は元から神のうちにある。にもかかわらず神は悪に咎があるわけではない。神はこの世界を創造しながら，悪を容認

---

　27)　ポール・リクールが以下において要約しているように：*Le mal. Un défi à la philosophie et à la théologie*, Labor et Fides, 1996, p. 26.

　28)　FC (NL) p. 202.

b. 法学的，神学的，人間学的アプローチ　　19

し，悪に協働しさえする。にもかかわらず神は正しい。こ
れこそが証明すべき点である。悪の根源は，アダムとイブ
の過ちや，世代を超えたその伝播にさえも先んじて，諸々
の被造物の本質のなかにある。こうした「元来の不完全
性」と，習慣的なものとなった──「原」罪の結果による
──悪への傾向とにもかかわらず，人間は自由である。そ
して，人間は自らの存在と能力をすっかり神──神は人間
が行なうであろうその全体を予め知っている──に負うて
いるにもかかわらず，人間だけが自らの行為に責任があ
り，それによってその報い（懲罰と報酬）を正当に受け取
る可能性をもつ。これこそが明らかにされるべきことであ
る。

　かくして悪の問題は，〔以下の〕相補う二つのレヴェル
において論じられる：

1. まず悪の問題は神学の領域に属する。その神学と
　は，神とその諸完全性との概念から出発しており，
　神の振る舞いは正しく，神は悪を意志することも行
　なうこともできないが，神の知恵に由来する諸理由
　に基づいて悪を容認するということを示す神学であ
　る[29]。そうすれば摂理の観念は守られるであろう。
2. 次に悪の問題は人間学の領域に属する。人間学は
　（アダム以来の）人間の制限された本性，それどこ
　ろか腐敗した本性，悪に対する人間の責任，それに
　従って人間が行為すべき道徳的諸原理について説明
　する[30]。ここにおいて人間の自由，それが神の予知
　や救霊予定と両立すること，そして制裁の仕方の正
　当性などに関する諸々の難点が取り除かれるだろ

---

29)　とくに Th I, §3–33; Th-CD §3–73.
30)　とくに Th I, §34–106; Th-CD §74–144.

う。

　神学的と人間学的というこの二つの部分こそ，教説（doctrine）としての弁神論——それは，神の善意と正義とに対する攻撃への論駁からなる弁護的で護教論的な側面なしには完成しないような弁神論である——の核心をなすものである。

c.　弁神論のもつ弁護的な側面と教説的な側面

　『弁神論』はいくつかの点で当惑させるテクストである。それはその規模，取り組まれているテーマ（それらは厳密な意味での悪の問題についての論考をはみだしている）の多様性，とりわけそこに見出されるさまざまなタイプの立論と証拠の使用によるものである。われわれの見るところ，その理由はライプニッツが複数の目的を彼の著作に割り当てていることにある。この著作は，神の完全性の弁明[31]，神の正義に有利な弁論[32]，ベールの反論への緻密で詳細な論駁[33]としてみなせると共に，いくつかのテーゼ——とりわけ，神は罪の作者ではないというテーゼと，神は諸々の可能世界のうち最善のものを創造したというテーゼ——を論証的な仕方で打ち立てようとする「悪」論としても考察されうる。ライプニッツの企図のこの二つの主要な

---

　31)　Grua 495。

　32)　「［…］弁護されるのは神の大義である」(Th Préface (GP VI, 38))。

　33)　ライプニッツは『弁神論』を「反ベール的な論文」(dissertatio Antibayliana) あるいは「ベールに反対する小論」(opusculum contra Baylium) と言っている（デ・ボス宛 1709 年 4 月 24 日付 (GP II, 371)，1709 年 7 月 31 日付 (GP II, 379)）。

c. 弁護的な側面と教説的な側面　　　21

狙い――弁護的な狙いと教説的な狙い――は，性質的にも
価値的にも異なる議論を用いるがゆえに，異なるタイプの
言説を含んでいる。神の本性，神の諸完全性，世界の統治
における神の振る舞いについての検討は，アプリオリな理
由を手段とする。他方で，諸々の善の合計が宇宙における
悪の合計に勝るのかを知る問いは，むしろアポステリオリ
な次元の考察へ著者〔ライプニッツ〕を関わらせる。この
考察は経験から引き出され，蓋然的な議論に基づけられて
いる。世界の起源に至高の知性が存在したことを示唆する
――論証するには十分でないが――可視的な指標は自然観
察によって供給されており，それらの指標への言及が問題
となる場合についても上の場合と同様である[34]。

　明白なのは，推量，推測，あるいは蓋然性（その程度は
たしかに可変的である）は必当然的な（apodictique）な論証
と同じ価値をもたないということであり，またアプリオリ
な諸理由から引き出されたものは，哲学的には，ただアポ
ステリオリな諸考察だけに由来するあらゆるものに優越し
た重みをもつということである。しかし，かつて主張され
ていたのとは反対に[35]，厳密に論証的であるわけではない
諸々の議論に訴えることは，じっさい学者だけの読者層よ
りも広範な読者層に向けて書かれた著作において，「通俗
的な」書き方に特有な，厳密さや学問性の欠如を意味する
わけではない。それは，教説という面では不十分で決定的
でないように見えるとしても，弁護という範囲では十分に
正当化されるものである。

　それゆえ『弁神論』に現われている諸々の議論と理由

---

34)　これらの問題については拙著 *La question du mal chez
Leibniz. Fondements et élaboration de la Théodicée*（H. Champion,
2008）の第 6 章 477–49 頁。

35)　例 え ば，Bertrand Russell, *A Critical Exposition of the
Philosophy of Leibniz*, Cambridge Univ. Press, 1900, p.1–2.

は，同一の機能を果たすわけではないがゆえに，不均衡な価値と重みをもつ。私が前著で示したように[36]，重要なのは，ライプニッツの計画の弁護的な側面に本来属するものと，教説的な側面に本来属するものとを区別することである。これらの側面はそれぞれ固有の規則と目的性に服しており，ベールに応答すること（つまりベールを論駁すること）が主題なのか，それとも神の正義と最善の可能世界が現実存在することを積極的に論証することが主題なのかに応じて，特有の執筆戦略と議論形式をはたらかせるのである。誤りは，それらを混同し，それぞれにおいて提示されているさまざまな論拠の正確な役割と射程とを理解しないことだったのである。

　弁護的な側面——とくに『弁神論』の「緒論」および〔本論〕第2部，第3部で展開されており，そこでライプニッツはベールの反論に直接応答している——には，二種類の弁護が含まれている。第一のものはわれわれが消極的な弁護と呼んだか，厳密な意味での弁護と呼ぶもので，その目的はベールの反論が的を射ていないか，不十分だと示すことにある。もっともこの弁護人〔ライプニッツ〕は，それに基づいて神が悪を容認し，他の宇宙よりもむしろこの宇宙を選択した諸理由の細部について自らの無知を認めているのだが。第二のものはわれわれが積極的な弁護あるいは過剰な弁護と呼んだもので，それはより遠くまで及び，各自の土俵にいる論敵を論駁せんとするものである。それは神の正義に有利なすぐれた推定が存在し，また神の摂理に有利な議論が経験から引き出されて存在すると示すことによる。くり返そう。これらの議論の全体は厳密には論証的な価値をもつわけではない。しかし，それらが発言される場面において，そしてそれらが担っている目的から

---

　36)　前掲書〔ラトー〕，とくに第6章と第7章。

c. 弁護的な側面と教説的な側面　　23

すれば，完全に十分かつ有効なものである。

　教説的な側面——それはとくに『弁神論』の第1部で展開されている——は，われわれがすでに言及した二つの部分に分かれている。すなわち，神学的な部分は神の振る舞い（神の自然的および道徳的な協働）を論じ，人間学的な部分は，人間が自由であること，罪は人間に責めを負わせるべきものであること，そしていかなる道徳的規則に従って人間は行動しなければならないかを示している。ライプニッツが，アプリオリな理由のみならず真の論証をも示すと主張するのは，この〔教説的な〕側面においてなのである。

　二つの側面におけるこうした構造は，そこで採用されているパースペクティヴ——弁護的なパースペクティヴか教説的なそれか——に応じて，どのように同一の問いが二つの異なる応答を容れ得るのかの理解を可能にする。例えば，神が悪の存在を容認したことについて，ライプニッツが『弁神論』「緒論」の第33節で書いていることを，同書第1部の第23節以下で述べていることと比較するのは興味深い。「緒論」では，ライプニッツはベールの反論を考察している（第32節）。ベールによれば，人間の法廷では，ある人間が罪の発生を予見していて，（罪を妨げることもできたのにそうせずに）その罪が犯されるのに手を貸しさえしていれば，弁護人が彼は罪を意志したのではなく，容認しただけなのだと主張したところで（神学者たちが神の事案においてやっているのがこれである），そのような人物のことをいかなる裁判官も許さないだろう。ライプニッツは答えて言う，罪を犯すかもしれないという「きわめて強い推定」をなすものと，「人間的な事柄においてふつう真理とされている」ものは（第33節），神に関わる事案においては十分ではない，と。なぜなら，神は悪を容認する「きわめて正当できわめて強い諸理由」をもちえた

24   序章　弁神論——論証しない学知？

——そしてたしかにもっていた——のだからである。この
可能性を考慮に入れるだけで，ベールの用いる比喩が適切
ではないと判断し彼の反論を退けるには十分である。父や
後見人や友人が諸々の善いことを考慮し，正しい動機に基
づいて息子や被後見人や友人の罪を容認し，それに手を貸
しさえすることが正当化され，したがって人間の法廷に
あってさえ彼らが許される，そういう状況はなるほど例外
的なものではあるが想像することはできるだろう，とライ
プニッツは付け加えている（第34節）[37]。

　神が悪の存在を容認したことについての『弁神論』第一
部における正当化は，論争や反論とは別の文脈の中で，つ
まり教説の一環として展開されている。ここで述べられて
いる諸議論は明白により厳密でより堅固なものである。と
いうのもそれらは，意志の本性についての分析，および三
種類の悪に対する意志の異なる関わり方についての分析，
先行的意志と帰結的意志との区別，そして神がこの世界を
選択するように導く最善律についての考察とに基づいてい
るからである。

　それゆえ，弁護と教説はどちらも等しくライプニッツの
弁神論の構成要素とみなされなければならないと同時に，
注意深く区別されなければならない。じっさい，弁護を二
次的ないし付随的なものとみなし，教説だけを本質的なも
のと見るなら人は間違いを犯すだろう。それは，蓋然的な
ものに基づく諸々の推論や，これらの推論が諸々の証拠の
提示と評価において想定する特有の論理[38]にライプニッツ

————————————
　37)　神を，決闘をまったく禁じておきながら，互いに憎しみあ
う二人の貴族を出会わせる君主に比べる議論——これはデカルトから
取られた——も参照（Th §162–165）。
　38)　この論理はまだ基礎づけられなければならないが，それは
医学，政治学，法学，道徳学，そして神学において非常に有益なもの
であるだろう。例えば，バーネット宛1697年2月1/11日付（GP III,

c. 弁護的な側面と教説的な側面　　25

が認めている重要性を否定してしまうだろう。〔たしかに〕そこでは厳密な意味におけるいかなる論証も可能でない。〔しかし〕そこは諸事実の領野であり、まさに悪が生起する領野である。悪の具体的な存在が引き起こす諸困難の解決は、最善な可能世界についての理論よりも、適切な弁護（défense appropriée）のほうを求めるのは疑いない。適切な弁護は、一方で、神の正義に反対する諸々の異議がまことしやかではあるが根拠のないものであることを示し、他方で、経験的な場面に即しながら、神の善意と知恵に有利なより強固なそれらしさ（apparence）があることを示す。弁護は、理論面では教説よりも脆弱ではあるが、逆説的に実践面ではより決定的でより効果的であることが明らかになる。ベールにとっては、悪の存在によって、神の完全性と善意に有利なあらゆるアプリオリな議論が破壊されることになるとしても[39]、アポステリオリな議論だけでベールの反論に真に立ち向かい、敵対者〔ベール〕が自分こそ最強だと思うまさにそこにおいて（つまり諸々のそれらしさの領野において）〔敵対者を〕倒すことができるのである[40]。

　弁護と教説は相補的であって、実際のところ切り離すことはできない。弁護は教説の成果に依拠しているし、たとえ暗黙裡だとしてもつねに教説を前提としている。逆もま

193–194）や『ピアネーズ侯爵と隠者エムリ神父の対話』（*Conversation du marquis de Pianese et du Pere Emery eremite*, A VI, 4-C, 2263）。

　39)　マニ教はベールにとっては「まったく馬鹿げた矛盾した」仮説であるが、その威力は、唯一で、無限に善で、全能なる原理〔としての神〕という仮説よりもマニ教の方がうまく経験を説明するという点——この〔前者の〕仮説は形而上学的に基礎づけられている——に由来している。DHC III, p.626b, 項目「パウルス派」（注 E）。

　40)　この点について Gianfranco Mormino の論文 *Optimisme a posteriori et lois du mouvement dans les Essais de Théodicée*, in: *Nihil sine ratione, VII. Internationaler Leibniz-Kongress*, Gottfried-Wilhelm-Leibniz-Gesellschaft, 2001, p. 847。

た然りであって，教説は弁護なしには十分でない。教説は
批判にいつでもさらされるのだから。

d.　可能な最善世界の現実存在は論証されうるか？

　論争は，それゆえまた弁護は規則に従って導かれねばな
らないのだが，そのような規則は『弁神論』の「緒論」で
は，信仰の理性との一致という問いを検討する際に示され
ている。第58節，そして第72–79節の各節は，真なる論
争術の諸要素を提示する。そこでは，論争における各人の
役割と義務が，すなわち（テーゼを支持する）支持者ない
し応答者と，（これに反論を述べる）反対者のそれぞれに
ついて役割と義務が定められる。

　　　［…］或る命題の支持者（応答者）は，自らの命題を
　　根拠を挙げて説明する義務はない。しかし反対者の論
　　駁には十分に答える義務がある。法廷に立たされた被
　　告は（通常は），自分の所有権を証明したり所有の証
　　書を提示する義務はないが，原告の言い分に答える義
　　務はあるのだ。[41]

　テーゼの間違いを論証するのは反対者がやるべきことで
ある。それゆえ，反対者は，弁護人の申し立てが不条理で
あるか，矛盾を含むことを示す決定的かつ抗弁不可能な証
拠をあげなければならない。
　弁神論の弁護的な側面において，ライプニッツは支持者
の立場に身を置いている。それは，神が正しいこと（悪が
存在するにもかかわらず）と，神が諸可能世界のうちの最

---

41)　Th-DPC §58（GP VI, 82）.

d. 可能な最善世界の現実存在は論証されうるか？　27

善を創造したことを主張する立場である。論争の規則にしたがって，彼にはそのテーゼを説明したり証明したりする義務はない。しかし，諸々の反論に対してはそのテーゼを支持する（そして場合によっては説明する）任務がある[42]。彼の目的は，反対者の役割を担うベールに応答することであり（消極的な弁護），さらに，自らのテーゼは最も真らしいものでもあると示して，事実とそれらしさとの領野でベールを論駁することである（積極的な弁護）。

　この側面においては，弁護されたテーゼに有利であるような論証的で真に決定的な議論はそれゆえ見出されないであろう。ライプニッツが弁神論に完全にして厳密な意味の学問的資格を認めるのを拒否し，弁神論を好んで「学問のようなもの」と呼ぶ理由のひとつはおそらくこれである[43]。しかしもうひとつ理由があり，それによって弁神論の中間的な地位が説明できる。その理由は，教説の部分で展開されている議論の本性による。そもそも論証（démonstration）が問題なのだろうか？　ライプニッツはたしかに「神の善意と正義との諸論証」に言及し[44]，自らの著書の学問的な願望を隠してはいない。

　　それゆえ，この異論を一掃するには，悪を伴う世界のほうが悪のない世界よりも善きものであり得ることを明らかにすれば十分である。しかし本書ではさらに進んで，この宇宙がじっさい他のすべての可能的な宇宙よりも善きものであるはずだ，ということまで示し

42）　説明（expliquer），理解（comprendre），証明（prouver），〔反論に対する〕支持（soutenir）の区別については Th-DPC §5。

43）　「［…］じっさい，弁神論は学問のようなものである［…］」（デ・ボス宛 1712 年 2 月 5 日付（GP II, 437））。

44）　Th-DPC§82（GP VI, 98）.

た。[45]

　教説において提出されている諸テーゼが厳密に論証とみ
なされうるかどうかは確かではない。ライプニッツにとっ
て論証は他の証拠と同じではない。論証であるための基準
にはとくに多くのものが要求される。すなわち，ただ推論
の形式が論理的に正確でなければならないだけでなく，そ
の内容に含まれるあらゆる前提がすっかり証明されていな
ければならない——つまり，それらの前提そのものも論証
されていなければならない[46]。論証されなかったものや論
証される余地のないようなものは何も認められてはならな
い。論証は，分析（analyse）／分解（resolutio）によって
主語における述語の内在を見えるようにすることに存す
る[47]。ライプニッツがいくつかのテクストにおいて「ア
プリオリな絶対的論証」と呼ぶものは，既に論証されてい
る定義と定理しか含まない。諸定理の論証は，それらを
諸定義に還元することに存するのだから，その帰結とし
て，「アプリオリな絶対的論証」は諸定義の連鎖に他なら
ない[48]。

　その分析が有限回のステップで処理されるなら，ただ理

---

45)　Th Abrégé I（GP VI, 377）. 強調ラトー。
46)　Th-DPC §25（GP VI, 65）.
47)　例えば，『百科全書あるいは普遍学のための予備知識』
（Praecognita ad Encyclopaediam sive Scientiam universalem, A VI,
4-A, 135），『法の解釈，諸理由，関係，体系について』（De Legum
interpretatione, rationibus, applicatione, systemate, A VI, 4-C, 2786）.
48)　A VI, 4-C, 2787. またコンリング宛1678年3月19/29日付
（A II, 1, 599）を見よ。定義は，われわれが或るもの（定義されたも
の，ないし項）について有する概念の表現である。ホッブズの主張と
は違って，定義は恣意的なものではない。論証の中で使用し得るため
には，定義は実在的（réel）である，すなわちその対象が可能であり，
言い換えれば，矛盾を含まないことが確立されているような定義でな
ければならない。

d. 可能な最善世界の現実存在は論証されうるか？ 29

性真理だけが厳密な意味において論証されることができる。すなわち，それら理性真理は既に論証された諸真理に戻されるか，あるいは直接に諸々の「第一次真理」にまで還元される。第一次真理は（A＝Aの形式をもつ）同一真理であり，それによって主語における述語の内在が明白に現れる。これらの〔理性〕真理は必然的で，その反対が矛盾を含むような真理である。それらは，さらに幾何学的，論理学的，あるいは形而上学的と呼ばれるところの絶対的な確実性に従う[49]。それとは反対に，諸々の事実真理は──論証（démontrer）されるのではなく──ただ証明（prouver）されることができるだけである。なぜなら，それらの分析は決して完了せず，無限に続くからである。それは徐々にA＝Aの形式に近づいていくが，しかし決してそれに到達することはない。なぜなら，どんなに些細な偶然事でさえ，それを完全に説明するには，その諸原因を認識しなければならず，さらに各事物と他のすべての事物との連結を考慮に入れるなら，宇宙の全体をも，他の等しく可能な宇宙よりもむしろこの宇宙を創造する神の選択の諸理由をも，どちらも認識しなければならないであろうからである。神だけがそのようなアプリオリな認識を為し得るが，それは神にとっては論証とはいえないものである。すなわち，神は分解の最終項を見るわけではなく，そのようなものは存在しない。そうではなくて，神は唯一の直観において諸理由の無限系列を見てとるのである[50]。これら

---

49) じっさい幾何学，論理学，形而上学は，そのなかにこれらの〔理性〕真理が見出される三つの分野である。

50) A VI, 4-B, 1658. 完全だがしかし無限であるようなこの「過つことなく見ること」（vision infaillible）をどう理解したらよいか？神的認識は，諸々の項を連続して順々に分解しながら，諸理由が遺漏なく完全に揃った系列を通覧することにあるのではない（さもなければ論証があることになってしまう）。そうではなくて，直接的に，いわば「一望のもとに」，諸理由の系列をその統一性と全体性において

の真理は，その反対がそれ自体としては可能である故，偶然的なものであり，ただ道徳的な確実性にのみ従う。通約可能な量と通約不可能な量という数学的比喩によって，この二つのタイプの真理のあいだの差異をわかりやすく説明することができる[51]。

世界と，それを生じる創造者の行為とは偶然的なものである。神はまったく完全であり，そして全知と善意は（神の定義に含まれるゆえ[52]）必然的に神の属性と認められるべきであるということが神の観念から帰結するとしても，この両属性に関して生じた結果は，神にとって，絶対的または形而上学的必然性には属さない。「ところで，この至高の知恵は，それに劣らず無限な善意と結びついており，最善を選ばないことはできなかった」[53]。「〔何々〕しないことはできなかった」（n'a pu manquer de）という表現は，神は最善を選択すべく強いられていたとか，神は最善を選択しないことができなかったというのではなく，神は最善を選択しなければならなかったということを意味する。この表現が示唆するのは，もし神が最善以外のものを選択していたなら，神はしくじった──つまり過ちを犯した──ことになり，責めを負うだろう，ということである。しかし，神は最善を選択しないことが出来なかったのだから，この義務は，最善でないことを行なう〔能力がないという〕

把握することである。

51) 『自然の驚嘆すべき一般的奥義の目録試案』（*Specimen inventorum de admirandis naturae generalis arcanis*, A VI, 4-B, 1616）；A VI, 4-B, 1659–1663。ヘルベルト・クネヒトが正当に強調しているとおり，二種類の真理の区別は，分析性のこうした形式的特性にのみ基づくわけではない。むしろこの論理的特徴は，二種類の真理のあいだの実在的で客観的な差異を見えるようにし，指し示すための手段である。

52) Th §7.

53) Th §8（GP VI, 107），§218（GP VI, 248）；GP III, 34–35.

d. 可能な最善世界の現実存在は論証されうるか？ 31

「無能力」（このような言葉を神に適用できるとして）において現れている。この義務は神において内的な必然性である。この必然性は，それが神の知性ではなく神の意志に関わるがゆえに，論理的でなく道徳的な必然性である。それゆえ，最善の選択以外のあらゆる選択を不可能とせず，また選択されなかったもの（他の諸々の可能世界）を矛盾とせぬかぎりで，この必然性は絶対的ではない。世界は神性から必然的に流出したものではない。神はまったく何も創造しないことも，またわれわれの宇宙とは別の宇宙を創造することもできたのである。

　弁神論はその教説的な部分において，神は正しい（juste）と論証することができる。正義は，至高の存在者の定義に含まれる完全性の一部だからである。しかしながら弁神論は，神がつねに最善を選択するということを，厳密な意味で論証はできないだろうし，現実存在するこの宇宙が最も完全な可能であるということをより強き根拠により（a fortiori）論証することもできないだろう。それは弁神論が不完全あるいは不十分ということではない。それは，論証が，われわれの認識の限界に鑑み事実上不可能であるだけでなく，また偶然的命題の本性ゆえに神にとってさえ権利上不可能でもある，ということなのだ[54]。

---

　54)　以下のことを考察しなければならない。「すべての偶然的命題は，なぜ別のようであるよりもむしろこのようであるということの理由をもつ，あるいは（同じことだが）それらの命題はそれらが真であることのアプリオリな証明をもつ。それらの証明によって，それらの命題は確実なものとなり，さらに，これらの命題の主語と述語の結びつきが主語と述語の各本性のうちに基礎をもつが，これらの命題は必然性による論証をもつのではない，ということが示される。なぜなら，これらの理由はただ偶然性の原理，あるいは諸事物の現実存在の原理にのみ，つまり，等しく可能な複数の事物のうちで最善か最善と思われるものにのみ基づけられているからである。他方で，必然的な諸真理は矛盾律と，本質それ自体の可能性または不可能性に基づけられ

32   序章　弁神論──論証しない学知？

　本当のところ，神が諸々の可能世界のうちの最善のもの
を創造したことをわれわれがアプリオリに論証できるの
は，神の選択が絶対的に必然的であるとした場合，つまり
神が自由でないとした場合だけだろう。それはライプニッ
ツが『弁神論』よりもずっと以前のテクストで書いていた
とおりである：

　　　存在するものの最初の原理は，神は最も完全なものを
　　　選択しようと意志する，というこの命題である。この
　　　命題は論証されることはできず，すべての事実的諸命
　　　題の第一のものである，　つまり，およそ偶然的な現
　　　実存在の起源である。神は自由であると述べるのと，
　　　この命題は論証不可能な原理であると述べるのは，
　　　まったく同じことである。というのも，もしこの神の
　　　最初の意志決定に根拠を挙げることができるとした
　　　ら，まさにそのことによって神はそれを自由に決定し
　　　なかったことになろう。それゆえ，この命題は同一律
　　　に比べられる，と私は言うのである。なぜなら，Ａは
　　　Ａである，または或るものはそれ自身に等しいという
　　　命題とまったく同様に，神は最も完全なものを意志す
　　　るという命題は，これを論証することができないから
　　　である。この命題は，被造物が可能性から現実存在へ
　　　と移行することの起源である。[55]

————————————
ている。ここでは神や被造物の自由意志は考慮されない」（DM§13: A
VI, 4-B, 1549）。

　　55）　A VI, 4-B, 1454, 1446（「神が神自身を愛するということは
必然的である，なぜならそれは神の定義から論証が可能だからである。
しかし，神が最も完全なことを為すということは論証され得ない，な
ぜならその反対が矛盾を含むわけではないからである。さもなければ
反対は可能でないことになるが，これは仮定に反する」）; Grua 336,
351.

e. 神は最善以外のものを選択できるか？　　33

そうした論証が不可能であるのは，神の意志が，それに
対し最善を提示する神の知恵によって傾けられるだけで，
強いられるのではないからである。絶対的に必然的である
ものだけが論証可能なのである。それゆえ，神の自由と世
界の偶然性を肯定するなら，可能的諸世界のうちの最善が
現実存在するとの論証は断念せざるを得ないのである。

e.　神は最善以外のものを選択できるか？

ロバート・M・アダムズは，ライプニッツが命題「神は
最善を選択する」が偶然的真理であると示すために提出し
た論拠を批判した[56]。もしわれわれの世界の偶然性が他の
諸々の可能世界の存在に基づいているとしても，アダムズ
が言うには，それに反して，他の世界よりもむしろわれわ
れの世界を創造する神の選択が偶然的であることははるか
に確立し難いように思われる。ライプニッツにとって，こ
の選択が偶然的であるのは，「最も完全なものを常に行な
わせる」意志決定（décret）が，神の自由な意志決定だか
らである[57]。しかるに，最善を為す意志を神は自らに自由
に与えることができるし，したがって神は意志する・こと・を・
意志する・こと・が・できる，とライプニッツが想定する点で，
この論拠は問題となる〔とアダムズは言う〕[58]。もし，意志
することのこの意志を認めると無限後退に陥る，なぜなら
この意志は，およそ意志は他の先行する意志（後者の意志
は前者の意志をまさしく「意志する」）に基づかざるをえ
ず，後者の意志もさらに別の意志に基づかざるをえず，以

---

56)　R. M. Adams, *Leibniz: Determinist, Theist, Idealist*, Oxford
Univ. Press, 1994 のとくに第 1 章と第 2 章。

57)　DM§13.

58)　A VI, 4-B, 1454–1455.

34　　　序章　弁神論──論証しない学知？

下同様に続くということを含意するからである。他の諸テクストでは，ライプニッツはそのような考えをはっきり拒絶して，意志〔すること〕は意志の権限には含まれないと主張する[59]。その主張は二つの大きな理由による。まず，人は或るものをすでに意志していなければ，その或るものを意志することを意志することはできないので[60]，意志の二重化は無用であり不条理でさえあるからである。次に，意志のこの無限に及ぶ二重化を認めることによって人が晒されるこの後退は理由律に反するからである。というのも，〔もし後退に陥れば〕最初で最後の意志──他のあらゆる意志の理由であるような──にとどまることは不可能であるから[61]。この不可能性によって，人は何事も決して意志できなくなってしまうだろう！

　この第一の困難に加えて，神による最善の選択は偶然的であるということを，つまり神による（最善以外の）他のあらゆる選択がそれ自体としては可能なままであるということを証明するためにライプニッツが示す主要な論点を考察せねばならない〔とアダムズは言う〕。神が最善を選択しないとしてもそれは矛盾を含まないということ，それはそれほど確かであろうか？　もし，悪く行なう（mal faire）ということが，行なうべきこととは異なることを行なうことであるなら，無限に完全にして善なる存在者は，知恵が彼に命じることに反して行動すること，つまりが悪く行なうことが本当にできるのか？　そのような存在者の本性は不完全性，過誤，罪を排除する〔のだから〕。この点についてライプニッツは，つねに罪を犯すことが・で・き・る（実際

---

59)　1671 年 5 月のヴェダーコプフ宛（A II, 1, 187）以来そうである。また『哲学者の告白』（A VI, 3, 132）；NE II, 21, §23（A VI, 6, 182）；Th §51。

60)　『哲学者の告白』（A VI, 3, 137–138）。

61)　アダムズ，前掲書，41 頁。

e. 神は最善以外のものを選択できるか？   35

にはそうしないだろうということは確実だとしても）よき
天使の場合と，自らの絶対的完全性に矛盾するがゆえにそ
もそも罪を犯すことができない神の場合とを区別する[62]。
アダムズはこう書く，「こうして，絶対的に完全な存在者
であるかぎり神は最善を行なうということが論証可能であ
り，したがって論理的に必然である，という結論からライ
プニッツは逃れられないように思われる」[63]。

　前著[64]において私は別の道をとって〔以上のアダムズ
と〕同じ結論に至った。それは神における最善なるものの
もつ道徳的必然性の含意を検討することによる。私がとく
に依拠したのは，最善以外の選択は矛盾である，それは神
の消滅に導くだろうから，とライプニッツが主張する諸テ
クストであった：

　　もし神が，絶対的かつ全体として〔必ずしも〕最善で
　　はないものを選択するとしたら，それは神がこの仕方
　　で妨げ得たであろう個々の悪のすべてよりも大きな悪
　　であろう。そのような誤った選択は神の知恵と善意を
　　転倒するであろう。[65]

　最善の選択とは別の選択は，誤った選択，つまり罪であ
るだろう。しかるに，神の罪はその神性の否定を含意す
る。したがって，そのような選択は絶対的に（また道徳的
にというだけでなく）不可能なのである。

62）　Grua 333, 360.
63）　前掲書〔アダムズ〕40, 42 頁も参照：「「神は最善なものを
選択する」のは偶然的であるという見解はライプニッツ哲学のテーゼ
とみなされてはならない，と言うのが適切である。まして，偶然性の
問題に対する彼の一つの原理的な解決の基礎とみなされてはならな
い」。
64）　前掲書〔ラトー〕，第 7 章，517–536 頁。
65）　Th §129（GP VI, 182）.

神において欠陥はすべて罪にあたるだろうが，これは
罪以上のものですらある。なぜならこれは神性を損な
いかねないからである。最善を選択しないということ
は，神にとっては大きな欠陥であろう。私はこのこと
をこれまでに何度も言ってきた。神は，いかなる罪よ
りも悪しき何ものかによって罪を妨げることになって
しまう。[66]

　ここで私は，かつては自分のものとしていたこの結論に
ついて，再考したいと思う。というのも，この〔前著の〕
結論は神において道徳的必然性と論理的（ないし形而上学
的）必然性との区別も取り去り，神が最善以外のものをそ
もそも選択し得ないと主張することに導いてしまうからで
ある。ライプニッツが同一のテクスト（『弁神論』）の中で
二つの矛盾したテーゼを，すなわち，神による最善選択は
偶然的であるというテーゼと，最善以外のあらゆる選択は
神の完全な本性と両立不可能である以上，実際には絶対的
に不可能であるというテーゼとを支持できたとは考え難
い。この矛盾に著者〔ライプニッツ〕は気づかなかったの
だろうか？　おそらく気づかなかったのだ。なぜならこの
矛盾は見かけ上のものに過ぎないからである。それは可能
(possible)，および力能 (pouvoir) の概念の両義性に由来
するのではないだろうか？　ライプニッツが〔以下で〕説
明するように，

　　神は別々のまったく可能な選択肢の中から選んだ。し
　　たがって，形而上学的に言うなら，神は最善でないも
　　のを選択し作ることもできた。しかし道徳的に言うな

---

　66)　Th §131（GP VI, 183）。また Th §158, §159, および Th-
CD §67 も見よ。

e. 神は最善以外のものを選択できるか？　　37

ら，神はそうすることができなかったのだ。[67]

可能性の問いを現実性の問いから区別しなければならない，同様に，能力（puissance）を意志から区別しなければならない[68]。可能なものがそれ自体として（実体であれ，出来事であれ，世界であれ）考察されるとき，その可知的内容やその必要条件は神の意志や実効的選択から独立に検討される。すべての可能は神の知性において表象され，神の能力の対象でありうる。その全能があらゆる可能に及ぶのと同様に，神はわれわれの世界（最善である世界）よりも完全でない世界を創造することができる，とも言えるのである。言い換えれば，全能という属性に鑑みれば，神が最善を選択することは偶然的である。さて今度は現実に存在する諸事物が考察されるのであれば問いは変わる。なぜなら神の意志，その聖性，その目的が考慮されねばならないからである。この場合には，われわれの世界よりも完全性において劣る世界を選択することは不可能である。それは神のうちに不完全性を持ち込むことになろうからである。知恵や善意という属性に鑑みれば，神が最善を選択し実現することは，道徳的に言って必然的である。われわれの世界よりも悪い世界は，神の全能のひとつの可能な対象とみなされなければならず，神の意志の可能な対象とみなされてはならないのである。

かくして，可能的なものから現実的なものまで——すなわち，他の無数の可能から唯一の世界が創造されるまで——，次の三つのレヴェルが考慮され，区別されねばならない：

---

67)　Th §234（GP VI, 256）.

68)　Th §235, §171（対アベラール批判）.

1. 神の全能〔が及ぶ範囲〕は，可能的なるものの限界に制限される。したがって論理的にあるいは形而上学的に不可能なものは，神にとって不可能である——神は四角い円を創造することはできないし，あるいは，例えば或る存在者が存在すると同時に存在しない，というようにすることはできない。

2. 神の全能は，すべての可能的なものと，「可能世界」と呼ばれるところの，可能的なものからなる無限の結合とに及ぶ。

3. 無限の知恵と完全な善意は，この全能と結びついて，諸可能のうち唯一の結合を選択することへ導く。これ〔＝唯一の結合〕は，神が自ら罪を犯すことなしに道徳的に創造し得る唯一の世界である。その全能のおかげで，神は可能なものなら何でも作れはする。しかし，その知恵と善意は，神を最善を実現することへと導くのである。この道徳的必然性は，たとえそれが神に対していかに拘束的で強力であろうとも，偶然的であることの本性（神が最善を選択するということ）を変えたり，それを必然的なものにしたりすることはできないだろう。

　それゆえ，神は最善以外のものを選択できるということ（神の全能を考慮する場合）と，神は最善以外のものを選択できないということ（神の知恵と善意を考慮する場合）とを，同時に——ただし，二つの異なる意味において——主張することは可能である。近接的能力と遠隔的能力の区別は，たとえここではアナロジーとしてしか役立たないだろうとしても，この点について何事かを解明してくれる。遠隔的能力は，論理的ないし形而上学的な可能性——例えば，断罪された者にとっては罪を償って救われ，選ばれた者にとっては罪を犯す可能性——に向けられる。しかしこ

e. 神は最善以外のものを選択できるか？　39

の可能性は仮定的（ex hypothesi）または偶有的に，つまり近接的能力——断罪された者に根づいている罪を犯す習慣，選ばれた者における善をなす習慣——によって不可能とされる。その説明として，ライプニッツはピエール・ニコルに倣って次のような比喩をくり返している。

> 聡明で謹厳な裁判官が，分別心を失うことなく，例えば人を笑わせようと素裸で往来を走るといった大変な奇行を公衆の面前で行なうなどということは，あり得ないと誰もが考える。福者〔とされた人々〕の振る舞いにおいても同様であり，彼らに罪を犯させない必然性は〔裁判官の例と〕同じ種のものである。[69]

この遠隔的能力が現実存在し継続することは，理性的な主体が自由であることの必要条件（sine qua non）である。神の全能は，可能なあらゆるものを創造する能力として，世界の創造に先立って見られたときには，この遠隔的能力とのアナロジーによって考えられ得る。すなわち，被造的な諸精神は常にこの遠隔的能力を享受するのに対し，他方で，神の全能が近接的能力に関連づけられるのは，今度はそれが神の知恵と善意の法則に従属するかぎりでのことである。

神はそれゆえ，絶対的にではなく，もっぱら道徳的に，最善を選択するよう強いられるのである。その帰結は，「神はつねに最善を選択する」という命題が厳密な意味においては論証可能でない，ということである。そこからこう結論すべきであろうか？　弁神論の教説的な部分は，最善の可能世界が現実存在するというテーゼに有利な決定的議論を結局何も含まず，そのためこのテーゼは信じられる

---

69)　Th §282（GP VI, 284）.

40 序章 弁神論——論証しない学知？

だけのものになってしまうだろう，と。もちろんそんなことはない。神が最善の可能宇宙を創造したとするテーゼは偶然的な真理である。それはその本性上論証（démontrer）されることはできないが，証明（prouver）されることはできる。なぜなら，そのテーゼにとって有利なアプリオリな諸理由があるからである。それらの理由は神の諸完全性の認識から引き出される。このテーゼは納得のいくものではあるが，全面的に決定的なものであるわけではない。というのも，証明は論証にまではいたらないから。

それでは，教説においてライプニッツによって展開される諸々の議論のタイプはどのように定義されるのであろうか？　それは単なる推定（présomption）のことではない。まして推測（conjecture）のことでもない。しかし，すでに見たように，語の狭い意味における論証のことでもない。それらの議論に特有のステイタスを理解するためには，論証に関するライプニッツの着想に立ち戻らなければならない。

ライプニッツは論証（démonstration）に二種類のものを区別している。すなわち，（1）ライプニッツが「必然的な論証」と呼ぶもので[70]，理性真理に関わり，狭い意味における論証である。（2）ライプニッツが蓋然性による論証あるいは「道徳的な」論証と呼ぶもので，その目的は，絶対的な確信に達することが可能ではないような内容において，ある命題ないしテーゼの真らしさと信憑性との度合いを評価することである。それはその命題ないしテーゼに有利な諸理由を正確に吟味することによる[71]。実践に属する

70）　DM§13，本章注 54 に引用あり。

71）　「蓋然性しか問題になっていないとしても，諸々のデータから何が最も真らしいか決めることはつねにできる。たしかに，有用な論理学のこの〔教説的な〕部門はまだどこにも見られない。けれどもそれは実践において素晴らしい効用をもつだろう。例えば，何らか

e. 神は最善以外のものを選択できるか？　　41

事柄（例えば，医学上の診断，戦争に関する助言，法的な
訴訟）においては，それは入手可能なあらゆる事実と徴憑
を集めることと，最も理性的な方針に従って自らの考えを
決定して最善の選択ができるような仕方で諸々の事情の情
報を得ることとを前提とする。この二番目の種類の論証
は，複数の証明（preuve）の協働から生じる。それらの証
明は異なる本性と重みとをもつが（経験，見かけ，推定，
特殊な事実から出発する帰納など），しかし一点に収束す
る。したがって，この論証は最高度の確実性に近づくが，
しかしまったく決定的なものとなることはない。それゆえ
それは論証の下位のあり方とみなされるのである。それで
も，それが実践面できわめて有益で実り豊かなものである
ことにかわりはない。

　神が最善の可能世界を選択するというテーゼに有利にな
るよう，教説において使用されているアプリオリな議論
は，これら二種類の論証の中間的なステイタスをもつよう
に思われる。それが有するステイタスは，それが事実真理
に関わるという点で，蓋然的な論証と共通のものである。
それは蓋然的なるものの領域に属する。但しそれは最高度
に蓋然的である。これをライプニッツは，「必然的な論証」
に固有の形而上学的確実性に対置して，「無限なる蓋然性

の重要な審議においてそれらしく見える理由が双方にたくさんある場
合，蓋然性の度合いを認識するために推定や徴憑や推量が問題となる
が，そういうときに素晴らしい効用をもつだろう。かくして，確実性
を論証するために与えられた条件が十分にはない場合，内容は蓋然的
でしかなくても，少なくとも蓋然性自体に関わる論証を与えることは
つねにできる。ここで私が言っているのは，博士たちの数と評判に基
づいて決疑論者たちが言う蓋然性ではなく，むしろ事物が認識される
のに応じてその事物の本性から引き出された蓋然性のことであり，そ
れは真らしさ（vraisemblance）と呼ばれ得る蓋然性なのである」（A
VI, 4-A, 706–707）。強調ラトー。バーネット宛 1697 年 2 月 1/11 日付
（GP III, 193–194）も見よ。

すなわち道徳的な確実性」と呼ぶ[72]。

最善の可能世界が現実存在することは単なる想定でも仮説でもなく，単に推定（反対が形式的に証明されるまでは認められるような）でもない。それは道徳的に確実な命題，つまり「反対よりは比較にならないほど蓋然性の高い」命題なのである[73]。それは「無謬の」確実性のその対象である——「無謬の」（infaillible）〔という語〕はライプニッツがこうした場合に「道徳的な」よりも好む形容詞である。それはおそらく，この確実性はアプリオリな考察にのみ基づくからであり，他方「道徳的な確実性」はライプニッツではむしろ経験，権威，そして／あるいは証言を基礎とする推論に適用されるからである[74]。

しかし，最善の可能世界のテーゼが依拠するアプリオリな議論は，それらが或る特殊な種類の必然性に基づくかぎりで，必然的論証と共通する特徴も同じようにもつ。それが道徳的必然性であり，内的義務の一形態である[75]。神は

---

72)　『カトリック論証の一覧』（*Demonstrationum catholicarum Conspectus*, A VI, 1, 494, c.5）。

73)　「一致しにくい多くの徴憑によって確証されるものはすべて，真でなければ，道徳的に確実なのである。つまりその反対よりも蓋然性が比較にならないほど高いのである」（『隠された百科全書への序論』（*Introductio ad Encyclopaediam arcanam* […], A VI, 4-A, 530））。A VI, 4-A, 136；NE Préface（A VI, 6, 68）も参照。

74)　例えば，自然の中に観察された美と合目的性とから引き出されるところの，神的知性が存在することの証明（『カトリック論証の一覧』（A VI, 1, 494, c. 5），『ピアネーズ侯爵と隠者エムリ神父との対話』（A VI, 4-C, 2268），『自由，運命，神の恩寵について』（A VI, 4-B, 1604–1605）），現象の実在性の証明（『実在的な現象を想像的な現象から区別するための方法について』（*De modo distinguendi phaenomena realia ab imaginariis*, A VI, 4-B, 1502）），キリスト教的宗教の真理に有利な「信憑性（credibilité）のモチーフ」（Th-DPC§5, §29；A VI, 4-A, 470）。

75)　この点については，私〔ラトー〕の前掲書の第7章，517–526頁。

常に，そして過たずに最善を為す。それは神が別様に為し得ないからではなく，そう為すべきだからであり，また自らの完全性に相応しくないことや自らの正義に反することを為し得ないからである。諸可能世界のうち最も完全なもの以外のものを創造することは，論理的にではなく道徳的に不可能なのである。それは矛盾を含むのではなく不完全性を含むのである。

f. 学知と信仰

弁神論という術語の創案は，悪の問題を論じるための特殊な新しいやり方を標識づけている。ライプニッツは，自分を他の 17 世紀の哲学者たちから差異化するいくつかのテーゼを支持する。〔すなわち〕神の本性と世界の偶然性に関するライプニッツの考え方は彼をスピノザから断固として遠ざける。主意主義を批判し，知恵への能力の従属をつねに主張することはライプニッツをデカルトやホッブズから遠ざける。真理，概念（善意や正義のような），諸原理が一義的であるという教説は，ライプニッツをホッブズや，戒律を厳しく守るルター派やカルヴァン派の神学者たちから区別する。信仰が理性に一致するとの根本的な信念はライプニッツをベールの反対者たらしめる。〔しかし〕マルブランシュとライプニッツは，悪を法則の概念と結びつけながら悪の問題に取り組む点で共通している。すなわち，一方〔マルブランシュ〕では，永遠の知恵が有する諸々の一般的法則（悪はその結果であるが，そのものとしては意志されない）という法則概念であり，他方〔ライプニッツ〕では，それによって普遍的調和が実現される諸規則として，広い意味に解された正義の法則という法則概念である。しかし法則〔そのもの〕についての，そして神を

正当化するために彼らが引き合いに出す諸理由についての両者の考え方は，根本的な不一致を示している[76]。そこで擁護される諸テーゼによって，さらにその複雑な構造——その二つの側面，〔すなわち〕その神学的部分，その人間学的部分——によって，そこに見出されるさまざまな種類の議論と証明（preuves）によって，ライプニッツの弁神論は，悪が神の完全性と両立することが可能であるという問題を解決せんとするひとつの独創的な試みである。

　ライプニッツは弁神論を「学知のようなもの」と定義する。それは，弁神論の示す弁護的な側面を理由とするが，しかし，弁神論が必然性による論証（démonstration）を含まないからでもある。論証の欠損は，神に認められた自由と宇宙の偶然性との代償である。「神はつねに最善を選択する」という命題と，「われわれの世界は可能な最善世界である」という命題とは理性によって証明されアプリオリに基礎づけられてはいるが，しかし偶然的であるがゆえに論証不可能である。これらの命題は「無謬の」（infaillible）確実性の対象ではあるが，絶対的な確実性の対象ではない。〔それゆえ〕理論的な面においては，悪の現実存在が神の聖性と両立可能であることを示せば，弁神論は目的を達しているのである。そうした限界が弁神論を完全な学というよりはむしろ教説[77]（doctrine）にしている。教説とは doctrina というラテン語の意味において理解しなければならない。すなわち，教説とは，教えられることのできる

――――――――――

76)　拙　論 *La question du mal chez Malebranche et Leibniz : théosophie vs. Théodicée*, in : *Théodicées*, édité par Antoine Grandjean, Olms, 2010, p. 95–115.

77)　デ・ボス宛 1712 年 1 月 6 日付（GP II, 428）。「この教説自体を，またはこの論文の題材を弁神論〔／神義論〕（Theodicaea）と呼ぶことにした。弁神論は神の法と正義についての教説なのだから」。グライフェンクランツ宛 1715 年 5 月 2 日付（GP VI, 12）も参照。

f. 学知と信仰   45

認識である（doceo は，教える，認識させることを意味する）。それは言語によって伝達可能な諸々のテーゼと真理の総体であり，その目的は他人を教育することである。その目的は理論的なものだが，しかし実践的でもあり，またおそらくとくに実践的なものである。というのも，それは教説を受容する者に対して一定の効果を産み出すことを目指すのだから。「［…］私はあらゆることを教化に関係づけるように努めてきた」とライプニッツは『弁神論』序文の末尾で書いている[78]。神の正義についての教説は，道徳的で，さらに宗教的ですらあるような狙いをもつ。重要なのは，読者に，真正な敬虔を，つまり，神への啓蒙された愛を吹き込むことであり，その愛は真なる認識に基づく。言い換えれば，〔神の〕理性（Raison）に対する〔人間の〕理性（raison）の愛を呼び起こすことである。

弁神論は，結局のところ，カントが「真正の」（authentique）弁神論と呼ぶものについて彼が述べることになるように，学知への積極的な寄与というよりは「むしろ信仰の問題」なのであろうか[79]？　弁神論は理性的な企画である。しかし，その根本テーゼ——神は諸々の可能世界の最善のものを創造しない訳にはいかなかった——は二つの限界にぶつかる。第一の限界はすでに言及されたものである。このテーゼは厳密な意味においては論証（démontrer）されていない。第二の限界は，このテーゼが有するのは一般的な射程であり，したがってこのテーゼは，われわれがこの世界で経験する個別の悪について説明できると含意してはいない，ということである。個別の悪についてわれわれは，悪は神によって正当な理由にもとづ

---

78)　GP VI, 47.

79)　カント『弁神論のあらゆる哲学的試みの失敗について』（前掲論文），1408 頁〔本書，5 頁注 6 を参照〕。

いて容認されたはずであると主張することができるが，しかし，これらの理由をあえて与えようとしてはならないのであって，この点ではむしろ自らの無知を認めるべきである。神の正当化／弁護は，悪の容認についての一般的な説明にとどまる。それはそうした説明を超えては行かず，またその必要もない[80]。それが主張しているのは，この世界の中で実際に出会われたかくかくしかじかの悪を説明することでもなく，その悪が一体どんな上位の善を可能にするのかや，その悪が別の場所でどのように償われうるのかを示すことでもない。各々の悪を説明しようと試みるあまり，有害な動物に有用性を見出そうとしたストア派の人々とは反対に[81]，ライプニッツは，〔一方には〕神が働きかけ

---

80) 「［…］ベール氏はしきりにこの点を問うているようだ。彼は，悪がいかにして宇宙の最善なる可能的計画に結びつくのかを詳しく教えてほしいようだが，それは現象から完全に説明できることである。しかしわれわれはそれに取り組むつもりはないし，その義務すらもない。なぜなら，われわれは今現にできないことを強いられはしないからである。そこでこのように言っておけば十分である。つまり，個別的な悪は一般に最善と結びつくことに何の支障もない，と。この説明は不十分だし，来世でなければわからないことも残っているので，反論に答えるには十分ではあっても，事柄を把握するには十分ではない」(Th §145, GP VI, 196〔K I, 6, 251〕)。

81) 「［…］悪の容認の理由は永遠の可能性に由来すると思われる。［…］しかし，ストア派の人々と一緒になって，善を引き立てるこうした悪の有益性を詳細に示そうとすると，人は分別を失う。そのことを聖アウグスティヌスは一般的によく知っていた。そして彼は，いわば，よりよく跳躍するために後退させるのである。というのも，人は普遍的調和の無限の特殊性に入り込むことなどできようか？」(GP IV, 567)。プルタルコスは，クリュシッポスが『自然』の第5巻で「南京虫はそれがわれわれを眠気から覚ますかぎりで有益であるし，鼠はそれが一つ一つの物を入念に整理するようわれわれを注意深くするので有益である［…］」と主張したと報告している（プルタルコス『ストア派の人々の矛盾について』，1044d）〔戸塚七郎訳（プルタルコス『モラリア13』京都大学学術出版会1997年）を参照〕。

f. 学知と信仰　　47

る仕方や，全体として見られた世界の完全性についての一般的な説明的叙述と，そして〔他方には〕個別の悪について為されるに相応しい解釈——その諸理由の詳細はわれわれを超えている——，この両者間の相違を力説する：

　　神がすべてを最も善く為すということは或る意味で自然的必然性による（この普遍的な命題を個々の場合に適用することも，そこから神の自由な行為に関する確実な帰結を引き出すことも，いずれも被造物の権能のうちには全くないのではあるが）。[82]

　この二つの限界および想定された一般性にもかかわらず，ライプニッツによれば，教説（doctrine）は神の正義と普遍的な完全性に有利になるだけの十分な議論を供給する。われわれがこの世界で目にする犯罪や不幸にもかかわらず，それらの議論は理性的な信仰と希望を基礎づけるに十分である：

　　というのも，もしわれわれに予定調和を理解する能力があるなら次のことを見てとる（voir）だろう。すなわち，われわれが非難しようとするものは，じつは選ばれるに最も相応しい計画と結びつけられているということを。一言でいえば，われわれは，神が為したものが最善であることを見てとるのであって，たんに信じるのではない。[83]

————————
　82）　A VI, 4-B, 1520.
　83）　Th-DPC§44（GP VI, 75）〔K I, 6, 82〕．著者はこう続けている。「ここで私が「見てとる」（voir）と呼ぶのは，原因によってアプリオリに知るということであり，「信じる」（croire）と呼ぶのは，結果によってのみ判断するということである〔…〕」。

48 序章 弁神論──論証しない学知？

　神によるこの世界の選択は，理性を超えた真理である。
それはこの選択が「普遍的調和と，無数の諸事物につい
ての判明な認識とに，同時に依存している」[84]からである。
ライプニッツの弁神論は信仰に導くが，ただしそれは，理
性の増大への，神的諸理由のより大きな前進的な把握への
期待として，理性との完全な連続性において理解すべき信
仰である。それは，諸事物の調和の無限の細部にまでいた
るような知が約束するものである。

---

84)　Th-DPC§23（GP VI, 64）.

第Ⅰ部

諸可能世界の最善とは何か

第 1 章

世界をつくるもの

——共可能性，完全性，調和[1]——

　無数の可能な宇宙があること，神がわれわれの世界とは別の世界を創造しえたこと，神が神に最もふさわしい仕方でつねに作用する，すなわち最善を意志し為すこと，これらはライプニッツに固有のテーゼではない。可能態というアリストテレス的な意味だけでなく，内的無矛盾性という論理的な意味での可能世界として，創造以前の，神の知性におけるわれわれの世界を考察することは，トマス・アクィナスとドゥンス・スコトゥスにおいてすでに見られる[2]。諸可能世界という複数形の表現はより後のものである。なぜなら，この表現がそのようなものとして登場するのは，どうやら 16 世紀前半のことでしかなく，したがってこの表現が頻繁に用いられるのはトリエント公会議以降のスコラ哲学と神学の教科書においてだからである。これ

---

　1)　本論文は最初以下の論集に発表された。Paul Rateau (éd.), *Lectures et interprétations des Essais de Théodicée de G. W. Leibniz*, *Studia Leibnitiana Sonderhefte* 40, Franz Steiner Verlag, 2011.

　2)　Jacob Schmutz, Qui a inventé les mondes possibles ?, in : *Les mondes possibles*, Cahiers de philosophie de l'Université de Caen, n° 42, 2006, p. 27.

に関してイエズス会士アントニオ・ルビオ（1615 年）[3] の
ケースは興味深い。というのも，アリストテレスの『天
界論』に対する注解において，彼はより完全な，さらに
は〔ある世界からより完全な別の世界へ，またもっと完全な
別の世界へと〕ますます完全となりそれが無限に進行する
他の世界の可能性を引き合いに出すからである。スアレス
は，もはや単に宇宙論的で自然学的な枠組みではなく今度
は神学的な枠組み（予知と予定についての議論の枠組み）
において，「この世界をこれらの人間，これらの天使，こ
れらの（恩寵の）救いその他の事物とともに」[4] 創造する
神の選択を説明するため，神がその単純叡智において認識
する無数の可能世界を参照する。

　神が「最善」を為すという主張も同様に，哲学と神学の
文献のありふれた主張である。神がより善く為すことがで
きるかという問いに対し，トマス・アクィナスは神の力能
が行使される対象（より完全であることがつねに可能な世
界[5]）を，神の作用の仕方（より完全であることができな
い[6]）から区別することにより応答する。そうして，「神に
よって事物に与えられた，宇宙の善をなす極めて適切な秩
序のゆえに，もし宇宙を現実的な事物によって構成される
ものとして解するなら，世界はじっさいよりも善くあるこ
とができない」と言うのみならず，「神は他の事物を作る
ことができるだろう，神は自らが作ったものに付け加える
ことができるだろう，かくしてわれわれはより善い他の宇

　3）　シュムッツ前掲論文〔本章注 2〕，31 頁，とくに注 52 で検討
されている。

　4）　前掲論文〔本章注 2〕，35 頁，注 62 で引用されている。

　5）　『神学大全』第 1 部 25 問 6 項異論解答 1。「与えられた事物
が何であれ，神はつねにそれよりも善いものを作ることができる」。

　6）　同上。「神はじっさいそうしたよりももっと善く為すことが
できない。なぜなら神は何も，それ以上の知恵と善意をもって為すこ
とができないからである」。

宙を得るであろう」[7]とも言うのである。最後に，他の例は措き，マルブランシュについて考えてみよう。このオラトリオ会士の主張では，世界は方途における単純性および一般性と，結果における豊かさという要求とを満たすかぎりでは最善であるが，しかしそれ自体ではできるかぎり善いわけではない。なぜなら，より完全な他の世界がなお思惟可能であるからである（しかしかかる世界はより複雑で個別的な方途を要求するだろう[8]）。

　したがってライプニッツは，無数の可能世界や，絶対的に完全で至高の知恵に従ってしか作用しえない神による最善可能世界の創造について語る最初の人物ではない。しかし，できるかぎり善い宇宙が現実存在するというテーゼは，彼においては，まったく特殊な形而上学的，論理学的，神学的文脈に属している。われわれがここで企図するのは，このテーゼをそれ自体のために検討することではなく[9]，それが依存する二つの根本概念，すなわち世界と可能世界の概念を考察することである。当該テーゼの正確な意味と射程は，次の二つの問いにあらかじめ答えるという条件のもとでしか理解されえない。1）世界とは何か？2）どのように，またなぜライプニッツは他の諸可能世界を考察するに至るのか，そして何がそれらの実在性と可能性の基礎となるのか？　デカルト，ホッブズ，スピノザに同時に対抗する形で形成された，世界に関する彼の定義は，余すところなき普遍性（すべての時間と場所における「被造物の総体」）の観念を，還元されえぬ偶然性の観念に

7）　同上，第3節。

8）　『自然と恩寵についての論考』（*Traité de la nature et de la grâce*）第1部第1章第14節。

9）　この検討は次章「ライプニッツにおける完全性，調和，そして神による選択——いかなる意味で世界は最善なのか？」の対象となるだろう。

結びつけることに存している。「諸可能世界」への明確な言及は，この著者の学説的発展のある正確な時点，おそらく 1686 年前半に登場する。厳密に歴史的な争点をこえて，以下で課題となるのは，この表現を使用すること（神の唯一の普遍的な決定のテーゼと結びついている）が表す問題圏の転換を理解し，この表現を使用することが世界の本質について，またいくつかの可能が共可能的であることの理由や，それらの可能と他の可能とが両立不可能であることの理由についてわれわれにいかなる知見をもたらすかを理解することである。

1.1. 世界の統一性，唯一性，偶然性

『弁神論』第 7 節と第 8 節において，世界は二つの主要な特徴によって定義されている。一方は様相的なもの（その偶然性）であり，他方は包括的なもの（世界の複数性を排除するその普遍性）である。この定義が形成される文脈は想起に値する。第 7 節が説明するのは，それが現実存在することの理由をそれ自身のうちに持たない「制限された」事物の個別的経験（「われわれが見，経験するいっさい」）から，「偶然的事物の全体的集合」としての世界，すなわちそれが現実存在することの理由を（全体としての）それ自身のうちに持っておらず，必然的で永遠的なある実体を必要とする集積の考察への移行である[10]。世界の偶然性は，この必然的な第一原因を措定することへと導くのみならず，可能世界の無数性の主張をも可能にし，それによ

---

10)　この進め方は明らかに，『事物の根本的起源について』(*De rerum originatione radicali*, GP VII, 302f.) 〔K1, 8〕の冒頭を想起させる。

1.1. 世界の統一性，唯一性，偶然性　　55

り，この原因について叡智（全可能事を認識する）を結論
し，それに意志（その一つを選択する）と力能（それを実
現する）を認めることを可能にする。こうしてライプニッ
ツは，偶然的〔という言葉〕の二つの意味に依拠する。一
つは形而上学的な意味（それ自身のうちに自らの現実存在
の理由を持たないもの）であり，もう一方は論理学的な意
味（別様でありえたもの，その反対が矛盾を含まないも
の）である。第一の意味は，個別的経験から出て事物の完
足的系列としての世界の観念にアクセスし，また神の現実
存在の証明（理由律の使用に基づく証明）を与えることを
可能にする。第二の意味は，可能的なものと現実的なもの
を区別し，（矛盾律に依拠することによって）世界を諸々
の可能なもののうちの一つとして考察することを許す。

　第8節はいわば逆の道をたどる。第一原因である神から
出発し，この世界へと戻り，この世界が（他の世界が同様
に可能であったにもかかわらず）現実存在していることの
理由を説明する。これは神の選択を説明することである。
この説明は前節で引き出された完全性，すなわち知性あ
るいは無限の知恵と絶対的に善なる意志とを関係づけること
でしかなしえない。神は「最善のもの（le meilleur）を選
択しないわけにはいかなかった」。最善のもの〔という言
葉〕が指し示すのは，神の働き方，作用様態と同様，選択
の対象，作用の結果すなわちすべての他のものを差し置い
て最善と宣言された世界である[11]。そのようにして，次の
新しい〔世界の〕定義が導入される。

　　私が世界（monde）と呼んでいるものは，現に存在す

　11）　じっさい，ライプニッツはトマス・アクィナスやマルブラ
ンシュによってなされた次の区別，すなわち神が作用する絶対的に完
全なあり方と，より善く作られえた世界自体とのあいだの区別に反対
するのである。この点については下記 105 頁。

56 　　　　第Ⅰ部／第1章　世界をつくるもの

る事物の全体的連続，全体的集合のことであるが，こ
れは，いくつかの世界がさまざまの異なった時間や場
所に存在し得るなどとは主張しないようにするためで
ある。というのも，もしそのようなことになれば，複
数の世界のすべてを一緒にして一つの世界として，あ
るいはお望みなら一つの宇宙とみなさねばならなくな
るだろうからである。[12]

　この定義は，ある観点では，また最初は，どちらかとい
うと伝統的なものに思われるかもしれない。それは擬アリ
ストテレス論稿，『世界論』から引かれ，中世に絶えず取
り上げられ，注釈が施された，「世界（kósmos）は天と地，
そしてそこに含まれている諸々の自然から構成された集合
（sústēma）である」という表現に類似している。世界はま
た「神によって，神を原因として保存される，万物の秩
序および配置である」[13]。さらに次のことが思い起こされよ
う。『天体論』（I, 9, 279a）[14]において，アリストテレスは，

────────────

12) Th §8, GP VI, 107 〔K I, 6, 127〕.

13) 『世界論』，2，391b（J. Tricot 訳，Vrin, 1998, 180 頁に修
正を施した）。中世における世界の諸定義については，シュムッツ
が前掲論文の 11 頁および 30 頁 –31 頁注 51 で提示する文献を参
照。近代に関しては，とくに天文学について，Michel-Pierre Lerner
の 論 文 *The Origin and Meaning of World System*, in : *Journal for the
History of Astronomy*, 2005, vol. 36 (4), p. 407–441 を参照するのは有益
である。最後に 17 世紀について，一例として〔哲学事典〕*Lexicon
philosophicum. Item accuratissima totius philosophiae summa*（Pierre
Godart, Paris, 1675）を挙げておこう。そこでは普遍的な世界は
次のように定義されている。「すべての被造物の驚嘆すべき配置
（coordinatio）。これは宇宙（universum）あるいは事物の総体（rerum
universitas）と呼ばれる。なぜならそれはすべての類の存在者を含ん
でいるからである」（209 頁）。

14) 「全体として解された世界はそれゆえ，それに固有の物質
〔質料〕の総体から構成されている。というのも，その物質は前述の

1.1. 世界の統一性，唯一性，偶然性　　57

世界はいっさいの物質から構成されており，それゆえ第一
天球すなわち宇宙の最も外側の限界を越えては，他の諸天
球もいかなる物体もありえないと考えるのである。

　ライプニッツが提示する当の第二の定義が意図するの
は，第7節で提示されたこの「集合全体」の本性と外延
を明確にすることだけでなく，伝統から継承された表現と
の見かけ上の類似にまさに由来しかねないいくつかの多義
性や誤解を未然に防ぐことである。世界は創造されたもの
のいっさいを包含しており，『神の大義』（第15節）の表
現によれば，被造物の総体（universtas creaturarum）であ
る。つまるところこれは世界を宇宙の同義語とすることで
あり，異なる法則によって支配され，われわれの世界と別
個の切り離された体系として理解された，〔われわれの世
界と並んで〕共に現実存在するような他の実在世界の現実
存在を排除することである。ライプニッツは，空間のうち
に並列され，時間のうちで継起する複数の現実世界という
観念を退ける。現実存在する複数世界はないし，世界の内
なる複数世界もない（ただし，後に見るように，ある種の
言い方を除いて）。世界は，隔離され独立したコスモロジ
カルな諸体系の寄せ集めではない。なぜなら『弁神論』第
9節が明確にするように，世界は「大洋のように全体で一
つであり，そこではどんな小さな運動もどれだけ遠くへで
もその結果を及ぼす」からである。現実存在する世界はた
だ一つであり，他のいかなる世界とも共に現実存在するこ
とはなく，世界のすべての部分は結びついている。

　世界は創造された存在者のすべてであるが，可能的なも
ののすべてではなく，世界の現実存在は，他の世界の現実

───────────────

ように自然的で感覚可能な物体だからである。私は次のように結論
する。複数の天は現にないし，いまだかつてなかったし，それどこ
ろかありえない。われわれを取り囲む天は唯一で完足的なのである」
（traduction J. Tricot, Vrin, 1998, p. 45）。

58   第Ⅰ部／第1章　世界をつくるもの

存在を排除するとしても，他の世界をそれ自体で不可能な
ものにはしない。世界の唯一性の主張は，可能世界の無数
性の主張（第8節の末で再び言及される）と対をなしてい
る。世界はすべての時間とすべての場所を含んでいるが，
しかしこれらの時間と場所がまったく別の仕方で埋められ
えたということは，なお真である。それゆえ，世界の無限
な拡がりは，可能的なものいっさいが，もしすでに産出さ
れているのでないなら，遅かれ早かれ宇宙のどこかで生じ
なければならないということを含意しない。世界に関する
ライプニッツの定義は，可能的なものと現実的なものとの
あいだのあらゆる種類の混同をも禁じ，次の二つのテーゼ
に暗黙裡に対立する。すなわち，無限宇宙をすべての可能
世界の現実化と見るエピクロスのテーゼ，およびわれわ
れの哲学者〔ライプニッツ〕がホッブズ，スピノザ[15]，さ
らにはデカルトに（『哲学原理』第三部第47節を引いて）
帰属せしめ，可能的なものを現在や過去あるいは未来に現
実存在するものと同一視することに帰着するテーゼに対立
するのである。

　じっさい，ライプニッツは，「物質はそれが取りうるす
べての形を継起的にとらなければならない」というデカル
トの命題を極めて「危険」だと判断する。というのも，
「過去に生じたこともなくいつか生じることもないような，
とても不合理かつ奇異で，われわれが正義と呼ぶものに反
するいかなるものも想像しえないということがそこから帰
結する」[16]からである。このような見解はスピノザ主義に
直結するが，それは「極端なデカルト主義」[17]，つまり無神
論的な哲学に他ならない。この哲学は「依然として神につ

　　15）　『弁神論』第172–173節でとくに批判の的となっている。

　　16）　クリスチャン・フィリップ宛1680年1月末付（A II, 1,
787）。

　　17）　Th §393, GP VI, 350.

1.1.　世界の統一性，唯一性，偶然性　　59

いて立派なことを述べるが，それはうわべだけのことである」[18]。世界の定義の争点は，形而上学的であるだけではなく神学的でもあり道徳的でもある。可能的なものと現実的なものとの混同は，容認できない三つの帰結を伴う。1）事物の至高の作者の完全性と両立不可能であるような，正義に反する事柄や行為も含めて，想像しうるあらゆるフィクションと寓話の実現[19]。2）宇宙の各状態の永劫回帰というテーゼ[20]。3）万物の必然性や，盲目的力能に還元され，運命に類比的で，選択も理由もなく作用する神〔という帰結〕，またいっさいの摂理の否定[21]。最後に，可能的なものの現実的なものへの還元は，ライプニッツがとくにエピクロスの説に対して向ける次のような困難を生じさせる。すなわち，すべての可能が必然的に実現することや，無限の時間と空間においてそれらが盲目的に，無規則に展開する

18）　クリスチャン・フィリップ宛 1680 年 1 月末付（A II, 1, 787）。

19）　可能なものすべてが実現しうるわけでないのは，論理学的-形而上学的な理由（すべての可能なものが両立可能なわけではない）と同時に道徳的な理由（無実の者や正しい人間の永遠の不幸と悪人が至福を得るという報酬は，正しく善なる神のもとでは道徳的に不可能である。）からである。A VI, 4-B, 1453.「不完全性を含むものを除いて，神にとってすべてが可能である。罪を犯すこと，例えば無実の者を断罪することは不完全性を含む。無実の者の断罪はなるほどそれ自体では可能である，すなわち矛盾を含まないが，神にとって可能ではない」。以下も参照。『デカルト哲学について』（*De la philosophie cartésienne*, A VI, 4-B, 1481f.）および『自由と運命についての会話』（*Conversation sur la liberté et le destin*, Grua 478）。

20）　『デカルトの哲学のいくつかの箇所の諸帰結に関する諸考察への応答』（*Reponse aux reflexions [...] touchant les consequences de quelques endroits de la philosophie de des Cartes*, GP IV, 340f.）。次も参照。*De l'Horizon de la doctrine humaine.* Ἀποκατάστασις πάντων *(la Restitution Universelle)*, textes inédits, traduits et annotés par Michel Fichant, Vrin, 1991.

21）　例えば：GP IV, 341, 344.

ことは，われわれの世界のように秩序づけられた調和的な
世界が現実存在することとほとんど両立しえない（偶発的
に産出されるそのような宇宙の可能性は，「形而上学的に
いって」排除されえないだろうが）[22]。

創造された世界は，「現実存在するあらゆる事物の系列
全体であり集合全体である」[23]。その普遍性は，他の諸々の
普遍性を排除することはないが（それぞれの可能世界は
普遍的であるが，いかなる可能世界も他の可能世界を包
含することはない），真に絶対的であり，余すところがな
い。しかもそれは外延的にも内包的にもそうである。ライ
プニッツがクラークに念押しするように，世界は「事物の
開闢以来の，物質的なものと非物質的なものを合わせた被
造物からなる宇宙全体」[24]である。世界は，自然の領域す
なわち諸物体からなる宇宙と，恩寵の領域すなわち道徳的
（またはいわゆる「叡智的」[25]）世界，諸精神からなる国家
とを含んでいる。宇宙に住まう被造物は無数にある。マク
ロコスモスの体系を考察するのであれ，ミクロコスモスの
体系を考察するのであれ[26]そうである。近世の科学的発見
（天体望遠鏡と顕微鏡の発明による）によって，そのとき
まで人類がまだ持たなかったそうした考え方が得られるこ
とになる。自然の秩序と恩寵の秩序の並行関係によって，
自然界の外延に正確に対応する道徳界の外延が考えられる
ことになる。かくして『弁神論』第19節と『神の大義』
第57–58節は，理性的存在者がいるかもしれない数えき

---

22)　ライプニッツはこの仮説に言及するが，それを用いるエピ
クロス派にとっての逃げ口上でしかない，と判断する（『自由，運命，
神の恩寵について』（De libertate, fato, gratia Dei, A VI, 4-B, 1604f.））。

23)　Th §8. 強調ラトー。

24)　クラーク宛第五書簡（1716年8月）（GP VII, §59, 406）。

25)　NE, IV, 3, §27, A VI, 6, 389.

26)　Th-CD §143.

1.1. 世界の統一性，唯一性，偶然性   61

れない惑星，そして恒星の領域の向こう側にある，栄光と
至福に満ちているかもしれず，すべての祝福された被造物
が集まるかもしれないような，広大無辺な空間（神学者た
ちの言う天国）に言及する。

　物質的宇宙は，連続体（continuum）の無限にいたる現
実的分割のゆえに，その最も小さな部分にさえなお無数
の被造物が含まれており，その結果，いわば「諸世界のう
ちに諸世界が無限に」[27]ある。自然の機械，すなわちその
すべての部分がなお機械であるような機械[28]と同一視され
る，生命をもつ物体の観察によって，事物の無限の深みに
どれだけ分け入ろうといずれの段階でも見出される驚嘆す
べき秩序と配置（すなわち厳密な意味で一つの・コ・ス・モ・ス）
という観念が強化される。しかしながら，世界のこの入れ
子構造は，独立した体系の並列という仕方でではなく，緊
密なつながりと正確な表出という仕方で考えなければなら
ない。というのも，部分は「全体」のうちに含まれている
のみならず，活きた鏡のごとく全体を表出し複製するので
あり，それゆえ大は小のうちにもあり，減少は増大の一表
現だからである[29]。

　無限は宇宙の大きさと，互いに含みあう被造物の多数性

　27）『具体的運動論』（*Theoria motus concreti*）第 43 節（GP, IV,
201）の表現による。Th §195, Mo §66.

　28）「自然の機械は，そのどんな小さい部分をとっても至ると
ろ機械であり，あるいはむしろそのどんなに小さい部分もまた，一つ
の無限な世界，宇宙の残りのうちにあるいっさいをそれ自身の仕方で
表出する世界なのである。このことはわれわれの想像力を超えるが，
そうでなければならないことを人は知っている。そして無限に無限な
この多様性全体は，無限以上の棟梁的知恵によって，そのあらゆる部
分において魂を与えられている」（ボシュエ宛 1692 年 4 月 8/18 日付。
A II, 2, 516）。

　29）　Grua 554.

とのうちにあるだけでなく[30]，来るべき時間のうちにもある。宇宙は時間上の始まりを有する。『弁神論』の第244および245節において，ライプニッツは地球の形成史に言及し，序文の最初の数頁において，諸民族の，つまり異教徒の時代からローマ帝国におけるキリスト教の発展およびムハンマドにいたる宗教史の原論を提示する。宇宙は過去のすべての継起的状態を含んでおり，「未来永劫に」[31]達するだろう。時間のこの無限性は，外延におけるもの（永続性）であるのみならず，ライプニッツがパスカルについて省察している或るテクストを信じるならば，その分割において内包におけるものでもあると言えるかもしれないだろう。じっさい，そこでは未来は次のように言われているのである。

〔未来は〕無限に無限である。なぜなら各瞬間は無限の事物を含み，そのそれぞれが無限を含んでいるからであり，また各時間あるいは時の別の部分のうちに無限の瞬間があり，したがって未来の永遠性全体のうちに無限の時間，年，世紀，年代があるからである。指定しうるどんな小さな物体の小片のうちにも，それだけの無限に折りたたまれた無限の無限性，世界，宇宙が見出されうるのである。[32]

それゆえ，諸々の時，場所，それらを占める被造物の総体は，ある全体としてではなく，ある無限，それも現実的

---

30)　一方は上昇的，他方は下降的である，二つの無限の区別を参照（Grua, 559. そこでは「諸世界における諸世界」という表現がまた現れる）。

31)　Th §195, p. 232. デ・ボス宛 1708 年 10 月 2 日付（GP II, 362）。

32)　Grua, 554.

1.1. 世界の統一性，唯一性，偶然性　　63

であって単に潜在的ではない無限として理解されなければ
ならない。『弁神論』第195節が与える無限の定義は世界
自体の定義と混同されていることに気づくだろう。無限は
「無限数の実体の集積」[33]に他ならない〔と言われる〕のだ
から。無限数が一でも全体でもない（「それが偶数か奇数
か言えない」以上）のと同様，世界は，その無限性のゆえ
に，一つの実体，それ自身によって実在的な一つの存在者
を形成しえない。完全性において無限なものだけが一であ
り一なる存在者だと言われうる[34]。それゆえ，宇宙は完全
に緊密で結合した事物の一つの寄せ集めであるが，唯一つ
の物体あるいは一つの動物を形成することはない。宇宙は
唯一（現実存在する唯一のもの）であるが，厳密にいって
一ではない。それゆえ，神は世界霊魂として理解されえ
ず，また世界もある神としては理解されえない。というの
も，それ自身による一（unum per se）ではないものは，実
体形相あるいは魂を持ちえないであろうから。

　アルノーとの往復書簡においてライプニッツが用いる，
それ自身による存在者（真なる一性を備えた）と寄せ集め
による存在者（その一性は偶有的でしかない）との区別[35]
を参照するならば，次のことが明らかとなる。すなわち，
形而上学的次元においては，世界が実在的な一性をもつ
としたら，それは委任によって以外にはない。すなわち，
〔世界が実在的な一性を持つのは〕ただその構成的「部分」
がそれ〔実在的一性〕を有する，すなわち実体であるかぎ
りで，しかもそのかぎりでのみである。存在と一が相互的
であるならば，世界は一つの存在ではない。すなわち，世

---

　33)　Th §195, p. 232.

　34)　『現前する世界』（*De mundo praesenti*, A VI, 4-B, 1509）と
『神は世界霊魂ではないこと』（*Deum non esse mundi animam*, A VI,
4-B, 1492）。

　35)　A II, 2, 120–121, 169, 184.

界はそれ自体においては何ものでもなく，世界がそれの集
まりあるいは集合であるところの諸実体の他には実在性を
持たない[36]。羊の群れや人間の軍隊と同様，世界は一つの
存在なのではなく，むしろ世界を合成し相互関係にある諸
被造物の存在の仕方なのである。しかしながら，その一性
は単に精神的なもの，つまり表象に相対的なものあるいは
言葉上のものではない。恣意的なものではなおさらない。
世界の一性は単に「われわれの思惟を短縮し，現象を表現
する」[37]方式に属するものではない。なぜなら，それは因
果性，共-現実存在，実体間の相互的表出という諸関係を
含んでいるからである。

　換言すれば，世界は他の寄せ集めと同様のそれはない。
世界が石の山のような寄せ集めではないのは，世界が表出
する秩序と調和のゆえである。世界は実体的な存在者から
複合されるが，その部分のあいだに現実存在する，より強
固な緊密的関係と結合性によって，単なる多性，群れ，群
衆とは異なる。寄せ集めによる存在者には複数の種類があ
る。しかし，それらを区別するためには，ある場合には要
素のつながりが他の場合よりも緊密であると言うだけでは
十分ではない。このつながりが何に基づいているのかを示
すこと，すなわち（あらゆる寄せ集めからなる寄せ集めが
問題というだけでなく）諸事物の一つの総体を厳密な意味
での一つの世界とするところの，この偶有による一性の特
殊性を把握するよう試みなければならない。

---

　36)　アルノー宛 1687 年 4 月 30 日付（A II, 2, 187)。「私は真な
る一性なしにいかなる実在性も考えない」。
　37)　同上，185。

1.2. 空間と時間の秩序，および世界の諸条件

『現前する世界』(*De mundo praesenti*)（執筆時期は 1684
年初めと 1685/86 年冬の間）において，ライプニッツは含
むものと含まれるものを世界のうちに区別しながら，世
界を「すべての物体の寄せ集め」と定義する。時間と場
所（あるいは空間）は「受容体」(receptacula) として，そ
して諸物体 (recepta) は受容体が受容するあるいは含むも
のとして提示されている[38]。空間と時間にいかなる絶対的
な実在性も認めず，それらを占める被造物から抽象された
いかなる現実存在も認めない哲学者〔ライプニッツ〕にお
いて，そのような区別は驚くべきものかもしれない。しか
しそれはライプニッツによく見られるものである。じっ
さい，時間と空間は，『事物の根本的起源について』におい
て「世界の受容性あるいは容量」[39]と呼ばれているもの
を規定する。可能なものどもと，この世界／ある世界 (le
/ un monde) をなす共可能的なものどもとについての問い
を考察する前に，すなわち含まれるもの〔内容〕(recepta)
から独立に，含むもの〔受容体〕(receptacula) が課す不可
避の制約を考察しなければならない。これは中立的で無差
別な受容体ではないのである。

容量 (capacité) は純粋な受動的能力ではなく，規定さ
れた力能 (puissance) である。世界が受容しうるもの，す
なわち世界がその内に認めうるものは，空間と時間の制約
を満たすものである。この制約は空間と時間の幾何学的な
特性，すなわち空間は三つの次元をもつという事実と，時

---

38) A VI, 4-B, 1509.

39) GP VII, 303.

66   第Ⅰ部／第1章　世界をつくるもの

間は事物のうちに一定の順序（継起）をもたらすという事
実による。宇宙を構築する神的建築家は，建物を建てるた
めに土地の性質，費用，利用可能な材料を考慮に入れる人
間の建築家に似ている。これらの制約を考慮するだけでな
く，時間と空間を最も上手く利用するよう注意しなければ
ならない。それはちょうど，配列を制限するいくつかの規
則に従って，ある平面上の空の枡目をコインでできるだけ
多く埋める遊戯の場合と同様である[40]。

　それゆえ，世界をつくるためには，時間と空間が含むす
べての可能なものが，互いに排除しあわないという論理的
意味において共可能的であるだけでは十分ではなく，さら
にそれらが時空の秩序という要求に応えうるのでなければ
ならない。もはや単に内的無矛盾性という論理的観点から
ではなく，宇宙論的な観点からこそ，宇宙は，外的な制約
ではなく（世界の外には世界を制限するものは何もないた
め），それにとって内的である制約に従う事物の寄せ集め
である。じっさい，創造されるあらゆるものと同様に，世
界はその本性とその受容性とを，すなわちそれがそうであ
りうるところのものとそれが受け入れうるものとを制限す
る限界（non plus ultra）をもつのである[41]。時間と空間の考
察は，『弁神論』第120節を信じるなら，精神だけから構
成される世界を排除するものでさえあると思われる：

　　もし精神しか存在しないとしたら，精神相互の必然的

────────────
　40)　同上，303f.。ライプニッツは，所与の平面上に可能なかぎ
り多く小石を配置する仕方にも言及する。
　41)　これに関して，世界全体について，次の船の場合と同じこ
とが言える。すなわち，神が被造物に与える完全性を制限する被造物
の本性的制限を説明するために『弁神論』第30節で与えられている
例における，それぞれが積んでいるものの重量に応じて異なる速度で
川を下る船である。

1.2. 空間と時間の秩序，および世界の諸条件　67

な連結はなくなるし，時間や場所の秩序もなくなって
しまう。このような秩序は，物質と運動とそれらの法
則とを必要とする。それらを諸精神とともにできるだ
け上手く規整することによって，ひとは結局われわれ
の世界にたどり着くだろう。

「ライプニッツにおける共可能性」(*Leibniz on Compossibility*) という論文[42]において，ジェームズ・メッシーナとドナルド・ラザフォードは，ある可能世界は一つの統一的で共通の時空的秩序によって特徴づけられると主張する。共可能性に関する彼らの定義は，二つの実体が共可能であるのは，それらが共に現実存在するという想定が論理的に容認可能な場合のみであるとする，いわゆる論理主義的解釈（メイツ，レッシャー，ヒンティッカ，ダゴスティーノに代表される）に対立する。それと同時に，二つの実体が共可能であるのは，それらが同じ普遍的諸法則のもとでつながっている場合のみであるとする，いわゆる法則主義的解釈（ハッキング，コヴァー，オレリー＝ホーソーン，そしてひょっとするとラッセルに代表される）にもそれは対立する。彼ら〔メッシーナとラザフォード〕が提唱する「宇宙論的」解釈 (cosmological interpretation) の主張によれば，共可能である（それゆえ同じ世界を形成する）のは，唯一にして同一の共在と継起の秩序に属する，すなわち同じ空間と時間の秩序によってつながっている諸々の可能的なものである。同じ宇宙の成員であるためには，可能なもののいっさいに固有の無矛盾性の要求の他に，同じ時空的かつ因果的な結合に属するという条件を満たさなければならない。

この解釈は，とりわけ『ベール氏の批評辞典第二版にお

---

42)　In: *Philosophy Compass*, 4/6 2009.

68 第Ⅰ部／第1章　世界をつくるもの

ける諸考察への応答』のある一節によって正当化されうる。そこでライプニッツは，延長を「可能な共-現実存在の秩序」，時間を「非整合的だがそれでも結合をもつ諸可能性の秩序」と定義した後で次のように宣言する。

> 時間と空間は一緒になって宇宙全体の諸可能性の秩序をなす。したがって，これらの秩序（すなわち空間と時間）は，現実に有るものに対してだけでなく，その場所に置かれうるかもしれないものに対しても枠組みを与える。これは数が，数えられた事物（res numerata）でありうるものいっさいに対して無差別であるのと同様である。[43]

　さらに，「宇宙論的」解釈は『弁神論』第7節によって裏づけられるように思われる。世界の偶然性を証明するために，著者〔ライプニッツ〕は「時間，空間，物質はそれ自体では一様で変わりがなくいっさいに対して無差別であり，まったく別の運動や形を受容することができるのであり，しかも異なる順序でそうすることができる」と記している。世界は「偶然的事物の集まり」であるだけでなく，一つの系列，一つの集合（第8節）であると明確にすることによって，ライプニッツは世界を，その要素が因果的に結びついていて時間において展開される系列，および秩序づけられた被造物の，同時に共に現実存在する寄せ集めだとする。言い換えると，宇宙は同じ空間に拡がったすべて

---

43)　GP IV, 568. 空間と時間は現実存在するもののあいだの関係であるだけでなく，可能的なもののあいだの関係でもある（NE II, 13, § 17）。「［…］時間と空間は，諸々の現実存在の想定を超えて，諸可能性を特徴づける。時間と空間は，可能的なものにも現実存在しているものにも等しくかかわる永遠真理の本性に属する」（NE II, 14, § 26, A VI, 6, 154）。

1.2. 空間と時間の秩序，および世界の諸条件　　69

の事物と，それらの過去，現在，未来の継起的状態の全体
を含むものである[44]。

　「宇宙論的」解釈が引き起こす困難は，空間と時間の本
性そのものに由来する。ライプニッツは空間と時間を純然
たる観念性（idéalité）と考えており，それらは事物におけ
る区別と個体化のいかなる基準をも提供しない。しかしそ
れだけではない。時空的統一性を世界の条件とすることに
よって，世界はその現象的存在を介してしか考察されてい
ないように思われる。空間と時間は，それにしたがって事
物が共に現実存在するものとして，かつ継起的なものとし
て精神に対して現れる秩序である。しかるに，もし世界が
まさにそのようなものであるなら，つまりもし世界が同時
に現実存在し因果的に継起する事物のこの秩序全体である
ならば，世界は他のものでもある。つまり世界は，諸現象
のこの秩序が根本的に表出するもの，すなわちいかなる空
間にも位置しえず[45]，その時間性が或る表象から別の表象

　44）　『事物の根本的起源について』（GP VII, 303）。神は「諸状態
の連鎖あるいはその寄せ集めが世界を構成するところの事物の系列と
は異なる」と言われている。
　45）　マシャム夫人宛 1704 年 6 月 30 日付（GP III, 357）。「それ
（単純実体）がどこかにあるかどこにもないかという問いは言葉の問い
にすぎない。というのも，単純実体の本性は延長のうちにはないが，
単純実体はそれが表現する延長に関係づけられるからである。そうし
て魂を身体のうちに置かなければならない。魂が宇宙を現前的に表現
する魂の視点はそこにあるのである。それ以上のことを欲すること，
魂を三次元のうちに閉じ込めようとすること，これは魂を物体のごと
く想像することである」。レモン宛 1714 年 7 月付（GP III, 623）も参
照。空間において場所を占める身体への恒常的な関係によって，単純
実体は，非延長的であるが，「延長の基礎である」位置（position）を
もつのである（デ・ボス宛 1707 年 7 月 21 日付。GP II, 339）。しかし，
繰り返すが，この位置は物理的空間における点の位置ではない。それ
は単純実体が世界を表象する際の（物体の位置によって規定された）
視点である。

70   第 I 部／第 1 章　世界をつくるもの

への規則づけられた移行に他ならないところの諸実体の活
動性でもあるのである。それゆえ、「宇宙論的」解釈は正
しいが、それが依拠する諸基準は、世界が何であるか、あ
るいは何が世界をなすのかをわれわれに教えるには十分で
はありえない。なぜならこの解釈は現れの次元にのみとど
まるからである。諸現象がそれ自身における、つまりそれ
自身による実在性（realité）を持たないことを思い出すこ
とによって、それ〔現象の次元〕を超えて形而上学的次元
に移らなければならない。現象が「よく基礎づけられた」
ものであるのは、現象を支える実体的な実在性（モナド）
の活動性に関係するかぎりでしかないのである。

　メッシーナとラザフォードも一応認めているように、も
し世界が諸現象の普遍的体系に還元されず究極的には諸
実体から複合されるということを認めるならば、諸現象
が、空間と時間において、またそれらが課す諸規則に従っ
てしか産出されえないことは、これらの規則が世界の本質
を規定するものでもあることを含意しない。われわれが
提唱する（そして現象的次元でしか妥当しない「宇宙論
的」解釈を補完するべき）形而上学的解釈に従えば、空間
と時間は同一の世界の諸存在者が共可能的であることの印
（marques）あるいは徴（indices）だが、その理由ではな
い[46]。ある場所を占めること、ある時に産出されることは、
純粋に外的な規定である。空間的および時間的規定は、そ
れらが内的な規定に関連する、すなわち諸事物の本性その

――――――――

　46)　つまるところ、「宇宙論的」解釈に向けうる批判は、それが
結果（空間における共在と時間における結合）を（共可能性の）原因
ととってしまっているというものである。同一の世界を形成する諸実
体が共可能的であるのは、それらが同一の共在と継起の秩序に属する
からではない。そうではなく逆に、それらがこの同じ秩序に属するの
は、それらが後で見ることになる形而上学的な理由のゆえに共可能的
だからである。

1.2. 空間と時間の秩序，および世界の諸条件　　71

ものに関連するかぎりでしか適切ではありえない[47]。Aが
Bの右にあるのは，AとBは二つの別個だが共に現実存
在する実体であるからである。BがAに続いて生じるの
は，AとBは両立不可能だが，「それでも結合をもつ」か
らである。あるいはさらに，AとBが共可能であるのは，
それらが同じ空間にありうるから，あるいはそれらが同じ
時間的系列に属すから（外的基準）ではなく，それらが予
定調和のゆえに同じ世界を表出しているという事実に由来
する内的な理由のゆえである。

　二つの個体は，単に一方がここにあり，他方があちらに
あるという理由，あるいは一方が昨日あり，他方が今日あ
る，あるいは明日あるだろうという理由だけによっては異
なりえない。『人間知性新論』でライプニッツが述べるよ
うに，相違は内的で，考察される諸存在者の本質のうちに
なければならない：

> かくして時間と場所（すなわち外への関係）は，われ
> われが，それら自体によってはうまく区別できない諸
> 事物を区別するのに役立つが，諸事物はやはりそれ自
> 体で区別可能である。[48]

　われわれには類似しているように見えるものを区別する
ため，あるいはある事物が他の事物と両立可能であること
を知るため，われわれが空間と時間を必要とする（なぜな

---

　47)　クラーク宛第五書簡（GP VII, § 18, 374）。「空間の均一性の
ゆえに，その諸部分を識別したりそこにおいて選択したりするための
内的理由も外的理由もない。なぜなら，識別するためのこの外的理由
は内的なもののうちにしか基礎を持ちえないからである。さもなくば，
それは識別できないことを識別すること，あるいは識別せずに選択す
ることである」。

　48)　NE II, 27, § 1, 230.

らわれわれはそれらの事物が同じ宇宙において共存し継起
することを経験するのだから）という事実は，空間と時間
がそれ自体で，二つの個体の本質を（あるいは或る可能世
界を別の可能世界から）区別するように可能にする区別の
原理であることを含意しないし，それら〔空間と時間〕が
一部の可能的なものの共可能性と非共可能性の理由である
ことも含意しない。というのも，じっさいには，「むしろ
諸事物によってこそ，ある場所またはある時間を，別の場
所または時間から識別しなければならない。なぜならそれ
ら〔ある場所と別の場所，ある時間と別の時間〕はそれ自
体では完全に類似しているだけでなく，それらは実体ある
いは完足的な実在性ではないからである」[49]。諸事物を区別
することを可能にし，世界の「数的個体性」[50]をなすのは
時間と空間ではない。それとは反対に，ある時間を別の時
間から，ある場所を別の場所から区別することを可能に
し，世界の唯一性と「個別性」（singularité）をなすのは諸
事物なのである。物体から独立に考察された二つの場所あ
るいは二つの瞬間は，じっさい識別することができない。
それらはすべての数学的存在者と同様，不完足な概念であ
り，それゆえ虚構である[51]。

　もちろん，そうだからといって，空間と時間が純粋な幻
想であり，表象する精神にとってしか存在しないというこ
とにはならない。事物が現れる仕方と，経験が明らかにす
る事物の生成は，これらの事物自身が何であるかというこ
とやそれらのうちで何が生じているかと無関係ではない。
現象（それらの特性，それらの質）とその実体的な基盤と
のあいだにはつねに類似がある。まったく相対的でありこ

49）　Ibid.
50）　『弁神論』第 9 節の表現による。
51）　NE préface p. 57 ; II, 1, § 2, 110。

1.2. 空間と時間の秩序，および世界の諸条件　73

そすれ，空間と時間はやはり実在的に基礎づけられた秩
序，すなわち諸モナドのうちに基礎づけられた秩序を示す
のである。空間と時間の実在性は，何か絶対的なものに存
するのではなく，ライプニッツがクラークに語るように，
「諸関係の真理性」[52]に存するのである。空間と時間は真な
る諸関係の一体系でしかない。

　それゆえ，われわれの哲学者〔ライプニッツ〕が空間と
時間を諸事物から抽象しているように思われるとき，誤
解してはならない。彼は，空間と時間が独立した，純粋
で，絶対的な仕方で現実存在すると言いたいのでは決して
なく，空間と時間が徴づける秩序は別様でありえたという
ことと，事物間の諸関係（空間と時間が還元されるところ
の）は違ったものでありえたことを言おうとしている。言
い換えれば，空間と時間が事物の別の集合や別の系列を受
け入れることができたということではなく，別の空間，別
の時間，すなわち別の共存する者と別の因果的諸系列も同
様に思惟可能だったということである。空間概念の形成に
関してライプニッツが提示する説明は，一方は観念的で数
学的，他方は具体的で形而上学的であるような二つのアプ
ローチをまさに描くものである。著者〔ライプニッツ〕は
適合性（convenance）の抽象的関係として定義された場所
（place）[53]と，他方，具体的な諸個体間の適合性の関係で

---

52)　クラーク宛第五書簡（GP VII, § 47, 402）。

53)　同上，400〔K I, 9, 352f.〕。「場所とはBがC, E, F, Gと
共にもつ共存関係が，Aが同じもの〔C, E, F, G〕と共に持ってい
た共存関係と完全に一致するとき，AとBとに同じもののことであ
る。〔ただし〕C, E, F, Gの内には変化のいかなる原因もないと仮
定しての話であるが。こうした例示を出すまでもなく次のようにも言
い得るであろう。すなわち，場所というものは，異なった瞬間におい
て異なった現実存在者に同一のもの，ただし，それら異なった現実存
在者たちと，これら諸瞬間の或るものから他のものへ至るあいだ固定
していると仮定された一定の現実存在者たちとの共存関係が完全に一

74 第Ⅰ部／第1章 世界をつくるもの

ある，「場所を占める物体の位置関係」[54]との区別を強調する。（ニュートンのような）絶対的空間の支持者らの誤りは，適合性しかないところに同一性を措定し，観念性を独立した実在的存在者とすることにある。

　時間と空間は，まさにそれらが諸事物のあいだの関係にすぎないという意味において相対的である。これらの関係の真理性を理解するために，われわれは厳密に現象的な面，すなわち統合された時空的枠組みを離れて，説明の形而上学的次元へと移らなければならない。空間は共在の秩序の現象的表現にすぎず，この共在の秩序はそれ自身諸存在者の同時的な共可能性（compossibilité）の観念を指し示す。時間は因果関係の現象的表現にすぎず，この因果関係はそれ自身諸モナドの各状態の秩序ある連続的な展開を指し示す。というのも，因果関係に関するライプニッツの解釈は，因果関係を実体の根本特徴である表出の一事例へと還元することに存するのである[55]。因果性は，事物間の観念的関係しか叙述せず，この関係においては，一方の事物（原因と呼ばれる）に生じるものは，当の事物の本性だ

──────────

致する場合のこと，と言い得るであろう」。

　54）　同上，400–401;〔K Ⅰ, 9, 353〕。「というのも，Aの場所とBの場所とは同じだが，固定した諸物体に対するAの関係は，同じ固定した物体に対する（Aの場所を占めることになる）Bの関係とは正確にそして個体的には同じものではないのだから。これらの関係は一致しているだけである。というのも，AとBといった異なる二つの主語は同じ個体的変状を正確には持ち得ないであろうから。同じ個体的偶有性は二つの主語の内に見出されることはできないし，主語から主語へ移行することもできないのであるから」。

　55）　『観念とは何か』（GP Ⅶ, 264）〔K Ⅰ, 8, 21〕。ライプニッツは自然のうちに基礎をもつ表出のうち，類似性に基づくもの（例えば大きい円と小さい円，ある国とその地図のあいだ）と，一種の結合に基づくもの（例えば円と楕円のあいだ。なぜなら楕円のいかなる点にも，円のある点が規定された法則に従って対応するから。また原因と結果のあいだ）とを区別する。

1.2. 空間と時間の秩序，および世界の諸条件　　75

けから出てくるのでありながらも，もう一方の事物（結果
と呼ばれる）に生じるものに正確に対応する。ある事物が
別の事物に働きかけると言われるのは，前者によって後者
に生じる諸変化が説明される場合である。ある実体が能動
的なものとして考察されるのは，その実体が，それとの関
係で他のすべての事物が規整され秩序づけられるような参
照点となるかぎりにおいてであり，受動的なものとして考
察されるのは，逆にその実体が他の諸事物に呼吸を合わせ
る，すなわちそれらに適応するかぎりにおいてである。こ
の説明は，ある実体の，他の実体に対するすべての物理的
な影響（さらに言えばこれは理解不可能であろうが）を，
事実上不要なものとすることによって排除する。

　形而上学的に定義された能動と受動の概念は，もはや，
実体に内的な質的差異化，すなわち表出の程度の上での，
または完全性の上での変化しか指し示さない。能動するこ
とはよりよく，またより完全につまり判明に表出すること
を意味し，受動することはより劣った仕方で，すなわち錯
雑とした仕方で表出することである[56]。実体のそれぞれの
状態は，他の諸実体において生じることに対応しながら
も，自身の先行する状態の帰結であるのだから（いっさい
は自己自身のうちから流れ出てくるゆえ），因果関係は，
実体相互の交渉という観点からは観念的影響として，各実
体の観点からは各実体が含むいっさいの内的で規整された
展開として解釈されなければならない。後者の観点に従え
ば，ある表象から別の表象への関係，あるいは知覚できな
い印象から気づきうる感覚への関係は，原因の結果に対す
る関係としてよりも，錯雑から判明への移行，あるいは感
覚できないものから感覚可能なものへの進展として現れ
る。

56）　DM §15.

76 第Ⅰ部／第1章 世界をつくるもの

　ピンあるいはスズメバチによって刺されるという例[57]がこのことを示す。微小表象から気づきうる感覚（痛み）への完全な連続性があるのは、実体の継起的諸状態のあいだの関係を包蔵と展開によって考えなければならないからに他ならない。痛みは、曖昧な予感（すでに不快感である）の感覚可能で気づきうる展開でしかない。現在の表象は先行する表象から帰結するが、それは現在の表象が先行する表象の内にすでに包蔵されており、萌芽的に現前しているからである。予先形成説によれば動物は種子のうちに微小な仕方で含まれているとされるが、それと同様である。そうして、「魂は、刺し、その後の痛みの原因となるものを、それらが、（先行する）状態の表現のうちにまだ隠されているときには、つねに判明に意識するわけではないのである［…］」[58]。

　時間を定義する継起の関係は因果的秩序を指し示し、因果的秩序はそれ自身、形而上学的次元において、実体の活動の展開を指し示す。この解釈に従うならば、究極的には時間の形而上学的基礎は「ある表象から別の表象への変化あるいは移行」[59]をなすモナドの欲求（appétition）にほかならず、空間の形而上学的基礎は「一において多を含み表現する推移的状態」[60]、すなわち「複合的なもの、あるいは外にあるものの、単純なものにおける」[61]表現として定義

　57）　アルノー宛 1687 年 10 月 9 日付（A II, 2, 243f.）、『ベール氏の『辞典』ロラリウスの項抜粋と私のコメント』（*Extrait du Dictionnaire de M. Bayle article Rorarius [...] avec mes remarques*, GP IV, 547）。

　58）　アルノー宛 1687 年 10 月 9 日付（A II, 2, 243f.）。強調ラトー。

　59）　Mo §15. 欲求は或る表象から別の表象への傾向性である（PNG §2）。

　60）　Mo §14.

　61）　PNG §2.

1.2. 空間と時間の秩序，および世界の諸条件   77

された表象（perception）であると考えなければならない
だろう。表象が権利上無限に広がり，宇宙全体，言い換え
れば共に現実存在する万物の秩序を含むことを思い出そ
う。そうだからと言って，表象がすべて空間的だというこ
とにはならない。では世界とは何だろうか？　すべての被
造実体の総体およびそれらのすべての質的変化，表象，欲
求なのであって，それらの秩序こそが空間と時間と呼ばれ
るものなのである。繰り返すが，この秩序は「よく基礎づ
けられた」秩序であり，諸現象の「真理性」をなす秩序で
ある。

　この読みによって，世界を二つの仕方で構想することが
可能になる。すなわち，同時に現実存在する万物の寄せ集
めにして万物の継起的状態の系列の展開として，そしてま
た，表出説を介し，その「諸部分」，すなわちそれぞれの
実体のうちに含まれている全体として。世界は，単にそれ
を構成する要素の総体でもなければそれらの要素の継起
的状態の合計でもなく，その各要素のうちで全体として
（intégralement）表現されており，その各瞬間のうちに完全
に（entièrement）含まれているのである。もしきわめて洞
察力の鋭い精神が，ある魂が含んでいるいっさいを見るこ
とができるならば，この精神はそこに世界の過去，現在，
未来のいっさいを見るであろう。同様に，この精神は物質
の各小片のうちに，宇宙の至る所で起こることを見るであ
ろう（「どんなに小さな運動でさえ，距離がどれだけあろ
うとも，その結果を及ぼすのである」[62]から）。

　普遍的な表出と照応（sympathie）によって，厳密に直線
的な（原因から結果への）展開としての時間の概念を，そ
して並列された場所の全体としての空間の概念を考え直す
必要が生じる。というのも，モナドの次元では，あちらは

62）　Th §9, p. 107; NE, préface, p. 55.

78 　　　　第Ⅰ部／第1章　世界をつくるもの

こちらに感じられ，遠いものは近いもののうちにあり，過
去はなお現在にあり，未来はすでにあるのだから。その結
果，世界のそれぞれの「場所」は（前述のようにモナドは
いかなる空間にも位置しないとしても[63]），すべての空間
を含み，それぞれの瞬間はあらゆる時間を含む，と言うこ
とができる。神のみがいっさいを見通す完全な眼を有して
いる。というのも，神は事物を，それらの時間的継起にお
いて見るのでも空間的配置において見るのでもなく，本
性上の秩序すなわち論理的な関係に従って見るからであ
る[64]。「神はこの宇宙の系列全体を選ぶとき，それを一挙に
見る」のであり，それゆえ，

　　　　結果を予見するために，結果の原因との結びつきを必
　　　　要とはしない。しかし神は，完全に上手く結びつけら
　　　　れた系列を自らの知恵によって選択することになった
　　　　のだから，その系列の一部分を他の部分の内にも見て
　　　　いないわけがない。これは私の一般的調和の説の規則
　　　　であるが，現在は未来を孕み，すべてを見るものは，
　　　　現に有るものの内にこれから有るであろうものを見て
　　　　いる。そればかりではない。私は，諸事物の完全な結
　　　　合のゆえに神は宇宙の各部分の内に全宇宙を見てい
　　　　る，ということを論証的な仕方で確立した。[65]

　形而上学的解釈は，空間と時間によって表わされた諸事
物の秩序の実体的基礎へと導いた後で，時空へのいかなる
参照をも決定的に退ける神の直観視へとついに導くのであ
る。しかしながら，共可能性と非共可能性の理由の問いが

　　63）　モナドは空間と時間を基礎づけるものである。
　　64）　Th §192, §389. 次も見よ。Yvon Belaval, *Leibniz critique de
Descartes*, Gallimard, 1960, p. 418–420.
　　65）　Th §360, GP VI, 329〔K I, 7, 109〕。

手つかずのまま残っている。もし普遍的秩序が，モナドの活動，つまりモナド自身の展開の諸法則に従って規整された活動から帰結することを示す形而上学的な記述に至ったとしても，われわれは，何がこれらすべての実体のつながりを生むのか，なぜそれらが形成する特殊な全体が，他の出来事や他の被造物の現実存在を許容しないのかを相変わらず知らないのである。

1.3. 諸可能世界と，非共可能性の根

『弁神論』第8節でライプニッツが提示する世界の定義は，現実存在する事物の系列の考察から出発して打ち立てられている。しかし，この定義はすべての可能世界に当てはまるものである。各世界は可能な諸事物からなる一つの系列として考察されなければならない。これら他の世界がどのようなものでありうるかを思い描くことはもちろん難しい。しかしそのことに関して想像力をたくましくすることは問題ではありえない。何もかもがひとつの世界をなすわけではない。三つの一般的特徴がすべての可能宇宙に適用されなければならないと思われる。ひとつの世界は，(1) それ自身無矛盾で，(2) 共可能的で，(3) 他の世界を形成することなしには何も変えたり消したりしえない仕方でつながっている諸事物からしか形成されえない。共可能性という特性はつながり（liaison）という特性の帰結である。これら三つの特徴は，本質的に否定的な意味をもつ基準（内的／外的無矛盾，部分の相互依存）を提供する。ひとつの世界が，可能かつ互いに両立可能でつながり合った事物しか含んではならないということを知ることがわれわれに手渡すのは，共可能性の理由（諸事物の或る全体が肯定的に或る世界を構成するのはなぜか）というよりも〔む

80 第Ⅰ部／第1章 世界をつくるもの

しろ〕非共可能性の徴（諸事物の或る全体が或る世界を形成しえないのはなぜか）である。

それでも，諸可能世界への二つの「入口」，すなわちそれらがどのようなものであるかを思い描く二つの仕方，あるいはより正確には，それらがどのようなものでありうるかの観念を得る二つの仕方がある。一方は，ライプニッツが反事実的な状況，出来事，あるいは行為に関する事例に言及する場合である。すなわち，ケイラの包囲，ハーグでなくライデンで死ぬスピノザ，ルクレティアを侵さないセクストゥス，そして無数の他の可能なセクストゥスのような事例[66]である。他方は，ライプニッツが小説（例えばスキュデリー嬢のそれ，あるいはブランシュヴァイクのアントン・ウルリッヒの『オクタヴィア』[67]），ユートピアのフィクション，また罪も不幸もない世界[68]の考察に訴える場合である。これらの例が説明しているのは，われわれの宇宙に極めて近い宇宙（スピノザがライデンで死ぬ世界は，少なくともこの死に先立つすべての出来事をわれわれの世界と共有すると想定されているのであるから）であるか，あるいは多かれ少なかれ案出されわれわれの世界から離れた宇宙（『グラン・シリュス』〔1649年初版〕や『オクタヴィア』のように，フィクションであるが古代の歴史的人物からインスピレーションを得た物語，あるいは『アルゲニス』のように，遠い過去に位置するが同時代の人物からインスピレーションを得た物語，ドゥニ・ヴェラスの『セヴァランブの歴史』〔1677–1679年〕のように，想像上の諸民族の物語，そして最後に，悪のない世界）であるかのどちらかである。

---

66) Ibid. §42, §174, §414–416.
67) Ibid. §173.『哲学者の告白』はジョン・バークレーの『アルゲニス』にも言及する（A Ⅵ, 3, 128）〔K Ⅱ, 2, 213〕。
68) Th §10.

1.3. 諸可能世界と，非共可能性の根　　　81

　このように，諸可能世界は，何らかの変化（追加，削減，修正）を想像によって導入することにより得られる，われわれの世界のヴァリエーションあるいは近似物として考えられているか，あるいは文学的フィクションから出発してわれわれがそれについてある種の観念をもつことができるような，まったく異なる事象系列として考えられている。しかしこの後者の観念は極めて不完全である。なぜなら，これらの物語が含むのは登場人物と出来事の有限な全体でしかなく，厳密にいって世界の代わりとなることはできない（それらはむしろ世界のサンプル（échantillons）である）のだから。一部のテクストでライプニッツが考えている別種の動物や，人間より完全な他の理性的被造物の可能性については，興味深いことに，それは必ずしも他の可能世界と関連づけられておらず，しばしばわれわれの宇宙の他の部分（つまり他の天体，他の体系[69]）に関して言及されている。

　近似した世界のことであるか，逆に非常に異なる世界のことであるかに応じて，これら他の可能世界への参照が果たす役割はまったく同じではない。前者の考察は，現実宇宙の偶然性の主張と被造精神の自由の教説とを基礎づけることを許容するのに対して，後者への言及はむしろ，可能的なものの無数の多様性に加えて，可能的なものを現実的なものへ還元することの不合理性を強調し，一部の可能的なものがわれわれの宇宙と共可能的でないという説を説明することを許容する。しかしながらどちらの場合でも，三つの特性が可能世界の概念と根本的に結びついていることがわかる。すなわち，知解可能性，秩序，部分の統一性（と結合）である。

　ある世界が可能であるのは，それが思惟可能で知解可能

69）　NE III, 6, §12, 307.

なものである，すなわち本質を与えられ概念の対象である
ようなものである場合のみである。1714 年 12 月付のブル
ゲ宛書簡においてライプニッツが述べるように，可能なも
のとは，「完全に思惟可能であり，それゆえ本質，観念を
もつもの，それが現実存在するものになることを残りの事
物が許容するかを考慮することなしにそのようであるもの
のすべて」[70]である。知解不可能なものと思惟不可能なも
のは，混沌としたものあるいは無秩序なものと同様，世界
をなさない。じっさい，よくできた小説に固有なのは，そ
れらが物語の展開とエピソードの配列においてある種の秩
序を備えるということである。この内的整合性とこの合理
性の要求は，それぞれの世界のうちに見出されなければな
らない。『自然一般の驚嘆すべき諸々の秘密の諸発見につ
いての試論』（1688 年）がすでに教えるように，見かけ上
あまりに曲がりくねっていて方程式を持たないような線が
〔じっさいには〕ないのと同様，

> あまりに混沌としているために固有でしっかりと規定
> された一定の秩序と展開の法則によらないようないか
> なる可能な事象系列も，いかなる想像可能な世界創造
> の仕方もないのである。たとえ，線の場合と同様，一
> 部の系列は他の系列よりも大きな力と単純性，それゆ
> えより多くの完全性を有し，より少ない手段でより多
> くのものを実現するのであるとしても。[71]

70）　GP III, 573f.

71）　A VI, 4-B, 1619. こ こ で は Christiane Fremont (*Leibniz.
Discours de métaphysique et autres textes (1663–1689)*, GF Flammarion,
2001, p. 293) の訳を借りている。次も見よ。DM §6, A VI, 4-B, 1538
〔K I, 8, 151〕。「そこで，神がどのような仕方でこの世界を創造したと
しても，世界はつねに規則的であり，ある一定の一般的秩序に従って
いると言える」。

1.3. 諸可能世界と，非共可能性の根　　83

　考察される可能世界がどのようなものであれ，その世界
は，たとえそれに適用される法則が単純でなく，最も豊か
な結果を必ずしももつわけではないとしても，規則をもつ
のでなければならない。それゆえ世界間の相違は，秩序と
無秩序のあいだの相違ではない。すべての世界は秩序だっ
ているのだから。それらが区別され異なるのは完全性にお
いてであり，それらの規則がどの程度複雑であるか，これ
らの規則が産出することを可能にする諸現象がどれだけあ
り，どれだけ美しいかによってなのである。

　ライプニッツにとって，「多のうちに気づきうるものが
多くあるのに応じて秩序がある」[72]。秩序は諸事物の相違
と，諸事物間に知解されうる関係を認める可能性とを含意
する。それゆえ，可能世界は単に矛盾律を満たさなけれ
ばならない（矛盾したものはなにも含まない）だけではな
く，理由律をも満たさなければならない。世界とは，そこ
においていっさいが（非常に複雑でわれわれが知るものと
は異なるかもしれない）法則に従い，その意味でそこにお
いてそれぞれの被造物，それぞれの出来事が存在する理
由，しかも別様ではなくそのように存在する理由をもつと
ころの諸事物の総体である。したがって，すべての可能宇
宙について，そのうちで何も矛盾を含んではならず，理由
なしに存在したり，でたらめに生じたりしてはならないと
いうことは真である。

　最後に，世界の概念は，それを構成する万物の統一と結
合を含意する。このつながりによって，或る可能世界に含
まれる各存在者は，その世界と緊密に結びつき，その世界
にしか属しえなくなるのである。何ものも，それが構成す
る世界が変わることなしには，すなわち別の世界になるこ

---

　72)　ブルゲ氏の書簡への返答 1712 年 10 月 20 日付（GP III,
558)。

84   第Ⅰ部／第1章　世界をつくるもの

となしには変えられたり消されたりしえない。ある宇宙の
内容は，その宇宙がまったく個別的で唯一無二の事象系列
を形成するような仕方で，仔細にわたって規定され尽くし
ている。複数の可能世界に共通の出来事や事柄（マケドニ
ア王たるアレクサンドロス，ルビコン川を渡るカエサル）
を考えることがある意味で許されるとしても，複数の世界
において同一であるような実体を考えることは不可能であ
る。というのも，アレクサンドロスとカエサルについて同
じ歴史を含む複数の宇宙は，他の出来事によって，また他
の被造物の現実存在によって異なるのでなければならない
のであり，その結果，共通の特性と質にもかかわらず，各
世界のアレクサンドロスとカエサルはそれぞれ異なった絶
対的に唯一無二の実体である，と認めなければならないか
らである。

　世界におけるすべての事物のつながりというこの主張の
神学的相関項は，神の唯一の普遍的決定のテーゼである。
世界の統一に対応するのが，世界を現実存在へと至らしめ
る決定の唯一性である。興味深いことに，アルノーとの往
復書簡におけるこの主張の形成は，ライプニッツの著作に
おける「諸可能世界」[73]という句の登場とまさに同時期で
ある。後に著者がコストに対して述べるように，神は「諸
事物を断片的に，首尾一貫しない仕方で調整することはで
きない」[74]，すなわち部分ごとに，ある被造物の個体的な成
り行きを，残りのすべてを同時に考慮することなく定めな
がら調整することはできないのである。それは，このこと

───────────
　　73）　『自由，運命，神の恩寵について』（De libertate, fato, gratia
Dei, 1686/1687 年初冬？，A VI, 4-B, 1612）。『アルノー氏の書簡につい
てのコメント［…］』（Remarques sur la letter de M. Arnauld［…］, 1686
年6月，A II, 2, 47, 49）：アルノー宛 1686 年7月 14 日付（A II, 2, 73,
76）。
　　74）　コスト宛 1707 年 12 月 19 日付（GP III, 400）。

1.3. 諸可能世界と，非共可能性の根   85

が神の知恵に値しないからだけでなく，いかなる被造物
も，それが属し全体的に表出する宇宙から切り離しえない
（抽象的な仕方でないならば）からである。それゆえ神は
厳密にいって，切り離された意志も個別の意志も持ちえな
い。別々に考えられた被造物や出来事を対象とする「個別
的」決定はすべて，相対的な意味においてしか，そのよう
なものでありえない。個別的決定はひとつの観点から考察
された普遍的決定でしかない，あるいはそれは普遍的決定
のうちに潜在的な仕方で含まれている[75]。

　したがって，神の決定の順序に関する問いは無意味にな
る。なぜなら神の決定はすべて，時間的にだけでなく本性
上の順序においても（論理的にも）同時的だからである。
というのも，神の決断は，「一度に系列全体にかかわる」
のであり，目的にも手段にも向かい，無限の詳細にまで至
るからである。こうして，結局のところ，「こういう世界
を創造するという決定であるところの，唯一の全体的決定
だけがあるのであり，この全体的決定はすべての個別的決
定もまた含み，それらのうちには順序はない［…］」[76]。

　決定の唯一性と全体性との主張は，それが他のすべての
事物に同時に関わることなしに或る事物に関わることがで
きない以上，神の意志はつねに普遍的である，と考察する
ことに帰する。これにより，『神の大義』（第15節）でライ
プニッツが行なう区別，すなわち切り離された諸可能事
あるいは第一の諸可能事と，秩序づけられた諸可能事す
なわち諸可能世界とのあいだの区別はいささか人為的なも

---

　75)　各個別的決定は，「神が宇宙の秩序全体に関してもつ，より
普遍的でより包括的な」意志のうちに統合される（エルンスト・フォ
ン・ヘッセン＝ラインフェルス方伯宛1686年4月12日付（A II, 2,
18))。

　76)　Th §84, p. 148.『自由と運命についての対話』（*Conversation
sur la liberté et le destin*, Grua, 482）も参照。

のになる。またこれは，『弁神論』第 225 節で述べられる
次のモデルとの両立が困難であるように思われる。すなわ
ち，神の知恵はすべての可能的なものを包括するだけでは
満足せず，それらを個別に，別個に考察し，それらを評価
し，比較し，ついでそれらから無数の結合すなわち諸世界
を造るというモデルである。この結合法的（あるいは「消
化的」[77]）モデルは独立した諸々の可能的なものを前提する
のに対し，世界の概念と全体的決定の概念は事物の普遍的
相互依存の観念に依拠する。一方の場合には，「全体」は
部分の結びつきから帰結するのに対し，もう一方の場合に
は，「全体」は部分に先行し，その結果，世界の可能性は，
その構成要素がそれぞれそれ自身で可能であり，ついで相
互に両立可能であることよりも，むしろそれら構成要素が
事物の同一で唯一無二な秩序に属するものとして一挙に考
えられていることに由来するのである。

　可能世界に関する説明のこれら二つのモデルのうち，普
遍的モデルが結合法的モデルよりも説得力があると思われ
る（おそらくこの結合法的モデルは，分析の必要性から，
神の知性に起きたことを理論的に再構築したものに属する
だろう）。切り離された偶然的可能事は，他の偶然的可能
事とともに世界を構成する基礎的要素ではありえない。反
対にそれは，あらかじめ全体的に考えられた世界から引き
出されるものである。ある個別的存在者（アダム）の観念
から出発して宇宙が形成されるのではなく，完足的な宇宙
の観念から出発してこそアダムのような個別的存在者が考
えられうるのである。別個に考えられた可能というのは抽
象に過ぎず，その観念は当然ながらきわめて非完足的であ
る。これは異論の余地のある抽象である。なぜならこの抽

　77）　諸々の可能性を諸々の世界へ「消化すること」（digestion）
は『弁神論』第 414 節で言及されている。

1.3. 諸可能世界と，非共可能性の根　　87

象は，切り離しえないものを切り離す，すなわち個体は，
その本質を構成する偶有性，出来事，状況の一部から切
り離されるのである。それは普遍性の見地において（sub
ratione generalitatis）考察され，ごく一般的な特性（最初の
人間であること，楽園にいることなど[78]）を与えられたア
ダムであり，またそれは『弁神論』第414節で描かれる，
「よく似た」セクストゥスたちである。

　ところでこの名目的同一性（十分には規定されていな
い本質に依拠するため，いかなる個体的実体をもなさな
い）によって，実在的相違が隠されてはならない。とい
うのも，これら「よく似た」セクストゥスは，（われわれ
の）セクストゥスではない。（言葉の濫用によって皆セク
ストゥスと呼ばれている）これらの人物のそれぞれが各可
能世界において行なう選択における差異は，ただそのとき
だけのものでは決してない。ローマに行かないという決断
がもたらすのは，〔その後の〕世界の一連の出来事の変化
だけではない。この決断は，この決断をする前にこのセク
ストゥスがすでに自身のうちに有していた差異，この時ま
では多分知覚されえない差異を前提している。したがっ
て，ある一つの出来事だけによってしか異ならず，この出
来事までは絶対的に同一（不可識別）であるような二つの
世界も二つの個体も見出しえない。じっさい，ある一定の
瞬間に気づかれうる差異は，これら「よく似た」世界それ
ぞれの最初の瞬間からすでに有る根本的な差異の徴であろ
う。なぜなら，現在は未来を孕んでおり，それぞれの事物
はいつかそれに生じるいっさいを種子において含んでいる
のであるから。この差異は増大することを止めず，その結
果，それは，最初は類似したものとして考察されていた世
界間の，ますます顕著になる相違であることが判明する，

---

78)　アルノー宛 1686 年 7 月 14 日付（A II, 2, 77）。

88 第Ⅰ部／第1章 世界をつくるもの

とさえ考えなければならない[79]。

　もし，切り離された偶然的可能事が不完足的な，それゆえ普遍的で非個体的な存在者しか指示しないなら，それは世界を構成できない抽象物でしかない。だからと言って，ライプニッツの論証装置においてそれがいかなる役割も果たさないということにはならない。個別的な反事実的状況を考察することを許容することによって，それはとりわけ被造物の偶然性と精神の自由を説明するのに役立つ。それはこれらの状況に実在的な基礎や，形而上学的土台を提供しさえする。なぜなら，それらの状況は単なる虚構あるいは空想とみなされてはならず，神の知性のうちに含まれた他の可能世界の記述（部分的ではあるが）としてみなされなければならないからである[80]。

　しかしながら，どんな詳細までも完全に規定されていることのないような可能的なものや，ある完足的な世界がそれと結びついていないような可能的なものがないならば，可能的なものは共可能的なものでしかないことを認めなければならない。ある可能的なものは，ある個別的な観点から考察された可能世界に他ならない。では可能性は共可能性に完全に還元されるのだろうか？　答えは否である。なぜなら，無矛盾性という論理的基準は残るのであり，それ

　79）　ここで諸世界は（ライプニッツが想像する）ポーランド人の双生児の子供たちと同様である。この子供たちの運命は最初の類似にもかかわらず，まったく異なることが明らかとなる。一方はタタール人たちに連れ去られてトルコ人に売られ，非敬虔のなかで生き「絶望の中で」亡くなるのに対し，他方は引き取られ徳と宗教のうちで育てられ，「善良なキリスト者のあらゆる感情」のうちで亡くなる（Th §101, GP VI, 159）。

　80）　可能的なものは神において「事象化される」（realisentur）。『事物の根本的起源について』（GP VII, 305）。神における可能的なものの事象性の主張については以下も見よ。Th §184, §189; Mo §44；ブルゲ宛 1714 年 12 月付（GP III, 572）。

1.3. 諸可能世界と, 非共可能性の根   89

自体として理解された世界のあらゆる存在者と出来事に, 制限なしに課されるからである。しかしそれは純粋に否定的な基準にとどまる。しかるに, 内的無矛盾性というこの最小限の要求の他に, 偶然的な可能事を特徴づけるものは, その共可能性であり, すなわちそれが秩序だった事象系列, 絶対に唯一無二の個別的な系列に書き込まれているということである。それでは, なぜすべての可能的なものが共可能的であるわけではないのか問われるだろう。この問いは, 一部の可能的なものの両立不可能性の理由に関する問いであるだけでなく, 同様に（その逆として）他の可能的なものとの共可能性の理由に関する問いでもある。というのも, なぜ諸々の可能的なものが或る世界から排除されるのかを知ることだけでなく, 何故にかくかくの可能的なものが一つの同じ世界を形成するような仕方で積極的に全体を構成するのかを知ることが重要なのである。

　一部の可能的なものが両立不可能であることを説明するために引き合いに出されうる前者の理由は, 世界の定義から引き出される。複数の可能世界がある以上, そのすべてが, 異なる時間であっても異なる場所であっても, 同時に共に現実存在することはできない。というのも, すべてが唯一無二の世界であろうという抱負を有しているからである。各世界は, その普遍性のゆえに, 他のすべての世界を排除する。世界は, それがそれであるところの, すなわちまさに宇宙であることを止めることなくして, ともに現実存在するような他の世界を承認することができない。次のように書くとき, ライプニッツはこのことを示唆しているのである。

　　すべての可能なものが現実存在することが生じうるとは思われない。なぜならそれらは相互に妨げ合うから。そして可能なものの系列は無数にあり, しかし各

90　　　　第Ⅰ部／第1章　世界をつくるもの

　系列が普遍的である以上，ある系列は別の系列のうち
にまったく含まれえない。[81]

　普遍性という宇宙論的な議論はもちろん十分ではない。
なぜなら非共可能性の根を規定することが残っているから
である。この問題は知られている[82]。すなわち，すべての
肯定的名辞，単純形相が両立可能である（神の可能性によ
る神の現実存在証明が依拠するのはまさにこの両立可能性
である）のに，いかにして諸事物の本質が相互に対立し矛
盾しうるのか？　答えは，神（その諸完全性が絶対的であ
る）に妥当するものが有限者には妥当しないことを認める
ことに存する。神においては，諸属性と諸完全性の差異は
制限も欠如も含意しない。神の各完全性（知恵，力能，善
意）は端的な完全性ではないとしても，それらはやはり自
己の類において無限に完全である，すなわち究極の程度に
ある。否定（善意は知恵でも力能でもない）は，ここでは
欠如，すなわち欠陥の徴ではない。なぜならそれはそれ自
身無限な他の積極的属性（positivité）の肯定を指示するか
らである[83]。当然ながらこのことは，有限な，すなわち制
限された事物の寄せ集めである世界には当てはまらない。
世界を構成する諸存在者が他の可能なものに対立するの
は，それらが肯定的にそうであるところのものであること
によってではなく，それらがそうではないところのもの，
それらの不足，それらの本性が排除するものによってであ
る。否定はここでは欠如であり，この欠如は排除という形

────────────

　81）　『偶然性について』（De contingentia, A VI, 4-B, 1651）。
　82）　『第一の諸真理について』（De veritatibus primis, A VI, 4-B, 1443）。
　83）　この問いについては，フィシャンの古典的となった研究 L'origine de la négation, in: Science et métaphysique dans Descartes et Leibniz, PUF, 1998. とくに113–119頁。

1.3. 諸可能世界と，非共可能性の根　　91

で理解しなければならない。というのも，創造された存在
者は（別のものでありえたのに）そのようなものとして有
るだけではなく，その本質はそれが別様に存在することを
禁じ，それ以上のいっさいを妨げるからである。

　非共可能性の根は，「形而上学的悪」[84]とも呼ばれる事物
の制限あるいは不完全性である。さらに明確にしなければ
ならないのは，この制限は，単なる否定，つまり「埋め」
たり修正したりすることがつねに可能であるような，存
在・実在性・完全性の不足に存するのではなく，内的な抵
抗や，より多くの存在，実在性，完全性への対立や妨げに
存するということである。川を下る船のイメージによって
説明される被造物固有のこの惰性こそが，「被造物の受容
性の制限」[85]となるのである。被造物はそれがそうである
ところのもの以上のものではありえないし，自己自身の力
能によってできること以上のことをなすことはできない。
被造物はその本性の制限によって限定されている。被造物
は，それが含んでいる肯定的なところや，自身の実在性
や，その完全性によって，他のすべての可能的なものと適
合し，自身の制限および不完全性によって，それ自身とは
他のものでありうる可能性や，それがなすのとは別様にな
す可能性を排除する[86]（たとえそれとは別の可能的存在者

---

　84)　Th §21.

　85)　Ibid. §30, p. 120. われわれは受容性と容量の概念をまた見出
す。しかし，それらが課す制約は，時空的枠組みではなく実体の制限
された本性に結びついている。

　86)　DM §30, A VI, 4-B, 1576.「しかし［…］この人間が確かに
この罪を犯すだろうということは何に由来するのか。答えは簡単であ
る。そうでなければこの人間でなくなってしまうであろうからである。
というのも，神は，神が所有するその人の概念あるいは観念がこの未
来の自由な行為を含んでいるところのあるユダが存在するだろうと永
遠から見るのである」。『［…］諸発見試論』（A VI, 4-B, 1619）。神が
なぜエサウでなくヤコブを愛したのかと問う人に対して，サン・ヴィ

や，それが遂行するのとは別の作用が，別の世界において思惟されうるであるとしても）。

　完全性は両立可能性の源泉であり，不完全性は両立不可能性の源泉である。非共可能性が含意する矛盾の形而上学的基礎には，被造実体のうちに書き込まれた完全性への，より多くの実在性へのこうした背馳がある。逆に，一部の可能的なものの共可能性は何に依拠するのであろうか？その答えもやはり世界の定義に見出される。それは形而上学的な意味で理解されなければならない世界の定義である。すなわちすべての被造実体と，その秩序が諸現象の真理をなすそれらの表象と欲求の系列全体を合わせたすべてとして解されなければならない世界の定義である。被造実体の共可能性が意味するのは，それらの適合性や，それら各状態の適合性に他ならない。予定調和は，（空間と時間の基礎であるのと同様[87]）共可能性の基礎である。同一の世界に属するのは，有るものどもの状態と他のものどもの状態のあいだに完全な対応が見られるという仕方で，いわば互いに規整し合うあらゆる実体である。換言すれば，共可能的であるのは，それぞれの仕方で自己に固有の観点から同一の事象系列全体を表出する，すなわち相互表出するすべての実体である。反対に，非共可能的であるのは，他の全被造物に対して秩序づけられておらず，その諸状態が他の被造物の諸状態と厳密には符合しないところの全被造物である。

クトールのフーゴーは「ヤコブはエサウでないから」と答えていた。
　　87）「われわれが時間と空間についてもついっさいの概念は，（異なる諸実体の諸現象間の）この一致に基づいている」（アルノー宛1687年10月9日付（A II, 2, 245））。

1.4. 結論

　世界は創造された現実的なもののすべてを含むが，可能的なもののすべてを含むわけではない。存在するのはただ一つの宇宙だけだが，しかしそれはまったく別様でありえた。世界の複数性は，並列的かつ／あるいは継起的な諸体系の全体として理解された宇宙の無限の空間と時間とのうちに拡がるのではない。世界の複数性は，神の知性のうちで考えられた可能的なものの無数の結合に存するのであり，そのうち唯一つが他のすべてを排除して現実存在へと至るのである。世界は知解されうる合理的な或る秩序であり，そこではいっさいが完全につながり，各事物（存在者，偶有性，出来事）は規定され指定された位置を持ち，また無差別や変更可能なものは何もない。空間と時間は，現象の次元で現れ展開するこの秩序である。しかしそれらはそれ自身ではいかなる実在性（réalité）も持たない。それらの真理は，それらが形而上学的に基礎づけられているかぎりで，すなわち諸モナドの活動を反映するかぎりで，それらが表出する諸関係の真理である。宇宙は，諸実体と，そのすべての状態（表象），傾向性，努力（欲求）を伴う諸実体の集合とからしかつくられない。つまるところ，共在の関係（空間）と継起の関係（時間）が指し示すのは，共可能性と因果性との論理的な（それゆえ非空間的で非時間的な）関係である。

　世界を構成するすべての事物は可能でありかつ互いに両立可能でなければならない。普遍的つながりを考慮するならば，他の可能に対立するのは単にひとつの孤立した可能（個体，作用，出来事）ではけっしてなく，つねに或る世界が別の世界に対立するのである。この対立はじつは何

を意味するのであろうか？ すべての可能が同時に現実存在できるわけではない。なぜなら「それらは相互に妨げ合う」からである。或るものどもの現実存在は他のものどもの排除を含意する。この相互の妨げは論理的矛盾の意味で理解されなければならないのだろうか？ もし普遍性の見地において（sub ratione generalitatis）考察された不完足的な存在者や抽象的な状況をわれわれが問題にするならば、そうであろう。「アダムが罪を犯す」と「アダムが罪を犯さない」は、もしアダムを、「楽園に置かれ、そこから神が女性を引き出す最初の人間」と解するならば、まさに二つの論理的に矛盾した命題である。しかし、もし今度は個別的で汎通的に規定された状況を考察するならばどうであろうか？ 対立はもはや論理的矛盾を指示しえず、別個の主体のあいだの差異を指示しうるのみである。

　罪を犯すアダムと罪を犯さないアダムは、二つの可能な個体と解された場合には、単に罪を犯すという行為と罪を犯さないという行為のみによって異なるのではなく、それぞれのアダムが自身の世界と緊密に結びついているかぎり、他の無数の規定、偶有性、出来事（とくに彼らのそれぞれの選択に続くもの）によって異なるのである。じっさい、アダムの本質は、アダムが属する宇宙の全体を表出するのである。名前の同一性は、それゆえ幻想を抱かせてはならない。「アダム」という名前は、同一で唯一無二の主体を対象にできないからである。二人の「アダム」はむしろ、いくつかの共通する一般的述語を除いてほとんど関係を持たない二つの同名異義語〔同名の人物〕である。それゆえ、罪を犯すアダムを、罪を犯さないアダムと比較することによって、ひとはアダムをアダム自身に対置しているのではなく、また同一の主体における二つの可能な矛盾した行為を考えているのではなく、一方はある仕方で行為し、他方はそれに対立する仕方で行為する二つの可能な異

1.4. 結論   95

なった主体を考えているのである。或るアダムと，罪を犯すか侵さないかという選択から出発して，次に分岐的な仕方で得られる複数の可能なアダムというものは存在せず，そもそも複数の可能な個体が存する。それらはたしかにいくつかの一般的特性（最初の人間であること等）を共有しながらも，別々の宇宙に属しているという理由から，共通点よりもむしろ差異を含んでいるために，本当のところは異なっているのである。

　それゆえ，諸可能世界のあいだの矛盾とか，これらの諸世界に属する（言葉通りに解された）個別的な可能のあいだの矛盾について語ることは言葉の濫用であろう。複数の宇宙に共通であるような個体や，（他の可能世界に属する）他の個体に似ていて，内的規定に基づくそれらのあいだの差異が時間とともに増大し，非類似性が最終的に類似性に勝るに至ることがないような個体などは存在しない。ある世界において生じる被造物や事実が，他の世界において生じる被造物や事実と矛盾すると主張することは無意味であろう。矛盾は，ひとがそれについてある述語を肯定すると同時に否定するところの主語の同一性を前提とする。しかるに，同一のアダムがこの世界で罪を犯し，他の可能世界で罪を犯さないのではない。個体的主語の相違は，世界の相違を含意し，厳密に論理的な次元でのそれらの比較を無意味にするのである。

　厳密にいえば，諸世界は互いに矛盾するのではない。それらは相互に異なるのである[88]。それらの世界は，それぞれ，絶対的に独自の人物と状況をともなう独特な歴史を語るものである。そこで，ひとつの結論が下される。反事

　88）　とくにジル・ドゥルーズ『襞──ライプニッツとバロック』 (Gilles Deleuze, *Le Pli. Leibniz et le baroque*, Les Editions de Minuit, 1988) 79 頁以下。

96   第 I 部／第 1 章　世界をつくるもの

実的状況を想像しながらわれわれの行為の偶然性を証明
することに基づくような議論はもはや妥当しない。『弁神
論』を締めくくる寓話を信じるなら，セクストゥス・タル
クィヌスはローマに戻らず，そこで自身の破滅を生じさせ
ずに，コリントスへ行きそこで幸福な生を送ることができ
た。ひとはこう問うだろう。どのセクストゥス・タルクィ
ヌスか？　確実なのは，われわれのセクストゥス・タル
クィヌスではないということである。他の可能世界におけ
るセクストゥス・タルクィヌスだろうか？　そうかもしれ
ない。しかし，この人物は，古代ローマの最後の王〔現実
のセクストゥス・タルクィヌス〕と何の共通点をもつだろ
う？　一部の共通する一般的述語にもかかわらず，じっさ
いにはその人物はその王とはまったく別の個体であろう。
この仮説（セクストゥス・タルクィヌスがローマに戻らな
いことを選ぶ[89]）と結びついたものに関してのみわれわれ
の世界と異なるような世界を想像することは窮余の策にす
ぎない。なぜなら或る世界が，（万物の普遍的なつながり
のゆえに）他の世界と完全に異なることなしに，或る部分
によって異なることは決して有りえないからである。別個
に解された諸々の被造物，行為，出来事が別様で有りえた
と主張し，それらの考察を偶然性の基礎とすることはでき
ない。たしかに，それらは，もし神が或る他の宇宙を創造
したなら，あるいはもし神がまったく何も創造しなかった
なら，存在しないことができたであろう。しかしそれらは
存在することを止めることなしには，別のものではありえ
なかったであろう[90]。偶然性は神的創造主の自由と無数の
可能世界に基づいているのであり，神はこの無数の可能世

───────────────
　　89)　『弁神論』第 42 節での，ケイラ包囲の事例。
　　90)　『哲学者の告白』(A VI, 3, 148)〔K II, 2, 253〕における，
じっさい有るのとは別の人になりたいという不合理な願い。

1.4. 結論

界を，整合的で，完足的で，相互排他的で，種的に異なった，相互に比較可能なものとして考察するのであるが，それは場合によっては起こりうるそれらの矛盾という論理的な視点からではなく，ただそれらの相対的完全性という形而上学的な視点からなのである。なぜなら，諸世界のこうした比較と計量によってこそ，自身が最善であると見るものを自由に創造する神の選択があるのだから。

第 2 章

ライプニッツにおける完全性，調和，
そして神による選択

——いかなる意味で世界は最善なのか？[1]——

『スタンフォード哲学百科事典』（1998 ; 2005）[2]に掲載された「ライプニッツにおける悪の問題」という論考において，マイケル・マーレイは最善の可能世界というライプニッツのテーゼについての三つの主要な解釈を想起させている。これらは注釈者たちに取り上げられ，議論されてきた解釈である。1) 最善世界とは，理性的被造物のあいだで最も多くの幸福つまり最も多くの徳が得られる世界である。2) 最善世界とは，最大量の本質を含む世界である。3) 最善世界とは，最も単純な諸法則によって生み出される最も大きな多様性を持つ諸現象を含む世界である。

　これらの解釈はいずれもテクストに根拠があるものであるが，いずれも一つだけでは，最善の可能世界を特徴づけるには十分でないように思われる。これらの解釈は必ずしも互いに排除しあうわけではないが，それらをライプニッツの他の言明と両立させること，また一致させることは，必ずしも容易なわけではない。命題 1 は，二つの議論に

---

1)　初出：*Revue de Metaphysique et de Morale*, PUF, 2011/2.

2)　http://plato.stanford.edu/entries/leibniz-evil.

99

依拠している。i) 創造の動機は，神が，自身の愛に応えることができる存在者に対して，自身の善性を分け与え，自己を伝えることである[3]。ii) 精神つまり最もすぐれた被造物は，神の像として作られており，「神とほぼ同種」であって，神の栄光のために最も資することができるので，彼らの至福が「神の主要な目的」[4]であるはずである。しかしながら，命題1は『弁神論』第120節と矛盾している。そこでは，「理性的被造物の幸福が神の唯一の目的である」ということが否定されているからである。最善とは産出された実在性あるいは本質の最大量であると性格づければ（命題2），われわれの宇宙を最大の形而上学的・自然学的・道徳的完全性を含む総体として考えることができる[5]。しかし，もし今度は『弁神論』第213節を信じるならば，このような特徴づけは（もっぱら量的なものとしての）完全性というかなり限定した定義に基づいていることになる。第213節では，完全性は質や，全体と部分の一定の関係にも存していると言われているからである。

命題3は，レッシャー[6]がライプニッツの考えを最も忠実に表していると考えているものだが，これがライプニッツの考えの最も正確で最も厳密な表現であるかどうか，確かではない。最善世界に関するライプニッツの着想の決定的な意味を明らかにするどころか，われわれの見解によると，むしろ命題3は最善世界についてのマルブランシュ的な言葉遣いでの定式化であり，マルブランシュ的な言葉遣いへと移し替える試みである。というのも，じっさい，

---

3) Th §228〔K I, 6, 331f〕.

4) DM§36〔K I, 8, 207–210〕.

5) 道徳的完全性は精神についての自然学的完全性にほかならない（『事物の根本的起源について』（*De rerum originatione radicali*, GP VII 306）〔K I, 8〕）。

6) *Leibniz's Metaphysics of Nature*, D. Reidel, 1981.

100　第 I 部／第 2 章　完全性，調和，神による選択

結果の豊かさと法則の単純さのバランスをとることは，ライプニッツが最善を見積もる際に完全な仕方でつながっており不可分であるとさえみなすものを対立させてしまうからである。このオラトリオ会士〔マルブランシュ〕が擁護するものとは反対に，方法は方法が統べる世界の外側にあるのではなくその部分をなすのであるから，最善世界の完全性は手段と目的を共に配慮することから結果するのである。

　最善の宇宙についてのこれら三つの定義のそれぞれに固有の困難さに加え，それら同士が両立するかどうかも問題になる。注釈者の中には（例えば，レッシャーやラザフォードのように，ただし各々別の途によってではあるが）命題 2 と命題 3 を両立させることができると考えたものもいる。それに反し，ライプニッツは命題 1 と命題 3 が衝突するかもしれないことをはっきりと認めている。たしかに，多様性と変化に富むことの要求は被造物の本性と完全性の中に度合いを課しており，その結果，理性的で徳のある幸福な存在者だけから世界が構成されるということを排除する[7]。しかし，この矛盾はそれだけでは済まない。もし，（最もすぐれた被造物である）精神だけから構成される宇宙を創造し，それらの精神のすべてに幸福と徳（つまり，自然学的完全性と道徳的完全性）を与えることが，最大の実在性と本質を現実存在させる一つの仕方であるなら，この矛盾は命題 2 にまで及ぶことになる。

　したがって，パラドクスは次のようなものである。すなわち，われわれの世界は最善の可能世界であると宣言されているが，その第一の目的は理性的被造物の至福でもなければ，存在と完全性の最大量が，「絶対的な」重要性をもって実現することでもない。また，世界を創造し保存す

---

7)　Th §124〔K I, 6, 226f〕.

るために要請される法則の単純さと，法則によって得られる現象の豊かさとを妥協させること，ここに世界が還元されるからという理由で世界が最善であるのでもない。それではまるで，方法が目的とは独立して考えられ目的と衝突する可能性があるかのようである。それなら，いかなる意味において世界は最善なのだろうか？　創造された宇宙は，最も決定されたとも言われる唯一無二の最善の形式を構成するゆえに，そして量的というよりもむしろ質的な完全性を指し示すゆえに，可能なかぎり最も完全である。（決定と質という）これら二つの本質的な特性を考慮するなら，調和の概念を次のような仕方で再解釈することへと導かれることになる。つまりそれは，これから見るように，上述の三つの命題の折り合いをつけることができるような仕方，である。

2.1.　可能な最善宇宙の創造というテーゼの確立
――「ネガティヴな」道――

　最善の可能世界が現実存在しているというテーゼは，アプリオリな証明とアポステリオリなあるいは結果による証明とを混ぜ合わせた推論によって，『弁神論』第7–8節で打ち立てられている。この推論は二つの主要な契機を含んでいる。まず，この推論は遡及的な（régressif）ものである（第7節）。この推論は，「偶然的事物の全体的集合」として理解された世界が現実存在していることについての経験的な確認から出発し，世界の第一の，必然的で永遠的な理由，すなわち神へと遡っていく。いわばこれと逆に行けば，この推論は次に演繹的な（déductif）ものになる（第8節）。この推論は今度は，この至高の存在者（その現実存在は世界の偶然的存在によって結果からすでに証明されて

102　第Ⅰ部／第2章　完全性，調和，神による選択

いる）の完全性についてのアプリオリな考察から出発し，世界へと戻ってきて，その世界が可能な限り最善であるはずだと結論する。この推論の全体は，次のような仕方で要約することができるだろう。1. その偶然性が究極的起源としてひとつの必然的存在者を要請するような世界が存在している。2. 神と呼ばれるこの必然的存在者は，（すべての可能世界を包含する）無限の知性と，（すべての可能世界から一つを選択する）全面的に善たる意志と，（選択した可能世界を実現する）制限のない力能を有しているような存在者である。3. このすぐれて完全な必然的存在者からは（ライプニッツなら絶対的ではなく「道徳的」と形容するであろう必然性に従って）最善しか帰結しえない。4. われわれの世界は，それが現実存在している世界なのであり，選択された世界なのだから，最善の可能世界である。

　この演繹はもちろん厳密なものではない。そうでないと，世界は必然的な流出であり，神は自由ではなくなってしまうだろう。創造された宇宙は三つの理由で偶然的である。第一の理由は形而上学的なものである。というのも，宇宙は自分自身の中に自らの現実存在の理由を持たないからである。第二の理由は論理的なものである。というのも，無限に数ある他の世界も可能だからである。第三の理由は道徳的なものである。というのも，神の選択は自由であり，他の宇宙を現実存在させることができるし，いかなる宇宙も創造しないことさえできるからである。知恵，善意，力能が神の必然的な属性（それらは神の本質に属しているので，それらの内の一つが欠けてしまうと神はもはや神ではなくなるだろう）であるにしても，それらの結びつきから必然的な結果が出てくるわけではない[8]。「さて，こ

————————

　8）　必然的存在者から必ずしも必然的なものは出てこないというテーゼは早くも『哲学者の告白』で打ち立てられている（Belaval p.

2.1. 可能な最善宇宙の創造というテーゼの確立　103

の至高の知恵は，それに劣らず無限な善意と結びついて，最善を選ば・な・い・は・ず・が・な・か・っ・た (n'a pu manquer)」[9]。最善への義務は，最善ではない他のものを選択することが道徳的に不可能であるとして，二重否定の形をとって表明される。「～ないはずがなかった (n'a pu manquer de)」という表現を用いることによって，この著者〔ライプニッツ〕は，神に対して働く（内的な）拘束がここでは論理的な秩序にではなく道徳的な秩序に属することを強調し，その拘束は神の意志を対象とするのであって知性を対象とするのではないことを強調しているのである。最善の選択は，他のすべての選択肢が矛盾を含むほどに絶対的あるいは形而上学的に必然的であるのではない。それでも最善の選択はまさしく不可欠の義務から結果するのであり[10]，神は罪を犯すのを避けるためにはそれを遂行しないわけにはいかないのである。というのも，「もしよりよく行為できる方法があるなら，神の行為の中にも訂正すべき何ものかがあるということになってしまう」からである。

　義務はここでは消極的な仕方で，神が自らの知性に抵触することなしには（つまり自分自身に矛盾することなしには）背けない命令として提示されており，他の節でのように積極的な面のもとで，道徳的必然性——この必然性は知恵と善意から帰結するのであって[11]，意志を善へと間違いなく導き，自由というものに反するどころか，完全に自由になされるから[12]（アウグスティヌスの表現に従えば）「幸福な」必然性である——として提示されてはいない。なぜ

55–59 ; A VI, 3, 127–129)。

　　9)　Th §8, GP VI, 107〔K I, 6, 126f〕. 強調ラトー。

　　10)　Ibid. §24 et§25〔K I, 6, 140–142〕.

　　11)　Ibid. §174–175〔K I, 6, 283f〕.

　　12)　『論争要約』第 8 節（GP VI, 385）〔K I, 7, 177〕，クラーク宛第五書簡第 7 節（GP VII 390）〔K I, 9, 334〕。

104   第Ⅰ部／第2章 完全性，調和，神による選択

このような消極的な形式で最善への神の決定を表現するの
だろうか。それは，文脈が論争的なものだからである。最
善に従う道徳的必然性よりもむしろ最善の反対を行なうこ
との道徳的不可能性を力説するのは，ライプニッツが，マ
ルブランシュ，それにある意味ではトマス・アクィナス
のような，「神はよりよく行為できただろうと信じる人た
ち」[13]から自分を隔てるものをよりはっきりと示すためな
のである。

　このオラトリオ会士〔マルブランシュ〕は，世界はより
よく創造されえたはずだが，こういった完全性の増加は法
則の単純性と斉一性を損なうことなしには獲得されなかっ
ただろうと考えている[14]。したがって，創造された宇宙は
可能な限り最も完全であるが，それは神の諸々の方法に相
関してのことである（それらの方法は，それらだけに限れ
ばどれも最善であり，これは絶対的に言ってそうである）。
このような見解をとれば，すでに聖トマスがしているよう
に，神の力能が働きかける対象（つまり世界）と，神の作
用の様式（つまり方法）とを区別することになり，前者に
ついてはつねによりよくなりうると言い，後者については
それ以上よくはならないと言うことになろう。そういうわ
けであるから，「よりよい」に与えられた意味に従うと，
「宇宙を現実的な諸事物によって構成されているものと捉
えるならば，神によって諸事物に付与された，そして，宇
宙の善がそれから成り立っている非常に適切な秩序のため
に，宇宙はいまある以上によくはなりえない」と言えるだ
ろう。しかしまた，「神ならば他の諸事物を創ることもで
きるだろう。神ならば自分が作ったものを増やすことがで

───────────
　13）　DM §3〔K I, 8, 145〕に与えられた題を参照。
　14）　『自然と恩寵』（*Traité de la nature et de la grâce*）第1部第1
章第14節。

2.1. 可能な最善宇宙の創造というテーゼの確立　　105

きるだろう。そのようにして，われわれは他のよりよい宇宙を持つことになるだろう」と言うこともできよう[15]。

ライプニッツはこのような区別を拒絶する。彼にとって最善というものは，神の働き方つまり神の作用様式と，選択の対象つまり働きの結果，すなわち他のすべての宇宙の中で最善であると宣言された宇宙とを切り離せない仕方で指し示す。というのも，方法は作品の不可欠な一部をなしており，手段はそれ自身が目的であって[16]，世界の諸法則はその諸法則が統べる世界から切り離せないからである。神はこれ以上よく為すことはできなった。そうでないと，神は過ちを犯してしまうことになっていただろう。さて，神は不可謬なのだから，よりよく為すべき何ものもなく，最善よりよいものは何もない以上，神はこれよりよく為すことはできないと判断しなければならない。そこで，これに対する反論は次のようなものである。有限性の領域の中に完全性があるといかにして主張できるか？　創造されたものにおいては，もはやそれ以上完全なものを考えること，そしてこれは無限に続くわけだが[17]，こうしたことができないほど完全なものは何もないというのは本当ではないか？　トマス主義の立場なら，世界については最善が無制限に進歩する可能性を認めて，神のみに絶対的な完全性（創造された世界の完全性の度合いがどのようなものであれ，神の存在と働きの様式は絶対的に完全である）を確保して，この困難を避けることができる。この結論を拒否す

---

15)　『神学大全』（*Summa theologiae*）第 1 部 25 問 6 項異論解答 3。この点に関しては，本書第 1 章「世界をつくるもの」，52 頁。

16)　Th §208〔K I, 6, 314f〕.『ベールについての注釈』（*Notes sur Bayle*, Grua 492）。「私は方法それ自体も作品に含まなければならないと考える。というのも，神が選んだ手段は，可能な限り最も大きな善が生み出されるためには，可能な限りそれ自体が目的でもあるのである」。

17)　DM §3〔K I, 8, 145–147〕.

106　第Ⅰ部／第2章　完全性，調和，神による選択

る以上，ライプニッツは次のことを証明する義務がある。すなわち，絶対的に唯一無二な最善なるものが存在すること，最も完全であることは有限であることと矛盾しないこと，そして創造されたものの領域にそのような完全性を認めるからといって，それが神の完全性と同一視されることにはならず，世界をもう一つの神にすることにもならないこと。

　ここでも論証は，（…で**ない**なら，それは最善である**はず**だ，というような）背理法による推論を用いて「ネガティヴな道」を行きながら，アプリオリな考察とアポステリオリな推論とを混ぜ合わせることになる。世界は最善であるはずだ，そうでないなら神は下手に為しえないはずなのに最善を選ばなかったことになってしまうと述べなければならないだけでなく，世界は最善であるはずだ，そうでないなら神はそもそも選択することができなかっただろう，なぜならどのような選択も不可能であっただろうからだと述べなければならない。可能的な諸宇宙の中で最も完全な宇宙が現実に存在するという主張は，二つの矛盾を避けようとする人が必然的に到達する結論である。一つは，過失を犯した神という**道徳的**な矛盾であり，もう一つは，よりよいものがない場合には単純に選択するということができず，ひいては何も創造しないような神という**論理的・形而上学的**な矛盾である。至高の存在者の完全性（これはアプリオリな論拠である）はいかなる誤りや過ちとも相容れないし，われわれの世界の実在（これは結果からの論拠である）はとにかく選択があったことを，したがって，あるよりよいものが無数の可能的なものから区別されることを証明している。

　　　数学においては，**極大**も**極小**もなく区別できるものが
　　　何もないときにはすべては等しく進行するし，それも

2.1. 可能な最善宇宙の創造というテーゼの確立　　107

ありえないなら何事も生じないが，数学に劣らず規整
されている完全な知恵に関してもそれと同じように，
あらゆる可能世界の中に最善（オプティムム）なるも
のがないとしたら神はいかなる世界をも産出し得ない
であろう。[18]

　よりよい唯一無二のものの現実存在は背理法による推論
に十分な理由の原理を結びつけることによって打ち立てら
れる。じっさい，三つの仮説が検討されうる[19]。第一の仮
説（A）は，すべての可能世界は完全性の点で等しく，そ
れゆえいずれも最善であるとは明言されえないと表明する
ことにある（この場合，無数の世界は互いに重なり合って
おり，四つの面しかない無限の平行六面体の図形で表され
うるだろう）。第二の仮説（B）は，すべての可能世界が
完全性の点で等しくなく，しかしいずれも最善ではないと
考えることにある。いずれも最善でないのは，より完全な
世界を構想することがいつでもできるからである（この場
合，進展は無限であり，頂点も底辺もないピラミッドの図
形で表されうるだろう）。第三の仮説（C）は，すべての
可能世界がじっさい完全性の点で等しくはないのだが，す
べての世界の中で最善だと正当に言いうる唯一無二の世界
があると主張することにある（進展は不完全なものの中で
無限に続くが，完全なものの中では限界に達する。ピラ
ミッドには頂点があるが底辺はない[20]）。ライプニッツは

---

　18)　Th §8, GP VI, 107〔K I, 6, 126f〕.
　19)　それらの仮説は，無数の可能世界のテーゼがあらかじめ受
け入れられており，唯一の可能世界の現実存在（それが現実に存在す
るものであるが）は受け入れられていないことを前提にしている点に
注意。
　20)　これは『弁神論』第416節〔K I, 7, 158f〕で用いられてい
る比喩に基づく。

108　第Ⅰ部／第2章　完全性，調和，神による選択

神の完全な本性，理由の原理，そして一つの世界（われわれの世界）が現実存在しているという事実に鑑みて，（A）あるいは（B）を支持する際の矛盾を示しながら，（C）を打ち立てる。

　もし（A）が正しいなら，つまり，もし完全性の点で他の可能世界がすべてわれわれの世界と等しいなら，あるいは，もしすべての可能世界が完全に同等なら，他の世界ではなくむしろわれわれの世界を創造する理由を神は持たなくなってしまうだろう。完全な均衡や無差別の状況下では，一方よりも他方へといっそう差し向けられることはないので，神はそれらのすべてを産出してしまう（これは論理的に[21]も道徳的に[22]も不可能であるが）か，いずれも産出しないかであろう。理由の原理は根拠のないあるいは恣意的な選択肢をすべて排除する。世界がじっさいに現実存在していることは，選択があったということ，したがって，可能的な諸宇宙のあいだには違いがあって，その中から一つのよりよい世界が区別されたということを証明しているのである。

　単によりよいものが存在しないのではなく，最完全なものへ無限に進展していくと考える仮説（B）もやはり擁護しがたい。それは少なくとも二つの理由によっている。第一に，「より小さな善がより大きな善を邪魔する場合，より小さな善はある種の悪になる」（第8節）ということが

　21）　すべての可能的なものが互いに両立しうる（〔Th〕§201）ということだけでなく，創造される世界は唯一であるということも考察されねばならない。ライプニッツはじっさい，複数の世界が（異なる場所で）同時に現実存在するとか，（異なる時間に）連続して存在するとか，こういった考えを拒絶している（〔Th〕§8）。

　22）　これが道徳的にもありえないというのは，これらの可能世界の中には，正しい人たちが断罪され，悪人たちが永遠の至福によって報いられてしまうものがあるからである。そういった宇宙は正義に反しており，神の完全性とは相いれない（Grua 300 ; GP IV, 344）。

2.1. 可能な最善宇宙の創造というテーゼの確立　　109

正しいなら，神はいずれにせよ創造の際に下手に為したこ
とになるからである。というのも，創造される世界の完全
性がどのようなものであれ，より完全であることが可能で
ある以上は，よりよく為そうともせず下手に為した罪で神
はいわばいずれにせよ過ちを指摘されることになるだろう
からである。そういう世界を措定するなら，仮説（B）は，
神ならはるかにより上手く為すことができたはずだと主張
する人たちに理由を与えてしまう。この立場は，神の完全
性や栄光と両立しない。第二に，他のすべての世界よりよ
い世界——他のどんなよりよい世界ももはやそれを超える
ことが不可能であるような世界——が存在しないなら，神
はやはり何も創造しなかっただろう。「というのも，神は
理由なく働くことはできないし，この場合は理性に反して
働くことですらあるからである」[23]。神は選択できなかった
だろう。それは，神が（諸世界間に同等性がある場合のよ
うに）無差別の状態にあるからではなく，何であれ意志す
ることができないからである。一つの世界を創造するまっ
たき理由は他の理由によって，つまり他のより完全な世界
を創造するという理由によってただちに反論されてしま
い，この後者の理由はさらに新たな理由によって反論さ
れ，かくしてこれが無限に続いてしまう。何ものも創造さ
れなかったはずである。意志はずっと妨げられて，宙づり
になっていただろうから。それは，意志が選択する理由を
持たなかったからではなく，逆説的なことに，あまりにも
多くの選択肢を持ち過ぎることになるからである！　神が
何も意志しないのはつねによりよく意志するからであり，
神が何も為さないのはつねによりよく為すことができるか
らである。

　選択を可能にするための諸条件そのものが，「神あるい

---

23)　Th §196, GP VI, 232〔K I, 6, 302〕.

110 第Ⅰ部／第2章 完全性，調和，神による選択

は完全な賢者は既知の最善をつねに選ぶだろう。そして，もし一方が他方よりもよくないなら，彼らはどちらも選ばないだろう」[24]という仮説（C）を受け入れさせることになる。二者択一はそれゆえシンプルである。いかなる世界も他のどの世界よりすぐれているわけではなくまた好まれるに値しないがゆえに神は何も創造しないか，ある一つのよりよいものがあって，それよりもよくないものを創ることができないがゆえに神は最善を創造するか，どちらかである。後者の場合，下手に為したと，つまり知恵が導くものとは反対の仕方で働いたと非難されることもないだろう。さていま，何ものも存在しないのではなくむしろ何ものかが存在するので，われわれは次の四つを確信することができる。i）すべての可能世界のあいだには違いがある。ii）他のすべてよりもよい世界がある。iii）その世界は唯一無二である。そして，結果から次のような結論が出る。すなわち，iv）われわれの世界がそれである。

　しかしながら，神を除き絶対的によりよいものが被造物の領域の中に存在すると認めることが惹起する問題は，手つかずのままである。選択そしてそれゆえ創造があるために唯一無二のよりよい世界が要請されるなら，それ以上完全な何ものも存在しえないほど完全なものは何もないというすでに言及した反論に応えなければならない。

　『形而上学叙説』第3節がすでに示しているように，この反論は誤謬に基づいている。最大数，それにすべての図形の中で最大のもの，あるいは最速の運動，こういったものはより大きな数や図形，より速い運動をなおも考察することがつねに可能であるから矛盾を含んでいるにしても[25]，可能な限り最も完全な世界という概念は何ら不可能

---

24) コスト宛 1707 年 12 月 19 日付 （GP III, 401）。

25) 『精神，宇宙，神について』（De mente, de universe, de Deo,

2.1. 可能な最善宇宙の創造というテーゼの確立　111

性を含んではいないので，無限数列の規則はこの場合には
当てはまらない。真の完全性を持つ力能と知は「最後の段
階に達しうる」[26]，すなわち，矛盾なく最大値に達しうると
考えれば，それらと同じように最善の宇宙も存在する。最
大が可能な（maximisable）（つまり，最大値に達しうる）
ものと，そうでないものとの違いは，全体と部分との関係
にある。これには二つの場合がある。

　一つ目は，全体（あるいは集まり）の完全性がその全体
を構成する諸部分の完全性に全面的に由来する場合。この
場合，全体は決して最も完全であるとは言いえない。なぜ
なら，より多数の部分あるいはより完全な部分を含む他の
全体が必然的にその全体を上回るからである（そして，同
じ理由で，さらに別の全体がより完全でありえるので，こ
のようにして無限に続いてしまう）。二つ目は，全体（あ
るいは集まり）の最善たる性質がその諸部分の完全性に由
来せず，それ自身としてまたそれ自身において考えられる
ものに由来する場合。この場合，全体は諸部分からは結
果せず，それどころか諸部分に先立っている[27]。この場合，
最善と言いうるのは，単に他の劣ったものから見てのこと
ではなくて，絶対的に言って，つまり内在する理由のため
である。というのも，それはその種のものの中で凌駕され
えないからである。ライプニッツが最もよく用いる例は幾
何学から借りてこられたものである。円は規則的な平面図
形の中で最も完全である。というのも，円は面積が最大の
（capacissima）[28]図形だからである。三角形の中では正三角

A VI, 3, 463)。DM §1〔K I, 8, 143f〕.

　26)　DM§1〔K I, 8, 143〕.

　27)　『形相に由来する事物の起源』（*De origine rerum ex formis*, A
VI, 3, 520)。

　28)　『真の敬虔の諸要素）』（*Elementa verae pietatis*, A VI, 4-B,
1362)。モラヌス宛 1677 年 4 月付（A II, 1, 478f)。

112　第Ⅰ部／第2章　完全性，調和，神による選択

形が，三辺で囲まれた図形としては最も大きな面積を持つ
ゆえに[29]，最も完全であるのと同じである。精神について
も同じように言及できよう。創造されたあらゆる存在者の
中で精神が最も完全である，なぜなら精神は「最もかさばら
ない，[…] すなわち最も妨げにならないからである」[30]。

　これらの例は有限の領域の中に絶対的によりよいものが
存在していることを証明している。同時に，円は図形の中
で最も完全であるが，しかし大きさの点で超えられないど
んな具体的な図形（いかに大きな円であっても）も存在し
ていないと断言できるし，あるいはまた，精神は被造物の
中で最もすぐれているが，しかし完全性の点でつねに進歩
できないような，あるいは自分よりもより完全な他の被造
物によって超えられないようなどんな被造物も存在しな
い。絶対的な完全性と相対的な完全性（したがってこれら
は，種としては最完全であるが同時にそれ自身においては
改良の余地があると言われるような同一主体の中で共存し
うる）とに違いがあること，そして，全体と部分の関係，
あるいはより正確に言うなら，世界の場合においては[31]，
集まりと構成要素との関係を考慮することによって，より
完全な何ものかを考えることはつねに可能だと主張し，最
善を産出する可能性に異議を唱える人たちに対して反論す
ることができる。

　　私は次のように反論する。ひとつの被造物，ひとつの
　　個別的実体はつねに他によって凌駕されることがある
　　から，それらについて言えることを宇宙にあてはめて
　　はならない。宇宙は永遠の未来にまで拡がるべきもの

---

29)　『類推に関する試論』（*Tentamen Anagogicum*, GP VII 278）。
30)　DM §5〔K I, 8, 149〕.
31)　厳密に言えば，これは全体を構成できないだろう。

2.1. 可能な最善宇宙の創造というテーゼの確立　113

であって無限だからである。[32]

　部分にあてはまることが全体にもあてはまり，有限から無限への推論は適切だと判断することが誤りなのである。最善と宣言されるもの，それは世界のある状態，ある瞬間あるいはある任意の部分なのではなく，被造物の総体（Universitas creaturarum）[33]，つまり，すべての時間とすべての場所における諸々の事物，諸々の被造物，諸々の出来事の全体として考えられた宇宙それ自身である。現実存在しているものすべてからなるこの集まり，集積，集合は無限に広がっているが，それは時間においてだけでなく空間においてもそうであって，なぜかというと，「連続体（continuum）が現実に無限分割されるゆえに，物質のどんな小さな微片の中にも無数の被造物がある」[34]からである。

　しかし，誤解してはならない。世界が無限だからこそ，世界は可能な限り最善であるのではない。そうではなく，世界が無限だからこそ，その完全性が有限な事物の完全性——それはつねに他のより完全なものによって凌駕されてしまう——を測るのと同じ仕方では測れないのである。無限は他の無限としか比較できない。われわれの世界が可能な限り最も完全であるのは，繰り返すが，世界が無限であるからではなく，他の無限すなわち等しく可能な他の諸世界に照らして最善だからである。「宇宙」という種の中では，われわれの世界が最も完全な形態をしている。それは「規則正しい平面図形（figure regulière plane）」という種の中では円が最も完全であるのと同じである。もっとも，これらには注意すべき差異がある。円の場合は，円はその種

32）　Th §195, GP VI, 232〔K I, 6, 302〕.

33）　これは『神の大義』第 15 節〔K I, 7, 256〕の定型句に従っている。

34）　Th §195, GP VI, 232〔K I, 6, 302〕.

においては最善であるにしても，つねにその円より大きな
ものを見つけることができるからである。というのも，円
は有限な図形だからである（より長い直径を持つ円がつね
に考えられうる）。これに対してわれわれの世界の場合は，
単に宇宙という種において最完全であるだけでなく，大き
さや広さの観点でそれを上回る他のものを見出すことがで
きないのである。われわれの世界は無限だからである。

　宇宙は，それが無限であるととらえられると，可能な限
り最善である宇宙として考えることができる。それは相対
的な意味においてだけのことではなく，つまり（完全性の
点で自分よりも劣っている他のすべてのものに対して）あ
ることによって（secundum quid）という意味においてだけ
のことではなく，絶対的な意味において，つまりそれ自身
によって（secundum se）という意味においてであり，し
かしそのことは自分を一つの神に仕立て上げることにはな
らないのである[35]。

2.2. 最も決定された形式としての最善
──「ポジティヴな」道──

　ライプニッツは可能な限り最善の世界が現実存在してい
るというテーゼを確固たるものにし，敵対者の見解や反論
を退けるために，背理法による推論（「ネガティヴな」道）
で満足することはない。もし理論的でアプリオリな構想だ
けにして，経験から引き出された宇宙の秩序や完全性に関
する徴については考えないことにし，あるいはまた，全体

　35）　この点については，〔『弁神論』の〕第200節と第202節に
おけるディロワ氏の議論についての拒絶を参照。

2.2. 最も決定された形式としての最善　　115

に関しては悪より善が優勢だということ[36]に有利に働くさ
まざまな議論は考えないことにするとしても，『弁神論』
の中には，積極的な証拠とまではいかないまでも，いずれ
にしても最善世界についての一つの定義があり，それが最
善世界のいくつかの根本的な性質を引き出すことを可能に
する。

　建築，ゲーム，幾何学，光学から引き出された比喩が示
しているように，最善とは，（土地，素材，空間，時間と
いった）使用可能な諸条件を考えて，与えられた目的に最
も上手く見合うものとして理解されなければならない。最
善は，手段が最も上手く用いられ目的が最も上手く実現さ
れるような手段と目的の組み合わせから結果する。方法と
結果の関係をこのように評価することはマルブランシュを
想起させる。ライプニッツはマルブランシュについて，ま
さにこの点に関して，マルブランシュの学説は自分の学説
に落ち着くことになると主張している[37]。しかしこの歩み
寄りは表面的なものであり，何よりもまず，ベールとの論
争用の戦術でしかないことは疑いない[38]。それは，すでに
見たように，ライプニッツは手段と目的を切り離さないか
らだけでなく，彼にとって最善はまったく独特な意義を持
つからでもある。最善は，最高の形式（Formis optimis）の
方法という意味で理解されるべきなのである。この方法
は，フェルマー以来数学において用いられていた極大と
極小という方法を乗り越えるためにハノーファーの哲学
者〔ライプニッツ〕によって導入されたものである。最善

　36）　これらのことは，われわれが弁神論の必要以上に弁護的な
部分と呼んだものに属している（拙著『ライプニッツにおける悪の問
題』（*La question du mal chez Leibniz* [...]）の 477–492 頁）。

　37）　Th §208〔K I, 6, 314〕.

　38）　このオラトリオ会士〔マルブランシュ〕に対するベールの
共感を考えてのことである。

116 第Ⅰ部／第2章 完全性，調和，神による選択

とは，最も決定されたもの（したがって，神の意志を最も
「決定する」もの）を意味し，最も知性的であり，最も合
理的であり，そして唯一無二である。

　最善の概念が第8節においてまさに極大と極小の計算
との比較という文脈の中で導入されているのは偶然では
ない。この計算は，変数 x（x は実数の集合に属している）
の関数が変化の法則との関連で可能な最大値あるいは最小
値を与える点あるいは複数の点を決定するために用いら
れる。肝要なのは「所与の曲線の最大あるいは最小の縦
座標を探すことであって——これは接線についての通常
の方法の一つの系に他ならない［…］。最高の形式の場
合，問題はいわば逆になる。「探されているものは，所与
の条件を最高度に満たさねばならない曲線それ自体なので
ある［…］」[39]。ここでは，与えられた条件（例えば，傾斜
した平面，結ぶべき諸点，移動時間など）に合う曲線を見
つけなければならないのであって，もはや所与の曲線に基
づいて座標を決定することは問題ではない。したがって，
極大の特性を示すべきは曲線そのものである。解決される
べき幾何学の問題は，極大と極小の計算によって扱われる
純粋に量的な問題とはまったく別の領域に属している。ライ
プニッツによって開発されたこの方法によって量から
質へ（極大と極小を保持したまま）移行することができ，
「幾何学を機械論と自然へ適用する際に」，とくに有益であ
ることが分かる。「じっさいこの方法はあらゆる可能な図
形の中から，最もうまく条件を満たす図形を選ぶことにあ

───────────

39)　「ヨハン・ベルヌイ氏が幾何学者に対し公けに提示した最
速降下線の問題に対する，著者自身の回答，そしてまずヨハン・ベル
ヌイ氏，続いてロピタル侯爵から著者に出版するように送られてき
た二つの回答についての報告等々」(*Communicatio...curvar celerrimi
descensus*)。マルク・パルマンティエによる翻訳 (*G. W. Leibniz. La
naissance du calcul différentiel*, Vrin, 1995, p. 355)。

2.2. 最も決定された形式としての最善　117

る」[40]。

　懸垂線，最速降下曲線の問題を解決することによって，また光の通り道を計算することによって，この方法の豊饒さは示され，最も単純で最も容易な経路が必ずしも最短ではないという原理が例証される。かくして，凹面鏡で反射する光は最長の道を通ることになるのである。最善は最大にも最小にもなりうる。どちらの場合にしても，それは最も決定されたもの，最も容易なものを指示している。というのも，繰り返すが，この観点は量的なもの（二つの点を結ぶ最短の経路はつねに直線である）ではなく質（ある点から別の点へ行く最速の経路は最長になる可能性がある[41]）だからである。

　最大の決定ということによってここでは何を理解すべきなのだろうか。あるものがあって，それを妨げるものが何もない場合に[42)，すなわち，より強力な他の何らかの決定が妨げない場合に，そのあるものから何ものかが出てくるとき，そのあるものは決定されている。最も決定されていて，唯一無二である道は[43)，その固有の性格によって，それが可能にするものによって，他のものとは一線を画している道であり，まさにそのことによってその道

40）「ファシオ・デュイリエ氏の非難に対する回答」（*Responsio ad... Fatii Duillerii imputationes*）。マルク・パルマンティエによる翻訳（前掲書，379 頁）。

41）そういうわけで，最速降下線は（サイクロイドの弧と同等な）曲線であり，それによってある重さの物体はある点から別の点へ可能な最小時間で移動することができる。

42）『変状／情念について』（*De affectibus*, A VI, 4-B, 1426）。

43）この一意性は，凸レンズあるいは凹レンズの中で光がどう反射するかを分析する際に，二本組の光線（jumelles）が結合するということによって（お好みなら，二つの光線は別々にしてしまってもよいが，つまり左右対称の場合をなしにしてもよいが）象徴されるものである。『類推に関する試論』（GP VII, 275）。

118   第Ⅰ部／第2章　完全性，調和，神による選択

の価値が認められる。その道は優位を占めているが，その優位性は絶対的必然性でもないし，他の可能な道の不可能性でもない。その道が提示する利点は，その利点が純粋に幾何学的な考察をではなく，一定の目的を指示する限りで，他の可能なものからの選択あるいは選定に，したがって，ある知性的な原因の構想に立ち戻らせることになる。最も容易な道の，すなわち最善の原理は，デカルトそしてデカルトとともに近代科学を代表する偉大な学者たちみなが自然学から排除した合目的性を再導入するように導く。「すべてが作用因によって機械論的に（mecaniquement）説明される力の支配」から，「すべてが建築術的に（architectoniquement），いわば目的因によって説明される知恵の支配」[44]へと移行しなければならない。

　目的的なものを考慮することは（それがなければ，スネルは決して屈折の法則を発見しなかっただろうとライプニッツは考えている），諸々の発見を容易にすることを目的とする，発見に役立つ（heuristique）機能を持つだけでなく[45]，自然の法則の様相上のステイタスに関する認識論的な重要性も持っているし，神学的さらには護教的な重要性も持っている。なぜなら，目的的なものを考慮することは，世界の起源として，知性的で意志を備えた存在者を置くことにつながり，ひいてはその存在者の知恵に感嘆することにつながるからである。われわれの哲学者〔ライプニッツ〕にとっては，作用因を用いて屈折光学の諸法則をデカルト的なやり方で証明することの諸々の欠点は，〔デカルトによる〕不器用な後付けの再構成をあらわにするものであり，当の再構成は，まさにそれによって，諸法則がこの〔作用因による〕方法によって見出されたのではな

---

44)　同上，273頁。
45)　DM §22〔K I, 8, 181–184〕.

2.2. 最も決定された形式としての最善　119

かったことを示している（だから，そのことによってこの
著者（デカルト）には偽装された剽窃の疑いがかけられる
ことになる）。デカルトは二重の誤りを犯している。方法
論的な誤り（彼は目的因を追放している），そして，いわ
ば認識論的な誤りである。というのも，光学的な諸現象は
機械論によっては完全には説明されえないので，いずれに
しても，光学的現象の諸法則は高次の，「より崇高な」原
理に依存していて，機械論には還元できないことにデカル
トは気づかなければならなかったからである。

　もし自然が「獣的」であるなら，すなわち，幾何学的な
あるいは絶対的な必然性によって全面的に支配されている
なら，最も容易な道が優位になるように，あるいはより一
般的に言うなら，最善が優位になるように命じるものは何
もなくなってしまうだろう。所与の唯一の条件が大きさで
ある三角形の例は，「建築術的な」決定によって統治され
た自然だけが正三角形（最も決定された図形）を生み出す
ことをうまく示している。幾何学的な決定にもっぱら支配
されている自然は，このような場合には何も生み出さない
だろう[46]。あらゆる自然法則と同じで，反射光学と屈折光
学の諸規則は，もし恣意的という言葉によってそれらが自
由意志，すなわち神の選択に依存しているということを意
味しているなら，恣意的である。しかし，それらはデカル
トが考えているように無差別であるどころか，「それらは，
それらを選択させる作者の知恵の中に，あるいは，最大の
完全性の原理の中に，自分たちの起源を有しているのであ
る」[47]。

　諸々の自然法則は偶然的であり，それらは別様に存在し
えただろうし，反対が矛盾を含む幾何学的な真理とは違っ

---

46)　『類推に関する試論』（GP VII, 279）。

47)　同上（GP VII, 272）。次も参照。Th-DPC §2〔K I, 6, 45〕.

120   第Ⅰ部／第2章　完全性，調和，神による選択

て厳密な意味では証明できない，ということを確認するだ
けでは十分ではない。それらはとても合理的であり，最も
完全な秩序，最も美しい秩序に一致しているので（これ
は，「抽象的なあるいは形而上学的な」理由である[48]），そ
して，それらが適用されている世界に正確に適合している
ので（これは，創造された諸事物の個別的な本性と産出さ
れた結果とに基づく推論である），それらは全面的に恣意
的であるわけにはいかないということを付け加えなければ
なるまい。絶対的必然性がないこと――これには驚嘆すべ
き適合が結びついている――，このことこそが，賢く自由
な作者が現実存在していることについての最も顕著な証
拠[49]の一つをたしかに構成している。これらの法則は純粋
に幾何学的なやり方で，作用因を用いることによっては説
明されえない。なぜなら，これらの法則は神の知性にだけ
でなく，いくつかの目的を目指す神の意志にも依存してい
るからである。目的の設定は，反対が不完全性を含むよう
な道徳的な選択の必然性に対応しているのであって[50]，反
対が矛盾を含むような絶対的必然性には対応していない。

　神がこの世界を選択する際に働くのは，まさにこの最善
の原理と，最善の原理に従う道徳的必然性である（ここで
はその「ポジティヴな」側面のもとで見られている）。神
の選択は最善の宇宙の決定と，最高の形式の方法において

────────
　48）　これらの諸法則が宇宙を最も統制された，最も知解可能な
体系にしており，そこでは「同一量の全体的で絶対的な力すなわち作
用，同一量の相対的力すなわち反作用，そして同一量の方向的な力」
が保存されているし，また，そこではさらにまったき原因と結果全
体の均衡が認められる（PNG §11〔K. I, 9, 252f〕。次も参照。Th §346
〔K I, 7, 97〕）。
　49）　PNG §11〔K. I, 9, 252f〕.
　50）　「法学において言われていることに多少似ていて，よき道徳
に反するものは，われわれがそれをすることができないと考えられる
べきである」（『類推に関する試論』（GP VII, 278））。

2.2. 最も決定された形式としての最善　　121

可能な最善の形式の決定に属している。一定の目的（神の
栄光，神が自分の作品の中に見出すであろう満足，知性的
被造物によって自分が愛されるのを見るときに持つであろ
う快），一定の条件（あるがままの諸事物，創造されない
本質，つまり神の意志から定義上独立している本質，時空
の秩序に固有の制約）が与えられると，解決すべき「問
題」は次の問題である。すなわち，諸々の存在者，諸々の
出来事，諸々の現象の唯一無二の結びつきを最も完全であ
るとみなせるかどうかである。また，極大つまり実在性あ
るいは本質の最大の「総」量，さらには個別的な善の最大
の総和を計算することだけが重要なのではなく，最善つま
り特別であらゆる他のものから区別された形式を決定する
ことが重要なのである。なぜなら，その形式は目指す目的
を最も上手く満たし，そのための諸手段を最も上手いやり
方で用いるからである。

　極大（maximum）は力能に従属し，最善（optimum）は
善意に向けられている[51]。前者を獲得するためには，幾何
学的な考察とは別の考察に訴える必要はない，あるいは，
作用因とは別のものに訴える必要はないのであるが，後者
の実現はさまざまな可能的なものを考える知性と，傾かせ
るだけで強いない理由に従って最善を選択する意志を前提
とする。よりよいものが存在せず，また存在しえないの
は，知性，選択，さらに偶然性が存在する場合のみであ
る。知性，選択，そして偶然性は自由の三つの要件であ
る[52]。したがって，最善は自由を要求する。最善は自由の
おかげでしか存在せず，自由がなければ生じえないのであ
る。

　最善世界の「問題」を最高の形式の方法を使う特別な

---

51)　Th §227〔K I, 6, 227f〕.
52)　Ibid. §288〔K I, 7, 52f〕.

122   第 I 部／第 2 章　完全性，調和，神による選択

ケースに還元することは，一つの反論を呼び起こすだろう。もしわれわれの世界が，曲線の中では最速降下曲線が最善であるように，その種の中で最善であるなら，そのときは宇宙の各部分が等しく最善であることを示さなければならなくなるだろう。なぜなら，最速の落下が描く軌道の任意の二点間の（望み通りに小さくできる）各部分は，同じようにこの二点間における最速の軌道だからである。ライプニッツが『類推に関する試論』で示しているように，形式の中の最善のものは，もっぱら全体の中にあるだけではなく諸部分の各々の中にもあり，そうでないなら全体の中にもなくなってしまうだろう。そこで，次のような結論になる。「かくして，宇宙の最小の部分でさえ最も大きな完全性を持つ秩序に従って統制されている。さもなければ，全体は最善ではなくなってしまうだろう」[53]。ところが，著者〔ライプニッツ〕は『弁神論』第 212–213 節ではまさに逆のこと主張していないだろうか。そこでは，量から質へ至る推論は必ずしも正しいわけではないと言われているからである。

　　二つの端のあいだを結ぶ最短の途の部分は，その部分の両端のあいだを結ぶ最短の途でもある。しかし最善の全体の部分は必ずしもその部分に対してなしうる最善なものではない。なぜなら，ある美しいものの部分は，それが全体から引き離されたり，あるいは全体の中にあっても変な仕方で置かれているという場合には，つねに美しいとは限らないからである。[54]

　数学は均質なもの，同質的なもの（つまり平面上の点，

　53）　『類推に関する試論』（GP VII, 272f）。
　54）　Th §213〔K I, 6, 320〕.

2.2. 最も決定された形式としての最善　　123

数の上での量），すなわち抽象的なものや架空のものに関わるので，部分に妥当することは全体にも妥当することになる。全体は諸部分に由来し，したがって諸部分の性格や特性を引き継いでいるからである。ところが，宇宙は異質かつ具体的な諸事物からなっており，そこではその各々の存在者が他の存在者と同一であることはありえないし，多様な完全性と変化に富んだ度合いが実現している。それゆえ，全体的な完全性は諸部分の完全性を物差しにして測られることはできないし，あるいは，そういった諸部分が持つ完全性の単純な合算へと還元されることもできない。とすれば，テクスト間に矛盾があるのだろうか？　次のことを考慮するならば，答えは否である。すなわち，一方では，『弁神論』で直接的に目指されているものは極大と極小の方法であって，（まさに質に適用される）最高の形式の方法ではないということ，他方では，『類推に関する試論』の方は完全性の原理が単に一般的なものに当てはまるだけでなく，「諸事物や諸現象といった特殊なものの中にも降りていくこと」――したがってそれらもまた同じように可能な限り完全な仕方で統制されている――を示そうとしているということを[55]。しかるに，ある完全な全体（つまり宇宙）の部分は，それ自身で把握される場合には，絶対的な意味で言うなら必ずしも最完全ではなく，その部分は（他の可能宇宙に属する）他の可能的な部分から見ればかなり不完全にさえ見えかねないとする主張が言いたいのは，まさにその部分は，最善の宇宙に結びついている限りで相対的な意味で言っても統制されておらず，完全でもない，ということではない。

　それでもやはり，数学的な比喩を形而上学に用いることに対してはこのように用心するのが肝要である。数学的な

---

55) 『類推に関する試論』（GP VII, 272）。

124　第Ⅰ部／第2章　完全性，調和，神による選択

諸々の存在者が虚構的であり抽象的なものでしかない限り
は，つねに慎重になるのがよかろう。数学的存在者は実在
的であることはできない。質と量のあいだの差異を強調す
ることで，ライプニッツは自らの形而上学と神学について
のあらゆる誤った解釈を予防しようとする。ライプニッツ
の神は単に計算する神，可能な限り最善の形式を見出して
それをいわば自動的に，機械論的に現実化する数学者とし
ての神ではない。「神が計算し，思考を働かせるとき，世
界は創られる」[56]。このような言明の危険性は明らかであ
る。これでは世界が神の思惟から直接的かつ必然的に派生
するかのようである。計算というものは，善や正義につい
ての，より一般的には，目的因についてのいかなる考察も
生じさせない。しかし，無数の可能世界の中から選択を行
なう意志がなければ，神を獣的必然性あるいは運命と区別
するものが何もなくなってしまう。したがって，神の数学
（Mathesis Divina）あるいは形而上学的機械論（Mechanismus
Metaphysicus）[57]というものは，最善へと自由な仕方で向か
う意志がそこに付け加わらない限り不完足的であるし，あ
るいはむしろ不十分であり不毛でさえあるのである。

2.3.　各々の完全性と普遍的な調和

「ネガティヴな」道によって，神は最善の可能世界しか
選択することができないこと，現実存在する世界がその最
善の世界であること，そして，それよりもさらに完全な世
界を考えることは不可能であることを打ち立てることがで

---

56)　これはライプニッツが余白に書いた注記であることを思い
出そう（『対話』（*Dialogus*, A VI, 4-A, 22））。

57)　『事物の根本的起源について』（GP VII, 304）〔K I, 8, 95〕。

2.3. 各々の完全性と普遍的な調和   125

きた。「ポジティヴな」道によって，この最善ということ
の本性を最も決定された形式，それゆえ神の意志に関して
は最も決定する形式として定義することができた。残るは
悪の事実である。これを最善世界が現実存在するという主
張と両立させねばならない。悪の実在性はライプニッツに
よって否定されはしない。経験というものは，最善世界の
現実存在というテーゼを打ち立てる最初の段階ですでに要
請されていたが，ここでは，そのテーゼを補完し正確なも
のにするために改めて有益であることが明らかになる。経
験はじっさい何を示すのだろうか？　最善は善と同じでは
ないこと，善は必ずしもつねに最善であるわけではない
し，悪は必ずしもつねに最悪であるわけではないことであ
る。最完全な世界は善だけを含むあるいは（絶対的な価値
の点で）個別的な善を最大量含む世界なのではないし，そ
の諸部分のすべてがそれ自身完全である世界なのではない
ということは，結果から認めざるをえない。たしかに，罪
も苦しみもない宇宙も可能であるが，ライプニッツはその
直後に反論して，「しかし私は，それならその宇宙の方が
よりよかっただろうという考えを否定する」と述べてい
る[58]。ユートピアをでっちあげたり，徳と善だけが支配す
る驚異の世界を想像したりすることは自由であるが，その
ような世界は「われわれの世界よりも善の点でかなり劣っ
ているだろう」[59]。

　この推論は，すでに見たように事実に基づく議論から引
き出されたものであり，何よりもまずネガティヴである。
つまり，悪のない世界はじっさいのところ（最完全なもの
以外のものを創造できない）神によっては選択されなかっ
たので，世界に悪がなくても世界はより善くなってはいな

---

58)　Th §9, GP VI, 107〔K I, 6, 127f〕.

59)　Ibid. §10〔K I, 6, 128f〕.

126   第Ⅰ部／第2章　完全性，調和，神による選択

かっただろう，というようなネガティヴなものである。こ
れに加え，二つのポジティヴな推論がある。一つ目は世界
の定義に関係している。宇宙は，可能的な諸事物からな
る別のどのような連なりとも同じで，「ひとまとまり」で
あって，大海のようなものである。大海では「最小の運動
でさえ，距離がどのようなものであれ，影響を拡大させて
いく。たとえこの影響が距離に従って感覚できないぐらい
に弱くなってもその影響は届いているのである」[60]。あらゆ
る部分が結合しているので，そしてまさにその結合によっ
て，対象に対する神の全ての決定（この諸決定は実際には
一つの結合しか形成しないが[61]）のすべても結合している
ので，そしてすべての実体が結びついており，それらの実
体に関する諸現象も結びついているので，いかなるものも
残りの全体に影響をあたえずには変化されえないことにな
る。もしこのような変化があるとすれば，それは完全性の
点でわれわれの世界よりも必然的に劣っている他の一つの
世界を創ることになろう。というのも，今一度言うが，そ
の世界は神が創造した世界ではないからである。この世界
から最も小さな悪を取り除くだけであっても，あるいは最
も意味のない出来事を取り除くだけであっても，それは
まったく異なった他の世界を思い描くことに帰着するだろ
う。「そのような世界はもはや，すべて考慮されすべて斟
酌されたこの世界，それを選択した創造主によって最善と
みなされた世界ではないだろう」[62]。

　二つ目の推論は，最善の可能宇宙が現実化する際に悪が
果たす役割に関係している。神は悪をそれ自体において
はそのようなものとして〔何らかの役割を担うものとして〕

---

　　60)　Ibid. §9, GP. VI, 107〔K I, 6, 127f〕.
　　61)　普遍的な唯一の決定についてはコスト宛 1707 年 12 月 19 日
付（GP III 440）。
　　62)　Th §9, GP VI, 108〔K I, 6, 127f〕.

2.3. 各々の完全性と普遍的な調和　　　127

意志したり称賛したりはしないが，それを自分の計画に役立たせる。神が悪をすぐれた善の不可欠な条件として（罪の場合がそうである），さらにはすぐれた善を獲得するための手段として（苦しみの場合，より一般的にいえば，不完全性の場合がそうである）許容するのは，そのためなのである。二つの悪がいっしょになると悪い結果を無効化し，有益な結果をもたらしさえすることをわれわれは知っている。ちょうど，二つの毒が薬になったり，一つの過ちが諸々の幸福な結果をもたらしたりするのと同じである。かくして，指揮する将軍の誤りが思わぬ仕方で勝利につながることがあるし，あるいは，アダムの堕落によってわれわれはキリストのとりなしに関わることができる[63]。「悪がより大なる善に伴うこともありえるのだから，最善の選択肢は必ずしも悪を避けようとするものではない」[64]ということを認めなければなるまい。たしかに，神はあらゆる悪を世界から取り除くことができる（peut）が，帰結的意志によって，そのように意志する（veut）ことはない。「なぜなら，もしそんなことをしたら神は同時に諸々の善も取り去ってしまうからであり，悪よりもむしろ多くの善を取り去ってしまうからである」[65]。

　世界から悪を取り除けば，じっさいには悪よりも多くの善を消し去ることになる。最初はとても不完全なように思われる部分へのまなざしはそのとき変わる。というのも，（『弁神論』の教訓物語におけるテオドールにならって）もしわれわれが宇宙全体を熟視できて，それを他のすべての

---

63) Ibid. §10〔K I, 6, 128f〕.

64) 『論争要約』第 1 節（GP VI, 377）〔K I, 7, 163〕。

65) 『キング『悪の起源』考』（*Remarques sur King*）第 27 節（GP VI, 435）〔K I, 7, 249〕。このようにして，『弁神論』第 121 節の「悪を容認することは，神がそうしているのだから，最大の善意なのである」というパラドクシカルな言明を理解しなければならない。

128   第Ⅰ部／第2章　完全性，調和，神による選択

可能世界と比較することができるなら，その宇宙はこれ以
上よくは作られえないだけでなく，諸部分の各々は各々の
やり方で最完全の全体に貢献している限りにおいて，ある
いは，とにかくその各々が全体とわかちがたく結びついて
いる限りにおいて，その宇宙の諸部分の各々に関しても，
個別的なものに対してそれ以上を望みうるものは何もない
ということがわかるだろうから[66]。

　逆説的にも，最善は不完全なもの，最小の善，悪を含む
ゆえに，善以上なのである。善から最善へと移行すると
き，われわれは部分から全体へ，そして量から質へと移行
する。罪や苦のない世界は，（被造物の中で最も完全な）
無数の精神だけから作られており，それらの精神にはそれ
らに能うあらゆる徳と幸福が与えられているだろうから，
われわれの世界よりも善を数多く含むだろうということは
間違いない。もし完全性が実現された本質の単なる量にし
か存しないなら，罪や苦しみのない世界が可能な限り最完
全であることになろう。というのも，その世界は最大の形
而上学的完全性（それは存在論的にいって神に最も近い被
造物の完全性である）に最高度の道徳的・自然学的完全性
（すなわち，至福）を結合させるだろうからである。しか
しながら，もっぱら善だけから構成されるそのような世界
は，（もしより小さな善がある種の悪であるというのが正
しいなら）むしろまさにそのために，われわれの世界より
もより低い程度で善い，つまりじっさいにはより悪いので
ある！　それは，一方では，こういった善をすべて足し合

────────────

　66)　同上，第125節（GP VI, 180）〔K I, 6, 228f〕。「諸事物を理
解するなら，それがもっと善くあったらなどと望むことすらできない。
もし神が変えようと欲したなら，それは事物の作者としては一つの悪
徳になってしまう。たとえその改変によって悪徳の介在を排除しよう
とするものであっても，そうである」。

2.3. 各々の完全性と普遍的な調和　　　129

わせても，悪の介在によってしか得られず[67]，罪を避ける
ならむしろ断たれてしまうようなすぐれた善を獲得するこ
とができないからである。またそれは，他方では，そして
とりわけ，完全性という用語は，それが同質的な全体に適
用されるのか，それとも異質的なものの集合に適用される
のかに応じて，同じ意味を持たないからである。

　前者の場合，全体は部分から結果し，部分が完全でない
限り全体は完全にはならない。こういう完全性は，絶対的
と言われ，量に固有のものである。後者の場合，全体は部
分に先立ち，それ自体で完全であり，その諸部分はそれぞ
れの仕方で（respectivement），つまり全体の完全性に寄与
する限りでしか完全ではない。このような完全性は質的な
秩序に属する[68]。量の場合，われわれは同一的で識別され
えない諸部分について考察することになる。それらの部分
の位置や配置は無差別的である。質の場合，われわれは識
別された諸部分について考えることになる。それらの本
性，秩序そして配列は全体との関係によって規定されてい
る。この関係は，要素の合成物に対する関係ではなく，条
件あるいは方法の目的に対する関係である。したがって，
最完全な世界とは善を最大量積み上げる世界ではなく，多
様で異質な実在性を最善のやり方で組み合わせ，調和させ
ることをうまくやり遂げる世界である。「完全な」という
言葉は，部分においては，最大数の諸事物と両立しうると
いう意味であり[69]，全体においては，最も調和していると
いう意味である。

　67）　アダムの罪は，受肉と贖罪のきっかけであって，ある意味
ではこの場合の範となる実例として用いられる。

　68）　この区別についてはヴォルフ宛 1705 年 2 月 21 日付（GB
19）。

　69）　あるいは，否定的に言うなら，可能的な諸事物を最も妨げ
ないということになる。

130 第Ⅰ部／第2章 完全性，調和，神による選択

完全性とは，普遍的な水準では，諸事物の調和である。
ヴォルフ宛 1715 年 5 月 18 日付の書簡が示しているよう
に[70]，それは形而上学的であると同時に認識論的な意味を
持っている。それは「多様性における一致あるいは同一
性」であり（これは『哲学者の告白』の中で与えられてい
る調和についての有名な定義を思い出させる定型表現であ
る[71]），すべての事物を注目すべきものにし，考察される
余地があるものにするものである（つまり，普遍的な観察
可能性と，ある度合いの考察可能性）。完全性は，存在論
的な観点からは，対立するもの（一と多，同一と差異）の
あいだにある関係を指示し，認識の観点からは，ある度
合いの知解可能性を指示する。というのも，「秩序，規則
性，調和は同じものに帰着するからである」[72]。可能的であ
るためには，知解することができ，考えることができるだ
けで，すなわち，いかなる矛盾も含まないだけで十分であ
る。しかし，現実存在に至るためには，「知解可能性すな
わち秩序がなければならない。というのも，多の中に際立
つものが多くあればあるほど秩序が存在しているからであ
る」[73]。最善の世界とは，最も理にかなった世界であり，そ
こではいかなるものも無駄に作られてはおらず，運任せに
はされていないし，神の計画において正確に自分の役目を
果たさないもの，何らかの仕方でそれに寄与しない出来
事，有効に用いられない場所や時間，そういったものは何
もない。そこにおいてはすべては秩序と合目的性であり，
単純で一般的な法則に支配されているところの宇宙は，被

---

70) GB 172：「完全性とは諸事物の調和であり〔…〕，多様性に
おける一致あるいは同一性である」。

71) A VI, 3, 116：「多様性における類似，あるいは同一性と釣り
合った差異性である」。

72) GB 172。

73) ブルゲ宛（GP III, 558）。

2.3. 各々の完全性と普遍的な調和　　131

造物の無能力さを取り繕うために永続的奇跡を要求することはない。なぜなら，宇宙は諸事物の本性（つまりそれ自身によって存在し，また存在しうるもの）と空間と時間によって課された諸条件を最もうまく利用するからである。

形而上学的な次元において，ヴォルフ宛書簡はかくしてわれわれの世界がどのような意味で最大量の本質を現実化するのかということを理解させてくれる。ライプニッツにとって，事物の本質あるいは完全性の程度とは「調和的特質」から見積もられるものである[74]。最大の実在性を要求することは，全体レヴェルでは最大の調和を要求することと一致する[75]。したがって，最も多くの可能性，最も多くの本質を現実存在へともたらすことができる世界は，例えば，最も多くの個体あるいは最も多くの個別的善を含むような世界ではなく，最も多くの「調和的特質」を含む世界である。さて，調和は宇宙の中に善しか存在しないことを拒否する。善が過剰になれば悪になるし，美に対立する同質性と一様性を産み出してしまうだろう。善しか存在しないなら，善はより少なくなってしまうし，最大の善しかないなら，卓越さはその価値を失ってしまうだろう。

> もし徳だけしかなかったり，理性的被造物しか存在しなかったりしたら，善はもっと少なくなってしまう，ということがわかる。ミダスは，持っているものといったら黄金だけであって，そのため自分を裕福とは思えなかった。それに加え，知恵もさまざまであらねばならない。どんなに貴いものであっても同じものを

---

74)　GB 172.

75)　この点に関しては，とくにグレゴリー・ブラウンの以下の論文を参照。*Leibniz's Theodicy and the Confluence of Worldly Goods* (1994), in: *G. W. Leibniz: Critical Assessments*, edited by Roger S. Woolhouse, p. 466f.

変わりばえもせずただただ繰り返すだけならば，それは過剰であり，貧困でもあろう。書斎に千冊ものウェルギリウスを束ねて置いておくこと，オペラ『カドミュスとエルミオーネ』のアリアだけを歌って明け暮れること，磁器を全部壊して金製のカップだけを用いること，ダイアモンド製のボタンだけをつけること，ヤマウズラしか食べないこと，ハンガリーのワインかシラズのワインしか飲まないこと，こうしたことが理性的といえようか。[76]

　豊かさが多，すなわち量に存するのはもちろんだが（徳がただ一つしかないとか，被造物がただ一種類しか存在しないなら，それはいかに気高くとも欠点になるだろう），それと同時に多様性，すなわち質にも存する。徳の所有や諸々の実体に固有な完全性（同種の実体例えば精神の内部に含まれている完全性[77]）には諸々の度合いがなければならない。調和にはこういったほとんど無限の多様性，こういった異質性が必要であるが，同じものの反復は，それがその種の中で最も完全であるとしても，必要ではないのである。

　可能な限り最善である世界は，もしそれが調和しているなら，一つの限定された点でもある，ある種の平衡点を構成する。その点は傑出した唯一無二の最も決定された一つの形式である。というのも，それは可能な限り大きな，つまり，それを越えてしまうと自己同一性それ自体が脅かされてしまうような大きな多様性を含んでいるからである[78]。それは，結果の中に多様性と豊かさの極大を探すこ

---

　76)　Th §124, GP VI, 179〔K I, 6, 227〕.
　77)　Ibid. §120〔K I, 6, 217–220〕.
　78)　『自然法の諸要素』(Elementa juris naturalis, A VI, 1, 479)〔K II, 2〕.「最大の多様性が存在するときに最大の調和が存在する。しか

2.3. 各々の完全性と普遍的な調和　　133

とと，単一性と類似性を配慮することとの妥協点である。

　　調和とはじつのところ多における一（l'unité dans la
　　multiplicité）である。それが最大になるのはその一が，
　　見かけは無秩序な要素であるがあらゆる予期に反し
　　驚くべき連関によって最大の一致へと立ち返る，その
　　ような要素の数が最も多い場合の一であるときであ
　　る。[79]

　美というものは，多様性の過多（つまり，ゆがみ）であ
るにせよ，同一性の過多（つまり，単調さ）であるにせ
よ，そこに起因する普遍的な不調和のまぎわでこうした緊
張を解くことから生じる。最大の調和は一つの限界である
（このことが，その唯一性を説明する）。それは，一性と同
一性が決壊する限界点にまで差異を激化させ，多彩なもの
を豊富にし，多なるものを拡大させることを前提する。同
時にそれは類似性や一性を，まったき差異とまったき多様
性が消滅する限界点にまでもたらす要求でもある。世界の
完全性はもはや単に産み出された存在あるいは本質の元の
ままの量を，すなわち存在論的な完全性を指示するだけで
なく，同様に，そしておそらくはとりわけ，知解可能な秩
序と同時に一つの快，つまりその秩序を観想する全知の観
覧者の美的な快に差し向けられるような質的な完全性を指
示することになる。
　本章の導入部で言及された最善世界の三つの定義は，し
たがって，次のような仕方で両立する。最も完全な宇宙
は，神の栄光という神の目的——その目的に他のすべての

────────
しその多様性は同一性へと還元される（というのも，度合いというも
のは同一性にではなく多様性に存しうるからである）」。
　79）『哲学者の告白』（Belaval, p. 45 ; A VI, 3, 122）〔K II, 2,
202f.〕。

134　第Ⅰ部／第2章　完全性，調和，神による選択

目的が従属する——に最もうまく対応する世界である。そこで，「人間が選ばれ配置されるのは，その優秀さによってであるというよりも，むしろ神の計画との合致によっている，といえよう」[80]。選択されるのは，部分においてそれ自身最善であるものではなく，定められた目的に最もよく適合しているものである。神は諸々の精神の幸福を欲するが，それはできる限りでのことである。というのも，神は諸事物の全体を見ていたからである。総体の完全性は個別的な完全性の総量に，すなわち，世界の中に現実化した存在者と善の量には還元されない。全体を計算するには，厳密には量ではなく質に属するもの，つまり，世界を形作る多様な諸事物すべての秩序，結合，そして調和を付け加えなければならない。われわれの宇宙は，相対的な意味で，他の可能宇宙との比較によって，最善である。それと同時に，その宇宙が諸々の方法，与えられた諸々の条件，そして諸々の目的のあいだにある関係を表出する限りで，絶対的な意味でも最善である。その宇宙は最も決定され，最も知解可能で，唯一無二の形式を構成するからである。

---

80)　Th §105, GP VI, 161〔K I, 6, 201〕.

第Ⅱ部

最善なるものは進歩を排除するか？

第 3 章

永劫回帰に反して

——1694–1696 年以前における世界の進歩と精神の至福——

　ライプニッツは，宇宙は進歩するのかという問いに対し，説得的な理由に基づいて決着をつけることができなかったと認めている[1]。進歩するかしないか[2]という二者択一は，変化する世界と不動の世界という関係に対応するのではない。むしろ，生成された世界における次の二つのモデルに対応している。一つ目は，諸部分間での継起的な完全性のやりとりがあるにもかかわらず全体的な完全性は不変なままというモデルである。二つ目は，まだ割合は決定されていないものの，それぞれの被造物に応じたさまざまな均衡の中で，（連続的であれ断続的であれ）全体的な完全性が増大するというモデルである。

　注釈者たちは，ライプニッツがためらっていたことをもれなく強調しており，また，どちらかの解決を主張しているように思われる諸テクストのあいだには，ある種の矛盾があることももれなく指摘している。ジョン・エルスターによれば，以下の通りである。

---

　1)　例えば，ブルゲ宛 1715 年 8 月 5 日付（GP III, 582）。
　2)　宇宙がますます悪くなっていく可能性については，そういった宇宙と，神は可能な限り最善の宇宙を創造したというテーゼとが明らかに相入れない限りにおいて，真剣には検討されていない。

138   第Ⅱ部／第3章　永劫回帰に反して

　　［…］ここにはライブニッツ哲学における非常に深い
　　緊張がある。つまり，ある種の進歩的な精神と保存の
　　法則との間の絶えざる対立である。［…］ライプニッ
　　ツは，彼が経済学的，生物学的，心理学的，物理学
　　的，数学的な考察に基づくのに応じて，どちらの立場
　　にも立つ。[3]

　たとえ心理学が永続的な進歩の構想（例えば，喜びの連
続的な増大を前提としている精神の至福）を助長するにし
ても，「生物学」や物理学に関するライプニッツの思想の
うちには，どちらの主張も強めうる議論がある。エルス
ターによれば，誕生と死のサイクル，成長と衰退，生物に
おいて観察された展開と包蔵の段階，力の保存の表明は，
宇宙の完全性はつねに一定であるという主張に有利にはた
らくのに対して，予先形成の理論と慣性の法則は，世界は
実際に進歩するという考えと重なる[4]。

　この根本的に不確かなあり方によって，〔ライプニッツ
が〕いくつかのテクストで慎重であることが説明されるだ
ろう。「純然たる理性によって選ぶこと」[5]ができる真の論
証がない場合，ライプニッツは異なる可能的な解決を陳述
するにとどまり，不変にも進歩にも賛成の立場をとること
はない。また，進歩の立場を仮定したとしても，他の進歩
のタイプ[6]よりもある進歩のタイプの方に賛成するという

――――――――――
　3)　*Leibniz et la formation de l'esprit capitaliste*, Aubier-Montaigne,
1975, p. 215.
　4)　Ibid. p. 218–224.
　5)　ブルゲ宛 1715 年 8 月 5 日付（GP III, 582）。たとえライ
プニッツが，『事物の根本的起源について』（*De rerum originatione
radicali*, GP VII, 308）の最後で，地球の大部分は今や「耕された」状
態にあるという事実に言及しているとしても，じっさい，ここで経験
に訴えるのは決定的なものではあり得ないだろう。
　6)　あらゆる考えられるものの中で。この点に関して，とりわけ

139

立場をとることもない。したがって，可能な限り最善というテーゼは，進歩はあるという構想と同様に進歩はないという構想とも両立可能である限りにおいて（たとえそのテーゼは，両者の場合で全く同じ意味を持ちうることはないにしても），この点に関して決着をつけることはできないであろう。

ところが，有名な『事物の根本的起源について』（1697年）を含む他の作品[7]では，同様の中立的な態度が示されていない。ライプニッツはそこで，自分は世界の進歩に賛成すると明言しているのだが，そのような世界がとるべき形態に関しては必ずしも明確にしていない。ある注釈者たちは，1697年の小論文〔『事物の根本的起源について』〕のうちに，この問題に関するライプニッツの思想に重大な転換の兆候があると判断した[8]。〔この判断に従うなら〕1694年から1696年は決定的な期間を告げている。ライプニッツはその間に，まず，全体的なレヴェルでは同一量の完全性が保存されることを支持した。次に，意見を変更し，宇宙は進歩するというテーゼを認めるようになった。グリュア（彼は『無限の進歩について』（*De progressu in infinitum*）と『世界の完全性は増大するのか』（*An mundus perfectione crescat*）の断片のうちに〔ライプニッツが〕ファン・ヘルモントから着想を得た可能性を見ている[9]）の示

次を見よ。Grua 94–95；ブルゲ宛 1715 年 8 月 5 日付（GP III, 581）。

7)　例えば，次も見よ。ゾフィー宛 1696 年付（GP VII, 541, 543）；モレル宛 1698 年 5 月 14 日付（Grua 121）；1698 年 3 月のガブリエル・ヴァグナーとの議論（Grua 391）；ゾフィー宛 1706 年 2 月 6 日付（GP VII, 568–569）．

8)　Allison P. Coudert, *Leibniz and the Kabbalah*, Kluwer Academic Publishers, 1995, p.117, p.126; Pauline Phemister, *Progress and Perfection of World and Individual in Leibniz's Philosophy, 1694–1697*, in: *Einheit in der Vielheit*, VIII. Internationaler Leibniz-Kongress, 2006, II, p. 808–809.

9)　Grua 94 (note47).

140   第Ⅱ部／第3章　永劫回帰に反して

唆に従って，アリソン・P・クーデルトは，このライプ
ニッツの「方針転換」は，彼がファン・ヘルモントの作品
を読み，1696年にハノーファーで対談したことに由来す
ると説明している[10]。この対談を機に，ライプニッツはコ
ンウェイの著作を知ったということになるだろう。ライプ
ニッツは，普遍的な救済に賛成する二人の著者の議論に触
れ，説得されたのかもしれない[11]。

　こういった対談やコンウェイの著作を読んだことが，
〔ライプニッツが〕進歩の問題に対する関心を取り戻す（さ
らには，この問題に対する見解をはっきりさせたいという
願望を生み出す[12]）きっかけとなった，と説明できるとして
も，1697年以降に擁護された〔ライプニッツの〕立ち位
置をこれらが十分に説明しているという点は疑わしい。と
いうのも，以下の二つの指摘が避けられないからである。
第一に，ライプニッツのいくつかのテーゼとこれらの著者
たちによって主張されたテーゼが近いとしても，そのこと
が著しい相違点を消してしまうはずがない[13]。第二に，ラ

────────────

　10)　Op. cit.〔クーデルの前掲書。本章注8を参照〕, p. 110, p.
112–117, p. 126, p. 133–134.
　11)　さらにフェミスターは（とりわけ『事物の根本的起源につ
いて』のうちに）ライプニッツとコンウェイのあいだに多くの共通点
があることを指摘している。フェミスターによれば，それは普遍的な
救済の見解に関してドイツの哲学者〔ライプニッツ〕が共感を示して
いたことをほのめかすのに十分である（前掲論文〔本章注8を参照〕,
805頁，810頁）。
　12)　ガストン・グリュアによって出版された二つの断片にはそ
の痕跡が残されている。この二つの断片に対するコメントに関しては，
次章「世界は進歩するのか？」を見よ。
　13)　ライプニッツとコンウェイとの違いに関しては，とりわけ
フェミスターの前掲論文〔本章注8を参照〕811頁以下。同様に，次
のように指摘される。すなわち，（彼がすでに為してしまった犯罪に
対する）罰が永遠であることへ批判も，（より大きな完全性への移行
に先行する，魂の一時的な苦しみを描く）発芽のメタファーの使用も，

141

イプニッツは 1694 年から 1697 年の間に出くわした理論
的な問題を自身の概念的な資源を使用しつつ自ら解決する
ために、「体系」[14]とは言えないにしても、十分練り上げら
れ、完璧で充実した一体をなす見解を持っていた。また、
何らかの外的な影響——著者自身によるか、あるいは疑い
ようのない明白な借用によると確認されない場合には、つ
ねに明らかにするのが困難であり、信用し難い——を主張
する前に、〔解釈者たちによって〕新しいと思われている
テーゼ〔宇宙は進歩するというテーゼ〕がじっさいのとこ
ろ、ライプニッツがこれまでに認めてきた立場と整合的で
あるのかを検討することから始めるのは良いやり方であ
る。というのも、方針転換は見かけの上でのことに過ぎな
いことがあり得るからである。

　以下の分析の目的は、ライプニッツはファン・ヘルモン
トの作品を読み、会談を行ない、また、コンウェイ（や他
の著者たち）の思想を待たずに、世界の全般的な進歩を
主張するようになった、と示すことである。この〔世界の
全般的な進歩に関する〕テーゼは、永劫回帰の拒否と同様
に、ライプニッツのうちに古くからあり、また、同時に形
而上学的であり、心理学的であり、神学的であり、道徳的
でもある前提に起因している。（一時的な後退があったと
しても）あらゆる事物の完全性は増大していくという主
張は、たしかに、1694 年よりずっと前に書かれたものの

（『事物の根本的起源について』の中で）事物の深淵において「眠って
しまった」実体に言及することも、カバラ主義、錬金術、グノーシス
主義の伝統に相応しくない。いずれにせよ、その影響を立証するのに
十分ではない。このことは、クーデルトが主張しているとおりである
（前掲書〔本章注 8 を参照〕、117–119 頁、133–134 頁）。とりわけ想
起されるのは、ファン・ヘルモントによって擁護された魂の輪廻をラ
イプニッツが拒否し（NE II, 27, §6）、ファン・ヘルモントとは違って、
制裁的正義を認めることである（Th §73–74）。

　14）『新説』は 1695 年に『学芸雑誌』に発表された。

142   第Ⅱ部／第3章　永劫回帰に反して

うちに現れている。このことによって，『事物の根本的起
源について』はおそらくあまり斬新ではないものとなり，
『世界の完全性は増大するのか』（この著作では完全性の総
体は変化しないことが擁護されている）は，反対に，思わ
れているよりも異例なものとなる。1693年には，人間の
知の限界に関する反省によって，同じことの完全な繰り返
しを避けるためには精神の完成が必要なものとされ，かく
して，ある種のオリゲネス主義が助長されるようにさえな
る。

3.1.　進歩の「一般的規則」と
精神の至福に関する議論

3.1.1.　生成の法則としての進歩

　『変状／情念について』（1679年4月）では，あらゆる
事物（omnia）の進歩は，真の形而上学的な原則のうちに
立てられたその〔あらゆる事物の〕「一般的規則」の直接
的な結果として生じる，と示している。この一般的規則に
よって，「より多くの実在性を含んでいるもの，またはよ
り完全なもの（perfectius）につねに到達する」（完全性は
「実在性の程度」として定義される）。もちろん，「しばし
ば長いこと間をおいたり，後退（regressus）したりするこ
ともあるものの，あらゆる事物はつねにより完全なものと
なる」[15]。さらにこれは，「それぞれの事物からこの事物に
続きうる最も完全なもの（perfectissimum）が生じる」[16]と
いう公理，あるいは，他の記述から着想を得て[17]，それを

---

15)　A VI, 4-B, 1428.

16)　Ibid. 1429.

17)　Ibid. 1431.

3.1. 進歩の「一般的規則」と精神の幸福　143

妨げるものは何もないと〔いう条件を〕付け加えることが
できるとすれば、「それぞれの事物からは、それ自体とし
て考えた場合、それぞれの事物から生じうる［あらゆるも
の］中で最も完全なものが生じる」[18]という公理となる。

　この一連の定式化は、正確には同じことを述べているの
ではない。公理は一般的規則の意味を、比較級（perfectius）
から最上級（perfectissimus）へと移行させつつ変更するこ
ととなる。もはや問題となるのは、産出されるものは先行
するものよりもつねに良いと主張することではなく、むし
ろ、産出されるものは先行するものの最も完全な帰結であ
ると主張することである。この変更が根本的であるのは、
次のように述べることに帰着するからである。すなわち、
後続するもの（B）は必ずしも先行するもの（A）に対し
てより良いわけではなく、むしろBはつねに（絶対的に
言って）Aから引き出された最善の選択である。例えば、
原因Aが与えられているとすれば、Bはその最大の結果
となる。あるいはまた、何も妨げるものがない場合、つま
り、それらの結果の最後まで進むのを妨げるものが何もな
ければ、Bは決定Aから帰結する状態となる。

　たとえ、一般的規則によって、ある瞬間から次の瞬間に
かけて連続的に増大する発展を信じることができるように
なるとしても、前進と後退がありうるために、公理は〔一
般的規則の〕修正をもたらし、また、この修正によって厳
密に直線的であるわけではない進歩を考えられるようにな
る。ライプニッツは、それぞれの事物からそれ自身におい
て最も完全なもの（perfectissimum per se）が帰結すること
を明言しつつ、「本来、何かをより完全にするものが、思

---

　18)　「そこから生じうる最大のものがそこから生じる。つまり、
そこから生じるすべてのものが妨げられない、ということである」（同
上、1428頁）。「決定とは、妨げるものがなければそこから生じる状
態である」（同上、1429頁）。

144   第Ⅱ部／第3章　永劫回帰に反して

いがけず，他のものと組み合わさることで，それを破壊し
たり悪化させたりすることは起こり得る」と示そうとす
る。例えば，冷たい水は，喉が渇いている者の渇きを癒し
彼に力を取り戻させるが，その水があまりにも熱い場合に
は彼に害をもたらしうる[19]。したがって，逆説的に言えば，
公理は，個別的に見た場合には，それ自体としての最善が
つねにそれぞれの事物から生じると主張するものである
が，ひとたびこの事物がその文脈のうちで他のものと共に
検討される場合には，つねに最善が生じるはずだ，と仮定
することへと導くわけではない。ある事物（状態，現象，
実体[20]）の最も完全な結果とは，必ずしもその事物をより
完全にするもののことでもなければ，その事物以外の諸々
の事物のことでもない。最も完全なものとは，ある事物の
あらゆる可能的な帰結の中で，最も決定されたもの，つま
り，最も多くの実在性を含んでおり，その結果，産出され
る最も多くの理由を持つがゆえに生じるであろうもののこ
とである。このようになるのは，「思いがけず，それがよ
り大きな不完全性の原因になる可能性があるとしても」[21]，
それが外的あるいは（事物のうちにある反対の決定によ
る）内的な原因によって妨げられない限りである。最も完
全なものが妨げられようとも，あるいは，その妨げの実現
によって先行するものより（相対的に言って）悪い状態が
生じようとも，それでも諸事物の完成に対する制限は，進
歩への真の持続的な障害としては現れず，むしろ一時的な

---

　　19)　Ibid. 1431.
　　20)　「事物」（chose）という用語（ラテン語の中性形では「それ
(id)，一つのもの（unumquodque），あらゆるもの（omnia）」と翻訳
される）は，考察される存在の真の本性について，とりわけ物体が実
体的なものであるか，それともそうでないかについて決定をくださな
いことを可能にすることに注意せよ。
　　21)　Ibid. 1433.

3.1. 進歩の「一般的規則」と精神の幸福   145

遅れの理由（たとえその遅れが長かったり，また，著しい衰えを示したりすることがありうるとしても）としてそれらの諸事物の完全性の避けがたい仕方で発揮されることのうちに現れる[22]。

　この形而上学的な法則，つまり，生成の法則（loi du devenir）または存在の展開という法則にしたがうと，何も妨げるものがない場合，（一絶対的に言って）可能な限り最も完全である結果がそれぞれの事物から生じるので，事物はつねに完全になっていく。重要なのは，この法則が表明されるのは，決定の概念と決定の原因について考察する文脈であることに注意を向けることである。したがって，この法則は，ある神学的な命題——神はつねに最も完全なものを生み出すといった——に由来するのではなく，また，宇宙論的な主張——現実存在するのは最も完全な世界であるといった——に由来するのでもない。むしろ，この法則は，充足理由律，つまり，現実存在と同様に思惟や存在を支配している根本的な原理から生じる。ある事物のあらゆる可能的な帰結の間に違いがないとすれば，つまり，すべてが等しく，等価であれば，ある他の事物よりもなぜその事物が生じるのかいかなる理由も存在しない。このような場合，あらゆる事物が産出されるか，またはいかなる事物も産出されないか，いずれかである。ある事物のみが生じるなら，その理由が与えられうるのでなければならない。つまり，なぜその事物が他のあらゆる事物に勝るのかを説明できなければならない[23]。この理由は，その事物が最も決定されているということにある。なぜなら，この事物はより一層の実在性を含んでいるから，つまり最も

---

　22)　たしかに「しばしば長きにわたり，後退することがあるとしても，あらゆるものがつねに完全なものとなる」場合（同上，1428頁）。

　23)　Ibid. 1432.

完全なものだからである。最も完全なものは，それを妨げるものが何もなければ，現実存在しなければならない。これは，より後のテクストにおいて正三角形の例で示されているように[24]，いかなる決定がない場合であっても，避けられないものである（だからと言って絶対的に必然的であるわけではないが）。なぜなら，「決定されていない事物よりも決定されている事物が選ばれるのであって，決定されていない事物の内ではいかなる選択理由も区別され得えない」からであり，また，「ある賢者が空間内に三つの点を配置すると決めたものの，他の形の三角形ではなく，とある形の三角形に決めるいかなる理由もないとすれば，三つの点が相互に同じ関係にある正三角形が選ばれる」からである[25]。正三角形は，数ある三角形の中で最善である。というのも，正三角形には，三辺が等しく面積が最大である唯一の三角形という独自の特性が備わっているからである。

　・あ・ら・ゆ・る事物は，非連続的ながらも進歩し，また，（何もそれを妨げるものがなければ）・そ・れ・ぞ・れ・の事物によって条件づけられて進歩する。こういったことから，全体としての宇宙の進行は，前進と後退の局面を経ると結論づけることができる。すでに述べたように，この結論は，神学的な文脈を参照することなく，最善世界の現実存在に関するテーゼから独立した仕方で確証される。この現実存在に関するテーゼはここでは主張されていないが，いずれにせよ

24）『形而上学叙説』第3節（削除箇所がある記述，A VI 4-B, 1534）以降。

25）『発見に関する提要 […]』（*Specimen inventorum* […], 1688, A VI, 4-B, 1617）。次も見よ。『無限の進歩に由来する偶然的真理の起　源（*Origo veritatum contingentium ex processu in infinitum* […], A VI 4-B, 1664）；『類推に関する試論』（*Tentamen Anagogicum*, GP VII, 278）；『事物の根本的起源について』（GP VII, 304）。

3.1. 進歩の「一般的規則」と精神の幸福　　147

ほとんど役に立たないものであろう。なぜなら，このテーゼだけでは，進歩に有利になるように確信をもって結論することができないからである。このテーゼは，じっさいのところ，全体としての完全性が変わらないという仮説においても妥当するだろう。最善世界についての問いと進歩についての問いは，もちろん関係がないわけではないとしても（その結果，一方の問いに対する答えは他方の問いに対するある一定の答えに必ず影響を与える），それらは注意深く区別されるべきである。一方の場合には，宇宙と，宇宙を構成する諸事物とを，それら自身の生成（ある瞬間や状態から，別の瞬間や状態への）において考察することが問題となる。つまり，最も完全なもの（perfectius または perfectissimum）をさまざまなリズムで増大する展開のうちに組み入れることが問題となる。他方の場合には，宇宙をその無限の全体性において捉え，これを他の可能的な宇宙と比較することが問題となる。無限の全体性として捉えられた世界は，他の可能的な宇宙と比べて，より完全であると，さらには可能な限り最も完全なものであると判断されるだろう。この場合，最も完全なものは，時間に照らして評価されるのでもなければ生成を通じて評価されるのでもなく，可能的な諸事物からなる無限の系列との比較に基づいて評価される。最善世界のテーゼはあらゆる事物が進歩するというテーゼを意味していないのと同様に，あらゆる事物の進歩は最善世界が現実存在することを証明しない。つねに最も完全なものに到達し，最も完全なものはそれぞれの事物から生じうるという主張は，じっさいのところ，可能な限り最善でないような世界にも当てはまる可能性がある。『弁神論』第416節で言及される世界のピラミッドの中に，われわれの（最善）宇宙より完全性が劣っているが，にもかかわらず進歩を認める諸々の宇宙など存在しないと考えるのを禁じるものは何もない。

148   第Ⅱ部／第3章　永劫回帰に反して

　ところで，ライプニッツは1679年に一般的な進歩の
観念を擁護したが，それは必ずしも個々のあるいは個別
的な進歩という観念ではない。あらゆる事物（omnia）は
つねにより完全なものとなり，それぞれの事物から（ex
unoquoque）帰結するものはすべて，そこから引き出され
うる最も完全なものである。これは，それぞれの事物がつ
ねにより完全になると言っているのではない。あらゆる事
物について主張されていることは，必ずしも個別に捉えら
れたそれぞれの事物に必ずしも当てはまるわけではない。
したがって，以下の二つの解釈が可能である。1）たとえ
断続的な仕方であるとしても，事物の総体が全体として永
続的に進歩する。しかし，それは，別々に考察されたそれ
ぞれの事物のじっさいの進歩を含意しているわけではない
（とはいえ，それぞれの事物からその最善の結果が間違い
なく引き出される）。2）たとえ断続的な仕方であるとして
も，諸事物の総体が，それぞれの事物が個々にかつ〔総体
が〕全体として，永続的に進歩する。というのも，それぞ
れの被造物は完全性が増大することになっているのではあ
るが，多かれ少なかれ長いあいだ顕著に下降する期間を経
験しうるからである。この二つ目の仮説――理性的被造物
については，普遍的救済のテーゼへと論理的につながる[26]
――は，『本性によって先行しているものは何か』（*Quid
sit natura prius*）[27]という題目の下で編纂された同時代のテ

————————————
　26）　ところがライプニッツは，『変状／情念について』（*De
affectibus*）では，このテーゼに言及していない。このテーゼはパリ期
のテクストに基づいて結論づけることができるようである。「私の意
見では，事物または精神のあらゆる真理は，一つであり，つねに完全
性を増大させるものである。［…］いつか産出されるものは，精神の
劇場において，ますます進歩する」（『真理，精神，神，宇宙について』
（*De veritate, de mente, de Deo, de universe*, 1676年4月15日，A VI, 3,
510）。
　27）　A VI, 4-A, 180–181（1679年の初めから夏にかけての日付

3.1. 進歩の「一般的規則」と精神の幸福   149

クストによって，おそらく確認されることに注目しよう。

　この小論文では，幾何学的な例（円の性質）を用いつつ，本性によって先行しているものは，「その可能性がより容易に論証されるもの，あるいは，より容易に理解されるもの」[28]であることを示している。したがって，二つの矛盾する状態のうち，本性によって先行する状態が時間においても先行する。ところで，ライプニッツは次のように続ける。

　　本性においては，技術におけるのと同様に，時間において先行している事物は，より単純であり，後に来る事物はより完全である。[…] この命題は非常に重要であり，円では，回帰に反して（contra regressum in orbem）進み，終わりがない。至福は将来の進歩のうちに存するが，事物の完全性もそれと同様であって，事物は可能な限り直接的に完全性において増大する。被造物のうちには最も完全ではないものは何もない。[29]

　強調しなければならないのは，ここで採用されている観点はあらゆる事物（omnia）すなわち宇宙に基づくものではなく，『変状／情念について』の「公理」の精神における個別の「事物」（res）に基づくものであり，その事物の完全性は可能な限り直接的な進歩にしたがって増大すると言われている点である。そこでも，後退が生じる可能性は除外されていない。このテクストはさらに二つの主要な教えを提供している。まず，進歩の即座の帰結として引き出

のテクスト）．

　　28)　Ibid. 181.

　　29)　Ibid.

150   第Ⅱ部／第3章　永劫回帰に反して

されるのは次の点である。すなわち，時間の継起によっ
て最も単純なもの（本性によって先行しているもの natura
prius）から最も完全なもの（本性によって後続している
もの natura posterius）への移行が特徴づけられると仮定す
ると，終わりなき円環運動によって描かれる永劫回帰の仮
説を排除することになるという点である。しかし，進歩の
終わりも同様に排除されているように思われる。被造物が
最も完全な状態に到達する可能性が拒否される以上，それ
らが無限に進歩することを妨げるはずのものはたしかに何
もないように思われる。

　ライプニッツは，世界の同じ状態が同じように繰り返す
ことを早い段階から拒否しており，すでに 1671 年以降，
つまりライプニッツが『新しい自然学の仮説』（*Hypothesis
physica nova*）に再び取り掛かる時期には見出される。た
とえ天文学において，惑星や恒星の配置は周期的な回帰に
よって同じものとなると考えることができるとしても，あ
らゆるものは一定の時間の隔たりを経てまったく同じよう
に繰り返すという宇宙の〔あり方に関する〕テーゼを信じ
るに足るものとすることはできない。ここで示される理由
は，精神の現実存在とその本性に起因する。

　　たとえあらゆる星々が見た目上，ひとが望むのと同じ
　　だけ回帰するとしても，ひとたび精神〔その存在〕を
　　仮定すれば，あらゆる事物はそのように以前の状態へ
　　と戻ることはない。というのも，ある精神が全てを忘
　　れ，その結果，以前の状態へと回帰し，それゆえ以前
　　になされたことをやり直すというのは，不可能だから
　　である。精神だけが［以前の状態へと］戻されること
　　はない以上，宇宙の時計は永久的に［その以前の状態

3.1. 進歩の「一般的規則」と精神の幸福　　　151

へと］戻されることはない。[30]

　精神は決して忘れない[31]。ところで，記憶は反復を排除
する。より正確に言えば，生じるもの（そして，結局のと
ころ，すでに生じ得たであろうもの）が同じ精神に到来す
ることを排除する。その理由はまさしく，（場合によって
は，自身が現在行なっていることを既に行なったことがあ
りうる）精神は，自らの過去の全体を背負っているために，
もはや同一のものではないからである。このテクスト
は，記憶が進歩をもたらすことを厳格に示しているのでは
なく，記憶が少なくともつねに新しさをもたらすことを示
唆している。生じるもの（状態，出来事，行為）自体が必
ずしも新しいわけではないが，生じるものはつねに，以前
そうであったのとは異なる（それゆえ以前の状態へ回帰す
ることが決してできない）主体へと到達するからである。
差異は精神のうちにあるのであって，必ずしも生じるもの
のうちにあるのではない。永劫回帰を排除するにはこの差
異だけで十分である。たとえ長い期間を経て同じ出来事が
（恒星と惑星の配置のように）回帰するとしても，同じ状
態と行為は，精神において先行し，保存され，「置かれて」
いるあらゆるものに加わることで，じっさいには全く別の
世界をなすことになるだろう。

3.1.2.　至福とその要件
　『本性によって先行しているものは何か』を読めば二つ
目の教えが引出される。そこでは至福の本性に基づいた

---

　30)　A VI, 2, 360.
　31)　「精神はいかなるものも忘れることはない。というのは，観
念は精神自身のうちで不滅だからである」（『現実存在について』（De
existentia, 1676 年，A VI, 3, 588）。物体との相違に関しては，『抽象的
運動論』（Theoria motus abstracti, A VI, 2, 266 (17)）。

進歩のテーゼの支えとして，心理学的な議論が提示され
ている。『自然法の諸要素』（1671 年）以来，至福は，最
善（optimus）の状態として定義されている。この最善の
状態とは，良い方からさらに良い方へと向かう無限の進歩
に存するものであり，停止すなわちもはや何も望まないよ
うな者の平安に存するものではない（これはむしろ，麻痺
や放心に似た状態である）[32]。〔つまり〕，至福は，あらゆる
欲望を抹消し主体を無感覚的で茫然自失（快そのものを破
壊するもの）の状態へと陥らせるまったき所有に存する
ではない。反対に，至福が存続し得るのは，不満足の一形
態と，ライプニッツが『人間知性新論』で述べているよう
に，不安とがつねに続く場合のみであり，この不満足の一
形態と不安が魂をつねにはらはらさせつつ，意志を絶えず
駆り立てることを可能にする[33]。

---

32) A VI, 1, 466, 483. ここではホッブズの影響（A VI, 1, 499 の
注で引用されている）を感じ取ることができる。次を参照。『法の原
理　人間の本性と政治体』，第 1 部，第 7 章，7：「したがいまして，
至福（それによってわたくしたちの意味するのは継続的な歓喜のこと
でありますが）は，成功をおさめたことによるのではなく，成功をお
さめつつあることによるのであります」〔『法の原理』（岩波書店），71
頁〕。『リヴァイアサン』，第 1 部，第 6 章：「人がそのとき意欲するも
のごとを獲得するという，継続的成功，すなわち継続的繁栄は，人々
が至福とよぶものであり，私は，この世の至福のことをいっているの
である。すなわち，われわれがここに生きているあいだは，精神の永
遠の静寂というようなものはないのであって，なぜならば，生命自体
が運動にほかならず，けっして意欲または恐怖なしではあり得ないこ
と，感覚なしではありえないのと同様なのだからである」〔『リヴァイ
アサン』（岩波書店），第 1 巻，113 頁〕。

33) NE II, 21, §36（A VI, 6, 189）〔K I, 4, 220〕.「（…）不安は被
造物の至福にとって本質的なのです。被造物の至福は，被造物を無感
覚で茫然自失の状態にしてしまう完全な所有に存するのではなくて，
より大きな善への連続的で絶え間なき前進にこそ存するのです。この
ような前進は，欲望あるいは少なくとも連続的な不安を必ず伴います。
（…）それは居心地の悪さを招来するまでには至らず，苦痛の要素な

3.1. 進歩の「一般的規則」と精神の幸福　　　153

　ライプニッツは，至福を特徴づける新たな善への連続的な運動が，ますます大きくなる善への進歩を意味するのか，あるいは，善における単なるヴｲ・ア・リ・エ・ー・シ・ョ・ンのみを意味しているのか明確にしていない。ところが，『カトリック論証の考察』（*Demonstrationum catholicarum conspectus*, 1668–1669 年 ?）でなされた至福直観に関する記述によると，至福直観とは最大の至福（félicité あるいは béatitude）に他ならず，これはほとんど疑いを残さない。神と向かい合って観想すること，つまり，事物の普遍的調和[34]を観想することによって，絶えず増大する快と学知（science）が与えられる[35]。これは，断罪された者の無知と苦が際限なく増えていくのと同じである。至福は永続的に増大する。なぜなら，選ばれた者が普遍的調和を洞察し，また普遍的調和を構成している諸部分の認識と，これらの部分の部分──「連続体は際限なく分割できるので」[36]

いし原基にとどまります。これら要素ないし原基は個々別々には意・識・さ・れ・な・いのですが，それでもやはり，刺激として十分役立って意志を駆り立てるものです。健康な人間において食欲が，あの居心地の悪さにまでは至らないときに為すのもそれなのです。居心地の悪さはわれわれを苛立たせ，われわれに欠けているものの観念へのあまりに強い執着によって，われわれを苦しめます」。欲望はそれが期待させるものをすべて必ず与えるわけではない。享受は不完足なままであり，そうでなければ至福それ自体が消滅する。つまり対象それ自身（善）がつねに部分的に逃げてしまうということであるにせよ（快が欲望を呼び起こすのは，快が保持できないものを味合わせるからである），あるいは，それがもたらす快は決して完全には魂を満足させることができず，ただささらなる善を求めるよう駆り立てるということであるにせよ。次も見よ。PNG §18.

　34）　A VI, 1, 499, c. 51.

　35）　Ibid. c. 52.

　36）　Ibid.「（…）さらに至福直観は増大するが，それはまず諸部分とその調和を認識し，その後にその部分のさらに細かい部分を認識することとなる。というのも，連続体は無限に分割可能だからである」。

154　　　第Ⅱ部／第3章　永劫回帰に反して

無限の細部にまで至る—の認識とから快を得ることに終
わりはないからである。『哲学者の告白』が描いているの
は，福者が連続的に上昇して神つまり普遍的調和にまで至
るというこの同じ運動である。この普遍的調和は，いわば
一目で見渡されたあとに「福者の喜びの対象の諸部分に向
けられたより判明な考察によって」福者の歓喜を終わりな
く（infinitiplicent）増やす。「永続的な新しさと進歩なしに
思惟はなく，したがって快もないからである」[37]。認識が増
大するのは物質によってなのではなく（対象はことごとく
すでに与えられている），その物質を考察することによっ
て，その物質の細部に注意を向けることによってなのであ
る[38]。

　新しさと進歩という至福の二つの条件は，思惟の条件で
もあって[39]，快の増加があることを前提し，したがって完
全性の増加があることも前提している。この増加は，ある
快から同じ程度の別の快へ単純に変化すること，あるいは
ある完全性が同じ程度の別の完全性へと単純に変化するこ
とではない。精神は，普遍的な秩序を観想しつつ楽しむの
に足るものをつねに有しており，事物の理由をよりよく理
解することで神への愛を増大させるに足るものをつねに有
している[40]。新たな認識を連続的に獲得することで快が増

───────────

37)　『哲学者の告白』，Belaval p. 85（わずかに訳を変更した）；
A Ⅵ, 3, 139. 福者の魂と精霊に固有の認識に関して，次も見よ。NE
Ⅳ, 17, §14–16.

38)　9 の部分からなる例と円の例を参照（『哲学者の告白』，
Belaval p. 87；A Ⅵ, 3, 139–140）。

39)　したがって，われわれは 1673 年以降に『変状／情念につい
て』が説明するこの形而上学的法則を見出すだろう。それは存在の法
則でもあり思惟の法則でもある。なぜなら，すでに確認したように，
それは理由律に伴うものなのだから。

40)　ライプニッツが『自然と恩寵の原理』第 18 節で述べるよ
うに，至福直観を引き起こす最高の至福は，「無限である神をすっか

3.1. 進歩の「一般的規則」と精神の幸福　　155

加するという構想によって，至福を，累積的なものである
がゆえに増加する快とみなすよう促されることになる。こ
れは，後続する快は先行する快よりもそれ自身においてす
ぐれたものであるという意味ではない。むしろ，後続する
快は，決して何ものも忘れることがない精神のうちで喜び
の総計を増大させるような仕方で，先行する快と，さらに
それに先行するあらゆる快に付け加わる。記憶はここで，
蓄積することで増加するものと解された進歩の証左とな
る。これは諸学問のうちで起きていることと同様である。
諸学問においては，それぞれの認識は単に他の認識から引
き出されるのみならず，真理の連鎖を形成するために他の
認識に付け加わるのである[41]。

　至福においては，その対立物である悲惨におけるの
と同様に，三つの要素が相関関係にある。その三つと
は，認識，完全性，快あるいは苦（悲惨の場合）である。
1671-1672 年以降，知恵，力能，幸福の間のつながりが確
立されている[42]。しかし，ライプニッツが快を「完全性へ
の移行」の結果として定義し，また，至福を「より大きな
完全性への連続的で妨げのない移行」[43]として定義するの

り知ることはできないがために，決して完全なものたりえない」（65
頁）。

　41）　真理のこのような連鎖は理由そのものに他ならない（Th-
DPC §1）。

　42）　次の論証を見よ。「知ある者とは至福を知る者である（定義
1）。至福を知る者は至福を求める（定義 2）。至福を求めることがで
きる者は至福である。それゆえ，より知ある者はなんであれ，より至
福であらねばならない。したがって，より知ある者はより力能がある
者でなければならない（A VI, 2, 485）。

　43）　「快はより多くのものについての思惟つまり完全性への移
行に由来すると考えられる。至福それ自体は，より大きな完全性への
連続的で妨げられていない移行からなる」（『形相に由来する事物の起
源』（*De origine rerum ex formis*），1676 年 4 月？，A VI, 3, 518）。しか
し，トマジウスに関する以下の注（1663–1664 年？）がすでに書き留

156   第Ⅱ部／第3章　永劫回帰に反して

は，おそらく 1676 年以降でしかない。彼はその区別に関
して次のように付け加える。「われわれにおいては，快と
は完全性が増大する感覚であるが，神においては，快は
全体として一挙に所持された完全性そのものである」[44]。快
あるいは喜び（delectatio）とは「完全性の感覚，つまり力
能の役に立つか補佐をする何らかのものの感覚」[45]である。
したがって，より完全になることは，力能が増加させられ
補佐されているのに気づくことを意味する[46]。この力能は，
精神あるいは身体が作用する力能（その能力や巧みさ）を
意味しうる。「思惟する力能」（cogitandi potentia）がこの
ように発展を遂げるのは，「錯雑とした見た目の下に秩序
が現れ，多数性（multitude）の中に一性の光が見つけ出さ
れる」場合であり，そこから，「精神がより容易にこの多

————————————
められている。「快楽は a) 本性に従った妨げられることのない作用で
あり，b) 本性に加わる目的または完全性である」（A VI, 1, 61）。

44)　A VI, 3, 521.

45)　A VI, 4-C, 2803. 以下も見よ。『真の敬虔の諸要素』（Elementa
verae pietatis, A VI, 4-B, 1358），『変状／情念について』（A VI, 4-B,
1412）。グリュアは Justice humaine selon Leibniz（PUF, 1956 年, p.48）
で，完全性の感覚として快を定義することはデカルトから着想をえた
可能性があることを示唆している。次を参照。エリザベト宛 1645 年
9 月 1 日付：「われわれの快はすべて，われわれが何らかの完全性を
もっているという，われわれの内的な証言においてのみ存するからで
す」（AT, IV, 283–284）〔『デカルト＝エリザベト書簡』（講談社），121
頁〕。（『至福なる生』De vita beata, 1676 年？，A VI, 3, 643）の中で翻
訳された一節：「［…］ところで，われわれの快はすべて，われわれの
何らかの完全性の意識のうちに置かれている」）。ところで，ライプ
ニッツはこの定義を A VI, 4-B, 1488–1489 で明確に批判している。ラ
イプニッツの定式はむしろ，1678 年に読み，注釈をつけた A VI, 4-B,
1722–1723 にあるスピノザのそれを想起させる（とりわけ情念，喜び，
悲しみの定義を見よ）。

46)　A VI, 4-C, 2803：「その力能が増加させられるか，または助
けられるかする者はより完全になる」。

3.1. 進歩の「一般的規則」と精神の幸福　　157

様性（variété）の全体を理解する」[47]場合である。反対に，
われわれの本性を弱らせる（minuit）すべてのものが苦を
もたらす[48]。こういった苦は，弱さ（imbecillitas）の意識，
すなわち「形而上学的な不完全性の」[49]意識，あるいはま
た，完全性が減少する感覚[50]，すなわち「われわれの力能
を束縛し，制限するもの［の表象］」[51]，あるいは，妨げら
れているわれわれの現在の活動[52]に他ならない。『形而上
学叙説』第15節ではこの分析の成果が以下のように要約
されている。

> どんな物でもその力ないし力能をはたらかすとき，つ
> まり物が作用しているときは，より善い方へと変化
> し，それが作用している限り広がってゆく。そこで，
> 多くの実体に影響を与えるような変化が起こるとき
> に，（じっさい，いかなる変化もすべての実体にかか
> わるのであるが）それによって完全性のもっと高い度
> 合い，すなわちより完全な表出へと移行する実体は，
> その力能をはたらかせて作用を及ぼすのであり，より
> 低い度合いの完全性に移行する実体は，その無力をあ

47）　A VI, 4-C, 2794.

48）　Ibid.

49）　エックハルト宛1677年夏付（A II, 1, 543）。反対に快は，
「力能の意識」（« conscientia potentiae »），したがって，「形而上学的
な完全性の」意識（« conscientia metaphysicae perfectionis »）である
と言われる。

50）　例えば『定義集』（*Definitiones*. 1678年夏から1680–1681年
冬?，A VI, 4-C, 2760）：「快楽（苦）とは完全性が増大する（減少す
る）感覚である。あるいは，快楽とは能動の感覚であり，苦とは受動
の感覚である」。

51）　A VI, 4-A, 396.「快楽とは，われわれの力能を助けるもの
の表象である。苦とは，われわれを制限し，限定するものの表象であ
る」。

52）　『変状／情念について』（A VI, 4-B, 1412）。

らわにして作用を受ける，と言うことができると思う。そこで，表象を持つ実体の能動的作用は悦楽をもたらし，受動的作用は苦をもたらし，ソノ逆モマタ真デアルと私は思う。[53]

　作用することは，より善い方へと変化し，広がってゆくこと，つまり，進歩することを意味する。他方で，作用を受けることは，より劣ること，減少すること，後退することを意味している。精神のうちで生じる快と苦，至福と悲惨[54]は，精神の完全性が変化することの証拠である。また，まさにそれゆえに，精神の発展は連続的でも一様でもありえないことの証拠である。『カトリック論証の考察』と『哲学者の告白』では，福者の至福と断罪された者の不幸との間の比較が行なわれているが，これは，普遍的救済の仮説を拒否するものであるように思われる。選ばれた者のうちでは快が増大し，普遍的調和に関する彼らの認識はつねにより判明になり，神に対する彼らの愛もより大きくなる。これに対し，神に見放された者のうちでは，おそらく彼らの無知と同様に苦も増大する。あるいは認識の増大は彼らにとって（『哲学者の告白』で「学知の悪魔的結果」と呼ばれているものによって）[55]，神に対する憎しみを絶えず更新し強化する原因であり，〔したがって〕彼らの断罪を永続化し増やしさえするかもしれない。かくして「至福が永続的に増大するのと同様に悲惨も永続的に増大するの

53）　A VI, 4-B, 1554〔K I, 8, 168〕.

54）　A VI, 4-C, 2739：「至福とは，持続する喜び，または完全性における顕著で連続的な進歩である。［…］悲惨は，持続する悲しみ，または不完全性における連続的で顕著な進歩である」。

55）　「学知の悪魔的な結末による」(diabolico scientiae exitu)（『哲学者の告白』，A VI, 3, 139）。

3.1. 進歩の「一般的規則」と精神の幸福　159

である」[56]。

3.1.3. 悪に対する善の過剰と神的な快の問題

　この対称的な進展は，一方は上昇し，他方は下降する二つの曲線の形態によって描くことができるであろう。こういった進展は，「それぞれの事物からは，その事物から生じうる最も完全なものが生じること」[57]という公理に反するわけではないにしても，少なくともそこから逆説的な結果を引き出してしまうように思われる。すなわち，偶然にも最も完全なものがより大きな不完全性を引き起こしてしまう可能性が想定されており，その可能性は，断罪された者の場合，単に実現されるだけではなく，際限なく繰り返されることとなる。断罪とは，次のような特殊な場合[58]のことであろう。すなわち，事物の進展において完全性の増大が全体として勝るのだが，その中で例外的で一時的なものとして一般的に容認されている減少がいつものこととなり連続的なこととなる場合である。

　しかし，神に見放された者の悲惨は，「一般的規則」（「より多くの実在性を含んでいるもの，つまりより完全であるものがつねに生じる」という規則）と，すなわち，世界のあらゆるものが進歩するという観念と両立しないわけではないのである。その場合，以下の三つを考慮する必要がある。

---

　56)　同上，Belaval p. 87；A VI, 3, 139.
　57)　しかし，「事物の完全性は可能な限り直線的に増大する」という命題もある（『本性によって先行しているものは何か』（A VI, 4-A, 181））。
　58)　ちょうど反対に，至福の場合には，下降の期間によってももはや増大が中断されることはなく，増大が通常となり恒常的な絶えざるものとなる。

160   第Ⅱ部／第3章　永劫回帰に反して

1. （福者の）進歩はつねに，（断罪された者の）後退よ
   りも速く進む。その結果，善はつねに悪よりも大き
   い。

2. 進歩と後退は同じペースで進む。しかし，a) 断罪
   された者よりも福者の方が全体として多い（選ばれ
   た者が多くなるのに比例して全体的な完全性が増大
   する）[59]。あるいは，b) それでもなお他の存在すな
   わち非理性的な被造物による完成のおかげで，一般
   的なレヴェルでは進歩が勝っている[60]。

3. 後退がある種の限界に遭遇する。（ライプニッツが
   『弁神論』で示唆しているように[61]）その限界を超え
   ると断罪された者はこれ以上，完全性を減少させる
   ことが不可能となる。

　ライプニッツは1や（aあるいはbのヴァージョンにお
ける）2に対する賛意を明確には表明しないものの，『哲

---

　59)　この仮説を認めることで次のような問題が生じる。すなわ
ち，人間の中で多くの断罪された人々の数が，宇宙全体として，幸福
な者（精霊，天使）の精神の数によって埋め合わせられず，超過され
ることもない限り，その仮説は聖書によって確証が与えられているよ
うには思われない，という問題である。この点に関して，次を見よ。
Th §19；Th-CD §57–58。

　60)　世界の完全性を一般的に見積もる際に，理性を欠いている
被造物が無視されるはずがない。このように，世界全体として，善が
悪を凌駕するのか否かという議論において，諸精神において悪がま
さっている場合について，ライプニッツは次のように表明している。
「しかし，世界を埋め尽す非叡知的被造物における善の剰余が理性的
被造物における悪の剰余を償い，はるかに上回りさえする，というこ
とはなぜあり得ないのだろうか。たしかに理性的被造物の価値は極め
て高い。しかしそのかわり，それ以外の被造物は数の多さにおいては
比べものにならないほどである。数や量における比較が価値や質にお
ける比較を上回ることもあり得る」（Th「論争要約」第2節，GP VI,
378〔K I, 7, 165〕）。

　61)　同上。

3.1. 進歩の「一般的規則」と精神の幸福　　161

学者の告白」で採用された立場では，仮説3を認めない。
なぜなら，断罪は，至福と同様に，永続的に増大するとみ
なされているからである。いずれにせよ，次のような観念
は拒否されるように思われる。すなわち，一方は最善へ，
他方は最悪へと向かうこの二つの運動は，正確に互いに埋
め合わせることができ，その結果，宇宙は全体として，進
歩も衰退もない（つまり，その全体的な完全性は一定のま
まである）という観念である。諸部分に影響を与える不協
和音があってなお，人々が普遍的調和を観想することで快
がもたらされる。というのも，ライプニッツは，「それら
［不協和音］がもたらす不愉快さは，愉快さの超過あるい
はむしろ進歩——したがって増大——によって，全体から
取り除かれる」[62]と説明するからである。芸術との比較に
着想を得た議論は古典的であるように思われる。最も美し
い効果が生じるように一定の選択されたタイミングで音楽
の中に入れられる不協和音と同様に，悪は理由なしに生じ
ることもなければ，普遍的調和の完全性に貢献することな
しに生じることもない。したがって，相関的に，それ〔普
遍的調和〕を観想することによる快の増大に貢献すること
なしには，生じることもない。

　しかし，快と至福の本性を考慮した場合，テクストでは
他の解釈が示唆されている。あらゆるものにおける愉快さ
の超過は，善と快が数的にまさっていることの証拠であ
り，したがって，全体的な完全性の量が多いことの証拠で
ある。そういった量が増加すること（これは終わりのない
もので，それなしでは快が止まるだろう）には，断罪され
た者の悪と不完全性も同じように増大するにもかかわら
ず，善すなわちつねに（程度において，より単純に数にお
いて）より大きく新しい快へ向かう進歩，つまり，増大が

62）『哲学者の告白』，Belaval p.63；A VI, 3, 130.

162   第Ⅱ部／第3章　永劫回帰に反して

止まることのない全体的な完全性が仮定されている。快と
快の継続があるためには，それらの条件すなわち新しさと
進歩そのものが連続的に満たされていなければならない。
ところで，神が普遍的調和を観想することから引き出す満
足は，福者の場合とは違って，無限に分割可能な（現実的
に分割されてもいる）諸部分へ順々に注意を払うことから
は生じえない。神の場合，愉快さ（amoenitas）は，その対
象（調和そのもの）がつねに新しく進歩しているという理
由でしか持続し得ないのである。

　したがって，二つのタイプの至福を区別する必要がある
だろう。一つ目のタイプの至福は，対象そのものの進歩に
由来するのではなく，対象についての反省が進歩すること
に由来する（これは選ばれた者の至福であり，彼の注意は
調和の全体から諸部分へと，また，諸部分から諸部分の諸
部分へと無限に至る）。二つ目のタイプの至福は，神にの
みふさわしい至福である。神の「快」，あるいは，快の代
わりになるものは，反省の進歩に由来するのではなく（な
ぜなら，神は直観だけですべてを見渡すからである），そ
の対象の進歩を観想すること，すなわち，世界そのものの
止まることなく増大する完全性を観想することに由来す
る。

　神はあらゆる精神の至福を味わい[63]，より完全な事物を
好む[64]——したがって，神はその全体的な完全性が不変で

————————————————

　63)　「あらゆる至福は調和的であるなら（これは論証されてい
る），あらゆる調和は神によって知られているなら（神の定義によっ
て），調和のあらゆる意識は楽しみであるなら（楽しみの定義によっ
て），そこから，あらゆる至福は神の意にかなうものであることが帰
結する」（同上，Belaval p. 33; A VI, 3, 117）。
　64)　『真の敬虔の諸要素』，A VI, 4-B, 1361–1362：「前述したよ
うに，あるものは他のものよりもより完全である。したがって，楽し
みの定義によって，（神のような）知ある者にとってより快いもので
ある。ゆえに，それはより良いものである。なぜなら，善は快いもの

3.1. 進歩の「一般的規則」と精神の幸福　163

ある世界よりも，永続的に進歩する世界の方を好むと考え
てもよいだろう——とライプニッツが主張しているテクス
トによって，この後者の解釈は確証されているように思わ
れる。たとえ神は（最完全な存在者（Ens perfectissimum）
であるがために）より大きな完全性へと移行し得ないとし
ても，神のうちには，快ではないにしても，いずれにせよ
自らの作品が段階的に完成へと向かうのを見ることに存す
る喜びがある。

　　よく吟味してみると，世界の完全性は連続的に増大す
　るのであって，公転のように円状に回帰することはな
　いと思う。というのもその場合には，目的原因がなく
　なってしまうであろうから。また，神のうちには快が
　ないにもかかわらず，自らの計画の永続的な成功を楽
　しむという点で，快の類似物がある。ところで，たと
　えそれが傑出した状態であるとしても，私が同じ状態
　にとどまっていれば，いかなる快もないだろうが，そ
　れは愚かな状態である。至福は，新しい快と新しい完
　全性に向けて永続的な進歩を要求する。もちろん，あ
　らゆる事物はいわば神に対して現前しており，神はそ
　れらをすべて自らのうちに含み込むが，［永続的な進
　歩の］実現には時間が必要となる。そしておそらく，
　神はそれらの事物に対してすぐに最高度［の完全性］
　を与えるべきではない。さもないと，もはやいかなる
　変化もなければ，等しいものから等しいものへの移行
　もなかったろうし，さもないと神の作用にはいかなる
　目的もなかったであろう。世界は成熟する傾向がある
　限り，植物や動物のようなものである。しかし，重要
　なのは，世界が成熟の最終段階に達することは決して

―――――――――――
であるか，または快いものへ向けるものだからである」。

164 　　　第Ⅱ部／第3章　永劫回帰に反して

ないし，後に戻ったり古くなったりすることも決して
ないということである。[65]

　最も完全な究極の状態に決して達することなく，宇宙が
無限に進歩することには，二つの主要な理由がある。すな
わち，1. 神の至福がそれを要求するという理由，2. 神の
創造作用がそれを前提としているという理由である。

1.　至福は生成と途切れない進歩とに存する。時間的な
　　継起も新たな完全性の獲得もない，絶対的に完全な
　　存在の至福など，どのようなものでありえようか？
　　すでに述べたように，進歩は表象された対象（世
　　界）のうちにしかあり得ず，表象する主体（神）に
　　のうちにはあり得ない。したがって，世界は連続的
　　に，より高い程度の完全性に移行している。そうで
　　なければ，神の喜びは消えてしまうだろうし[66]，そ
　　れとともに世界を創造する理由そのものが消えてし
　　まうだろう。
2.　進歩があるのは，進歩するものが向かうところの目
　　的因があるからでしかない。ゆえに，達成するため
　　の目標を自らに与える最初の意志，つまり神の意志
　　があるからでしかない。普遍的な進歩の欠如は，
　　それがあらゆる事物の周期的な回帰の形を取るにせ
　　よ，同じ程度の完全性（全体的な増加のない，等し
　　いものから等しいものへの移行）の無限のヴァリ
　　エーションの形をとるにせよ，反復または単に表面

　　65）　『世界の完全性は連続的に増大することについて』（1689 年
3 月 –1690 年 3 月 ?，A VI, 4-B, 1642）。
　　66）　神が自らの創造を観想することから引き出す喜びであって，
もちろん，つねに有しているのではなく，また，自らの絶対的に完全
な本性を考察することに由来するのでもない。

3.1. 進歩の「一般的規則」と精神の幸福　　165

的なものにすぎないような変化を意味する。単に終わり（terme）がないというだけでなく，目的（but）がなく，したがって存在理由もないという意味で終わり／目的（fin）のない反復。世界が進歩するのは，進歩しない世界はごく単純に意志され得ず，ゆえに現実存在し得ないからである。意志は何らかの事物への傾き（inclination），傾向（tendance）である。しかし，等しく同一な状況では，すべての決定が消滅するため，いかなる傾きも消え去ってしまう。後続するものが先行するものと異ならず，（見た目を除いて）そこに何も追加しない場合，すべては無差別となり，この無差別においては何ものも意志され得ず，何ものも産出され得ない。ここでも理由律が機能している。すなわち，十分な理由がなければ，いかなるものも存在せず，現実存在せず，生じない。ところで，同じものから同じものへと移行するいかなる理由もない。いわば，同一の事物系列を無限に同じ仕方でくり返しても何にもならないのである。世界の進歩だけが神の栄光を満たすことができる，つまり，神が創造の際に自らに対して与えた目的に応えることができる。それは，「自分自身の喜びすなわち自分自身への愛」[67]である。

---

67)　A VI, 4-C, 2804.「神の目的あるいは目標は自らの喜びまたは自らを愛することである」。

3.2. 進歩に対する制限と進歩の必然性
——事物の能力と神の選択——

3.2.1. 進歩に対する内的制限と外的制限

　ライプニッツは，ファン・ヘルモントとの会談，コンウェイ〔の著作物〕を読んだこと，さらに『事物の根本的起源について』（1697 年）の執筆よりもかなり前からすでに，世界の一般的な進歩を擁護し，主として形而上学的，神学的，心理学的な理由のために，永劫回帰の構想を否定していたように思われる。

　完全性が増大すること（たとえそれが減退の期間を認めうるとしても）は，事物の展開の一般的な法則である。したがって，この法則は，全体において捉えられた世界にのみ確実に妥当する。個別的なものについて言えば，「それぞれの事物からこの事物に続きうる最も完全なものが生じる」という公理は－この最も完全なものが妨げられたり（したがって産出されなかったり），場合によっては悪化した状態をもたらしたりするかもしれないが，諸々のテクストにおいてもう一つの命題の余地を残している。その命題は『テオフィルとポリドールの対話』（*Dialogue entre Théophile et Polidore*, 1679 年）以来見出されるものである。すなわち，「[…] それぞれの事物は，他の事物に損害を与えることなく，自らがすでに持っている完全性に比例して要求することができるのと同じだけの完全性を自らのうちに持っているか，または持つことになる」[68]という命題である。

　この新しい定式化は二つの利点を提示している。一方

---

68)　A VI, 4-C, 2234.

3.2. 進歩に対する制限と進歩の必然性　　167

で，この定式化は，宇宙についての次のような考え方により合致している。つまり，そこではあらゆるものが結びついていて，ある単独の事物が単体で，それが部分をなしているところの全体の系列から独立して，考慮されることが決してありえず，また，その生成も他の事物の生成から離れて検討されることも決してありえない，そういう宇宙の考え方に。他方で，この定式化は，ライプニッツ形而上学の主要な概念，つまり，ある事物の能力あるいは受容性に結びつけられた本性の概念に基づいている。肯定的には，その存在が何であるかを，その存在が受け取ることができる完全性の量を，また，その存在が何をなすことができるかを定める。否定的には，ある存在の本性は，その存在を制限するものを，つまりその存在がより一層の完全性を得ることを妨げたりその存在が自らなすことより多くのことをなすのを妨げたりするものを定める。なぜならそうしたことはその存在の力を超えており，神の特別な協働によって（すなわち奇跡によって[69]）のみ産出され得るだろうからである。

　それぞれの事物は完全性への傾向を含んでいて，した

---

[69] 『形而上学叙説』第 16 節にある本性と本質との違いを見よ。本性に関するこの二つの特徴は，ライプニッツが能動的力能（単なる能力以上のもので，傾きを示す），受動的力能（能力または受容性であり，抵抗も意味する）と呼ぶことになるもののうちに再び見つかる。例えば，『人間知性新論』第 2 巻，第 21 章，第 1 節で与えられている要約を見よ。進歩への障害物としての被造物の制限に関して，シューレンブルク宛 1698 年 3 月 29 日／4 月 8 日付（A II, 3, 426）を参照。「たしかに，被造物の本質には限界，または制限がある。さらに，制限は何らかの欠如であり，さらなる進歩を否定するものである。さしあたり認められるべきであるのは，被造物は，感覚のうちで生じるような能力（valor）が神によって与えられたあとに，何か積極的なものを含んでいるか，または単なる限界あるいは分割不可能なものにまで分解され得ない何か限界を超えたものを持っていることである」。

168   第Ⅱ部／第3章　永劫回帰に反して

がって進歩を想定している[70]。事物は展開するように定め
られている。あらゆる完全性は事物に対して直接的に与え
られるのでもないし一度に与えられるのでもなく，徐々に
獲得され，ときには後退を伴っているからである。事物の
完全化は内的な条件と外的な条件の両方に依存している。
内的な観点から見ると，考慮すべき制約は二つある。一
つ目の制約は，被造物は，これ以上は何もないこと（non
plus ultra）によって，その本性が認めるよりも多くの完全
性を受け取ることが妨げられており，これによってその能
力の制限がもたらされ，限界づけられているというもので
ある。二つの目の制約は，被造物は自らが要求しうるすべ
ての完全性を即座に全部受け取ることができないというも
のである。この二つの制約はライプニッツが1680年代の
前半期から被造物の「欠如」あるいは「根源的不完全性」
と呼ぶようになるものの帰結である。永遠の断罪を扱うベ
ラーミンの一節にコメントを付けて，ライプニッツは次の
ように書いている。

　　神はあらゆるものの完全性を目標とし，したがって被
　　造物の本性に可能な限りの展開があるよう援助する。
　　ところが，あるものは，被造物の本性のためにそのよ
　　うな展開へと到達しないことが認められている。した
　　がって，あるものが不幸であることもまた認められる
　　こととなる。[71]

　神はその被造物に可能なかぎりすべての完全性を与え

──────────
　　70)　ライプニッツは1697年に次のように書いている。「ところ
で，被造物の，したがってわれわれの完全性もまた，ますます新たな
完全性への，妨害されない強い衝迫に存する」（GP VII, 112）。
　　71)　『ベラーミンへの注』（Note sur Bellarmin, 1680–1684年？,
A VI, 4-C, 2572）。

3.2. 進歩に対する制限と進歩の必然性　　169

る。しかし，被造物の本質的な制限のために，被造物は自らの本性が許す以上のものを得ることができず，それどころか，ある被造物は自らの本性が到達することを認めている展開に到達することさえできない。したがって，（あらゆる存在に固有の）制限がいわば倍加する存在（例えば罪びとたち）があるのである。それは，その制限がそれらの存在の成熟を妨げ，さらには永続的ではないとしても（永続的なのは例えば断罪された者の場合である）一時的にそれらの存在の不完全性を増大するよう導く限りでのことである。

　ほとんど同時期のテクストでは，そのことに関して，進歩の理由と進歩には不測の避けがたいことの理由を与える二つ目の制約を強調している。

　　悪の原因は事物の根源的不完全性，つまり被造物の制限に由来する。この制限は，事物が受け入れることができる完全性が欠如と苦の仲介なしには得られないようなものである。これは，ある種の結果が，次元の異なる線や運動を介入させることなしには得られないのとまったく同じである。[72]

　ここでは，不完全性が，事物の完全化を止めることなく，前進と後退からなる個別的な展開を，つまり直接的に，すっかり，そして決定的に完全性を獲得することを認めないだけでなく，諸々の段階の後退を経由することさえ含むような進歩を事物に対して課す[73]。このことは，世

---

　72)　『一般的注』(*Notationes generals,* 1683–1685 年？，A VI, 4-A, 557)。

　73)　『事物の根本的起源について』で言われているように，ときおり「より良い方へと飛躍するためには後退する」必要があるからである (GP VII, 308)。

界にも当てはまる。世界は、『世界の完全性は連続的に増大し続けることについて』(*De Mundi perfectione continuo augente*) において，成熟へと向かう植物や動物に比されていた。世界には内的な制限もある（世界を限界づけるような世界の外部など何もないのだから，たとえ世界は外的な制限を持たないにしても）。世界の能力や受容性は空間と時間の制約，つまり（あらゆる可能的なものが空間，時間のうちに産出されることはできないという）論理的かつ哲学的な要求に従う。その結果，世界はそれが受け入れることのできるすべての完全性を一挙に受け取ることはできないし，その進歩は後退の期間なしに進むはずであるとも思われない。

　創造されたものの固有性は不完全だということにあり，段々と完全性の方へと（あるいはより正確には，より多くの完全性へと）向かうことにある。その進み方はまっすぐでもなければ連続的でもなく，遠回りしながら，後退しながらである。しかし，事物の内的な制限は，事物が自らの完全化において遭遇する諸々の限界と，いくつかの事物が経験するより多くの不完全性への変遷を説明するのに十分ではない。外的な観点から見ると，各被造物の完全性は他の被造物の完全性によって（被造物はお互いを妨げる可能性があるという理由で）制限されている。被造物の個々の進歩は必ずしも他の被造物の進歩を意味するものではなく，ときには他の被造物の進歩を犠牲にしてなされたり，それを排除したり制限したりする場合さえある。ところで，最も完全な普遍的調和は，その中で最も多くの完全性が全体として得られるような調和である。たとえ最も高貴な被造物である精神の幸福が神の主たる目的の一つであることは間違いないとしても[74]，どんな対価を払っても，残

---

74)　DM §36; Th §118.

3.2. 進歩に対する制限と進歩の必然性　　171

りの事物を犠牲にしてでも，あるいは残りの事物を考慮することもなく実現されるべきである，というほどに，精神の幸福が優位を占めることはできないだろう。例えば，

> 神はあらゆる被造物に対し，可能な限りの快を与えてくださるので，理性的な被造物は，要するに全体として獲得することができる最も高い完全性と幸福があることが必要である世界の調和は別として，可能な限り幸福な状態にある。こういったことはおそらく，そうした目に合うのがふさわしい少数の人々の悲惨なしには，あり得ない。[75]

　おそらくあらゆる精神の至福は，最も完全な一般的調和と両立することはない。そのような調和は複数の精神の不完全性なしには，つまりそれらが最悪へと永続的に変化していくことなしにはあり得ないだろう。

3.2.2.　もっとも完全な調和──神学の基礎の必要性
　被造物の本性によって課された制限は，最善の全体を得ようという要請に結びついて，それぞれの事物（神に見放された者の場合，後退へと反転しうるほどまで）と世界そのものとの条件づけられ比例した前進を説明する。この（最善の全体を目指すという）後者の要請は，存在の一般的法則および生成の原動力としての完全性への傾向という形而上学的な理由だけでは普遍的な進歩というテーゼを基礎づけるのに十分であり得ないことを示している。あらゆる事物が，つねに，同時に，また同じリズムで進歩できるわけでもなく，ある事物の進歩が他の事物の停滞さらには

---

　75)　『テオフィルとポリドールの対話』（*Dialogue entre Theophile et Polidore*, A VI, 4-C, 2234）。

172   第Ⅱ部／第3章　永劫回帰に反して

衰退を含むことを考えると，問題は誰に優先を与えるか，
どの進歩を促進するのか，そしてそれはなぜなのかを知る
ことである。したがって，諸事物の諸々の組み合わせと諸
可能の発達の諸々のモデルのうちから，最善世界，すなわ
ち最も多くの事物が全面的に開花するに至る世界を選択す
る審級（神）を措定しなければならない。最善世界は，精
神（最も完全な実体だけでなく，「最も完全になりうる」
実体も[76]）に関しては，「至福と人々との関係は，完全性と
諸々の存在者との関係に等しい」[77]ので，全体として最も
多くの幸福が獲得される世界である。進歩のテーゼは単に
形而上学的な基礎の上に建つだけではなく，一人の神がい
て，この神は最も完全な仕方で作用するという神学的な基
礎の上にも建っている[78]。

　この文脈では，至福から引き出される心理学的な議論
は，世界の進歩の結果と確認として同時に現れる。進歩が
あるなら，自身の栄光のために自ら創造した世界が永続的
に前進することを喜ぶ神の場合と同じように，創造された
精神のうちには，ますます増え続け，絶えず新しくなる快
の余地がある[79]。至福すなわち持続する喜びがあるとした

---

　76)　というのも，「その完全性の特徴はお互いに妨げ合うこと
が最も少なく，むしろお互いに助け合うということにある。なぜな
ら，最も有徳な精神のみが，最も完全な友人となることができるか
ら［…］」である（DM §36, A VI, 4-B, 1586）〔K I, 8, 208〕。

　77)　同上，A VI, 4-B, 1587.

　78)　『テオフィルとポリドールの対話』では同様の命題を提示し
ていることが指摘される。「それぞれの事物は，その事物がすでに持っ
ている完全性に比例して要求することができるのと同じ程度の完全性
を，他のものを害することなく，自らのうちに持っているか持つこと
になる」。この神学的なテーゼの帰結は以下の通りである。「神は，宇
宙が受け入れることができる最も大きな完全性において，すべてを作
る」（A VI, 4-C, 2234）。

　79)　『世界の完全性は増大し続けることについて』（A VI, 4-B,
1642）。本書 164 頁で引用。

3.2. 進歩に対する制限と進歩の必然性　　　173

ら（経験が示し，聖書が来世について教えているように），
たしかに至福は，被造物のうちで調和に関する反省が進歩
することだけで永続することとなる。しかし，至福は神に
おいては調和そのものの進歩の表象を前提しなければなら
ないように思われる[80]。したがって，宇宙は進歩するのか，
またはそのような進歩を欠いているのかという選択肢に直
面することとなる。そして，世界の起源には知性と意志を
備えている存在が現実存在するという理由から，世界は進
歩するという可能性が避けられないものとなる[81]。という
のも，この存在は無限に完全であるために，可能な限り最
も完全性の高いものが展開する事物の系列，つまり，この
存在を最も喜ばせ，この存在がそこから最も多くの栄光を
引き出すことができる事物の系列をこの存在は必ず選択す
るからである。

3.2.3.　進歩と力の保存

　しかし，依然として，自然哲学からもたらされた最新
の反論を検討する必要がある。宇宙の進歩を肯定すると，
1678年以来[82]明らかにされている（mv^2 によって測定さ
れた）宇宙における力能の保存のテーゼとの間に矛盾が生

---

80)　『哲学者の告白』，Belaval p. 63；A VI, 3, 130.

81)　ところが，一般的な進歩があることを証明するだけでは十
分でない。さらに，事物はどのように進歩するのかを示すこと，つま
り様々な可能的な進歩の型を検討し，場合によってはどれが最善であ
るのか（その一つがあるとすれば）を決定する必要がある。管見によ
れば，この探究は1694–96年以前，そして断片『無限の進歩につい
て』と『世界の完全性は増大するのか』（Grua 94–95）の断片で提示
された類型学以前にはなされていない。次章「世界は進歩するのか？」
を見よ。

82)　フィシャンが編集し，コメントをした『物体の衝突につ
いて』（*De corporum concursu*）を参照。Leibniz, *La réforme de la
dynamique*, Vrin, 1994.

174   第Ⅱ部／第3章　永劫回帰に反して

じるのではないのだろうか？　興味深いことにライプニッ
ツは，一部の注釈者たちによって指摘された困難[83]に対
し，じっさいのところほとんどの場合，われわれが引用し
たテクストで無視している。『形而上学叙説』第6節〔著
者の誤植で実際には第36節〕でそう述べられているよう
に，「自然的世界の現実存在の第一の原理は，可能な限り
多くの完全性をこの世界に与えるという決定であ」り，そ
して「道徳的世界すなわち［…］神の国の第一の意図は，
可能な限り多くの至福をそこに拡めることでなくてはなら
ない」というのが本当だとしても，自然的世界の完全性と
諸精神の完全性とが同じように考えられるべきなのかどう
か，確かではない。これは少なくともライプニッツが『形
相に由来する事物の起源』において提示する立場である。

　　宇宙そのものの完全性は連続的に増大するのだろう
　　か，同じ程度にとどまるのだろうか，あるいは減少す
　　るのだろうか？　諸精神の完全性は全体としてつねに
　　増大するように思われるが，諸物体の完全性が増大し
　　ても無駄だろうから，諸物体の完全性は増大しないよ
　　うに思われる。これは力がつねに同じままであるため
　　の正真正銘のアプリオリな理由である。つねに同じ力
　　能があるが，われわれの学知はつねに同じではない。[84]

　進歩しつつある宇宙における力能の保存の問題を解決
するには，次の二つの秩序を区別する必要がある。すな
わち，その完全性が全体として変化せずにとどまる自然

────────────

　83)　Elster, op. cit., p. 223；Phemister, op. cit., p. 807–808；
Brandon C. Look, "Perfection, power and the passions in Spinoza and
Leibniz", *Revue roumanine de philosophie,* 51, 1–2, Bucarest, 2007, p.32.
　84)　『形相に由来する事物の起源』（1676年4月？，A VI, 3,
521–522）。

3.2. 進歩に対する制限と進歩の必然性　　175

の秩序（機械的力の王国（règne））と，その全体的な完全性がつねに増大していく恩寵の秩序すなわち精神の王国（royaume）との区別である。理性的な被造物のみが，世界を進歩させる[85]。それは，知ることによる展開，すなわち，繰り返され増大する快の源である認識の前進に起因する理性的な被造物の永続的な完全化を通じてである。しかし，この進歩は，（増加は全体に（in summa）適用されるため）いくつかの精神の不完全性を排除するものではなく，あるいはそれらの不完全性が増大する可能性さえ排除するものではない[86]。物体に関しては，それらの停滞に関してここで与えられた理由，つまり同じ力の保存に関して与えられた理由は，形而上学的なものであり，自然学的なものではない。より多くの完全性を獲得することは，物体の場合には無駄であって，言い換えると理由がない。進歩がないことは，ここでも，目的がないことによって説明される。ライプニッツは（とりわけデカルトによって科学から追放された）目的因を再建したことによって，自然学において力能が増大するのを拒否することへと至り，また完全性の進歩が道徳的次元と宇宙論的次元に置かれることとなった。

　道徳的完全性と自然学的完全性の区別は他のテクストで確認されており，知恵と至福の増大を力能の増大から以下のように明確に分離している。「力能が同じなら知恵が増

---

85)　これによって，本書160頁で言及した，非理性的な被造物の完全化によって世界が進歩するという仮説（2b）が排除される。

86)　じっさい，これまでに見てきたように，次のことだけで十分である。すなわち，断罪された者が不幸において進むのよりも，福者が喜びにおいて進む方が早い（仮説1）。あるいは，その増大と減少の比率が等しいとしても，福者の数は断罪された者の数に全体として勝る（仮説2）。あるいは，神に見放された者は，彼らがもはやそれを超えて下降することができない，そういう不完全性における限界に遭遇する場合を除いて（仮説3）。

176   第Ⅱ部／第3章　永劫回帰に反して

せば増すほどますます幸福になる。知恵が同じなら力能が
増せば増すほど，ますます幸福になる」[87]。このような区別
によって引き起こされる問題は明らかである。道徳的完全
性と自然学的完全性が相伴っているのは——ライプニッツ
はまさに道徳的完全性は精神の自然学的完全性であるとさ
え言うだろう[88]——この両者が同じ形而上学的基礎，つま
り事物の本質，実在性の量，あるいは原始的力へと差し向
ける限りのことである。

　精神の知恵と徳によって精神は卓越したものなる。ま
た，精神の至福は諸精神がより大きな完全性へと連続的に
移行することを意味している。したがって，精神の知性的
で道徳的な進歩は形而上学的な進歩をも意味している。そ
れゆえ，『形相に由来する事物の起源』の最終的な宣言，
つまり，「力能はつねに同一である」が真であるためには，
以下の二つの仕方でしか理解し得ないだろう。1. その宣
言は理性的実体とは別の実体に対してのみ適用される。そ
のため，その別の実体に対してのみ力の保存があるので，
精神を原因として，〔力は〕全体として増大する。〔ただし〕
後続するテクストでは「同じ力が宇宙においてつねに保存
されている」[89]と主張しているので，これとは明らかに矛
盾している。2. その宣言はじっさいに宇宙全体に対して
適用される。そのため，精神の完全性の増大は他方で，例

---

　87)　A VI, 4-C, 2805.

　88)　『事物の根本的起源について』（GP VII, 306）：「［…］じっさ
いには，道徳的完全性はそれ自体として，精神にとって自然学的なも
のである」

　89)　DM §17（A VI, 4-B, 1556）.『諸発見についての試論［…］』
（A VI, 4-B, 1629）。「同様に，力能は事物の本性において維持される。
すなわち，原因と結果は等価である。私が力能と呼ぶのは，作用の産
出によってその結果を生み出すものである」。十分な原因と結果全体
の等価性に関する原理との関連について，次を見よ。Michel Fichant
La réforme de la dynamique. とりわけ 280–286 頁。

えば，事物の深淵が含んでいる，いまだ展開されざる存在において〔完全性が〕比例して減少するといった埋め合わせを考える必要がある。これは，ポーリン・フェミスターによって考えられた解決である[90]。しかし，この解決は1694 年から 96 年以前のテクストでは明確には言及されていない。結論として，われわれはライプニッツが完全性の概念に与えた二重の意味に基づいて，異なる解決の概略を示そう。

3.3. 永劫回帰の拒否と普遍的救済の問題

3.3.1. 知の進歩と人間の有限性

　選択されたモデル（諸部分間の内的な埋め合わせによる普遍的な前進あるいは停滞）がどのようなものであれ，精神は進歩の動力として，また永劫回帰を禁止する理由の一つとして現れる。精神は記憶を備えているがために，知識が可能となり，同様にその増大も可能となる。そこから，より大きな完全性への移行，快，幸福が可能となる。精神が現実存在することによって，世界は——全体として進歩するかどうかにかかわらず——決して繰り返され得ないこととなる。

　われわれの学知は増大する。おそらくこれは，経験に基づく議論であるが，進歩にとって最も有利にはたらく。これはライプニッツの最も深い確信の一つである。認識の前進は確かである。ライプニッツは，彼の学問的プロジェクトに対して頻繁に与えられたタイトルが示すように[91]，「真

　90）　フェミスター，前掲論文〔本章注 8 を参照〕，p. 812。

　91）　アルノー宛 1671 年 12 月付（A II, 1, 227, 228），「事物の深い研究を務めとする世紀」（『新しい道』（*Nouvelles ouvertures*, 1686 年，A VI, 4-A, 686），この世紀はのちにおそらく「発見と驚異

178 第Ⅱ部／第3章 永劫回帰に反して

理の鋭い入念さが学校を越えて広がっている」この「哲学
の世紀」において貢献することで，人間の至福のために働
こうとする[92]。たしかに，方法の欠如，すなわち（各学者
が他の学者と団結する代わりに，各自で働くだけであるこ
とによる）知力の分散によって，発見が妨げられはしない
ものの遅れる可能性があるし，そうなると学問に対する失
望，疑い，嫌悪が引き起こされる可能性がある。したがっ
て，無知と野蛮に戻る危険性が完全に取り除かれることは
ない[93]。しかし，「これ以上進むことへの無力感」すなわち
落胆は非難に値するが[94]，希望を抱かせる理由がその無力
感や落胆を凌駕している。「人類の学問の営みを中断させ
るには」[95]神話上のアトランティスを消滅させたような大
変動が必要となるのは間違いない。認識が進歩していくの
は，とりわけ成功が最も顕著な数学のような特定の学問領
域では，むらがあるものの否定できないことである。認識
の進歩に貢献することは，真理を愛する者にとっての義務
であり，「名誉に好奇心を抱き名誉を愛好しているか，あ
るいはむしろ自分自身が教養を持つ」君主の崇高な野望で
もある。このような君主は，「人間の幸福を前進させるの

の世紀」と呼ばれるに値するだろう（『普遍学の設立に向けた勧告』
(*Recommandation pour instituer la science générale*, 1686 年，A VI,
4-A, 701)。以下も見よ。A VI, 4-A, 456.

92)「ギィリエルムス・パキディウス著，プルス・ウルトラ，あ
るいは諸学の建設と増進，および精神を完全にすることと，公衆の至
福のための事物の発見に関する普遍学の原理と判例」(A VI, 4-A, 674.
以下も見よ。353, 491, 527, 677)。

93) A VI, 4-A, 686, 692, 694–699.

94) NE IV, 3, §28–30 (A VI, 6, 390)〔K I, 5, 174〕:「そのような
落胆はきわめて有害です。学識あるすぐれた人たちが，医学に取り組
むのは骨折り損であるという誤った思い込みによって，医学の進歩を
妨げてきたのです」。

95) A VI, 4-A, 700.

3.3. 永劫回帰の拒否と普遍的救済の問題　　179

に適した」[96] 大いなる企ての重要性を理解するであろう。

　ところで，知の増加に関する（進歩を支持する）こういった議論は，人間が考え言葉にできるような，ありうる真理と誤謬の数に関する論理的かつ数学的研究——この研究は，1693 年に『人間の見解の地平，すなわち，われわれが知る人間が述べ得るすべて真理と誤謬の数，および，作り得る書物の数に関する省察』と題された学術論文に至る——によって初めて不安定化しているように思われる。その数は有限である，というライプニッツが到達した結論は，じっさい，永劫回帰に有利に働くように思われる。というのも，ある新しい命題が毎年，毎世紀，さらには毎百万年ごとに（したがって，その周期性がどんな長さであれ）述べられると仮定するなら，人類が現にある状態で存続し続ける場合，言われることができ，書かれることができるものはすべて最終的には言われ書かれるに違いないからである。したがって，

　　[…] その後やってくるのは，すでに言われたこと，
　　またはかつて述べられたことの一言一句完全な繰り返

　96）　Ibid. 700, 701. NE IV, 3, §19–20（A VI, 6, 386–387），NE IV, 21, §1–4（テクストの終わりの方）（A VI, 6, 527）．進歩は形而上学と自然哲学だけに関わる問題ではない。進歩は精神に直接関係するので，この問題には実践的，道徳的，さらに政治的な側面さえある。われわれはこの側面を誤って見過ごしてしまう。理論的な問題点を超えて，つまり宇宙の進歩に賛成するのかどうかという議論を超えて（言い換えると，最終的に採用される立場がなんであれ），自分自身の向上（自らのスパルタを飾ること）〔古代ギリシアのポリスであるスパルタでは質実剛健な戦士を育成するために強い統制がなされた。ここでは，自身の改良に向け自らを厳しく律することを指す〕，（社会と人類の）共通善，神の栄光に努めることは義務である（この点について，例えば次を参照。DM §4; A VI, 4-A, 584; A VI, 4-C, 2347–2348; A VI, 4-C, 2894; バーネット宛 1705 年 11 月 10 日付（GP III, 302）; Th préface, GP VI, 27–28）。

しであろう。まだ他の人によって作られていないよう
ないかなる説教も，詩も小説も本も作られることはな
いだろう。[97]

ライプニッツはこのように，回り道（論理的かつ数学的
問題の解決）をして，宇宙の進歩の問題に再び手をつける
よう導かれる。今や，ライプニッツはこの問題に関して，
人間の知の限界を論証することと，その即座の帰結すなわ
ち真理の避けがたい反復とが両立可能であると示す必要が
ある。

先へと進む前に，人間の知は進歩しない，または周期的
に人間の知を後退させるような非連続性を経験すると仮定
した場合に，上述した困難を避けることができるのか検討
しよう。一方で，人間は小数の認識で永遠に満足すること
ができるだろう。その小数の知は，「人間が受け入れるこ
とができる知の一部に過ぎず，人間はつねに後に何かを残
すことになるだろう」[98]。それゆえ，新しい，いまだ知られ
ていない真理を見つけ出すことがつねに可能であろう。他
方で，人間が忘却することで認識の進歩が妨げられる可能
性がある。これは，非常に長期間にわたれば事実上避けら
れない。人類が相当に長く存続するとすれば，時の経過に
よって，そのうち先行する著者の事績が記憶から消される
ことがあり得る。その結果，ある時に発見され，新しく見
える真理は，じっさいには再発見された真理，再び言われ

---

97) 『人間の見解の地平［…］』（*De l'Horizon de la Doctrine Humaine* […], 1693 年），Fichant 52 頁および 38–39 頁も見よ。

98) LH IV, 8, 25, f. 95(序文の草稿)，Fichant p. 38. 以下も見よ。
LH IV, 5, 9, folio7, p. 57：「じっさい，たとえ永遠の時が流れたとして
も，ある事物は決して言い表されないということがありうる。したが
って，ある事物は常に言い表すことができる状態につねにとどまり，
決して言い表されることはない」。

3.3. 永劫回帰の拒否と普遍的救済の問題　　181

た真理にすぎないものとなる[99]。

　われわれは本当に反復から逃れているのだろうか？　そうではないように思われる。というのも，どちらの場合も，繰り返される当のものは知だからである。あるいは，人類がつねに同じ真理に出会うとしても。それは人類が真理をすべて汲み尽くしたからではなく，人類がつねに真理のうちのわずかなものに限定されているがためである。新しい真理を発見する可能性があるのは権利上のことに過ぎない。あるいは，人間は，記憶の欠如によって（過ぎ去ったものはあまりにも遠すぎるか，あるいは保持されていなかったがために）じっさいに存在しているのは再び言われたことであるということに気づくことなく，新機軸のものであるとの印象を持つ。〔しかし〕目新しさという主観的な感覚は，真の進歩の十分な特徴ではあり得ないだろう。

　計算（算術と結びついた普遍的計算法（spécieuse universelle）の使用）によって，人間の知が有限であり，人間が知り，はっきりと述べ，発明することができるものはすべて限られていることが示される。その結果，いつか「おそらくはゆっくりとであるが，進歩がつねに同一でありさえすれば，そうできる間はつねに前進すると仮定すると」[100]，過去に述べられ，書かれていないような誤謬と同様に真実についても，われわれはもはや何も述べたり書いたりすることができなくなる。どんな言葉，どんな言説も冗長なものとなる。にもかかわらず，進歩が不可能であるということにはならない。人間の見解が有限であるのは，じっさいには人間の思惟の有限性を意味するわけではなく，また必ずしもこれらの真理が描くのと同じ真理と事実

---

99)　『人間の見解の地平［…］』, Fichant p.53.

100)　LH IV, 8, 25, f.95, Fichant p.38.

が永劫回帰することを意味するわけでもない[101]。『人間の見解の地平』で示されたテーゼの範囲は，〔以下の三つに〕限られている。その説が，1）言葉にし得る，すなわち表明でき，言い表すことができる真理と誤謬に関してのみ当てはまる場合，2）人間の心の現在の状態でのみ有効であり，認識する能力のありうる増加について決めてかかることがない場合，そして，3）認識の無限の進歩が不可能ではないものの，認識する能力の増加が起こらないような場合にしか当てはまらない。〔以下の本章では「3.4. 結論」に至る残りの箇所において，以上の三つの場合それぞれに関し論じる。〕

1）人間の精神には，言葉で述べられ，名前がつけられ，表現される以上のものが無限に含まれ，また人間の精神は人間の見解（したがって計算）にのみ関係する。

しかし，われわれの推論にいかなる支障もないように，言葉にし得る真理のみを話したいと宣言する。というのも，人間は言葉にし得ない多くの思惟や錯雑した感覚，夢，幻想，印象を持つし持ち得るということを私は否定するつもりがないからである。なぜなら，われわれは，色，音，におい，味，手触りなどの感覚的な性質の微妙な違いすべてについて，また対象によって，さらには気質や健康状態によっても変化する諸々の欲望，快，苦のような内的感覚の違いのすべてについても十分な名称を持たないことが常だからであ

101）　認識論的，言語的な次元（述べられたもの）から形而上学的な次元（これらの述べられたものが現実存在するものについて述べること）への移行は，LH IV, 5, 9, folio 1（Fichant p. 54–57 に編集されたものと翻訳がある）という整理番号の下に保存されたラテン語のテクストのうちで明らかに実行されている。そこでは真理の反復は，同じ人間と同じ出来事の回帰を意味するからである。

3.3. 永劫回帰の拒否と普遍的救済の問題　　183

る。［…］このようなわけで，こういった見積もりを
人間の思考や精神のではなく，人間の見解の地平とい
う名称で呼びたい。というのも，この見解に属するす
べての事柄は言葉にし得るからである。[102]

　この見解は，真理を定式化する言語の可能性と制約に
よって制限されるため，言い表すことができるものを越え
た地点にまで及ぶことはあり得ない。ミシェル・フィシャ
ンが指摘するように，見解というものをラテン語の語源に
関連づける必要がある。「見解とは，伝達可能な——教え
られる（docere：授けること）——認識であり，そしてそ
のために，その見解の用語を理解する人が，その権利上，
理解しやすくなるような言語によって定式化された認識に
属するすべてのものである」[103]

　ただし，見解と言語（書面または口頭）との関連は，見
解が表現の問題に還元されること，または見解を構成する
真理が名称のみに依存することを意味しない。ライプニッ
ツは，ホッブズによって擁護されたこのような〔見解が
表現の問題に還元されるような〕考え方を，つねに拒否し
た[104]。見解が言葉にし得るものを対象とするのは，それが
判明なものを対象とするからで，より正確に言えば，言葉
にし得るものは判明なものを指し示すのである。すなわち
識別できるもの（明晰なもの）だけでなく，固有の特徴を
列挙（表明）できることで，他の事物から区別することが

　102）　『人間の見解の地平［…］』，Fichant p. 40–41. 以下も見よ。
LH IV, 5, 9, folio 1, p.55–57.

　103）　Fichant, « Postface », p.140.

　104）　例えば『普遍的総合と普遍的解析，すなわち発見と判断
の技法について』（De Synthesi et Analysi universali seu Arte inveniendi
et judicandi, A VI, 4-A, 542）；『認識，真理，観念についての省察』
（Meditationes de Cognitione, Veritate, et Ideis, A VI, 4-A, 589）；NE IV,
5, §1–2（A VI, 6, 396）.

できるものをも指し示している[105]。見解から除外されているのは，曖昧なもの（記憶，想像力，夢[106]）と錯雑したもの（感覚可能な性質がこれに属している。それは，理解されることはないが感じられている，何だかわからないが喜ばせたり不愉快にさせたりするもので，例えば芸術作品に含まれている[107]）である。なぜなら，厳密に言えば，これらが言語から除外されているからではなく，一つの名を単純に当てることを超えているせいで，名前がつけられている事物を定義し，説明することがわれわれにはできないからである。（例えば，赤のそれぞれの色合いを示すための）表現が欠如していたり，またはそれらの表現が何を指し示しているのかを正確に言えないこと（盲人に赤色の本性を説明することが不可能であること）は，言語の欠陥を反映しているのではなく，認識の欠陥を反映している。見解が制限されているのは，言語が不足している（つまり，叙述することができない）からでしかないが，言語が不足しているのは，認識自体が欠けているからでしかない。問題となっているのは根本的に認識論的なものであり言語的なものではない。

したがって，われわれの魂が表象するものの大部分を間違いなく形成している感覚不可能な印象，感覚，感情，夢，想像は，人間が長きに渡って述べ，書くことができるものの計算には入らない。たしかに，それぞれの実体が混雑した仕方で表出する無限なものを言い表すことはできないが，それを忠実に再現することはできないのだろう

105）　曖昧と明晰との区別，また錯雑と判明との区別に関しては，『認識，真理，観念についての省察』（A VI, 4-A, 585–587），DM§24.

106）　曖昧な観念に関しては，とりわけ以下を見よ，NE II, 29, §5–6, §9–10.

107）　DM §24; トマス・バーネット宛 1699–1700 年？（GP III, 256）.

3.3. 永劫回帰の拒否と普遍的救済の問題 185

か？ この計算は有限の量で行なわれるため，言葉にし得るものはすべて反復可能であることが示されていた。しかし，これは，反復可能なすべてのものは必ず言い表すことができるのか，それとも言葉にし得るか記述し得るもののみが反復可能であるのかをまだ証明していない。印象や感情が正確に繰り返されるのを妨げるのは何だろうか？ それは，まさにその起源である。というのも，この印象と感情は，つねに変転する無限から生じるからである。ライプニッツが『万物帰新説』（1715 年）で示すように，無限は永劫回帰を排除する。印象，感覚，感情，夢といったものだけではなく，事物自体のうちにある表象できない差異のすべて，これらの印象，感覚，感情，夢などをまさに決して同一のものではなくする差異のすべても，叙述と記述から逃れる。これらの差異は，連続的なものの現実的な分割が無限に至ること，すなわち「物質のあらゆる部分には，どれほど長い本であっても記述され得ない，無限に多くの被造物の世界があるという点まで」[108]分割することに由来する。

ところで，この連続体のうちではすべての事物に連関と協力があることで，何らかの実体の中で生じたわずかな変化が，いたるところで，どんなに離れていても（ただし，その距離に比例して）影響を感じさせることとなり，たとえ感覚不可能な仕方であっても他のすべての実体に変化をもたらす。したがって，宇宙は恒久的で永続的な変化に従うこととなる。つまり，宇宙に含まれている被造物が活動を停止することは決してないのである。宇宙のうちには，つねに変化する何か，すなわち展開するのを待っている無数の実体がある。この実体が「より大きな劇場」に入ると，変態が生じる。この変態によって他のすべての実体が

---

108) Fichant p. 73.

影響を与えられ，したがってまったく忠実なくり返しを必然的に妨げることになる。じっさいには，永劫回帰は，原子で作られた世界でのみ起こり得る。そこでは分割が有限であり（究極的な要素の段階で停止する），原子の数が変化しないという条件つきではあるが[109]。こういった完全に記述可能な世界は，われわれの世界とは異なり，有限の被造物によって完全に認識されうるものである。

3.3.2. 人間本性の超克とオリゲネス主義の誘惑

2）人間の精神には現在の限界があり，とりわけその能力は一度にいくつかの命題を思いつくことに制限されている。計算する場合には，人間がこのような状態にとどまることも前提とされている。しかし，このような人間本性は変わらないとする要請は，一方で，「人間の魂がより崇高な状態に引き上げられたとき」[110]の来世を考慮に入れておらず，他方で，現世での精神の完全化という非常に現実的な可能性を考慮していない。この完全化によって，将来的に人間は，はるかに広範で複雑な推論を行なうことができるようになるのである。次のように考えることを妨げるものも何もない。

　　数学に関するわれわれの最大かつ最も込み入った命題，またはわれわれの最も謎に包まれた訴訟が，われわれに関しては A—A—A 式〔推論を構成する三つ

109）　追加の原子を導入するなら，新しい配列すなわち新しい存在の構成とこれまでにない出来事の産出を可能にしつつ，くり返しを避けることができるだろう。

110）　LH IV, 8, 25, f.95, Fichant p.38. NE II, 21, §41–42（A VI, 6, 194）：「［…］われわれを待ち受けているこの永遠全体において，われわれの認識と諸器官がどこまで達しうるか，われわれは知らない」〔K I, 5, 227〕。

3.3. 永劫回帰の拒否と普遍的救済の問題　　187

の命題がすべて全称判断の式〕のちょっとした三段論
法がそうであるような，遊びでしかないといった被造
物がすでにいる。なぜなら，現在の人間の中にも，ペ
ンなしで，そしてほとんど考えることなく素晴らしい
計算ができる者がいることがわかっているからである
［…］。[111]

　このような精神の高まりは，まるでつねに同じように制
限されていた知が単に受け入れやすくなっただけであるか
のように，通常の〔精神の〕働きにおけるより大きな容易
さと素早さを意味するだけでなく，獲得された認識の増
大，すなわち新しい真理の産出をも意味するように思われ
る。この場合，人間の現在の完全性に対して相対的に固定
された人間の見解の地平は一時的なものである。というの
も，〔その地平は〕精神によって達成された進歩に応じて，
押し戻される可能性がつねにあるためである。ミシェル・
フィシャンが正しく書いているように，

　　　［…］人間が〔物事を〕判明に認識するための現在の
　　　能力に関して定義された水準よりも精神が上昇するこ
　　　とによって，この［人類の］状態が変化し，地平その
　　　ものも動かされる。つまり，言うことができる事柄の
　　　限界と書くことができる事柄の限界は却下される。し
　　　たがって，暫定的に地平を設定することは，事物の調
　　　和に合致しているもっと先へ（*plus ultra*）という要求
　　　をより明確なものとすることにしか役に立たないであ
　　　ろう。これは人類の完全性が進歩することによってな

111）『人間の見解の地平［…］』，Fichant p.41. NE I, 1, §5（A
VI, 6, 77 - 78）で言及された，生まれつき素晴らしい計算ができる
スウェーデンの少年の例を参照。

188　　　第Ⅱ部／第3章　永劫回帰に反して

され，この進歩それ自体が人間の状態を超えた状態への一歩となる可能性がある。[112]

　将来的に人類が完全化することは，最初，単なる可能性の形で思い描かれていたが，普遍的調和の法則が永遠のくり返しの単調さを排除しているように見える限り，非常にもっともらしい仮説となる[113]。同一性と類似性は，つねに多様性と種類の多さによって埋め合わせられねばならない[114]。じっさいには次の二通りの選択肢がある。すなわち，人類はつねに持続するわけではなく，いずれにせよ，永続的なくり返しに到達するのに十分である（そして知は限られたままである）という選択肢と，人類が現在の状態にとどまることはないが，よりすぐれた程度の完全性に達し，その有限な地平は連続的に移動する（したがって，知の増加に終わりがない）という選択肢である。

　『地平』以降のテクストの多くは，後者の仮定に傾いている。「先行するものが繰り返されるだけというのは自然の品位」に背いているので，ライプニッツの考えによれば，「他のより深い基礎知識」に恵まれていて，「より豊かでしっかりと構成された真理を持つことのできる」より完全な知性体が生じると考える必要がある。「このようにして，われわれは知に関して無限に進歩することができる」[115]。ライプニッツは，ゾフィー宛書簡（1706年2月6日）の中で，われわれよりも完全な理性的魂である精霊に言及して，「われわれはいつの日か彼らのうちの1人に

---

112)　Fichant, « Postface », p.143-144.
113)　『人間の見解の地平 […]』，Fichant p.53.
114)　調和の定義にしたがって。『哲学者の告白』，Belaval, 31 ; A VI, 3, 116.
115)　LH IV, 5, 9, folio 7（1701年2月の終わりから3月の初め），Fichant p. 59.

3.3. 永劫回帰の拒否と普遍的救済の問題　　189

なるかもしれない。宇宙の秩序がそれを求めているようだ」[116]とほのめかすこととなる。したがって，精霊は，精神の一種というよりは，精神の諸々の段階の一つ，完全性への道を歩む理性的な被造物の進化の一段階であろう（「究極の」状態は福者の状態である）。『万物帰新説』（1715 年）と題された原稿では，人間が将来的に完全化することに言及している。この完全化によって，人間は，事物の本性，感覚可能なもの，錯雑したといった，学問的調査のためにつねに更新された材料として役目を果たすものをより良く認識するようになる。

> さらに，このことから，人類はつねにこういった状態にとどまるとは限らないと結論づけることもできる。なぜなら，つねに同じ弦を振動させることは神の調和に適合していないからである。そして，適合という本性的な理由に従って，事物は少しずつ，時には飛躍によって，最善に向かって前進するはずであることがむしろ信じられなければならない。というのも，事物は最悪の事態に陥っているように見えることが多いとしても，われわれがよりよく飛躍するためには後退することがあるのと同じように，この最悪の事態が生じていると考えなければならないからである。[117]

そして，「それぞれの精神は学問に関する現在の能力の地平を有しているが，将来の能力の地平は持っていない」[118]と結論づけている。

---

116)　GP VII, 569. Th §341：「人類が時を経て，現時点で考えられるよりも大きな完全性を具えたものに到達することもあり得る」〔K I, 7, 93–94〕。

117)　『万物帰新説』（Ἀποκατάστασις），Fichant p. 75.

118)　Ibid. p. 77.

190 　　　第Ⅱ部／第3章　永劫回帰に反して

　このように人間が高められることは，人間をまさに超人
間的な条件に至らせることを可能にし，また（特定の力
能，能力，受容性として理解された）人間本性の限界を超
えることを可能にする。〔ただし〕このように人間が高め
られることは，すべての人間がいつか精霊に似たものにな
ることや，あるいはおのずと祝福された被造物になること
を必ずしも意味するのではないことに注意しよう。知の無
限の増加（すなわち，見解の永続的な拡張）のために必要
な人類の一般的な進歩は，たしかに，一部の者たち（の永
遠の断罪）が付随的かつ永続的な仕方で低下することと両
立可能である。しかし，これは間違いなく，『弁神論』第
18節で予定調和の帰結——ライプニッツはこれをあえて
直接的に自分のものとして引き受けてはいないが——とし
て示される普遍的な救済の仮説をむしろ促進している。と
いうのも，より完全な状態への移行がなぜあらゆる精神に
関係しないのかを説明することは困難だからである。〔あ
らゆる精神が完全な状態に移行しないのだとすると〕ある者
たちにおいては自然な展開が永久に止まることになってし
まう。また，いわば休閑地[119]，不毛の地に残された被造物，
すなわち，宇宙によってその完全性が広がることを永久に
禁じられている被造物が，未開拓な状態にとどまり進歩に
備えるという事態を正当化することになってしまうのであ
る。

　ライプニッツは，オリゲネス主義の支持者であると宣言
することなく——彼はときおり，他の著者より親しみを感
じていると認めている[120]——フィクションとして[121]，「回

────────────

　119)　『事物の根本的起源について』（GP Ⅶ, 308）〔KI, 8, 102〕
において用いられている農業の隠喩を繰り返すなら。
　120)　「もし私に選択の余地があるなら，私はあなたがベーメに
帰していることよりも，あなたがオリゲネスや他の著者にジェーン・
リードを付け加えたものに賛成するであろう」（モレル宛 1698 年 9 月

3.3. 永劫回帰の拒否と普遍的救済の問題　　191

復」（restitution）を検討している。この回復によって，原始の無垢の状態へと回帰するのではなく，段階的に完全化するのであり，この完全化によって理性的な被造物はすべて，さまざまな期間のプロセスの果てに，それぞれの状態に応じて永遠の至福にまで至ることとなる。自然と恩寵，つまり自然学と道徳の間の正確な対照関係に基づいて，ライプニッツは没落と普遍的救済には相変わらず地球と天体の変容が伴うと考える。地球を支配するように遣わされた天使ルシファーの罪は，自らの堕落をもたらし，また恒星の惑星となるこの星，すなわち「汚点に覆われ，不透明にされ，その場所から追い出された」放浪する星の失墜ももたらす。キリストの受肉と復活によって，人間の救済が可能となる。まず善人たちを地球から（おそらく太陽へ）移し，次に地球は炎に包まれ，恒星の地位へと再生され，悪人たちも償いがなされる[122]。そして最終的にあらゆる精神が恒星の領域を越えて，巨大な海に例えられるエンピリアン〔古代の宇宙論において火の要素が占めると考えられていた最高天〕へと向かう。そこには，いつか「恒星系の中で

---

20 日付（Grua 140））。モレルによれば（ライプニッツ宛 1698 年 8 月14 日付（Grua 135）），ベーメは，断罪された者と悪魔は永遠に同じ状態にとどまりそれが撤回されることはないと考えている。同様に，ル・クレールとベールの間でも，「両者のどちらかを選択する必要がある場合，私はベール氏のマニ教の派閥よりも，圧倒的にル・クレール氏のオリゲネス主義の派閥を選びたいと思う。一方は神の善意を拡大しようと努めるのに対して，他方は神の善意と能力を減少させる」（トマス・バーネット宛 1706 年 7 月 6 日付（GP III, 310））。

121)　または，ある崇拝者に帰されたこの「宇宙論的神学」が予定調和に基づいている限り，半フィクション（semi-fictif）として。

122)　トマス・バーネット宛 1702 年 2 月 27 日付（GP III, 283–284）；Th §18. 地球の起源と形成について，Th §244–245; ブルゲ宛 1714 年 3 月 22 日付（GP III, 566）；『プロトガイア』（Protogaea, 1690–91 年），ベルトラン・ド・サンジェルマン訳，Toulouse, PUM, 1993.

自らの完全性へと至る」,「すべての祝福された被造物の川」が流れ込む[123]。

ここでも,ペーターセン,ル・クレール,ファン・ヘルモント,またはコンウェイの影響を探す必要はない。ライプニッツが受け入れた形而上学的,神学的なテーゼにおいて,何が彼をオリゲネス主義者のタイプの立場へと導き傾けるのか,または少なくとも,何が彼を議論の余地なくその立場に近づけるのかを認識するだけで十分である。既に言及した普遍的調和に基づく理由に加えて,無限に完全な神の観念がある。神の観念は,その広がりを決して過小評価してはならない知恵と善意を備えており[124],こういった神の知恵や善意に対し,(とりわけ,すべてのキリスト教徒と,とくに非キリスト教徒に対する恩寵の分配において[125])恣意的に制限を設定することは許されない。そういうわけでライプニッツは,必ずしも全面的に同意することはないものの[126],神の善意と憐れみを制限したり限界づけ

---

123) Th §19 (GP VI, 114).

124) DM §19.

125) 「異教徒の救済に関するこのような問題は,私にとってあまりに高度なものである。しかし,私はいく人かの学者たちや敬虔な神学者たちの思惟を高く評価している。彼らの考えでは,神は,少なくとも死に際して,神を心から求めるすべての人々を照らす。すなわちイエス・キリストについて知らねばならないことを彼らに対して内的に啓示しながら照らすのである。この議論の余地のない規則によれば,神は,そのひと次第であることをする人々には恩寵を拒まない」(『ポリアンドルとテオフィルとの対話』(Dialogue entre Poliandre et Theophile, A VI, 4-C, 2221);NE IV, 18, §1–9 (A VI, 6, 502);したがって,「神に向かう無数の道が開かれている。この無数の道があるからこそ神は正義と善意とを満たすことができるのである」(Th §98 (GP VI, 157))〔K I, 196–197〕。

126) ライプニッツはペーターセンが示す学識,判断,熱意を『万物帰新説』で称賛している。「私は喜んでそれを検討しました。たとえそれに従うことから身を守ったとしても,その価値を認めないわけにはいきません」(トマス・バーネット宛1702年2月27日付(GP

3.3. 永劫回帰の拒否と普遍的救済の問題　　193

たりするのではなくそれらをたたえることに尽力する人々を共感ともに眺め，励ましてさえいるのである。

　煉獄（地獄は最終的に煉獄にとどまることがありうる）に対する彼の立場では，罪人の一時的な罰と，最終的には彼らが神のところへ戻る可能性が示唆されている。ライプニッツは，煉獄は教義ではあり得ないと認めているが[127]，それをよく理解しさえすれば，煉獄に根拠がないわけではないと考えている。たしかに，彼はカロリーヌ・アンスパッハに向けて「私自身は，この人生の後にある一時的な罰が十分に合理的で，ありそうなものである，と考えている」[128]，というのも，精神が自らの過去の行為の悪意を理解し悔い改める間[129]に，「一種の浄化は，あるいはこう

III, 283))。敬虔という観点からこのような種類の思惟の有用性を確信し，ライプニッツはペーターセンに対し，このテーマに関して未来のウーラニアー〔ギリシア神話に登場し占星術と天文を司る文芸の女神の一人〕の詩を書くよう説き勧めた（Fichant p. 26–28 にあるフィシャンの序論を参照）。ペーターセンが扱っているこのような世界の復元は，「私としては，このテーゼを決して非難するわけではないが，それでもこのテーゼを自分のものとすることはできないであろう」（ファブリキウス宛 1712 年 3 月 10 日付（Fichant, p. 28))。グリュアが強調しているのは，「少なくとも可能であり魅力的である仮説を支持することなく広める［ライプニッツの］精神の卓越した柔軟性と能力である。というのも，そういった仮説はオプティミスムにしたがって，神の正義を巻き込むことなく神の善意に対する最も多くの領域を残しており，明確なアンチテーゼよりもうまく連続性の形而上学に合致するからである」（*La Justice Humaine selon Leibniz*, PUF, 1956, p. 213)。

127)　Grua 150, 223(30). 聖アウグスティヌスはそれを信仰箇条であると考えなかった（『煉獄に関する聖アウグスティヌスの見解』(*Sentiment de St Augustin sur le Purgatoire*, Klopp VII, 308–312))。G. Grua, *La Justice Humaine* 〔…〕, p. 210.

128)　エルンスト方伯宛て（日付なし）。*Leibniz und Landgraf Ernst von Hessen-Rheinfels*, hrsg. von Chr. von Rommel, Frankfurt, 1874, II, p.460.

129)　グリュアによって，*La Justice Humaine* 〔…〕, p. 210 で引用された手紙。この浄化は必ずしも苦しいものではない（同書，p.211)。

194   第Ⅱ部／第3章　永劫回帰に反して

言った方がよければ煉獄は，魂の浄化のために必要である
ように思われるから」[130]と書いている。

　理性的被造物の相対的で，さまざまな，しかし確実な進
歩，あらゆる忠実なくり返しを禁じる調和，神の善意のく
み尽くせない深淵…。ライプニッツは「既成の見解」[131]で
満足すると宣言しつつも，将来の永遠性をより多くの完全
性に向けて途切れることなく歩む可能性へと開く。この歩
みは結局，あらゆる精神の高まり，つまり神学的な言葉で
言えば，あらゆる者の救済を意味しないならば，真に普遍
的なものにはなり得ないのである。

　3) 最後に，この完全化が生じないとしても，そして人
類が十分に長い間そのままであり続ける限り，認識の限界
には決して遭遇しないこともありうる。また，諸学問が前
進するリズムがだんだんと遅くなるとしても，反復に到達
することなく諸学問の進歩が際限なく続くこともありう
る。この仮説は，忠実に永劫回帰するという仮説よりもあ
りうる可能性が高いとライプニッツは考えている。言葉に
し得る真理は有限数である以上，新しい真理を産出するこ
との難しさは必然的に時間の経過とともに増加するはずで
ある。それでも発見すべき真理はまだ残っているだろう。

　　[…] したがって，言葉にしうる真理の数は有限では
　　あるが決して尽きることない。それは，直線と双曲線
　　またはコンコイド〔直交座標の方程式によって表現さ

────────────
　　130)　『キリスト教の検討』(*Examen Religionis christianae*, A
VI, 4-C, 2455) でライプニッツは，煉獄を「父の」懲罰 (catigatio
paterna) として，つまり自らの過去の人生の不完全性と罪の醜さを考
慮して，魂そのものが自分の意志 (libenter) で要求する浄化 (purgatio)
として提示している。というのも「そうでなければ魂は至福の頂上に
到達することを望まないから」(nollenque aliter ad culmen beatitudinis
pervenire)。
　　131)　Th §19.

れる曲線の一種〕間の漸近線の間隔は有限ではあるが，決して尽きることがないのと同じである。[132]

したがって，権利上，人間の知は限られているが（計算がそれを示している），限界に達することは決してない。人間の知は，つねに漸近的に限界へと近づいていく。その進歩は絶えざるものではあるが，比例してだんだんと小さくなっていく。なぜなら，二つの新しい発見の時間的な隔たりが増大し続けるからである。

3.4.　結論

ライブニッツは，1694 年から 1697 年にかけての期間よりかなり前に，宇宙の進歩を擁護していた。その原動力となったのは，精神の完全化であり（他の被造物や物体〔身体〕に関しては，ほとんどの場合言及されず，言及するにしても，不変であると仮定されていた），永劫回帰の観念に反するものであった。すでに述べたように，その理由は，同時に形而上学，神学的，心理学的なものである。つまり，理由律，神の完全性，至福の本性が宇宙の進歩を課すのである。理由はまた（あるいはまさにそれによって）道徳的なものでもある。つまり，作用は目的へと向けられる意志によって導かれる。ところで，事物と出来事の純然たる単なる反復はいかなる目的にも相応しくない，つまり目標がないものであろう。したがって，そういった反復は望まれ得ないだろう。（多様性と差異を要求する）調和の法則とぶつかってしまい，神の栄光に相応しくないのである。まず，進歩に対してあり得る反論として，人間の認識

---

132)　『人間の見解の地平 〔…〕』，Fichant p. 52.

196　　　　第Ⅱ部／第3章　永劫回帰に反して

は（ただし人間の思惟のではない。それは無限を含む）有
限であることが挙げられる。しかし，進歩にとって有利な
新たな議論——事物の調和に適い，オリゲネス主義のテー
ゼを強化するかもしれない，人間の状態が上昇するのは必
然であること——を提示することによって，この有限性は
進歩と両立可能であることが明らかとなった。

　たしかにライプニッツは，ファン・ヘルモントやコン
ウェイ，さらに他の著者の作品を読んだことによって，そ
の問題に再び取り組み，立場を明確にする必要があると感
じた。しかし，こういった読解ややりとりによってライプ
ニッツの思惟に根本的な変動がもたらされたというのは，
確かではない。宇宙の完全性は不変であるという仮説が
好まれるようになったと思われる短い期間[133]——おそら
く 1694 年のあたり——を除けば，後続するテクストのほ
とんどは，〔世界の完全性は不変であるという仮説に対し〕
立場を明白にしていないか，あるいは，（たしかに，それ
〔進歩する世界〕が取るべき形態を明確にすることはない
ものの）明確に進歩に賛成の立場をとる。ところが，ライ
プニッツの考えは 1694 年以降，二つの新しい方向へと向
かうことになる。

　一方では，進歩の条件を抽出しつつ，考えられる進歩の
類型を立案するために，宇宙の異なる仕方での可能的な進
展を研究することになる。進歩があるためには，上昇と後
退の局面が交代すること，すなわち最小（*minima*）と最大
（*maxima*）の関係は，いくつかの制限に従うものでなけれ
ばならない。こういった制限はさまざまなものであり得る
ので，進歩のいくつかの形態が可能である。

　他方で，「生物学的なもの」から着想を得た包蔵と展開

───────────
　133）『世界は進歩するのか』（*An mundus perfectione crescat*,
Grua 95）；ゾフィー宛 1694 年 9 月 3 日付（A Ⅱ, 2, 848–849）.

3.4. 結論   197

のモデルは，事物の進歩を説明する際に，以下の重要な形
而上学的帰結とともに優勢なものとなる。すなわち，もし
いかなるものも破壊されないなら，もし魂も身体も消滅す
ることがないなら，もし精神は決して忘れることがないな
ら（これはライプニッツが若いころ既に主張したテーゼで
ある），そのとき完全性は失われ得ない，という形而上学
的帰結である。最終的に，あらゆる完全性は実体によって
獲得される[134]。したがって，この実体は，同じ状態，出来
事を，まったく同じように再び経ることはできないだろう
し，また，減少するのは見かけのうえでのことでしかあり
得ない（後退は，将来の再展開の前の，一時的な退行，停
止に過ぎない）。

　事物の連続的な完全化という観念とグローバルな水準で
の力の保存との間に矛盾が生じることを避けるためには，
完全性の概念に対し，もっぱら量的な意味だけを帰属させ
るのではなく，質的な意味をも帰属させつつ，この概念
を再考しなければならないだろう[135]。宇宙の永続的な進歩
は，より多くの存在と実在性の獲得によってもたらされる
のではない。展開するのは，世界の初めの瞬間からすでに
萌芽として存在するものである。したがって，本質と力の
全体的な量は同一のままである。量的な観点からすると，
獲得も消失もないのである。そうすると，何が変化し，ま

---

　134)　『ガブリエル・ヴァグナーとの議論』（1698 年 3 月，Grua
394）。「実体が獲得したすべての完全性は，ときにはその使用が一時
的に中断されることがあるとしても，それを獲得した実体にとって永
遠に役立つものである。運動が消滅しないのと同様に，完全性も消滅
しない」。Grua 398：「一度獲得された完全性は，たとえ，つねに判明
に表象することはできないとしても，物体に刻み込まれたコナトゥス
が決して消し去られず何らかのものとともに集められるだけであるよ
うに，モナドに消えない印として残る」。
　135)　本書第 2 章「ライプニッツにおける完全性，調和，そして
神による選択——いかなる意味で世界は最善なのか？」を参照。

198   第Ⅱ部／第 3 章　永劫回帰に反して

た，何をもって完全性の全般的な増加があると言い得るの
だろうか？　事物の成長，成熟への移行，それらの事物が
することの可能なあらゆることが段階的に展開すること。
宇宙がより完全なものとなるのは，宇宙がより秩序だち，
美しく，調和があり，知解可能性があるものへと連続的に
進むからである。こうしたことは，宇宙を観想し宇宙を認
識する精神にとっては，表象がより判明になること，理解
がつねに一層大きくなっていくこと，至福の源泉となるこ
の感嘆が絶えず新しくなることを意味している[136]。

　　136）　ルックは『形而上学叙説』第 36 節に基づいて，精神に固
有の完全性を身体〔物体〕に固有の完全性からとても正当に区別して
いる。身体〔物体〕における力能の増大は，他の身体〔物体〕におけ
る力能の比例的な消失を含意するのだが，精神の知と幸福は他の精神
の知と幸福を排除することはなく，（「最も有徳なもののみが，最も完
全な友となりうる」のがたしかであるなら）むしろそれに貢献する。
ルックは以下のように結論づける。「言い換えると，理性的魂の完全
性と力能は，身体〔物体〕の完全性と力能に対し種において異なるも
のである。前者は互いに必ずしも対立しないが，後者は対立する」（前
掲書，p. 37）。しかし，ライプニッツが世界の進歩について語る際に，
じっさいにはそれを単に精神に関してしか理解していなかったのか，
たしかではない。『事物の根本的起源について』の最後では，自然的
な秩序に関する完全化について言及している。地球はつねにより高い
文化の段階へと至るからである。とはいえ，自然の王国と恩寵の王国
の調和は，それらの「協働的な」前進を要求しているように思われる。
ここで問題となっている増大する完全性は，身体〔物体〕と精神に共
通であり，ヴォルフとの書簡で定義された事物の知解可能性および
「調和性」（harmonicité）の程度と同じである（GB 172）。進歩は自然
的であるとの同時に道徳的である。なぜなら，それは，より大きな秩
序，理由，つねに一層広範な多様性のつねにより一層包括的な統一へ
の一般的な運動だからである。

第4章

世界は進歩するのか？
——ライプニッツにおける世界の進展モデル[1]——

[…] 完全とはそれより増加しないことである

4.1. 進歩の意味

進歩 progressus（フランス語 progrès）と前進 progressio
（フランス語 progression）という語は，progredior という，
文字通りに取ると「前へ（pro）歩く（gradior）」，「前進す
る」を意味する動詞に由来する。ゆえに進歩とはまず，か
つ厳密な意味で，前方への歩み，決まったある方向への前
進を意味し，最初の状態に対する何らかの完全化や改善を
必ずしも含意しない。現下の用法では，自然の事物につい
て（自然学で），数学さらに哲学で用いられ，連続する規
則的なプロセスを表す。それは，動く物体に固有の運動で
あり，連続する数（ある数が別の数から生成される）の数
学的もしくは幾何学的な数列であり[2]，精神が必然的な論

---

1) 本稿は *Archives de philosophie*, tome 77, cahier 1, 2014 に掲
載された。

2) Goclenius, *Lexicon Philosophicum,* Frankfurt, 1613,
« Progressio », p. 881

理の連鎖に従い，ある理由，原因や条件から別のものへと移行する，無限の進歩（progressus in infinitum）である。これらすべての場合で，進歩とは，合理的な順序（一連の原因，連続した数，同じ運動の継続[3]）を展開することであり，そこではつねに，先行するものが後続するものの理由を含み，その方向は，より良いわけではない状態へもより悪いわけではない状態へも向かいうるし，より完全ではあるがより良くもない状態へも，向かいうる。この一番目の，中立の（生じたプロセスとその最終結果に関する評価について）意味でこそ，ライプニッツは自らの自然学で進歩の量（quantitas progressus[4]）を定義している。さらに天文学でも，天体（例えば惑星）の進行について，見かけの軌道での，後退（retrogradatio）と静止（statio）[5]に対する前進の局面を示すために述べられているのもこの意味においてのことである。

二番目の意味でだけ，進歩や前進は，良いものへ向かう歩み，ある事物や事物の総体が段階的に完全化すること——ここでは，後戻りすること（regressus），後退（regressio）と対比される——をとくにはっきり表す。ここで進歩は三つの特徴で定義される。それはつねに，1）規則的に連続するプロセスであり，2）段階的もしくは漸進的に展開し，3）量的か質的に全体を増やそうとする。進歩は時間に沿って生じるものであり，完全性〔完成〕を想定している。完全性〔完成〕は，全面的に与えられるわ

---

3)　その動きは続けられたり，邪魔されたり，あるいは突然中断させられることがある。

4)　*Dynamica de Potentia et Legibus Naturae corporae* (1689), pars 2, sect. 3, prop. 12 (GM VI, 496–499)；ドゥニ・パパン宛 1692 年 2 月付（A VIII, 6, 622）；ヨハン・ベルヌイ宛 1696 年 1 月 28 日 /2 月 7 日付（A III, 6, 651–652）；ヨハン・ベルヌイ宛 1697 年 12 月 17/27 日付（A III, 7, 687）；ヨハン・ベルヌイ宛 1703 年 4 月付（GM III, 69）。

5)　Goclenius, op. cit., p. 881.

4.1. 進歩の意味　　　201

けでもなければ一挙に与えられるわけでもなく，原理的に
衰退期と安定期を含む，継起的な段階を経て得られる[6]。
後退——退行——についても同様である。そこでの展開も
同じく一歩ずつ（急にではなく）行なわれ，一時的な上昇
期や停滞期を禁ずることはないが，全体としては悪化の傾
向を辿る。

　このように用語や概念を詳細に見ていくと，進歩と前進
という語をライプニッツがどのように用いているかがわか
る。とくに，世界が，全体で見れば，同量の完全性を保存
する場合や，世界が悪い方へと向かってしまう場合に，ラ
イプニッツが進歩について述べるときに[7]。進歩とは，統
一的で秩序だったプロセスという一般的かつ根本的な意味
を持ち，実のところ，その一種や特別なケースとして，停
滞や後退，進歩（二番目の意味で）がある。われわれが本
章で取り組もうとしている問題は，このプロセスがどの方
向へ行くのかを知ることである。世界はだんだん良くなっ
ていくのか，悪くなっていくのか。あるいは全体の完全性
は時間が流れても同じままなのか。ライプニッツは結局，
これら三つの仮説のうちどれかひとつに決めなかったと言
う。とはいえ，可能な限り最善の世界を神が創造したとい
う説とは相容れ難く，最悪への前進は退けるが，これから
見るように，彼のテクストはどちらかと言うと普遍的な進
歩という考えへ傾きがちであるように見えても，この進歩
の性質については問題が残る。そこから三つの疑問が生じ
るのだから：

1.　進歩があるというなら，何が進歩するのか？　宇宙

---

　6)　ここでも語源に遡ることが有益である。ラテン語 gradus（一
歩，歩み，段階）は同じ動詞 gradior に由来する。

　7)　本書 206 頁で訳した『無限の進歩について』（*De Progressu
in infinitum*, Grua 94）の冒頭全体を参照。

全体かもしれない——必ずしもすべての部分が進歩するわけではないとしても——。もしくは，宇宙の中の特定の部分だけかもしれない。他の部分はそれに比例して完全性を失うことになり，（内部で相殺し合い）世界全体の完全性は変わらないままかもしれないとしても。あるいは，他の部分は停滞し，（例えば精神のような特定のカテゴリーの実体が完全化することによって）宇宙は相対的に伸展するかもしれないとしても。

2. どのようなタイプの進歩が問題なのか？　さまざまな様態，多彩なリズムの進歩が生じうる。連続した直線の形態もありうるし，増加，衰退，安定といった，多かれ少なかれ長短や強弱のある局面を経る，不連続な形態もありうる。これらの局面の交代や，世界が進展する中で達する最大（maxima）の点と最小（minima）の点とあいだの関係に応じ，複数の進歩のモデルが考えられる。同じ出来事や同じ個体をただそのまま定期的に繰り返さない，という条件であれば，周期的に回帰するような形態，つまり循環型もまた考えられる[8]。

3. どれだけの時間，進歩は続くのか？　完全化は無限に進むのか。あるいは，宇宙とそれを構成している諸存在が成熟しきったら，完全化は限界を迎えるのか。俎上にあがっているのは，措定されている時間における世界の終わりと始まりの問題である。それはまた，上で予想された異なる進歩のモデルを組み合わせる可能性を探ることでもある。じっさい，それらが世界の全体的な進展の中で（異なる瞬間に）

---

8)　ライプニッツにおける永劫回帰については，第3章「永劫回帰に反して——1694–1696年以前における世界の進歩と精神の幸福」。

4.1. 進歩の意味 203

共存すると考えることを禁じるものは何もない。展開の上昇局面の後，宇宙が取りうる完全性をすっかり得てしまうと，停滞局面が続きうるかもしれない。そこでの変化はもはや，最善への動きではなく，最善における一ヴァリエーション（ある完全性が，性質は異なるとはいえ，同じ程度の別の完全性へ移ることによって[9]）でしかないだろう。

　宇宙の進歩に関するこのような問題は，明らかに，可能的な最善世界の問題と無関係ではない。二つの問題は，（現実存在している宇宙の本性に関わるがゆえに）結びついてはいるが，混同されてはならない。一方の場合の問題は，世界とそれを構成している事物を，（前後とつながるある瞬間やある状態の）固有の進展において考察すること，つまり，最も完全なもの（perfectius, perfectissimum）を増大する展開の中に，しかもさまざまなリズムに応じて刻み込むことである。もう一方の場合の問題は，世界を無限に広がる全体とみなし，他の可能世界と比較することである。この他の可能世界に対し，世界はより完全，可能な限り完全と判断されるだろう。ここでは最完全は，時間の観点や生成を通じてではなく，可能な事物からなる無限の諸系列を比較して評価される。実を言えば，最善の意味は〔二つの問題において〕同じではない。その点からすれば，二つの問題は無関係である。実のところ，最善世界説は万物の進歩説を含意してはおらず，万物の進歩は——たとえそれが確立されたとしても——最善世界の現実存在を証明しないだろう。つねに最も完全なものがあり，事物ひとつひとつから最も完全なものが生じうる[10]という主張は，可

---

9)　Th §202.
10)　A VI, 4-B, 1428–1429.

能な最善ではないような世界にも妥当するだろう。事実，
『弁神論』第416節で言及される諸世界のピラミッドの中
に，われわれの（最善）世界より完全性が劣っていよう
と，進歩することを認める宇宙が存在することは排除され
ない。

　ライプニッツにとって，可能な最善世界というテーゼ
は，進歩の観念とも，進歩はないという観念とも両立す
る。ゆえにこのテーゼだけだと，二つの仮説のどちらが
良いか，アプリオリに理性のみでは決められないようであ
る。だからといって，このテーゼの意味が，進歩があろう
となかろうと，場合によっては挙げられたどの進歩のモデ
ルでも同じになるわけではない。例えば，実体がみな同じ
リズムでは進まない（さらに，いくつかの実体は完全性に
おいて停滞し減少しさえする）ような諸々の後退局面で構
成される進歩を認めるとすれば，最善世界は，その各状態
や各部分が可能な限り最善であるような世界ではないだろ
う。反対に，事物全般が連続的に進歩するモデルこそが求
められているなら，最善世界は逆に，つねに，そして絶え
間なく，より完全な状態（世界の各瞬間が必ず前より良い
ような）へ向かうだろう。あるいは，進歩がない場合に
は，つまり全体では同じ完全性がつねに保たれる場合に
は（とは言っても完全性が部分で変わることは考慮に入れ
る），世界の状態や瞬間ひとつひとつにおいて，他と比較
せず絶対的に，世界は最善と考えねばならないだろう。

　ライプニッツが進歩をどう捉えているか，調べるため依
拠するのは，被造物と世界の進展が取りうるさまざまな形
態についての研究である。それらの形態は，ガストン・グ
リュアが『無限の進歩について』，『世界の完全性は増大す
るのか』という題で刊行したラテン語の二つの小論で説明

される[11]。その形態からどんな解釈ができるのか，どんな完全性の概念をその形態は含意しているのか，まずは進歩せず進展する場合，ついで普遍的に完全化する場合で見てみよう。すると見えてくるのは，可能的な最善世界のテーゼがどんな形（静止，宇宙の完全性の増加，衰退期の有無）の場合にも妥当するとしても，最善律によって，世界の絶えざる進歩を取る立場が有利になり，世界が取るべき個々の形態を積極的に決定するところまでは行かなくても（その形態は最も適合的であるはずだから），少なくともいくつかの進展のモデルを退けることができるように思える。だからと言ってそのことは，それらのモデルに対して，場合によっては，諸実体のある部分やある特定のカテゴリーについて，局所的な妥当性や有効性を認めることを妨げるわけではない。

4.2.　進歩のさまざまなモデル

『無限の進歩について』，『世界の完全性は増大するのか[12]』と題された 1694–95 年付の二つのテクストは，可能な進歩の形態の類型論として，知られる限りもっとも良くできた申し分ない試論である。この点で，これらのテクストはライプニッツ作品の中でまったく独自の位置——唯一とはいかないが——を占める。グリュアの説では，これらのテクストの起草は，1694 年にフランシスクス・メルクリウス・ファン・ヘルモントを読んだこと，さらに 1696

---

11)　Grua 94–95.

12)　セールはこの二つの小論の訳と解説を以下で示した。*Le système de Leibniz et ses modèles mathématiques*, PUF, 1968, p. 233–254. 次の注釈も参照。Jon Elster, *Leibniz et la formation de l'esprit capitaliste*, Aubier Montaigne, 1975, p. 234–238.

206   第Ⅱ部／第4章　世界は進歩するのか？

年に彼と直接に交わした談論に結びついているという。こ
のような事情でライプニッツは，（じっさい，少なくとも
1679年には関心のあった）宇宙の進歩の問題へ再び興味
をかきたてられ，（自身のため，もしくは対談相手に応え
るための）文書として，世界の可能な進展のモデルの一覧
表作成に至ったのかもしれない。だがこうした事情が，こ
のテーマについて哲学者〔ライプニッツ〕の思惟を根本的
に転換させる契機になったわけではない[13]。

　この二つのテクストは複雑かつ非常に専門的なため，全
文を引用するのが適切である。以下がその訳出である。

　　［Grua 94］無限への進歩について
　すべての事物が上る間（inter）に再び下り，直線的な
進行（progrediantur）をしないとすれば，無限の進歩
をどう定義するかが問題である。上昇や下降はあるの
か，どちらもないのか。われわれから見てある事物が
上るとしても，別の人からはその事物は長い期間のの
ち再び下り，時々また上がるに過ぎない。なので真の
上昇があるのは，事物がもはやそれより下降しない点
に達することが目下可能であり，かつ任意の長さの一
定期間ののち，今度は事物がもはやそれより下降しな
い，〔最初の点〕より高い点にまた達した時だと私は
言おう。［Grua 95］こうして無限に至る。逆に，下降
の場合も同じことである。しかし，ここはもう通らな
い，とこれからもずっと言える点が無いとすれば，上
昇も下降もない循環となるだろう。

　　［Grua 95］世界の完全性は増えるか

────────────
　13）　ある注釈者たちがそう信じたのは間違いである。この点に
ついては，前章を参照。

4.2. 進歩のさまざまなモデル　　　207

問われるのは、世界全体の完全性は増えるのか減るの
か、あるいはつねに同量を十全に保つのか——どちら
かといえば私はそう考える——である。同量と言って
も、世界のさまざまな部分が完全性をお互いにさまざ
まな仕方で交換し、ある部分から別の部分へ移すのだ
が。世界の完全性が同じままなら、いくつかの実体の
完全性は、他の実体の完全性がいつまでも減り続ける
ときだけ、ずっと増え続けることができる。ある実体
の完全性は、増える、あるいは増え続ける、もしくは
増えてからまた減る。にもかかわらず減少より増加が
勝ると認められる。ある実体の完全性が、真っ直ぐに
せよ、あるいは下降期を経る（interpositis regressibus）
にせよ、無限に発展するなら、以後決してそれより実
体が下降しない、完全性が最大（maximus）となる値
を定めうることが必要である。そしてしばらくした
ら、当初の値より大きな別の値を定めうることが必要
である。だがそのために、つねに最高（summum）の
値まで上昇が達する（promoveatur）必要があるわけで
はない。その場合に必要なのは、ある一定の間（intra）、
上昇が最低値（infimum）に絶えず達しても、特定の
限界に行き着くか、最終的に上昇の最高値に達するこ
とである。するとこの場合には実体の完全性は同じ値
をずっと保つ。最低値が最終的に到達されるのをやめ
るか、あるいは少なくとも実体がそれより上昇しなく
なる極限があり、しかし上昇の最高値がいつも到達さ
れるならば、完全性の進歩は無限へ至る。だが下降の
最低値に一向に限界がなく、それ以上に上昇がなけれ
ば、進歩は完成してしまう（perfectus）。
しかし実体が、ある値以下に無限に下降し、ある値以

上に[14]上昇もすると、下降より上昇が大きく、上昇しているように見えるだろう。

それとも過去のあらゆることが魂に作用するのだから、徳によって（vertute）世界は必ず成長するとでも言えるのか。じっさいに他所で示したように、判明だったことをわれわれが思い出せないとしても、魂は完全に忘却したわけではない。とはいえ、そこで表象されるものはみな、それまでのあらゆる作用が入り混じった諸部分から構成される（consistit）。そうすると魂はつねに、よりはっきりした（expressiores）思惟へと間をおきつつも向かうことになるのだろうか？　増大する可能性のない完全性が存在するということにはなりえないとしたら、宇宙の完全性はいつも増大することになる。こうしてじっさいには、宇宙はそれが増大しなかった場合より完全になる。至福[15]とはある最高段階ではなく、絶えず喜びが増えることだ（gaudiorum）。至高の存在者の完全性は増えない、なぜなら彼は時間と変化の枠外にあり、現在のことも未来のことも等しく（aeque）包摂しているのだから。

　最初のテクストでは、「進歩の一般規則」と呼ばれうるものが、直線的でない、つまりさまざまな振れ幅や期間をもつ後退期で区切られた進展をする場合、どうなるか述べられる。ここで進歩の概念は、全体が上昇し下降する動きにも、トータルとしては停滞する動きにも合致しうる、そういう規則正しいプロセスという根本的かつ一般的な意味で理解されている。ライプニッツは果てしない無限の前進の条件を検討する。一方で、そこでは時間上の終わりとい

14）　私〔ラトー〕は infra でなく supra と取る。
15）　ライプニッツは最初「快（Voluptas）」と書いていた。

4.2.　進歩のさまざまなモデル　　209

う考えはなくなる（そこには何らかの恣意や奇跡的なもの
がありうるであろう。世界の状態が自然に順次連なるとい
う秩序がいつまでも続くことを妨げるものは何もないし，
各状態は後続する状態の理由を内包するのだから[16]）。他
方で，（上昇中に）もはやそれ以上に上ることができなく
なる，もしくは（減少の場合）もはやそれ以下に下ること
ができなくなる完全性の値という考えもなくなる。事物ひ
とつにしても，さまざまに変化する（代わる代わる上昇，
下降，停滞することがある）が，それでも，その全体の進
展を測定しうること，それを計測すること，それに対して
数学的表現を与えることが必要である。後退局面の進歩に
ついての一般規則は，幾何学的な曲線をつくる最小や最大
を考えることから出発して確立される。以下の三つの場合
が生じる。

　1.　次のような極限値がある場合，上昇がある。その極
　　　限値より曲線はもはや下降せず，一定期間後，（そ
　　　の点より上の）新しい極限値が現われる。新しい値
　　　より曲線はもはや下降せず，そうして無限に進む。
　　　この二つの最小のあいだの隔たりは――好きな長さ
　　　にできるが――，停滞局面に相当する（曲線は最初
　　　の最小の高さにとどまる），もしくは場合によって
　　　は下降を伴う上昇局面に相当する。ただし，この場
　　　合の下降は最初の最小以下には進み得ないようなも
　　　のである。（図1）
　2.　逆に，次のような極限値がある場合，減少がある。
　　　それより曲線はもはや上昇せず，一定期間後，（そ

　16）　問題になるのは，やはり同じ理由で時間上の始まりという
観念である。というのは，つねに世界の一連の状態が衰えるのを妨げ
るものは，絶対的な最初の状態に突き当たる以外に何もないからであ
る。

れより下の）新しい極限値が現われる。新しい値より曲線はもはや上昇せず、そうして無限に進む。この二つの最大のあいだの隔たりは——好きな長さにできるが——、停滞局面に相当する（最初の最大の高さ）もしくは場合によっては上昇を伴う下降局面に相当する。ただし、この場合の上昇は最初の最大以上には進み得ないようなものである。（図2）

3. 最後に、停滞と循環的変遷（同じ状態への回帰）がある。それは増加も減少もない。これは、ある瞬間に曲線がもはやそれより下降しない最小の極限値や、もはやそれより上昇しない最大の極限値を措定することができない場合である。（図3）

図1　　　　図2　　　　図3

　無限への進行はこの三つの特有の形態をとり、数学では、実数として変化する関数の極限から定義される。それはまた閾値という基本的な概念（現代経済学と同じく統計学での）にも依拠している。曲線がある安定期をある所与の瞬間に不可逆的な仕方で突破し、曲線がその後より高い安定期へと超えていくことになれば進歩があり、曲線が逆にその後より低い安定期へと置かれることになれば後退がある。この概念は停滞を定義するのにも役立つが、そこでの停滞の特性は、安定期がない、つまり当該プロセスで限界となる値を見つけることができないものとなる。ライプニッツは、後退局面でも完全性を少しずつ獲得する存在が上昇する歩みを示すため、あるイメージを使う。彼が考え

4.2. 進歩のさまざまなモデル

ているのは次のような人たちのことである。

> [⋯] 彼らは高い山を登ろうとしている。その山は緑
> 茂るものの，ところどころに避難小屋や階段のある城
> 壁のように険しく，彼らはよじ登って小屋や胸壁に近
> づいたかと思うと，次にもっと下まで幾度となく急に
> 降ろされてしまうので，再び困難な登りを強いられ
> る。それでも彼らは少しずつ，ある階段から次の階段
> へ至っている。そして時に，よりよく跳ぶために後ず
> さりする。[17]

　ここでの階段，小屋や胸壁とは，上昇中に続々と現われ
る節目のことである。それらは閾値となり，人々が山に登
る支えとなり，以後そこより低いところへはもう降りられ
ない――つまり一たび完全性が決定的に得られたならば。
　だがこれらの上昇，下降，安定という進行の一般的な図
式は，なお不完全で，より洗練される必要がある。それに
は二つの理由がある。ひとつはここまで，上昇は（最大で
なく）最小の動きを，減少は（最小でなく）最大の動きを
観察することでしか測られなかったためである。もうひと
つは，これら進歩のモデルはさらなる下位分類ができるた
めである。それは，ここで，各場合に最小と最大のそれぞ
れの進展をつなげて考える場合のことである。
　ライプニッツはじっさい，『世界の完全性は増大するの
か』で上昇のもうひとつのモデルを考えている。ここで依
拠する完全性の最大値は，実体がそこに届いてからは，も
はやそれより減少しないものである。その値は，ある期間
を経てさらに高い値によって超えられ，そうして無限に至

---

　17)　ゾフィー・シャルロッテ宛1704年5月8日付（GP III,
346）〔KII, 1, 362〕。

る。ゆえに上昇は，最小がつくる曲線が上がる時（『無限への進歩』が示したように）だけでなく，後退期があっても，最大がつくる曲線が増加していく時にも現われるだろう。なので図4は図1と対になる。ライプニッツは対応する後退のモデルを示していないが演繹するのは容易である。そのモデルは，実体が到達したらもはや上昇しない完全性が最小となる値を考えることに基づく。その値は，ある期間を経てさらに低い値が取って代わり，そうして無限に至る。ゆえに後退は，最大の曲線が下がり続ける時（『無限への進歩』が示したように）だけでなく，場合によって上昇期があっても，最小の曲線が減少する時にも現われるだろう。図5はこうして図2を補完する。

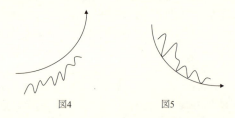

図4　　　　　　　　図5

ここまでは，最大の曲線であれ最小の曲線であれ，進歩のパラメーターはその都度にひとつしか考慮されなかった。続くテクスト[18]では二つの曲線を関係づけて，モデルを複合的に捉え，可能なあらゆる進行の図式を網羅的に調べることを目指している。あるいはより正確に言うと，後退は世界の進展に相応しくないモデルとして暗に退けられるので，可能なあらゆる停滞と上昇のモデルが問題となる。後退に分類されるものは，いずれにせよ，それらがそ

---

18)　「だがそのために，つねに最高の値まで上昇が達する必要があるわけではない」以降〔本書207頁17-19行目〕（Grua 95）。

の対称形態であるところの、対応する上昇のモデルから簡単に演繹される。ある実体の変化する完全性を記述する、関数 f (x) の最小と最大のそれぞれの動きに従い、ライプニッツのテクストが示すのは、三つの新しい停滞もしくは循環のモデル（そのうちひとつは別の形態がありうる）と、三つの新しい上昇する進歩のモデル（そのうちひとつもまた別の形態がありうる）である。

　最大の曲線が安定する（なので直線と混同される）なら、三つの可能性が出てくる。

1. ある一定期間、最小の曲線は減少するか増大するかする。それから安定し、特定の極限値に突き当たり、同じ高さに無́限́に́ (in infinitum) とどまる。（図6a、6b）
2. 最小の曲線は増大し、最大の直線に突き当たって終わり、最小と最大が一致する。（曲線は「ついに上昇の最高段階に至る」。図7参照。）
3. 最小の曲線は減少し、決して極限値に突き当らない。（「下降の最低値にはいかなる限界もなく、［…］それより上昇しない。」図8参照。）

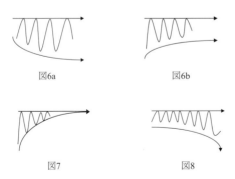

図6a　　　　　　　　図6b

図7　　　　　　　　図8

これら三つの場合，実体は全体として同量の完全性を保つが，それは必ずしも局所的，つまり進展する各瞬間においてのことではない。

今度は最大の曲線が増大する場合，三つの可能性がある。

1. 最小の曲線は，最大の曲線と正確に並行して増大し続ける。(図9)
2. 最小の曲線は，場合によって上昇か下降の局面を経て，極限値に突き当たり，それを超えてはもはや上昇も下降もせずに同じ高さにずっととどまる。(図10aと図10b)
3. 最小の曲線は無限に下降するが，(同じく無限に向かう) 最大の曲線のそれより小さい幅で下降する。そのため全体では，実体は「下降以上に上昇する」。(図11)

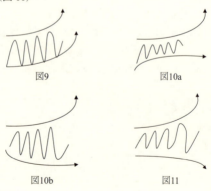

図9　　　　　図10a

図10b　　　　図11

これら三つの場合で，実体の完全性は全体で増えるが，必ずしも局所的，つまり進歩の各瞬間に増えているわけではない。これらの上昇のモデルに対応する下降のモデルは簡単に作れることに気づくだろう。下降する最大の曲線

と，それに対する下降する最小の曲線，下降してから静止する最小の曲線，上がってから静止する最小の曲線を考えればいい。最後の減少のモデルは結局，最小の曲線が，最大の曲線のそれより大きい幅で無限に下降するものとなる。なので全体で実体は上昇以上に下降する。

　本当にすべてを揃えるためにはさらに，線，円，螺旋そして楕円から導かれる進歩のモデルに言及しなくてはならない。それらはライプニッツが他テクストで示しているが[19]，ここではそこまではしない。それらは，すでに一覧にした形態に対し，じっさいに代わりとなる形態とはならず，むしろそれらの形態の幾何学的な実例を示すと思われるからである。それら実例は，ある人たちにとって永劫回帰を考える中で作りあげられたものであり，周期的な循環を，必ずしも世界が同じ状態を正確に繰り返す（円）わけではなく，前進と両立する（螺旋）ものと考えるためのものである。そこで，続く部分では，上で訳した二作品の読解から引き出される進歩のモデルをどう解釈するか，論じよう。

4.3.　停滞モデルの解釈と量的完全性

　『世界の完全性は増大するのか』の中で，進歩のモデルはひとつの実体の考察に基づいて構築される[20]。つまり，

---

　19)　とくにゾフィー宛 1694 年 9 月 3 / 13 日付（A II, 2, 848–849; LH IV, 5, 9, folio 7 verso, Fichant 編訳，p. 58）；ブルゲ宛 1715 年 8 月 5 日付（GP III, 582）。

　20)　レモン宛 1715 年 2 月 11 日付（GP III, 635）：「さて，幾何学の線では，いくつか他と識別される点があり，それらは頂点，変曲点，転換点などと呼ばれる。そして無限にそれらの点を持つ線がある。これと同様に，動物や人間の生においても異常な変化が起きるが，それでもそれらの変化はあくまでも一般規則の枠内にあることを認識せ

216   第Ⅱ部／第4章　世界は進歩するのか？

そうした進歩のモデルはまずは特定の事物に適用される。
これら特定の事物の完全性は，世界の中で大変良く増える
か，減るか，同じままかである。他方，世界は全体として
は固有の進展を辿りうるだろう。つまり，増大するか，後
退するか，あるいは変わらないかである。この最後の仮説
（停滞）を，ライプニッツはテクストのはじめで気に入っ
ているようで，これが可能な種々の前進を考える枠組みを
なしているようである。全体では同量の完全性を保つ世界
では，上昇と下降は局所的にしか，つまり部分に関してし
か[21]意味をもたず，問題となるのはそれら部分が取りうる
すべての形態を決めることである。

　だがそれは，世界それ自体のレヴェルで，全体の進展を
表すのにこれらの形態が適さないことを意味するわけでは
ない。むしろ，部分の進歩と宇宙全体の進歩という，二つ
の問題を混同すべきでないということを意味する。という
のも，全体に妥当することは必ずしも部分に妥当するわけ
ではなく，逆もまた然りだからである。世界が前進する際
に取るモデルは，その世界を構成するそれぞれ個別的に取
られた被造物のモデルとは異なりうる。宇宙の完全化が大
きくなるためには，ある種の実体の一時的な停滞，さらに
は一時的な後退，それどころか恒常的な後退もなるほど必
要だろう。だが，全体としては完全性が保たれることが，
部分において完全性が変わることを妨げるわけではないだ
ろう。その変化で想定されているのは，ゼロサムゲーム
（全体では利益も損失もない）においてある実体から別の

──────────
ねばならない。曲線での他と識別される点が曲線の一般的な性質や方
程式で決定しうるのと同じことである」。
　　21）　じっさい，ライプニッツはここで世界が上昇局面と後退局
面を次々とくり返す仮説を考慮していないようである。その繰り返し
では，完全性はなお留まり，無限に続く時間の中，全体では安定する
とされる。この点については本文下記を参照。

4.3. 停滞モデルの解釈と量的完全性 217

実体へ完全性を移す埋め合わせのシステムである。ある実体が成長できるのは，反面で他の実体がその代わりに衰退する時だけである。さらに，異なる被造物によって同時に従われるモデルや，もしくは同一の被造物によって，ただしその展開の継起的な段階において従われるモデルがいくつも同じ宇宙に共存する，と考えることを禁じる理由もない。

計算すれば，前進の可能な段階をすべて並べ立てられるだろう。だがそれは，そのうちどれが，真でなくとも，ともかく最も蓋然的か選ぶ役には立たない。裁決を下すには，数学とは無関係の議論，自然学，形而上学，心理学から導かれる議論が必要だろう。少なくとも，どちらに天秤が傾くか示すには。それをより詳細に見る前に，問題となる二つの大きなモデル——停滞と増加のモデル——が，どのような完全性の概念に依拠しているのか，そして，可能な最善世界というテーゼがそれぞれの場合にどのような意味を持つのかを検討するのが良い。三つのレヴェルがここで区別されるべきである。i）ある個別の実体の進歩（部分の視点）。ii）世界の状態のうちひとつと，前か後の状態とを比較して考えられる，異なる瞬間での世界の進歩（世界の生成における全体という視点）。iii）最後に，「現実存在する全事物の全経過と全集合」と定義され，すべての時間とすべての場所を含む宇宙の完全性[22]（神がその世界を，現実存在するより前に概念し，無数の他の可能な宇宙と比べるように，絶対的な仕方で考察された全体という視点）。

停滞モデルから始めよう。そこでは世界の完全性の量は全体では同じままである。部分から見ると，この進展の形態は，ある個別の実体での完全性の増加はみな，他

---

22) Th §8.

218　　　第Ⅱ部／第4章　世界は進歩するのか？

のひとつ，もしくはいくつかの実体（完全性の減退は複数
の実体間で大変うまく分配されうるのだから）を犠牲にす
ることによってしか生じないことを前提している。言い
かえれば，実体Aの曲線が達した最大値は，対応する最
小値，実体Bの曲線にある（絶対値で）同じ高さの最小
値，実体C，Dなどの曲線でわずかな高さにある最小値で
きっちり埋め合わせねばならない。ゆえにこれらの最小値
はみな，実体Aが達した最大値に（絶対値で）等しくな
る。どのように，どんな規則で，世界の部分間で完全性を
釣り合わせる恒常的な再分配は行なわれるのか？　『形而
上学叙説』の第15節に基づいて答えれば，完全性を得た
り失ったりするのは，実体が作用を及ぼすか，作用を受け
るかによるという。言い換えると，実体がいくつかの現象
を，より良く，より判明に表出するか，逆により悪く，よ
り錯雑とした仕方で表出するかによる。したがって，実体
がそれらの現象を自分のものとすることができるか，でき
ないかによる。実体があらゆる外部の影響から独立してい
る（神の影響は別として）形而上学では，能動と受動が意
味するのは，内部の質が違うことだけ，つまり，表出の度
合いが異なっていることでしかない。それはライプニッツ
が次のように書いている。

　　それゆえ，こうして，実体は相互に妨げあい，制限し
　あうと考えられるし，したがってこの意味で実体は相
　互に作用しあうので，言わば互いに適応せざるを得な
　い，と言える。じっさい，一方の表出を増大させる変
　化が他方の表出を減少させたりする。[23]

───────────────
　　23）　DM §15, A VI, 4-B, 1553–1554〔橋本由美子監訳，2013，平
凡社，p. 42–43〕。

4.3. 停滞モデルの解釈と量的完全性　　219

　こうして二つの事物について言えるのは，一方が他方に
作用しているのだから，一方によって他方の変化が説明さ
れ，さらに一方をよく考察すれば他方の状態を説明するこ
とができる，ということである。とはいえ厳密な意味で
は，その状態はいつでもその事物に固有の本性からの帰結
なのだが。ある実体が「作用を及ぼす」というのは，その
実体を何らかの形態で基準点として他のすべての事物が調
整されるときであり，「作用を受ける」とは逆に，その実
体が他に合わせるときである。
　それでも難題は出てくる。このように，他を動かす物理
的な作用のない因果関係で定義して十分に説明できるの
は，いわば密接した関係にある，つまり同じ現象によって
直接的に関係づけられている，二つの実体の各状態であ
る。一方はより完全な表出に移行し，その力能を行使する
が，そのとき他方はより完全性の低い値へ移行し，「その
無力をあらわにする」[24]（ある人が別の人をそれで打ちのめ
す状況のように）。双方の実体が共通して関与することを
含意する現象（作用者と受動者の関係）の場合，一方の実
体から他方の実体へ完全性が移ることは簡単に理解され
る。一方の実体が得るものを他方の実体が失うのである。
しかし，ここで見た例から外れるものはどうか？ 『世界
の完全性は増大するのか』が示唆しているように，いくつ
かの実体の完全性は，他の実体〔の完全性〕がそれと釣り
合って減少しないと増え続けることができないならば，選
ばれた者の至福は，断罪された者が今なお，さらにこれか
らも苦しむ場合にしか，前進することができないように見
える。だが，ある人々の幸福と他の人々の不幸が結びつく
など理解しがたい。もしそうだとすると，普遍的調和への
認識と神の愛において前進することが，他の人々におい

---

24)　Ibid. p. 1554.

220   第Ⅱ部／第4章　世界は進歩するのか？

て，つねにますます大きくなる無知ではないとしても，い
ずれにしても繰り返される苦痛と増え続ける神への憎しみ
を惹き起こしうることになる[25]。そこで，福者が進歩して
も，断罪された者の悲惨が必ずしも進むわけではない，と
答えよう。その際，完全性が失われた（全体の安定を保つ
ために必要とされた）ぶんは，『事物の根源的起源につい
て[26]』が言う「事物の深淵」に包まれている，理性を奪わ
れて無数に存在する他の被造物が引き受ける。これがフェ
ミスターの解釈である[27]。これら無数の被造物は，展開す
ることは決してなく，精神が前進し続けるのに必要な完全
性の量を取り出すために後退さえするという。この仮説
は，理性的被造物すべての救済を考察することを可能にす
るので，オリゲネス主義には有益だが，われわれの問題は
一向に解決されない。というのは，他のカテゴリーの実体
内で，理性的被造物の進歩に対応する衰退がどう生じるの
か，なおわからないままだからである。

　解決には，完全性の分配が普遍的調和に属しているとみ
なし，被造物のそれぞれの状態の因果関係と変化を分けて
考えるしかない。ここでは普遍的調和は，完全性の総量を
つねに一定に保つことを保証する，全体の埋め合わせシス
テムとして理解される。神が選んだ世界では，いくつかの
実体の完全化は，他の実体の後退によって許されるが，こ
の後退の理由（もしくは原因）がこの完全化であるわけで
はない。というのは悔い改めない罪びとが断罪されるの
は，選ばれた者が救われるから，あるいは選ばれた者が救

───────────

　25)　この憎しみの「進歩」と断罪については，とくに以下を参
照。『哲学者の告白』，Belaval, p. 85.

　26)　GP VII, 308.

　27)　以下のフェミスターの論文を参照。*Progress and Perfection
of World and Individual in Leibniz's Philosophy, 1694–1697*, in: *Einheit in
der Vielheit*, VIII. Internationaler Leibniz-Kongress, 2006, II, p. 812.

4.3.　停滞モデルの解釈と量的完全性　　221

われるようにするためではないからである。一方は，自ら
の過ちによって，その悪意ゆえに断罪されるのであり，他
方は，自らの徳によって，その善意と彼が受けた恩寵ゆえ
に救済されるのである。各実体は自らの展開の法則に従う
ので，神は，一方で完全性が減っただけ，他方で完全性を
増やす。この移動は，恣意的でどんな規則にも従わないと
言うことはできないが（この移動は秩序，自然と恩寵の
法則，とくにここでは正義の法に属している），だからと
言って一方が他方に対して厳密な意味で作用すると言うこ
ともできない。埋め合わせは全体のレヴェルで行なわれる
ので，どの項からどの項へ，どの実体からどの実体へ，完
全性が交換されたか（誰が利を得て，誰が損失を被るか）
を特定しようとする試みはみな，上述したような作用者と
受動者の関係の場合を除けば，無駄ではないにせよ難しく
なる。というのは，完全性は（実在性もしくは本質の）均
質な，それ自体では無差別で，実体の本性や質を問わず，
ある実体から他の実体へと移れる，そういう量として現れ
るからである。

　このように完全性を純粋に量的に捉えれば，完全性は希
少な財産，いわばそれを巡り被造物同士が争う限られた資
源となる。なぜなら被造物たちは失うものなしに共同でそ
れを享受することもそれを分け合うこともできないのだ
から[28]。一方の豊かさ（完全性の獲得）は，他方の貧しさ
（かつて持っていたもの，いずれ持つことができたはずの
ものの喪失）となる。この相互妨害はこの場合，一方の実
体に生じることが他のすべての実体に起こることの影響を

　28）　ライプニッツのこの考えは，経済学の重商主義の流れに位
置付けられるだろう。ライプニッツの思惟の中にある，「重商主義的
あるいは静的」アプローチと「資本主義的かつ動的」アプローチの
間の緊張については，Jon Elster, op. cit., p. 15, p. 26–27, p. 46–49, p.
239–240.

被る(逆も然り)ようにする,そういう諸実体の状態の適応や調整だけを意味するのではない。すべての実体が同時に所有することのできない固定量の完全性を配分することに起因する,一方の実体による他方の実体の制限をも意味する。

しかし全体のレヴェルでは,ライプニッツが,世界の状態が順に増大しては減少するという交代の仮説を検証していないことを注記せねばならない。この仮説では,全体の進展は停滞しており,結局は完全性の獲得も喪失もないという結論に至ることができるだろう(図12)[29]。実際には,ライプニッツは,完全性が各瞬間に同じである,つまりある状態から別の状態になっても量は一定である,そういう宇宙の場合しか取り上げていない(図13)[30]。

　　　図12　　　　　　　　　図13

なぜか? おそらく前進と後退の局面をただくり返しても,何の目標にも向かわないからである。そのくり返しは無限に進もうと何の進歩も生まず,ゆえに不毛だろう。ここでは,よりよく跳ぶため後ずさるのではなく,かつて出発したのと同一の点にまた戻るため後退することになるだろう。このように同じものが周期的に回帰することは許容されない。というのは,ライプニッツが1689–1690年に

---

29) 確かに,図6aと6bは,ひとたび最低点の曲線が安定すれば,図12に等しくなる。だが,6aと6bは,世界のではなく,ある個別の実体の可能な変遷を描いている。

30) 最小の曲線と最大の曲線がひとたび接合すると,図7(とはいえ,この図はある個別の実体にとって有効だ)は図13と混同されることに注意しておこう。

4.3. 停滞モデルの解釈と量的完全性　　223

すでに書いていたように，この場合，「目的因がなくなっ
てしまうだろう」し，神の創造の働きにいかなる目的もな
くなってしまうからである[31]。充足理由律はこの仮説を退
けるが，世界で各瞬間に同量の完全性が保たれるという仮
説を退けるわけではない。とはいえ，その分配は個別の実
体間で差があり，変化するが。じっさい，この場合には，
普遍的な停滞に道理があることになろう。世界の最初の瞬
間からすぐに（世界がひとつだとして），直接かつ一挙に
全体のレヴェルで最善に至ったことになるのだから。なの
で，持ちうる完全性をみな最初から持っている宇宙では，
ある状態から別の状態へのどんな進歩も期待されない。で
は，増加も減少もないこの進展の究極原因は何か？　完全
性がつねに一定であるような世界を創造する神の意志に
は，どんな目的がありうるのか？

　『弁神論』第 202 節で示されるひとつの答えでは，完全
性の程度ではなく完全性そのものの本性が前進するとさ
れる。神学者フランソワ・ディロワの主張──彼にとって
は，変化はみな，より良くないものから最善への，もしく
は最善からより良くないものへの進行を前提する[32]──と
逆に，進歩や衰退がなくても変化はある。これまで見たよ
うな部分の変化（完全性の総量が全体では同じままという
条件つきだが）だけでなく，さらに全体の変化がある。そ
の変化では，世界のある状態（t^1）から次の状態（t^2）への
移行が，最善から最善，もしくはある種の最善から別種の
最善への移行とされる。例えば音楽の快から絵画の快へと
移るときのように，「快の程度は同じだろう。後者の快が，
彼にとって新しいものであるという快以外にすぐれた点

---

　31)　『世界の完全性は継続的に増大し続けることについて』（*De Mundi perfectione continuo augente*, A VI, 4-B, 1642）。

　32)　François Diroys, *Preuves et prejugez pour la religion catholique contre les fausses religions et l'athéisme*, Paris, 1683, Livre I, p. 31.

224　　第Ⅱ部／第4章　世界は進歩するのか？

があるわけではない」。この場合の図では世界の各状態は
可能な最善となり，先行も後続もみなそうなる。なので，
(調和と，調和を観想することで感じる快との条件のひと
つである) 多様な変化は，最善の変化のひとつでしかな
い。ここでは新しさに関して変化があるのであって，完全
性の量の際に関して変化があるのではない。とはいえ，あ
る状態と別の状態は無差別につながるわけではない。つま
り世界の状態 t1 と t2 はそっくりそのまま交換できるわけ
ではない。一連の宇宙の状態は，それぞれが可能な限り完
全で，規則も理由もなく展開するのでなく，それ自体が最
善なものである叡智的秩序に従う。

4.4.　増加モデルの解釈と質的完全性

さて，世界の完全性が増えながら前進する場合はどう
か？　部分から見ると四つの可能性がある。

1.　進歩がある種の実体（精神）の完全化によってなさ
　　れる一方で，他の実体の方は変わらない。この仮説
　　はライプニッツの 1676 年のテクストで示された。

　　宇宙そのものの完全性は増え続けるのか，同程度のま
　　まなのか，それとも減るのか？　精神の完全性は全体
　　でつねに増えるが，物体の完全性は増えない。という
　　のも，それが増えても無駄だろうからである。これ
　　が，さまざまな力がつねに同じになるアプリオリな真
　　の理由である。つねに同じ力能があっても，われわれ
　　の学知は必ずしも同じではない。[33]

---

33)　『形相に由来する事物の起源』(*De origine rerum ex formis,*

4.4. 増加モデルの解釈と質的完全性　　225

物体，つまり機械的な力の支配下では，完全性の量は同じままである。というのはそこでの進歩は意味も理由もないからである。精神の全体的な完全性がつねに増えるということだけからして，世界は進歩する——そのことは，一部の精神（断罪された者）が，一時的，さらに恒常的に後退するのと相容れないわけではない。そこから，（ともに自然的秩序の安定を前提とする）次の二つの可能性が出てくる。

2.　一部の精神（福者）が完全へと近づけば，他の精神（断罪された者）が後退しようと，進歩はなされる。言うなれば一方の増加率が他方の減少率より高いからである。言い換えると，福者の完全性の進歩は，断罪された者の不完全性のそれより早く，進歩の総残高はプラスになる。沿うべきモデルは図11になる。しかしながら『弁神論』の「論争要約」のある一節を信用するなら，後退し続けようとやがて，断罪された者の完全性がそれより減らなくなる限界に突き当たるはずだ，とライプニッツは考える。たしかに，

福者は，被造物としての分限を守りつつ神の執り成し人を通じて神に近づき，善において進歩する。しかし断罪された者は，たとえ悪魔の本性に限りなく近づいたとしても，悪において進歩できない。神は無限で悪魔は限界づけられている。善は無限に進める一方，悪には限界がある。[34]

1676年4月？，A VI, 3, 521–522）。

　34)　Th「論争要約」（GP VI, 378）.

226   第Ⅱ部／第4章　世界は進歩するのか？

　　　　ここで取るべきモデルはどちらかといえば図10b
　　になるだろう。

3.　福者の進歩と断罪された者の後退は，現実には同じ
　　リズムで進むが，福者は断罪された者を数で凌駕す
　　るため，全体の完全性は増える。この仮説で前提と
　　されているのは，断罪された者の数がたとえ人間の
　　うちで選ばれた者より多くても，幸福な精神（精
　　霊，天使）の数の方が多いので，全体のレヴェルで
　　は，それを埋め合わせ，凌駕しさえする，というこ
　　とである。そのことを『弁神論』第19節と『神の
　　大義』第57–58章が示している。

4.　進歩は全体に及び，例外なく全被造物に関わる。と
　　はいえ，時間に沿い，さまざまなリズムで，多かれ
　　少なかれ長期の後退と停滞を経る。これが『事物の
　　根源的起源』で唱えられた仮説だろう。それによる
　　と，全宇宙——したがって非理性的な被造物も含ま
　　れる——は前へ歩み続け，「つねにより良く育まれ
　　た状態（ad majorem semper cultum）」へ向かい，そ
　　の進歩は決して終わらない。なぜなら，

　　［…］たとえ多くの実体が大きな完全性に到達してい
　　ても，連続するものの分割は無限へ至るのだから，つ
　　ねに事物の深淵にはまだ眠っている部分，呼び起こさ
　　れ，よりすぐれた，より善なる状態へ，一言で言えば
　　より良く育まれた状態へ（ad meliorem cultum）至るべ
　　き部分が残っている。[35]

　　現実の一部は残り続け（そしてずっとそのままだろう），
　　そのまったき成就には至らず，得られる可能性がある完全

————————————
　35）『事物の根源的起源について』（GP VII, 308）。

4.4. 増加モデルの解釈と質的完全性　　227

性をすべては得られないとしても，進歩は続く。ここで沿うべきモデルは図9である。

　完全化は，こうして世界そのもののレヴェルで継起する瞬間の中で考察されるが，それは各瞬間の状態が，単独で可能な限り完全（絶対的に言って。これはライプニッツが取り上げた停滞モデルのケースの場合と同様である）であるとか，必ずしも前の状態より完全（相対的に言って）であり，完全性がつねに後続の状態より劣る（衰退局面がない直線的な発展を除く）とかいうわけではない。それでも上昇には次のことが必要である。

　　a）あるいは，『無限の進歩』の一般規則に従い，世界は一定期間を経て，ある限界値より後退できなくなる。続いてその限界値は，より上の限界値に委ねられるか（図9），図10a，10bのように最低値の曲線が安定しまっすぐになれば，維持されうる。
　　b）あるいは，図11に従い，世界全体では失うより多く完全性を得る。なぜなら増加幅は減少幅より大きいからである。

　停滞する宇宙の仮説では，完全性はどの瞬間でも同じであり，全被造物，すべての時と場所を含む世界全体だけでなく，次々と生じる状態ひとつひとつも，いわゆる最善となるはずだとされた。ただし，一方の状態（例えば後続のもの）が他方（先行するもの）より完全だと断言はできない。もしも逆に世界が全体として進歩するとしたら，事物丸ごとの連なりだけ，つまり世界で次々と生じる状態すべてをひとまとめにしたものだけが正当な意味で最善である。これは，個々に取られたそれぞれの部分や状態が最善であるということを含意するわけではない。ここでは，同じ値をとる異なる形態からではなく，より大きな全体の完

228   第Ⅱ部／第4章　世界は進歩するのか？

全性へ向かう絶え間ない動きから変化が生まれる。各状態は可能な最善ではない。前進し続けるなら（これは確実ではない。なぜならときには「よりよく跳ぶためには後ずさり」せねばならないのだから），各状態はつねに先行状態より良いが，後続状態より良くない。全体が絶対的に完全であるとは，部分が相対的に不完全であるということを排除しない[36)]。この場合に神は，即時かつ全面的に完全となる宇宙を創造しておらず，宇宙に住む被造物たちに，彼らが享受しうる完全性全てをただちには与えていない[37)]。歴史のどの瞬間をとっても，世界は決してそのままでは可能な最善とはならない。なぜなら，世界を構成するどんな事物も自らの展開の最終段階に至らなかったのだから。世界は創造の後，全面的には成就も完成もしなかった。

最善は，最初の仮説では瞬間ごとに存在し，繰り返され，絶えず形態を変えるが，二つ目の仮説ではつねに存在しなければならず，世界が絶えず向かう目的であると同時に，全瞬間のまとめとなる。最善は，（いわば歴史の目的となるだろう）最終段階に到達しなかったのであり，むしろ進歩そのものにあり，世界が展開する無限のプロセスにあり，このプロセスを通じて各実体は成熟に至る。それぞれの特殊な状態が最善ということは，最初の仮説では絶対的にそう言えるのに対し，二つ目の仮説では相対的にそう言える（その状態がまさしく可能な事物の最善の系列の中にあるかぎりで）。だが進歩の有無に関わらず，宇宙はその無限の全体の中では，あるひとつの絶対的な意味で可能な限り完全と考えられるが，だからと言って，ディロワが信じたのとは違って，神のようなものにはならない。

---

36)　Th §212–213.

37)　Th §202：「ゆえに，一挙に最善に至ることが事物の本性として許されていないなら，世界は段々と良くなる」（GP VI, 237）。

4.4. 増加モデルの解釈と質的完全性　　229

どのような原理に従えば，二つのモデル——静止宇宙と段々と増大する宇宙——のうちひとつを選べるのか？　最初のモデルが基づく根本的な議論は，1678 年から定着した証明であり，宇宙には同じ力が保存される（mv^2 で測る）というものである[38]。実はこの自然学の仮説は，もうひとつの形而上学の仮説の帰結である。神の創造した世界には一定量の実在性と存在が含まれ，世界そのものからの，もしくは世界そのものによるさらなる実在性と存在の産出は不可能という。新しい，つまり宇宙に前もって含まれていなかった存在，実在性，完全性を付け加えることはみな，神の介入なしに，創造に匹敵する奇跡なしに生じえない。だが同じく全体進歩の仮説に利する議論もあり，全部で〔以下の〕三つの原則が挙げられる。

1.　形而上学的で目的論的な議論。全事物の進歩（必ずしも個別の事物の瞬間ごとの進歩ではない）は，『変状／情念について』（*De affectibus*, 1679 年）から提示され，存在の真の法則と生成の原動力とされる。この法則に従えば，「より多くの実在性，ないしより完全なもの（perfectius）を含むものがつねに生じ」[39]，「各事物からは，それに続きうる最も完全なものが生じうる」[40]。さらに『世界の完全性は増大するのか』で表明される次の原則を付け加えねばならない。それによると，創造された事物の秩序ではいつも完全性に段階があり，ゆえに増加しうる。なので妨げがなければ，さらにより完全な状態へ移り，無限に至りうる。さて，（すべてを含む）宇宙

---

38)　『物体の衝突について』（*De Corporum concursu*），M. Fichant 編，解説，*La réforme de la dynamique*, Vrin, 1994.

39)　A VI, 4-B, 1428.

40)　Ibid. 1429.

の外には何もないので，連続的進歩は何にも妨げられない[41]。

2. 心理学的な議論。これはそれ自体が二重になっている。a) 精神は決して忘却しないので，同一の存在や出来事の周期的な回帰は不可能である。記憶はそっくりそのまま繰り返さない[42]。b) 幸福の本性は，快が増えたり，新しい快がもたらされたりすることを含む——快そのものが，主体がより高い段階の完全性へ移るしるしと定義される。

3. 神学的で道徳的な議論。神は無限の知性を備え，最も完全なやり方で振る舞い，自身の栄光という目的でその意志を定める。この栄光は，自らの作品が時間をかけて段階的に実現されるのを観想する快でもある。宇宙の部分のうちいくらか（断罪された者や「事物の深淵」のうちに眠るすべての実体）がいつまでも完全化せず，それらの部分が享受しうる進歩が相当に蓄えてあってもそこから利益が引き出されなければ，その作品は未完成であろう[43]。

これまで扱ったテクストでは，ライプニッツがどれかのモデルを支持するとき，進歩がとるべき本当の形態をはっきりさせず，進歩を肯定する意見を述べることがいちばん多かったように思える。では，世界が無限に完全化するという考えと，全体のレヴェルでは同じ力が保たれるという仮説は，どう折り合うのか？　われわれの解決策は，完全性の概念が量的であるだけでなく質的な意味を

41）　ゾフィー宛 1696 年（GP VI, 541, 543）〔KII, 1, 293–297〕。

42）　『世界の完全性は増大するのか』（*An mundus perfectione crescat*, Grua 95）; A VI, 2, 360 ; A VI, 3, 588. 物体との違いについては，『抽象的運動論』（*Theoria motus abstacti*, A VI, 2, 266 (17).）。

43）　A VI, 4-B, 1642.

4.4. 増加モデルの解釈と質的完全性　　231

も担うと捉え直すことだ[44]。それを示唆するヴォルフ宛の
1715 年 5 月 18 日の手紙では, 完全性は「事物の調和」と
定義され,「多様性における一致ないし同一性」とされる。
おかげで事物はみな注目され, 尊重される (observabilitas
universalium et gradum considerabilitatis)。完全性とは, 存
在論的な議論では相反するもの (一／多, 同一／差異) の
関係の, 認識的な議論では知解の程度の話になる。「秩序,
規則性, 調和は結局のところ同じことなのだ」[45]から。

　こうして, 世界が無限に進歩しても, より多くの実在
性, 力能や存在を得るわけではないのがわかる。展開する
ものの萌芽はあらかじめ各被造物のうちに, 世界の最初の
瞬間から含まれ, 本質と力の総量は同じままである。厳密
に量的な観点においては獲得も喪失もない。では, 完全性
が全体で増えると主張するのを可能にするものは何か？
事物の成長, 成熟への移行, 事物が内包し, そして, 事物
にできうるあらゆることの段階的な展開である[46]。宇宙は
より多くの秩序, 美, 知解可能性の方へ進み続けるがゆえ
に, より完全になる。それを認識する精神にはこうして,
より判明な表象 (「より表出する」[47]思惟), つねにより大
きくなる理解力, 絶えず新しくなる至福の驚くべき源泉を
意味する。この観点では, 完全性はまったく失われないど
ころか, 一たび得られた完全性はすべて, 実体が決定的に
得られる[48]。その実体は, 同じ状態や出来事を通して同一
のものとして繰り返されることはないので, 完全性が減少

---

　44)　この問題については本書第 2 章「ライプニッツにおける完
全性, 調和, そして神による選択──いかなる意味で世界は最善なの
か？」を参照。

　45)　ヴォルフ宛 1715 年 5 月 18 日付 (GB 172)。

　46)　ゾフィー宛 1696 年 (GP VII, 543)。

　47)　『世界の完全性は増大するのか』(Grua 95)。

　48)　『ガブリエル・ヴァグナーとの議論』(*Discussion avec
Gabriel Wagner*, 1698 年 3 月 , Grua 394)。本書 81 頁で引用。

232   第Ⅱ部／第4章 世界は進歩するのか？

すつことがあるとしてもそれは見かけ上のことに過ぎない。後退は，未来に新たに展開する前の一時的な退却でしかない。

4.5. 結論

結局のところ，ライプニッツの思惟が進歩のモデルへ向かうように見えるなら——それは1698年にモレルに対してなされた「宇宙はつねに善い方へ進み，後ずさりしても，それはより善い方へ跳ぶためだ」[49]という表明に見て取れる——，『世界の完全性は増大するのか』でなされている，世界が同じ完全性を保つことへの好みは，一度限りの表現としてか，もっぱら量的な観点に妥当するものとして解釈されるべきだろう。というのもこの観点での世界は，自らが最初に受け取った以上の存在や実在性を，自ら自然的に産出しえないのは確かだからである。ゆえに，質的な意味での完全性を考え，停滞モデルを廃棄するなら，全体の進歩の形態はなおわからないままになる。図9から11で示した四つの可能性が見出された。ただ最善律のみが（すでに述べたとおり，可能的な最善世界創造のテーゼではなく），形而上学的で道徳的な理由から，神に選ばれるにもっとも値する，つまりもっとも適合的な形態となる，進歩の形態を決め，問題に白黒つけてくれるだろう。図10a，10b，ましてや図11には次の問題が生じそうである。可能的な最善世界では，時間が経過しますます上昇するにつれて，下落（つまり後退期を経ること）も一層際立ち，したがって一層厳しいものになり，そうして最大値と最小値の差が広がり続けてしまう。図9が示すモデルがお

---

49) Grua 127.

4.5. 結論   233

そらく，もっとも調和的だというわけではないとしても，
上昇と下降の交代が一番安定し，言わばショックなしにな
される，そういうモデルであろう。今度は世界の構成部分
から見てみると，このモデルが，すべての実体（精神だけ
でも，選ばれた者のような一部の精神だけでもない）の全
体の進歩に対応しており，しかも前進や後退といったさま
ざまな時期にリズムに対応しているからである。このモデ
ルがおそらく，最高度に思慮深く思いやりにあふれ，例外
や選り好みなくすべての被造物に対して無限の完全化の可
能性を開くであろう神という概念にもっとも適うのであ
る。

第III部

諸精神の王国

第 5 章

精神の本性と特殊性

5.1. 単純なものと複合的なものとの
関係に関する問題

　精神はモナドないし単純実体ではあるが，しかし精神以外の（とくに動物における）魂ないしエンテレケイアの存在を否定するデカルト主義者たちの考えとは反対に[1]，すべてのモナドないし単純実体が精神であるわけではない。それゆえ，精神の特殊性は，それらに固有であるような本性に由来するのではないし，生きた身体や動物から精神を根本的に差異化し，機械的法則に従った自然学的秩序と道徳的目的によって規定された心的秩序との間の不連続性を特徴づけるような本性には由来しない。実体形相を欠いた「自然」[2]と，（人間の）身体に密接に結びつけられ，し

---

　1)　Mo § 14; PNG § 4. 1678–1679 年にはすでに，ライプニッツは「人間にだけ実体形相や表象ないし魂を帰属させるというのは，あらゆるものがただ人間のためにだけ作られており，この地上が宇宙の中心だと考えるのと同じくらい可笑しなことである」（A VI, 4-C, 2009）と考えていた。
　2)　『世界論』第 7 章（AT XI, 37）における「自然」と物質のデカルト的同一視を参照。

かし実在的には身体から区別されていて，身体なしに思惟し自存できる魂との間のデカルト的分割に反して，ライプニッツは生命ないし魂を「至る所に」（再）導入するのであり，精神を身体からけっして切り離されない自然的存在にしたのである。

それによって自然が，それ以降，「生命で満たされ」[3]，何らかの仕方で精神化された状態となり（諸モナド，諸事物の究極的諸要素は非物質的である），また精神は自然化された状態となるこの二重の運動は，モナドについての特異で統一的な概念によって可能となっている伝統的に精神に割り当てられてきた不可分割性，非物質性，不壊性は今やすべての単純実体に適用される。その代わりに諸精神は，他の単純実体と同様，「自然のアトム」（『モナドロジー』第3節）となり，この〔アトムとしての〕資格により，寄せ集めや，モナドの集まりとして考えられた「複合的なもの」ないし物体のうちに入り込んでいる。『理性に基づく自然と恩寵の原理』は次のように述べている（第1節）：

　　複合的なもの即ち物体は多である。そして単純実体，生命，魂，精神は一である。それに単純実体は至る所になければならない。なぜなら単純なものが無ければ複合的なものなどありはしないだろうからである。

存在の唯一の仕方（モナド）に関する考察は，形而上学の計画において，すべての二元論や，デカルトが遺した，思惟実体と延長実体とのあいだの区別を乗り超えることを可能にする。これはライプニッツの一元論について語ることを正当化する。宇宙のうちに存するのは，諸モナドと，

---

　3) PNG§1.

5.1. 単純なものと複合的なもの　　　239

諸モナドの寄せ集め[4]だけである。その寄せ集めの統一は，
常に偶有的であり，それ自身によるのではないが，しかし
さまざまな度合いをもつ[5]。そして諸モナドから生じるも
のとは，すなわち，それらの永続的な活動から，つまりそ
れらが相互に及ぼす観念的影響から生じる現象である。原
理をことのほか節約するこの理論的枠組みのなかで，魂と
身体の対立は，一と多の対立に還元される。もしくは，単
純なものが複合的なものから区別されるように，魂は身体
から区別されるのである。

　とはいえ，複合的なものに対して単純なものが有する関
係を，あらゆる混乱を避けるために明確にせねばならな
い。それは，部分の全体に対する関係ではない。ゆえに，
諸々の単純実体は複合的なものの「うちに入り込み」[6]，こ
れと「協働する」[7]と言われるのであって，本来的にいえ
ば，諸々の単純実体が複合的なものを構成するのではない
からである。諸々の物体については，それらを単純実体の
集積，寄せ集め，集合と同一視することは，それらが諸モ
ナドから出来ていることを意味するのではなく——分解に
よってそれらを得るのは可能かもしれないが——，それら
は諸モナドの「結果」[8]であることを意味する。物質は物
質からしか複合されえず，物体も他の物体からしか複合さ
れえない，さもなければ人は，非延長的な諸要素から形成
された延長物，という古典的なアポリアに陥るであろう。
ゆえに，「複合されたもの」は諸モナドの寄せ集めという

---

4)　レモン宛 1714 年（GP III, 622）。

5)　アルノー宛 1687 年 4 月 30 日付（A II, 2, 185; 190–191）。

6)　Mo § 1.

7)　デ・フォルダー宛 1703 年（GP II, 252).

8)　マサム夫人宛 1705 年 7 月 10 日付（GP III, 367）；デ・フォ
ルダー宛 1704 年 6 月 3 日付（GP II, 268）；デ・ボス宛 1705 年 10 月
16 日付（GP II, 324).

240　　　第Ⅲ部／第5章　精神の本性と特殊性

よりは，むしろ諸モナドの活動と協働とから帰結する結果
（経験において観察された）なのである。単純実体は物質
による構成物ではなく，むしろ物質の「構成原理」ないし
「直接要件」[9]であり，言い換えれば，そこで生じてくるも
のを説明するための基礎として置かれるべき知解可能性の
原理である。ファルデラとの議論において用いられている
点と線とのアナロジーはこの観点から理解できる。すなわ
ち，諸々の単純実体は，点が線のうちにあるように，物体
のうちに存しているが，しかしそれの部分であることはな
い。というのも，「部分はつねに全体と同質である」，そし
て「点が線と同質でないのと同様に，実体は，物質ある
いは物体と同質ではない」[10]からである。ライプニッツは

　　9）　A VI, 4-B（1690年3月？），1673.「しかし物質の粒子のう
ちにはどこでも，無数の単純な，あるいは被造的な実体が存してい
る。物質は，諸部分としての実体ではなく，構成的ないしは直接要件
的原理としての実体から構成されている。ちょうど，諸々の点は連続
体の本質に関わるのであって，部分に関わるのではない。というのも，
部分は全体と同質であるが，しかし実体は物質ないし物体と同質では
ない。それは線が点と同質でないのと同様である」。また，デ・ボス
宛1712年2月5日付（GP II, 435）；1712年6月16日付（GP II, 451）
も見よ。

　　10）　A VI, 4-B, 1671, 1673. このアナロジーは，まったく妥当と
まではいえない。なぜなら，幾何学的点は理念的な極限であり，線に
おいて可能的にのみ存在するが，実体は作用とともに存在している
実在的存在者だからである。「〔一本の〕線の〔諸〕点に対する関係
と，〔一つの〕物体の〔諸〕実体に対する関係との間には相違が存す
る。なぜなら，可想的な線においては，いかなる規定された分割もな
く，諸々の無規定の可能的な線が存するからである。これに対し，事
物においては，現実的な分割がなされており，物質を諸々の形へ分解
することが企てられている。というのも，〔線の〕分解のさいの点は
想像されたものであるが，魂は真に存在するからである。線は点の
寄せ集めではない。なぜなら線のうちには現実的に部分はないからで
ある。だがこれに対し物質は諸実体の寄せ集めである。というの
も，物質のうちには現実的に諸部分が存しているからである」（Ibid.
1670–1671）。また GP IV, 491–492 も見よ。数学的点と実在的点つま

5.1. 単純なものと複合的なもの 241

デ・ボスとの往復書簡において次のように書くことになるが, そのときこのアナロジーを思い出している。「諸モナドについて, それらが物体の諸部分であるとか, 互いに触れ合って物体を合成していると言ってはならないのは, 点と魂とについてそのように言うことは許されないのと同様である」[11]。

にもかかわらず, 複合的なものに対する単純なものの関係は, 次の二重の理由でなおも両義的である。すなわち, (1) 一方で, 「複合的なもの」という術語の曖昧さの理由から, (2) 他方で, 「単純なもの」〔という術語〕によって想定された二重の機能(一性, および多を統一する原理)という理由から, そうなのである。

5.1.1. 曖昧な術語としての「複合的なもの」

ミシェル・フィシャンは, 彼がモナドロジー的テーゼと呼ぶものが次の二つの主要なテーゼの上に基礎づけられることを示した。すなわち, ひとつは, 現象学的に確認されるように, 「複合的なものがある」とするテーゼであり, もうひとつは, 先述のことから結論されるように, 「モナド」とも呼ばれる「諸々の単純実体がある」というテーゼである。フィシャンは, モナドロジーのテーゼの論証のためにライプニッツによって用いられた構成的仮言三段論法(modus ponens)の図式を〔次のように〕再構成する:

M1　もし複合的なものが存するならば単純実体が存する。

M2　ところで, 複合的なものが存する。

り「実体のアトム」の違いについては, SN(GP IV, 478)を見よ。

11)　デ・ボス宛 1712 年 2 月 5 日付(GP II, 436)。

242　　第Ⅲ部／第5章　精神の本性と特殊性

　M3　ゆえに，単純実体は存する[12]。

　この図式には，複合的なものを多や物体によって，単純
実体を一やモナドによって置き換えれば，二つのヴァリ
エーションの余地がある。だが，「どの場合においても，
小前提 M2 は現象学的に確かであり，モナドロジーのテー
ゼは大前提 M1 によって支えられているのであり，そこに
モナドロジーのテーゼの本質的な核心は集中している」と
フィシャンは記す[13]。
　このように定式化された推論は——そしてわれわれが
じっさいライプニッツの推論と考えているものだが——，
ひとつの両義性に基づくように見えるかぎり，問題を引き
起こさずにはいない。つまり，「複合的なもの」〔という術
語〕が，M1 と M2 において同じものを必ず指し示してい
るのかが確かではないのである。M2 において，その術語
はわれわれが経験するような「物体」を明らかに指示して
いる。たとえ真の存在論的なステイタス（現象あるいは実
体）については何と想定されていなくても，その物体の現
実存在に関しては明らかにいかなる疑いもないのである。
しかし，M1 においてはどうか。M1 によって提示された
内容は，二つの意味で解釈されうる。

　1.　M1a（そこでは「複合的」〔という語〕は M2 におけ
るのと同じ意味をもつ）は次のことを意味する。すなわ
ち，「もし複合的なもの，つまりわれわれが知覚するよう
な物体があるならば，そのとき単純実体がある」。その含
意（そしてそれゆえ構成的仮言三段論法の結論でさえあ

――――――――――
　12）　Michel Fichant, *La constitution du concept de monade,* in :
La Monadologie de Leibniz. Genèse et contexte, essais édités par Enrico
Pasini, Mimesis, 2005, p. 32.
　13）　Ibid.

5.1. 単純なものと複合的なもの　　　243

る）は，もし，上に見たように，諸物体は本来的にいえば
諸モナドから構成されてはいないということが真であるな
ら，疑わしいように思われる。幻覚は，複合的なものから
単純なものへ（同様に多から一へ）向かうときに人は同質
なものに留まることを連想させる点に存する。しかるに，
それはまったくそうではない。というのも，単純なものの
複合的なものに対する関係は，まさに部分の全体に対する
関係ではないからである——全体の分解によって得られた
部分であるとしても——。ゆえにここでは，ひとつの面か
ら別の面への隠れた違法な移行が行なわれているのであ
る。すなわち，それは，自然的で現象的な面（物質的物体
が現実存在している事実）から形而上学的な面（非物質的
と解すべき単純実体が現実存在するという主張）への移行
である。

　2.　M1b（そこでは「複合的」〔という語〕は，モナド
の寄せ集めまたは結果を言おうとしている）は次のことを
意味する。「もし複合的なものがあるならば，つまりもし
諸々の単純実体の寄せ集めは，それらの協働によって，わ
れわれが物体と呼ぶものにおいて確認された諸結果に〔原
因としての〕単純実体の集積があると考えねばならないな
ら，そのとき単純実体はある」。ここでは含意は異論の余
地なく妥当である。なぜなら，単純なものと複合的なもの
は同質的であるからであり，したがって単純実体は，複合
的なものを形成する寄せ集めのひとつの「部分」であると
言ってよいであろう。問題は，「複合的」〔ということの〕
のこの意味が，M2 において想定されたそれの意味には，
もし人が所与の事実として複合的なものの現実存在の確認
を解釈するのであれば，対応していないという点である。
じっさいのところ，モナドの寄せ集めの現実存在は，モナ
ド自体のそれと同様，フィシャンの言い方を借りるなら，

244 第Ⅲ部／第5章 精神の本性と特殊性

「現象学的に確か」ではないのである。諸モナドは，それ自体としては表象不可能かつ想像不可能であって，知覚されることができない。つまり，それらの活動の結果だけが知覚されうるのである。

　ゆえに「複合的なもの」は〔次の〕二つの意味で受け取られる。すなわち，a) 物質的な複合体として，それは経験によって与えられた現象的な寄せ集め，〔すなわち〕知覚され無限に分割可能で，部分に対する全体のもつ関係にしたがって思考された物体を指示する。b) 諸実体からなる複合的なものとして，それはモナドの寄せ集めである。つまり，〔それは〕経験がただそれの結果によってのみ認識せしめるところの無限に複雑なこの構造〔であって〕，そこでは諸々の関係は——もし生命体が問題となるなら——，自然の機械のそれぞれの程度において，活動と行使された諸機能との原因としての単純実体どうしの支配と従属の関係である。物質的な複合体の場合，分割は続けられるが，人は究極的な真の統一にはけっして到達できない。〔これに対し〕諸実体からなる複合体の場合，分割は同じく無限なのだが，しかし最後の，単純な，実在的な諸要素に導くのである。

　M1a は，「複合的なもの」の第一の意味をとることによって，M2 と両立するが，しかし非妥当的な含意を呈する，そしてそれは構成的仮言三段論法の結論を無効にする。M1b は，第二の意味をとることによって，M2 とは両立しないが，正しい含意を生じる。しかし M1b はこうした両立不可能性の事実によって，妥当でない結論（実質的誤謬推理[14]）に達する。それゆえ，これら二つの場合に

————————
　14)　というのも，誤謬は推論の形式ではなく内容に関わるのであり，つまり「複合的なもの」という語の曖昧さに関わるのだから。

5.1. 単純なものと複合的なもの   245

おいて，それによってモナドロジーのテーゼが『モナド
ロジー』第2節や『理性に基づく自然と恩寵の原理』第1
節で，確立されてはいないが少なくとも提示されていると
ころの推論は誤まっている。その根本的な理由は，くり返
すように以下の通りである。すなわち人は，物質的な複合
体の分割によって実在的に単純な一にはけっして達しない
だろう（物質は，つねに分割可能な物質からしか複合され
ることはできない）。また人は，非延長的で単純な一の寄
せ集めによって，延長する何らかの物を形成することにも
到達しない（単純実体は，単純実体の寄せ集め以外のもの
を構成することはできないだろう）。

　それでは，モナドロジーのテーゼは論証されていない
と考えるべきだろうか。もし人が1714年の2篇の有名
な小品〔モナドロジー』および『理性に基づく自然と恩寵
の原理』〕でそれについて為された論述だけに満足するな
ら，然りである〔テーゼは論証されていないと考えるべき
である〕。しかし，もし人が，フィシャンがモナドの概念
の（また，それゆえモナドロジーのテーゼの）「体系的構
成」と呼ぶものすなわち内的な哲学的整合性だけではもは
やなく，またその「発生的構成」を考慮するなら，すなわ
ち，いかにこの概念が或る特殊な問題[15]に応えるために練
り上げられているかを考慮するなら，そうではないか，必
ずしもそうではない〔つまり，テーゼは論証されていない
とは考えるべきではない，または必ずしも考えるべきでは
ない〕。その特殊な問題とは，周知のように，アントワー
ヌ・アルノーとの往復書簡において見られるものである。
ここでのわれわれの目的は『形而上学叙説』で開陳された

　15）　Michel Fichant, *La constitution du concept de monade,* in :
La Monadologie de Leibniz. Genèse et contexte, essais édités par Enrico
Pasini, Mimesis, 2005, p. 31.

概念的配置（完足的概念の教説，実体形相の復活）から，
1687年4月30日付のアルノー宛がその点で大きな転換[16]
を示しているように，一による実体の新たな特徴づけへ進
む道を跡付けることではない。むしろわれわれが強調した
いのは，モナドロジーのテーゼの発生に関する研究が明ら
かにすること，すなわち『モナドロジー』と『原理』が，
そこで一部の推論を回避し，フィシャンが言及した構成的
仮言三段論法を――それの不完全さのゆえに――欠陥のあ
るものにしながら，これについて口を閉ざしている，とい
うことである。

　物体の存在論的身分（現象か実体か）についてのアル
ノーとの議論は，実体性の基準を決定することをライプ
ニッツに課している。こうした基準は，延長のうちにも，
またその様態（大きさ，形，運動）のうちにも見出すこと
はできない。それは，真または実在的な統一のうちに存す
る。そこには「部分の集まりまたは集積」[17]，すなわち無限
にいたる寄せ集めの寄せ集めしかないような物質は，その
ような統一を供給することはできないだろう。だから，真
に一である[18]ゆえに存在の名に真正な意味で値しそれ自身
によって一である存在と，名や延長によってのみ一つの存
在である偶有的に一なる存在ないし寄せ集めによる存在と
のあいだには区別がはたらく。すなわち，〔後者は〕それ
自身が，自体的に一である存在者の集まりである限りにお
いて，偶有的に一なのである。寄せ集めの三つの種類は次
のように区別される：

　16）　Ibid., p. 35; l'essai introductif de M. Fichant intitulé
« L'invention métaphysique » dans *G. W. Leibniz. Discours de
métaphysique suivi de Monadologie et autres textes*, Gallimard, 2004.
　17）　SN（GP IV, 478）でライプニッツはこのように述べている。
　18）　存在と一との相互性についてはアルノー宛1687年4月30
日付（A II, 2, 186）を見よ.

5.1. 単純なものと複合的なもの　　247

1. 寄せ集めによる他の存在者から複合されているもの。それ自体が他の寄せ集めによる存在者によって複合されており，そうして無限に続き，究極的な，絶対的に要素的なものに到達することはできないだろう。物質の現実的な無限分割は基礎となるような一を見出すことを禁じる。すなわち，一（unité）はつねに分解され，存在するものの実在性（réalité）は消失し，止まらず逃れ去る。この場合，複合のうちに入るいっさいのものとして最初に考えられている存在は何ら実在的なものをもたない。それは見かけに過ぎず，純粋な現象である。

2. それ自身は統一の原理（principe d'unité）（魂）を賦与されることなしに，実在的存在すなわち真に一である存在によって複合されているもので，群れをなす羊や軍隊を形作る人間のようなものである。ここでは寄せ集めによる存在は実在性をただその「構成素」の実在性からのみ引き出す，あるいはむしろ，その「構成素」が実在的であるのと同じだけ実在的であるに過ぎない。しかし〔この種の寄せ集めは〕自立した現実存在をもつわけではない。まさにそのことが，この種の寄せ集めが，一つの存在者としてよりもむしろ存在する仕方（manière d'être）[19]として現れる理由である。すなわち，一つの軍隊は一つの独立した完全な存在者ではない。それは軍隊を構成する人間に過ぎず，権威と服従によって規定された諸々の関係のうちに組み込まれ，ある一つの目的（戦闘）を実行するという観点から組織された人間たちに過ぎない。

3. 実在的で，さらに，それらの全体としての一を保証する固有の原理（魂）を賦与された存在者から複合されているもの。そのようなものとは，生命体や「生気づけら

---

19)　Ibid. 185.

248 第Ⅲ部／第5章　精神の本性と特殊性

れ，あるいは少なくとも形相づけられた身体」であり，さらに「物体的実体」[20]とも呼ばれる。それらの〔物体的実体の〕身分は中間的なものである。というのは，それらが同時に一でも多でもあり，一つの存在者でも複数の存在者でもあるかぎりにおいて，それらは，同時に寄せ集めにも実体にも属しているからである。それらは身体全部を形相づける魂によって一であり，この身体の諸部分を形相づける無数の魂によって多である。これは，全体の魂が諸部分の魂ないし形相から構成されていることを意味しない。

> 魂を欠くならば，それだけとしてみられた身体は，寄せ集めによる一しかもたないことを私も認める。しかし，身体に残る実在性は，身体を複合してそれらの統一を支える諸部分に由来する。諸々の魂によって生気づけられた諸々の部分から複合された身体を，ひとつの魂がもつことはありうるが，だからといって全体の魂ないし形相が諸部分の魂ないし形相から複合されることはない。[21]

「物体的実体」という表現の投入によってライプニッツは実体と一との等価を強く主張するが，一と不可分性——〔一と〕『新説』[22]出版後の語彙である単純性——の等価を主張するわけではない。実体は，常に一を意味しているが，必ずしも単純や，部分のないことを意味しているわけではない。それゆえ，実体の概念は，1695年から認め

---

20)　アルノー宛 1687 年 10 月 9 日付（A II, 2, 249）。

21)　アルノー宛 1687 年 4 月 30 日付（A II, 2, 186）。

22)　Michel Fichant, *La constitution du concept de monade*, in : *La Monadologie de Leibniz. Genèse et contexte*, essais édités par Enrico Pasini, Mimesis, 2005, p. 38–39 を参照。

5.1. 単純なものと複合的なもの　　　249

られる語彙におけるモナドのそれと等しくはない[23]。したがって，実体についてのライプニッツの考察を，モナドに関する思索のみに還元しようとするなら，われわれは間違うであろう。多数性や，変化する多様性を含むにもかかわらず[24]，物体的実体や生きた実体，そして『原理』第1節では複合されたと呼ばれる実体は，それでもやはり一つの真なる存在なのである。すなわち，そうした実体は，それが一であるがゆえに実体であり，また，それが多つまりそれが統一を授けるところの物体を有し，生気づけるゆえに物体的なのである。しかるに，――ライプニッツがアルノーとの往復書簡の頃から力説していたことだが――，実体と言われるものは，その身体を構成している，主要な魂と無数の魂ないし形相とから形成された全体なのであって，主要な魂だけではない。すなわち，「[…] この物質がそれに属し，そして真に一つの存在であるところのものが，生気づけられた実体である [……]」。あるいは，さらに，

　　　[…] 動物やその他の物体的実体のうちに魂あるいは実体形相〔エンテレケイア〕があると想定することによって，〔われわれは〕人間についてすべてを推論するのと同じように，動物に関してもこの点から推論しなければならない。つまり，その身体の塊は，諸々の器官，管，体液，精気に分解され，またその身体諸部分は固有の形相〔エンテレケイア〕を賦与された他の無数の物体的実体で充満しているにもかかわらず，人

---

23)　ロピタル宛 1695 年 7 月 22 日付：「この主体に関する私の学説の鍵は，まさしく実在的一であるところのもの，すなわちモナスの考察に存している」（GP II, 295）。

24)　複合的なものの構成要素は永続的に変化する。例えば次を見よ。Mo § 71；デ・ボス宛 1716 年 5 月 29 日付（GP II, 519）。

間は，その魂が身体に与える真の統一を賦与された存在者なのである ［…］。[25]

1703 年のデ・フォルダー宛書簡は，十分に確立されたモナドロジーのテーゼの枠組みのうちで，物体的実体に関するライプニッツの概念についてある種の標準的な紹介を与えている。すなわち，「動物ないし物体的実体」は「物塊ないし第二質料，言い換えれば，無数の従属的モナドがそこで協働するところの有機的機械」に他ならない。すなわち第一の，あるいは「支配的な」モナド（動物の魂）によって統一されている機械である[26]。物体的ないし複合的な実体とは自然の機械の同義語となる[27]。

発生的考察——それの利益と豊かさはまさに次のことにある——は，どのようにライプニッツが物質的複合体，つまり経験の対象としての寄せ集めの考察から，必然的に第一の基礎の上に置かれるはずの実体的複合体としての（さらに生命体が問題であるなら，ただ諸実体からなる複合としてのみの）寄せ集めの考察へ進んだのかを，示すことを可能にする。この移行は，真の一の探究と，そして不可分で非物質的な原理による規定，すなわち「形相的アトム」，「実在的で生気づけられた点」，「諸実体のアトム」「形而上学的点」「単純実体」[28]，最後には「モナド」を媒介にしてなされるのである。この点に関して（後で述べる前に）今から気を付けておくべきは，単純実体によるこの紆余曲折は，必然的なものではあるが理論的な実在性におけるある

---

25) アルノー宛 1687 年 10 月 9 日付（A II, 2, 249, 251）。
26) GP II, 252. またトマス・バーネットに向けてなされた陳述を見よ（GP III, 260）。
27) ジャクロ宛 1703 年 3 月 22 日付（GP III, 457）；デ・ボス宛 1716 年 5 月 29 日付（GP II, 520）。
28) GP IV, 478, 479, 482, 483。

5.1. 単純なものと複合的なもの　　　251

想定に訴えているということである。なぜなら，厳密にい
えば，ライプニッツ的世界には——神や超世界的な知性体
の他には——いかなる単純実体も存在せず，人は，身体の
ない魂や諸モナドや，絶対的に第二質料を欠いた「獣」も
見出せない以上，つねに存在するのは複合的実体なのであ
る。

　フィシャンが再構成したモナドロジーのテーゼの定式を
再び取り上げよう。それは，告発された誤謬推理を避ける
ためにはどのような仕方で理解されうるだろうか。物質的
寄せ集めから再び出発しなければならない。この分析は二
つの主要な仮説に導く（その二つ目の仮説はある代替案に
通じる）。すなわち，ひとつは，i）寄せ集めが，ただ無限
に寄せ集めだけからなる場合であって，そのときそれは純
粋に現象的であり，ただ名前によってのみ一つの存在であ
る（諸物体は虹よりも多くの実在性はもたない）というも
の。もうひとつは，ii）寄せ集めは諸々の真に一なるもの
からなるが，それらの一は数学的点とも物理的点（デモ
クリトスやエピクロスやコルドモワの物質的アトム）とも
同一視されえない。それらの一は形而上学的点，すなわ
ち「実体のアトム」「単純実体」「モナド」でしかありえな
いだろう。たしかに，これらの単純実体の現実存在は論証
されてはいないが，もし純粋な「現象主義的」テーゼを避
けようとするなら，そして経験において生じるものについ
て説明しようとするなら，それは要請されている。すなわ
ち，自然学の構想上では，能動的なものと受動的なものが
・
ある。『形而上学叙説』以来，能動的なものは実体の特性
であり，実体があることの徴候とされるのであり[29]，そし
て生命体の領域においては顕微鏡による観察が，一方が他

――――――――――
　29）「能動と受動は，まさしく個体的実体に属する（諸々の行為
は基体に属する）」（DM§8）。

252 第Ⅲ部／第5章 精神の本性と特殊性

方に入り込んだ入れ子状の諸々の被造物や動物からなるひ
とつの世界全体を発見させるのである。

> ところで，実験は生命あるものの多数性を支持してい
> る。胡椒を溶かした一滴の水の中にも，驚嘆するほど
> 無数の動物がいる。そしてこれらの数百万の動物を一
> 挙に殺すこともできる。[30]

　もし形而上学的であるだけでなく，動力学や生命体の学
にも依拠する諸理由から，この実在的，非質料的，単純な
一を認めるなら，そのとき人は物質的複合体を前に，そし
てその代替案を前にするであろう。すなわち，第一に，そ
のような一から構成された寄せ集めが問題となるであろ
う。しかし，〔そのような寄せ集めは〕それ自身において，
全体として，それ自体のうちには固有の一の原理を持たな
い（羊の群れ，魚で満ちた生簀，軍隊，社会など，つまり
ライプニッツが単なる「実体化されたもの」[31]（substantiata）
と名付ける寄せ集め）。第二に，この一という原理を持っ
ている寄せ集めが問題となるのであり，実体的複合体，物
体的実体，また自然の機械と呼ばれる生命体が論じられ
る。
　フィシャンがモナドロジーのテーゼの核とみなす構成的
仮言三段論法の大前提「もし複合的なものがあるならば，
また単純実体も存する」は，現象主義と自然的アトミズム
の道から一度離れた場合にしか認められない。物質的アト
ムは矛盾ゆえに擁護されえないが，現象主義はまだ可能で
あり，じっさいライプニッツのいくつかのテクストもそれ

　30）　アルノー宛 1687 年 4 月 30 日付（A II, 2, 189）。Mo §§
66–69 も見よ。
　31）　デ・ボス宛 1716 年 5 月 29 日付（GP II, 520）において使用
された表現に従っている。C 438 も見よ。

5.1. 単純なものと複合的なもの 253

を目指しているようにすら思われる[32]。単純実体における
複合的なものという帰結は、それゆえ、全く厳密にみれば
論証されない。しかしながら、もし厳密に形而上学的であ
るのとは違う考察を引き入れるのなら、それは容認できる
ものである——単純実体の現実存在は道徳的に確実なので
ある——。『モナドロジー』や『原理』の説明の簡潔さは
たしかに意図的に或る近道——代替案を前にしたライプ
ニッツによってじっさいとられた部分を解釈するなら——
へ導く。しかしそれは示された推論を妥当ではないものに
してしまう近道である。モナドロジーのテーゼの発生的構
築についての検討結果は、その推論を証明することを可能
にはしないが、それがどのように練り上げられ、最終的に
どの議論に基礎づけられるのかを明らかにすることはでき
るのである。

5.1.2. 「単純なもの」の曖昧さと諸モナド間の区別

単純なものの複合的なものに対する関係は、ライプニッ
ツのテクストにおける「複合的なもの」という語の曖昧さ
によって多義的なだけではない。その関係が曖昧であるの
は、さらに「合成」が、すなわち単純実体が複合的なもの
を形成する仕方が二つの意味で理解されうるという点にお
いても曖昧なのである。要素的と呼びうる第一のモデルに
従えば、モナドは、基底の要素、〔あるいは〕そこから全
ての存在者が構成される形相的アトムとして現れてくる。
複合的なもの（モナドから複合されたものとしての延長）
は単純実体的な構成要素あるいはそこから組み合わせられ
ている最後のものへと帰着する。その結果、そこにおいて
物質的複合体（性質、様態）として観察されたものは、構

---

32) R. M. Adams, *Leibniz : Determinist, Theist, Idealist*, Oxford
Univ. Press, 1994 でこの解釈が主張されている。

254 第Ⅲ部／第5章 精神の本性と特殊性

成要素の能動性や諸性質，そして変化の結果なのである。
統合的と呼びうる第二のモデルによれば，モナドは多様な
ものや数多性との統一化の原理として現れてくる。すなわ
ち，モナドは，それが一を与えるところの物体のそのエン
テレケイアとなっている。かくして，物質的複合体[33]は，
生命体において生じてくるものと同様に，それを構成する
部分の間にひとつの秩序とヒエラルキーを表現している。
それぞれの部分はある種の目的に従って組み上げられ，全
体ないし部分的全体を規整する一般的原理（支配的モナ
ド）によって定められた機能を満たす。それぞれの部分は
それじたい諸部分から合成され，これらの部分もさらに諸
部分から構成され，こうして無限に続く。それぞれの段階
は，より上位のものに従うと同時に，より下位のものに対
して法則を与える。このように，物質の下位区分には，支
配と従属の関係のうちに書き込まれたモナドの階層的秩序
が対応している。

　二つの合成〔または複合〕モデルの共存は，一による実
体の特徴づけから説明される。アニトニオ・ラマラがと
てもよく示したように，『新説』[34]のなかでライプニッツは
実体形相に，統一化（unification）と基礎づけ（foundation）
というこの二重の役割をすでに演じさせていた。モナド
は，それが支配する他のモナドたちの寄せ集めを統一する
のに用いられる原理であると同時に，実在的なものの究極
的で不可分な要素であるということによって，実体形相か
ら遺産を相続しているのである。こうして，モナドとは，

33）　存在論的次元に基礎をもつところの実体的複合体とまった
く同様に。

34）　ラマラの次の論文を参照：*Substantial Forms and Monads
: The Système nouveau in Comparison with the Principes de la Nature
et de la Grâce*, in : R. S. Woolhouse (éd), *Leibniz's 'New system' (1695)*,
Olschki, 1996 とくに p. 87 以下。

5.1. 単純なものと複合的なもの   255

何らかの仕方で「上から」「高いところから」存在者を一として構成しにくるのであり（全体的または総体的な一），何らかの仕方で「下から」「低いところから」真なる存在者を基礎づけにくる（最終的または要素的な一）ものである[35]。一は，構成するもの（伝統的には実体形相に割り当てられてきた機能）であると同時に，複合された全体のなかにある。それ〔後者の一〕は「理念的」分割における，不可分の「部分」（原子 atome）および分割の限界として，構成〔要素〕的なのである。

ここで二点注意すべきことがある。(1) ひとつは，単純性の概念に関して，(2) もうひとつは，これら二重の機能が諸モナドのあいだに描きうる区別についてである。

1) すでに見たように，ライプニッツの宇宙には，複合的なものしか存在しない。もし単純実体を，第二質料を持たない実体と解するなら，言いかえれば，物体を形成している従属的モナドの集積を欠いた実体と解するなら，厳密には単純実体は存在しないのである。単純実体は，抽象，つまり実際にはつねに結びつけられているものを切り離す思惟操作による産物である。1703 年のデ・フォルダー宛書簡は，動物ないし物体的実体に関して，支配的モナドと，有機的機械を構成する塊とを区別することによって，そのことを確証している。そしてライプニッツが今度はモナドそれ自体のうちにおいても，「原始的エンテレケイアないし魂」という原始的能動的力に他ならぬものを，「第一質料ないし原始的受動的力」つまり抵抗や慣性の原因となるものから区別するのも，まさに同じ操作によるのであ

---

35)　M. Fichant, *L'invention métaphysique*, in : *G. W. Leibniz. Discours de métaphysique suivi de Monadologie et autres textes*, Gallimard, 2004, p. 129.

256 第Ⅲ部／第5章 精神の本性と特殊性

る。モナドは，両者（エンテレケイアと第一質料）の統一
によってのみ，完全なひとつの実体となるのである[36]。

モナドは，部分として捉えられた第一質料や第二質料が
そうであるのと同じ意味で，ひとつの抽象である。このこ
とは，モナドがいかなる実在性も持たないということを意
味しない。むしろモナドはすべての実在性を基礎づけるも
のであるが，しかしそれ自体において切り離された現実存
在をもたない。それゆえ，モナドには本質的に統一化の機
能が結びつけられているのである。すなわち，モナドは，
もしそれが統一するところの多様がなければ——理論的で
なくとも分析の必要のため——存在することができない。
諸々のモナドはそれだけでは現実存在せず，孤立してはい
ない。すなわち，「それらはモナド（monade）であり，隠
遁修道女（moniale）ではない」[37]とライプニッツはヴァグ
ナーに宛て書いている。これは，二つの意味で理解できる
言明である。1）被造的世界の（自分自身の身体の部分を
なしているモナドも含め）他のあらゆるモナドへの関係を
持たないようないかなるモナドもない。2）（第二質料の
「部分」，または主要な魂として）複合体のうちに入り込ま
ないようないかなるモナドもない。このように，単純なも
のの複合的なものに対する先行性はただ論理的なものに過
ぎず，存在するものの秩序においては価値をもたない。し
たがって，われわれは次のように言うことで命題を転倒さ
せたくなる。すなわち，単純実体が存在するためには，複
合実体が存在することが必要である，と。

36）　この点に関してデ・ボス宛 1706 年 10 月 16 日付（GP II, 324）。「第一質料はすべてのエンテレケイアにとって本質的であり，またエンテレケイアから分離されることも決してない。というのも，第一質料はエンテレケイアを完足的なものとし，それ自体は，完足的実体全体にとっての受動的力となっているからである」。

37）　『ヴァグナーとの対話』（1698/3）Grua 395。

5.1. 単純なものと複合的なもの　　257

　この単純なものの論理的先行性もまた疑わしくはないだろうか。モナドは，それが統一する多様なしには存在できない，とわれわれは先に述べた。多様は第二質料によって構成されるが，しかし同様に「多様」ということは——いうなれば——第一質料によって構成されているのである。モナドは「純粋」に能動的な原理ではない（ただ神だけがそうである）。モナドはすでにひとつの複合されたものであり[38]，その統一する機能のゆえに，別様ではありえない。すなわち，モナドはそれ自身（他の諸モナドの集積）とは別のものに一性を与え，またモナド自身も第一の統一化の結果，つまり原始的エンテレケイアと原始的受動的力の統一化の結果なのである。それゆえ，「単純」といわれた実体の観点からさえ，「複合的なもの」も第一のものである。この「モナド的」複合体は明らかに実体的複合体と同種ではない。その理由は，第一に，統一された物質とは本性が異なるからであり，第二に，神はその絶対的力能によって被造的モナドを第二質料から切り離すことはできるとライプニッツは認めるが（言いかえれば，身体をもたない単純実体が現実存在することは権利的には可能だが事物の秩序には反している[39]），しかし，神がそこから第一質料を切り離すことは否定するからである。第一質料をもたないモナドは矛盾している。じっさい，それを切り離すことは，固有で内的な制限[40]をなしているものを取り除くことにな

　38）　フィシャンが注記していることによれば，モナドは「事物の観点から単純」なままであったが，それは「その概念に関しては依然として複合されている」。

　39）　というのも，このことは普遍的な結びつきから当該モナドを取り去ってしまうだろうからである。『生命の原理と形成的自然についての考察』（1705）（GP VI, 54）；デ・ボス宛 1706 年 10 月 16 日付（GP II, 324-325）。

　40）　受動的な力はライプニッツにおいては被造物のうちに制限された定義によって「能力ないし受容性」（NE II, 21, § 1：A VI, 6,

258 第Ⅲ部／第5章 精神の本性と特殊性

るであろうし，神と同様にその「純粋な働き」をモナドに
許すことになってしまうが，これは明らかに不可能なので
ある[41]。単純なものは，具体においてはそのようなもので
はなく，抽象においても同様に単純ではないのである。

　モナドの抽象はその真の役割を明らかにする。すなわ
ち，それは機能的な役割である。単純実体は，説明の必要
のために置かなければならないものであり，再構成，ない
しは反対に哲学者が「実在的なもの」について行なう理念
的分解における，複合的なものの要件なのである。そして
単純実体はただこの資格でのみ価値がある。その場合，実
在的で，真なる，不可分な一のような基礎的で構成的な機
能はどうなるのだろうか？（「自然の真のアトム」や「諸
事物の要素」[42]としてモナドについて語ることによって）
ライプニッツが強調し，ここまで検討されてきた統一化や
構成には還元されない機能はどうなるのか？　われわれの
考えでは，区別されたこれら二つの機能は維持されねばな
らないが，しかし，それらの機能はライプニッツの論述に
おいては同じレヴェルで言われてはいないことを考慮すべ
きである。いいかえれば，それらの機能は，単純と複合の
あいだの関係について同じことを述べているわけではな
い。一方では，むしろモナドが物質的複合体に比べてそれ
であるところのもの（要素的，不可分，非物質的な一であ
り，デカルトに対してと同様，自然的アトミズムに対して
も反対するものである）が規定されており，他方ではむし
ろモナドが実体的複合体においてそれであるところのもの
（多様性の一，完全に更新されたアリストテレス主義の道
に従うもの）が規定されているのである。

---

169) を示すものである。

　　41)　デ・ボス宛1706年10月16日付（GP II, 325）。

　　42)　Mo § 3.

5.1. 単純なものと複合的なもの 259

　単純な一による実体の特徴づけは，見てきたように，経
験において与えられるような諸物体における実体性の基準
についての探究のその到達点である。モナドの単純性の主
張は，ライプニッツが理解するような実体が（デカルトに
反して）延長しておらず，延長するもののなかには見出さ
れ得ないと示すことをその目的としている。そのときその
主張は，ある一定数の形而上学的テーゼを打ち立てること
を可能にする一方で，また神学的ないし道徳的テーゼを打
ち立てることも可能にする。単純とは部分のないことを意
味しており，部分のないことは不可分であり，したがっ
て（自然学者たちのアトムとは異なり）非物質的で，形も
大きさもないことを意味している。そこから論証されるの
は，モナドの自然的には産み出されも破壊されもしない特
徴なのである。なぜなら，形成されたり壊れたりするもの
はすべて，合成または分解によって，すなわち部分の付加
または除去によってそうなるからである。あるモナドは奇
蹟（創造と絶滅[43]）によらなければ産出も破壊もされない。
それゆえ，まさしく超自然的な力すなわち神というもの
が必要なのである[44]。単純性はそれを要求するだけでなく，
さらに実践や宗教によって求められる魂の不死性を哲学的
に基礎づけることもできるのである。

　統一する原理としての実体の特徴づけは，実体性の基準
に関する同じ探究から生じてきているが，しかしそれは，
ただ諸実体から複合されたものであるだけでなく，実体的
な複合体もしくは物体的実体である生命体または寄せ集め
が存するのだという，この特殊な寄せ集めの考察からきて
いる。モナドの概念によって，それまで使用されていた

　43）　Mo § 6.
　44）　神的創造主の必要性は『モナドロジー』の冒頭から，ある
いは PNG § 2 に暗示的な仕方で示されてもいる。

260　　第Ⅲ部／第5章　精神の本性と特殊性

「実体性」に関する語彙（形相，魂，「魂に類比的なもの」，精神，一，エンテレケイア[45]）を明確にし統合することができ，また，複合的実体に内的な諸関係つまり同質[46]で構成的な諸要素間の関係を，支配と従属の規整された関係として考えられるようになる。ただしそれはアリストテレスのモデルに従った形相づけの関係ではない（その語彙の部分的な焼き直しにもかかわらず）。生命体やその特殊性についての考察は，そこへすべての実在的なものが追放されるような単純で純粋に抽象的な一とは違うものとしてモナドを把握することへ導くのである。つまり，経験において示される秩序や能動性を説明できる一の原理あるいは繋がりの原理として〔モナドを把握するのである〕。かくして，モナドは別の観点から現れる。すなわち，それはただ形而上学者の発明であるだけではなく，また自然に関する哲学者の実りある道具でもある。

　2）これら二つの機能（統一化と基礎づけ）の考察は，諸モナドの間の区別を打ち立てるための方法でもある。厳密に形而上学的な構想では，最初の差異は，一方では，精神と魂のあいだに現れ，また他方では，，「粗野な（brute）」モナド，「裸の」モナド，単なるエンテレケイアないし形相のあいだに現われる。後者の事例は二つの機能を満たすものであるのに対し，精神や魂は，つねに変わらず統一化の原理（principe unifiant）の役割を負うという特殊な機能をもつ。しかし，〔精神や魂は〕それらが何になろうとも，第二質料としての寄せ集めの合成のうちに入り込む諸要素

　45）　もちろんこのことは，これらの語がライプニッツのペン先で使用され続けることを阻むものではないが，これ以降，明らかに「モナド」という語に結びつけられ従属した意味になるのである。

　46）　種的な仕方で同質である。これは全て等しくモナドであるからなのだが，それらは全く似ていないので「個別的に」というわけではない。

5.1. 単純なものと複合的なもの　　261

の役割を負うことはない。精神や魂は，それらが支配する
身体には統一を与えるが，より大きな身体に統合されるこ
とも，上位の支配的モナドの法に服すこともできない。こ
の点で，他の諸々のモナドと異なっている。

　そういう訳で，諸実体のあいだの分割は，「最も支配的
な」[47]モナドといわれる主要モナド（魂や精神）のあいだ
に現れる。それは統一化の原理でしかないものであり，そ
れ自身がより高度の原理に依拠することはない。また，そ
の機能が統一すると同時に基礎づけることにある副次的な
モナドは，物体的秩序におけるあらゆる中間の段階を占
めている。そこから出てくる主張は，「諸モナドには〔生
命の〕無限の程度があって，モナドは他のモナドを多少と
も支配している」[48]というものである。副次的なモナドは，
すべての物体において，「物質」や「集積」として役立ち，
つねにより高次のモナドに従属していると同時に，それ固
有の身体についてはそれ自体が支配的である[49]。副次的な
モナドは一つの身体から別の身体へと移行し，一時的に中
心的モナドの周りに凝集し，その後この影響を離れて他の
モナドの影響下に入り，そして他の全体ないし下位の全体
と再結合しうるのである[50]。身体を「構成する」諸モナド
もそのようなものである。すなわち，それらもそれぞれ固
有の身体を有し〔後者もさらに〕身体を持つ他のモナド
の結果であり，同様に無限に続く），また，それらが依拠
しているところのモナドの支配を免れ，他の寄せ集めによ
る合成のうちに入り込む。このような前進的だが永続的な
変化，付加，削除，置換にもかかわらず，いかなるモナド
も（粗野なモナド，魂，精神など）身体を欠くことはな

---

47)　PNG § 12.
48)　PNG § 4.
49)　Mo § 70.
50)　Mo §§ 71–72.

い。他の術語でいえば，モナドは多様を統一する原理による働きを保持する，つまり，それがなお支配している質料的部分の状態や拡がり（とても減少しうる）がどのようなものであろうと，その優先的な立ち位置を失うことはない。

　機能的で生理学的な観点からは，精神は魂と区別されない。精神に固有の完全性は，それが質的に他の動物の身体よりすぐれた特定の器官によって生気づけている身体における現実存在に結びつけられているようには思われない[51]。また身体に対する精神の支配もどのような魂の支配とも全く似ている。そこから，「理性的魂」のような精神の慣習的な名称が生じてくるのである。ゆえに，（理性的であろうとなかろうと）魂は，動物の支配的エンテレケイアである。それは従属的モナド（副次的モナド）の多を統一し有機化する生命原理であり，諸々の従属的モナドはいわば「従者として」[52]働き，特殊な有機的諸機能を果たしながら，動物全体の善のために一致して作用するのである。すでに述べたように，魂は，高次のモナドに対するいっさいの従属関係から独立であり，そうあり続ける。それは，動物がそれに曝される変転や変様がどのようなものであれ，そうなのである。したがってその点からすれば，一による実体の定義から生まれた多義性（先に強調したが）は無効となる。魂は，実在がそれに還元されるところの要素的一という複合素（composant）ではなく，複合されたもの（composé）の原理である。それは単純なものの寄せ集めから物体的実体を，すなわち動物をつくる一なのである。

　51）　これは，精神が行使する本性や機能に適合した器官が備えつけられていないことを意味しない。予定調和の結果として，そうした器官は備えつけられていなければならないのである。

　52）　Mo § 71.

5.1. 単純なものと複合的なもの　　263

5.1.3. 動物の存続，それはいかなる同一性か？

　しかし，動物が死ぬとき，あるいは，もし例えば他の
動物に食べられてしまったとしたら，どうであろうか？
もっと大きな寄せ集めと一つになり，新たな身体の一部を
なしたりはしないのだろうか？　魂がそこで新たな仕事を
こなし，もしもの場合には特殊な有機的機能のために用い
られることはありうるだろうか？　（死んでいるか，他に
よって捕食された）動物の身体は弱りはて，大幅に減少し
さえするだろう[53]。かつて身体を「構成していた」モナド
は徐々に新たな身体へと統合され，動物の身体は拡がり縮
みながら存続し，その魂は身体とともに存続するだろう。
それまで魂が表象するのに用いてきた器官を奪い去られる
ことによって，魂は必然的に，感覚を欠いた「粗野な」モ
ナドの状態と類比的な状態に陥るだろう。魂はそれでもな
お，自らがそのエンテレケイアであったし，つねにそうで
あるところの動物の統一化の原理としてとどまるだろう。
そこでは魂はより低次の諸モナドへの支配を維持してお
り，どのようなレヴェルであれ他の身体のために，他の統
一化機能を満たすことはできないのである。というのも，
魂はその動物の魂で有ることを止めることなしに，つま
り，その動物が直接に破壊されることなしには，他の身体
を統一する機能を果たすことはできないからである。これ

---

　53)　「動物は部分だけを変え，採り，捨てる。そして栄養摂取
においては，少しずつ，気が付かないほど小さな部分によって，しか
し連続的に起こる。そして受精においてとか死においては，突然，著
しく，しかし稀に起こり，多くのものを一挙に得たり失ったりするの
である」（PNG §6）。また Mo §77：ゾフィー・シャルロッテ宛（GP
VI, 517）；レモン宛 1715年2月11日付：「［…］われわれが発生や死
と呼ぶものは，通常よりも大きくて迅速な変化に他ならない。川の急
流や滝のようなものである。しかし，この急流は絶対的なものではな
い。その中間を経ることなしに一方から他方の場所へ移行する物体の
流れがあるというようなことには，私は反対する」。

264   第Ⅲ部／第5章　精神の本性と特殊性

は自然の秩序によっては起こりえないことである。すなわちライプニッツによれば，魂だけでなく動物もまた永続的に存続するのでなければならない。というのも，どちらも「不生不滅」[54]であるから。したがって，

　　目に見える器官のいかなる不調も，動物を完全な混乱に陥らせ，あるいはすべての器官を破壊し，また魂からその有機的身体のいっさいを，そして以前の全印象のその消し難い残滓を奪い去ることはできない。[55]

　魂は，同じ身体（同じ第二質料）に結びつけられるために作られているわけではない[56]。というのも，この同じ身体は，水が連続的に変化する川のように，あるいはアテナイ人が絶えず修理し続けたテセウスの船のように[57]，永続的な生成のうちにあるからである。しかし，魂は同じ動物に結びつくように，ないしは少なくともつねにひとつの動物を形成するために作られている。何を動物のこの永続性は示すのか？　その動物において真に存続するものは何か？　人は次のように答えたくなるだろう。すなわち，魂と，その身体またはむしろひとつの身体であり（テセウスの船のように），そのモナド的「構成素」が絶えず更新されるであろう身体が，それであると。しかしこの答えには曖昧なところがある。すなわち，同一性は，人がそこで魂を考えるか身体を考えるかによって，同じ意味のものではない。もし魂が個として十分に同一のままであるならば，身体は種としてのみ同一のままである。そしてこの種的同

　　54）　PNG § 6；Mo § 77.
　　55）　NE, Préface（A VI, 6, 58）.
　　56）　ベールはこのテーゼをライプニッツに帰し，『歴史批評辞典』の「ロラリウス」の項目中の注記のなかで，それに反論を加えている。
　　57）　NE II, 27, § 4（A VI, 6, 231）。

5.1. 単純なものと複合的なもの   265

一性そのものは確実ではない。なぜなら，ライプニッツは
（たしかに純粋に理論的〔な検討〕であり，「諸事物の秩序」
にはほとんど一致しないのだが）種の変化の可能性を検討
しているからである。つまり，魂はその絶え間ない変化の
間に，異なる種の身体へと移りうるからである[58]。

　有機化され形態づけられた要素がすべて変化しても，有
・機構成（organisation）ないし形態（configuration）は，身
体において持続しているものではないのか――ロックも主
張しているように――？　形態は偶有に過ぎないというこ
とにくわえ，ライプニッツにとって有機構成は，「存続す
る生命の原理なしには」[59]，すなわちモナドなしには，同一
性を基礎づけるには十分ではありえない。別言すれば，生
物のうちに観察される有機構成と形態は，有機化し形相づ
ける原理（つまり魂）の結果でしかないのであり，この同
じ原理が存在し働き続ける限りにおいて存続するのであ
る。それゆえ，身体のうちには魂を除いてはそれ自身に
よって永続するものは何もないように思われる。またライ
プニッツは，いかに微細であろうとも，いっさいの変化を
免れており，もし身体の残りの部分が破壊されたときに
は，いわば物質的同一性の核ならびに魂の最後の避難所と
なるであろうひとつの物質的部分を想定することを退けて
いる。というのも，このような部分がなぜ生成の一般的法
則を逃れることになるのか想像し難いからである。

　　ひとつの同じ個体的実体の同一性は，同じ魂の保存に
　　よってしか維持されえない。なぜなら，身体は連続的
　　な流れの内にあり，また魂も自分に割り当てられた一
　　定の諸アトムの中に住むわけではなく，ラビたちのル

---

58)　Ibid. § 6, 233.

59)　Ibid. § 4, 231.

ス（Luz）の如き朽ち果てることのない小骨の中に住むのでもないからである。[60]

　そこで課される問いとは次のものである。すなわち，動物の存続の主張は，魂の存続の主張に何かを付け加えるか？　もし，その主張が，魂は身体なしにはありえず，それゆえひとつの身体は，たとえ個体として同一でなくとも，つねに魂に結びつけられていなければならないと考えるなら，そして身体は，少なくとも理論的には，種として変化さえしうると考えるなら，答えは否である〔何も付け加えない〕。他方で，もし，ライプニッツにとって魂は同一性の唯一の支えではありえず，むしろこれもまた（実体的な複合として解された）身体的基底を有していなければならないと考えるなら，〔答えは〕然りである〔何かを付け加える〕。別の術語でいえば，同一性は，第二質料を有機化するもののうちのみならず，有機化されたものそれ自体のうちにも存している，ということである。動物の同一性に関するこの「物質的」な基礎（しかし現象的な基礎ではない）はその身体に生じる変化の連続性において見出されうる。身体の変態に有利な魂の移住（あるいは輪廻）への拒否は，いかなる仕方で動物は，それの諸部分の絶え間ない更新にもかかわらず存続し，しかもある意味でつねに「同じもの」と言われることができるのか，を示唆している。魂は急激に或る身体から別の身体にただの一撃で移行するのではなく，むしろその身体は段階的に変化し，ある部分を手放し新たな部分を受けとる。それはあるリズムに従い多少とも重要な均衡において行なわれるが，ただし二つの継起的な瞬間（t_1 と t_2）のあいだに共通の部分がつね

　60）　Ibid. § 6, 232–233. アルノー宛 1687 年 4 月 30 日付（A II, 2, 190）も見よ。

5.1. 単純なものと複合的なもの 267

に残るという仕方でなされる。『新論』の以下の一節がこのことを確認している。

> 魂はつねに，死においてさえ，有機化された身体，つまりそれの以前の部分を保持する。もっとも，魂が保持するものはごく緩慢に散逸しては修復され，また或る時には大きな変化を被りさえするのを免れないのである。[61]

　もたらされた変化の大きさが何であれ，t_2 にある動物が，それが t_1 にあったものと少なくとも身体の一つの「部分」を共有するというのではない。「部分」は，物質の現実的な無限分割を考慮にいれるなら，じっさい無数の他の部分を含んでおり，ゆえにそれは形而上学的な構想では，諸モナドの或る無限性を要請している。動物は永続的に変化するが，しかし一つの瞬間から別の瞬間に全体として変化するわけではない。生成を通じてこの連続性は，〔その動物が〕以前そうであったもののうちの部分であり続けるように為すのである，たとえその残った部分もそれ自身変化するようにもたらされるとしても。この連続性は厳密な意味で同一性（identité）ではなく，むしろ等価性（équivalence）を基礎づけるものである。

　「じじつ，有機化された身体は一瞬を超えては同一ではない，それは同等であるに過ぎない」[62]。t_1 から t_n（t_1 から任意に離れた瞬間）のあいだに，あるいは子供のソクラテ

---

61) NE II, 27, 6（A VI, 233）. 強調ラトー。

62) Ibid. 232. 魂は常に同一の集積に結びつけられているのであるが，「［…］それらは，少なくとも同等なものの代置により常に特定の器官にとどまるのであり，それは，たとえ似たような物質がいつもそこに入り込んだり出て行ったりするとしても，川が同一にとどまるときのようなものである」（GP IV, 529）. 強調ラトー。

スと「死んだ」ソクラテス，すなわち収縮し減少してより微細な舞台上で展開する生物の状態に還元されたソクラテスとのあいだには，物体的な観点から，等価なものがくりかえし連続して置換されることを通じて／によって，「同一性」が存するであろう。その結果，子供のソクラテスと「死んだ」ソクラテスは，異なる二つの瞬間における，同一の「もの」の二つの状態を構成することになる。ここでの等価という術語は，同一を意味するのではなく，むしろ同一とみなされうるもの——そして，人はこうした連続性を根拠にしてそのようにみなす権利があるということ——を意味するのである。この〔等価という〕術語はその正確に（論理学や数学といった）専門的な意味で使用されているのではないにもかかわらず，後者の〔専門的な〕意味によって，二つの項のあいだの等式および一方から他方への移行を可能にする規則といった観念を維持している[63]。なぜなら，問題となっている同一性は，検討されている動物を構成する諸モナドのうちに書き込まれ，進行する変化を説明する法則の存在にも基礎をおいているからである。物質の止まることのない変化にもかかわらず「構造の基礎」[64]が保存されるのは，このようにしてなのである。

　この等価は，もしそれが身体に個体的な同一性を与えないとしても，だからといって必ずその同一性を排除するわけではないことも強調しなければならない。もしライプニッ

---

　63)　*Cantena mirabilium demonstrationum de Summa rerum* (1676/12/2), A VI, 3, 584 を参照。「全体的結果は充満した原因と等価である。というのも，原因と結果の間には或る釣り合いがあらねばならず，それが一方から他方へ移行することを可能にしているからである。ところで，原因と結果の釣り合いは，その等価のうちに存しており，いかなる他の尺度も見出されない」。充満した原因と全体的結果の等価については，M. Fichant, *G. W. Leibniz. La réforme de la dynamique*, Vrin, 1994, p. 277f.

　64)　ゾフィー・シャルロッテ宛（GP VI, 517）。

5.1. 単純なものと複合的なもの　　　269

ツが，ユダヤ教徒の伝統で，そこから身体が復活の時に再構成される破壊不可能と言われる小さな骨（Luz）を望まないとしても，さらに一般的には，そこに魂が永遠に固定されている物質的部分[65]という観念を認めないとしても，にもかかわらず，動物の生が持続する間，ある特定の部分が永続的に保存されることは不可避と思われる。物質の現実的な無限分割は，「諸部分」の一方が他方のうちにある入れ子のイメージを通して，ある特定のものの放棄が（連続的にくり返されても，前進的であるから）動物の同一性をあくまで部分的にしか損なわないということを示唆している。ゆえに，その「オリジナルな」身体の何らかの部分，すなわち世界の始まりにその身体がそうであったところのものがつねに保存されているのである。もし砂Aの山の粒を一つずつ（砂Aの山と同じ数の粒を含む）別の砂Bの山の粒と置き換えれば，最初の山Aの一粒も残らなくなる瞬間が訪れるだろう。なぜなら，砂Aのすべての粒はことごとくBのそれによって置き換えられてしまったのであるから。われわれはそこでは有限な量を相手にしている。これに対して，第二質料を基礎づけている諸モナドの場合においては，量は無限であり，その更新は，たとえそれが無際限に続いても，全体的なものであることはできない。この意味で，昆虫の解剖の例が示しているように，魂はその身体から，あるいはむしろその身体の部分からけっして離れることはないと，いうことができる。

---

65)　デ・ボス宛1706年10月16日付（GP II, 325）。「しかし，その魂に特定の第二質料が復活の時まで絶えることなく結びついたままであるということは，いかにしても正当化できません」。ライプニッツがヴァグナー宛に書いたように，生得的に備わる身体物質の最小粒子をわれわれは保持していた，ということは確かではない（GP VII, 530）。

270 第Ⅲ部／第5章　精神の本性と特殊性

　切断された虫は，どちらの部分にも何らかの運動が残
るものの，二つの部分の両方がまだ生きているのは必
然ではない。少なくとも虫の魂はどちらかの側にしか
ない。虫が形成され成長してゆく過程でも，魂は最初
からすでに生きている一定の部分にあったのであり，
同様に，虫が切られた後もまだ生きている部分に魂は
存続している。ただしその部分は，虫を切り裂く者の
手から逃れてどこまでも小さくなってゆく。ユダヤ人
たちのように，魂が逃げこむようなきわめて硬い一片
の小骨を想いえがく必要はないのだが。[66]

　有機的機械は，その「無限の襞と折り返し」とともに，
「ありうる何らかの暴力に対して保存する砦」[67]をつねにも
つ。これは，身体の特殊部分または他よりも本質的ない
し「生命的」と想定された器官と同一視されるような，永
遠の物体的核，つまり動物の身体的同一性の支えを認める
ことではない。ライプニッツが時折述べる「微細な身体」
は，「大まかな身体」[68]，うわべ，表皮，古着[69]といった動
物がある時はそれを着たり脱いだりするものに対置されな
がら，相対的な語り方をするときにのみそのように呼ばれ
るのである。それは，身体の基礎的で還元不可能な（形而
上学的にさえ解された[70]）存在ではなく，あくまで現実存

　　66)　アルノー宛 1687 年 4 月 30 日付（A II, 2, 190）。
　　67)　ゾフィー・シャルロッテ宛（GP VI, 517）。
　　68)　NE II, 27, § 6, 233.
　　69)　PNG § 6 ; Mo § 77 を参照。ライプニッツはさらに身体の
「樹皮（écorce）」についても述べている「こうして，炎や他のいかな
る外的力も〔有機的身体の〕樹皮だけしか損ねることはできないの
である」（引用は以下による：Stefan Luckscheiter, Seele und Fürst bei
Leibniz, Hefte der Leibniz-Stiftungsprofessur, Band 25, Wehrhahn Verlag,
2013, Appendice, p. XVIII）。
　　70)　そして，永久に魂と連動し，いわば小さい第二質料を形成

5.1. 単純なものと複合的なもの 271

在し変化し続け，現象的秩序ではわれわれに現れてこない
か，もはや現れないところの複合体を指示しているのであ
る。すなわち，それは表象も感覚もされないほど微細であ
るが，しかしこの理由のゆえに，可感的で顕著なものより
も「本質的」なのではない。というのも，微細なものは
諸々の制限をもたず，「脱皮」は，想定された核にけっし
て到達することなしに，権利上，無限に続きうるからであ
る。それは，アルルカン〔派手な衣装の道化師〕の衣装と
同様であり，「舞台上でアルルカンの服を脱がせようとし
ても，数えきれないほどの衣装を重ね着しているので，い
つまでたっても終わらないようなものである […]」[71]。

「微細な」身体とは，動物が，そこで包蔵され，縮約さ
れ，折り畳まれ，より小さな舞台上で展開しているのが見
出される状態である。だが逆の状態においては，それは
「大まか」であり，一度，（再）展開され増大されると，よ
り大きな舞台場面に入場（ないしは再入場）することを
可能にするような諸部分や器官を賦与されている。「微細
な」物体はたしかににとどまり続けるものであるが，しか
しそれは，物質的ではなく絶えず変化する点で，小さな骨
（Luz）とは異なる。したがって，それについて正確に定義
したり線を引いたりはできない。「微細な」身体は，それ
が——小さな骨や他のすべての自然的類比物と同様に，ま
たそれ以上に——，身体の復活というテーゼを支持するこ
とを可能にするという意味で，神学的な興味も少なからず
示している。その時〔最期〕が来れば，身体は，微細さや
大まかさの程度の如何を問わず，自然の秩序と恩寵の秩序
の間のライプニッツによって主張された連続性にしたがっ

───────────

しているような諸モナドのグループであるところの物体的存在者〔を
指示しているのではない〕。

71)　NE III, 6, § 41–42（A VI, 6, 329）．ヴァグナー宛 1710 年 6
月 4 日付（GP VII, 530）も見よ。

272 　第Ⅲ部／第5章　精神の本性と特殊性

て，栄光ある身体の構成のための基底として確かに役立つ
だろう。

　　というのも，魂が，それぞれの仕方で有機化された微
　　細な身体をつねに保持していると言えないはずはない
　　からである。そうした魂はしかも，いつの日にか〔死
　　後の〕復活において然るべき可視的身体を再び獲得す
　　るであろう。福者には栄光ある身体が許されているか
　　らであり，古代の教父は天使にも微細な身体を認めた
　　からである。[72]

5.2.　モナドの完全性の程度

　動物の永遠性は，各身体に起きる変化が連続的であるこ
とと，この身体の急激で全体的な消滅が不可能であること
によって保証されている。動物の永遠性は〔他のことと〕
同じように，否まずもって，その魂によって保証されてい
る。モナドに帰された二つの機能（基礎としての一，統一

---

　72)　*Considérations sur la doctrine d'un Esprit Universel Unique*,
1702（(GP VI, 533). 異なる学説の文脈（物理学と同様に形而上学
的観点からも）に関して，ヨハン・フリードリヒ公宛1671年5月
21日付A II, 1, 170–176, traduite par Claire Rösler, in *Philosophie* 75, 1
decembre 2002）も見よ。ライプニッツはすべての人間や動物，植物，
鉱物の身体が，死にゆく要素からは区別された「その実体の核」(p.
13) を有していると，その書簡で述べている。この「非常に微細な」
核は動物の破壊にもかかわらず存続しつづけ消滅し得ない「不可視的
中心に縮約されている」ことができる。この実体の核は「物理的点」
であり「魂と密接した器官，いわば魂の乗り物であり，数学的点にお
いて存している」。このことは身体の復活を説明可能にする。この破
壊不可能な「物理的点」は，それが常に可能的なだけでなく現実的で
もある物質の無限分割を任意に止めてしまうことを前提とすることに
おいて，明らかに問題含みのものである。

5.2. モナドの完全性の程度　　　　273

化の原理）は，見てきたように，（主要なあるいは従属的
な）単純諸実体のあいだに存在論的な区別を導入すること
を可能にしている。この区別は，全てが押し流されてしま
うような連続的流れにもかかわらず，不可侵のものである
ように思われる。もし魂が，精神と同じように，単なるモ
ナドないし「自然のままの／粗野な」モナドの状態（気
絶，夢もない深い眠り，死）へと後退しうるとしても，そ
の魂は，だからといって，厳密にこのようなモナドになる
ことはありえない。それに，こうしたことはその状態が持
続する間のことでしかない。モナドの秩序におけるこのよ
うな衰退は，つねにその人格的同一性を保持しなければな
らず厳密な意味で不死である精神の場合においても，動物
の魂の場合においても認められない[73]。もっとも動物は（意
識や反省を欠くため）実体的ないし身体的な同一性しか保
存せず，ただ不滅または不断[74]でしかないのだが。失神状
態，深い眠り，それどころか死の状態にある動物が気づき
に戻ったり，精神が自己意識を再び見出したり出来ること
は，魂がその本性やその固有の能力を失うなどけっしてあ
り得ないことを示している——それらの能力のはたらきが
一時的に中断されているだけである——。それ〔魂の固有
な能力〕が魂を「粗野な」モナドから区別し，また区別し
続けるものなのである[75]。別言すれば，引き起こされた変
動や変化がどのようなものであれ，モナドのそれぞれの本

---

73)　「［…］魂，言い換えれば最も支配的なモナド，あるいはむ
しろ動物そのものは，死とか，あるいは何らかの事故がそれを置くか
もしれないまどろみの状態から，目覚めるに違いない」（PNG § 12）。
こうした非常にもっともらしい動物の蘇生（溺れたハエがその代表的
な例である）については SN（GP IV, 480–481）; NE, préface（A VI, 6,
58）の「［…］いかなる眠りも絶えず持続することはできない」など
の箇所を見よ。

74)　Th § 89; NE II, 27, § 9, 236.

75)　Mo § 20.

274　　　第Ⅲ部／第5章　精神の本性と特殊性

性（単純／魂／精神）は同一であり続け，それらの間の階層的秩序は転倒され得ないのである。

　粗野なモナドが動物の魂をつくることもないし，動物の魂が精神となることもありえない[76]。逆に，いかなる精神も単なる魂の地位に衰退しないし，魂も裸のモナドの地位に落ちることはありないのである。このことは次のように考えるのを妨げはしない。すなわち，(a) 魂や精神は，一時的に単なるモナドの状態において見出されうること。(b) 発生によって精神であるよう運命づけられたモナドは，この発生に先立つ全時間において「通常の，感覚をもった」[77]魂に類似していることがあること。(c) 人間は猿と同じように愚かになりうること——ただし「理性的魂の内部は理性の使用の中止にもかかわらずそこに留まる」[78]のだが——，それどころか (d) 人間はその活動の四分の三は動物のように行為する[79]のだから，その精神もしばしば動物の魂に似たものであること。モナドに内在する判明な特徴——諸々の潜在能力，傾向，力能——は，たとえこれらの潜在能力，傾向，力能がけっして現実化しないか，永続的に妨げられていると推測するとしても，少なくとも全知の精神には，魂を粗野なモナドからなる魂や，そして精神をたんなる魂から区別することを可能にする。

　この全知の精神でなくとも，三つの種類のモナドの分水嶺となりうる諸特質の概略を描くことは可能である。そのためには，厳密に形而上学的な構想（単純なものと複合的なものの関係やそこに働く支配関係）を後にし，〔次節では〕認識論的な構想，すなわち，表象というもの，および

---

　76)　レモン宛 1715 年 2 月 11 日付（GP III, 635）と『生命の原理と形成的自然についての考察』（GP VI, 542–543）を参照。

　77)　Mo § 82; Th § 91, § 397.

　78)　NE II, 27, § 8, 234.

　79)　PNG § 5.

5.2. モナドの完全性の程度　　　　275

その種類と度合いについて検討しなければならない。

5.2.1. 表象から感覚へ

モナドのうちにあるこうした「完全性の種類と度合いの無限性」[80]はひとつの共通した本性の土台の上に展開されている。この点で精神の特殊性は，デカルト主義者が見ている所にはない。もし，デカルトとともに，表象が思惟の形相であると考えるなら，精神の特殊性は，デカルトが主張したような思惟には存していない。というのも，表象，そして欲求（或る表象から他の表象へと移らせる内的原理の活動）さえも，ライプニッツにとっては，例外なくあらゆるモナドに固有のものだからである。ここで『省察』の著者との対立は三つの点に関して現れる。

1. ライプニッツは，思惟ではなくむしろ表象を，単純実体ないしモナドの主要な，すなわち基礎的な属性とする。なぜなら彼の思惟の概念はデカルトのそれとは異なるからである。デカルトは，思惟について，非常に一般的な意味，すなわちわれわれがそれについて直接に意識するようにわれわれのうちに存在し作られる全てのもの（感覚，感情，想像，意志，概念など[81]）を解し，それを精神に割り当てるのであるが，ライプニッツは思惟を狭い意味にとる。すなわち，ライプニッツでは，思惟とは表象の或る一つの種類，すなわちその資格で，かつその資格でのみ理性的魂の特権であるような最も高い程度

---

80)　*Eclaircissement sur les Natures Plastiques* [...], GP VI, 548. デ・ボス宛 1712 年 6 月 16 日付（GP II, 451）も参照：「しかしモナド相互の間の支配と従属の関係は，モナドそのものに関して考えるなら，完全性の程度の違いでしかない」。

81)　『哲学原理』I, 9, AT IX-2, 28 と『省察』II, AT IX, 22 を参照。

のものを指し示すのである。

「思惟（pensée）という言葉よりももっと一般的な言葉，つまり表象（perception）という言葉を使ってよいと思う。つまり，表象はすべてのエンテレケイアに属するが，思惟についてはこれを精神にのみ付与するのである」[82]。諸モナドにおける完全性の無限に対応するのは，認識的な構想では，「表象における程度の無限」[83]である。この観点からすれば，精神は他のモナドから区別はされない。なぜなら精神が表象するのは，それが表象するもの〔対象〕によるのでさえなく，必ずしもつねに到達するわけではないが，その表象が到達しうる一層高度な質によるのだからである。

2. ライプニッツは，思惟を，あるいはむしろ表象を意識的表象（apperception）ないし意識から区別する。その場合ライプニッツは，後者は前者の条件ではなく，（デカルトのみならずロックもそう考えるように）前者に必ず伴わなければならないということもない，と見ている。魂はそれが表象していることを必ずつねに意識的に表象するわけではなく，また表象の内容は無限であるから，そのすべてを意識的に表象することもできないにもかかわらず，魂はつねに表象しているのである。

3. ライプニッツは，魂の身体との永続的な（つまり一時的ではない）統一を主張しており，身体によって魂は宇宙に結びつけられ，身体のおかげで魂は表象

---

82) NE II, 21, § 72（A VI, 6, 210）.

83) デ・メゾー宛 1711 年 7 月 8 日付（GP VII, 535）。

5.2. モナドの完全性の程度　　277

する，すなわち，魂はこの宇宙を自分のやり方で，
そして固有の視点から表出する。もし有機的な身体
がなければ魂は表象することができず，また精神も
思惟することができないだろう。身体との分離は，
自然的には，認識的，身体的な理由や，また形而上
学的な理由によって不可能である。〔身体との分離
によって〕まず，魂は，それであるところのもので
あることを，つまり多様の統一化の原理であること
をやめ，次に，魂の宇宙への関係は決定的に壊れて
しまうであろうから，それは表出の終わりを，そし
てそれゆえ，〔魂の〕純粋で単純な絶滅を意味する
であろう。身体からの解放は，〔魂を〕文字通り自
然の秩序から離れさせるような不連続を意味する。
「［…］被造物が物質から解放されて自由になった被
造物は，同時に普遍的結合からも切り離されること
になり，いわば一般的秩序からの脱走兵のように
なってしまう」[84]。ゆえに，質料から完全に切り離さ
れた魂は，神を別とすれば，存在しない。すなわち
神だけは，自分が創造し，現実存在のうちに連続的
に維持している宇宙を，表象あるいはむしろ認識す
るための身体を必要としないのである。

　ひとたびすべての単純実体に帰された表象が，一にお
ける多の表現，あるいはまた単純なものにおける複合的
なものの表現，内における外の表現[85]として定義されるな

　84）　『生命の原理と形成的自然についての考察』1705 年 , GP VI,
546.

　85）　ヴァグナー宛 1710 年 6 月 4 日付（GP VII, 529）：「そして，
内的なものと外的なものとの対応が，もしくは，内的なものにおける
外的なものの表現，単純なものにおける複合的なもの表現，一におけ
る多の表現が，じっさい表象を形成しているのである」。

ら，またひとたび意識されない表象の可能性が確立される
なら，ひとつの魂を諸々の動物や，またあらゆる生命体に
まで認めることを妨げるものはもはや何もない。精神の特
権は，語の厳密な意味で解された思惟のままである。しか
しそれは，考えたり身体の外で自存する能力のうちにはな
い。粗野なモナドや，とりわけ動物的魂との差異は，単な
る程度の差異にだけ帰着するのだろうか？

　モナドのヒエラルキーは，まず——ただし，これから
見るように，これだけではないが——，考察された実体
が受け入れうる表象の明晰さと判明さの程度に立脚して
いる。単なるモナドにおいては，表象は意識的表象や記憶
をもたず，完全に錯雑としているか，あるいはより正確に
は，不判明である。それゆえ，そのとき表象は別のそれ
へ続く——モナドには欲求（appétition）も賦与されている
——のであって，〔変わらずに〕保存されるということは
ない。一つの表象は別の表象を消すのである。これは，到
来したもののいかなる痕跡もいかなる徴もモナドのうちに
残っていないとか，未来に到来するであろうものの前提が
モナドのうちに存する，ということを意味しない。しか
し，そうした刻印は非常に弱いものであるため，例えば
〔それが〕以前に表象されたものに似た新しい表象〔であ
ること〕を考慮するときでも，それが将来に再び現勢化
され蘇生されることはできない。何も留めおかず，新たな各
瞬間にあたかも無垢なもののようであり，それにとって
印象の反復も強度も，あるいは多くのものの積み重ねさ
え判明さを産出することもできない実体においては，過去
の未来とのいかなる連想も，いかなる連結も，いかなる接
合も可能ではない。表象はいったん受け取られると消える
のであり，このことは粗野なモナドを「瞬間的精神（mens
momentanea）」ないし一瞬の精神と同一視することへと向
かわせる。この瞬間的精神という表現によってライプニッ

5.2. モナドの完全性の程度 279

ツは,『抽象運動論』[86]において,瞬間を超えて存続する「努力（conatus）」〔あるいは衝動〕をもたない物体を定義する。努力のこうした保持または非保持は,魂から身体を区別することを可能にするのであり,まさに努力の保持によって,魂は記憶の能力をもち,これによって感覚し思惟することができる。『モナドロジー』の時期になると,ライプニッツの自然学や,彼の物体概念は明らかにもはや同じものではない。しかし,1670–71 年におけるのとは確かに異なる意味においてではあるが,想起する能力はさらに魂を身体から区別することを可能にするという点に注意すべきである。というのも,身体は,究極的には,非物質的で不滅ではあるが,あたかも瞬間的思惟のような粗野な諸モナドから構成されているからである。

　単なるモナドは表象はするが,しかし感じることはない。そのモナドによる世界の表出は,感覚以前の盲目な表現（représentation）であり,像も思惟もない。単なるモナドはこうした（形而上学的であって自然学的ではない）中心または点であり,こうした「外的諸事物の集中」[87]である。そこへは宇宙のあらゆる印象が収斂し,集合しており,ちょうど「そこで交わる線によって形成される無数の角が見出されるところの」[88]幾何学的点のようなものである。モナドがそれである鏡はしかし外部の印象を受動的に集めることに存しているわけではなく（モナドのうちには何も入り込まないのだから）,むしろ反対にモナド自身か

---

86) A VI, 2, 266(§ 17)；アルノー宛 1671 年 11 月初め（A II, 1, 279）；オルデンブルク宛 1671 年 3 月 11 日付（A II, 1, 147）を参照。魂と異なり記憶を持たない物質については *Extrait du Dictionnaire de M. Bayle article Rorarius [...] avec mes remarques*, GP IV, 543–544 も見よ。

87) GP VI, 627.

88) PNG § 2. ゾフィー宛 1700 年 6 月 12 日付（GP VII, 555）。ゾフィー宛 1706 年 2 月 6 日付（GP VII, 566）も見よ。

280 第Ⅲ部／第5章 精神の本性と特殊性

らその自発性によって，外的なもののうちでじっさいに起こることに一致するような仕方で，外的なものの印象を産出するのである。したがって，単なるモナドは生きた原理，すなわち能動的な原理なのである。

きわめて厳密にいえば，そして『認識，真理，観念についての省察』（1684年）の語彙に従えば，粗野なモナドの表象は錯雑（confuse）しているというよりも曖昧（obscure）である[89]。魂においては「表象はより判明であり記憶が伴っている」[90]のであり，これによって感覚（sentiment）が生じる[91]，この語はラテン語の sensus ないし sensio[92]と等しく，本来は，感覚されたものを意味するのであるが，ライプニッツが最もよく用いるのは感覚作用（sensation）としての意味である。表象における区別は，動物が備えている諸器官に由来している。

さらに見てとれるのは，自然が，多くの光線や空気の振動を集め，それらを結びつけて，いっそう大きな効果を得させるための諸器官を動物にあてがうという配慮によって，動物に際立った表象を与えたことである。嗅覚，味覚，触覚，そして恐らくわれわれの知ら

---

[89] われわれは，観念が再現前させる対象を十分に認識できないときに，曖昧な観念をもっている。こうして，かつて見られた花や動物の記憶は，それが現前するときに認識できたり，それに似たある動物からそれを区別することができるというためには十分ではない。混雑した観念は，その観念に関して，明晰であることを前提とする。つまり，たとえ私がどこに違いがあるのか言えなかったり，固有の特徴を数え上げられなかったりしても，再現前したものを認識したり他のものから区別することができるのである。『認識，真理，観念についての省察』（A VI, 4-A, 586）〔K I, 8, 26〕を参照。

[90] Mo § 19.

[91] PNG § 4.

[92] *Specimen inventorum* […], A VI, 4-B, 1625; GP VII, 330, 331 を参照。

5.2. モナドの完全性の程度　　　281

ない他の多くの感覚においても，これと似たところが
ある。[93]

　感官（sens）は，多くの印象（それ〔感官の作用〕がな
ければ「気づかれず」に過ぎるであろう）を集め，それに
よってより可感的で，より強く，ゆえにより目立った唯一
つのものにまとめる手段として現れてくる[94]。視覚的，聴
覚的な表象を産出するために，目はこうして光線を集中さ
せ，耳は空気の振動を集中させる。嗅覚や味覚，触覚もま
た同様の仕方で働き，それぞれが固有の領域で働くのであ
る。しかし，われわれが知っている以外の感官を想像する
ことも可能である。そうした感官を所有するには，特殊な
諸器官を有していれば十分であろう。つまり，われわれの
魂がじっさいに受容し，そこで区別できないほど「際立
ち」過ぎてはいない，そのような諸印象を結び合わせるこ
とを可能にするのに適した器官をもてば十分であろう。わ
れわれは，これらの正確には知られていない感覚的表象に
関しては，われわれの視覚的ないし聴覚的な表象と比較し
て，粗野なモナドの状態にある。

　動物の表象は「より判明」[95]である。なぜなら，1684 年
の『省察』の言によれば，動物の表象は明晰になり，つま
り，表象されたものを他から差異化し，また，もしそれが
新たに現れるならそれを再認できるようになるからであ
る。明晰であることは想起を可能にする。明晰な表象は魂

---

93)　Mo § 25.
94)　PNG § 4.
95)　判明や錯綜といった言葉のテクニカルではない用法に由来
する曖昧さがここにはある。それらはライプニッツが，「引き上げら
れた」顕著な特徴を指示するために用いるか，あるいは反対に或る表
象から判別や区別ができない特徴を指示するために用いる語である。
1684 年の『省察』によってきちんと据えられたテクニカルな用法と
正確に一致してはいない。

においてより強い印象を引き起こし，その起伏のゆえに注意を惹き，つまりより深い痕跡を残すのである。こうして，明晰な表象は保存され，類似した他の表象を機会として，あるいは，最初にその表象を産出したときに類似した状況において呼び覚まされ再び掻き立てられうる。『自然と恩寵の原理』第4節の最初のヴァージョン（ロビネ版の第二写本B，p. 35）が示すように，感覚は「反復可能な」表象である。つまり再現実化可能（réactualisable）な表象であり，たとえそれが現実に表象されていなくても，じっさいつねに有効である。感覚は「記憶に伴われており，つまりそれの残響が長い間続いていて，機会があると聞こえてくる」[96]ような表象である。感覚されたもの〔内容〕はさらに弱くなってもあり続けるが，それは残響によってある一定時間は音が存続するのと同様である。しかし，尽きたり消えたりして終わる残響とは違って，感覚は無規定的に続くだけでなく，環境が好ましければその強度を回復しさえできるのである。

　このように，動物において表象は，他の表象を追いやるのではなく，むしろ反対にその魂に浸透し，表象において常に利用可能で活動中であり続ける。このようにして諸々の結びつきが生じうるのである。すなわち，魂は，動きのない印象が積み重なる置き場ではなく，むしろそれらの印象が自然的に結び合わされ組み合わされる場所だからである。これらの印象は，それによって動物がひとつの表象を別の表象に結びつけるところの，動物に固有な連想（consécution）である。というのも，動物はすでにそれらの連結を過去に経験しており，その結果，一方を見れば他方を感覚するに至るからである。それらの継起は，或る印象の頻発やくり返しに由来し，あるいはただ一つの，しか

96）　PNG §4.

5.2. モナドの完全性の程度　　283

し「長い間の習慣の効果を一挙に引き起こし」[97]，またしっかりと想像力のなかで「長い経験が刻むのと同じくらい深く鮮やかな像」[98]を刻むほど強力な印象に由来するのである。これらの連想は，純粋に偶然的なものかもしれない二つの現象間の同時性または継起の単なる関係という所見に基づいている。以前それでもって叩かれた棒を見て，その痛みを思い出し，吠えて逃げる犬についても，そういう事情なのである[99]。これらの連想は理性の模倣であり，「理性（raisonnement）の影」[100]にすぎない。すなわち，理由が必然的な結びつきで，諸真理の厳密な連鎖であるのに対し，これらの連想は，想像力によって確立された結びつきであり，ありふれたものや習慣をもつものについての経験に基づいている[101]。とはいえ，連想はただ獣にだけに固有なものではない。

　　獣の連想は，単なる経験論者の連想とまったく同様である。つまり彼らは，自分を叩くものが似ている場合に起きたことがまた起きるだろうと主張するのだが，そこに同じ理由が存続するかを判断するための能力は有していないのである。まさにそれゆえ，人間が罠で動物を捕らえるのはきわめて容易であり，単なる経験論者が誤りを犯すこともきわめて容易である [⋯]。[102]

---

97)　Mo § 27.

98)　NE II, 33, § 1–18, 271.（ときおり子供時代に起源をもつ）偶然的で不自然な二つの観念の連結によって，ある種の傾向や盲信ないしはまた偏見の起源が説明される。

99)　Mo § 26; PNG § 5.

100)　NE, préface, 51; NE IV, 17, § 1–3, 475.

101)　Ibid.; NE II, 21 § 50, 199; Th-DPC § 1.

102)　NE, préface, 50; NE II, 11, § 11, 143; *Nova methodus* [...] (revue), A VI, 1, 268–269; Th-DPC § 65.

284　　　第Ⅲ部／第5章　精神の本性と特殊性

　単なる「経験論者たち」は，諸々の原因や理由を認識さ
せる彼らの理性を用いず，ただ自身らの記憶を用いるのみ
であり，（「理論もなしにたんなる実地体験しか積んでいな
い経験派の医者に似ている」[103]というように）起きたこと
や結果にならうことしかしない。ゆえに，自身らの獲得経
験や習熟にもかかわらず，容易に誤り，騙されうるのであ
る。
　精神に固有の意識と理性とを考察するに先立ち，粗野な
モナドから魂にいたる移行に関して，ひとつの指摘が必要
である。記憶や感覚についての，それどころか連想作用に
ついての説明さえ，魂におけるいかなる特殊能力にも依拠
していないこと，あるいは，いずれにしても，その〔特殊
能力の〕一つを要求しているとは思えないことが確認され
る。表象の明晰さは，純粋に生理学的な仕方で，諸器官の
唯一の役割によって説明される。諸表象の保持と想起の形
成は，原因の消滅後もその残響〔エコー〕が持続するとこ
ろの産出された印象の力によって説明される。感覚し想起
する魂の能力は，諸器官によって生み出され際立たされた
諸表象の結果として現れるのであり，経験論者のモデルも
しくは，それら〔の表象〕を可能ならしめる条件としてで
はない。一言でいえば，能力が表象を産出するというより
も，――経験主義的なモデルか，またはむしろコンディ
ヤックの「感覚主義的」なモデルによれば――むしろ表象
が能力を産出するように見えるのである。連想に関してい
えば，それは魂においてことさら特別な能力を要求するわ
けではない。というのも，連想は，獲得されて常に効果を
及ぼす諸表象に固有の「ダイナミズム」から，つまりそれ
らの諸表象の自然的結合（ある表象は他の表象を，かつて
その結合がしばしば示されたところの経験を呼び起こす）

103）　Mo § 28.

5.2. モナドの完全性の程度 285

から，あるいは想像力の戯れから，そして習慣の力から帰
結するからである。より適切には次のように言える。すな
わち，精神に割り当てられると考えられうる注意力は，す
でに諸々の動物のうちに現れており[104]，諸器官のおかげで
受けとられた諸表象の区別による結果でしかないのであ

---

104) 「魂は，厳密には，より高貴な種の生命体，または感覚的
な生命体と見られる。それにおいてはたんに表象する能力だけでな
く，これに注意力と記憶が結合していれば，感覚する能力もその効
力を発揮する」（ヴァグナー宛 GP VII, 529）。「大声で追い立てる人間
に気づくと，その人間に向かって突進してくる」猪の例は，動物的な
注意力を完璧に描いているように思われる。動物は，マーク・カル
スタッドが提案しているような，獣たちにおける意識的表象の形式
（精神に固有であり自我やその作用を把握することを可能にする「注
目された反省」と呼ぶものに対比された単なる反省）を認識する必
要はないのである。この点に関しては，カルスタッドの著書 Leibniz
on Apperception, Consciousness, and Reflection, Philosophia (Analytica),
1991 参照。猪はすでに混雑した仕方でこの人間を表象しているので
ある，というのもそもそも「他のすべての対象物がその目には入って
おり，その光線はその水晶体を打っている」のだから。猪はその人を
意識的に表象している。というのも，表象はより顕著なものになって
いるし，その注目を集めたからである。反省はここでは全く必要とは
されない。「意識的表象をする」という動詞や「意識的表象の能力」
（同じ文脈で使用される）という言い回しがテクニカルではない用法
に属しており，時代的な用法に従って単に「気づく，注意する」を意
味していることを忘れないでおこう。Apercevoir の項目で，ジャン・
ニコは次のように書いている。「何かに気づいたり発見したりするこ
ととしても用いられる。例えば，私に対して企てられた詐欺に私が気
づく（est apperceu），というように」（Thresor de la langue francoyse,
1606）。アントワーヌ・フュルティエールは次のような定義を与えて
いる。「何らかの注意力や，反省ないし検討といった手段によって，
何かに注目すること」（Dictionnaire universel, 1690）。もし，『新論』
における（ライプニッツによって編み出された）「意識的表象」とい
う語が，フランス語の s'apercevoir がもつ現在の意味に近いというこ
とがありうるならば，動物に天賦のものとしてみた単なる注意から区
別されたテクニカルな意味を，後にその語が獲得したということは明
らかである。

る。これらの諸表象の堆積，それらの集中，それらの結合によって諸表象は気づくことのできるものとなり，したがって諸表象は動物の注意を自然的な仕方で覚醒し刺激するのである。

有機的身体に作用する運動（視覚に対する光線や眼の体液の形態，聴覚に対する空気の振動）によるこの経験的説明は，もしそれが真だとしても十分ではあり得ない。『モナドロジー』第17節で言われているように，「機械的な諸理由の考察だけによって，すなわち形や運動によって」は表象を説明することはできない。水車小屋の内部のように人が入れるように拡大された身体機械においても，ただ「いろいろな部分が互いに押し合うのを見るだけで，表象〔それ自体〕が何から説明されるかけっして見出せないだろう」[105]。その説明〔の主眼〕は単純実体にあり，複合実体にあるわけではない。たしかに，身体と魂，あるいは作用因と目的因の間の調和に従えば，有機的身体のなかに，魂において生じることに対応するものがなければならない。正確にいえば，一方により他方を説明することは，それぞれのうちに，期待される目的ないし結果（一方では器官における強い印象，他方で感覚）を生み出すような手段ないし原因（一方では運動，他方では表象）を見出すことを前提にしている。例えば，あたかも視覚的感覚が眼に差し込む光線の働きによって，魂のうちに機械的に産出されるように，すべてが生じてこなければならないが，それに対して可感的表象（ここでは視覚）は，じっさい，つねに魂だけの内的活動（欲求）によって生み出される先行表象の系列なのであり，あたかも魂は身体も器官も持っていないようであっても，そうなのである。

---

105) GP III, 68 も見よ。

5.2. モナドの完全性の程度　　　287

モナドにおける諸々の表象は，欲求の法則によって，
すなわち規則的または不規則で目立ちやすい表象のう
ちに存する善悪の目的原因の法則によって，次々に生
まれてくるのだが，それはちょうど物体の変化と外な
る現象が作用原因の法則によって，言い換えれば運動
法則によって次々に生まれてくるのと同じである。[106]

　これは，人は眼によって見るのではなく，耳によって聞
くのではない，と言っているのであろうか？　視覚と聴覚
は器官なしには働きえないが，それは，これらの器官が因
果的に魂のなかにこれらの感覚を生じせしめているからで
はなく，むしろそれらの器官なしには予定調和が崩れてし
まうからである。眼を使用しなければ私は見ることができ
ないし，耳を持たなければ聞くこともできない。というの
も，私の魂は，何ものもそれに対応しない，つまり身体に
おけるいかなる運動も変化もそれに対応しないような表象
を産出できないからである。表象は，器官に与えられた印
象を「表現する（représenter）」（『原理』第4節で言われる
ように）。すなわち，表象は印象と混同されはしないが，
表象は印象なしには存在できない[107]。それゆえ，予定調和
の体系は，たんに身体と魂の間の並行説だけを措定または
認めることにあるのではない[108]。すなわち，もし身体があ
たかも魂がないかのように，また魂はあたかも身体がない

---

106)　PNG § 3.

107)　クラーク宛第三 1716年2月25日（GP VII, 365 (11)）〔KI,
9, 289〕：「たとえ生きているものであっても実体が単に現前している
だけでは表象には不十分である。盲人，そしてぼんやりとしている人
でさえ，物を見てはいない。魂は自分の外にあるものをどうやって意
識的に表象するのか，を説明しなければならない」。

108)　「並行説」（parallélisme）という語は，ライプニッツ自身に
よって用いられたものである。『唯一の普遍的精神の説についての考
察』（1702）（GP VI, 533）。

288 第Ⅲ部／第5章 精神の本性と特殊性

かのように作用しなければならないということが真なら
ば，「両者はあたかも一方が他方に影響を与えるかのよう
に作用する」[109]。それぞれの（固有の規則に従った）自律
は，それぞれの相互的表出に由来する（それぞれがつねに
他方の状態を表出するという）相互的な形而上学的依存に
よって釣り合いをとられているのであり，したがって，身
体において〔魂と〕対をなすものがなければ，魂において
何も起こりえないし，その逆も然りなのである。

　それゆえ，魂と身体との間の並行説は，表出の項と項，
状態と状態のいわば「垂直な」関係によって複雑化する。
ところで，この表出は関係の単なる同一性以上のものを想
定しているが，とはいえ，表出するものと表出されるもの
の間の或る種の類似を前提している。さらに，この点に関
してライプニッツは（ロックと同様）デカルト主義者を批
判する。すなわち，デカルト主義者が，「あたかも神が表
象とその対象との間のいかなる本質的関係もまったく考慮
しないで，それら［可感的性質の諸表象］をわれわれの魂
に与えたかのように［…］」[110]，魂の諸表象と身体の諸運動
の間の連合は純粋に恣意的であると主張する，ということ
を批判するのである。それは，ある画家がピラミッドに
よって（ローマの）サン・ピエトロ寺院の丸天井を表現で
きると主張するのと同じことになる[111]。反対に，表象と運
動の間には「自然的な結びつき」，すなわちそれぞれの自
然本性に基礎づけられた結びつきがなければならない。す
なわち，それは，

　　完全ないわば字義どおりの類似ではなく，表出的な類

---

109)　Mo § 81.

110)　NE, préface, 56; NE II, 20, § 6, 156–166.

111)　GP IV, 576.

5.2. モナドの完全性の程度　　　289

似，つまり秩序による関係に基づく類似のあり方である。ちょうど，楕円のみならず放物線や双曲線でさえ，それの平面への射影であるところの円に何らかの仕方で類似しているように。すなわち，射影されたものと，それについて行なわれる射影〔のはたらき〕との間には正確で自然的な一定の連関があるので，一方の各点は，一定の関係にしたがって，他方の各点に対応しているからである。[112]

ゆえに予定調和は，諸現象のたがいに完全に異質でありながら，各固有の法則に従って一致するような二つの系列（一方で物体的，他方で精神的な）の間の対応による恣意的関係を制定するものではない。そのような調和は，精神的構想では，物体的運動の相関項としてよりも，基礎づけられた類比に他ならない自然的な結びつきに従った表現として表象を把握することを前提としている。

しかしながら，次のような問いが残っている。すなわち，どのように，有機的運動が切り離されたとき，厳密に魂の観点から，感覚や想起の発生が説明されるのだろうか？　どのように，ある表象は，そこから，より判明に，より明確になり，最終的に記憶されるために，別の表象と結びついてゆくのだろうか？　ライプニッツはそれについて明確には語っておらず，既述のような生理学的記述で満足している。おそらくその説明は，複合体を形成している間モナド的な関係のうちに，より個別的には，魂に固有で，魂を粗野なモナドから区別するところの主要な支配のうちに存する。魂はより高次のモナドの法則に従うのではない。魂は——その身体を統一化する原理でもある粗野な諸モナドにくらべて——特異な法則をもち，魂に依存し魂

---

112) NE II, 8, § 13, 131.

に「仕える」諸モナドによってすでに統一されている多を統一する（unifier un divers déjà unifié）のである。魂とは，他の諸々の中心のその中心（le centre d'autres centres）であり，生理学的構想では印象の統一化や集中のための道具である諸器官に対応する多数の従属的な集中のその集中である。動物的な表象は多くの表象のその総合である。ゆえに動物的な表象は，より大きな強度をもつという意味で判明さを増しているが，しかしまた（そしておそらく何にもまして）より大きな秩序がそこに顕れるがゆえに，より多くのものが動物的表象では秩序づけられているのが見出される。このことは，動物的表象を気づきやすいものにし，そこからまた記憶されうるものにする。というのも，「或る多のうちに見分けるべき多くのものがある限りで秩序がある」[113]からである。秩序のこの度合い，多のますます大きな統一は，表象と，そしてその能力のある実体との相対的な完全性をなすものである。モナド的ヒエラルキーのなかで上昇するに応じて，表象がより多くのものを含むのではなく（表象はつねに無限に拡がっているのだから），その内容が，より把握され差異化されるゆえに，より知解可能になるのである。精神においては，そのような表象は理性となる。

5.2.2. 思惟，意識，そして理性

　1684 年の〔ライプニッツの〕『省察』の用語によれば，動物においては表象は明晰だが錯然としている。精神において表象は判明になる，あるいは少なくとも，なることができる。精神（表象を，他の諸々のものから差異化〔あるいは区別〕することを可能ならしめる）は，検討されている事物の判明な特徴や徴を枚挙し，つまり，その事物の少

113）　ブルゲ宛（GPIII, 558）。

5.2. モナドの完全性の程度　　　291

なくとも名目的な定義を与えることができるのである[114]。
とはいえ，区別は，異なった度合いを受け入れるものでも
あるのだが[115]，ここではそのことは追究しない。われわれ
にとって重要なのは，むしろどのように判明な認識が，お
そらく獣にはアクセス不能である一方で，精神よって獲得
されるのか，そしてなぜそれらが精神に固有のものである
のかを知ることである。魂は二つの特徴によって精神にな
る。1. 魂は，意識や，意識的表象，あるいはさらに反省
を行なうことができる[116]。これらの術語は，ライプニッツ
が同義のものとして置いた語であり，魂が自分自身を振り
返ることによって，自身が表象していることを表象し，自
身がそれであるところのものや，自身が為すところのもの
を知る働きを指している。2. 魂は，術語の厳密な意味で，
思惟することができる。すなわち，必然的真理を認識する
ことができるのであり，これによって（必然的諸真理の連
鎖に他ならない）理性や，学知へと上昇することができ
る[117]。

　これら二つの力能は，精神に固有な二つの性質をもたら
すことになる。すなわち，反省は，精神を自我といわれる
ものに至らせ，精神に人格性（それは自我の意識を保持
し，その過去の働きを記憶することに他ならない）を与え
る[118]。さらに理性は精神を神の似姿（あらゆるモナドと同

　114）　ただし，原始的概念の場合は別であり，それらはそれ自体
で固有の徴であり，分解され得ず，それ自身によって理解される。例
えば，存在（être）や現実存在（existant），自我（moi）のように。

　115）　『認識，真理，観念についての省察』A VI, 4-A, 586–588.

　116）　Mo § 14; PNG § 4; アルノー宛 1687 年 10 月 9 日付：A, II,
2, 258; *Specimen inventorum [...]* A VI, 4-B, 1625; C 438.

　117）　Mo § 29–30; PNG § 15.

　118）　DM § 12, § 34, § 35; Th § 89; ヴァグナー宛（GP VII, 531）。
これらに対して，1695 年のフシェの批判に対する注記においては，
人格性は理性から演繹されるものである。「[…] 理性を構成する反省

292   第Ⅲ部／第5章　精神の本性と特殊性

様の宇宙の鏡であるだけでなく）にし，神を真似ること
を〔精神に〕可能にする。精神は，諸々の発明や人工的な
生産によって「自分の領域における小さな神」のようなも
のなのである[119]。諸テクストによればライプニッツは次の
ように考える。すなわち，諸精神が，神との「交際」に
入り，神が最完全な君主である国を形成するのは，〔諸精
神が〕人格として，それゆえ褒賞や罰の対象となりうるも
のであるかぎりにおいてであり[120]，あるいは，理性を賦与
された神の似姿であるがゆえなのであると[121]。いずれにせ
よ，人格性（personalité）と理性性〔合理性〕（rationalité）
は，この普遍的王国のメンバーであるための両要件である
と思われる。神を認識し，愛し，真似ることのできる存在
者だけがその国の市民であり，意識や記憶が備わった存在
者だけが，正義の法に従って，地上の生において犯した行
為の報いを受けることができるのである。

　以上に反して，諸テクストで主張が一致しないために，
意識と理性の間の関係はより問題含みのように見える。或
るテクストは，精神が，必然的で普遍的な真理を発見し，
ゆえに理性に至るのは，また，自我を振り返りながら存
在，一性，実体，持続，活動といった諸観念や，「われわ
れの知性的諸観念の他の幾多の対象」[122]を見出すのは，ま

を獣が為すとは思われないし，必然的真理や学知の認識を与えること
によって，獣たちがその魂を人格性を持ちうるものにする，とは思わ
れない」。

　119)　Mo § 83; PNG § 14.
　120)　DM § 12; § 35.
　121)　PNG § 15; Mo§ 84.
　122)　NE, préface, 51; NE I, 1, § 23, 85–86.「そして，もしわれわ
れが，われわれ自身存在ではなく，またわれわれのうちに存在を見出
すことができなかったならば，どのようにわれわれは存在の観念を
持つことができるのか，私はこのことをよく知りたい」。NE I, 3, § 3,
101–102 も同様。

5.2. モナドの完全性の程度　　　293

さに反省によってなのだ[123]，と主張する。しかし，他のテクストは，とくに『モナドロジー』（第 29 節および 30 節）は，それとは反対に，意識や，したがって自我の発見や，形而上学の諸観念を，理性的認識に依存させている。

> さらにわれわれは，必然的真理の認識と，真理を抽象する作用とによって，反省という行為にまで高められる。この反省が自我と呼ばれるものを考えさせ，これとかあれとかが自身の中にあることを考察させる。このようにして，自分自身を考えることによって，存在，実体，単純なものと複合されたもの，非物質的なもの，さらに神そのものを考えるようになる。それは，われわれにおいては制限されているものが，神においては制限がないということを理解するからである。つまり，このような反省という行為がわれわれの理性的推論の主要な対象を与えてくれるのである。（Mo § 30）[124]

　おそらくエミール・ブートルーは，ライプニッツのテクスト間にあるこの見かけの矛盾を取り上げた最初のひとりであった。ブートルーは，真にその問題を解こうとは試みず，むしろ次のことに注目している。「ライプニッツは，必然的真理の助けなしに，われわれが自我を直接に知るのだとは，どこにも書かなかった。ライプニッツは，後の哲学者たちにおいて見られるような厳密さで意識を理性から区別することをしなかったのである」[125]。ブートルーはデ

---

123)　DM § 34.

124)　PNG § 5 も見よ。ただし，そこでは，依存関係はあまり明らかではない。

125)　G. W. Leibniz. *La Monadologie*, édition critique établie par Émile Boutroux, Librairie Générale Française, 1991, note 2, p. 138.

294 第Ⅲ部／第5章 精神の本性と特殊性

カルトとの差異について次のように強調している。すなわ
ち，デカルトにとって自我の認識（我思うということ）は
直接的なものであったが，ライプニッツにおいてはこの認
識は間接的なものであり，論理学的原理（矛盾律，充足理
由律）がそれであるところの必然的で普遍的な諸真理の認
識を前提する。〔つまり〕自我は，いっさいの理性的推論
の原理であるこれらの〔論理学的〕原理を働かせる理性的
推論の帰結としてしか把握されていない。さらに，精神
は，まさにこのような仕方で，存在，実体，単純，複合の
概念，さらには神の概念にまで至るのである，と[126]。

デカルト主義的なコギトに対するライプニッツの批判
は，前者の直接的な性格にではなく，それの不完全な性格
に向けたものであると，人は反論するだろう。すなわち，
この真理は，ただ一般的であるかわりに個別的であるにも
かかわらず，それと同じくらいに明晰で主要な別の真理と
は切り離すことはできない，と。つまり次のようなことな
のだ。「［…］私が異なった幾つもの思考をもつ，つまり，
私はあるときにはAを思考し，またあるときにはBを思
考する等々もまた，私にとってまったく同じように明晰で
ある。したがって，デカルトの原理は立派なものだが，
それはその種の唯一のものではない」[127]。ライプニッツが
事実の「原始的真理」（verités primitives）と呼ぶこれらの
真理は，われわれにとって「感覚の直接性の内的直接的
経験」（experiences immediates internes d'une immediation du
sentiment）であり，それは，「観念の直接性」によって知
られた同一命題がそれであるところの，理性の原始的諸真

---

126) Ibid., p. 48–49.

127) NE IV, 2, § 1, 367.「我思う」は，これこれのものが私の
思惟の対象である（varia a me cogitatur）という事実ほどには原始的
でも真でも確実でもない。『デカルトの原理総論への注』第7項（GP
IV, 357）を見よ。

5.2. モナドの完全性の程度　　　295

理と対置される[128]。ゆえにライプニッツは，それによって
われわれがそれら〔理性の原始的諸真理〕を把握するとこ
ろのその直接性（immédiateté）には異義を唱えてはおらず，
また，それらが理性的推論によって結論されるとは示唆して
いない。それら〔理性の原始的諸真理〕は，自我におい
て生じることの反省や内的感覚から引き出される。すなわ
ち，私は私が現実に存在していることや，私の思惟が多様
であることを直接的に認めているのである。

　そうだとすれば，意識と理性の関係をどのように理解す
べきであろうか。ここで二つの問いが混同されてはならな
い。すなわち，一方には真理の起源への問いがあり，他方
では精神がそれによって真理に到達する手段への問いがあ
る。あらゆる真理はわれわれの魂のうちで，元々魂の本性
のうちに書き込まれているために，われわれは，そうした
真理について思惟したりしなかったり，あるいは反省を働
かせたり働かせなかったりするのである。この意味で，そ
れ〔理性の原始的諸真理〕は意識から独立しているのであ
り，そのかぎりにおいて，理性が意識に先立つということ
は真なのである。これらの真理がわれわれに与えられる仕
方つまり知られる仕方については，認識が魂自身へ向かう
ことで魂から教えられるのか，それとも真理によって，い
わばこれを思惟すべく与えられるのかが考察されれば，二
つの可能性が提示される。ライプニッツの生得説が前提と
するのは，諸観念を受け取る単なる能力ないし受動的力で
はなく，むしろ態勢（disposition）であり，諸観念を思惟
する魂の能動的傾向なのである。さらに彼は，今度は対象
そのもの（すなわち観念）の側からみて，〔魂の〕受動性
を前提するのでもない。観念は，それ自身を魂の前へもた
らす。それ〔観念〕は生得的な像ではなく，むしろ，その

---

128)　NE IV, 2, § 1, 367.

296 　第Ⅲ部／第5章　精神の本性と特殊性

固有の諸性質によって，魂の注意を喚起するのである。ゆえに，観念を有すること，真理を認識すること，これらは，現にそれについて思惟する，あるいは思惟する能力を有することであるだけでなく，それについて思惟するようもたらされ傾けられていることでもある。この傾きが，観念や真理に向かう精神それ自身に由来するにせよ，あるいは，精神の注意をひきつける観念や真理そのものに由来するにせよ，そうなのである。というのも，「[…]〔精神の〕能力が対象に働きかけるためには，能力と対象に加えて，しばしば何らかの態勢が，能力か対象のうちに，またはその両者のうちになければならないことが知られている」[129]からである。

　こうして認識は，真理（対象）と精神（能力）とに由来する二重の運動から生じるのであり。そこでは感覚と経験はある本質的な役割を演じる。すなわち，

　　[…] 精神は，自分の奥底から自身でそれら〔必然的諸真理〕を引き出すためのひとつの態勢（能動的なそれも受動的なそれも）を有している。もっとも感覚は，それ〔必然的諸真理〕への機会や注意を精神に与え，また他の諸真理よりもむしろこの真理へ精神を向かわせるために必要である。[130]

　魂に内的なこの態勢がなければ，魂はタブラ・ラサ〔白紙〕でしかないだろうし，蜜蠟のように無記的で無規定なものであるだろう。何についてであれ魂は思惟できないだろう。そして経験がなければ，〔その場合には〕諸真理はその必然性や普遍性を諸感覚から引き出すのではないにも

129）　NE I, 1, § 5, 79.
130）　Ibid., 80.

5.2. モナドの完全性の程度 297

かかわらず，魂がそれらの真理へと至ることはより困難と
なるだろう。「[…] 感覚はそれらの真理を暗示，確証，確
認することはできるが，それらの真理の不可欠にして永続
的な確実性を論証することはできない」[131]。こうして精神
への真理の到来は，真理そのものの本性によって説明され
る。つまり，真理は，経験を経由して，かつ／あるいは精
神を向けること〔注意のはたらき〕（animadversion）によっ
て知られるか認められるのであり，権利上は感覚器官の刺
激なしに，精神の力だけによって到来することができる。
というのも，視覚や触覚の助けがなくとも数学に励むこと
ができるからである[132]。

　ゆえに感覚〔ないし感官〕（sens）は，反省が介入しな
くても，必然的真理を知らせることができる。どのよ
うにしてであろうか？　われわれの考えでは，感覚作用
（sentiment）において生じるものとの或る並行関係が確
立されうるだろう。「より識別された〔判明な〕表象」す
なわち諸感覚（sentiments）をわれわれに与える「感覚
作用における活動」および「その結果，注意を促す機会
[…]」[133]があるのと同様に，必然的諸真理がそれであると
ころの明晰判明な諸表象における活動があり——経験は
これらの表象を，基礎づけることなしに，開示する——，
その結果われわれはそれらの表象に注意と注目をはらう
のである。私に必然的真理を発見させる注意〔ないし注意
力〕は，あきらかに動物のそれよりも高い程度のものを有
している。それにもかかわらず，注意はまだ反省ではな
い。とういうのも，反省は，何らかの事物，例えば過去に
おいて一度もしくは何度も行なわれた或る行為を，再び把

---

131)　Ibid.
132)　Ibid., 77–78.
133)　NE II, 21, § 72, 211.

298 第Ⅲ部／第5章 精神の本性と特殊性

握したり思い出したりすることに存するだけでなく，自分がその行為者だと認めるということに存しているからである。「[…] 私は自らの行為をただ思い浮かべる（me representer）だけではなく，それを行なっているか行なったのは私だということを思惟しているのである」[134]。さらに，反省は，ロックが考えたように精神の諸々の働きを把握することに制限されない。すなわち，「[…] 反省は精神自身にまで及ぶ，そしてまさに精神自身を意識的に表象することによって，われわれは実体を意識表象するのである」[135]。

精神は，その底に，必然的で永遠的な真理を含んでいるので，それらの真理を思惟することができ，そのためには（たいてい感覚によって喚起される）注意力があれば十分なのである。経験は，（そこに真理が見出される）精神が，自らのうちに持っているものへ注意を向けるように仕向けるのであるが，しかしこれはまだ自我〔または自己〕に注意を向けることではない。そのためには，（もっぱら対象に対する注意であるところの）最初の働きに〔加えてさらに〕追加の判明な働きを実行する必要がある。『感覚と物質とから独立なものについて』において，ライプニッツは，私が何かを思惟するときの私の思惟の対象と，「私が自分自身について思惟するとき」の私の思惟の対象とのあいだの本質的な差異について次のように強調している。

　　感覚的対象を意識的に表象している自我についての，そしてそこから生じる私に固有な活動についてのこうした思惟は，感官の対象に何らかのものを付け加える。ある色を思惟することと，その色を思惟している

---

134) バーネット宛 1704 年 8 月 2 日付（GP III, 299）。
135) A VI, 6, 14.

5.2. モナドの完全性の程度　　　299

ことを考察すること，これらは，色そのものが，色を
思惟している自我とは異なる限り，まったく異なった
二つの思惟である。[136]

　反省が生じるのは，表象され，感覚され，思惟された対
象に私が注意を向けるだけではもはやなく，表象し，感覚
し，思惟する者，すなわち対象を表象し，感覚し，思惟し
つつある自我に注意を向けるときなのである。この自我
は，いっさいの思惟から切り離された純粋な「我思う」と
してではなく，私が何らかの限定されたものを思惟してい
るまさにその限りにおいて，解されているのだということ
に注目しよう。思惟は，それ自身とは別のものを思惟する
ことによって，ただ間接的にのみそれ自身に達するのであ
る。「感官〔ないし感覚〕はわれわれに反省の素材を提供
しているのであり，もしわれわれがなにか別の事物，つ
まり感覚が提供する個別的な諸事物を思惟しないとすれ
ば，われわれは思惟について思惟することさえしないであ
ろう」[137]。コギト〔我思惟す〕（cogito）は，思惟されたもの
（cogitatum）なしにはない。コギトは（容器と中身の関係
でいわれるような）思惟されたものの受け皿や容器ではな
い。コギトは諸々の思惟されたものによってそれ自身を規
定する。コギトはこうした諸々の思惟されたものであり，
表象一般の定義にも一致して，多様の統一である。それで
もコギトは，それが知性だけの対象であるという意味にお
いて，そのようなものとして純粋に知性認識されうるもの
であることに変わりはない。

　しかし，ひとつの問いが残っている。すなわち，なぜ自

---

　136)　『感覚と物質とから独立なものについて──プロイセン王
妃ゾフィー・シャルロッテ宛書簡』（GP VI, 501, 502）。

　137)　NE II, 21, §73, 212.

我についての意識は，とりわけ，必然的で永遠的な諸真理の認識に依存するのだろうか？　どのような可感的認識によっても，同程度に，それどころかもっと容易に自我に達することはできないということなのか？　それに，ライプニッツは『感覚と物質とから独立なものについて』のなかで，ある対象についての思惟と，この思惟を機会とした自我についての思惟とのあいだの区別を理解させるために，空想の例を取り上げているのではないのか？　可感的な観念もまったく同じように精神を反省へと導きはする。しかしながら必然的諸真理は，それらが意識的表象に，自我に，そして自我が含むあらゆる知性的概念に近づく特権的な道であることを疑いなく説明する独特の身分をもつ。必然的諸真理はまさに必然的なのであり，つまりそれらは経験が与えることのできない或る特徴を含むのである。というのも，経験は，個別の事例を開示するだけであり，ただ連想を作りあげるのを可能にするにすぎない。必然的で普遍的な真理を知る人は，この必然性やこの普遍性がどこから来るのかを自問し，それらが経験にも，そこから産み出された一般化にも基礎づけられえないことを認めるように自ずと導かれる。そして，それらの〔真理の〕基礎は別のところ，すなわち自己のうちにあると結論するのである。以上のことは，『人間知性新論』の主要な教えのひとつであり，ライプニッツのロックに対する批判のひとつである。すなわち，ただ内的原理だけが，つまりわれわれにあって生得的ないし「一緒に創造された（con-crée）」[138]原理だけが，帰納によって引き出されたただ一般的な認識ではなく，真に必然的で普遍的な認識を与えることができる。それ〔帰納による一般的認識〕は，それが検証される経験をわれわれがもつ限り，そしてその間だけ価値をもつ

---

138)　NE I, 1, § 5, 79.

5.2. モナドの完全性の程度　　301

にすぎないのである[139]。

　たしかに，『モナドロジー』（第28節）でライプニッツ
が理性による認識——経験的な連想に対置して——につ
いて与えている例は，絶対的必然性に属するものではな
い。すなわち，そこでは日昇の原因（太陽の周りをまわる
地球の回転）についての天文学者による認識が言われてい
るが，日昇は，それ自体偶然的なものである自然法則に依
拠しているので，仮定的にのみ必然的である。だが〔これ
に対して〕，反省の発生は以下のような仕方で説明されう
るだろう。その原因を認識しているゆえに，なぜ太陽が明
日再び昇るのかを知る者は，連想で満足する単なる経験論
者のように，このアプリオリな認識でもちろん満足はでき
る。しかしながら，理性的認識は，それがつねに他のもの
を含意し（その真理は他の諸真理の鎖のうちに組み込まれ
ている），また諸原理（矛盾律，充足理由律）の使用，お
よび純粋に知性的な諸概念（その筆頭に原因〔の概念〕が
ある）の使用を暗黙にさえ前提するかぎり，連想よりも複
雑で練り上げられている。そこではさらに，この〔理性的〕
認識の特異な本性は，それが形成された仕方について，そ
して（例えばもし誰かが異議を唱えてきたら）それを論証
できる方法について，自らをこれに注意させ，疑問を喚起
しないわけにはいかない。精神が，自分が思惟しているこ
とを思惟できるようにする諸々の原理や抽象概念（作用，
原因，結果，変化，持続など）を精神は自身から引き出す
ということを見れば，真理を考察する精神は不可避的に自
身を考察するように導かれるだろう。というのも，知性的
諸観念は「必然的諸真理の源泉」[140]であり——必然的諸真
理は知性的諸観念から構成されている——，必然的諸真理

---

139)　NE, préface, 49.

140)　NE I, 1, § 11, 81.

の認識は，なによりも，それによって知性的諸観念が与えられているところの自我の意識に達する道だからである。

かくして，思惟されているのは真理だけでなく，真理を思惟し，自身が含む諸原理の名において，真理にその必然的で普遍的な特徴を与える自我である。真理が含む純粋な諸観念は神の内的能動性や自発性によって産出されるが，それと同じように，真理の必然性と普遍性は精神から生じてくる。ゆえに，思惟（cogitatio）が「自己自身の内なる活動」（actio in se ipsum）であるのは二重の意味においてである。すなわち，まず思惟は「自己自身の内なる活動（actio in se ipsum）」[141]である。なぜなら，思惟するとは自己自身から外へ出ることでもなく，外部の諸観念を受け取ることでもなく，むしろ自身の固有の底からそれらの諸観念を引き出すことだからであり，次に，思惟するとはつねに（少なくとも潜在的には）自我〔ないし自己〕との或る関係だからである。そうした関係は，そこでは思惟の主観と客観が同一であるにもかかわらず（自我は思惟するとともに思惟されている），一方の他方に対する活動を通じて，純粋に可知的な諸観念と神自身とが明らかになるべく，分裂しなければならない[142]。以上が，知性の純粋な諸概念のまさにライプニッツ的「演繹」と名付けられうるものであ

141）『自然法の諸要素』（*Elementa juris naturalis*), A VI, 1, 483; A VI, 3, 588; A VI, 4-A, 394.「思惟するもの（ないしそれ自身の内で働くもの）」。思惟とは活動であり，魂の「本質的活動」でさえある（NE II, 19, § 1, 161）。マーク・カルスタッドによる参照や注釈も見よ（*Leibniz on Apperception, Consciousness, and Reflection*, Philosophia (Analytica), 1991, 62–66）。

142）「自己自身の内なる活動」の第三の意味は道徳的である。つまり，われわれの知性と意志との間接的な改革が問題なのである。とりわけ次のものを参照。NE II, 21, § 22, § 25, § 31–37, § 40, § 47; Grua 211–212.

5.2. モナドの完全性の程度   303

る[143]。

　この「演繹」によってライプニッツは，これらの知性的
諸観念のうちには，感官（sens）が私に渡すよりも多くの
ものが，あるいはもっと別の何かがあるのだと示すつもり
なのである。その一つの理由は，『感覚と物質とから独立
なものについて』が示したように，感官のいかなる対象
も，存在〔または存在者〕，実体，一，現実存在などの観
念を私に与えることはできないからである。これらの観念
は，（諸性質しか与えない）感覚を引き立たせるのではな
く，可感的な所与に加えられるような操作，つまり反省
によってのみ発見されることができる。ただし，それは
（ロックが考えるような）対象についての反省ではなく，
対象を思惟している私〔自我〕についての反省である。ま
た別の理由は，これらの知性的諸観念は，個別的な可感的
対象の多様から為された抽象の結果ではないからである。
反対に，それらの観念は，原始的で，非派生的なものであ
る。というのも，もし私がそれらの観念を私のうちに既に
持っているのでなければ，つまりもし私がすでにそれらの
観念を私自身から引き出していたのでなければ，私はそれ
らの観念をその対象へ帰属させることはできないからであ
る。

　　　［…］われわれが自我を表象し，例えば神そのものや
　　　他の諸モナドに実体という呼称を与えるときに，もし
　　　それが自身の私的経験によるのでなければ，実体につ

　143）　これらの概念のリストはさまざまであって，純粋に知性的
ではない概念をしばしば含むことに注意しよう（例えば NE, préface,
51 における「快」）。それはまた，形而上学的概念に加えて，論理学
的および道徳的概念を含んでいることもある（『感覚と物質とから独
立なものについて』GP VI, 502）。

304 　　第Ⅲ部／第5章　精神の本性と特殊性

いて実際にはいかなる観念も有してはいない。[144]

　実体，それはまず自我 (l' ego) であり，これに立脚して私は，次に，自我とは区別された諸々の存在者にも〔実体の観念を〕適用する。これらの〔実体や自我の〕観念は，おそらくカント的な意味でいうところの可能な経験の条件ではないが，経験における存在，現実存在，自我に類比的な精神，変化，作用，原因，結果についての可能な認識の条件なのである。

5.3.　結論
——秩序と進歩——

　諸々の諸精神は，諸々の生物と同様である。それらのあいだに，すなわち粗野なモナドと獣の魂とのあいだに本性上の差異は存在しない。「〔…〕すべての生物や動物のうちにあるのは，根本において同じものだ，と私は思う〔…〕」[145]。真の一，自然的破壊の不可能，表象と欲求，（神の場合を除き）身体との繋がり，これらはすべてのモナドが共有しているものである。単なるモナドのもつ曖昧な表象と，精神の完全に明晰で判明な表象とのあいだにはいかなる本質的な差異もなく，ただ程度〔ないし度合い〕における差異のみがある。すなわち前者の場合には，多の一時的な集中は混乱し不判明であり，後者の場合には，諸々の要素は解きほどかれ，関係が明らかになり，ひとつの秩序が示される。

---

144)　Grua 558. NE I, 3, § 3, 101–102;『感覚と物質とから独立なものについて』(GP VI, 502).

145)　Mo § 82.

5.3. 結論

305

　表象を，感覚作用，想像，理性的思惟がその種に過ぎないような類とすることによって，ライプニッツは感覚や像への排他的言及から表象を解き放つのであり，しかしまた意識的表象や意識からも表象を切り離すのである。人は反省することなしに認識し，意識なしに理性を持つことができると示されたのだから，それら〔意識的表象や意識〕は，精神という段階も含め，もはや表象の条件ではない。これにより世界の可能な表出は著しく拡大されたのである。粗野なモナドは，見ることも，聞くことも，感じることも，味わうことも，触れることも，想起することもないが，しかし各瞬間に世界のあらゆる運動をとらえるのであって，かくて，そのような粗野なモナドから，諸々の理性の行なう完全な知性認識，〔そして〕神のみが為し得る純粋直観にいたる，宇宙の無限に多様で，比類なき諸表現からなる一つの全体が示される。

　すべて表象は一における多の表現であるならば，或る表象は，この多が一へもたらされるその仕方においてのみ，別の表象から質的に区別されうる。この多のなかに「注目すべき多くのもの」があれば，つまり，そこにより大きな規則性，調和，一言でいえば理由がみとめられるなら，完全性はそれだけ大きなものとなるだろう。というのも，ヴォルフに宛ててライプニッツが書いているように，完全性とは「諸事物の調和」であり，あるいは，諸事物が目に見える注目すべきものであるようにするものだからである[146]。曖昧から明晰へ，錯雑から判明への移行は，ひとつの秩序の漸進的な発見に存している。注目すべきものとは，まず，最も驚かせ，強烈で，生き生きとしたものであり，動物において注意をひく。次にそれは，反復され，現

---

146)　ヴォルフ宛 1715 年 5 月 18 日付（GB 172）。したがって「秩序，規則，調和は同一のものへと帰着する」。

306 第Ⅲ部／第5章 精神の本性と特殊性

れる際につねに相伴って起こるもの（連想）である。最後にはそれは，事実的継起の背後に必然的法則を把握することのできる精神によって理解された諸事物の理由である。認識する精神においては，欲求は，それゆえ諸真理の連鎖におけるひとつの理由から別の理由への移行であり，さらに理性的推論においては前提から帰結への移行なのである。

　もしモナドの間には程度〔度合い〕の差異しかないのであれば，精神の特殊性は消えてしまうことになりはしないだろうか？　ライプニッツは，諸形相，諸存在者，諸表象における連続性を考えているが，しかしこの連続性は質的な差異を妨げないし，また，より下位の程度への後退を禁じることによって，越えられた程度〔度合い〕が限界値を構成しうるのを妨げない。すべての精神はモナドであるが，しかしすべてのモナドが理性を持てるわけでない[147]。理性が魂に生じる仕方がどのようなものであれ，理性は，そのようなものとして，自然の道によっては到達することのできない「完全性の或る本質的な程度」[148]を構成するのである。すなわち，神による特別で超常的な働き（移行的創造）を要求するとしても，あるいは，魂のうちにその起源以来存していて，人間の発生の瞬間にそれ自身を示しに来るだけであるとしても〔そうなのである〕。後者は，ある種の湧出説（traduction）[149]であり，奇蹟を世界の始まりに立ち返らせることによって，そして理性への上昇を，そ

---

147)　デ・ボス宛 1706 年 10 月 16 日付（GP II, 325)。

148)　デ・ボス宛 1709 年 4 月 24 日付（GP II, 371)。

149)　未来の人間的存在の魂は，他の動物たちと同様に，世界の始まりにおいてすべて創造されている以上，発生の瞬間における理性的魂の純然たる創造はありえない。Th § 91, § 397 を参照。この後者〔『弁神論』第 397 節〕において，自然的秩序のうちへの神の奇蹟的干渉を避けるという利点があるという点で，第二の答え（湧出説）への好みをライプニッツは表明している。

5.3. 結論

れまで「眠っていた」ある特性の単なる展開として考察することによって，奇蹟を節約しているに過ぎない。ある本質的な完全性（理性，しかし感覚作用も）は，いったん与えられれば，自然的には獲得されることも失われることもできない。精神は一時的に粗野なモナドの状態へと落ち込んだり，獣のように経験的に行動することがありうる。それでもやはり，そしてつねに，精神はそれがあるところのものであり続ける。単なるモナドや動物的魂についてもおそらく同様である。前者はそれ自身では，すなわち自然的には感覚作用を獲得することはできないであろうし（じっさいは魂であるが，誤って粗野なモナドと思われている，というのでないかぎり），後者は理性および意識を獲得することはできない（じっさいは精神である，というのでなければ）。

精神の特殊性は，理性に存するよりも，むしろ，その理性が，精神に存在し生成することを可能にするということに存している。じっさい精神は，モナドの種に留まるが，しかし予定調和についてのますます拡大し，詳細になった認識によって，可能な最大の前進を行なうことのできるモナドの唯一の種として現れる。人間は，自らを天才に等しいものと為し——おそらくいつの日かそうなるであろう——，また少なくとも新しい驚くべき認識に到達させる知性のすぐれた段階に自らを高めることができるだろう[150]。福者は，来世では観想によって，神の最も側に位置づけられている天使に近づくことができるであろう。ただし，天使自身は，完全性の道を前に進むことをけっして終わらせはしないのではあるが。この一般的前進は，自らの種のもつ制限のうちに決定的に閉じ込められている劣位の魂には

---

150) 選帝侯妃ゾフィー宛 1706 年 2 月 6 日付（GP VII, 569）と『弁神論』第 341 節を参照。

308 第Ⅲ部／第5章 精神の本性と特殊性

禁じられているのであろうか？ 〔ライプニッツの〕或るいくつかのテクストはそのように考えさせるかもしれないが，別のいくつかのテクストはより寛大に次のように示している。

　　たとえ多くの実体が大きな完全性に既に到達してはいても，しかし連続体の無限の可分性のゆえに，諸事物の深淵には，呼び起こされ，より高次の，そしてより善なる，一言でいえばより良き陶冶（culture）に進むべきまだ眠っている諸部分が残っている。したがって，進歩が終りに達することはけっして無いだろう。[151]

　進化した状態のひとつの形——どのような？　それは語られていない——。より高い完全性は創造による最も高貴な存在者にだけ約束されているのではないだろう。すなわち，より未発達のものやより単純なものに至るすべての被造物がそこへと呼び出されているのである。

────────
　151）『事物の根本的起源について』1697 年 11 月 23 日付（GP VII, 308）〔K I, 8, 102〕。

第6章

愛

——同一性と表出[1]——

きわめて有徳な真の友人たちは遠くに行くことが
できるだろうというのは，真実である。[2]

　もしイヴォン・ベラヴァルの指摘するように[3]，ライプ
ニッツ哲学の原理には，「存在の単一性（unicité）の教説
——同一の正義と同一の論理とが，人間の思考と神の思考
とを規則づける——への賛同」があるのであれば，この教
説は表出の教説によって緩められている。〔後者によれば〕
われわれが思考するのは，われわれ自身のもつ諸観念によ
るのであって，神のもつ諸観念によるのではない[4]。愛は，
単一性と差異性という二重の特徴を免れるわけではない。
まず，単一性に関していえば，概念は一義的（univoque）
であるから，人間の愛と神の愛とは，本性の差異ではな

---

1)　初 出 は *Studia Leibnitiana*, Franz Steiner Verlag, Band 35,
Heft1, 2003。

2)　『シャフツベリの三作品に関する考察』，コスト宛 1712 年
5 月 30 日付書簡の付録（GP III, 424）。

3)　Yvon Belaval, *Études leibniziennes. De Leibniz à Hegel,*
Gallimard, 1976, p. 39.

4)　DM, §29〔K I, 8, 193〕。

く，完全性の差異しか有していない。次に，単一性は，愛
が心と精神とを合致させつつ産出する同一性に基づいてい
る。しかしながら，差異性は，融合と無化のあらゆる神秘
に反して，まさに結合のただなかにおける愛する諸主体の
他者性の維持に基づいている。神が愛する精神は，知覚
［＝表象］の判明性の度合いがどうであれ，自分なりの仕
方で自らの視点から宇宙を知覚するのと同様に，自分なり
の仕方で自らの受容性とに固有の完全性に応じていつも神
を愛するだろう。

　純粋な愛に関する有名な論争[5]に与えられた応答を超え
て，ライプニッツの構想の独創性は，この単一性について
の彼の理解の仕方に存する。そこでは，もろもろの意志の
同一性は，一方の主体の他の主体のうちへの無区別や消失
を禁じており，この表出においては，私が，愛することに
よって他者の幸福についての観念を喜ぶだけでなく，その
人の至福をあたかもそれが私のうちに移されたかのように
感じるのである。そしてこのことは，実体の形而上学的な
「囲い」を肯定するという枠のなかで行なわれる。被造実
体のおのおのは，あらゆる他の被造実体の物理的影響を被
らず，他の実体に自ら作用もせずに，それら他の被造実体
に起こることを感じる。こうしたことの普遍的な相互表出
を基にして，愛は，喜びを介した愛される者との親密なコ
ミュニケーションのために，愛される者との外的なつなが
りを排除する個別の関係なのである。

　ガストン・グリュアによって正義に関してすでに指摘さ
れている問題は，形而上学者ライプニッツと，実践に関

　5）　1697 年 の *L'Explication des Maximes des Saints sur la vie intérieure de Fénelon* の出版によって引き起こされた論争については，Émilienne Naërt, *Leibniz et la querelle du pur amour*, Vrin, 1959 ; Michel Terestchenko, *La querelle sur le pur amour au XVII siècle entre Fénelon et Bossuet*, in : *Revue du MAUSS*, 2008/2 (n°32), p. 173–184.

第6章　愛　　　311

するテクストのライプニッツとを調停するという問題である。後者のライプニッツは,「自律した自然と諸実体間の関係とに関する彼自身の仮説を考慮することなしに」[6],「他に働きかける能動作用についての通俗的な言葉遣い」を保持する。愛は,愛される者(その完全性と,そこから生じる幸福)を愛する者に表現することにとどまらず,愛する者に,愛される者の喜びを直接に共有させる。その関係は,表出的,すなわち,愛される者の状態と愛する者とのあいだの恒常的で規則づけられた関連という関係[7]であるだけでなく,至福の共通経験であり,あたかも愛される者が愛する者に働きかけるかのように,愛される者の至福が愛する者の至福のなかに入るのである。これは本性的に共通の,分配された快であって,たんに対応するだけの快ではない。この快には,拡散し,永続し,強まる傾向がある。他者に起こることが各自に引き起こす反響〔というようなもの〕を超えて,愛される者の完全性——至福はその指標である——は,愛する者を,いっそう完全にするだけでなく,愛される者のためを思って行為するようにさせる。するとこんどは,愛される者は愛する者を愛し,愛する者の善を為そうと意志するのである。こうして,愛は,相互的になり,外部への行為の結果のもとにあるかのように互いに保たれ,互いに強化されさえもする。

　なるほど,日常語の使用は,形而上学的な厳格さとは別に,あいかわらず妥当なままではある[8]。天文学者は,大地が動くのであり,太陽が動くのではない,と知ってい

---

6)　Gaston Grua, *La, justice humaine selon Leibniz*, PUF, 1956, p. 19.

7)　1687 年 10 月 9 日付アルノー宛書簡での「表出」(expression) の定義による (A II, 2, 240)。

8)　「この種のもっともらしい言葉 (doxologie) や実用上便利な言葉 (practicologie)」の妥当性については,DM, §27〔K I, 8, 191f.〕。

る。それにもかかわらず、天文学者は、太陽が「昇る」、「沈む」と言って、その〔日常の〕用法に合わせるのである。しかしながら、愛は、一義的、無私的、相互的、かつ能動的というその特徴によって、二つの語り方のあいだの脆弱な調停よりも、いっそう先に進むように要求する。この研究の目的は、次のことの証明である。すなわち、他に働きかける移行的作用（action transitive）という語彙の導入は、日常語へのたんなる譲歩ではなく、愛という諸精神の固有な関係の特別さを示し、諸実体の交渉と実体の個体的規定とに関する全般的な説を完成するものだ、と証明することである。それゆえ、その「説」（système）は、グリュア[9]の指摘のように「未完成」で止まりはしないが、真には愛の教説によってのみ完成されるであろう。

6.1.　一義性
——「誠実で純粋な」愛——

　愛は他者の至福から得られた快（喜ぶこと delectari）であるという定義は、ライプニッツによってかなり早期に定式化された[10]。諸テクストのなかではほぼ同一性をたもっている彼の一貫性と反復は、たえず進展する思考のなかではいっそう注目に値する。それらの文章は、その意味を決定する理論的なコンテクストでそのつど読まれなければならないとはいえ、愛の教説はじっさいに変様することはなく、実体の表出と完全な自発性という理論の枠内できわめて特殊な相貌をもつ。もしライプニッツがイエズス

---

　9)　Grua, *La justice humaine*［…］, p. 19.
　10)　1669 年以来、『政治的論証の提要』（*Specimen demonstrationum politicarum*［…］）（A IV, 1, 34）に記載されている。定義とその変形の出現については、É. Naërt, *op. cit.*, p. 58–61.

6.1. 一義性　　　313

会士フリートリヒ・シュペー[11]に恩義を認めるとすれば,
それは,ほんとうは,彼が愛の快への同一視を引き出し
たマインツでの〔シュペー著〕『黄金の徳の書』(*Güldenes
Tugend-Buch*) の読書によるのではなく,グリュア[12]の指
摘するように,シュペーがこのテクストについてロレン
ツォ・ヴァッラのような「キリスト的快楽主義者たち」の
パースペクティヴで行なっている解釈によるのである。ラ
イプニッツがとくに純粋な愛に関する論争の際つねに文通
相手に参照させる定式は,『国際法史料集成』(*Codex Juris
Gentium Diplomaticus*, 1693) の序文のなかで示されている。
すなわち,「愛すること,あるいは評価することは,他者
の至福のなかに快を見出す,ということである。ないし
は,これは同じことになるが,他者の至福を自分の至福に
入れる,ということである」[13]。ボシュエ宛書簡の草稿[14]の

---

11)　選帝侯妃ゾフィー宛 (1697 年 8 月中旬? (A I, 14, 59))。
「私が〔愛と慈愛について〕こうした考えを形成したのは,若い頃
からだった」。ライプニッツは,『黄金の徳の書』の序文の代わりに
なる対話の翻訳 (別の機会になされた) を,彼の書簡に添付してい
る (*Traduction de la préface du livre d'or des vertus de Spee*, A I, 14,
891–903)。

12)　Grua, *La justice humaine* [...], p. 165. ライプニッツが愛を
快によって定義するのに対して,「シュペーは,彼の師たちと同様に,
愛による陶酔を希望の二次的な目標あるいは友愛の帰結として称賛す
るが,しかしそれ〔愛による陶酔〕をそれらの徳の定義に入れること
はしない」。

13)　「しかし愛する (amare) とは,他人の幸福を喜ぶ (diligere)
か,あるいは同じことだが,他人の幸福を自分のそれとして受け取
る (asciscere) ことを意味する」(GP III, 387)。diligere は,愛するこ
とをも意味するため,amare に非常に近いことに注意しなければなら
ない。これ〔diligere〕は,とりわけウルガタ聖書「ヨハネによる福音
書」13:34 のなかで,互いに愛し合うという戒律を指すために使用さ
れている。けれども問題となっているのは,むしろ,選択と理由に基
づいた愛であり,その意味では,diligere は「選択する」(choisir) と
訳せるだろう。Asciscere は,帰される,認める,採用する,という

なかで，挿入ではあるが，はっきりと述べている。「私は，快と言うのであって，有用性（utilité）や利益（intérêt）と言うのではない」。他のテクストでは，至福という語は，幸福，善，あるいは完全性という語によって，区別されずに置き換えられている。また，他者の不幸に感じられた苦しみがはっきりと言及されている。もし愛することが，他者の幸福に快を得ることであるならば，これは，他者の不幸で苦しむということでもある[15]。最後に，愛は，われわれが現実存在すると信じる諸事物に達するのであって，たんなる可能なものに達するのではない[16]。

この〔愛の〕定義は，人間の愛と同じくらい，神の愛にも有益である——愛される者の不幸によって感じられる苦しみを別にすれば——，したがって，純粋な愛に関する論争のなかで，ライプニッツは女性たちの判断に訴えるだろう。

> 愛の概念以上に女性たちの管轄内にあるものはない。また，神の愛と人間の愛はひとつの共通した概念を有するのであるから，女性たちは，神学のこの部分をかなりよく深めることができるだろう。[17]

意味を同時にもつ。

14)　1698 年 10 月 16 日付，FC (O) p. 199。

15)　例えば以下を見よ：アルノー宛 1671 年 11 月初旬付（A II 1, 280）；A VI, 4-C, 2793；『カンブレー氏の著書ならびに神の無私の愛に関するライプニッツ氏の所感』（1697 年）（GP II, 577）。

16)　『変状／情念について』（De affectibus […]，1679 年 4 月 10 日；A VI, 4-B, 1415）。

17)　『カンブレー氏の著書 […]に関するライプニッツ氏の所感』（GP II, 580）。選帝侯妃ゾフィー宛（1697 年 8 月中旬？，A I, 14, 54）。ライプニッツはノリスの文通相手である若きメアリー・アステルのことを考えている。ライプニッツはマドレーヌ・ド・スキュデリーの介入をも要請することになるが（1697 年 11 月 19 日付，A I, 14, 748），しかし彼女は関わろうとしない。

6.1. 一義性　　315

　この主題への女性の貢献についてのこうした訴えは，普遍的で，各人に生得的な愛の概念が存在することによって説明される。愛は，愛する人物の質と，愛される人物の質がどんなものであれ，あらゆる精神にとって同一の事象を意味する。それゆえ，愛について，もっぱら神学的であるような定義ではなく，つまり，神の愛にだけでなく，「さらには理性的な被造物の愛にも」[18]適合する定義を与えることが重要である。ライプニッツは，愛の一般的な本性を定義するのに，人間的な愛の記述から出発するのをためらわない。

　　　われわれは，愛する者たちが行なうことから愛の本性を学ぶのである。愛する者たちは，愛される対象のことをしょっちゅう考える。愛する者たちは，愛される対象の主人であろうと望む。愛される対象がいなければ愛する者は平安に留まることはない。愛される事物は愛する者たちにとって美しく見える。愛する者たちは，愛される対象との快適な関係を感じる。[愛する者たちは，愛される対象の不幸を，自分のことのようにみなす]。愛する者たちは，愛される者の幸不幸によって，それが自分自身のものであるかのように心を動かされる。[19]

　この記述は，経験からではないとしても，文学から引き出されたことは確かであって，愛についての純粋に「知性主義者的な」ライプニッツのアプローチという観念を損な

---

　18)　ニケーズ宛 1697 年 5 月 28 日付（GP II, 569）。
　19)　『真の敬虔の諸要素，ないしは，万物を超えた神の愛について』（*Elementa Verae Pietatis, sive de Amore Dei supra omnia*, 1677 年初頭 –1678 初頭？；A VI, 4-B, 1366）。角括弧内の文章はライプニッツによって削除された。

うものである[20]。われわれの見るところ、この観念を、グリュアは誤って「例外的で、かつ、人間の愛に限定された愛」[21]と判断している。しかるにライプニッツは、次のような言葉でこの思想を締めくくっている。「そこには真実で高貴な愛がある」[22]。神の愛は被造物の愛を無限にさえ上回ることを、一義性は妨げるものではない。しかし、人間の愛との差異は、程度や完全性については残る。われわれが正義を知解するように神は正しいが、それと同様、われわれが愛するように神は愛し、神が愛するようにわれわれは愛するのである。すなわち、愛の対象と主体は――それが人間であれ、神であれ――愛の本性をなにも変えない。苦しみの場合は、神の愛には明らかに存しない以上（なぜなら苦しみは不完全性を含むから）、真の例外を構成しない。すなわち、神は自らの被造物の不幸を見ることで苦しむことはないとはいえ、しかし不幸をそのようなものとして、それ自体でとられた意味で意志するのではない。つまり、『哲学者の告白』（Confessio philosophi）で提示された意志の定義によれば、神は被造物の不幸の現実存在を喜ぶことはできない[23]。人間において苦しみであるものは、神にあっては、「それがないことを欲する」（nolle）であり、「許容する」（permittere）〔だけ〕である。

だが、愛の一義性は、次のことをさらにいっそう想定する。すなわち、人間の愛と神の愛とは同じ本性に属するだけでなく、自愛と無私の愛、また欲愛と慈愛でさえ根本的には対立しえないという点である。『国際法史料集成』「序

20）　このことは、É. ナエールが主張しているとおりである。Naërt, *op. cit.*, p. 63 note 53.

21）　Grua 10, note 16.

22）　『真の敬虔の諸要素［…］』（A VI, 4-B, 1366）。

23）　『哲学者の告白』, Belaval , p. 55, および, A VI, 3, 121〔K II, 2, 210f.〕を参照。

6.1. 一義性　　　　317

文」の定式の真髄は，じつは，簡潔な定義のなかで見かけ上で矛盾する二つの命題の調停という古典的問題を解決するところにある。〔二つの命題は，次のとおりである。〕

1）われわれはすべてをわれわれの善のために行なうのである，そしてわれわれは他人の意見／感覚については，それを言うことはできても，それを有することは不可能である。

2）純粋な愛は，「愛される対象そのもののために，また，その対象がわれわれに気に入るから」[24]その善を探求するのであって，われわれがその対象から引き出す，あるいは引き出しうるであろう利益のゆえではない，ということを含意する。これは，自己への自然的で抑制不能な愛と，断罪の恐れや救いの希望から独立した，神への純粋な愛とのあいだの一致という神学上の難問を取り除くことでもある。

愛は，本性からして私利を求めるものであり——われわれを喜ばせるものは快である——。そしてまた，その対象によって私利から離れる。つまり，愛される者の善についてわれわれを喜ばせるものは快である。愛は，有用性にのみ基づいた友情からは区別され，たんなる利己主義的な喜びからも区別され——ライプニッツが「私利または放蕩による関係」[25]あるいはたんなる感情による関係と呼ぶものである——，さらに，愛される者の至福はわれわれの至福を構成する部分をなすがゆえに[26]，またたんなる感情からも区別される。「合一の欲求」に属するすべてのもののうちで，ひとは対象のなかにただ自分自身の利益だけを探す。それゆえ，人は食物を「愛し」，狼は子羊を「愛する」

24）『カンブレー氏の著書［…］に関するライプニッツ氏の所感』（GP II, 578）。

25）同上 , 577。

26）『真の敬虔の諸要素［…］』（A VI, 4-B, 1357）。

のであり，また性的な愛は真の愛とは異なるのである[27]。愛（amor）は，有用性にのみ基づいた愛欲（cupiditas）ではない。ちなみに，ライプニッツによれば，この区別をデカルトは十分に考察しなかった[28]。

「誠実で純粋な」愛においては，すなわち，真実の愛においては，他人の至福は，それ自体で，かつ，それ自体のために直接に[29]われわれの気にいるのであり，間接に，他者の至福がわれわれの快を産出するからではない。他人の至福は，目的であって手段ではないし，われわれの目的なのであって，われわれの善を許容するものではない。隣人を自分自身のように愛せよという神の命令に一致して，われわれの快は，愛される人物の快から切り離されることはない。私の幸福を生じるから〔という理由で〕私は他人の幸福を意志するのではない。そうではなく，〔私が他者の幸福を意志するのは〕他者の幸福が私の幸福であるからだ。ゆえにわれわれは，ある事物をそこから引き出す有用性で評価する人のように，「われわれの善のために」他人の善を望むのではない——ちょうど自分の奴隷の扶養に気をつける主人のように——。そうではなく，「あたかもわれわれの善のためであるかのように」，愛する人のように——例えば自らの子たちを気遣う父のように——他人の善

---

27) 『自然法の諸要素』（*Elementa juris naturalis*, 1671, A VI, 1, 466, 482)。

28) 『変状／情念について』（(A VI, 4-B, 1416, 1420)。

29) 「直接にそれ自体によって快をなすすべてのものは，われわれの視覚の目標を（少なくとも部分的には）なすものとして，また，われわれ自身の幸福のなかに入ってわれわれに満足を与えるものとして，それ自体のためにも求められている。（『カンブレー氏の著書［…］に関するライプニッツ氏の所感』（*Sentiment de M.de Leibniz sur le livre de M.de Cambrary* [...], (GP II, 577))。『真の敬虔の諸要素』(A VI, 4-B, 1358) を参照：「気に入るものは，それ自身によって望まれる」。

6.1. 一義性 　　　319

を望むのである。なぜなら，われわれは，その人自身のた
めにその人の善を欲するからである[30]。愛する者と愛され
る者との関わりは，たんなる享受や利害関係のうちに存す
る関わりとは，正反対である。愛は，愛する者を愛される
者に向けて秩序づけるのであって，愛される者を愛する者
に向けて秩序づけるのではない。というのも私は，利益を
獲得しようと望んで他人を私に関わらせるのではなく，他
者の善のために，私を他者に関わらせるのであるから。

　愛においては，他人の善の，私の善への関わりは，原因
の，結果へのそれではなく，同一化，または部分的な同一
化の関りである——他人の善は必ずしも私の幸福のすべて
をなすわけではない。他人の至福は私の至福であるが，し
かしその場合の「所有（appropriation）」——私のものにな
る君のもの——とは，美的鑑賞の例が示すように，占有
（possession）ではない。

　　われわれがすばらしい絵画を持つのは，それを使用す
　　るためではなく，それ自身の美しさのゆえであるが，
　　じっさいそれと同様，愛される対象の至福をわれわれ
　　が追求するのは，この至福の認識がわれわれを快で満
　　たすからという以外の理由のためではない。[31]

　快は，対象の占有や，それを所有することからくる享受
に基づくのではなく，私の利益と「その人自身の利益」と
の同一化にこそ基づくのである。

　　その対象が別の人の所有であるときでさえ，それを鑑

　30）『自然法の諸要素』（*Elementa juris naturalis*, A VI, 1, 464）。
じっさい愛の定義の系は次のとおり：「愛される者の善はそれ自体と
して望まれる」（『真の敬虔の諸要素 […]』（A VI, 4-B, 1358））。
　31）『真の敬虔の諸要素 […]』（A VI, 4-B, 1357–1358）。

賞して快をおぼえ，それが損なわれたのを見て苦痛を
おぼえるような人は，それをいわば無私の愛から愛す
るのである。しかし，もっぱらそれを売って稼ぐた
め，あるいは，それを見せて称賛を集めるために所有
する人がそうすることはないだろう。それに，こうし
た人は，それがもはや自分のものでなくなれば，それ
が傷つけられようと否とにかかわらず，気にかけるこ
とはない。[32]

　たしかに，快や幸福をもちえないものを人はただ「擬人
化」[33]によってのみ愛することができるのだから，ここで
問題にとなっているのはひとつの話し方にすぎない。愛は
諸精神に固有なものであり，厳格な意味で愛が対象として
有しうるのは諸精神のみである。しかしながら，芸術の実
例が示しているのは，いかなる意味でライプニッツの愛が
無私であるか，ということである。その愛は，一種の無私
の関心（intérêt désintéressé）である。「関心」と言うのは，
絵画が私のものであろうとなかろうと，絵画を鑑賞して快
を感じており，また，もしその絵画が破壊されれば私は苦
しむからである。「無私」と言うのは，この「関心」は，

---

　32)　『無私の愛と正義の基礎に関する，D.L. 氏からニケーズ神
父宛の書簡の抜粋』（*Extrait d'une lettre de M.D.L. à M. Abbé Nicaise,
touchant l'amour désintéressé et les fondements de la justice*（1689 年 5
月 4/14 日（GP II, 581））。純粋な愛とは，「愛される対象の幸福が，そ
こからいかなる利益も引き出されないときに，われわれの快をなすと
いうことを生じさせるこの傾きにほかならない。もし私が，ラファエ
ルの美しい絵画を売って儲けるために買うとしたら，私は私利を求め
ているであろう。しかし，私がそれを見て求めているのが快のためだ
けだとしたら，これは純粋な愛に対応するだろう」（シュパンハイム
宛 1699 年 2 月 20 日付（Grua 142））。

　33)　NE II, §4–5; A VI, 6, 163〔K I, 4, 183〕。1670–1671 年以来で
は『自然法の諸要素』（A VI, 1, 465）。

6.1. 一義性　　　　　　　　　　　　321

私がいわば引き取る絵そのものへの関心にほかならないからである。愛はただそれが移動を前提するがゆえに無私である。すなわち，私は「他人」の立場に自分を置いて，その人の関心は私の関心になる。［それに対して］自らの利益のみを追求する人の執着は，まったく異なるものである。なぜなら，そのような人が明らかに示しているのは，反対に，一種の私利的な無関心（désintérêt intéressé）だからである。まず第一に，この無関心は，所有することに，または称賛されたいとの欲望に基づいている。この無関心が根底に意味しているのは，それそのものにおいて，かつ，それそのものとして見られていない対象への無関心である。なぜなら，売主は，その対象がもはや彼のものでなくなるやいなや，それには無関心だと感じるからである。だが，じつは，彼はすでに以前から無関心であったのだ。なぜなら，彼は，対象を手段としてのみ見ていたのであり，目的としては見ていなかったからである。真の愛においては，無私（désintéressement）が，私がそれの場に自分を置くところの対象への関心を産み出すのである。だがこれに対して欲望愛においては，私自身の利益への関心が，ただの手段とみなされた対象への無関心を産み出す——ここでは，私は私の立場を決して離れることがない——。真に愛するとは，それゆえ，美の愛好家や，真理を探求する人の如くに愛するのであって[34]，得な買い物から引き出す諸利益を享受する商人の如く愛するのではない。

　絵画の例は，二重の関心を示している。一方で，この例

―――――――――
　34）「好奇心によって真理を愛すること，それは真理をそれ自体によって愛する，つまり，たとえすぐれた認識が利益をもたらすものでなくとも，それ〔すぐれた認識〕のうちに見出される快によって真理を愛する，ということである。また，この理性によって節度ある好奇心は美しく善きものである，と私には思われる」（『人間を認識する術に関する考察』，1708 年，9 月 25 日（FC (L), p. 153））。

によって，愛において本来愛されるものが明確になる。すなわち，それは至福の完成を指示するかぎりでの他人の至福である。私が〔絵画の〕鑑賞で得る快は絵画の優秀さから来るが，それと同様，愛される者の至福が愛する者の気に入るのは，ただこの至福が，獲得された完全性の徴だからである。愛するとは，他人における完全性に深い喜びを感じることである。愛とは快であり，探究されねばならない快である。というのも，快は，精神にあってはひとつの徳にほかならないところの完全性の，その徴であるからである。ライプニッツの倫理学はそれゆえ快楽主義であるが，しかしそれは見かけにすぎない。彼の倫理学が快を追うようになるのは，じつは，快が存在論的かつ道徳的な完全性に関わる限りにおいてなのであり，そのとき快はこの完全性の心理学的で可感的な発現なのである。

　他方で，絵画の例は，ライプニッツの愛の定義が，人間の愛と神の愛とに有効であるだけでなく，またその定義の一般性は，この愛が非生命的存在者にまで適用されることを許容するとも示している——精神の至福は，愛すべき完全性[35]のひとつの特殊な事例となる——。たとえ感情がまさに愛であるのは，それが幸福でありうる対象そのものに基づく場合だけだとしても[36]。じつのところ，真の愛は諸精神にのみ向かい，最も完全な愛は，神を対象として有する愛だからである。

---

　35)　「愛するとは，完全性または利点のうちに，そして何よりも他者の幸福のうちに快を見出す，ということである。こうしてわれわれは，美しいものを，そして何よりも知性的な諸実体を，すなわちその幸福がわれわれの喜びをなし，その結果それのためにわれわれが善を欲するところの知性的な諸実体を愛する。それら〔知性的な諸実体〕が幸福であるのを見る快以外の何ものもそれ〔愛〕によってわれわれに生じないときに。」（選帝侯妃ゾフィー宛 1679 年 8 月中旬？）（A I, 14, 55）。強調ラトー。

　36)　同上，58。

6.1. 一義性 323

こうして，諸々の愛からなるひとつの階層が確立されう
るように思われる。この階層は，欲望愛から，また感性的
快への期待から始まり──〔これは〕真の愛を理解するた
めのモデルだが，それが精神を対象としないかぎり不十分
なモデルではある──，次いで，これのみが真正な意味で
愛と呼ばれるに値する二種類の善意の愛にいたる。〔この
二種類の善意の愛とは〕諸精神相互の愛と，神への愛ない
し敬虔である。この階層は，諸々の度合い，完全性，対象
の違いの背後にある愛の同一の本性をも，それらの異なる
種のあいだの根本的な一致をも，隠蔽するものであっては
ならない。じっさい，われわれ自身の利益だけを考慮する
欲望愛は，自分の善への深い不変の愛着を表しており，そ
れゆえ，他人の善は自分の善であるとわれわれに教える善
意の愛〔すなわち慈愛〕とは相容れぬわけではないからで
ある。欲望愛は，もしそれだけとして見れば，不完全であ
り，悪しきものというよりむしろ制限されたものである。
しかし最終的には，善意の愛が，欲望愛を理解／包括する
ことによってこれを完成するのである。さすればこの二つ
の愛は分かち難いのである。前者〔欲望愛〕がわれわれに
ただわれわれの快だけを考慮させるのに対し，後者〔善意
の愛〕は，他人の快がわれわれの快に入るということをわ
れわれに示すのである。

　　　〔…〕なぜなら，他人の快が何らかの仕方でわれわれ
　　　に波及しないかぎり，われわれはそれに関心をもてな
　　　いだろう。何と言われようとも，自分の善を失うなど
　　　不可能だからである。これが，いかにして無私の愛，
　　　あるいは欲得ずくでない愛を知解し，その高貴さを把
　　　握し，けれども空想的なものに陥らないようにするこ

324   第Ⅲ部／第6章　愛

との理由である。[37]

　報酬条項——波及する快——は，愛を，「欲得ずく」と
形容される利己主義的な私利からと同様，「空想的」と形
容される純粋な無私からも——〔けだし〕自分自身の善，
自らの幸福，自らの救済への無関心は不可能である——遠
ざけるよう強制を課す。善意の愛は，欲望愛の視点を他人
とその善との考慮にまで高めるが，それと同時に，欲望愛
の満足を想定するのである。同じ一致は，神の愛におい
て，期待と慈愛とのあいだに認められる。期待（espérance）
という徳は，欲望愛の神学的名称にほかならず，その満た
された満足を，慈愛——これは善意の愛の神学的名称であ
る——のうちにのみ見出し，慈愛は精神に最大にして最も
堅固な快を与える。天上の善をひたすら考慮し，永遠の罰
を恐れたりするだけでは，神への真の愛を構成することは
できない，というのは真である。しかし，慈愛により変貌
をとげた期待は，神を愛する人々のために神が用意する
諸々の善についての確信を生じさせる，

　　　つまり，無私の愛による諸動機において，それ［この
　　確信］が神の完全性の輝きを高め，神の善性をいっそ
　　うよく認識させるという仕方で，その確信を生じさせ
　　る。しかしその場合，神がこの善意を有するのはわれ
　　われのためか，他人のためかを区別する必要はない。
　　そうではなく，もしそれが一種の識別によるものにす
　　ぎないとしたら，それは無私の愛の行為ではなく，む
　　しろ利欲の行為だろう。だが，慈愛と期待というこの
　　二つの徳による諸行為が相結合されて行使されるのを

────────────
　37）　NE II, 20, §4–5（A VI, 6, 163）〔K I, 4, 184〕.

6.1. 一義性 325

妨げるものは何もない。[38]

　さらには,「これら二つの徳のうちの一方が, 他方に大きく反映される, ということがある」[39]。期待は, まずわれわれをわれわれのために愛するようにさせるのであり, われわれに, 他のすべての精神と分かちあいたい快と, われわれ自身の関心とは独立した神の, その栄光への好意（complaisance）とを与える。そのとき自分自身への期待は普遍的な善意すなわち慈愛となる。期待と欲望愛は, 慈愛と善意の愛よりも劣ってはいるが, しかしこれら〔慈愛と善意の愛〕への用意をしており, 最終的にはこれらにおいて完成される[40]。神の愛が個別の関心と調停されるように, 慈愛は期待を満足させる。快適なものは有用なものとなり, 享受（Frui）は使用（Uti）と一致する[41], そして他人への愛は自身の善の探究から切り離されることはない。

　愛の一義性は, 諸々の愛の収束だけでなく, さらに神の

---

38) 選帝侯妃ゾフィー宛 1697 年 8 月中頃？（A I, 14, 57）。『神学体系』（1686 年？ 4–10 月（A VI, 4-C, 2375））も参照。「期待とは, 神学者たちが欲望（concupiscence）の愛と呼ぶもの, すなわち神の卓越や完全性の考察からではなく, 神のわれわれへの善行, とくに神が自らに属する人々に約束する永遠の命というきわめて大きな善から生まれる神への愛情（affectus）である。とはいえ, 神の善行の考察がわれわれに神の善性とまた完全性を, つまり希望を慈愛に高めるものを明らかにする, ということもありうる」。

39) 選帝侯妃ゾフィー宛 1697 年 8 月中頃？（A I, 14, 57）。

40) ここには『黄金の徳の書』（Güldenes Tugend-Buch）の〔ライプニッツによる〕読書の影響を見ることが可能である。じっさいシュペーは（A I, 14, 900）, 神を慈愛という愛で愛する者は, 願望の愛や欲望の愛でも神を愛さずにはいない, と述べている。この二つの愛は, 対象の占有の度合いによって区別される。期待は神の不完全な所有であり, これに対して, 慈愛はいわばすでに神の享受（jouissance）である。

41) コスト宛 1706 年 7 月 4 日付（GP III, 384）のなかでライプニッツが言及した, アウグスティヌスの区別に従う。

326   第Ⅲ部／第6章　愛

愛におけるそれらの愛の合一も説明可能にする。これが一
義性のテーゼのじっさい最終帰結である。すなわち，限定
的で不完全な個別の愛の終わり——達成された完成という
意味であって，廃止の意味ではない——は，万物への神
の愛のうちにある[42]。被造物の至福とは異なり，「神の至福
は，われわれの幸福の一部ではなく全体をなす。神は，わ
れわれの幸福の源泉であって，付属品ではない」[43]。万物に
対する神を愛することは，神を愛するか被造物を愛するか
の二者択一を提示するのではなく，愛はひとつの階層を形
成するのである。なぜなら愛は，愛する対象の相対的な完
全性に応じて規則づけられねばならないからである。そこ
では愛は正義となり，慈悲は知恵と一致する。しかしなが
ら，この階層はひとつの優先順位を示唆するのではなくむ
しろひとつの漸進的な統合を示唆する——それ〔優先順位〕
は，被造物（人間）に対する愛は，上位の被造物（例えば
天使）に対する愛より劣る筈であり，後者の愛は，創造主
に向けた愛より劣る筈であるという考えを確立するだろう
——。というのも，神の愛は，それら〔すべての被造物の
愛〕を仕上げると共に，それらを総括し完成するからであ
る。

　神の愛は，きわめて熱烈な愛より以上の，そして他

────────────

　42)　モレル宛 1698 年 5 月 4/14 日付（Grua 125）。「［…］神への
真の愛が，魂の完全性と至福とをなすように，魂の真の関心は，あら
ゆる事物を超えて神を愛するということである」。神への愛は，無私
であるにもかかわらず，「それ自体で，われわれのより大きな善と関
心を成している。そういうものを求めないにもかかわらず，また，そ
の愛が生み出す効用を度外視して，ただその愛がもたらす快だけを考
慮するときに〔そうなのである〕」（『理性に基づく自然と恩寵の原理』
第 18 節，p. 61–63〔K I, 9, 258〕）。
　43)　『カンブレー氏の著作［…］に関するライプニッツ氏の所感』
（GP II, 578）。

6.1. 一義性 327

のすべての愛を超えた何ものかを意味する。神の愛
は，よく秩序づけられた他のすべての愛を上まわるだ
けでなく，それらを含みさえもするのでなければなら
ない。なぜなら，神の愛は，そしてただそれだけがわ
れわれのいっさいの至福をなすからである。〔そして〕
他のすべての感情は，それ〔至福〕を実践において達
成することが可能な範囲で，それ〔至福〕に役立つよ
うに慎重に扱われるのでなければならない。[44]

「万物を超えて」(super omnia) という表現は，神でな
いいっさいを遠ざけるかのような優先を含意してはいな
い。というのも，これら「諸事物」は，神の中で，賞揚さ
れ，さらにより完全なものとして見出されるからである。
「[…] われわれは万物を超えて神を愛さなければならな
い。なぜなら，われわれは，すべてのものを，諸事物その
ものにおいてよりも神においていっそう大きな完全性とと
もに見出すからである [′…]」[45]。普遍的正義や慈愛は交換
的正義と配分的正義（法の最初の二段階）を廃止するので
はなく，反対にそれらを実現するのであるが，それと同じ
ように[46]，神の愛は，神の愛に参加し，神の愛から生じさ
えするところの人間の愛からその資格を奪うのではなく，
人間の愛を包含する。普遍的正義が法の根源であり目的で
あるように，神の愛はすべての愛の起源にして最終段階で
ある。個別の利益と一般の利益とのあいだの単純な収束

---

44) コスト宛 1706 年 7 月 4 日付（GP III, 386）。

45) 『テオフィルとポリドールとの対話』(1679 年夏 – 秋？（A VI, 4-C, 2238)）。

46) 拙著『ライプニッツにおける悪の問題——弁神論の基礎づけと改善』(*La question du mal chez Leibniz. Fondements et élaboration de la Théodicée*)，Honoré Champion, 2008, p. 350–369.

328 第Ⅲ部／第6章 愛

よりも——これはとくにルネ・セーヴ[47]が主張しているが
——, ここで大事なのは, これらすべての個別の愛と, 異
なった段階の法を貫通しこれらに影響を与えるひとつの同
じ普遍的な愛を思惟する, ということである。

愛される者の立場に自らを置くことによって, 愛する者
が彼の善を, 愛される者の善と同一視することは, あらゆ
る形の外因性や直接的影響を排除するのに十分であると思
われる。愛は, 本性的に普遍的で神的でありつつ, それ自
身を個別化する。すなわち, 愛は, それぞれの実体が他の
すべてを表出するこの世界において, 選択（愛するとは選
ぶことである[48]）, すなわち精神がそれによって, 特異で
特権的で緊密な関係を維持するところの対象の区別とな
る。それは, どのような意味においてか？ 愛は表出の個
別的な事例である。愛する者は, 愛される者の中で起こっ
ていることを最もよく表出する者であり, 愛される者の状
態を最も完全な仕方で表現する者である。なぜなら, この
愛する者は, いわば愛される者と一致しているからであ
る。しかし愛は, 相互的である場合にのみ存続する。愛
は, ひとつの螺旋運動から成っており, その運動の記述
は, 移行的活動（action transitive）なる語彙を, それが形
而上学から追放されたとはいえ, 再び導入することへ導く
のであり, 諸実体の普遍的な交渉という一般的な枠組みに
おいて, 愛の関係の本性を再考すべく義務づけるものであ
る。

---

47) René Sève, *Le droit de la raison*, Vrin, 1994, p. 88–89.

48) ホイヘンス宛（1694年9月14日（GM II, 200））。「選択す
る（diligere）, 愛する（aimer）, いとおしむ（cherir）[…] とは, 他者
の至福を快とすることである」。diligere の意味については本章注13。

6.2. 相互性
――愛の「螺旋」――

　他人の至福は,「われわれに快を与えることによって, われわれ自身の至福のうちに, 直接に入る」[49]。他人の至福は「われわれ自身の至福の増加をもたらし」,「われわれは, 自分がそこ〔他人の至福〕に見出す満足のゆえに, そこ〔他人の至福〕に参加する」[50]。愛は, 他人の快が私のなかに映し出されたものであり, 他人の快の表出であるが, それだけでなく, 私に対する活動の結果として記述された快でもある。あたかも存在者のあいだで実在性や完全性の循環ないし移動があるかのように, 愛される対象の完全性は私のそれになる。しかしそれは損失も縮小も伴わず, 反対に, 相互的な増加や強化を伴うのである。

　この見かけの移行性 (transitivité) には, 能動かつ受動という愛の二重の本性によって説明される。愛は,「われわれをして, 他人の至福や満足のうちにわれわれの快を見出させる魂の行為または能動的状態」[51]であり, また, 愛される対象の善をおこない, 愛される対象をいっそう完全にすべく貢献してこれを助けるようにわれわれを仕向ける魂の行為または能動的状態である。この意味において, も

---

49) 選帝侯妃ゾフィー宛 (1679 年 8 月中旬? (A I, 14, 58))。強調ラトー。

50) ブリノン夫人宛 1691 年 5 月 19 日付 (A I, 6, 198))。

51) 『カンブレー氏の著書 […] に関するライプニッツ氏の所感』(GP II, 577)。ライプニッツは, 1706 年 7 月 4 日付コスト宛書簡で, この能動性を強調し, 愛するとは「他者の至福ないし完全性に自らの快を見出すよう仕向けられること (estre porté)」であると表明している (GP III, 384)。強調ラトー。

330   第Ⅲ部／第6章　愛

し意志することが「何らかの事物の現実存在を喜ぶ」[52]こ
とに他ならず，意志は，思惟から生まれ，外なるものに対
して行為する努力（conatus agenda ad externa）であるとす
れば，愛は意志と混同される傾向をもつ[53]。しかし同時に
愛は，それが産み出す快によって，ひとつの愛情（affection）
つまり「愛される対象の至福に適するもののなかに快を見
出すようにさせる感情（sentiment）」でもある[54]。

　したがって，能動性と受動性が密接に混合される。愛す
る者が愛される者の幸福を考えるときに得られる快は，二
重の活動のしるしである。すなわち，この活動は〔一方で
は〕，愛する者がより大なる完全性へと移行することから
なる——快，完全性，活動のあいだの繋がりに従って，す
なわち快とは実体の完全性の増加の指標であり，そのゆえ
に能動的と言われる[55]——。また〔他方では〕この活動は，
愛する者を愛される者のために行為するようにしむける運
動が構成するものである。愛の受動的な面も二重的であ
る。すなわち，一方では，その理由が（その愛の「原因」
であるところの）他人に求められるかぎりにおいて，他方
では，自分が貢献した他者の完全性を考慮するときに，他
人の利益のためになされた私の活動から愛が帰結するかぎ
りにおいて[56]。そのときそれが，私の最初の能動に応答す
る受動である。こうして愛のダイナミズムは一つの輪のよ

　52）　『哲学者の告白』（Belaval, p. 55；A Ⅵ, 3, 127）〔K Ⅱ, 2,
210〕。
　53）　『変状／情念について』（（A Ⅵ, 4-B, 1411）。ライプニッツ
は「意志は精神の能動作用である」とも書いている（同上）。
　54）　『無私の愛と正義の基礎に関する〔…〕ニケーズ神父宛の抜
粋』（1698 年 5 月 4/14 日（GP Ⅱ, 581））。
　55）　DM, §15〔K Ⅰ, 8, 167f.〕。
　56）　意志は，知性の判断に従うかぎりでは，定義上，受動的な
性格を有する，と付け加えよう。意志は「反応」（reaction）である。
『変状／情念について』（（A Ⅵ, 4-B, 1412））。

6.2. 相互性　　　　　331

うに現れる。すなわちその輪においては，一方の主体の受
動全体が，他方の主体の直接的な「活動」（action）を超え
て，その主体自身の能動性に応答する，そしてこの主体の
能動性自身は，最初の受動性に応答する，そして以下同様
にくりかえされる。愛する者は愛される状態になり，愛さ
れる者は愛する状態になる。受動は，私の活動が私へと
返ってくることを意味し，能動は，他人が幸せであるのを
見ようとする意志と，他者の幸福に効果的な貢献として理
解されるから，受動（他者の至福についての最初の熟考）
が私におよぼす結果を意味する。

　愛する／愛されるという役割のこの逆転とこの錯然は，
自己への愛と無私の愛との一致をあらためて示す。私の快
は，他人の完全性の表現から来ており，他人の快は私の快
になる。しかし，私が他人に向ける愛は，私に向かう他人
の愛を引き起こすことによって，私の快は他人の快とな
る。これが私の快を維持し，強化し，さらには増大させ，
ゆえに他人の快も同様であり，かくて無限へ至る。快の共
同体は，自己愛と他者愛，愛する者の快と愛される者の快
を区別することをそこでは禁じるのであり，それらは適切
に識別できなくなる。愛される者が愛する者のなかに愛す
るものは，根底では，愛する者における愛される者自身の
完全性であり，これが愛する者によって鏡におけるように
反射されている，というのではない——この場合には，愛
される者はもはや〔愛する者の〕自己愛の道具に過ぎない
であろうし，目的それ自体ではないだろう——。なぜな
ら，たしかに重要なのは愛される者自身の完全性である
が，しかしそれは愛する者のなかへ移され，愛する者の完
全性となるからである。マルティヌ・ド・ゴドゥマールが
きわめて正当に示しているように，

　　同一化は，同じひとつの「喜び」において主体／客体

の非対称性を想像によって解消し，愛の対象が他者の愛を介して自ら自身に快を得るということを，あるいは，愛の対象がこの愛の対象であると同時に主体であるということを可能にする。それゆえ愛は誰かある人をめぐって転回し，他者からその人に返るのである。[57]

能動と受動は，諸実体の交渉の一般的な図式に従い，相互に関係しあうものとして現れるだけでなく——この図式では一方における能動は，他方における受動に対応する——，また実体の内部にさえ関係するものとして現れるのである。なぜなら，受動は，それ自身の能動性が実体に反映されたものにほかならず，また能動はそれ自身の受動性が実体に反響したものにほかならないからである。しかしながら，愛は，能動的である自己を受動的である自己へと関連づけることを確立する，と言うだけでは十分ではない。なぜなら，この関係は他者の媒介を経由するからである。愛のダイナミズムは，じっさい相互性に基づいている。愛は，本性的に自らを拡散し，相互に交渉し，相互に強めるという傾向をもつ。愛が存続しうるのは，それが分かち合われる場合，つまり，それが一方の主体から別の主体へ広がり，〔あるいは〕移る場合だけである。さもなければ，愛はいとも簡単に存在するのを止める。この点において愛は，情欲的で不安定で——一度満足するや——消える定めにある愛からはさらに区別される。なぜならそのような愛は，他人を他人自身のために考えない以上，愛の相互性によって維持されないからである。欲望愛とは，他人の快から生まれた快ではなく，ただ自分自身だけを享受し，その享受の中で自らを消費するような快である。欲望

---

57) Martine de Gaudemar, *Leibniz. De la puissance au sujet,* Vrin, 1994, p. 238–239.

6.2. 相互性

愛は，「われわれに快をもたらすものが快を受けとるかどうかにわれわれが関心をもつことなしに，それに対しわれわれがもつ欲望や感情にほかならない」[58]。それゆえ，融合という〔愛の〕側面が，もし一方の主体が他方の主体によって，あるいは他方の主体のうちに吸収されることとして解されるなら，そこに見出されるのは欲望愛であって，善意の愛ではない。

「誠実で純粋な」愛においては，愛する者は，他者を我有化したり，自らに組み込んだりしようとはせず，徳と幸福の道へ導きつつ，その人の善に向けて方向づけようとする。この愛は，あたかも磁石のように働く。「無為の，しかもそれ自身のうちに秘められた献身なるものは私には十分に堅固とは思われない。善良な人は，それが触れる他の磁性をおびた諸物体に自分の方向を伝える磁石のようなものである」[59]。愛のこの拡散とこの拡張は，精神，すなわち愛によって[60]愛に応答することのできる唯一の実体であり，またそれを通して至福が増大して見出される鏡である精神の本性によって可能になる。もし磁石モデルが，愛する者の愛される者への関りにおいて行なわれるコミュニケーションを描くとすれば，鏡のメタファーは，愛のダイ

---

58) NE II, 20, §4–5, A VI, 6, 163.〔K I, 4, 183〕.

59) H. W. ルドルフ宛 1697 年 10 月 12 日付（A I, 14, 555）。

60) 友情（amitié）は「相互的」である，なぜならそれは「喜びの交換」のうちに存するからである，とアプレイウスは主張する。というのも，「友愛は愛に同じだけ愛を返す（redamat）」からである（『プラトンについて』2, 13, 238）。トマス・アクィナスにとって，「カリタス（慈愛，神愛，神徳）は，ただ神への愛だけでなく，また神との何らかの友情を意味する。この友情は，何らかの互いの交わりをともなう相互性を，愛に付加する」（『神学大全』，第 II-1 部第 65 問第 5 項〔稲垣良典訳『神学大全第 11 冊』，創文社，1980 年，304–307 頁〕。redamatio は，キケロの新造語 red-amare（『友情について』49）〔『キケロー選集 9』，中務哲郎訳，岩波書店，1999 年，95 頁〕から採られ，愛に応答する，愛に愛を返すということを意味する。

ナミズムに固有な強化運動を理解することを可能にする。
それぞれの快は反射され増加するが、それは、まず、「われわれの徳の静かな意識によって」、すなわち、われわれが自分自身の完全性への回帰をなすときのわれわれの反省によっておこなわれ、次に、他の精神において起こる反省によっておこなわれる。というのも

> 視覚においては二重の屈折が生じうるのであって、一方は眼のレンズで、もう一方は望遠鏡のレンズで生じうるのだが、望遠鏡における屈折は、眼における屈折を増大させる。ちょうどそれと同じように、思考において反省は二重である。じっさい、すべて精神は一種の鏡であり、ひとつはわれわれの精神のうちにあり、もうひとつは他人の精神のうちにあるであろう、そしてもし鏡がいくつもあるなら、つまり、われわれの善を認識する精神がいくつもあるなら、光はいっそう大きくなり、それらの鏡は光を、眼のなかにだけでなく、それら鏡のなかにも集中させる。この集められた輝きは栄光をもたらす。[61]

反射の戯れによって、善は、精神から、増大して輝きを増した精神へ跳ね返り、倍加される。この善を「受け取った」各精神はより完全なものになるが、同時に、こんどは、その善を他の精神に「送り返す」ことによってそれを増加させる。快の循環と共有は、快の永続的な発展と拡大との条件である。こうしたわけで、神が他の被造物から愛され、栄光を与えられているのを目にすれば、それだけいっそう私のなかで神への愛が増大するのである。
　こうして愛は、他人——私の隣人、人間社会、諸精神の

---

61)　『自然法の諸要素』（A VI, 1, 464）。

6.2. 相互性 335

国，神——への拡張の遠心運動と，外から見知らぬ人から来たかのように私のものになった善を私がそれによって喜ぶ自己回帰の求心運動という二重の運動によって，生き生きとしたものになるように思われる。この往復運動，この満ち潮と引き潮はアンドレ・ロビネによって「自我と他我のあいだで，出発点に戻る運動，往還，呼吸，〔振り子の〕振動，対抗運動」として，あるいは「愛のサイバネティックな円環」と彼が呼ぶ運動として描かれている。この円環は，「すべての人間をそのコナトゥスにおいて把握するという条件でのみ，再び閉じられるだろう」[62]。この注釈者は，この「人間相互の結果」を，一種のゼロサムゲーム（jeu à somme nulle）として解釈している。「愛においては，かりに受贈者が寄贈者の恩恵にあずからなくても，与える側は与えられる側を通じて自分の元手を取り戻し，自分自身を後者において完成する」[63]。これは，われわれの意見では，愛の過程の一部にしか言及していない。すなわち，〔愛の〕運動は，なるほどその出発点に戻るが，それはそこから，上で明らかにされた鏡の戯れによって，豊かに，成長して，よりしっかりと再出発するためである。愛は或る主体から別の主体へと移り，また同時に，増大する傾向をもつ。愛は，より大きな完全性と快への，すなわち，より大きな愛への絶え間ない前進を含意している。愛は，円環ではなく，むしろ一種の螺旋を描くのであり，そこでは愛の運動は，同一の円を再形成することは決してなく，成長しながら自分自身に巻きこもうとして戻り，主体どうし相互的な完全化を生み出すのである。

　この螺旋運動は，ユダの憎しみの理由の分析に基づい

---

62) Robinet, *G. W. Leibniz. Le meilleur des mondes par la balance de l'Europe*, PUF, 1994, p. 58.

63) 同上。

て，『哲学者の告白』でとりわけよく描写されている。ユ
ダが神を憎むのは，自分が神から嫌われていると思い込ん
でいるからである[64]。ユダの憎しみは，神について想定さ
れる憎しみ，つまり，ユダが神に帰する敵意に対応する。
パラドクスの内容は，偽——なぜなら神はすべての人間を
愛しているからである——から出発して，この〔神から嫌
われているとの〕信念が，これが信じられているという事
実そのものによって真になる，というものである。すなわ
ち，自分は神の悪意の対象であると誤って信じている者
は，じっさい神の悪意の対象となるのである。このとき，
罰を受けた者の信念は自分自身の誤謬のなかで強固になっ
ている。なぜなら，神はじっさい彼に害を与えているから
であるが，しかし彼はこの本当の憎しみの理由が想像され
た神の憎しみであることに目を向けていない。それゆえ神
が自分を憎んでいるとユダが信じるのはある意味では正し
いのだが，しかしそれの原因が彼自身であることがユダに
は見えていない。これは，その原因が誤りであったという
理由だけから真となる自己実現的な思い上がりの典型的な
例である。神は，ユダが神についてもつ表象に沿って行動
するのであり，神についてのわれわれの観念は，われわれ
に関する神の行為をある意味で決定するのである。このこ
とはムナのたとえにおけるキリストの教えと一致する[65]。
われわれは神を，神がじっさいわれわれのためにあるであ

---

64)　『哲学者の告白』（A VI, 3, 119）〔K II, 2, 196f.〕。
65)　「ルカによる福音書」19:11–27。恐怖に支配され，受け取っ
たムナ〔貨幣〕を使わなかったその僕は，自分の主人を，自分が蒔か
なかった場所で刈り取る厳しい人間だと思っていた。主人は答える：
「悪い僕よ，お前のその言葉ゆえにお前を裁こう。〔すなわち〕私が，
預けなかったものを取り立て，蒔かなかったものも刈り取るような厳
しい人間だとお前はわかっていた〔と言うのか〕」。言い換えれば，お
前が私について抱いた考えに従って，私はお前を裁き断罪するのだ。
タラントンのたとえ（「マタイによる福音書」25:14–30）も参照。

6.2. 相互性   337

ろうところのもの，すなわち愛する父か残忍な暴君にした
てるのである。

われわれが神の至福を喜び，そしてそれを意志すると
き，神の幸福はわれわれの幸福となる。〔われわれが〕神
の至福に苦しむとき，神に害を与えたい[66]という願いや意
志は，われわれにとって有害である。かくして人間は自分
自身を罰するか，または救う。神は人間の自由な選択を
〔人間に〕ただ認めさせるだけである。

> というのも，神は，神を奴隷がするように恐れたり，
> あるいは神が自分たちに害をなそうとしていると想定
> する人々に対してのみ害を与えうるのと同様に，自分
> が反対に選ばれている，つまり神にとって愛すべきも
> のだと不断に信じている者は皆，自分を（なぜなら彼
> は神を不断に愛しているので）選ばれたものにすると
> いうことが，摂理の称賛されるべき秘密によって確立
> されたからである。[67]

自分が愛されていると信じる者は，神から愛されるよう
になる。ここでは信念は，幻想や虚偽ではなく，真理——
神は正義である，すなわち，神はすべての精神を愛すると
いう論証に基づけられている[68]——であり，信念が信じら
れた瞬間から真理は実効的になる。この信念は，神の愛お
よび私の救済の原因かつ結果である。結果とは，つまり，
神が私を愛しているという確信は，こんどは私が神を愛す

---

66) 『哲学者の告白』（A VI, 3, 119）〔K II, 2, 196〕。

67) 同上（Belaval p. 39）〔K II, 2, 196–197〕。ライプニッツ
はここで，信仰のみによる救いというルターのテーゼに同意する
が，ただしこのテーゼを哲学的に基礎づけている（Belaval, 注34, p.
118–119）。

68) 『哲学者の告白』（A VI, 3, 116–117）〔K II, 2, 192〕。

338   第Ⅲ部／第6章　愛

るように私を仕向ける，という限りで言われる。ここで
は，神の愛が私の愛の理由であり，また私を救済する。原
因とは，神への私の期待が，私が神を愛していること，神
が私にとって愛すべきものあることを，すでに証明してい
る，という限りで言われる。

　　［…］もし神が自分にとって愛すべきものでなければ，
　　だれも本当に（自分が）神にとって愛すべきものだと
　　信じることはできない。神を愛するがゆえに，自分は
　　神にとって愛すべきものなのだ，と信じるのでなけれ
　　ば，ある人が自分を神にとって愛すべきものだと信じ
　　るだけでは十分でない，ということを付け加えよ。[69]

　そこでは私の愛が神の愛の理由であり，かつ，私の愛が
私の救済をもたらすのである。〔これは〕円環なのか？　そ
のとおり，愛は，単に報いられるというだけの単純な交換
――神が私を愛するから私は神を愛する，または，私が彼
を愛するから神は私を愛する――ではなく，愛する者と愛
される者の共通の行為なのである。つまり，この行為にお
いては，だれが最初の者で，「イニシアチブ」をもってい
たかを区別することがもはや可能でなくなるほどに，愛す
る者はまた愛され，愛される者は愛するのである[70]。愛は
愛を糧にし，憎しみは憎しみを糧にする[71]。そして円環は

────────────
　　69）　同上，Belaval, note 34, p. 118 ; A VI, 3, 119〔K II, 2, 197〕。
　　70）　所有格のもつ曖昧さによって，神の愛（l'amour de Dieu）
は，対象としての神への愛と，主体としての神の愛とを意味する。
　　71）　（神の悪意への奴隷的な恐れまたは信念によって）神を憎
む者の場合には，等しく循環がある。神のせいにされた憎しみがユダ
の憎しみを生み出し，ユダの憎しみが，ユダにおいては神への実際の
「憎しみ」を引き起こす。ここでは誤った信念が，ユダの憎しみとそ
の断罪の理由である。しかしこの信念は，それ自体，別の信念に基づ
いている。すなわちそれは，ユダは神にとって大切でない，という信

6.2. 相互性

螺旋となり，幸福と愛情を永続させ，あるいは反対に，絶望と敵意を維持するのである。

信念はそれ自身を堅固にする——愛の場合には信念は真であり，つねに真であり続ける。これに対し憎しみの場合には偽であり，真となる——。愛と憎しみは保持され，強化される。善意の精神（benevolus）は，その愛において強化される，つまり，一貫して愛するとともに，さらにいっそう愛そうと強く傾向づけられている[72]，同様に，悪意のある精神は，執拗に憎しみつづけ，いっそう憎しみを抱く傾向をもつ。至福（beatitude）と断罪は，あの世におけるこうした愛と憎しみとの継続であり，そのため，心から神を愛する者は，いまから救われると自称できるのに対して，神の命令に反逆し絶望している精神は，すでにこの世の地獄を生きている。このように，一方で断罪と至福の違い，他方で地上の人間を生気づける憎しみと愛の違いは，程度によるものにすぎず，根本的に本性によるものではない。しかしながら，『哲学者の告白』がわれわれに教えるのは，断罪と至福は，罪と愛の行為の単なる反復に存するのではなく，憎しみと愛の絶え間ない進行に存する，ということである。断罪される者への処罰は彼の憎悪を刺激し，こうして悪化した憎しみは相互的な因果性にしたがって彼の断罪を増大させる。これは選ばれた者の至福（félicité）が彼の愛を強め，それにより増大した愛が彼の

念である。これはユダが，神を愛していないという理由だけから実際に認めうる信念である。なぜならこの場合，ユダの憎しみこそが，最初のものであり，神の憎しみというユダの信念を構成する理由なのであって，この結果として，神がユダにとって有害であるということの原因である。自分が選ばれていると信じる者が自らを選ばれるようにするように，自分が断罪されると信じる者は自らを断罪するのである。

72) 「善意の者は，いっそう深い愛で確証された者である」。「確証された者は，つよく傾向づけられた者である」。「傾向づけられた者は，進んで快く行なう者である」（A VI, 4-C, 2768）。

340   第Ⅲ部／第6章　愛

満足（beatitude）を強化するのとまったく同様である。螺
旋に対する螺旋である。

　　幸福な人々は，神，すなわち普遍的調和と［諸事物
　　の］至高の理由に及ぶまったく無限に続く進歩によっ
　　てひとたび許されたなら，そしてこれ〔調和と進歩〕
　　をまとまりとして一目で見渡した後に，終わることの
　　ない喜びをもつのである。なぜなら，彼らはこの喜び
　　を，自らの喜びの対象の諸部分へのいっそう判明な反
　　省によって無限に増加させるからである。というの
　　は，永続的な新しさも進歩も欠くような思惟は，した
　　がって快はないからである。同様に，諸事物の本性を
　　激怒して憎悪する者たちは，学知の悪魔的な帰結に
　　よって諸々の被造物の認識の中で進むにつれ，いっそ
　　う憤慨，憎しみ，妬み，そして一言でいえば激怒の新
　　たな主題によって，絶えず焚きつけられることだろ
　　う。[73]

　　精神-鏡に起因する倍加（multiplication）はその幸福な
満足において無限の増加（infinitiplication）となるが，そ

────────────

　　73)　『哲学者の告白』（Belaval, p. 85（僅かに変更した仏訳），A
　　VI, 3, 139〔K II, 2, 234〕）。ライプニッツは，この「無限の増加」を
　　説明するために，『諸々の技芸と学の興隆のための協会をドイツに
　　設立する提案の概要』第9節のなかで光学モデルを使う（J. バリュ
　　ズィの仏訳が Leibniz. Avec de nombreux textes inédits, Bloud, 1909, p.
　　372 にある）〔A IV, 1, 532: K II, 3, 314〕。また，断罪された魂の苦痛
　　は，憂鬱（mélancolie）と解されている（『カトリック論証の概要』
　　(Demonstrationum catholicarum conspectus, 1668–1669?,　第三部，c.
　　49,（A VI, 1, 499））。古代より医者たちに知られた精神病理学とのこの
　　接近には，断罪された者を病人として，それどころか，ある種の快感
　　とともに自らの失望や不幸を反芻する狂人としてみなす傾向がある。
　　この点については『『悪の起源の書』に関する注釈［…］』(Remarques
　　sur le livre de l'origine du mal [...], § 27, GP VI, 436)。

6.2. 相互性　　　　　　　341

れは，絶えず更新されるダイナミックなヴィジョンとして
示されるのであって，精神がそこで「まるで驚愕で麻痺
し，一つの動かざる観点において凝固したかのような」[74]
固定された最終的な状態として示されるのではない。愛は
いつでもひとつの運動を含意する――なぜなら愛は快であ
るから――。それはより大きな新しい完全性への移行であ
る。愛は止まることはない。なぜなら愛は決してその対象
を（完全に）所有することはないからである。幸福な人
は，全体から部分へ，次に一部分から別の一部分へと向か
い，異や多様を熱心に求め，こうした神的な構造を前にそ
の諸理由を発見しては驚きで満たされる。幸福な人におい
てさえ愛はけっして完全ではなく，何らかの不安なしには
ない。というのは，愛が消えたり弛緩しうるのは，その
「主題」（神）が無限だからではなく，愛が新しい増大した
快に向かうからである。至福直観（vision béatifique）にお
ける進行は，いっそう判明な認識や，強化された徳，完全
性の増大を同時に意味し，これらについて快はつねにその
指標である。しかし，断罪との対称性は完全に厳密という
わけではないことに注意しよう。というのも，絶望におけ
る進行が含意するのはたしかに不完全さの増大ではある
――苦しみはそれの可感的な徴（しるし）である――，だが厳密にい
えば無知の増大ではない[75]。断罪された者は，選ばれた者

74）『哲学者の告白』（Belaval, p. 87；A VI, 3, 140）〔K II, 2,
236〕。後にライプニッツが書くように，最上の至福は「けっして
満たされえないだろう。なぜなら神は無限であるので，完全には認
識されえないだろうから。したがってわれわれの幸福は完全な満足
（jouissance）にはないであろうし，またあるべきでもない。そのよう
な状態ではもはや何も望むものはなく，われわれの精神は愚鈍になっ
てしまうだろう。むしろわれわれの幸福は新たな快と新たな完全性と
への不断の前進にある」（『理性に基づく自然と恩寵の原理』第 18 節，
p. 65〔K I, 9, 258–259〕）。

75）　しかしこのことを『カトリック論証の概要』第 3 部，c. 52

342　　　　　　　　　第Ⅲ部／第6章　愛

に倣って普遍的調和とその細部を観想するが，ここで得られるヴィジョンは，断罪された者にとっては苛立ちと怨恨との永続的な源泉である——たしかに，自らの敵の勝利と栄光を目の当たりにするのがこうした源泉でありうるように。

　至福は，全面的な結合のうちにも完全な所有のうちにも存しない。愛する対象との距離はつねに残る。もし，愛は，それが同じ本性の諸実体（諸精神）のあいだでのみ存在するゆえ，類似のものとの結合を想定するとしても，〔そして〕もし愛は，愛する者と愛される者との意志を同一化すること——友愛（*amicitia*）の古典的な定義による[76]——によって，前者を後者に似たものにすることを目指すとしても，それにもかかわらず愛は一方の他方へのいかなる融合も排除する。なぜなら，まさしくこの融合が螺旋状のこの循環に，すなわち愛そのものに終止符を打つであろうから。たとえ，共通に感じられた快が，愛される者の完全性の指標と，愛する者の完全性の指標とに同時になり，その快が私のものかあなたのものかと言うことが違いをもたなくなるとしても，他性，区別は維持されるのでなければならない——神が自身に抱いている愛の場合も含めて[77]——。愛を各人はつねに自分自身で，かつ愛への自

───────────────

（A VI, 1, 499）が示している。

　　76)　「同じものを欲し，同じものを欲しないことが真の友情である」（DM, §4〔K I, 8, 147〕）。「同じことを望み，同じことを望まない，それこそが確かな友情である」という定式は，サルスティウスによって『カティリーナの陰謀』20, 4〔合阪學・鷲田睦朗翻訳・註解，大阪大学出版会，2008年，61頁〕のなかでカティリーナに帰されている。また，キケロ『友情について』，20〔『キケロー選集9』，77頁〕も見よ：「友情とは，神界及び人間界のあらゆることについての，善意と慈愛に伴われた（cum benevolentia et caritate）意見の一致（consensio）にほかならない」。

　　77)　A VI, 4-C, 2289–2290における神的な三つのペルソナの区

6.2. 相互性   343

分の視点から感じるとしても，各人は，各人が感じるものにおいて，他者が喜ぶものへ直接に差し向けられるのである。

このように愛の螺旋は表出〔というはたらき〕のもつ限界に導く。すなわち，その限界を超えると，〔各人の立つ〕位・置・は一つになり，表出する者と表出される者が完全に一致する。愛は，快の共同体による表出の止揚〔超越〕であると同時に，最高度の表出として現われる。愛は，模倣という外的関係にも，一つの実体から他の実体への直接的影響にも基かない。なぜなら，〔愛の〕交渉は直接的かつ内的であるから。この意味で，愛は，ライプニッツが「道徳におけるのと同じく政治におけるパースペクティヴの真なる点」[78]とみなす他人の立場（la place d'autrui）の原理が適用される極端な事例である。この原理の逆説は，この原理が精確には内的な関係に基づくにもかかわらず，他者への関係に外在性をもたらすように見える，ということである。私が他者の立場をとることができるのは，ひとえに私が（メタ）物理的には他者の代わりをすることができないからである——私であることをやめずに，私は他者であることはできない[79]——。またじっさい私はつねに私の立場にとどまるからである。じじつ，もし私が他人であるとしたら，私は彼なのであって，「彼の立場」あるのではないだろう。だからそこには交渉もなければ愛もないだろう。私が他人の立場をとれるのは，「それぞれの存在が，宇宙

別。

78)　Grua 699. この原理の研究については，とくに M. de Gaudemar, *Les fondements de la concorde ou 'la place d'autrui'*, in: *Les Cahiers philosophiques de Strasbourg*, tome 4, 1996, p. 171–191.

79)　『哲学者の告白』（Belaval, p. 107–109：A VI, 3, 148）〔K II, 2, 252f.〕。

344   第Ⅲ部／第6章　愛

の他のすべてと持つ繋がり」[80]を考えれば，私においてに他人の立場を「見出す」からである，言い換えれば，私が私であるからである。

　他人の立場という原理は，自己の自己への内的な関係，〔すなわち〕私を他人に出会わせることができる唯一のものを説明する。ゆえに，この原理は，他者が感じているかもしれないことを把握しようとするために，類推（analogie）の関係に従って，私を私の固有な経験に差し向ける想像力の努力を要求するのではなく，他者が苦しんでいるところのもので苦痛を受けるための注意と反省の努力を要求するのである。つまり共感（sympathie）が意味するのは，他人とともに（avec），あるいは他人のように（comme）苦しむというだけではなく，他人が苦しむことで（de ce que）苦しむということでもある。したがって，他者の立場はたんに「思考の中」や「想像の中」にあるのではけっしてない。それは架空のものではなく，生きられたもの（vécu）なのである。私の幸福は他人のそれの影響や模倣による再生産でしかなく，〔したがって〕私の快は，私が他人が幸せであるのを見ることからくる，というのではない。そうではなく，私の快は，私が「彼の」至福を感じることからくる，あるいはむしろわれわれが共有するこの幸福からくる，私は，私であることによって，何らかの仕方で彼のうちにある，私は彼である。また愛の相互性は，彼であることによって彼が何らかの仕方で私のうちにあり，彼が私である，ということを生じさせる。愛は，外的な運動によってではなく，各々が自分自身と関わるところの関係によって関わりあう，そのような二人の存在者による内的コミュニケーションに基づいて分かちあわれた感情である。逆説的にいえば，実体の形而上学的な禁域〔カトリックの修道

___
　80)　NE, Préface（A VI, 6, 55）〔K I, 4, 23〕.

6.2. 相互性 345

院で部外者の立ち入りが禁じられた場所〕が，他者との真
の関係を可能にするものなのである[81]。

　愛は，主体の差異を壊すことなく，可能な最大限の同一
性を産み出す。このことは，一方では〔愛を〕所有しては
いないため本質的に不安であるという愛の本性に起因して
おり，他方では，その永続を誓うが消滅も可能にする愛の
相互性に起因している。愛による〔双方の〕意志の統一は
じつは不安定である。この統一は最終的なものとして与え
られるのではなく，とくに神の愛の場合には，つねに（く
りかえし）為されるべきものである。もし私が，ただ最善
に向かう神の一般的意志を知ることによって，神が意志し
たそして意志していることを〔私が〕意志できるなら，私
は，将来に関して，神の推定的意志に従って行為するよう
に努めなければならない[82]。しかるに私は過ちうる。まさ
にそれゆえ，「偽の神秘主義者たち」が，「純粋な信仰と純
粋な愛の行為によってひとたび神と一つになれば，この結
合が正式に取り消されないかぎり神と一つにとどまる」と
考えるのは過りである。というのも，神の栄光と認識され
た神の意志とに合致するものよりも自らの快を選好するす
べての行為は，「形式的な取り消しについての明示的反省

　81）　われわれはアンドレ・ロビネの見解に従うこともできない。
ロビネは，「他人の立場」という原理は「真理のしるし」ではないし，
また，人格的な主体が自己に閉じこもることから個体化が生じるとい
う形而上学においては，他人の立場に立つことは虚構でしかありえな
い，と主張する（*Le meilleur des mondes*, p. 152–153）。われわれの見
解では，この原理（「他人の立場」）の真理性は，形而上学的な基盤と
して普遍的な共感を有しており，これによって，他人に起こっている
ことを想像するだけでなく，それを感じる（sentir）のである。また，
戦争と平和の術に属するもっぱら「論争的」な目的に「間主観性」を
割り当てることは，その〔間主観性の〕射程の大幅な縮小であるよう
に思われる（同上，p. 255）。

　82）　この点に関しては，拙著 *La question du mal chez Leibniz* […]，
p. 683–693。

は行なわれないが，実質的に神との合一を取り消すもの」
だからである[83]。

　神との合一はけっして最終的な獲得には基づいていない
ため，それは永続的に確認され更新されねばならない。し
かしそれが取り消されうることは，人間の救済の確実性
についていかなる不安も呼びおこすものではなく[84]，〔むし
ろ〕敬虔をじっさいに実践することを促すはずのものであ
る。なぜなら，われわれが神と結合されるのは，「神の徳
を何度となく行ない実践することによる」のであって，静
寂主義者たちの唱える無為によるのではないからである。
われわれを神と結びついた状態に維持し，また反対に，わ
れわれを神から遠ざけるのは，われわれの行為である。愛
は休息の状態ではない。静寂主義者が推奨するように神の
意志に自己を委ね放棄するのではなく，〔逆に〕人間の意
志は，活動を通じ神の意志を実現しながら，神の意志を探
究し，神の意志に出会うように呼びかけられているのであ
る。

6.3.　活動性
―――「人間のものを神的なものへ移す」―――

　神の愛は，すべての愛と同様，相互性に基づいている。
神の至福（félicité）が被造精神の至福を生じさせ，被造精
神の至福が神の至福となる。愛のこうした共同体は真の
栄光を構成し，精神のこうした善が，「われわれの満足を
高める他者たちの証言を通じて，自身について有利な判断

---

　83)　『カンブレー氏の著書 [⋯] に関するライプニッツ氏の所感』
（GP II, 576–577）。
　84)　ベネディクト公爵夫人宛（1695 年 3 月 17/27 日付（A I, 11,
349））。

6.3. 活動性　　　　　347

を下すようにわれわれにさせる」[85]のであり，それは愛の
ひとつの形である。快はここでは同じ螺旋運動から生まれ
る。すなわち，われわれの徳についての考察——それ自体
われわれを喜ばせる——は他人の称賛を産み，この称賛が
こんどはわれわれの満足を呼び起こし，それゆえわれわれ
の幸福（bonheur）を増大させるのである。

　神において，栄光は二つの意味で理解することができ
る。すなわち，第一に，自らの諸完全性を観想することに
おいて神が見出す満足としての意味であり，「この意味で
神はつねに栄光を所有している」。第二に，神が「自らを
知性的被造物に認識させるときに」獲得するものとしての
意味である。ただし，神がこれによって新たな善を獲得す
るわけではなく，理性的被造物が神の栄光を然るべく検
討するときに，そのようにして良かったと思うのは，む
しろ理性的被造物たちである，というのは真である[86]。第
一の場合，栄光は，神が自身へ向かうという本質的な愛
であり[87]，神自身の完全性において得られた快である。こ
の自己への愛は三位一体のゆえにすでに最初の「倍加」
（multiplication）である。じっさい三位一体は，神自身に
おける愛の相互性を保障するのである。

　　じっさい，御父は，自身を自ら把握する（知性認識す
　　る）かぎり，そして自らによって自身を愛するかぎ
　　り，神性のペルソナ〔位格〕を倍加する。こういうわ
　　けで御子は御父から生まれ，聖霊は御父と御子から発

---

　85)　A VI, 4-C, 2720–2721：「栄光とはある種の完全性に関する
名声である。名声とは公衆の意見である」（『定義集』（Definitiones, A
VI, 4-C, 2803））。

　86)　Th §109（GP VI, 163）〔K I, 6, 205〕.

　87)　『定義集』（A VI, 4-C, 2804）：「神の目的ないし目標は，固
有の喜び，すなわち自己愛（amor sui）である」。

出する。なぜなら知性は行為する力能を前提し，意志は行為し知解する力能を前提するからである。ただし，知解することと知解されることと，愛することと愛されることは，三つのペルソナのすべてに共通している。[88]

　第二の場合，栄光は自己へのこの同じ愛であるが，この愛は被造的精神によって反映されるかぎり，それ〔自己への愛〕を増加させる他者の媒介を通じて自ら自身の完全性から得られた神の快である。神は，愛されることを愛する[89]。諸精神――それは世界の鏡であり神性の似像である――を通して神は自らの作品の中に自らを観るのであり，自ら自身の完全性を喜ぶ。自らが創造したものに自らを伝達することによって，神は自分が与えたものを受け取るが，神が与えたものはすべての実体によって無限に反映され，さらに理性的諸実体の反映によって倍加される。

　したがって，言及された二つの意味は同じ栄光を示している。すなわち栄光は，第一の意味では，何らかの仕方で閉じられ，折りたたまれ，囲まれており，神が自身を自ら直接の対象としているが，第二の意味では，それは拡げられ，拡大し，宇宙全体に拡散し，すべての精神に波及する。神は自らの被造物を愛することによって自らを愛する。かくして人間と神は同じ目的を追求する。すなわち，どちらも，自己への愛によって生気づけられ幸福を探求するが，またそれぞれにとって，この目的は他を通じて達成され，あるいは他を通じても達成されるのである――なぜ

---

88)　『三位一体の神について』（*De Deo Trino*, A VI, 4-C, 2292）。
89)　『定義集』（A VI, 4-C, 2804）を参照。「神は，自らの栄光のために，または自己愛によって，被造物と，最も精神を備えたものとを創った」。「神は，愛されることを，つまり，神を愛する者を愛する」。

6.3. 活動性 349

なら，神は「被造物を通じて必然的に自らの栄光を得よう
とするわけではない」[90]からである——。これによって栄
光の〔以上の〕二つの場合において，自己愛と無私の愛と
のあいだで同じ調停が可能になる。

しかしながら，この栄光という概念は，二つの矛盾する
要求に直面しているのがわかる。一方で，一義性に限界を
設けるという神学的必然性〔という要求〕である。すなわ
ち，愛の螺旋という図式に反して，われわれの愛と崇敬か
ら引き出された栄光は神の幸福に何も加えることはできな
いこと，そしてまったく完全な神がそこで獲得するものは
何もないことを認めなければならない[91]。他方で，愛の論
理に従うという必然性である。すなわち，神の栄光は，本
質的に〔人間と〕共通した働きとして把握されなければな
らない。これを，グリュアは「神の栄光を神にとっての獲
得とみなそうとする擬人的傾向」と呼ぶ[92]。じっさい，も
し神の真の愛が「神が行なうことに関する完全な満足と同
意」[93]を要求するなら，人間の意志は，過去と現在に顕現
したような神の意志と同一化するのであり，神の真の愛
は，われわれが，われわれの才能と力に応じて，未来を可
能な最善のものにするように働くことを要求する。この活

---

90) Th, §230（GP VI, 255）〔K I, 6, 333〕.

91) DM, §35; Th 233（GP VI, 256）〔K I, 6, 335〕.「神が自らに
寄せる愛は神にとって本質的である。しかし自らの栄光への愛や，栄
光を手に入れようとする意志はけっして本質的ではない。つまり，神
が自分自身に対して抱く愛は，神を外的な行為へと強いることはなか
った。その行為は自由であった〔…〕」。

92) Grua, *La justice humaine*〔…〕, p. 215.「神の栄光が真に存す
る」のは「道徳的世界」である。「なぜなら，もし神の偉大さと善意
が精神によって認められ称賛されなければ，神の栄光などありえない
からである〔…〕」（Mo §86, p. 123）〔K I, 9, 239〕。

93) 『形而上学叙説』第4節〔K I, 8, 147〕に与えられた標題。

動倫理は，あらゆる形の静寂主義[94]とは反対に，神の栄光
への人間の能動的で肯定的な協働を含意している。すなわ
ちそれは，人間が「理解」しなければならず，人間が神の
うちにあるかぎり，「より大きくしなければならない」[95]よ
うな栄光なのである。

神に統治された，諸精神の普遍的共和国としての人間の
国において，善良な市民は，平穏に甘んじず，しかし野心
がなく，積極的で勤勉である。この市民は，起こることに
甘んじるが，それに安住せずに，成功し，自らを豊かに
し，自らの権能を増大させ，栄光を得て，いっそうの完全
性をつねに獲得しようと欲する[96]。自分の計画が成功しな
いときでも，だからといって不平を言わず抗議もせず，善
を欲するのを止めない。彼の意志は，つねに未来に向かっ
ており，獲得した成功に安住することも被った被害を嘆く
こともない。物事の改革と取り組むのは公正でかつ許容さ
れるだけでなく[97]，〔まさに〕不可欠である。というのは，
最善が到来するのはただ行為するときだけであるから。た
しかに，神を愛する者は，過去がそうであった，そして現
在がそうであるのと同様に，未来は，それがどうであれ最
善であると[98]，知ってはいる。しかし彼は，それを実現さ

---

94) 『知恵について』(*Von der Weisheit*, 1694–1698 ?, Grua 587)
を参照。「[…]人生は，行なわれた善によってのみ判断される。なぜ
なら，何も行なわないのは，まったく存在しないのと同じことだから
である」。

95) 『諸々の技芸と学の興隆のための協会をドイツに設立する提
案の概要』第9節，Baruzi, p. 372〔AIV, 1, 532: KII, 3, 314〕。

96) 『哲学者の告白』(Belaval, p. 89；A VI, 3, 140)〔K II, 2,
237〕。善行と功績とによって人間がこの世で獲得した栄光は，神の栄
光に貢献する（『テオフィルとポリドールの対話』(A VI, 4-C, 2240)
を参照。本書360頁で引用される)。

97) 『哲学者の告白』(Belaval, p. 93；A VI, 3, 141–142)〔K II, 2,
239f.〕。

98) 絶対的ではないにしても，ともかく相対的に言えば。

6.3. 活動性　　　351

せるのは自分次第だと知っている。なぜなら目的は手段な
しには設定されず，出来事は，たとえそれが確実であって
も，その諸条件なしに，つまり彼の参与の有無にかかわら
ず起こるのではないからである。神がそこからその栄光を
引き出す可能なかぎりの最善世界は一度に最終的に与えら
れるのではなく，人間がそれを欲し，そのために粘り強く
働くことを前提する[99]。それはけっして決定的な仕方で獲
得されるのではなく，つねに為され構築されるべきであ
る。しかしだからといって，無限に先送りされた時の終わ
りに延期されるわけではない。というのも，それぞれの出
来事はただ最善世界〔の実現〕に貢献するだけではなく，
じっさいにそれを実現するからである。最善世界は，完遂
された任務と，追求される目的と〔の両方〕を意味し，す
でに起きたことといずれ起きことを同時に指し示すのであ
る。

　れわれの世界が可能な最善であるという不可謬の確信
は，人間を物事の現状について満足そして無為にさせる
——怠惰の詭弁（sophisme paresseux）〔すべてが必然なら，
事は何もせずとも起き，または何をしても起きないという議
論〕に従って——どころか，むしろ人間にとって世界を変
える理由である。一般的な善と同一視されたかぎりの神
の栄光のために働くことは，人間の悲惨を軽減し生存条件
を改善することによって，人間の知的，精神的，さらには
物質的な完成のために働くことである[100]。なぜなら，神は

---

99)　善意の失敗の後に続く失望が，「未来に向けた努力を疲弊
させたり圧し潰したりすることはけっしてない。というのも，じっさ
い，時を神に指定してはならず，ただ継続する人々のみが栄冠を得る
からである」（『哲学者の告白』Belaval, p. 93：A VI, 3, 142）〔K II, 2,
240〕。DM, §4 も参照。

100)　『善意に満ちた聡明な人々に宛てた覚書』（1692 年頃）（A
IV, 4, 615）〔KII, 2, 125〕。「ところで，この一般的な善は，至高の実
体の驚異を認識するために人間たちを啓蒙するだけでなく，われわれ

352   第Ⅲ部／第6章　愛

「われわれが公衆のために行なうすべてのことを，神自身
に対して為されたとみなす［…］」[101]からである。これが
真の愛の徴である。すなわち，他者に対し為された善を，
自らのためとして受け取ることである。信仰は諸々の働き
と不可分である。しかも，「［…］実践は信仰の試金石」[102]
であり，共通善をもたらそうとする熱意は真正の敬虔，す
なわち，くり返すように，愛を示すのである。自己愛，隣
人愛，人間の国を形成する人々や神が君主である国を構成
するすべての精神への愛，神への愛[103]は一致する。なぜ
なら，「より多くの精神が善意を有し，神の栄光，または
（同じことだが）共通の幸福に貢献するように仕向けられ
ているので，精神は自らこの幸福にいっそう参加するだろ
うから」[104]。

─────────────────────────────

の啓蒙の進歩を妨げる障害を彼らが取り除くのを援助することによっ
て，われわれがそれに貢献できるかぎり，人間の完成への道程であ
る」。まさにこの観点から，科学的，「技術的」，経済的，さらには法
的（法と司法手続きとの改革），政治的-宗教的（教会の再統合）と
いった諸領域におけるライプニッツの考案した数多くのプロジェクト
が，さらには，人間の知識の百科事典やアカデミー創設の計画も理解
されなければならない。これらに技芸の発展や，歴史，地理，言語，
古物，メダルについての研究への彼の関心が付け加わる。じじつ，ラ
イプニッツは，「すべてのものには用途がある」のであって，「それに
ついて学ぶことのできるものを私は何も軽視しない」（同上。A IV, 4,
618）〔KII, 2, 130〕と主張している。
　101）　『テオフィルとポリドールの対話』（*Dialogue entre
Théophile et Polidore*, A VI, 4-C, 2229）。
　102）　『真の敬虔』（*La véritable piété*）（1710年3月以前？（Grua
499））。モレル宛（1696年12月10日（Grua 105））も見よ：「私にお
いて，真なる光の試金石とは，神の栄光と一般的善とに出来る限り貢
献するという大きな熱意のことである」。
　103）　『真の敬虔』（Grua 500）を参照：「聖書が与えるよりも美
しく確かな，真の敬虔さのしるしはない。人は，目に見える隣人を愛
さないときには，目に見えない神を愛することはできないだろう」。
　104）　『善意に満ちた聡明な人々に宛てた覚書』（A IV, 4, 614）

6.3. 活動性　　　　　　　　353

　それでは，われわれが自らの義務を怠った場合は何が起こるだろうか？　神の栄光は，われわれによって，あるいはわれわれにもかかわらず行なわれるだろう。「神はわれわれを必要としないというのは本当である。そして，かりにわれわれが自らの義務を無視したとき，それでも物事は完璧に行なわれるだろう」。宇宙の完全性は一般的にはつねに産み出されるだろうが，しかし個別的には「われわれの懲罰の正義」に存することになる。つまり，懲罰の正義は，もしそれがなければ，われわれの個別の幸福のうちに見出されることになってしまう」[105]。したがって，

> ルターが子ども向けの短い教理問答で見事に述べているように，神の王国は，われわれの祈りや配慮がなくともやって来る。しかし，われわれは，善き考えと善き行動によってその王国の一員であるかぎりその王国の至福に参加するだろう。というのも，世界は，その王である神の統治下の完全な国であり，そこでは諸々の法は最も完全な理由に従って規範となっているからである。[106]

　われわれは，この〔王国の〕幸福に貢献するその正確な程度に応じて，つまり，われわれの徳と，共通善に関するわれわれの意志とに比例して，この幸福への権利を有する。すべての被造物は神の栄光に奉仕するがゆえに，無為

〔KII, 2, 124〕。

　105)　同上（A IV, 4, 615）。

　106)　モレル宛 1697 年 10 月 1 日付（Grua 114）。もし，未来を可能なかぎり最善なものにしようとわれわれが努めなければ，「［…］事物の一般的な秩序あるいは調和は未来において何も失わないだろうが，しかしわれわれは関係が少なくなるのだから，失うのはわれわれのほうだろう」（Grua 92. 強調ラトー）。

と悪徳とは，この幸福から進んで[107]自らを排除する二つのやり方，あるいはむしろこの王国の設立に嫌々参加する二つのやり方である[108]。これが意味するのは，われわれが排除され断罪されるか，あるいは結ばれ救われるのはただ神の至福による以上，神の至福にいかなる結果も及ぼさないわれわれの活動は，最終的には厳密に個人の観点からのみ，つまり，われわれにとってのみ価値がある，ということなのだろうか？

まず共同–作業（co-opération）として表された，人間の愛と神の愛との共通の作品としての神の栄光は，人間が何をしても，たとえ人間がそれ〔共通の作品〕への参加を拒否しても実現されるはずであると思われる。神へと働きかけることも，神に善をもたらすこともできないわれわれの愛は，神の至福の帰結であって，その原因ではない。というのも，神を愛するとは神の至福を喜び享受することであり，しかも第一のものにして完全なものである神の至福は〔後から人間によって〕増大されることはできない。それでも，ライプニッツはゾフィーに次のように書いている。「にもかかわらず，われわれが神に懐く善意はわれわれを，あたかも〔次のことが〕できるかのように行為させる」[109]。〔すなわち〕真の愛は，われわれが相互行為の愛の論理に

---

107) 自らを断罪するのは，つねに，断罪された者であり，自分を救うのは，つねに，選ばれた者である。なぜなら，神の国では「それを欲する者だけが不幸であり」，「万物は，神を愛する者にとっては，善いものになる」からである（『哲学者の告白』，Belaval p. 89, 91；A VI, 3, 140, 141〔K II, 2, 237–238〕）。

108) 『定義集』（A VI, 4-C, 2805）を参照：「すべての被造物は，自らの完全性の度合いに応じて，神の至福または栄光に仕える」。だが，自らの意志に反して神の至福に奉仕する者たちは，神を愛してはいない。

109) 選帝侯妃ゾフィー宛1697年8月中旬頃（A I, 14, 57）。強調ラトー。

6.3. 活動性 355

従って神の幸福を為し，神の栄光に貢献できる<ruby>か<rt>・</rt></ruby><ruby>の<rt>・</rt></ruby><ruby>よ<rt>・</rt></ruby><ruby>う<rt>・</rt></ruby>にわれわれを行為させる。そしてこの<ruby>か<rt>・</rt></ruby><ruby>の<rt>・</rt></ruby><ruby>よ<rt>・</rt></ruby><ruby>う<rt>・</rt></ruby>に（comme si）は，これが最初に仮説として提示するものの実在性をある意味で産出する。私が神の善を行なうかのように行為することによって私は神の善をなし，私が神の栄光を増大させていたかのように行為することによって，私は神の〔栄光の〕実現の道具となる。言い換えれば，私は神の至福への参加によって神の至福を行ない，神が欲した善であり，また可能性の状態において，神の栄光が最も完全な仕方で顕現するこの世界を自由に選択するよう神に決定させた善を完成するのである。

　<ruby>か<rt>・</rt></ruby><ruby>の<rt>・</rt></ruby><ruby>よ<rt>・</rt></ruby><ruby>う<rt>・</rt></ruby>にを行なうこと，それは<ruby>こ<rt>・</rt></ruby><ruby>の<rt>・</rt></ruby><ruby>こ<rt>・</rt></ruby><ruby>と<rt>・</rt></ruby>が起こるように行ない，<ruby>こ<rt>・</rt></ruby><ruby>の<rt>・</rt></ruby><ruby>こ<rt>・</rt></ruby><ruby>と<rt>・</rt></ruby>が実際にあるために行為し，神が欲した可能性を実在的にするということである。神の栄光のために働くことによってこの栄光は実現する，〔そして〕世界をいっそう善いものにするために行為することによって到来するのが可能な最善世界である。救済と断罪もまた，<ruby>か<rt>・</rt></ruby><ruby>の<rt>・</rt></ruby><ruby>よ<rt>・</rt></ruby><ruby>う<rt>・</rt></ruby>にというこの倫理に基づく。すなわち，「〔…〕真の信仰と真の期待はたんに話すことには存せず，またたんに考えることにさえも存せず，むしろ<ruby>実<rt>・</rt></ruby><ruby>践<rt>・</rt></ruby><ruby>的<rt>・</rt></ruby>に考えること，すなわちあたかもそれが真であるかのように働くことに存する」[110]，つまり，啓示が真実であるかのように〔働

---

110) 『諸々の技芸と学の興隆のための協会〔…〕』第4節〔KII, 3, 311〕。ライプニッツの「かのように（comme si）」は，それがわれわれの行為を規定しなければならないため，実践的な要求（カントでは超越論的理念の統制的使用の場合においては理論的-実践的〔な要求〕）に応えるという点で，カントの「かのように」（als ob）と共通している。しかしながら，ライプニッツの「かのように」は，それがまずは虚構（fiction）として提示するところのものが，その適用によって実効的なものとなる点において，カントの「かのように」とは異なっている。〔つまり〕行為を統制的なものから構成的なものに移行させることによって，これはもはや「蓋然的」（problématique）な

くことに存する〕。啓示が教えるのは，神はキリストを通して人間を愛し，もし人間がお返しにキリストを愛するなら「そこから解消不可能な友情が生まれる」ということである。あたかも神が私を愛し，またこんどは私が神を愛することによって私を救済するかのようになされた行為が，神の愛の真理と私の選択の真理を為す。

　人間の行為と神の行為，人間の目的と神の目的は，〔それぞれ〕単一の企図という視点において把握されなければならない。われわれの現在の行為は，神を創造へと決定した諸理由のなかから可能なものの状態において現れる。じつのところ，各々の事柄——存在，出来事，祈り，善または悪の行為——は，「観念的には，それが現実存在する以前に，全ての事物の現実存在について下された決定に寄与していた」[111]。かのように行なうとは，神が他の世界よりもむしろこの世界を選んだ目的〔何のために〕を行なうことである。神は自らの諸属性を明示することよって，ただ自らの栄光のためにだけ創造したのか，それとも神はむしろ諸精神と彼らの幸福を考慮したのかという問いにライプニッツは次のような答えを提示する。

　　じっさい神は，世界創造の計画を立てる際，ひとえに最も実効的でしかも自らの偉大さと知性と善意に最もふさわしい仕方で完全性を明示し伝達しようとした。しかしまさにこのゆえに神は，最も適合的な計画を立てるために，被造物の全行為を純粋な可能性の状態において考察しようとしたのである。神はいわば偉大な建築家である。建築家は美しい宮殿を築いたという満足感とその栄誉を目的として自らに課している。彼は

―――――――――――――――
思考法に満足するということではないのである。

　111）　Th §9（GP VI, 108）〔K I, 6, 127〕.

6.3. 活動性　　357

全体の決定を下す前に，その建築に属する筈のいっさ
い，すなわち形，材料，場所，配置，建築方法，職
人，費用を検討する。というのも賢者は，計画をたて
る際，手段から目的を切り離せないからである，それ
ゆえ賢者には，それに達する方法があるかを知ること
なしに目的を決定するつもりはまったくない。[112]

　目的は諸々の手段なしにはないというだけでなく，諸々
の手段はまたひとつの目的である。つまり，創造されたも
のはすべて栄光の道具であると同時にその主体でもある。
美しい宮殿は，それの全材料，形，費用，そして建設のた
めに働いた労働者たちの労苦さえ，もしもそれらがなけれ
ば何ものでもない。神は父親が子供たちを愛するように，
欲得ずくの愛ではなく善意の愛によって愛することによっ
て，諸々の精神の善を，他の事物のためでなく，自らのも
のとして，自らにおいて希求する。諸精神の善は神の善で
あり，諸精神がお返しとして神にもたらす愛を通して，神
の善は諸精神のものになる。この愛によって，われわれが
全体の諸部分としてより高い目的にただ秩序づけられるだ
けではけっしてない，ということになる。たしかに，われ
われが生まれたのは，われわれのためではなく，「諸部分
が全体のためにあるように」，社会と神の国との善のため
であった。しかしながら，「[…] われわれはわれわれを神
の道具としてではなく，自らの選択に従って神と協働する
ことのできる生きた自由な道具である，と見るべきであ
る」[113]。つまり，われわれは能動的で意識をもった自由な
参加者なのであって，受動的な道具ではない。
　そこで栄光は，神が主導権を有する愛の結果のように見

---

112)　同上，第78節（GP VI, 144）〔K I, 6, 178〕。
113)　A VI, 4-C, 2722.

えるが，しかし被造物によって完成されるのであり，それ
ゆえ共通／共同の成果となる。栄光は，ただ神が創造にお
ける自らの完全性を観想することから得る快であるだけで
はない。それは，創られたもの，とくに唯一神に応答する
ことのできる知性的被造物のための拡張と交渉を意味す
る。したがってライプニッツの神は，創造の中に自分を
映して自分自身だけを愛する神ではなく，その自己愛が，
栄光の観客にして役者である諸精神による媒介を経るよう
な神である。そしてこの諸精神が今度は神の栄光を増大さ
せ，その愛を広めるのである。

　実体の完全な自発性に鑑みれば，この協働成果たる栄光
は，これを産み出し思惟する精神の外部にはない。他人，
社会，神のための行為は，同時に自己変革の作業でもあ
る。救済への自然な道である愛は，「中心としての神にす
ベ̇て̇を̇関̇係̇づ̇け̇る̇こ̇と̇に̇よ̇っ̇て̇，人̇間̇的̇な̇も̇の̇を̇神̇的̇な̇も̇
の̇に̇す̇る̇」[114]。真なる認識，善き意志，正しき行為によっ
て神の真の友を「神化すること」（divinisation）は，神秘
主義のように，似像がその原像において，〔あるいは〕鏡
が反射した対象において消えることとしてではなく，けっ
して達成されることのない完全化や人間の至高の目的と
して考えられねばならない。「あなたがたは神のようにな
る」。「創世記」〔3:5〕の物語で蛇の口から出たこの言葉
は，罪ではなく愛によって実現する。神の至福に参加し，
何らかの仕方で神自身の快を享受し喜ぶ精神は，それ自身
完全になる。最大の快は，最大の完全性への愛のうちにあ
り，愛される者の完全性は，愛する者のうちに可能なかぎ
り「植えつけられる」（eingepflanzet）。したがって，われ
われはすべての完全性を有する存在者を愛すれば愛するほ
ど，いっそう「こ̇れ̇ら̇の̇す̇べ̇て̇の̇完̇全̇性̇を̇為̇し̇う̇る̇」（wird

---

　114)　Th Préface（GP VI, 27）〔K I, 6, 15〕．強調ラトー。

6.3. 活動性 359

man dessen allen faehig）。このように，「われわれは，神，つまり至高の理性をますます容れうるようになり，ますます至高の理性に参加する」[115]。

精神は神を愛すれば愛するほど，その善なる意志と判明な認識によって神に似る。しかし，精神は自己を滅却するどころか，精神が完全に自己自身となるのはまさにこのときである。精神はそれ自身を他のすべての諸精神から──自分と同じように神を愛する諸精神も含め──さえも区別し，自らを個体化する。なぜなら完全性とは，それまでより「いっそう多くの自己存在〔自己−であること〕」（selbstwesen）すなわち「実在性」（realité）があるように為すところのいっさいであるからである[116]。かくして神の愛についてのライプニッツの概念は，神における神秘主義的な無化からも，アヴェロエスによる唯一の普遍的精神との混同からも区別される[117]。神との結合は個人の死ではなく，個人の完成であり，神においてそれ自身となる人格を完全に所有すること（appropriation）である。或る被造的精神と別の被造的精神との区別をなすのは，精神が宇宙に対してもつ唯一の個別的な視点（その位置）（situs）と，精神がもつ，判明さの違いはあれこの宇宙を表現するための仕方（いわばその表出の「質」）との両方であることを思い起こそう。神の賢明な愛が可能にさせ至福直観を行なわせる，全体の視点への接近ということは，〔しかし〕この唯一の個別的な視点の消滅を含意するのではなく，精神の表出の本性を変化させる。すなわちこの表出はますます判明にな

115）〔ドイツ語原文は次のとおり〕« […] werden Gottes, das ist der hoechsten Vernunft, mehr und mehr faehig und theilhafftig […] »（『知恵について』（Grua 586））。

116）『知恵について』（Grua 584）。

117）『カンブレー氏の著書［…］に関するライプニッツ氏の所感』（GP II, 578）。

る。それゆえ，福者や，神に最も近い天使は，彼らの立場
から真理を見て，彼らの仕方で普遍的調和を称賛するのを
やめないだろう。彼らが神について有するつねに増大する
知識は，彼らが彼ら自身であり続けるのを妨げないだろ
う。それどころか反対に，彼らのもつ知識は，彼らにとっ
て彼らの視点を深め，完全に神であり，神についての真
理を明らかにし，〔とりもなおさず〕自己であるための手
段なのである。自らを「神化」（diviniser）することによっ
て，精神はそれが存在し行為するすべての時（plenitude）
〔聖書の説く救世主の到来，この世の終わり〕を勝ち取る。
そしてこれは現世でのことである。なぜなら

　　真の栄光を獲得し，諸々の善行を通じて自らを不死に
　　するために役立ついっさいは，われわれが神のように
　　行なうことができ，何らかの仕方で神格化について論
　　じうる範囲で，われわれを神に近づけるであろうとこ
　　ろのこの至福へいたる諸々の道程である。[118]

　ライプニッツが書いていることによれば，神秘主義者た
ちが語る自己放棄は，ただ「われわれの中にある非存在
そのものへの憎しみ」，言うなれば，不完全性と制限への
憎しみとしてのみ認められるのであって，「われわれの人
格的存在の源泉への，すなわち神への愛」[119]としてではな
い。したがって，神を愛するとは，われわれにおける非存

　118）　『テオフィルとポリドールの対話』（A VI, 4-C, 2240）。
　119）　『真の神秘的な神学について』（1694–1697?）。J. バリュズィ
の仏訳は Leibniz, p. 375 にある。ライプニッツは次のように続ける：
「このことに存するのは，古いアダムを十字架にかけ，キリストを自
らのうちに引き寄せ，アダムと絶縁し，キリストに生きる，というこ
とである。すなわち，非存在を放棄し，存在に自らを結びつける，と
いうことである」。

6.3. 活動性　　　　361

在の部分を拒否し，われわれにおける存在を受け入れるこ
とによって，自分自身を真に愛する，ということである。
つまり神を愛するとは，われわれに最も属するもの，最
も「われわれのもの」であるものを愛する，ということで
ある。なぜなら，「神は，身体よりも私の近くにいる」[120]
からであり，神は〔身体よりも〕いっそう私に属しており
（angehörig）であり，私の身体よりもいっそう私であるか
らである。

　ライプニッツはここでアウグスティヌスの『告白』の有
名な二つの文章から着想を得ているようである。すなわ
ち，第3巻（第6章）の周知の「私の最も内なるところよ
りもさらに内に」（interior intimo meo），および第10巻（第
27章）の「御身は内にありし」（intus eras）である。前者
によれば，神は「私において最も内にあるものよりも，私
のさらに内にある」と同時に，「私において最も高くにあ
るものよりもいっそう高い」。後者によれば，神は「私が
自分の外にあったとき，内にあった」。ライプニッツは，
神との魂の近さと親密さという観念を取り上げる。この観
念は，彼の形而上学の根本テーゼの一つに対応するが[121]，

────────────

　120)　同上（改訳）。« Gott ist mir näher angehörig als der Leib ».
レスラーは，「神は，身体よりもいっそう親密に私に属する」とい
う訳を提案している（De la vraie Théologie mystique , in Revue de
Théologie et de Philosophie, vol. 142, 2010, p. 291）。この一節への彼女
のとても啓発的な解説を読者は参照されたい（同上，p. 314-315）。
　121)　クレール・レスラーが『形而上学叙説』第32節を参照し
て述べているように（同上，p. 291 ; note 92）:「なぜなら，神はすべ
てのものにおけるすべてであること，いかにして神はすべての被造物
と，それらの完全性の度合いに応じてではあるが，親密に結びついて
いるかということ，そして被造物をその影響力によって規定するの
は神だけであることが，きわめて明白にわかるからである。また，も
し作用することが直接に規定することであるとすれば，その意味は形
而上学の言葉を使って次のように言うことができる。すなわち，神の
みが私にはたらきかけ，私に善または悪を行なわせることができる

さらに所属〔ないし帰属〕と，〔そのものに〕固有であるものという二重の意味における所有／所有物（prporiété）の観念をつけ加える。神は，私の身体〔がそうである〕以上に私のものである。この主張は，私が神のものである，と措定する人間と神のあいだの伝統的関係を逆転させる[122]。所有（appropriation）は，それが被造物の「神化」を可能にする限りにおいて，被造物の側に見出される。つまり「神化」は被造物の本性の廃止ではなく，反対にその実現である。所有の第二の意味は次のとおりである。すなわち，神は，私が〔他のものよりも〕いっそう自分のものとして有するもの，まさしく私であるもの，言うなれば，私の個体的本質である。それゆえ真の神の愛は真の自己愛である。「可感的な像よりも内なる光を，あるいは非存在よりも人格的存在を優先することを知る者は，万物よりも神を愛する」[123]からである。

　ここまでわれわれは，愛が差異を破壊せず，可能な最大の同一性を産出することを見てきた。ここからわれわれは，この最大の同一性が——これは連続した漸近運動によって神に可能なかぎり近づく——，個体を，つまり可能な最大の差異を成就するための条件であることを見よう。この意味において愛は調和の最高点にある。愛は最も完全な調和の実現であり，そこでは最大限の同一性は，最大限の多様性という代償を払う[124]。しかし厳密には，愛の論理

［…］」（A VI, 4-B, 1580–1581）〔K I, 8, 201〕。ライプニッツはここでもちろんパウロから着想を得ている（「使徒言行録」17:27–28，および，「フィリピの信徒への手紙」2:13）。

　122）「コリントの信徒への手紙 1」6:19–20。

　123）『真の神秘的な神学について』（Baruzi p. 376）。

　124）「［…］まさに調和とは多における一（unitas in multis）であり，一見したところ混乱していても，ある種の驚くべき関連によって，逸脱から最高の合致へと連れ戻された最も多くの諸要素からなる統一であるときに，最大なのだから」（『哲学者の告白』，Belaval p.

6.3. 活動性　　363

に従って，この〔個体の差異の〕「成就」(accomplissement)
は双方の主体にとって有益でなければならない。神にとっ
ては，たとえ創造は必要な行為ではなく，本来的にいえば
神の至福を増大するものではないとしても，この成就は栄
光によって行なわれる。しかしながら，神の霊的な，つま
り「神が被造物に関して有しうるすべての他の考慮よりも
先行する」特徴的な本性を考えれば，諸精神は神に似せ
て，あたかも神の一族から，ないしは神の家の子として作
られている。なぜなら精神だけが自由に神に奉仕し，神の
本性を認識とともに模倣して行為できるから」[125]であり，
この相互性はさらに進行するのである。あたかも似像が
こんどは原像，指示対象になるかのように，あるいは，あた
かも表出する者が表出された実物になるかのように，人間
における神の似像に，神における一種の人間の似像が対応
する。

　　それゆえ，神を諸精神の主人あるいは君主たらしめて
　いる神のこの道徳的性質は，いわば人格的に，まった
　く個別的な仕方で神に関係している。まさにこの点に
　おいて，神は自らを人間化し (humaniser)，進んで擬
　人化を容認し，君主が臣下に対するようにわれわれと
　の交際に入るのである。この考慮は神にとって非常に
　大切なので，住民の可能な最大の至福のうちに成り
　立っている，神の国の幸福で繁栄した状態が，神の諸
　法則のうちの最高のものとなっているのである。[126]

　愛の螺旋は，他人の立場の原理に従って立場の交換を可

─────────────
45：A. VI, 3, 122）〔K II, 2, 202–203〕。
　　125）　DM, §36（A VI, 4-B, 1586）〔K I, 8, 207f.〕.
　　126）　同上，1587〔K I, 8, 209〕。強調ラトー。

能にするだけでなく，この螺旋が結びつける〔双方の〕主体の性質を交換させるのであり，それゆえ神化には「人間化」が対応する。被造的精神が，神性に類似し自らの徳を完成することによって自らを神化するように，神は，精神としての自らの本性を通して，また，諸精神の王国の冠を受け入れることによって，自らを人間化する。かくして神との交際は可能である。すなわち，精神は自らを神にし，神は自らを人にする。これは，愛の教説の結果であるだけでなく，キリストの受肉という神学上のテーゼでもある。〔神の国の〕この王位は神にとってとても大切なものである。なぜならこの王位は，神の子たちに対する，すなわち神と同じ本性を有し，神がそこから最も多大な多くの栄光を得ている諸々の被造物に対する王座なのであるから。

6.4. 結論

愛の一義性というテーゼは，それよりもトマスの「アナロギア」概念を好むナエール[127]が主張するような「神人同型論に汚れている」どころか，われわれが神の国を，諸精神が交渉すること最大であり，干渉しあうこと最小であるような社会として理解することを可能にする。諸精神の完全性は，相互に強化し高めあいつつ，助けあう。なぜなら，「最も徳のある者たちだけが，最も完全な友人であることができる」[128]からである。しかし自分自身が，他人が，世界がより完全になることは，さらに高度な表出に到達するだけでなく，獲得した完全性を享受することである。実体間の交渉の一般的な図式において，愛は，諸精神に――

---

127) ナエール，前掲書，p. 33〔本章，310頁，注5〕。
128) DM, §36（A VI, 4-B, 1586）〔K I, 8, 207f.〕.

6.4. 結論 365

神を含め——特有の共感を導入する。つまりこの共感は，私において他者が現れていることと同時に，その根本的かつ還元不可能な他者性を前提している。愛するとは，外側から受け取ること——「外側への」能動——ではなく，内側から集めることである。つまり愛とは，敬意と援助という二重の意味において，他人に注意（animadversio）を払う精神の内的活動なのである。立場の交換は他人への親密な関係であり，他人のための活動は自己に対するとともに自己のための活動であることが明らかになる。間-実体的な交渉における最大のつながり，最大の調和，すなわち愛は，他動詞的行為の言語と，実体の形而上学との間に見かけ上の矛盾があるという事実から，グリュアが不完全とみた「体系」を完成するのである。愛は体系を完成すると同時に，限界をつくる。すなわち，交渉は，こちら側では，（より）単純な表出——それは実体たる鏡の反射による弱い繋がりである——に還元されるが，あちら側では，愛する者が愛される者において無化されることによって，交渉は消える。これは絶対的な同一性であって，唯一の普遍的精神という教説はその神学的定式化であり，静寂主義はその神秘主義的定式化であり，怠惰な詭弁はその受け入れ難い倫理的帰結である。愛の概念は同と他の矛盾を解決する。なぜなら，それを超えると個体が消えるその限界点が，まさしく個体がその最も完足的で最も完全な個体化に到達する点だからである。

　神の愛は，人間のことを神のことに移行せしめ，人間のことを完成する。神の愛は，人間の愛をすべて貫通し，それを「移行せしめる」（transporter）。〔これにより〕人間の愛はすべて，誠実で純粋，つまり無私となり，神の愛になる。そのとき各精神は諸々の螺旋——隣人，人間社会，諸精神の共和国，神——からなるひとつの網のなかに置かれる。それらの螺旋は，それぞれがそれぞれに巻きつき，相

366   第Ⅲ部／第6章　愛

互に支えあい増大させあいながら，それぞれがそれぞれを
含みあう[129]。この網は，非理性的被造物からなる自然的世
界の全体がそれに従属しており，諸実体間の交渉の最高か
つ最大の水準を形成する。ではお返しとして，諸精神が神
に向ける愛はある意味で神の愛を完全にするのだろうか？
愛がその唯一の源泉[130]すなわち神に戻ると同時にまた自
らを伸び拡げる，と考えられるなら，そのとおりである。
愛がそこへと導くのは次のようなものである，すなわち，
各人が

> 自らの知性の能力に応じて把握し，こんどは，神の
> 美と普遍的調和を他のものに反映させ，そして，自
> らの能力に比例して，この美と調和の放射を人間や
> 他の被造物に向け促し増大させるところのものである
> [⋯]。[131]

神は，被造的精神なしでも，つねに神であるだろう。だ
が〔その場合には〕行使するための理由を見出せず，神の
属性は，すなわち善意，したがって正義も不活発なままで
あるだろう。というのも，「神の知恵と力はどこでも示さ
れる[132]のに対し，神が本来善意をもつのはまさにこの神

───────────

129)　愛はその本性によって普遍的であり，排他的ではない（「慈
愛ある者（charitativus）は，全方向的な善意ある者（benevolus）であ
る」（A VI, 4-C, 2767））。愛するとは，つねに，神を愛することであ
る。一義性（univocité）は，対象の単一性／唯一性（unicité）にまで
及んでいる。

130)　アンドレ・ロビネが書いているように，この意味で神
は「最初で，最後の，原動的で魅力的な中心である」（Robinet, Le
meilleur des mondes, p. 181）。

131)　『諸々の技芸と学の興隆のための協会〔⋯〕』〔第10節〕
（Baruzi, p.372–373）〔A IV, 1, 532: K II, 3, 314〕。

132)　Mo §86,〔PNG〕p. 123〔K I, 9, 239〕。強調ラトー。

6.4. 結論

の国への関わりによるのだからである。ゆえに神は，ただ
神が与える愛と受けとる愛を通してのみ，自らの本性を全
面的に完成する。神が君主であるこの国では，それぞれの
精神は能動的で，待機中[133]で，栄光の自由で生きた道具
である。神は他の者たちの善のために働くことを通して，
神を愛し神の愛を倍加させ，いな無限に増大させる人間を
通して自らの諸計画を実現する。そして人間，すなわち人
間にとっての神（dieu pour l'homme）は，そのことを通じ
て自らの本性を実現するのである。つまり，人間は寛大に
して敬虔であり，天上における出自の高貴さに一致して行
為し[134]，けっして達成されることのない完成への愛の螺旋
に導かれながら，最も充実した最も遺漏のない意味におい
て人間となる，と同時に，神の本性の最も近くに接近する
のである。

---

133) 『唯一の普遍的精神の説についての考察』（1702（GP VI,
536））〔K I, 132〕。

134) 「なぜなら，寛大さは〔…〕われわれが，われわれの種族
や存在の作者つまり神を模倣できるかぎりで，われわれを神に近づけ
るからである。ゆえに，われわれは〔まず〕神の本性（神自身がすべ
ての被造物の善である）に一致して行為しなければならず，共通善を
行なうように命じる神の意図に，それがわれわれ次第である限り，従
わなければならない。なぜなら慈愛と正義はまさにこのことに存する
からである。〔次に〕われわれは，その卓越性が精神の完成ないし最
高の徳に存するわれわれの本性の尊厳を考慮しなければならない。〔つ
まり〕われわれは，共通の至福に反するもののうちにわれわれの安楽
や私利を追求するのではなく，自分の幸福と同じように，周囲の人々
の幸福に関与しなければならない。そして最後にわれわれは，公衆が
われわれに期待していること，われわれがもし他者の立場に身を置く
としたら自分に望むであろうことを考慮しなければならない。なぜな
ら，それは神の声や召命のしるしのようなものだからである」（A VI,
4-C, 2722–2723）。寛大さ（générosité）は，ここでは，種族の高貴さ
を示すために，そのラテン語の意味で（generositas は genus に由来す
る）用いられている。

第IV部

可能な最善の世界での行為

第 7 章

ライプニッツにおける道徳の地位と
その諸原理の起源

7.1. 道徳の哲学者ライプニッツ？

　道徳に関するライプニッツの教説はこのハノーファーの哲学者の作品における二次的な地位を占めるものとしばしばみなされてきた。すでに 1933 年に L・ル・シュヴァリエはそのように指摘していた。それから八十年以上経ち，注釈者たちがこうした判断を訂正しようとして，諸々の道徳的概念が「むしろその哲学の不可欠にして本質的な部分をなしているか」[1] を示してきたにもかかわらず，読者や解釈者がすっかり意見を変えたかどうか定かでない。ライプニッツの倫理学を特別に扱う研究が僅かしかないのがその証拠である。それが示しているのは，ライプニッツの倫理学が注釈においていつも取り組まれてきたその仕方である。すなわち，それは道徳に関する問いを正義や普遍法学といったより一般的なテーマに，弁神論に，そして／あるいは自由の問題に関係づけることによって，別の主題を媒

---

1) L. Le Chevallier, *La morale de Leibniz*, Vrin, 1933, p. V.

372　第Ⅳ部／第7章　道徳の地位とその諸原理の起源

介としていたのである[2]。これは実践哲学が理論哲学のために無視されてきたということではなく（たとえ前者が明らかに後者ほど研究されてこなかったにしても），より基本的な科目に依存するがゆえに，つまり一方では法学に，他方では形而上学と神学に従属するがゆえに，倫理学は二次的なものであると判断されてきたということである。ゆえに理由の順序がいつも倫理学を二番目に，つまりより高次の諸原理の適用例とか派生的命題として論じることを含意していたのである。

　なぜいつも注釈のなかで倫理学に対して上述のような取り扱いがなされるのかを説明する第二の理由は次のようなものである。それは著作そのものに由来する。たしかにライプニッツはデカルトの『情念論』，スピノザの『エチカ』，マルブランシュの『道徳論』，さらにはホッブズの『リヴァイアサン』（人間本性を対象とする第一部のことを考えるなら）にさえ比肩しうる論文を残さなかった。A・フシェ・ド・カレイユが『未公刊書簡及び小品集』への序で述べているとおり，

　　　　［スピノザが］『エチカ』のなかにひとつの完足的な体
　　　　系を凝縮したのに対して，不幸なことにライプニッツ
　　　　はあまりにも多くのものに目を向けてしまい，多くの
　　　　場合不完全な断片しかわれわれに残さなかった［…］。

————————
　　2)　ここで考えられているのはもちろん G. グリュアの *Jurisprudence universelle et Théodicée selon Leibniz*（PUF, 1953）と *La justice humaine selon Leibniz*（PUF, 1956）という二つの卓越した著作のことである。より最近の研究として次のものがある。R. Sève: *Leibniz et l'Ecole moderne du droit naturel* (PUF, 1989) ; P. Riley, *Leibniz' Universal Jurisprudence . Justice as Charity of the Wise* (Harvard Univ. Press, 1996) ; G. Mormino : *Determinismo e utilitarismo nella Teodicea di Leibniz* (Franco Angeli, 2005) ; P. Rateau : *La question du mal chez Leibniz. Fondements et élaboration de la Théodicée* (H. Champion, 2008).

7.1. 道徳の哲学者ライプニッツ？   373

すでに述べたことを繰り返すなら，ライプニッツは実
践哲学について専門家として（ex professo）論じるこ
とはなかった。[3]

　普遍的な才能がたえず称賛され，百科全書的な知がたえ
ず称賛されるライプニッツではあるが，その彼も道徳につ
いてはこれを少しばかり無視していたのだろうか？　倫理
学に対するライプニッツの関わりには二つの側面があり，
それらが考察されるべきであり，またそれらは混同されて
もならない。一方は，ライプニッツが自身の著作と学一般
に対して与えている実践的な射程という側面である。他方
は，ライプニッツが諸々の道徳的問題そのものに対して与
えている特殊な取り扱い，つまり倫理学が認識の体系のな
かで占めている地位と倫理学の諸原理の地位という側面で
ある。
　第一の側面に関して，人類の至福こそが自らの学問研究
と作業との最終目標であるとライプニッツは主張してい
る。百科全書的なプロジェクト，数学上および技術上の発
明，貧困と飢饉に対して戦うための人口学上および経済学
上の考察，現行の法や司法手続きの改革作業，アカデミー
や学者たちの協会の設立構想，教会間の和解に関する弛み
なき試み，外交や政治上の任務，技芸と学問への支援。こ
れらすべてのライプニッツの努力が，道徳的かつ宗教的
な目的によって推進されている。このように「一般的善」
（bien général）を配慮することにおいて，個人の利害関心，
公共の利害関心，そして神の栄光が一致する。ライプニッ
ツの知的活動は，その時代の「社会参加」（engagement）
から切り離されることはない。それは隣人と社会に奉仕す

---

3)　Introduction, p. LII.

374 第Ⅳ部／第7章 道徳の地位とその諸原理の起源

るものであり，万人の「教化」[4]のためのものであり，実践を伴う理論（Theoria cum praxi）という彼のモットーと一致したものである。重要なのは，世界のなかでよりよい決定を下し，よりよく行為するために認識することである。最善の方針を選択し悪を避けるために認識すること，諸々の悪について人間を慰める手段を見つけること，生活の便をよくすること，徳，つまり神への愛（学は諸事物の作者の完全性を称賛するようわれわれを仕向ける）の行使を促進すること，そうして人類の幸福に貢献すること〔が重要である〕。知（savoir）は知恵（sagesse）に行き着く，あるいはむしろ，「至福についての学」（science de la félicité）として，また至福を獲得するための有効な手段として定義される，そのような知恵そのものになる。

　道徳と政治は，この点で他のあらゆる科目に対して優位を占める。道徳と政治は人間の諸目的を実現しながらそして最も完全な仕方で神を称賛しながら，他のあらゆる科目を完成させる。人間に対するには三つの仕方——善き言葉，善き思い，善き仕事——があるのと同様に，じっさいライプニッツにとって神を崇拝する三つの仕方がある。すなわち，まず，説教師や司祭が行なっているような称賛と儀式，次に，哲学者が行なっているような自然の諸々の驚異の発見と，技術の諸々の発明，そして最後に，道徳哲学者と政治家がやっているような模倣と行為である。この最後のやり方が他のすべてのやり方にまさる。

　　　［…］というのも，そのやり方を用いる人々は，自然のなかに神の美の輝きを探究することに努めるだけで

―――――――――
　4）Th. Préface（GP VI, 47）〔K I, 6, 40〕：「結局のところ，私はあらゆることをこの教化に結びつけるように努めてきたのである［…〕」。

7.1. 道徳の哲学者ライプニッツ？   375

はない。むしろ彼らは神を模倣しようとする。称賛，思惟，言葉，観念に彼らは善き仕事を付け加える。彼らは神がなした善を観想するだけではない。むしろ彼らは一般的善と個々の人間の善とによりよく貢献するための道具として，自らを差し出し，自らを捧げるのである。[5]

実践哲学は，神の完全性を称賛し認識することからそれを模倣することへ，そして神の栄光を成就することへ移り行くことを可能にするのである。

ゆえにライプニッツは道徳（と政治）をたいへん高く評価している。したがって彼の著作の全体は，断固として実践の方を向いているがゆえに，倫理学への関心によって導かれている，と言っても誇張ではない。それは，人間の超世俗的な目的（救済）だけでなく，まさに現世における人間の行為や，物質的なものも含む満足に関わる実践なのである。〔しかし〕ライプニッツを道徳の哲学者とするにはこれで十分だろうか。明らかに否である。共通善（bien commun）を彼の思弁的探究のモチーフとし，彼のあらゆる努力の地平とすることは，なるほど寛大な意図と善き意志を明らかにはする。しかしそれはじつは道徳の内容を交付することではないし——むしろそれは自らが道徳的に行為することである——，また自らの振る舞いを規則づけるための十分な原理を示すことでもない。それはその原理があまりに一般的であり，したがってこの善を確実に間違いなく認識する手段を与えないからではないだろうか！

---

5) 『諸々の技芸と学の興隆のための協会をドイツに設立する提案の概要』（*Grundriss eines Bedenckens von aufrichtung einer Societät in teutschland zu aufnehmen der Künste und Wissenschaften*）（FC (O) VII, p. 44f. §21）〔K II 3, 320〕。これらの「善き仕事」の詳細については第22節を見よ。

376 第Ⅳ部／第7章 道徳の地位とその諸原理の起源

諸テクストを検討して示されるのは，ライプニッツの著作の内には，倫理学的な熱望や道徳（哲学の適用としての）の称賛どころか，道徳を学として構成する可能性，道徳が他の諸学科と有している関係，そして道徳の諸規則の起源，およびこれらの諸規則の経験への関わりについての真の考察があるということである。この考察はこの哲学者〔ライプニッツ〕の最後の諸著作に至るまで継続される。いかなる「大きな」テクストも道徳を，明示的に，それだけで，徹底的に論じているわけではないとしても，ライプニッツの道徳は何度も彼の著作のさまざまな箇所で要約されている。〔ただしそれは〕たいてい簡潔な仕方で，数行でのことであり，きちんと立ち止まることなく，通りすがりのようになされるのだが。

道徳は，根本的には神への愛に何よりも基づく。それは誠実で賢明な（つまり神とその諸完全性についての正しい諸概念に基づく）愛として解される。この愛こそ，真の敬虔，すなわち真の至福に到達するための唯一の手段に他ならない[6]。この原理から引き出されるのが，以下の二つの本質的な格率である。第一の格率は『哲学者の告白』（*Confessio philosophi*）以来言及されているもので「神を愛する者には［…］過去に満足し，未来をできるだけよくしようと努めることが属する」[7]と言う。第二の格率は神の正義に基づくものである。

［…］精神が善き意志をもって神の栄光に向けて，あ

---

6) Th Préface（GP VI, 27f.）とシュペーナー宛 1687 年 7 月 8/18 日付（A II, 2, 211f., 213）。

7) 『哲学者の告白』（Belaval, p. 93 ; A VI, 3, 142）〔K II 2, 240〕。とくに DM, §4〔K I, 8, 147f.〕；『キリスト教の検討（神学体系）』（*Examen religionis christianae (Systema theologicum)*, A VI, 4-C, 2358），『弁神論』序文（GP VI, 28）〔K I, 6, 15f.〕と第 58 節〔K I, 6, 164f.〕。

7.1. 道徳の哲学者ライプニッツ？   377

るいは同じことだが，共通の幸福に向けて貢献するよ
う仕向けられることがより多ければ，精神はいっそう
自分自身でこの幸福に与ることだろう。そしてもしこ
の幸福に与っていないなら，精神は自分が疑いようも
ないほどに罰せられていると思うだろう［…］。[8]

　われわれの行為をつねに導くべきこの二つの一般的な教
えに付け加えなければならないのは，ローマ法から継承さ
れ，正しい人間をつくる三段階の法（誰も害してはならな
い，各人に各人のものを配分する，誠実にあるいは敬虔に
生きる），また，自己愛と無私欲な愛と[9]，のあいだの，つ
まり特殊な善と一般的な善との一致を恒常的に主張するこ
と，そして他人の立場（la place d'autrui）という原理（「政
治と道徳の真の観点」[10]）である。次にくるのが，諸々の忠
告や助言と呼ばれうるようなものである。それらはテクス
トによって仔細に及ぶものであったり，そうでなかったり
する。すなわち，それは，過失を避け，自身を叱責し，自
身に義務を思い出させるための注意と反省への訴えであっ
たり，さらに意志が自身を自ら改めるために，そして魂が
「自らの主人」[11]であるために用いる間接的な諸手段であっ
たりする。こうして，あちこちに分散しているものを集め
てライプニッツの道徳を再構成することができる。すなわ
ち，神学や法学から引き出された教え，賢慮の規則，省察
への勧告，心理学的分析，意志の感知されざる諸動機に関

---

　8)　『善意に満ちた聡明な人々に宛てた覚書』（*Mémoire pour les personnes éclairées et de bonne intention* 10°, FC (L), 277）〔K II 2, 124〕。

　9)　『政治的論証の例』（*Specimen Demonstrationum politicarum* [...]），Prop. 37–38, A IV, 1, 34–36 以来。

　10)　『他人の立場』（*La place d'autruy*, Grua 699）〔K II 2, 173〕。

　11)　Th §328（GP VI, 310）〔K I, 83f.〕。

378　第Ⅳ部／第7章　道徳の地位とその諸原理の起源

する記述，自制を保つために従うべき方法などである。

　しかしながら，このような再構成は思いもよらない，しかも当惑させるイメージを与えてしまう。一覧表は不完全のように思われ，部分は不足している。ライプニッツが与えているのは，諸法則の完成された体系的な全体よりは，むしろ道徳の諸要素である。これらの要素はそこから倫理学的な学の全体を演繹するのに十分なものであろうか？これほど当てにならないものはない。というのも，そこで問題となっているのは，どのような場合でもどのような状況でも適用可能な規則や義務からなるリストというより，むしろ振る舞いに関する一般的な格率であったり諸々の指導原理であったりするのだから。それ以上には——デカルト，ホッブズ，スピノザの著作を親しく読んだものであれば期待してしまうかもしれないが——諸情念の教義や分類[12]もなく，他のあらゆる情念がそこから派生させられるという三つないし四つの基本情念の特徴づけもない。情念を和らげたり，情念を除去することなく然るべく用いたり，また情念が理性と対立するときに理性をして勝利させるその手段について明確な記述を見つけるのは一苦労である。要するに，ひとつの人間学[13]，すなわち人間の本性（例

────────────

　12)　たしかにライプニッツは愛，幸福，喜び，快について（そしてこれらの反対物について）定義を与えてはいる。しかしそれは，諸情念の類型学を作成したり，幾何学者の流儀で倫理学を打ち立てたりすることを目的としてはいない。それはむしろライプニッツが法的に正義（賢者の慈愛）という概念を説明するために，そして知恵（幸福についての学）とは何かを定義するために，とりわけその百科全書のプロジェクトにおいてそれらの定義を必要としたからである。

　13)　たしかに Grua 473 と 475f. および『神の大義』第74節から第109節〔K I, 7, 273–281〕までに『人間論』（de Homine）と呼べるようなものの草案がある。しかしその文脈はすぐれて神学的である。そこで問題となっているのは，人間本性の弱さ，罪の起源とその諸帰結，そして人間と神との類似のいまだに残っている標識（人間の知性の光と意志の自由）について述べることだからである。

7.1. 道徳の哲学者ライプニッツ？   379

えば，何らかのコナトゥス（conatus）すなわち存在に固執
する努力に存する本性），その諸能力，その想像力や感覚
〔ないし感官〕の役割，情動といったものを説明する人間
の理論に本当に似たものは何もない。

　もし実践と関係のあるすべてのことが，現世と来世にお
ける幸福に関わるゆえに，われわれの主要な関心事でなけ
ればならないとしたら，これらの不足やこの未完成をどう
説明したらよいだろうか？　その答えは，まさにこの問題
の特殊な本性や，それを論じるのにふさわしいやり方次第
である。そのやり方は，倫理学的な学を最終的に正当化す
ることになる体系の完成を待ちながら暫定的な道徳を提案
するデカルトのやり方でもなければ，幾何学者の流儀で実
践哲学の諸テーマを書くと言い張り，ライプニッツからす
れば失敗してしまったホッブズやスピノザのやり方でもな
いはずである[14]。じっさい，ホッブズとスピノザは二つの
間違いを犯した。第一の間違いは，多くの場合とても証明
とは言えないような証明を与え，その形式そのものにおい
て欠陥のある推論を示したことである。第二の間違いは内
容に関わる。〔そもそも〕道徳が，全面的に，いや原則的
にであっても，〔彼らの言うように〕論証的な仕方で論じ
られうるかどうか，確かではない。ライプニッツにおい
て倫理学が「空いた」[15]地位を占めるとしたら，それは倫
理学が学として確立されるのを待っているからではなく

---

　14)　『普遍学を始めるための忠告』（*Recommandation pour
instituer la science générale,* A VI, 4-A, 705f.）；『ある程度の確実性に至
ることで大部分の論争を終結させるための，また発見術を促進するた
めの計画と試論』（*Projet et Essais pour arriver à quelque Certitude pour
finir une bonne partie des disputes, et pour avancer l'art d'inventer*, A VI,
4-A, 967）。

　15)　この表現は以下の論文から踏襲したものである。M. de
Gaudemar, *Éthique et morale chez Leibniz*, in :*Leibniz, Philosophie* n°39,
Édition de Minuit, 1993, p. 61.

380　第Ⅳ部／第7章　道徳の地位とその諸原理の起源

——そして暫定的に，次善の策として，道徳の代用品〔という地位〕に甘んじるであろうからでもなく——，〔むしろ〕倫理学が，逆説的なことに，部分的には，しかし別の諸基礎のうえに既に基礎づけられ構成されているからである。上に挙げた哲学者たちは，幾何学者の流儀で（more geometrico）倫理学を論じようとしながら，他の諸学科に対する倫理学の特殊な地位を見ていなかったのである。こうして次のことが真である。

> ［…］道徳（それはこの神学［自然神学］のひとつの帰結にすぎない）は諸々の教えよりも実践を求める。道徳は以下の僅かな語のうちに存する。すなわち，ひとが自分の幸福によりよく備えることができるのは，最大の善一般に備えるときだけである。それは神の栄光と同じものに帰する。つまり国家の根本的な法律に関係する。[16]

　道徳は理論上の問題という以上に実践上の問題である。なぜか？　道徳に関して理論は，われわれがすでに知っていることしか教えないからである。「諸々の真の道徳と，著作家の最も美しい警句との大部分は次のような本性をもつ。すなわち，それらはたいてい何も教えはしないが，ひとの知っていることについて折よく思い至らせる」[17]。これは，それらが空しいものであるということを意味するのではなく，それらの有用性は他のところにあるということを意味する。〔つまり〕自分の仕事や諸々の気晴らしに忙殺されているせいでしばしば忘れっぽく怠慢になっているひとに思い出させたり警告したりするのにそれらは役立つ。

---

16)　バーネット宛 1705 年 12 月 10 日付（GP III, 302）。
17)　NE IV, 8, §4–5（A VI, 6, 429）〔K I, 5, 225〕。

7.1. 道徳の哲学者ライプニッツ？   381

しかし自らの義務を知るためにはひとは自分自身を顧みさえすればよい。〔そうだとすれば〕ライプニッツの倫理学は，しなければならないこと（われわれはそれを知っている）をわれわれに大して言ってはくれず，しかしそれをしなければならないということを，ただ折よくわれわれに思い出させる，そういう注意の〔道徳〕，あるいは備忘録の道徳に還元される，と言うべきだろうか？

もし，われわれの哲学者〔ライプニッツ〕が倫理学について，これをひとつの学として，つまりその諸原理が数学の諸原理と同じように確実でなければならない学として倫理学について語ることもしていなかったとしたら，そして道徳の領域における真の論証の可能性について検討することすらしていなかったとしたら，そのとおりかもしれない。ここではライプニッツのアプローチはまさに両義的であるように思われる。すなわち，それは〔一方では〕合理的で論証的な狙いと，創設と確実性の野心とによって駆り立てられていると同時に，また〔他方では〕規則的ながら特殊な条件と状況に開かれ，これらに注意を払うような実践の観念によって支えられているのである。そしてこの実践においては純粋な教えは不十分なものであることが明らかになる。そのまま適用可能な教えなどめったにないのだから。道徳がある部分では「全面的に理性に基づいている」が，他の部分では「経験に依存し，気質に関係する」[18]というのが本当だとしたら，残るは，それぞれの部分に何が属するのかを規定し，これら二つの部分がわれわれのじっさいの振る舞いにおいてどのようにして作用を及ぼし合い混ざり合うのかを規定することである。以下のページの目標はまさに倫理学における理性と経験のあいだの関わりを研究することである。まず問題となるのは，倫理学の

---

18) NE III, 11, §11–21（A VI, 6, 352）〔K I, 5, 116〕.

382　第Ⅳ部／第 7 章　道徳の地位とその諸原理の起源

対象，倫理学が諸々の認識からなる一般的体系のうちに占
める場所，そして他の諸学科に対する倫理学の関係を定義
することである。次に問題となるのは，倫理学の諸原理の
地位と，それによってそれ〔倫理学の諸原理〕が与えられ
るところの特有の様式，〔さらに〕諸々の格率と規則を練
り上げる際に経験と理性がそれぞれ果たす役割〔を検討す
ることであり〕，最後に道徳的な論証の可能性——それは
とくに蓋然的なものの論理学を確立に負う——を検討する
ことである。

7.2.　道徳の定義とその適用領域の問題

7.2.1.　学の体系における倫理学の場所

　倫理学の不変の定義，その適用領域のはっきりとした境
界線，学の体系におけるその地位の正確な割り当て，そ
して倫理学と諸々の学との——とりわけ神学，形而上学，
法学，政治学との——関係の的確な規定を探究する，そ
ういうライプニッツの読者を最初の難点が待っている。
じつのところ，われわれは著作や文脈ごとに多大な差異
に出くわすのである。moralia（道徳的なもの），doctrina
moralia（道徳的な教説）あるいは scientia moralis（道徳の
学），ethica（倫理学）といった諸々の術語はもちろん実践
（praxis）の領野を指示する。もっとも，この領野は必ずし
もはっきりと限定されたり理論の領域から十分に区別され
たりするわけではないが。

　真の道徳のその対象自体がテクストごとに異なってい
る。すなわち，道徳が扱うのは，魂とその運動[19]，徳と諸

---
　19)　『百科全書の忠告』（*Consilium de Encyclopaedia* [...], A VI,
4-A, 349）。道徳は宗教とともに魂の「医学」である（ある友人宛

7.2. 道徳の定義とその適用領域 383

情動[20]，意志[21]，善と悪，手段と目的，あるいはまた人間の究極目標（至福）である。道徳は，あるときは実践哲学の全体と混同され[22]，あるときは実践哲学の最初の部分に限定され[23]，ときには政治学と同一視され[24]，その諸部分の一つと同一視され[25]，もしくは反対に政治学からはっきり明示的に区別される。というのも，政治学は有用なものについての学，倫理学は正しいものについての学と定義されているからである[26]。しかしながら，実践哲学は，効用と善

1677 年 3 月付 ?，A VI, 4-C, 2189）。

20) ケストナー宛 1709 年 10 月 24 日付（Grua 688 ; A VI, 4-A, 511）。論理学が至福（実践哲学の目標）を獲得するために推論の術を教えるのに対して，倫理学は精神が正しく推論し喜びのうちにあるのを情動によって妨げられないようにしなければならない（C 527）。

21) 『諸学の目的について』（De fine scientiarum, Grua 240）。

22) トマジウス宛 1669 年 4 月 20/30 日（A II, 1, 31）。

23) 『ヤコブ・トマジウスに関する注』（Notae ad Jacobum Thomasium, A VI, 1, 42）：「倫理学は実践哲学の第一の部分であり，究極目的，すなわち人間の最高善について論じる」。

24) グリュアによって出版され（Grua 563f.），まだ学生だった若きライプニッツ（1662–1664 年 ?）に帰されるノートを参照。ホーホシュテッターの考えではこれらの資料は多くの手によるとグリュアは教えている（JH, p. 31）。いずれにせよ，その内容はトマジウスが解釈しているとおりのアリストテレスの教えに合致しており（この点については R. Bodeüs, Leibniz-Thomasius. Correspondance 1663–1672, Vrin, 1993, note 152, p. 146），そしてみずからのかつての師に対するライプニッツの次のような言明に合致している。「道徳哲学（つまり実践哲学ないし政治（civilis）哲学。というのも，あなたが私に教えてくださったように，それはまさに唯一にして同一の学なのだから）が扱うのは諸事物の目的，言い換えると善である」（トマジウス宛 1669 年 4 月 20/30 日付。ボデウスの翻訳の 108 頁）。

25) A VI, 2, 461：「じっさい，倫理学は疑いなく政治学の一部である。これはアリストテレスが言っているとおりである」。注にはこうある。「同じことをイアソン・デノレス・キプリウスが述べている」。

26) 『自然法の諸要素』（Elementa juris naturalis, A VI, 1, 459）とヴェルトゥイゼン宛 1671 年 6 月 7 日付（A II, 1, 198）：「倫理学と政治学の大きな違いはもちろん次のことである。前者の目的は人々が

384　第Ⅳ部／第7章　道徳の地位とその諸原理の起源

に関して検討された理論哲学に他ならないのだから[27]，理論と実践の分離でさえ不安定なものである。この意味において実践哲学はあらゆる学を包含するのであり（実践哲学はそれらの適用である），そのため知恵そのものとひとつになる。知恵は幸福の学，あるいは生の学として理解される。それは「真理を探究するためというよりは生きるための」[28]方法を教える建築術的な学である。道徳を鼓吹する諸原理によって，道徳はゆえに理論の性質も帯びている。だから道徳は学の名に値するのである。しかしながら，道徳は百科全書のさまざまな箇所で論じられ，複数の学科の間で共有されているのが見出される。すなわち，道徳神学（良心の問題に関わる），法学（自然法と万民法を対象とする），政治学とは別の[29]，「知性哲学」の実践的部分において。

　『発見法を作成する新しい百科全書についての助言　』（Consilium de Encyclopedia nova conscribenda methodo inventoria）には百科全書を形成する学の一覧が記載されているのだが，まさにそれは道徳の地位と場所に関する〔先述の〕両義性を例証するものである。じっさい道徳は異なる二つの箇所に現れる。最初ライプニッツは十四番目の位置，つまり有機体学と地政学の間にそれを置く。次にライプニッツは，「実践」は百科全書の後にくる（ここから道徳は厳密な意味においては百科全書の一部をなすわけではない，ということが分かる）。そして，「実践」は，そ

罪を犯すことを意志しないようにすることである。後者の目的は人々が罪を犯すことができないようにすることである［…］」。

　　27）　C 527 ; NE IV, 21, §1–4（A VI, 6, 522）.

　　28）　A VI, 3, 430f.

　　29）　『より集約的に配置されるべき図書館』（Bibliothecae ordinandae contractior, Dutens, V, 213）。

7.2. 道徳の定義とその適用領域   385

れが対象とするのは「至福を目指して学を使用すること」[30]
なのだから，百科全書の帰結である，と告げる。G. グリュ
アはここにテクストの「修正がおそらく不完全であること
によるひとつの異常」を見た[31]。しかしわれわれの考えで
は，この見かけ上の不統一はむしろ倫理学の根本的な両義
性を示すものである。倫理学は理論にも実践にもまったく
同じように属する。それは，アプリオリな諸理由にも，経
験および気質の研究にも関わる[32]。倫理学は本来混成的な
学（une science mixte）なのである。

　理論的な部分において考察された倫理学をライプニッツ
はコンリングとともに「自然法（droit de nature）につい
ての学」[33]と定義している。それは正義についての教説であ
る。これは，ときに自然法の第一段階（厳格法[34]すなわち
交換的正義）に限定されるが，たいていは，これに続く二
つの段階（衡平，すなわち配分的正義，そして誠実さ，正
直ないし敬虔，すなわち普遍的正義[35]）にまで拡張され，

---

30)　A VI, 4-A, 349.

31)　*La justice humaine* [...], p. 30.

32)　NE III, 11, §11–21（A VI, 6, 352）（381 頁で引用した一節）。

33)　コンリング宛 1670 年 1 月 13/23 日付（A II, 1, 46）：「しか
るに倫理学とは自然法についての学である。これについてグロティウ
ス，ホッブズ，フェルデン，プーフェンドルフが論じている。そして
グロティウスが述べているように狭い意味での正しいものについての
学である。これに対して政治学とは制定されるべき法律に関する習慣
的な学である。それは有用なものについての学であるが，しかし共通
なものにおいて，あるいは等しいものについての学である。あるいは
グロティウスが述べているように広い意味での法についての学である
（私の考えではその他に義務がある。ただし他のものの考えでは訴訟
つまりなされるべき法はない）」。

34)　グロティウスによる。Cf. ibid. また『正義の共通概念につ
いての省察』（*Méditation sur la notion commune de justice*, Mollat p. 63）
〔K II 2, 156〕。

35)　『国際法史料集成』「序文」（*Codex juris gentium
diplomaticus, Praefatio*, Klopp VI, 471）〔K II 2, 361〕。

386　第IV部／第7章　道徳の地位とその諸原理の起源

倫理学は自然法学[36)]や普遍法学[37)]と同義となる。法と道徳は，完全なる正義すなわち「賢者の慈愛」（charité du sage）においてひとつになる。普遍的なものとして，正義は道徳の全体でありかつ法の全体である。つまり正義は「ひとつの徳であるだけではなく，道徳的な徳の全体のことでもある」[38)]。正義の普遍性が意味しているのは，正義の諸原理があらゆる精神に対して，その外的行為にも内的思惟にも適用されるということである。しかも精神が存在する全期間にわたってそうなのであって，現世における振る舞いにとどまるものでもなければ（グロティウス[39)]やプーフェンドルフ[40)]が間違ってそう主張しているのとは違って），現

---

36)　NE Préface（A VI, 6, 50）〔K I, 4, 16〕。

37)　しかしライプニッツはときに倫理学と法学を区別している。「倫理学は徳と情念の本性を説明するが，法学は社会に対するそれらの利益について論じる」（ケストナー宛 1709 年 10 月 24 日付 Grua 688）。

38)　NE IV, 8, §1（A VI, 6, 432）〔K I, 5, 229〕；ビアリング宛 1709 年 11 月 19 日付（GP VII, 489）。

39)　グロティウスは『戦争と平和の法』（序言第 8 節；第 1 巻第 1 章 3；第 1 巻第 2 章 6）のなかで自然の法——人間社会の交際にしかかかわらない（正義の領域）——とキリスト教の法——慈愛を命じ，人間を自然法の諸々の命令（prescription）の彼方に拘束する（救済の計画）——を区別している。

40)　ライプニッツによると，プーフェンドルフは自然法の範囲に関しても間違えているし（自然法は世俗的な生に制限されえない），その対象に関しても間違えている。その対象は行為と法との外的一致だけに還元されるわけではない（良心や内的傾向に属するすべてのものは道徳神学にゆだねられるという理由で）。『ザムエル・プーフェンドルフの諸原理に対するいくつかの警告』（Monita quaedam ad Samuelis Puffendorfi principia, II–III, Dutens IV, Pars 3, 276–279）；ケストナー宛 1709 年 8 月 21 日付（Dutens IV, Pars 3, 261）；ケストナー宛 1709 年 10 月 24 日付（Grua 688）：「普遍的なものとしての法学は自然的な神の法として良心にかかわる事柄も含む。したがって報酬と懲罰が現世を超えて拡張されないかぎり法学が十分に構成されることはない」。

7.2. 道徳の定義とその適用領域　　　387

世における至福だけにとどまるものでもない[41]。じっさい，魂の不死を保証し，現世を超えて各人にその功績に応じて報酬を与える神が現実存在することを論証しなければ，正義の普遍性は完全ではありえない。真の道徳はゆえに自然神学の帰結ないし部分なのである[42]。あるいは事態は反対かもしれない。神学の方が一種の法学，「神の法学」とみなされるならば。それは普遍法学に従属し，「われわれと神との交際の法」[43]を，つまり，神を君主とする諸精神の共和国の教えを示すものである。

　倫理学の場所が最終的にどのようなものであれ，つまり，倫理学が形而上学[44]，神学，法学に依存するにせよ，その全体ないし一部をなすにせよ，その本質的にして第一の条項は——すでに述べた通り——何よりも神を愛することである。そして，ライプニッツはこの点を強調するのだが，この愛はけっして単なる言葉に存することはできず，行為に（あるいは，その実現が妨げられることもあるが，

　41）　法学を普遍的に理解しないときには，ライプニッツは法学の目的を人間の意志によって世俗的な至福を獲得することに限定している。これは神学と対比してのことである。神学は「神の意志すなわち恩寵によって永遠の至福を獲得する手段を示す」。法学はこのとき政治学を含み，医学と技術は法学に従属する。ライプニッツはこう付け加えている。「神学は神に対して，法学は他者に対して，[哲学すなわち]博学であることはわれわれの精神に対して，医学はわれわれの身体に対して，技術は外的事物に対して，よく振る舞うことを教える」（『諸学の目的について』（Grua 240））。四つの能力による学の分類も見よ。NE IV, 21, §1–4（A VI, 6, 526f.）〔K I, 5, 351–358〕.

　42）　NE IV, 8, §9（A VI, 6, 432）〔K I, 5, 227〕.

　43）　『諸学の目的について』（Grua 241）。『結合法論』第 47 節（De Arte combinatoria, A VI, 1, 190）以来。Grua 377：『反野蛮な自然哲学者』（Antibarbarus Physicus [...], GP VII, 344）。「永遠なる神の法学」。

　44）　「[…] 道徳の学は形而上学の子である [...]」（A VI, 4-A, 481）；『真の方法』（La vraie méthode, A VI, 4-A, 4）。

少なくとも善を実現しようとする現実的な努力に）行き着くことのない，〔単なる〕善き意図にのみ存することもできない。というのも「無為の」信心は，つまり仕事なき信仰は死んだようなものなのだから。一般的善を得させようとする熱意や熱情は，聖ヨハネが教えているように，「神を愛することの試金石」[45]である。じっさい実践だけが「精神を見分ける手段を与える。精神の所産から精神を知る（Ex fructibus eorum cognoscetis eos)」[46]。

　道徳の対象，その理論的本性，そして／あるいは実践的本性についてのライプニッツのこれらの言明をぜひとも一致させようとするのはおそらく空しいことであろう。反対に，そこに還元不可能な矛盾の数々を見て取るほどにそれらの不一致を誇張してもいけない。テクスト間の差異を著者の側の変節や変化によって示される歴史的な変遷のうちに書き込むことによって，それらを消してしまえるかどうかはなおさら定かでない。というのも，倫理学の定義に関して認められる不明確さ，その適用領域の限界，他の諸学科に対するその依存は年を経ても継続するのだから。ときには同一の著書においてもそうである。しかも決定的で，一義的で，確固とした見方に至ることもない（ように思われる）。しかしながらこの不安定さと曖昧さは，欠如や怠慢の印であるどころか，扱われている題材にこそ由来するのであり，より正確には，この題材と学一般に関するライプニッツの構想に由来するのである。

───────────

　45）　モレル宛 1697 年 5 月 11 日付（Grua 107）；モレル宛 1697年 10 月 1 日付（Grua 114）。ここから静寂主義的な「無為」に対する批判が生じる（『形而上学叙説』第 4 節〔K I, 8, 148〕以来）。というのも「神は怠惰な瞑想家を望まない」からである（モレル宛 1697 年12 月 –1698 年 1 月？（Grua 120))。

　46）　モレル宛 1698 年 9 月 29 日付（Grua 137）。

7.2. 道徳の定義とその適用領域　　389

7.2.2. 学の伝統的な区分への批判と，倫理学の相対的な自律性

　道徳は複数の学問領域を横断する。なぜなら諸々の学のあいだのすべての境界は，恣意的なものではないとしても，相対的なものだからである。いくつかの学科は重なり合っており，その境界線には穴が開いており，固定的な仕方で区域を確定するのはいつでも難しい。じっさい，内容を考慮するのか，起源を考慮するのか，効用を考慮するのかに応じて「同じ一つの真理が多くの場所をもちうる」[47]。ライプニッツ——図書館司書であった——にとって問題は，百科全書に含まれる諸々の認識を，ただ分類し整理することだけではない。問題は認識論的な次元に属している。というのは，諸々の学のこの相互侵食は，どんな区分も人為的なものであるという性格を示しており，「大海のような連続体」[48]に似た，知の深い統一性を示しているからである。そこには中断も分割もない。「もっとも，人間たちはそこに諸々の部分を思い描き，自分たちの都合に応じてそれらに名前を与えるのだが」[49]。

　ライプニッツは哲学の伝統的な分割も批判する。それは古代から受け継がれたもので，自然学（理論的な学）と道徳（実践的な学）と論理学（論証的な学）の間になされている。この分割においては「それぞれの分野が全体を呑み込んでいるように思われる」[50]。つまりそれぞれの分野が他の二つの分野を含みうる。かくして自然学は，物体だけでなく，知性と意志を付与されている精神にも関わるので，論理学（すなわち判断と発見の術）と道徳（善き行為の諸

---

　47)　NE IV, 21, §1–4（A VI, 6, 523）〔K I, 5, 354〕.

　48)　『秘密の百科全書への序』（*Introductio ad Encyclopaediam arcanam* [...]）（A VI, 4-A, 527）。

　49)　LH IV, 8, 25, f.94rº, in Fichant p. 35.

　50)　NE IV, 21, §1–4（A VI, 6, 522）〔K I, 5, 352〕.

390　第Ⅳ部／第7章　道徳の地位とその諸原理の起源

原理を述べるもの）を含む。逆に，論理学と自然学は道徳のなかにすっかり入り込んでいる。それらは至福を，つまり実践哲学——神学，法学，医学も含む——の最高の目的を獲得する諸手段を与えるからである[51]。最後にすべては論理学に属する。観念，真理を形成する諸観念の連鎖，語，そして語の定義に関わるあらゆることを論理学は含んでいると考えられるのだから。「ゆえにあなたの言う百科全書には三つの大きな地方があり，それらは絶えず争っている。なぜならそれらは互いに他のものの権利を侵害しているのだから」[52]。

　ライプニッツは，判然と区別された学へと区分することよりも，むしろ，同一の真理を，異なった仕方で配置し整理することを提案する[53]。〔すなわち〕一方でライプニッツは「総合的で理論的」という提示の仕方を区別する。これは数学におけると同様に「証明の順」に従うものである。そこではひとは，ある命題が依存している先行命題から当の命題を引き出しながら，命題から命題へと進んでいく。〔しかし〕他方でライプニッツは「分析的で実践的」な方法を区別する。「これは，人間たちの目標，つまりそれの絶頂が至福である善から始まり，そうした善を獲得し，また反対の悪を避けたりするのに役立つ手段を，順序だてて探求する」[54]。

――――――――――

51）　同上。

52）　同上，523〔K I, 5, 352〕.

53）　ライプニッツは「個別的な事実，歴史，言語」を脇において「教義上の真理」について述べている（同上524）〔K I, 5, 354〕。

54）　同上。Grua650–651における数学者たちの論証的な方法と「区分と下位区分に基づく暗唱的（recitative）な方法」との区別も見よ。前者が真理をその産出順に整理するのに対して，第二の方法が有益であるのは「とりわけ，かなり深遠な学よりもむしろ注意が求められるときであり，真理が論証されるよりもむしろ提案される必要のあるときである。道徳の真理の大部分がそうである。あるいはこれらの

7.2. 道徳の定義とその適用領域　　391

　これら二つの方法（目録を作成するのを可能にする「言葉にしたがった」配置を付け加えなければならないが）は非常にうまく結びつけられることができるし，学者のじっさいの実践においてはしばしばそうなっている。両者〔二つの方法〕の違いは，区別のつく諸対象の領野を境界画定することにではなく，真理をそれぞれ独自の仕方で配列することに基づく。それ〔両者の違い〕は，考慮されるのが真理の理論的な基礎や真理の産出の仕方なのか，真理の実践的な適用なのか，それとも合理的で簡便な順序（概念に従った体系的な順序か，選択された言語に従ったアルファベット的な順序か）で真理を配列するのかによる。哲学における「部分」の区別はゆえに「事物の本性」に合致するわけではなく，むしろ認識を調査したり，整理したり，使用したりといった人間が自ら立てる目的に対応しているのである。

　したがって学の境界に関する問いは解決されているのであり，ある点では，諸々の学のあいだの関係やヒエラルキーの問題も解決されているのである。あらゆる真理は結びついている。その結果，ある学科が他の学科に越境するのは，例えば形而上学について論じながら道徳について語らざるをえなくなるのは避け難いことであるし，その反対も然りである。しかし，真理の連鎖における出発点しだいで，そして採る道（総合的なあるいは分析的な）しだいで，説明の順序は同一ではないだろう。すなわち，原始的で単純なものが最初に（原理として）現れることもあるだろうし，最後に（分析の終局として）現れることもあるだろう。複合的で派生的なものが最初の場所を占めることもあるだろうし，最後の場所を占めることもあるだろう（出

理由が欠けているときであり，経験で満足させられるときである。こうしたことはたいてい自然学において生じる」。

392 第Ⅳ部／第7章 道徳の地位とその諸原理の起源

発点または帰結点として）。こうして神の観念と，神はつ
ねに最も完全な仕方ではたらくという確信がそこから引き
出される神の完全性の観念とを考察することによって，何
よりも神を愛することという道徳的教えが措定されること
になる[55]。反対に，倫理学的な問題の掘り下げ（例えばあ
る犯罪を非難すること）が，第二段階として，形而上学上
の難題（行為者は自由か否か）や神学上の難題（悪しき行
為を予見しているにもかかわらず，正しい神は現実存在す
るか）に取り組むよう導くこともある。道徳が形而上学と
同じ諸真理を共有したり，それら〔形而上学〕の真理がそ
こ〔道徳〕で同じ主要な地位をもったり[56]，あるいはそれ
ら〔道徳〕の諸真理が分析によって演繹されたりするほど
には，道徳が形而上学に従属するわけではないのである。

このような方法論的かつ認識論的なアプローチによっ
て，結局，女王のような学科（discipline reine）など存在
しない，あるいはむしろあらゆる学科が女王のような学科
でありうる，と考えることになる。というのも，それぞれ
の学はそのとき正当に第一の学であることを主張すること
ができるゆえに，それぞれの学科から出発して知の全体を
再構成することができるからである。「垂直的」で，かつ，
階層的というよりは水平的なこうした考え方は，各学科を
他のあらゆる学科に結びつけるが（大海のような「一塊」
をなす知の連続性のゆえに），しかし〔各学科の〕一定の
自律を排除することはないのである。じっさい，もし目指
されている目的——達成すべく自らに与える実践的目標，
解決したいと思う問題，明るみに出したいと思う証拠——

---

55) DM, §4〔K I, 8, 147〕。
56) 「世界は可能なかぎり最も完全な知性によって統治されてい
る」という主張は「形而上学および道徳の大原理」である（『善意に
満ちた聡明な人々に宛てた覚書』（9°, FC (L), p. 277）〔K II 2, 124〕）。
強調ラトー。

7.2. 道徳の定義とその適用領域　　393

が（哲学の伝統的な区分の代わりに）認識を構成し秩序づけるにあたって，唯一有効で，妥当で，認識論的に正当な指導原理だとしても，ひとたびこの目標が達成され，この問題が解決され，証拠が明るみに出されて，より遠くまで行く必要がないときには，それは探究に対して限界を定めもする。言い換えれば，道徳から出発して学の体系全体を展開することができるとしても，立てられている問題を解決することにのみ直接的に役立つものに，つまり目指されている目的にのみ役立つ手段に立ち止まることもできるし，そのテーマに結びついてはいるけれども比較的隔たっている認識を介入させることなしにそれだけで満足することもできるのである。そのことにライプニッツは『形而上学叙説』第10節で注意を喚起する。それは，魂や実体形相を引き合いに出したり，神の力能に助けを求めたりすることなしに，機械論の法則だけで自然現象をきわめて上手く説明でき，それどころかそうしなければならない自然学者について言われている。

　　しかしながら，幾何学者が，連続の合成というかの有名な迷宮について頭を悩ませる必要がないように，いかなる道徳哲学者，いわんや法律家や政治家も，自由意志と神の摂理とを和解させようとするときに現れる大きな困難に心を痛める必要はない。哲学や神学においてきわめて必要かつ重大な議論に立ち入らなくても，幾何学者はあらゆる論証を成し遂げることができるし，政治家はその審議をすべて終えることができるからである。それと同様に，自然学者は，他の領域に属している一般的考察を必要としないままで，あるときは既に行なったもっと単純な実験，またあるときは幾何学的で機械論的な論証を使って，実験を説明することができる。もし，そのようなところに神の協働と

394 第Ⅳ部／第7章 道徳の地位とその諸原理の起源

か，何か魂のようなものとか，原質（Archée）あるいは何か別のそういった性質のものを引き合いに出すなら，それは，実践上の重大な審議のなかで運命やわれわれの自由の本性について長々しい議論をやろうとする人と同じように，途方もないことである。しかしじっさい，人は知らず知らずこうした過ちをしばしば犯しているのであり，宿命のことを考えて心を乱し，それどころか，そのため時として何か善い決心とか，必要な配慮を逸してしまうなどは，その例である。[57)]

各学科のこうした相対的な自律が示しているのは次のことである。すなわち，知の統一性や連続性が意味しているのは，すべての原理とすべての真理が無差別にいたるところに適用されなければならないとか，それらをどんな目的でもどんなテーマでも区別せずに用いることができるとか，そういったことではない。これこれの原理を使用することが必ずしもつねに妥当ではないような固有の領域というものが存する，あるいはむしろ区別されるべき知解可能性の水準や，混同されてはならない適用範囲というものが存するのだ。じっさい，矛盾律と充足理由律という，われわれのあらゆる推論のもつ二大原理〔と同様〕の普遍性を，あらゆる原理がもつわけではない。

自律ということが意味しているのはまた別のことである。すなわちそれは，学の基礎が決定的に確立されるのを待つ必要も，確実な認識に到達して，特殊な領域での議論の余地のない成功やある程度の有効性を誇るために学がすっかり完成するのを待つ必要もないということである。〔これは〕往々にして次のように言われてきたこととは反対である。すなわち，ライプニッツにおいて道徳は単なる

---

57) A Ⅵ, 4-B, 1543f.〔K Ⅰ, 8, 157f.〕.

7.2. 道徳の定義とその適用領域　　　395

「試し，草案，サンプル」ではありえないとか，〔さりとて〕その完全性は全面的に構成された知に依存するから，道徳は最終的にその完全性において揺るぎない「理念的な動因」（idéal moteur）であるともみなされえない，と〔言われてきたこととは反対である〕。このことはわれわれを，仕方なく（そして差し当たり），「われわれの欠如への応急措置としての一時しのぎの探究」[58]へと追い込むかもしれない。じっさいには，ライプニッツが示唆しているのは次のことである。すなわち，ひとはきわめて善く行為することができるし，それどころか形而上学者や，法学者や，またおそらくキリスト教徒か，とにかく神学者ですらなくても善く行為することができる。なぜなら，いくつかの重大な理論的問題が解決されていないときでさえ，われわれはすでに，完全で，有効で，適用可能な道徳の諸原理を用いているからである。

　この状況はデカルトのそれではない。デカルトは「母屋を建て直すこと」，つまり学を確かな基礎の上に築くことを約束して，その間，「ひとがそれに従事しているあいだ居心地よく住む」ことを必要とするのであり，また自らの行為において非決定のままとどまることのないよう，「暫定的な道徳」を自らに対して定めなければならない[59]。その根が形而上学で，幹が自然学である木に哲学が似ているとしたら，その枝が実をつけるのに，言い換えると医学，機械学そして道徳——「ここで道徳というのは，他の学の完全な認識を前提とし，知恵の最高段階である最高の最も完全な道徳のことである」[60]——が完全に成し遂げられ，そこからわれわれがあらゆる利益を引き出しうるのに十分

---

58)　ゴドゥマール，前掲書, p. 62f.
59)　『方法序説』第三部（AT VI, 22)。
60)　『哲学原理』著者の書簡（AT IX, 14)。

396　第Ⅳ部／第7章　道徳の地位とその諸原理の起源

なだけ，その木が成長するのを待たねばならない[61]。ライプニッツにとって道徳はたしかに，それがそうあるべきであるように全面的に基礎づけられているわけではない。しかしこの欠点が，既に知られていて議論の余地のない道徳の教えの妥当性を傷つけることはいささかもない。ゆえに，代替となる道徳も，前進するための支えも，住むための暫定的な家も必要ではない。諸学の進歩は〔道徳について〕既知のこと以外にはわれわれに何も教えないだろうから，それを待つ必要もない。それがもたらすのはおそらく諸々の論証と証拠であろう。それが供給するのは——蓋然的なものについての真の論理学が確立されたならば[62]——信頼できる道具であり，具体的な状況を分析する際に，そして直面する理由を吟味する際に従うべき手続きであろう。それらは熟慮の助けになるだろうし，決心をより確実なものにするだろう。しかし，もう一度言えば，諸々の真理と原理そのものに関して，新しいものは何もない。

7.2.3.　諸目的の一致による政治学，道徳，法学の統一

諸学科の相対的な自律性，それらの緊密な結びつき——これは理性の統一性の標識であって，諸学科はその成果である——，そして同一目標へのそれらの収斂，こうしたことを同時に強調するのがふさわしい。なぜ倫理学は文脈しだいで法学，神学，政治学に近づけられるのか？〔その理由は〕全体的にあるいは部分的にそれらとひとつになっ

---

61)　もちろんこれは，この完全な道徳をまだもっていないために，「善悪の認識についての堅固な決然たる判断」に従ってはたらくことができない——「最も強い」精神であればできるのだが——ということを意味しているわけではない（『情念論』第1部48，AT XI，367）。デカルトはシャニュにたいして「道徳に関する確実な基礎を確立する」に至ったと断言してさえいる（1646年6月15日付書簡 AT IV，441）。

62)　この点については本書433頁以下。

7.2. 道徳の定義とその適用領域　　　397

てしまうほどに，これらの学のそれぞれが，その広がりの全体において理解され，その最終目的（人間の完成と神の栄光）に即して検討されるなら，じっさい相互に一致するからである。

　政治学からはじめよう。それは自分の有用性（utilité propre）についての学[63]，あるいは有用（utile）なもの一般についての学[64]と定義される。それが関わるのは，公共善を対象とする正しいものの学である倫理学とは対照的に，（人間のあるいは社会の）特殊な善である。ライプニッツはしかしながら次のようにはっきり述べている。これら二つの学は緊密に結びついている，なぜならひとは悲惨な人々のうちにあって幸福であることはできないだろうから，と[65]。自分の善と他人の善との繋がりが，法／権利（droit）のまさに原理の位置にある[66]。その目的は，「個々人が，自らの善を万人の善に譲ることで至福があたかも反射によって増やされて自分に戻ってくるということを彼らが望むとしたら，どこまでそうしなければならないか」[67]を示すことである。法／権利と正とについての考察は，特殊な利害に関する偏狭な視点をいわば高いところに置く。

───────────

63）「しかるに個人の利益を扱うことは，法学にではなく，政治学に属している」（『法学を学習し教授する新方法』（*Nova methodus*, A VI, 1, 301)）〔K II, 2, 28〕。自身がテクストに対してなしている修正のなかで，ライプニッツはこう付け加えている。「しかるに人間のあるいは社会の自分の利益を扱うことは，個別に見られるなら，むしろ政治学に属すると考えられる」。

64）『［…］アルステディウスの百科全書を完成し改善する方法について』（[...] *De ratione perficiendi et emendandi Encyclopaediam Alstedii*, Dutens, V, 183)。政治学は「できるだけよい都市」についても論じる。

65）『自然法の諸要素』（A VI, 1, 460)。

66）同上（461)。(3)「しかるに権利の問題においてはじめに論じられるのは自分のものと他人のものである」。

67）同上（460)。

398 第Ⅳ部／第7章 道徳の地位とその諸原理の起源

それは他人に善を得させる者が，自分の善を損なわずに，
〔むしろ〕自分の善を手に入れるのはいかにしてかを，示
すことによる[68]。「完全な法律は，人間に徳のあらゆる義務
を命じる」[69]のだから，政治学と法学は倫理学に繋がる。
人間は幼少期から徳に向けられているということを，賢明
な立法者も注意しなければならない。というのも，人間が
自分自身と他人にとって最も有益なものになるのは，まさ
にそのことによるからである[70]。この意味において，倫理
学は政治学になり，政治学は法学になる。なぜなら，自然
法についての学は，最善の共和国の法律を教えるからであ
る[71]。この共和国はもちろん現世の国家であって，その目
的は市民の安全であるが，また市民の幸福でもある[72]。そ
れは宇宙の統治でもある。道徳は政治学になる。ライプ
ニッツがバーネットに述べているように，道徳は最終的に
は「ある国家の根本的な法律」[73]に存するからである。そ
の国家とは，神がその完全に賢明にして正しい長である
ところの，諸精神からなる普遍的な共和国である。ゆえ
に，われわれは世俗的な至福から永遠の至福へと移行し，
倫理学，政治学そして法学から，神学と宗教へ移行する。
1669年の『兄弟的な社会』の計画がすでに述べていたよ
うに，「真の政治学とは自身にとって何が最も有益なのか
を知ることである」（第1節）。なぜなら，各人にとって

---

68) Grua 638f.

69) Grua 638.

70) ビアリング宛 1709 年 11 月 19 日付（GP VII, 489）。『法学
を学習し教授する新方法』（A VI, 1, 345）；『法と正義について』（De
jure et justitia, A VI, 4-C, 2841）。

71) A VI, 4-C, 2843.

72) この二重の目的については Grua, La justice humaine [...], p.
361f.

73) バーネット宛 1705 年 12 月 10 日付（GP III, 302）。先に本
書 380 頁で引用した一節。

7.2. 道徳の定義とその適用領域　　　399

最も有益なものは，神の気に入るものだからであり（第2
節），神の気に入るものは宇宙を完成させるものだからで
ある（第3節）。政治学は，感性的世界の卓越した部分で
ある人類の完成のために働くことによって，宇宙の完成に
貢献するのである（第4節）[74]。

　法学と道徳がいかにして普遍的正義において融合するの
かを，われわれはすでに見た。普遍的正義は，法／権利の
最高原理であり（これが，低位の法／権利に影響を及ぼし
これを統括すると同時に，完全に実現する[75]），また「道
徳的な徳の全体」でもある。なぜなら普遍的正義はあらゆ
る徳を含み，共通善のためにそれらを実践するよう命令す
るからである[76]。しかしながらこの統一（union）は，法／
権利の内部における三段階のそれと同様，二重の条件，す
なわち最高に賢明であり善であるような神の現実存在と，
来世において自らの善行と悪行の代償を受けとることにな
る魂の不死——これは魂の道徳的同一性の保存を想定して
いる——とが措定されるという二重の条件のもとでしか実
現されえないように思われる[77]。神はその知恵によって厳
格法と衡平を確証し，その全能によってそれらを実行させ
るがゆえに，敬虔は自然法の頂点を占める。神は，『法学

---

74)　『兄弟的社会』（*Societas philadelphica*, A IV, 1, 552–553）。

75)　法の三段階の一性と一致については，拙著（*La question du
mal chez Leibniz* [...]）360–369 頁。

76)　『正義の共通概念についての省察』（Mollat p. 64）〔K II,
2, 163〕と『国際法史料集成』「序文」（Klopp VI, 473）と『新しい
法典を作成する試み』（*Tentamina quaedam ad novum codicem legum
condendum*, A VI, 4-C, 2852）。

77)　少なくともこの現実存在とこの不死性が可能であることを
証明しなければならない。「だが，神の現実存在と魂の不死が真らし
いということが，あるいは少なくともそれらが可能であることが論証
されれば，私は十分に道徳的な学は可能であると考える。こうしたこ
とを証明しようとして，私はあらゆることをしてきた」（コンリング
宛 1670 年 1 月 13/23 日付，A II, 1, 47）。

400 第Ⅳ部／第7章 道徳の地位とその諸原理の起源

を学習し教授する新方法』の表現によるなら，厳格法と
衡平に欠けている「物理的紐帯」（vinculum physicum）を，
つまりそれらの完全な適用を保証するのである。

> さらに，公共的に，つまり人類と世界に有益であるす
> べてのことが個々人にも有益となるようにするには，
> 神が必要である。かくして正直なことはすべて有益で
> あり，恥ずべきことはすべて有害である。なぜなら神
> がその知恵によって，正しい人々には報酬を，正しく
> ない人々には懲罰を定めたのは確固不動だからであ
> る。つまり神は自身が定めたことをその全能によって
> 実現させるからである。[78]

　裁判官であり，全知であり，全能であるような神の現実
存在は，一方では，法／権利の実施をその全範囲におい
て，つまりわれわれの秘められた行為や内々の考えにおけ
るまで確約することを可能にし，他方では，特殊な利益と
共通の利益との一致を確約することを可能にする。こうし
て各人は，自分の善を手に入れる真の手段は他人の善のた
めに尽力することである，と知るのである[79]。魂が不死で
あることの確信は，自分にとって不都合であるときにも正
義の諸法を尊重する人々に対して，他人の善のためになす
努力から自分のためには何も引き出さない人々に対してと

---

78) 『法学を学習し教授する新方法』（A Ⅵ, 1, 344）。『正義と法
について』（De justitia et Jure, A Ⅵ, 4-C, 2779）と A Ⅵ, 4-C, 2797：
「［…］公的に有益なものは正しいという命題は，神を前提しなければ，
正確に論証されることはできない」，そして『国際法史料集成』「序文」
（Klopp Ⅵ, 473）も。
79) 「［…］一般的なものの利益に与することほど大きな特殊な
利益はない。それに，人間たちの真の利益（avantage）を得させるこ
とに喜びながら，ひとは自分自身に満足するものである」（『弁神論』
序文 GP Ⅵ, 27–28〔K Ⅰ, 6, 15〕）。

7.2. 道徳の定義とその適用領域   401

同様に，現世では無理だとしても来世において彼らが報われるだろうということを保証する[80]。

しかしながら神学と形而上学[81]へのこうした言及は，この両学科には道徳上の諸原理を供給することも論証することも帰属してはいない以上，倫理学の自律性を再び問題にすることはあるまい。この両学科に帰属するのは，ただ，道徳上の諸原理をより有効なものにしながら，それらを確証し，すべて尊重できるようにすることだけなのである。とはいえこの最後の点についてライプニッツは，完全な徳の実践は，報酬への希望と懲罰への恐れからくる動機からなされるはずである，と考えている。これが意味しているのは，完全な徳の実践が無私欲なものだということではなく，むしろ，正義に従って行為することの快こそ，真正にまた十分に道徳的である行為者への報いであり，そしてそのような道徳的な行為者はそのような快以外のものを期待しないということである。異教徒たちの知恵に言及しながら，キリスト教の外部で実現される徳が可能であることを，われわれの哲学者は仄めかしさえする。そこには，おそらく特別な場合ではあるが，無神論者において，つまり神のようなものへの，〔あるいは〕啓示の神への明らかな言及がない場合において，さらには啓示の神の現実存在をはっきりと否定する立場において実現される徳の可能性も

---

80)　ライプニッツにとって，もし正義がわれわれに他人のためになるが自分にとっては有害であるような，あるいはわれわれがそこから何の利益も，せめて間接的な利益だけでも引き出すことができないような行為をするように命じるなら，その正義は愚かであろうということを考察している点でカルネアデスは正しい。ライプニッツの道徳におけるこの問題と神学への参照の役割については，本書第8章「無神論者は有徳でありうるか」。

81)　じっさい形而上学には，実体の教説によって，魂の不死とその人格的な同一性の保存を確立することが属している。

402　第Ⅳ部／第7章　道徳の地位とその諸原理の起源

含まれている[82]。

　結局のところ，道徳，法学，政治学は互いに切り離すことができない。それらの間の境界がすべて人工的なものでしかありえないからだけでなく，それぞれの〔学科の〕完成が他の二つ〔の学科〕の統合を含意するからでもある。この意味において，哲学全体に当てはまることが，またよりいっそう実践哲学に当てはまる。すなわち，実践哲学においては「各部分が全体を呑み込むように思われる」。これらの学科によって目指される目的はなるほど同一であるわけではないが，いずれにせよ相互に非常に緊密に結びついているため，ある目的が達成されなければ他の目的も真に達成されることはできない。特殊な善は——現実的で堅固なものであるためには——他人の善なしには獲得されえない。他人の善は，社会の善なしには獲得されえない。個別の社会の善は人類の善，さらには神の権威のもとに同一の共同体を形成するあらゆる精神の善なしには獲得されえない。

　これらすべての善は互いに独立してはいない。道徳の前進は，それらの善を順々に実現することに存してはいない。もしそれだと，よく秩序づけられた慈愛が，それ自身から，つまり他の人々の完成のために尽力する以前に自分の完成から始まることを要求するかのようである〔が，そうではない〕。よく秩序づけられた慈愛とは，知恵に合致した愛，すなわち正義に他ならないが，反対にそれらの善のすべてを等しく，同時に，そして同じ熱意をもって追求するよう要求するのである。なぜなら，他の人々なしにはいかなる善も獲得されないだろうから。まして，それらの善は，最後のものが他のすべてに勝るのでなければならず，したがって万一の場合には他のすべてのものが最後の

---

82)　この点についても本書第8章。

7.2. 道徳の定義とその適用領域　　　403

もののために犠牲にされなければならないという，そのようなヒエラルキーをなしてはいない。じっさい隣人を愛することなしには[83]，一般的善に貢献することなしには[84]，そして「自身のスパルタを飾ること」なしには，つまり自分に気を配り自分をより完全にすることなしには[85]，ひとは神を然るべく愛することも神の栄光のために仕事をすることもできないだろう。神への愛は，隣人愛および自己への真の愛である（逆もまたしかり[86]）。したがって，断罪された者は創造主のことを憎みながらじつは自分自身を憎んでいるのである[87]。たしかに，神の栄光と，諸精神の社会の善とが個々の善に対し優位を占める。しかしこの優先ということは，個人の善が，適切な（つまり正しい）動機なしに，なおざりにされるのを正当化しないだろう。なぜなら，諸々の君主のなかの最も完全な君主のもとでは，自業自得でなければ誰も不幸ではありえないだろうし，またすべては，神を心から愛する人々のための善になるからであ

---

83) 『テオフィルとポリドールの対話』（*Dialogue entre Théophile et Polidore*, A VI, 4-C, 2238）：「第五に，われわれは自分が神に向ける最高の愛を証明しなければならない。それはわれわれが隣人のおかげで得ている慈愛による」。

84) 神は「人々のためになされるあらゆることを自身に対してなされたこととみなす」からである（同上 2229）。

85) 「第六に，われわれはできるかぎり自らを完成すべく努めなければならない。とりわけ魂を。魂は本来ヌースと呼ばれるもののことである［…］」。しかるに「魂の完成は真理の認識と徳の実践に存する［…］」（同上 2239）。

86) アルノー宛 1671 年 11 月（A II, 1, 280）：「［…］万人を愛することと普遍的調和の座である神を愛することは同じことである。もちろん真に愛すること，つまり賢明であることと，何よりも神を愛すること，つまりすべてのものを愛すること，つまり正しくあることは同じことである」。

87) 『哲学者の告白』（Belaval, p. 83；A VI, 3, 138）〔K II, 2, 232–234〕。

404　第Ⅳ部／第7章　道徳の地位とその諸原理の起源

る[88]。

7.3.　道徳における原理と論証

　知の大海の統一において諸学科が連続し，そろって同一の目的へ収斂していることは，諸学科を混同することでもなく，諸学科の境界を完全に廃することでもない（それらの境界がつねに相対的なものであるとしても）。まして諸学科間に不変のヒエラルキーを打ち立て，これが真理の確立においても固有の原理の構成においても各学科の自律性を排するようになる，ということでもない。この点に関して，倫理学が取り上げる問題は，その規則と真理について特殊な地位をもっている。倫理学は理論的であると同時に実践的であるから，つまりある部分はアプリオリに基礎づけられており，他の部分は経験に依存するからである。道徳が学でありうるのは，本来的にいうなら，その諸原理が普遍的で必然的である場合だけであり（それらの原理の起源とこの必然性の本性とを規定しなければならないが），また，それらに論証を示すか，そうでなければ，判断という実践的なケースにおける評価のための，信頼できる手段や手続きを見つけることが可能である場合だけである。蓋然的なものを取り扱う論理学のこの部分が果たすはずの機能はこうしたものである。もっともいまだにそれは確立されていないのだが。

7.3.1.　原理と真理の様相上の地位

　『人間知性新論』におけるロックとの対立の争点は，わ

---

　88)　例えば『キリスト教の検討（神学体系）』（A Ⅵ, 4-C, 2358）; Th §284〔K Ⅰ, 7, 47〕。

7.3. 道徳における原理と論証　　405

れわれがもつ観念と格率のその起源についての問いをはみ出している。この問いは，それ自体としては，二次的なものである。じっさい，実践的な観点からすれば，観念や格率は生得的であるのか，それともすべて経験に由来するのかを知ることなど気にかけなくても，ひとは大変うまく正確に推論し，適切に行為できる。理論的な観点からすれば，観念と格率の起源についての問いは「哲学において前提的なものではなく，それをうまく解決するには大きな進歩を既にしているのでなければならない」[89]。この問いは第一のものではない。なぜなら，その問いの解決は形而上学に属し，実体と心身合一の教説が既に確立していることを前提とするからである[90]。では，なぜこの問いはかくも重要なのか？　それは，必然的な，また完全に普遍的な真理を思惟することが可能か不可能かということ，つまりライプニッツにとっては学の可能性そのものが，この問いに与えられる答えに依存しているからである。もし，経験から引き出された認識しかないとしたら，経験はけっして網羅的ではありえないのだから，真理の数は当然制限され，諸真理の基礎は不可避的に仮のものになるだろう。特殊な例から出発して帰納によって獲得された一般的な真理は相対的な普遍性しかもたない。それが価値をもつのは，それらの一般的な真理が立証されるのをわれわれが経験する限りのことであり，かつその間だけのことである。「なぜなら，いったん起きたことがつねに同じ仕方で再び起きるとは限

---

89)　A VI, 6, 6.

90)　「しかし私は次のように言うことができると思う。われわれの観念（感性的諸事物の観念でさえも）はわれわれ自身の奥底に由来する。実体の本性と交渉について，そして心身合一と呼ばれていることについて私が出版したことによって，そのことについてよりよく判断することができるだろう」（同上）。

406 第Ⅳ部／第 7 章 道徳の地位とその諸原理の起源

らないからである」[91]。

　幾何学的であれ，自然学的であれ，矛盾律に基づくので
あれ，適合の原理に基づくのであれ（自然法則の場合のよ
うに），必然性は，さらに絶対的な普遍性は，経験によっ
ても，また経験から生み出された一般化によっても確立さ
れえない。むしろそれらは，内的な（つまり外的ではな
い）原理，言い換えれば生得的な，あるいは「共に−創造
された」[92] (con-crée) 原理によってのみ確立されることが
できる。原理の生得性（innéité）だけが原理の完全な普遍
的妥当性と必然的な性格を保証する。原理の生得性は，別
様には存在も生起もできないであろうもの（幾何学的必然
性）を，あるいは存在すべき，または生起すべきもの（自
然学的必然性）を認識させるのである。他のすべての事物
は，前者の場合には論理的に矛盾し，後者の場合には自然
の秩序に反している。というのも，「[…] 感覚／感官はそ
れらの真理を暗示，説明，確認したりはできるが，それら
の真理の不可謬で永続的な確実性を論証することはできな
い」[93]。感覚／感官は，それが引き渡す単独の偶然的な出来
事を超えて，普遍的に適用可能な真理の必然性を示すこと
は，その真理を確証する特殊な経験がどれだけあっても，
けっしてできないだろう。

　91）　NE Préface（A Ⅵ, 6, 49）〔K Ⅰ, 4, 15〕.
　92）　NE Ⅰ, 1, §5（79）〔K Ⅰ, 4, 67〕. これは経験がこれらの法則，
とりわけ自然法則を発見する際に役割を果たさないということを意味
しているのではない。そうではなく，それらの法則の必然性がアプリ
オリな理由の考察なしには証明されえないということを意味している
（Th-DPC §2）〔K Ⅰ, 6, 45〕。
　93）　NE Ⅰ, 1, §5（80）〔K Ⅰ, 4, 69f.〕.『感覚と物質とから独立な
ものについて』(Lettre touchant ce qui est independant des Sens et de la
Matière, GP Ⅵ, 504)〔K Ⅰ, 8, 112〕:「[…] 感覚は，現にあるものを何
らかの仕方によって知らしめることができるが，あるべきものあるい
は別様にはありえないものを知らしめることはできない」。

7.3. 道徳における原理と論証   407

（ロックにおけるような）もっぱら感覚と反省に基づけ
られた認識は学の命題に関するあらゆる真なる論証を禁
じ，数学と論理学の確実性だけでなく，道徳を含む他のあ
らゆる学科の基礎も危険にさらす。ライプニッツにとって
は，道徳は真正の学（science authentique）である。なぜな
ら道徳は外的経験から全面的に独立した部分を含むからで
あり，そこには絶対的に普遍的で必然的な原理と，創造さ
れざる永遠なる概念（善と悪，正と不正）が含まれている
のである。道徳は，人間たちの気まぐれ，意見，特殊な性
格にも，彼らの間で認められた慣習にも，さらに諸々の異
なった実定法や国家にも依存しない[94]。道徳はいかなる仕
方でも，つまり人間たちの意志によっても，神の意志ある
いは全能によっても（デカルトの主張とは反対に[95]）制定
されない。なぜなら道徳は，神の知性のうちに含まれてい
る事物の創造されざる本性に従うからである[96]。道徳的な
概念，すなわち知恵と自然的正義の諸々の教えと法律は，
「われわれと共に生まれた」だけではない。それらは一義
的なものでもあって，神に至るあらゆる精神に例外なく課
されるのである。ある意味でわれわれは，神が推論するよ
うに，〔神と〕同じ規則に従って（ただし神の認識の仕方
は純粋に直観的であるが）推論するのである，それと同様
に，善や正義についてわれわれが持つ観念は神のそれと同

94）　スピノザ，ホッブズあるいはロックに反対して（彼が道徳
的な善と悪を「意志的行為と何らかの法とのあいだに見出される一
致もしくは対立」と定義するとき），ライプニッツはこう言い渡す。
「［…］私としてはむしろ，神がみずからの責任において維持してきた
理性の不変の規則こそ，道徳的善と徳の尺度であると考えたい」（NE
II, 28, §4–5〔250〕〔K I, 4, 303〕）。

95）　『デカルト哲学について』（*De la philosophie cartésienne*：A
VI, 4-B, 1481）。

96）　Grua 474：「道徳は本性に基づくのであって神の自由裁量
（arbitorium）に基づくのではない」。

408 第Ⅳ部／第7章 道徳の地位とその諸原理の起源

一なのである。したがって被造精神と，創造されざる〔大文字の〕精神が異なるのはただ程度においてのみであって，本性上のことではない。

　　私としてはこう考えている。神の算術と幾何学は人間のそれと同一である。ただし，神のそれは無限により広いということ以外には。同様に，［論証的である限りの］自然法学と他のすべての真理も，天と地で同一である。[97]

　しかしながら，道徳の原理と真理は，数学や自然学のそれらに比し，ある特殊性を示す。道徳の原理と真理は，神によって確立されるのではなく，自然法則（自然学的（physique）な必然性をなす）がそうであるように偶然的なものでもない。しかし道徳の原理と真理は，「永遠真理」のように矛盾律に，つまり絶対的なあるいは幾何学的な必然性に属するのではない[98]。それらは理由律に依存するのである[99]。正義の諸規則は，それらが命じることの反対を命じる規則が論理的に不可能であるような，言い換えれば，自らの内に矛盾を含むようなものではない。創造されず，一義的で，普遍的である正義の規則の性格は，だからと言って，それらの規則を絶対的に必然的なものにするわけではない。というのも，それらの規則が適用されないような諸世界を考えることは可能だからである。無数の可能世界のうちいくつかのものは「まったく逆に，そこでは善

────────────

　97）　エルンスト・フォン・ヘッセン＝ラインフェルス方伯宛1690年9月14日付（A Ⅱ, 2, 341）；選帝侯妃ゾフィー宛1696年8月？（Grua 379）。

　98）　二種類の理性の真理の区別による。Th-DPC§2〔K Ⅰ, 6, 45〕.

　99）　『哲学者の告白』（Belaval, p. 37; A Ⅵ, 3, 118）〔K Ⅱ, 2, 195〕。A Ⅵ, 4-A, 806；アルベルティ宛1689年（A Ⅱ, 2, 301）。

7.3. 道徳における原理と論証　　409

人が罰せられ，悪人が報酬を得る」[100]と考えることを妨げ
るものは，じっさい何もない。同様に，それが神の現実存
在と相容れないゆえ，「神にとって可能」でないにもかか
わらず，無罪の者を断罪することもそれ自体としては可能
である[101]。

　このことが意味するのは，これら他の可能世界が別の自
然法則に大変よく従いうるのと同様に，それらはわれわれ
のものとは別の道徳法則をもつ，ということではない。そ
れが意味するのはむしろ，正義の規則は権利としては（de
jure）普遍的に妥当するが，事実としては（de facto）そこ
〔他の可能世界〕では尊重されないということである。ゆ
えに状況は，考察される真理のタイプによっては同じでは
ない。すなわち，永遠真理は普遍的に，つまりあらゆる可
能世界において制限なしに適用される。したがって，三角
形の内角の和が二直角でないような，あるいは 2 + 2 =
4 でないような可能世界は見出されえないだろう。実定的
な真理（「神の意向で自然に対し与えられた法則」，あるい
は神に依存する法則[102]）はすべての可能世界において妥当
するわけではない。したがって，われわれの世界で通用し
ているのと異なる運動規則をそれらの可能世界に見出すこ
とができる。最後に，道徳上の真理は，普遍的に，つまり
あらゆる可能世界において制限なしに妥当する。それらの
真理がけっして尊重されず，別の真理が通用しさえするよ
うな可能世界がいくつかありうるとしても。それらの真理
は，もちろん不正な真理と宣告されるであろう。自然法
則が異なる世界はそれ自体としては可能であり，神によっ
て創造可能であるのに対して，正義も善もないような世界

100）『デカルト哲学について』（A VI, 4-B, 1482）。

101）　A VI, 4-B, 1453.

102）　Th-DPC §2（GP VI, 50）〔K I, 6, 45〕.

410　第Ⅳ部／第7章　道徳の地位とその諸原理の起源

はたしかに完全に概念可能であり，つまり（本質の観点からすると）それ自体としては可能であるが，（現実存在の観点からすると）実現することは不可能なのである。なぜならそれ〔正義も善もない世界〕は神にとって不可能なのだから。ここで不可能というのは，神の力能（puissance）に照らしてのことではなく，神の善き意志（sa volonté bonne）に照らしてのことである。不敬虔な者が救済されて敬虔な者が断罪されるような世界を創造することは，ひとり無罪の者だけが永遠に不幸であるような世界を創造することと同様に，「〔現実には〕不可能となる，なぜならそれは神の完全性に反するからである」[103]。そのような世界の創造は，厳密な意味においては矛盾を含まないが，しかし不完全性を含むのである。それは論理的にではなく道徳的に不可能なのである。このとき道徳的原理によって発揮される強制が明らかに現れる。すなわち，この強制は道徳的必然性（nécessité morale）に属するものである。というのも，この強制は賢者の義務を表現しているのだから。この義務を免（まぬが）るならば，賢者は身を誤ることになる[104]。

しかしすぐに気づくように，道徳的不可能性という概念の使用には或る曖昧さがある。なぜなら，神の選択の対象が不正で悪い世界なのか，それとも最善世界よりも完全性において劣る世界なのかに応じて，事情は同じではないからである。もし，ライプニッツにとって，「形而上学的に

103）『自由に関するステノとの対話』（*Conversatio cum Domino Episcopo Stenonio de libertate*）1677 年 11 月 27 日（A VI, 4-B, 1376）；A VI, 4-B, 1453.

104）A VI, 4-C, 2850：「しかるに義務とは道徳的必然性である。それはたしかに善きひとという名を保ちたいと思う人々に対して課される」；『自然法の諸要素』（A VI, 1, 480）「善き人にとってなされえないことはすべて不正なことであり許されない」；「善き人にとって必要なことはすべて正しいことであり義務となる」；Th§24–25〔K I, 6, 140–142〕。

7.3. 道徳における原理と論証   411

いえば」神は最善以外のものを選ぶことができたとして
も，「道徳的にいえば」神はそうはできなかった[105]。神の
意志は，強いられることなく傾けられる。したがって最善
の選択以外のどんな選択も神には可能なままである。しか
し，不正で悪い世界の場合には，ライプニッツは異なるこ
とを述べていると思われる。すなわち，神はいかなる仕方
でも，つまり道徳的にも形而上学的にも，不正で悪い世界
を選択することはできなかった。というのも，そのような
世界は神の完全な本性に反しているからである。最善の可
能宇宙の選択においては，道徳的必然性が，他の選択を不
可能にすることなく神の意志を規定するが，悪い世界（そ
して他の世界に比べてより少なく善であるだけの世界）を
選択することに関しては，その可能性自体がはじめから排
除されている。後者の場合，道徳的に不可能ということは
〔前者の場合よりも〕はるかに多くのことを意味している。
なぜなら神は悪をなしてはな̇ら̇な̇い̇（神は最善以外のこと
をしてはならないように）だけではなく，神はそうするこ
とがで̇き̇な̇い̇（神が最善以外のこともまったく適切になす
ことができるのに）と主張していることが問題なのだか
ら。

　この不可能ということは何を意味しているのか？　それ
は仮定的な不可能性を意味している，とひとまず答えられ
るだろう。神が想定されるなら，悪い世界，不正な世界は
仮̇定̇上̇（ex hypothesi）不可能である。なぜならそのような
世界は神の現実存在に矛盾するからである（ただしそれ
自体として矛盾するわけではないが）。しかしながら，こ
の不可能性はもっと深くに及んでいる。それは神における
形̇而̇上̇学̇的̇な̇（したがって単に道徳的なという以上の）不
可能性に〔それ自身を〕送り返すのである。すなわちそれ

---

105)　Th §234（GP VI, 256）〔K I, 6, 336f.〕.

412　第Ⅳ部／第7章　道徳の地位とその諸原理の起源

は，悪であるかぎりの悪，悪として認識された悪（正しい
者の懲罰や無実の者の断罪など）を意志することの矛盾で
ある。この矛盾は，一方では，絶対的，論理的，明示的
(in terminis) である。なぜなら意志は善への傾向，しかも
この善の大きさに比例した傾向として定義されるからであ
る[106]。しかし他方では，いかなる欠陥，欠如，欠点も，最
も完全な存在者においては許されず，概念把握することも
できない[107]。神は悪を意志することができない（道徳的不
可能性は形而上学的不可能性となる）。しかし神は最善以
外のものを意志することはできる（必然性は道徳的なもの
であって，形而上学的なものではない）。

　不可能という概念にまつわる両義性は，その反対，つま
り必然的なものにも見出されるのだろうか？　この〔不可
能と必然という〕様相の対には非対称性が現れている。最
善を意志しないことの道徳的不可能性が，最善を選択する
ことの道徳的必然性の，その否定的な表現ないし側面だと
すると，それに反して，悪であるかぎりの悪を意志するこ
との形而上学的不可能性は，善を選択することの形而上学
的必然性を，たとえその善がどのようなものであろうと
も，いささかも含意しない。なぜなら，あらゆる善が同時
に実現可能であるわけではなく，他の善よりも完全なもの
もあれば，より好まれるに値するものもあり，また，いく
つかの善は何らかの悪を容認することなしには獲得されな
いからである[108]。絶対的に不可能なものは，その反対が絶

---

106)　Th §22〔K I, 6, 139f.〕.

107)　Th-CD §26 で与えられている聖性の定義を参照。Th §26
(GP VI, 118)〔K I, 6, 142〕：「しかし神はできるかぎり多くの善を産出
しようとするし，そのために必要な全知と全能も備えているのだから，
神に過失 (faute)，罪過 (coulpe)，罪 (péché) があろうはずがない。
神が罪を容認するのは，それが知恵であり，徳だからである」。

108)　そこから先行的意志と帰結的意志とを区別するための訴え
がなされることになる (Th §22ff.)。これによってライプニッツは「神

7.3. 道徳における原理と論証 413

対的に必然的であることを論理的にもたらすわけではない。要約しよう。神は悪をなすことはできないしそうすべきでもない（形而上学的かつ道徳的不可能性）。神は最善以外のことをなしうるが（形而上学的可能性），最善をなさねばならない（道徳的必然性）。

かくして道徳的原理の様相上の地位は，一方では，それが神において考察されるのかそれとも被造精神において考察されるのかに応じて異なる。どちらの場合でも道徳的原理の妥当性はいかなる例外も許さないとしても[109]，道徳的原理が道徳的必然性をもつのは被造物においてだけである。それは，悪と認定された悪を被造物が意志しうるからではなく，悪を選択するとき被造物が間違って悪を善と取り違えているからである。神については状況はより複雑である。善を先行的に意志することと，最善を帰結的に意志することとが，等しく道徳的必然性に属するとしても，悪を意志することは，その意志が先行的なものであれ帰結的なものであれ，〔または〕絶対的なものであれ或る善の獲得に条件づけられたものであれ，絶対的に不可能なのである[110]。被造精神と神との間のこの差異は，義務論的（déontologique）な様相と存在論的（ontologique）な様相との関係を再定義するように導く。被造精神の場合には，善人が行なうのが道徳的に必然的であることは，正しく，なされるべきことであり，また善人が行なうのが道徳的に不可能なことは不正で禁じられたことであると言われるだろ

は先行的に善を意志し帰結的に最善を意志する」ということを措定することができる（Th§23（GP VI, 116）〔K I, 6, 140〕）。

109) 神は正義の規則を超えているわけではない。反対に神はそれらの規則に絶対的にそして制限なしに合致する精神である。

110) パウロの規則（「ローマの信徒への手紙」3:8）。それはたとえそこから善が生じるとしても悪をしないよう命じる。それは神にも人間にも適用される（Th§25〔K I, 6, 141〕）。

414 第Ⅳ部／第7章 道徳の地位とその諸原理の起源

う（しかしそれでも善人がそうした道徳的に不可能なこと
を行なうことはできるだろう。福者たちも罪を犯す力能を
保持しており，悪魔や断罪された者たちも悔いる力能を保
持しているのだから[111]）。神の場合には，神が行なうのが
道徳的に必然的であることは，正しく，行なうべきことで
あるが，神が行なうのが絶対的に不可能であることは，不
正なで禁じられたことであると言われるだろう。

7.3.2. 認識の様態，原理の起源

事物の本性における道徳の基礎，道徳の格率の普遍性と
必然性，そして道徳の概念の一義性が諸々の事実によって
再び問題視されることはないだろう。正義の法則に関する
見かけ上の無知，正義の法則に明らかに反する実践や風習
の存在は，実践的な原理の生得性への反証たりえない。し
かしまた人間たちの普遍的な同意が生得性に充分有利な議
論を構成するのでもない（同意は〔生得性の〕確証には役
立つかもしれないが）。なぜなら，表象（perception）と意
識的表象（aperception）を混同してはならず，ロックのよ
うに，後者を前者の必要条件にしてもならないからであ
る。魂のなかに観念や格率が現前することはそれらが現
実的であること（actualité）を含意しない。それらが潜在
的であること（virtualité）は，機会に応じたそれらの使用
も，それらの有効性も排除しないのである。したがって，
未開人が矛盾律を定式化したり，それを判明に思惟したり
することはできないにもかかわらず，ある機会にそれと気
づくことなしに矛盾律を適用しているということはありう
る[112]。強盗や山賊に関しても，彼らがお互いにいくつかの

---

111) 近接的能力（pouvoir prochain）と遠隔的能力（pouvoir
éloigné）との区別については Th §282〔K I, 7, 44〕。

112) 「［…〕重大なことがらで，矛盾したことを言う嘘つきの振
る舞いに憤慨しないような未開人はいない」（NE I, 1, §2–4（76）〔K I,

7.3. 道徳における原理と論証　　　　415

規則を尊重しているということは，彼らが万一の場合には
正と不正を大変よく認識し区別することができるというこ
とをまさに示すものである[113]。

　道徳の真理や格率についても，他のあらゆる観念の場合
と事情は同じである。すなわち，それらの生得性は次のよ
うなことを含意してはいない。すなわち，それらの真理や
格率を含有する精神はそれらを現実に表象しているとか，
推論や特殊な熟慮においてそれらを用いていることに精神
が気づいているとか，それらがそれ自身で完全に明証的で
あるとか[114]，精神がそれらを完全に明晰な仕方で認識し，
それらが含んでいることをすべて判明な仕方で認識してい
るとかを含意してはいないのである[115]。しばしば精神は自
己自身やその働き，格率に注意していない。それらを精神
は考えることなく用いている。ちょうど，われわれが必要
な筋肉や関節の運動について考えることなく，歩いたり呼
吸したりするように。

　しかしながら，道徳的な教えは，その本能的な起源，そ
れらの教えの拠り所となる概念の錯雑した性格，そして
それらの教えが前提している経験との特殊な関係によっ
て，思弁的な原理や真理からは区別される。周知のよう
に，『人間知性新論』でロックに向けられた主要な批判の
ひとつは，〔ロックが〕感覚と経験一般の真の役割を見誤っ
たというものである。感覚と経験の真の役割は，真理を引
き渡すことではなく，ただ，魂を導いてそれ自身に回帰さ

4, 61–64〕)。

　113)　NE I, 2, §1–2〔K I, 4, 80–82〕.
　114)　NE I, 2, §13（97）〔K I, 4, 91〕.
　115)　ある観念について提起されうるあらゆる問題を解決するこ
とができなくても，その観念は認識されうる。例えば，正方形の場合
がそうである。それについて対角線が辺と通約不能であることを無視
することができる（NE I, 3, §4（102）〔K I, 4, 100〕)。

416 第Ⅳ部／第7章 道徳の地位とその諸原理の起源

せ、もって真理を発見する（あるいは再発見する）ため、魂の注意を目覚めさせることだけである。このイングランドの哲学者〔ロック〕の誤りは、観念の現実化に付随する可感的な機会を、観念そのものの原因とみなしたことである。ところが観念は、潜在性、態勢、あるいは傾向の状態ですでにわれわれのうちに存在するのであり、観念に気づく（apercevoir）にはそれに注意を払うだけで十分なのである。しかしながら、道徳的な内容については、経験の役割はより決定的であると同時に、より複雑なものであることが明らかとなる。それは、行為の原理を認識し適用する際に、理性と本能との間に築かれる関係による。

ライプニッツは〔『人間知性新論』〕第1巻第2章で、原理を与えることのできる源泉として二つのものを区別している。理性すなわち自然の光と、本能である。この二つの審級は、この原理が認識される仕方に関わるが、しかし同様にこの原理が用いられるやり方にも関わる。すなわち、反省され意識せれた仕方で原理を認識し用いるのか、あるいは自然に、またそれと気づくことなしにそうするのかに関わる。ここで、理性と本能のこの分割は、理論と実践の分割と合致するわけではないことに注意しよう。なぜなら本能は、道徳的な真理の源であるだけではなく、理論的な真理を引き渡すこともできるからである。そして反対に、理性は本能的に適用された道徳的な格率を捉え直し論証することができる。付け加えておくと、諸原理が本能を起源とするとしても、そこから演繹された帰結がそれだけ確実でなくなったり確定的でなくなったりするわけではない。そのような帰結も、理性を起源とする原理から引き出された原理と同じ論証上の力を有している。こうしてライプニッツは、理性によって獲得される真理とは別に、これとまったく同様に基礎づけられ——最終的に事実の原始的真

7.3. 道徳における原理と論証 417

理（vérités primitives de fait）[116]に還元可能である限り——，
しかし錯雑した認識に基づき，本能から生じている，その
ような真理を構想するのである。

道徳は，その種においては，理論的学の原理と同じよう
に，証明されざる明証的な諸原理を有している。ただし，
道徳の原理は〔理論的な学の原理と〕同一の基礎を拠り所
としているわけではない。なぜなら道徳の原理の明証性は
理性にではなく内的経験に由来するからである。これは，
喜びを追求し悲しみを避けるよう命じる格率に当てはま
る。この格率は倫理学の基本的な格率のひとつであって，
明示的に認識されているわけではないとしても，すべての
場合に各人によって行為のなかで本能的に遵守されてい
る。この格率は錯雑した認識に基づいている。「それは生
得的な原理である。しかし自然の光の一部分をなすもので
はない。なぜなら，それは理性的な仕方で認識されるので
はないからである」[117]。この格率が理性の光に属さないの
には二つの理由がある。すなわち，1）喜びと悲しみは判
明な概念ではなく，それらに名目的な定義を与えることは
できない。2）この格率は，生きた感性的な存在者の，そ
の自然でいわば抗しがたい傾向の表現である。

1）喜びと悲しみはライプニッツにとって複合的な情動
であって，単純な情動ではない[118]。それらは快と苦の間の

116）　それらは「感覚作用の直接性についての直接的で内的な経
験」である。私は思惟するというのがそれに当たるが，私はさまざま
な思惟を持っているというのもそれに当たる（NE IV, 2, §1 (367) 〔K
I, 5, 140〕）。

117）　NE I, 2, §1,　(89) 〔K I, 4, 81〕.

118）　この点について，この哲学者〔ライプニッツ〕の初期のテ
クストからの進展が注釈者たちによってすでに強調されてきた。とり
わけ，Francesco Piro, *Leibniz et l'Éthique à Nicomaque*, in: *Leibniz und
die Frage nach der Subjektivität* (hrsg. v. R.Cristin.), *Studia Leibnitiana*

418 第Ⅳ部／第7章 道徳の地位とその諸原理の起源

或る関係に存し，その関係は快と苦の混交をつねに含む。
・
喜び（laetitia[119]）は，快がわれわれにおいて優勢である状
態である。それは苦が，少なくとも不安の最小形態では
まったく現れないということではない。というのも，拷問
の只中で喜びを覚える殉教者の場合のように，苦は非常に
激しいものでさえありうるからである。同様に，悲しみは
苦が優位を占める場合のことだが，しかしながら何らかの
快を感じることが不可能であるわけではない。「[…] この
うえなく深い悲しみにあり，極度の心痛の只中でさえ，酒
を飲んだり音楽を聴いたりして何らかの快を手にすること
はできる，もっとも不快が優勢ではあるが［…］」[120]。喜ん
でいるにせよ悲しんでいるにせよ，われわれはいつでも混
成的な状態のなかにいる。つまりそこでは諸々の差異は程
度，〔すなわち〕それ自体としては相対的で不安定な状態
によるものでしかない。それらの状態は，さまざまな人間
の気質，性格，習慣や，彼らの多少とも大きな敏感さや感
受性，彼らの性向，彼らの嗜好，そして彼らの置かれた異
なる状況に大きく依存するのだから[121]。

　ゆえに，喜びと悲しみはさまざまな規定の集まりから
帰結するのであり[122]，多くの条件や変数に依存するのであ
る。これらの条件や変数を完全に予想し認識することはき
わめて難しい。喜びと悲しみの産出に介在する諸原因の複
雑さに加えて，喜びと悲しみは，それらを構成している快

Sonderhefte 22 , Franz Steiner Verlag, 1994, p. 180–185.

　　119)　gaudium としての喜びとは違って。gaudium は，すでに所
有されている善を享受することのうちにある。これは喜びに関する
ロックの定義に〔ライプニッツにおける laetitia よりも〕いっそう一
致するものである（NE II, 20, §7)。

　　120)　NE II, 20, §7（166)〔K I, 4, 190〕。

　　121)　NE II, 21, §64（203–204)〔K I, 4, 240〕。

　　122)　Grua 582「喜びとは魂が同時に感覚するあらゆることから
帰結する全体的な快である」。

7.3. 道徳における原理と論証　　419

と苦と同様に，名目的定義（définition nominale）の対象で
はなく，実在的定義（définition réelle）の対象なのである。
名目的な定義とは，徴表を，つまり「その事物を他のすべ
ての事物から区別するのに十分な構成要件」を枚挙する定
義である。ただそれでも，その事物が可能であることが確
立されたわけではない（そのためには実在的定義が必要だ
からである）[123]。こうして，金は，いくつかの仕方で名目
的に定義されうる。例えば，物体のうち最も重いもの，最
も展性のあるもの，灰吹法や硝酸に侵されない可融性をも
つもの，といった具合に[124]。これらの定義は，この金属を
確実に同定し，他の金属から区別したりすることを可能に
する特徴や実験結果の記述であり（おそらくさらに完全
な定義の想定の下，少なくとも暫定的な仕方で）。これに
よって，まだ金を一度も見たことがないひとでも金を認識
することができるだろう。

　ところが，快と苦についてはそのような定義をすること
はできない。なぜなら，十分な，またいうなれば「客観的
な」徴表を，つまり快と苦を区別し，快と苦を一度も感じ
たことがないひとにそれらを認識させてくれる徴表を言い
表すことは，われわれにはできないからである。こうした
欠如を説明する理由として二つのものがある。

　a）われわれは，快と苦を区別し，快と苦の構成素を正
確に同定し（構成素も複合的なものであるから），何がど
ちらに属するのか正確に分け，快と苦の相対的な程度，す
なわち，半分の快あるいは小さな快，不完全な苦あるいは
小さな苦，そして不安を把握することが，必ずしもできる

　123）　『普遍的な総合と分析すなわち発見術と判断術について』
（*De Synthesi et Analysi universale seu Arte inveniendi et judicandi*, A VI,
4-A, 540）。
　124）　NE III, 4, §16（299）〔K I, 5, 48〕。

420　第Ⅳ部／第7章　道徳の地位とその諸原理の起源

わけではない[125]。たしかに，それら〔快と苦〕は，気づか
れやすい，つまり顕著で感覚可能な特徴によって[126]，感覚
不可能な傾向（これは微小表象から生じる）から区別され
る。またたしかに，激しい苦は，強い快と混同されはしな
い。しかし中間的な度合いや混成的な状態が存在するとい
うことは――それらはきわめてよくあることである――ど
んな厳密な分離や対置も拒否する。苦から快への移行は
連続的である。これは色の場合と同様であって，そこで
は「青と緑の境界を正確にしること，そして一般に，き
わめてよく似た色を識別することは困難であろう」[127]。最
後に，可能な最大の快はおそらく存在せず[128]，むしろ新た
な快への無限の前進――したがって快の大きさにも快の多
様性にも存する至福――があるという主張が示しているの
は，快と苦の本性について，快と苦が含むものについて，
快と苦の広がりと限界について，ひとは判明な観念を形成
することはできないだろうということである。

　b）快は，苦と同様に，原始的概念である。それはそれ
自身によって認識され，色がそうであるのと同様に，明晰
ではあるが錯雑としている。「われわれは色を他人に説明
するとき，それを見せながらでないとできない［…］」[129]。
このような明晰-錯雑という仕方で，われわれは香りや味
を認識しているのであり，われわれが言い表せるような特

---

125)　NE II, 20, §6 (165)〔K I, 4, 187f.〕.
126)　NE II, 20, §1 (162)〔K I, 4, 182〕.
127)　NE III, 4, §12–13 (298)〔K I, 5, 43〕.
128)　NE II, 21, §41 (194)〔K I, 4, 227〕.
129)　『普遍的な総合と分析すなわち発見術と判断術について』
(*De Synthesi et Analysi universale seu Arte inveniendi et judicandi*, A
VI, 4-A, 540)。『人間知性新論』第2部第29章第4節 (255)〔K I, 4,
310〕；『感覚と物質とから独立なものについて』(*Lettre touchant ce qui
est indépendant des Sens et de la Matière*, GP VI, 500〔K I, 8, 107〕) も
見よ。

7.3. 道徳における原理と論証　　　　421

徴によるのではなく，単に感覚によって，それらを相互に
区別しているのである。したがってわれわれは，盲人に赤
とは何かを説明することも，〔また，そもそも〕他人に可
感的諸性質を認識させることもできないだろう。つまり，
もし，彼らが対象を見，感じ，味わえるために，彼らを
〔じっさいに〕それに向き合わせるのでなければ，あるい
は，過去に受けた類似の感覚について当人自身の経験へと
立ち戻らせるのでないならば[130]。快と苦は，それじたい伝
達不可能な，言説によっては叙述不可能な，つまり言葉で
言い表せない，そのような内的経験から引き出される。快
と苦は，それ自身が〔そのまま〕それ自身の徴表であり，
それを認識するには各人がそれを自ら経験し，他人にもそ
れを帰属させうるということを前提としている。

　快と苦に名目的定義を与えることはできないとしても，
実在的定義を与えることはできるかもしれない。経験は，
快と苦を感じさせることによって，快と苦が可能である
（それらは現に（réel）あるので）と示すのに加えて，〔さ
らに〕快と苦を生じさせる原因を同定することによって，
どのようにしてそれらが産出されるのかを説明することが
可能になる。しかるに，因果的定義は実在的定義の一種で
ある[131]。ライプニッツはそのことを以下のような言葉で述
べている。「[…] 快は完全性を感覚することである。そし
て苦は不完全性を感覚することである。しかし，それが際
立ったものであれば，ひとはそれに気づくことがありう
る」[132]。この定義は快と苦がそれ自体として何であるかと

---

　130)　したがって，ひとは旅行者の報告だけではパイナップルの
味を認識することはできないだろう。『人間知性新論』第 3 部第 4 章
第 11 節（298）〔K I, 5, 45〕でフィラレートが述べているとおりであ
る。

　131)　DM §24〔K I, 8, 187〕.

　132)　NE II, 21, §41（194）〔K I, 4, 226〕。緑とは青と黄色を混ぜ

か，それらの判明な特性がどのようなものであるかを言う
ものではなく，どのようにしてそれらが引き起こされたの
かを言うものである。ゆえにこの定義は，快と苦の本性
(nature) を認識させるのではなく，快と苦について，他の
ものによる指標 (indices) ないし記号 (signes) を作るの
である。例えば，実体がより大きな，または小さい度合い
の完全性へと移行したことの標識と結果とか[133]，〔あるい
は〕増大し促進された，反対に減少し抑制され妨げられた
力能を感覚することといったように[134]。

2）実践的な原理は「神の永遠の法則」であり，それら
は魂の内に「一種の本能によって」[135]刻み込まれる。喜び
を追求し悲しみを避けるという格率は，理性によってでは
なく，本能によって認識されるのである。なぜならこの格
率は，本性上みずからの善へと向かう被造物にとって根本
的で固有な要請を表現しているからである。本能は「動物
が，その理由を考えることなしに，自分に適したものへ向
かう傾向である」[136]。本能によってこそ，われわれは自ら
の善を直接に（再）認識するのであり，同様に，正と不正
を感覚するのである。ただしそれは錯雑としているが明晰
で確実な仕方によるのであり，〔そこでは〕僅かな推論すら
用いることなく，心のなかに正義に関する何らかの法則
をもつこともなく，またわれわれの感覚作用を説明すること
ができるということもない[137]。つまり，これは芸術家や

てできるものであるという定義も同様に因果的である（NE III, 4, §4–7
(297)〔K I, 5, 43〕)。

    133） DM §15〔K I, 8, 168〕.

    134） 例えば A VI, 4-A 396；A VI, 4-C, 2803；NE II, 20, §1 (62)
〔K I, 4, 182〕。

    135） NE I, 1, §2–4 (76)〔K I, 4, 63〕.

    136） NE III, 11, §1–8 (351)〔K I, 5, 114〕.

    137） 「私はこう考える。われわれはしばしば正しいことや不正
なことについての推論なしに表象する。それはわれわれが幾何学の幾

7.3. 道徳における原理と論証   423

芸術の愛好家と同じである。彼らはある絵画が良い出来か
悪い出来かを一目で見て取るが，しかし，その作品のなか
には，自分を満足させたり足らなかったり，あるいは自分
に衝撃を与える，何か分からないものがある，と述べる以
外のやり方では，自身の判断を説明することができないの
である[138]。

7.3.3. 理性と本能のあいだの関係　対立と相補性

　ライプニッツは，理性と本能のあいだの対立と同時に，
生得的でけっして「外から」獲得されるのではない真理の
同一性を強調している。この真理は，その道筋とやり方は
異なっているが，これらの審級〔理性と本能〕のそれぞれ
によって引き渡される。本能は，非意志的な行為や，「そ
こでは身体だけが関与すると思われるような」[139]あらゆる
運動に結びついている。それ〔本能〕は，情念と同様に，
錯雑とした思考からくるところの，持続的でわれわれと共
に生まれるこうした性向である。錯雑とした思考は，われ
われが不完全であることと，「外的事物の集合つまり物質」
に依存していることの標識である。これに対し，「魂の完
全性，力，自制，自由，そして能動は主にわれわれの判明
な思考に存する」[140]，つまり理性に存する。かくして，ひ
とが身体と魂のあいだに思い描く「闘い」は「判明な思惟
もしくは錯雑とした思惟，つまり理性もしくは本能と情念

つかの定理について理由なしに表象するのと同様である。しかし，証
明に至るのはいつでもよいことである。正と不正は人間本性にのみ依
存するわけではなく，むしろ叡智的実体一般の本性に依存している
［…〕」（バーネット宛 1706 年 5 月 26 日付（GP III, 307))。

　　138)　例えば DM§24〔K I, 8, 186〕。

　　139)　ゾフィー・シャルロッテ宛 1704 年 5 月 8 日付（GP III, 347)〔K II 1, 364〕。

　　140)　GP IV, 574.

424 第Ⅳ部／第7章 道徳の地位とその諸原理の起源

とから生じる諸々の性向の多様性」[141]に帰着する。

　しかしながら，理性と本能のあいだの対立は，予定調和
のおかげで，魂のなかにその対や翻訳をもたないような
いかなる運動もいかなる働きも身体にはなく，したがっ
て「反省によってその錯雑さを解きほぐすことはわれわれ
にはできないとはいえ，魂を駆り立てる善の欲求と悪の回
避とが」[142]どんな本能にも対応しているはずだということ
が考察されるやいなや，ぼやけてしまう。身体がおのずか
ら，つまり自然的な傾向によってその身体をくつろがせる
ものの方へ導かれたり，反対にその身体を不快にするもの
から遠ざかる傾向によって駆り立てられたりするとき，た
とえ錯雑とした仕方であり，そうと気づくことがないとし
ても，魂は，求めるべき善と遠ざけるべき悪とを同時に思
い浮かべているのである。本能に属するものと理性に属す
るものとのあいだの分割は，錯雑とした思考と判明な思考
とのあいだの差異に基づいているのだが，その差異はじっ
さいには程度上のものに過ぎず，根本的には本性上のもの
ではない。

　　　しかしながら，錯雑とした思考が，それ自体判明な多
　　　くの思考とは根本では別物であるというのは依然とし
　　　て真である。しかしそれらの思考は非常に小さいの
　　　で，それぞれ別個にわれわれの注意をひくこともな
　　　く，また区別がなされることもない。[143]

　理性と本能は，他におけると同様に道徳においても，二
つの相補的な審級として考えられなければならない。ただ

───────────
　141）　Ibid., 576.
　142）　ゾフィー・シャルロッテ宛1704年5月8日付（GP III,
347）〔K II 1, 364〕。
　143）　GP IV, 574.

7.3. 道徳における原理と論証　　　　425

し一方（例えば理性）が他方よりもすぐれている（とくに
適用の観点から）とか，それだけで十分とみなされるとい
うことはない。この相補性は次の二つの仕方で理解でき
る。

1）理性と本能というこの両者が，一方は思弁的で論弁
的な面で，他方は実践的で可感的な面[144]で，同じ一つの
真理の表現であるという意味において〔理解できる〕。本
能とは実践において認められている真理に他ならず，ま
た道徳的な教えとは自然的性向の理論的翻訳に他ならな
い[145]。格率とは，意志が錯雑とした仕方で追い求めるもの
（喜びを追求し悲しみを避けること）を知性に転写したも
のである。そして性向とは，知性が表象することを意志に
転移したものである。理性と本能はこのように相互に表現
しあう。その結果，理性が証明することと本能が命ずるこ
ととのあいだには，つまり理性が正しいと認めることと，
本能が自発的に向かうものとのあいだには完全な一致があ
る。

　　しかし，自然の光から導かれる結論のなかには，本能
　　に関係した原理であるようなものもある。かくしてわれ
　　われは，気に入っているからという場合は本能に
　　よって，また正しいからという場合は理性によって，
　　人間的な行為へと導かれる。ゆえに，われわれの内に

─────────
　144）　NE I, 2, §9（94）〔K I, 4, 87f.〕：「〔…〕すでに私が答えた
ように，いかなる感覚も真理の表象であって，自然的感覚は生得的で
はあるが，外的感覚の経験と同様，非常にしばしば錯雑としている真
理の表象である。かくして生得的な真理と自然の光（判明に認識され
るものしか含まない）とを区別することができる。これは種が類から
区別されるべきであるのと同じである。なぜなら生得的な真理は自然
の光と同じくだけ本能を含むのだから」。
　145）　同上，§3（90）〔K I, 4, 83〕。

426　第Ⅳ部／第7章　道徳の地位とその諸原理の起源

は，生得的な原理である本能的な原理がある。その
〔本能的原理についての〕証明がなくても，ひとはそ
れを感じ是認しているのだが，しかしこの本能が説明
されれば，ひとはその証明を得ることができる。かく
して，ひとは錯雑とした認識に従って，また本能によ
るのと同じように，推論の法則を用いる。もっとも，
論理学者たちはその理由を論証するが，それは丁度，
ひとが考えることなしに歩いたり跳んだりしながら行
なっていることを，数学者たちも説明するのと同様で
ある。[146)]

　2）理性と本能のあいだの協力は，そこで二つ目の水準
において現れる。本能によっていわば試験され承認された
原理は，理性によって再把握され論証される。もしそれ
〔理性による再把握と論証〕が可能であれば，あるいはそれ
が可能であるかぎり，理性の作業は，それまで錯雑とした
仕方で表象されていた真理を明らかにすることに存する。
これはその真理を判明に説明するためであり，そこからあ
らゆる帰結を厳密に引き出すためである。こうしたことが
道徳の論証的な部分をなしている。本能（大部分の人間は
ここにとどまる）に反省と論証を付け加える方法は，ある
意味では，本能だけの方法よりもすぐれているように見え
るし，本能だけの方法よりもよく基礎づけられているがゆ
えにより堅固であるように見える。それでも，よく行為す
るためには必ずしも論証を必要とはしないことに変わりは
ない。これは歩いたり跳んだりするためには数学的論証を
必要としないのと同様である。正義の動機は人間的に行為
することの快に付け加わってくるが，しかしそれに取って
代わることはない。ゆえに理性の機能は，本能が命じるこ

──────────
　146)　同上，§4（91）〔KⅠ, 4, 84〕。

7.3. 道徳における原理と論証 427

とを，本能を無用にすることなく，強化し強固にすることである。じっさい，「[…] 義務というものの必然性を抗し難い仕方で見つめるには，その必然性の論証を考察しなければならないが，それはあまり普通のことではない」[147]。こうして道徳的行為は，同時に，義務と感性的な自然的傾向とに属しているのである[148]。

理性は本能を確証する。しかし理性は本能をただ義務に翻訳することだけに満足しない。なぜなら，理性は，本能が知らない次元を導入するからである。それは時間である。本能が現在と直接的なものにしか関わらないのに対して，理性は持続を考慮に入れる。すなわち，理性は本能よりも遠くに，そして喜びと悲しみ（現実的な快と苦）の彼方に至福と不幸（持続的な喜びと悲しみ）を見る[149]。理性が関わるのは手段なのであって，ただ到達すべき目的だけ

---

147) 同上，第 12 節 (95)〔K I, 4, 88〕。バーネット宛 1706 年 5 月 26 日付 (GP III, 307) も。本書 422 頁以下，本章の注 137 で引用。

148) これによって，P. リクール以来ありふれたこととなった道徳と倫理学のあいだの対立を乗り越えることが可能となる。倫理学と道徳のあいだの区別はこの二つのタームの語源学に基づきえないこと（それらはどちらも習俗（mœurs）の観念を参照する）を認めながら，リクールはじっさいには，アクセントが「善いと評価されるもの」に置かれているか，それとも「義務的なものとして課されるもの」に置かれているかに応じて，ひとつの差異を導入することを提案する。リクールはこう書いている。「ゆえに，慣例によって，私は倫理学というタームを模範的な生の目標のために取っておき，道徳というタームを普遍性の要求と同時に強制の効果によって特徴づけられる諸々の規範におけるこの目標の分節化のために取っておく […]。目標と規範のあいだの区別のなかに二つの遺産のあいだの対立をたやすく認識することができるだろう。倫理学がその目的論的なパースペクティヴによって特徴づけられるアリストテレスの遺産と，道徳が規範の義務的な性格によって，ゆえに義務論的な観点によって定義されるカントの遺産のことである」(Soi-même comme un autre, Seuils, collection « L'ordre philosophique », 1990, p. 200)。

149) NE I, 2, §3 (90)〔K I, 4, 83〕.

ではない。また未来であって、ただ現在だけではない。本
能は喜びへ導くが、必ずしも幸福へ導くわけではない。本
能はまっすぐに目標に向かう。それは最初に現れた岩で砕
け散ってしまう危険を冒し、地面の中心に向かってまっす
ぐに落ちていく石と同じである。快への最短の道は必ずし
も最善のそれではない。というのも、そのような〔快への
最短の〕道はわれわれを悲惨のうちへ突き落とすかもしれ
ないからである[150]。理性は本能がその目的を逸するリスク
のあるような欠くべからざる補佐である。目指す目的地に
よりうまく到達するために、理性は、状況の評価に応じ
て、有利と不利、予想される利益と損失についての計算を
介入させるのである。

　理性はゆえに、単に判明さと意識的表象に到達した本能
なのではない。それどころか、ある道徳的諸規則に対応す
るような本能は必ずしも存在しないと認める必要がある。
そうした道徳的諸規則は生得的で論証されるかもしれない
が、しかし意志におけるいかなる自然的性向も伴うことは
できない。とりわけ正義の規則の場合、それらは人類の本
能が連れていかないところまで人間を連れていく[151]。問題
は原始的真理ではなく、自分にしてほしいことを他人にす
るよう定める格率のような派生的真理である[152]。そうだと
すると、本能と理性との対立は、ここで原始的と派生的と
の対立、つまり原理と派生的真理との対立にも及んでい
る。困難のひとつは、じっさいの実践において、情動の水
準に直接的な繋がりをもたないこれらの教えを感性的なも

---

　150)　NE II, 21, §36（189）〔K I, 4, 220f.〕.

　151)　NE I, 2, §2（89）〔K I, 4, 82〕.

　152)　ライプニッツが議論していることについては、同上、§4
〔K I, 4, 84〕。これらの派生的な格率のなかに、神の現実存在と魂の不
死の認識から生じ、そのためまさに生得的な諸真理ではあるが諸原理
ではないものすべてを数え入れなければならない（同章、§15）。

7.3. 道徳における原理と論証　　　429

のにする，つまり人間をしてこれらの教えに従うようにさせる手段を見つけることであろう。いわば，欠落しているこれらの本能を「創造」するか，対応した新しい態勢，傾向，習慣をかき立てることによって，本能の不在を取り繕わなければならないであろう。

　本能に固有なこれらの限界——現在に結びついており，派生的な道徳的真理の場合には現実存在しない——によって，道徳において本能に割り当てられている特別な役割が忘れられてはならない。じっさいライプニッツはこう考えている。1) 自然的に意志をいくつかの行為に導く本能なしに，理性だけで論証できる原理があるならば，これらの原理を認識すること自体が無益で何ももたらさない。2) しかし反対に，理性なしに本能だけで認識されるような真理があるならば，それらの真理は道徳を全面的にかつ完全に基礎づけることはできないだろう。

　1) 道徳性にとって，自然法がわれわれの精神に書き込まれていることと，自然法について理性が与えることのできる論証だけでは，以下の二つの理由から十分ではない。

　a) 一方で，生得性〔それ自体〕は，観念や原理の現実性も，意識的表象も，明証性も，判明さも，完全な認識も含意しないからである[153]。生得的なものに達するにはしばしば注意，努力，秩序が必要である[154]。欲求，性向，情念，先入見，風習が，生得的なものを曖昧にするが，しかしそれを消してしまうことはけっしてできない[155]。

　b) 他方で，ひとは善を認識しながら悪をおこなうこと

---

　153)　NE I, 3, §4（102）〔K I, 4, 101〕.「〔…〕ある観念について提起されうるあらゆる問いをわれわれが最初に解決することができないとしても，その観念はわれわれに認識されさえする」。

　154)　NE I, 2, §12（96）〔K I, 4, 91〕.

　155)　NE I, 2, §20（100）〔K I, 4, 95〕.

があるからである。善の認識は，それが理性によって得られたときでさえ，行為にとっては十分でない。そこに本能が付け加わらねばならない。数学的真理を自然的に認識させる対応した本能が，それらの真理に結びついていることが必要ないのだとすると，道徳の場合も事情は同じである。それ〔道徳〕の重要性や，人間の普段の不注意や注意不足を考慮して，「〔…〕神は人間に本能を与えた。理性が命じる何らかの事柄へ即座に推論ぬきで導くのは，この本能である」[156]。

　ライプニッツは，人間における本能の現前をプラグマティックな（つまり行為に関わる）理由から説明する。すなわち，本能は，理性の純正で端的な代替物ではないとしても，とにかく人間を確実にそして速やかに導くのに不可欠な手段として役立つ[157]。もっとも，だからと言って本能が抗い難いものであるわけではない。本能は，理性の論弁的作業の先回りをすることによって，道徳性への近道[158]，いや最短の道である。本能は，錯雑とした仕方で表象された道徳的真理を意志の前に差し出し，その〔真理の〕適用をより確かなものにする。それは真理の，反省されてはいないが（道徳の重要性に鑑み）必然的な使用であり，真理への理性的ではないが直接的な接近様態である。この点において，〔本能は〕善と悪の意識的表象を前提する意志作用（volition）とは異なる点である[159]。本能とは，要するに，知性なき自発性である。したがって本能に従うとき，われ

　156）　NE I, 2, §9（92）〔K I, 4, 85〕.

　157）　NE II, 20, §6（165）〔K I, 4, 187〕.

　158）　パルマンティエが適切に指摘しているように，ライプニッツはここでマルブランシュと「感覚作用への近道」としての本能に関するその正当化とよく似た議論をしている（*Leibniz-Locke : une intrigue philosophique*, PUPS, 2008, p. 140f.）。

　159）　NE II, 21, §5（172）〔K I, 4, 197〕.

7.3. 道徳における原理と論証 431

われは十分に自由なわけではない。自由は知性に結びついた自発性と定義されるからである[160]。

2) 本能的な道と理性的な道というこの二つの道は，道徳の学において相補的である。本能は理性の不足を補うが，本能の真理はただ理性によってのみ基礎づけられ，さらに今度は他の真理を生み出すことができる。ゆえに本能はそれだけでは十分ではありえまい。本能あるいは感覚作用による道徳は，ライプニッツの観点からは，非常に不完全なものにとどまるであろう。というのも，それは，自らの基礎を説明できないような道徳であり，その原理は，理性の助けがなければ，風習や先入見を通して魂に入ってくる他の相反した性向や傾向に直面すると非常に脆さが露呈するような道徳であろうから。

これらの本能と，その自然的印象を（他の諸印象を排除しながら）確証し，そして道徳を確実で論証的なものにするにあたって，理性の役割はゆえに最も重要である。人間を，動物がそうであるように，自らの同類へ向かわせる本能（「この社会的な一般的本能は人間において博愛（philantropie）と呼ばれうる」[161]），女性に対する男性の，子どもに対する両親の自然的な情動のようなより特殊な本能，そして人間を自らの尊厳や名誉などを気遣うよう傾ける他のあらゆる傾向と嫌悪，これらは「理性への補助や，自然が勧めることの指標にすぎない」。しかるに，「理性なくしては，これらの補助が道徳に全面的な確実性を与えるには十分ではない，というのは本当である」[162]。

自然に属するものと，教育や風習に属するものを正確に識別することはときに困難であるが[163]，しかし本能は，理

---

160) Th §288 〔K I, 7, 52f.〕.

161) NE I, 2, §9 （93）〔K I, 4, 86f.〕.

162) NE I, 2, §9 （94）〔K I, 4, 87〕.

163) NE I, 2, §20 （98）〔K I, 4, 93〕.

432　第Ⅳ部／第7章　道徳の地位とその諸原理の起源

性が判明にしなければならず，またそれを証明する役割を
もつ真理について，印や記号を用いなければならない。か
くして本能は，道徳において同時に原理にも帰結にも位置
づけられる。すなわち，起源として本能は真理を引き渡
し，動機として本能はじっさいの実践において依然として
有効で不可欠である。というのも，真理は，それが適用さ
れるためには，つねに，〔すなわち〕理性によって認識さ
れ論証されている場合でさえ，自らを傾向となし自然的性
向になることが必要だからである。ライプニッツにとって
道徳的な生は，理論的な生とまったく同様に，情動のない
ものでも，情動への関わりのないものでもない。運動，欲
求，努力が，たとえ表象できないとしても，身体と魂の内
に生じることなしには，真や善はけっして理解もされない
し表象もされない。もっとも，このことは，こうした運
動，欲求，努力が他の運動，欲求，努力によって止められ
たり抵抗されたりしうる，ということを妨げるものではな
い[164]。

　道徳的な学が存在するためには理性の作業が必要である
としても，本能はその役割を失わない。すなわち，本能は
克服されるべきものでもなければ（錯雑とした表象だから
そうだというのではないとしても，そして，そうした〔克
服という〕ことが可能であるかぎりで），理性的なものが
賢者や学者の占有物であるのに対して，ふつうの人間たち
に〔だけ〕割り当てられるものでもない。むしろ本能は行
為をたえず導くものである。したがって，理性を本能の代
わりに置くことが重要になるのではない。本能は必ずしも
論証可能ではないのだから（本能の理由はわれわれにはと
きとして知られないままである[165]）。実践において経験的

---

164)　Th §311〔K I, 7, 70〕.
165)　NE I, 2, §21-22（101）〔K I, 4, 99〕；Th§310（GP VI, 300）

7.4. 論証と，蓋然的なものの論理学　　433

な所与の状況と条件に鑑み自らを決定する必要があるとき
に，道徳にかかわる論証は，派生的真理（証明を要する）
二つの領域においてとりわけ有益であるだろう。すなわ
ち，派生的真理（証明を要する）と蓋然的なものという二
つの領域においてとくに有益であろう。

7.4.　論証と，蓋然的なものの論理学

　真理と原理の生得的な性格は，それらを論証することを
いささかも免除しない。少なくとも説明されうるものにつ
いてはそうである。この証明は「[…] 観念の判明な提示
に他ならないところの定義という手段によって，それら
〔観念〕を第一原理すなわち同一的ないし直接的な公理
へ還元すること」[166] を前提としている。道徳に関する論証
を確立するというライプニッツの計画は早くからのもので
ある。この計画は自然法に関する諸々の論文（1669–1671
年）とともに始まる。それらは「すべてが定義だけから論
証されるような」[167]『自然法の諸要素』を与えるはずのも
のであった。そしてこの計画は『カトリック的論証』とい
う，さらに広大な構想に統合される。著者〔ライプニッツ〕
はこの『カトリック的論証』を『真の哲学の論証された諸
要素』の前に置こうとした。この後者では，新しい論理学
（蓋然性の論理学），形而上学と自然学との明晰な諸概念，
そして道徳の諸原理が説明されることになる。そしてこれ

〔K I, 7, 69〕：「われわれは自分の本能の理由をいつも理解しているわ
けではないが，これは彼ら（福者たち）とて同じことである」。

　166）　NE I, 2, §21–22（101）〔K I, 4, 99〕.

　167）　アルノー宛 1671 年 11 月（A II, 1, 279f.）〔K II 1, 140〕。A
VI, 1, 431–485 における類似のテクストも見よ。

434　第Ⅳ部／第7章　道徳の地位とその諸原理の起源

らはすべて「真の政治学」[168]の実現を可能にしなければな
らない。というのも，「正義，正当化，自由，快，至福，
至福直観とは何かを知るためには，真の道徳が論証されな
ければならない」[169]からである。命題と，命題を構成する
項との分析は，引き続き論証の材料として役立つ定義を確
立することを可能にする。論証は定義の連鎖以外の何もの
でもないからである。それについてライプニッツはひとつ
の例を与えている。

　　じっさい私は，善き人間ないし正しい人間を，すべて
　のひとを愛する者と定義する。愛とは，他人の至福に
　由来する快であり，他人の不幸に由来する苦である。
　至福とは，苦のない快である。快とは，調和を感覚す
　ることである。苦とは，不調和を感覚することであ
　る。感覚することとは，行為する意志ないし努力を伴
　う思惟である。調和とは，同一性と釣り合っている多
　様性である。[170]

　かくして法学は「善き人間の定義のみからその全命題が
論証されることができ，またそれらの命題は帰納や例には
依存しないため，実践的ではあるが，学」[171]と呼ばれるこ
とができる。じっさい，この定義から出発して，法／権
利のあらゆる定理は，法／権利の様相（juris modalia）と

---

　168)　ヨハン・フリードリヒ公宛 1679 年秋（A II, 1, 752f.）。
　169)　同上（753）。
　170)　アルノー宛 1671 年 11 月付（A II, 1, 280）〔K II 1, 141〕。
« qui amat omnes » を「すべてのひとを愛する者」と訳す。これは
『自然法の諸要素』（A VI, 1, 481）のある条にもとづく。そこでライ
プニッツはこう明言している。「すなわちすべてのひと」（Omnes,
scilicet personas）。
　171)　同上（467）。ヴェルトゥイゼン宛 1671 年 6 月 7 日付（A
II, 1, 198）も。

7.4. 論証と，蓋然的なものの論理学　　　435

論理の様相（modalia logica）を結びつけながら演繹される[172]。すなわち，正しいこと／合法なこと，不正なこと／非合法なこと，公平なこと，支払うべきこと，どうでもよいことは，〔それぞれ〕善き人間の可能な，不可能な，必然的な，あるいは偶然的な行為を意味する。善き人間（vir bonus）とは，ローマ法におけるように，具体的な紛争した，つまり法律による規定や予想がなされていないような事例を解決すべき人間を意味するのではない。さらにそれは，規則にアプリオリに間違いなく従う者や，それらの規則をそれぞれの特殊な訴訟手続きに適用できる者（アリストテレスの言う賢慮のある人間のように）のモデルでもなければ，また「プラトン的なイデア」に相当するものでもない[173]。反対に，善き人間とは，規則を生み出す審級である。というのも，善き人間は正義そのものの受肉であり，つまり抽象的に解されるのではなく，行為において実践された正義の受肉なのだから。善き人間は法学と倫理学を考えるための中心的人物像である（その後，諸々のテクストにおいて賢明な者（le sage）という人物像に置き換えられることになる。そして賢者の慈愛が正義の本質となる[174]）。なぜなら法／権利は，本来的には，善き人間の能力のことだからである[175]。道徳的な格率や義務は，善き人間が為せること，為せないこと，為さねばならないことから派生するが，しかしその際，こうした派生が，あるべき

172）　『自然法の諸要素』（A VI, 1, 465f. ; 470 et sqq ; 476–478 ; 480f.）。

173）　グリュアが示唆しているとおりである。*La justice humaine* [...], p. 243.

174）　ヨハン・フリードリヒ公宛 1677 年 5 月？（A I, 2, 23）：「自然法学の論証は以下の原理のみからなされる。すなわち，正義とは賢者の慈愛である」。

175）　ヴェルトゥイゼン宛 1671 年 6 月 7 日付（A II, 1, 198）：「法／権利とは善き人間の能力である」。

436　第IV部／第7章　道徳の地位とその諸原理の起源

ことをあることへ，つまり法／権利を事実へ還元してしまうことはない[176]。

　理論と実践の関係はここでは独特なものである。すなわち道徳は，アプリオリに演繹された理論的原理の単なる適用（形式主義）にも存していないし，経験からの規則や格率の帰納（賢慮の一形態）にも存していない。〔むしろ〕それは理論化された実践（pratique théorisée）である。すなわち，経験豊かな人間の実践でもなければ，賢慮ある人間の実践でもなく，〔まさに〕善き人間の実践である。この善き人間は（必ずしも）具体的な，現実存在する存在に関係するわけではない——この意味では善き人間はひとつの抽象である——，しかし善き人間は，正のイデア，善のイデアにも還元されず，あるいは法律の純然たる表現にも還元されない。というのもそれは，愛することのできる精神，つまり感覚作用を授けられ行為することのできる精神が受肉した存在だからである。善き人間は，どの理性的作用者でも抱きうる，つまり自分のものにしうる観点を代表している。この観点は，無規定，無差別，中立，公平なものではない。反対にそれは，万人を愛する者の観点であるから，最高度に欲得ずくで，規定され，傾向をもつ者の観点である。私の振る舞いはそれゆえ義務の抽象的な認識によって導かれているのではなく，私と同じ条件と同じ状況におかれた善き人間なら行なうであろうことの考察によって導かれている。あるいはむしろ——主体と義務との関係はたんなる外的なものとして考えられてはならないゆえ——ひとたび私が善き人間の立場を採用したなら，私の振る舞いは，内的な仕方で，善に向けた私自身の努力によって導かれる。〔すなわち〕たとえ私がそうすることができ

---

　176)　R. セーヴが以下で主張しているとおりである。*Leibniz et l'École moderne du droit naturel*, PUF, 1989, p. 105f.

7.4. 論証と，蓋然的なものの論理学　　437

ないときでも，この努力は万人の善を行なうように私を仕
向けるのである[177]。「たとえ石が吊るされていても落下し
ようとするのと同じように必然的に」[178]。

　この愛は普遍的なものである。しかしこの愛は盲目的
に，節度なく，愛の対象の性質を考えることなく，そして
一方と他方に援助を与える際に優先順位をつけずに実践さ
れるわけではない。全員を同時に同じように満足させるこ
とは可能でない——それは公平でもない——以上，善き人
間は賢明でもなければならない。つまり全体として最大の
善を獲得するために，彼に最善の選択をさせる知を所有す
るのでなければならない。こうして，

> もし複数の者に援助を与えねばならないときに対立が
> あるなら，全体として最大の善が導かれる者を優先す
> べきである。それゆえ，軋轢がある場合には，もし他
> のすべてが同等であれば，最善を，つまり公共を最も
> 愛する者（publici amantiorem）を優先すべきである。[179]

　複数の愛が競合する場合に，従うべき規則は各人に無差
別に同じ分け前を与えることではなく，すでに〔分け前を〕
もっている者で，その（社会的，財政的[180]）状況が最も有
利か，最も少なく不利である者を，（権勢と富が等しい場

---

　177)　ここで問題となっているのは様相上の不可能性ではなく妨
害された物理的な力である。

　178)　アルノー宛 1671 年 11 月（A II, 1, 280）〔K II 1, 141〕。

　179)　同上。A VI, 4-C, 2845f. も。そこでライプニッツは善と悪
の一般的な分類において必要な善と有用な善を区別している。

　180)　アルノー宛 1671 年 11 月（A II, 1, 280）〔K II 1, 142f.〕：
「同じ金貨千枚でも，その百倍の貨幣をもつひとは，それぞれ金貨千
枚をもつ百名のひとたちよりも金持ちである。統一が有用性を作る。
百倍もっているひとはじっとしていても儲ける。百名のひとたちは
せっせと働いても損をする」。

合には）知恵を最も多くもつ者を，（知恵が等しい場合には）神によって最も優遇されている者を，優遇することである。というのも，その方が利益は全体としてより大きいだろうし，そこから還元されれば他の人々にも役立つであろうからである[181]。じっさい，善をなすことが意味しているのは，〔加減乗除でいえば〕乗じることであって加えることではない（悪をなすのは反対に除することである）。それは，二つの数のうち一方が他方より大きく，それらに同じ数を掛ける，という数学的な例が示しているとおりである。すなわち，二つの数のうちより大きい数の方が，得られる結果は大きい[182]。

　一方の利益・損害と他方のそれとのあいだの，同様に，私の利益・損害と他者の利益・損害とのあいだの衝突を解決するため，愛のなかに計算を導入しつつ[183]，〔同時に〕ライプニッツはアリストテレスおよびローマの法学者たちの伝統において賢明な人間あるいは善なる人間に割り当てられていた役割を〔自身の〕善き人間〔という概念〕のなかで復活させるのである。しかしライプニッツは善き人間を，著しく拡げられたパースペクティヴの中に書き込む。ライプニッツ的な善き人間とは，何よりもまず，知る

　181）　反対に，損害を分有する場合には，苦の分配は最も多く悲惨な者から最も過失の少ない者まで〔等しく〕なされねばならない。『自然法の諸要素』（A VI, 1, 479f. ; 482）も見よ。

　182）　アルノー宛 1671 年 11 月（A II, 1, 280）〔K II 1, 142〕:「もし今二つの数があって，一方が他方よりも大きいとすると，同じ数によって掛け合わせられるなら，掛け算は足し算よりも多くを付加する。5 掛ける 2 は 10。10 掛ける 2 は 20。6 掛ける 2 は 12。12 掛ける 2 は 24。5 に付加されたのは 15 であり，6 に付加されたのは 18 であることは明らかである。ゆえに，同じ乗数であっても，より大きな数に掛け合わせるなら，全体としてより多くのものが得られる［…］」。

　183）　この点については La justice humaine [...], p. 109–111。

7.4. 論証と，蓋然的なものの論理学　　439

者（pernoscens[184]），つまり「善についての学」[185]の保持者
である。その認識は宇宙全体に及ぶ。なぜなら，特殊な事
物をひとは，それが一部をなすその全体を認識することな
しには真に認識できないからである[186]。それゆえ，紛糾し
た事例の解決を超えて——またそうした事例をよりよく解
決するために——計算は，包括的な水準における全体の最
善（optimum in summa）の探究によって動機づけられる。
正義は万人に対する愛であると同時に，神がその原理であ
る普遍的調和についての理解でもある。正義は単なる中
庸（人間の二つの情動のあいだの中間）でもなければ，二
つの最大（maxima）のあいだの平均を見積もることでも
なく，さらには善と悪の一様な，つまり関係者の性質に盲
目的な配分でもない。むしろそれは善への最大限の努力で
あって，その努力は対象の完全性と，全体における最善と
の考察によって規定されたヒエラルキーに従って展開され
る。正義はまさしく賢者の慈愛であり，賢者の視点は一般
的な視点へと高まるのである。

　しかしながら，われわれは〔以上のような〕諸原理の一
般性の水準にとどまることはできない。すなわち，現に生
じている具体的な事例において真に有用で信頼に足る道具
を用いようと思うのであれば，計算のなかにより特殊な，
つまり状況や，課せられるリスクや，そして見込まれる利
益に応じた考察を導入する必要がある。まさに道徳上の

　184）　『自然法の諸要素』（A VI, 1, 466）：「知っている者によって
求められるものは何であれ善い」。
　185）　同上（453）：「知恵とは善についての学である」。
　186）　同上：「知るとは，あるいはそれ自体によって，あるいは
他の事物と結びついて，事物がどのように能動あるいは受動しうるの
かを認識することである。こうしたことを真に認識することは実践的
なことである。その定理は問題のためにあるのだから。ここから帰結
するのが，もし普遍的な賢明な人間すなわち普遍的に知る者でないな
らば，誰もその事物のことを知らないということである」。

440   第Ⅳ部／第7章　道徳の地位とその諸原理の起源

諸問題は，それに決定が下されるためには，「純然たる理性」（raison toute pure）では与えることのできない原理を必要とする[187]。というのも，実践は事実に関わるからである。しかるに事実は確証〔確認〕されなければならない。何を行なうのが相応しいかについて意見を形成するには，事実が確信を欠き，一致せず，あるいは数の上でも十分でない可能性がある。また，生じるであろうこと，つまり未来の善と悪についてのその蓋然性についても，諸事物の状態や，どのような決定が採られるか（またはそうでないか）をふまえ，検討しなければならない[188]。ある問題において絶対的な確信に至ることができない場合，最も「明白な」，最も合理的な，最も根拠のある方針はどのようなものかを，データに基づいて（ex datis）決定するのがふさわしい。そのためには蓋然的なもの（le probable）の論理学が必要であろう。

　蓋然的なものの論理学によって，われわれはさまざまな可能な選択肢の真らしさ（vraisemblance）の程度を算定し，賛成意見と反対意見を吟味し，どちらの側に天秤が傾くかを見ることができるであろう。この論理学はただ道徳に関してのみならず，法律，政治，医学，神学，歴史に関しても有用であり，法律家たちがさまざまな種類の証拠（〔そして〕証拠全体に対する指標や推定[189]）について論じることによって，その「見本」をすでに与えているとしても，これから確立されるべきものである。蓋然性の論理学は「真のトピカあるいはディアレクティカ」[190]であろう。

---

187)　エルンスト方伯宛 1687 年 5 月中旬（A I, 4, 432f.）。
188)　「賢明な仕方で働く人間は誰しも，あらゆる状況と，自分が取る解決の繋がりとを考察する。しかも自らの能力の尺度に応じてそうする」（方伯宛 1686 年 4 月 12 日付 A II, 2, 24f.）。
189)　NE IV, 16, §5–9（464f.）〔K I, 5, 271〕.
190)　バーネット宛 1697 年 2 月 1/11 日付（GP III, 193）。

7.4. 論証と，蓋然的なものの論理学　　441

しかしながらそれはアリストテレスがその名でわれわれに
残したものからは，あるいは「弛緩した」決疑論者たちに
よって擁護される蓋然的な意見に関する教説(「蓋然主義」)
からは非常に遠いものである。というのも，最大数とか名
声ある著者たちといった権威に頼ることなど，そこではい
ささかも問題にならないからである。すなわち，蓋然的な
ものは「アリストテレスの言うエンドクサ（Endoxe）つま
り臆見（opinable)」ではない。なぜなら「蓋然的なものは
事物の本性から引き出されなければならない」からであ
る。「重みをなす権威をもった人の意見は，ある意見を真
らしくするのに貢献しうるもののひとつではあるが，それ
が真理に類したもの（verisimiliude）の全体を完成するも
のではない」[191]。

　蓋然的なものがそこから引き出されるこれらの事物とは
どのようなものだろうか。道徳においては二つのパラメー
ターが主に考察されなければならないが，それらは混同さ
れたり相互に比較されたり（つまり天秤にかけたり）して
はならない。すなわちそれ〔パラメーター〕は，一つは，
帰結の重大さ（善または悪が生じる蓋然性の程度）であ
り，もう一つは，後件の重大さ（後に続きうる善または悪
の重大さ）である。選択はこの二つの異なる見積もり〔な
いし評価〕の合成を基礎としてなされなければならないだ
ろう。これは幾何学において長方形の面積を計算するに
は縦と横を掛けなければならないのとちょうど同じであ
る[192]。じっさい，論証全体を首尾よく成し遂げそこから実
践に対して確固たる判断を引き出すために要求される条件
は，とくに注文の多いものである。〔つまり〕必要とされ

―――――――――
　191）　NE IV, 2, §14（372f.)〔K I, 5, 149〕.
　192）　NE II, 21, §66（205f.)〔K I, 4, 242f.〕.『自然法の諸要素』
（A VI, 1, 471) も見よ。

442　第Ⅳ部／第 7 章　道徳の地位とその諸原理の起源

るのは，たんに，蓋然性を評価する術，つまり諸々の善と
悪の価値を評価する術だけではなく[193]，思いつく術や，注
意および忍耐の術もあるであろう。これ〔後者〕は何もお
ろそかにしないようにするためであり（毎回の支出と収入
が入念に記録されなければならない会計帳簿におけるのと
同等に），また部分的で中間的な計算において間違いや見
落としを犯すことなく全体の見積もりを実現するためであ
る[194]。最後に，知性の判断だけでは意志を導くのにけっし
て十分でなく，そして「精神から心情へはかくも大きな隔
たりがあるのだから」[195]，さらに以下のことも必要であろ
う。

　　　[…] 結論された事柄を実行するための断固たる不動
　　　の決意と，そのように決意させた考慮がもはや精神に
　　　現前していなくても引き続き当の決意を持続させるた
　　　めの巧みさ，方法，特殊な法則，ゆるぎない習慣。[196]

　このような道徳的論証の実現は，正義における計算の使
用と同様に，少なくとも三つの限界に遭遇する。

　1）善き人間または賢者の実践への計算の導入は，――
紛糾した事例を解決することが重要であれ，取るべき最
善の方針を決定することが問題であれ――，善，期待さ
れる利益，リスク，さらには精神の（その能力や知恵の

---

　193)　ここでも二つの要素が考慮されなければならない。すなわ
ち，考察される善と悪の質（あるいは強度）とそれらの相対的な持続
である。したがって，持続は短いが非常に大きな善は，たとえそれが
より長く持続する悪をもたらすとしても，その悪がはるかに小さなも
のであるなら，それが選択されることになる（GP VII, 115f.）。
　194)　NE II, 21, §67（206f.）〔K I, 4, 244f.〕.
　195)　Th§311（GP VI, 301）〔K I, 70〕.
　196)　NE II, 21, §67（207）〔K I, 4, 245〕.

7.4. 論証と，蓋然的なものの論理学　　443

程度に応じた）相対的な「価値」についてすら，ある量
化（quantification）を含意している。〔しかし〕こうした量
化は実現し難いことであり，一方では，評価されるものは
必ずしも，そして全面的には量化可能ではなく，異質な要
素（さまざまな種類の完全性，善，悪）が混じっており，
最善は一般的に諸々の特殊な善の（絶対的な価値におけ
る）最大の合計には還元されないのだから，疑わしいこと
である[197]。論証は，最高度の確実性に近づくためには，無
数の特殊な所与と状況を考慮しなければならないだけでは
なく（結局のところ，そのような論証を首尾よくなしうる
のは無限の精神だけであろう），これらすべての要素が相
互にどのように結びついているのかを知っていることも前
提とする。すなわち，それらの要素は相互に加算され，倍
加され，相殺され，場合によってはそれらの結果を無効に
する。言い換えると，それらの要素はこれらの多様な所
与（そのそれぞれの重みが決定されねばならない）とそれ
らの組成を評価するための正確な規則を欠いているのであ
る。というのも，天秤〔にかける場合〕においては，理由
の重さを量ることに比べ，理由〔そのもの〕を挙げること
はさほど問題ではないからである[198]。

---

197)　諸々の善と悪の全体的な計算の問題については拙
論：*Le problème du calcule des biens et des maux dans l'harmonie
universelle, dans les Essais de Théodicée*, in : *Einheit in der Vielheit*, VIII.
Internationaler Leibniz-Kongress, 2006, vol. 2, p. 824–831. 獲得された善
の量に最善を還元することが不可能であることについては，本書第2
章「ライプニッツにおける完全性，調和，そして神による選択──い
かなる意味で世界は最善なのか？」。

198)　バーネット宛1697年2月11/1日付（GP III, 194）：「じっ
さい，いくつかの蓋然的な議論はすべて結びつくと，ときに道徳的確
実性をなし，ときになさない。ゆえにそれを決定できるための確実な
方法が必要なのである。理由は数えられるのではなく量られるのでな
ければならないとしばしば言われるのは正当なことである。しかし，
理由の力を量るのに役立つはずの量りをわれわれに与えた者はまだい

444 第Ⅳ部／第7章 道徳の地位とその諸原理の起源

　例えば，善の配分において，どの程度の知恵が能力や富の欠如を埋め合わせることを可能にするのか，反対にどのような高い程度の能力や富が低度の知恵を相殺しうるのか，そう尋ねる者もいるだろう。結果を評価する場合には，周知の通り，善が生じるため，あるいは他の悪を妨げるためであっても，悪をなすことは禁じられている。しかしながら，「ひとは，それによってはるかに多くの罪すなわち霊的な悪を妨げると確信しさえすれば，疑いなく何らかの罪が結果として起こると知られているようなことを行なうことができるのか」[199]を知ることが残っている。この問いは，解決不可能なものであるわけではないとしても，容認された悪のじっさいの大きさとより長期にわたるその（善いまたは悪い）諸帰結とに関するわれわれの認識の弱さを考慮すれば——それらの帰結は有利であるよりはむしろ有害であることが最終的に判明するかもしれない——，解決が非常に難しいものである。この点は，放棄とまではいかないとしても[200]，少なくとも最大限の慎重さを促す。この場合，おそらく神にしか悪を容認する権利を残さない[201]。というのも，神だけがどのような場合に悪の容認が一般的な利益になるかを間違いなく知っているからである。

ない」。

　199）　エルンスト方伯宛1687年5月中旬（A I, 4, 432）。

　200）　罪を犯すか容認するかのどちらかでみずからの国を救おうとする王妃の場合を参照（Th§25〔K I, 6, 141〕）。

　201）　ここで問題となっている事例（より大きな悪を避けるために何らかの悪を容認すること）はたしかに神に対して取っておかれる方がよいが，この事例をもうひとつの事例（より問題性が少ない）から区別しなければならない。みずから罪を犯さないようにするために他人の罪を妨げようとしながらそれを容認しなければならない状況において，どんな精神もこの事例に遭遇する可能性がある。『弁神論』第24節〔K I, 6, 140f.〕における見張り中の将校の例を参照。

7.4. 論証と，蓋然的なものの論理学　　　445

2）もし蓋然的なものの論理学を確立することがわれわれの熟慮と決定を大いに容易にするとしても，だからと言ってそれはわれわれを無謬にすることはできないだろう。この論理学はすでに認識されている事実や状況に鑑みて最善の方針を採用し，計算されたリスクと利益に応じて，できるだけ開明的な仕方で判断し行為することを可能にはするだろう。しかしこの論理学は，誤謬や失敗に対して絶対的な保証を与えることはないだろう。蓋然的でしかない原理から引き出されるあらゆる結論は，その原理と同様に蓋然的であり（ゆえに疑わしいままである）し，それどころか，この結論に到達するためにわれわれは他の蓋然性を仮定しなければならないことを思い出すべきである。結論を支持するのに必要なそれぞれの蓋然性は，その結論をそのつどますます確実でないようにする。結局のところ，その結論は，それが依拠しているそれぞれの仮定よりも蓋然的でないだろう。というのも，複数の蓋然性の結合は，（産出されるにあたって）それらの蓋然性に依拠している出来事を，これらの蓋然性のそれぞれが別々に考察された場合よりも疑わしいものにするからである[202]。

3）最後に，「神のおかげにより」（！），われわれにとってより重要な関心事である幸福においては，これらすべての論証が必要であるというわけではない。道徳の事例は，（国家や戦争について会議で討議するときの）政治の事例とは異なり，（法廷における）司法の実践とも異なり，（よい治療が症状と，対応する病との正確な同定に依存する）医学とも異なり，あるいはさらに（事実を確立し情報源と証言を認証することが問題であるときの）啓示神学や歴史とも異なる。じっさい，これらの学科においては，「推論の術」は「よく判断するにあたって」大きな助けとなろ

202）『知恵について』（*De la sagesse*, A VI, 3, 670）。

446 第Ⅳ部／第7章 道徳の地位とその諸原理の起源

う[203]。しかし倫理学においては，善き意志は認識や判断に
まさるのであり，徳への習慣と諸々の善き態勢の方が精神
の鋭さや器用さよりも重要である。「要するに，真の幸福
のためには，より多くの善き意志があれば，より少ない認
識で十分なのである［…］」。

　二つの理由がこのことを説明する。ひとつは，幸福は，
現世においても来世においても，ただ知者のためにのみ
取っておかれてはならない。むしろ「最大の愚者」にさ
え接近可能でなければならないから〔という理由である〕。
もうひとつは，善は各人が自然的な仕方でそれに従う目的
である。善へと導く本能は，理性よりも確実でしばしばよ
り有効な導き手でありつづける。すでに見たとおり，たと
え理性が未来を検討し，持続的な快，すなわち至福に到達
する手段を与えるのであっても，そうなのである。人間の
弱さと，ここで賭けられていることの重要性とからして，
道徳は，論証よりも実践と実行の方をより多く求める。通
常の場合，最も難しいのは，ふつう，善を（再）認識する
ことでもなければ，善い決定をすることでもなく，それら
の決定を粘り強く遵守することであり，自己のこの強さと
自制を獲得することである。この自己の強さと自制が，自
らが決めたことをつねに実施することを保証する。それに
は習慣を創出しなければならないし，自らの意志と判断を
変革するために——こうしたことはただちに行なうことも
直接に行なうこともできない——，われわれを自分の義務
から逸脱させるいっさいを遠ざけ，そして万一の場合に
は，われわれに秩序を思い出させるために，必要なあら
ゆる算段，駆け引き，術策，技巧を用いなければならな
い[204]。

　203）　NE II, 21, §67（207）〔K I, 4, 245〕.
　204）　これらの手段については NE II, 21, §12 , §22–23, §31–37,

7.5. 結論

　道徳はライプニッツの哲学において例外的な場所を占めている。この独特の地位は，その対象，その諸原理の（絶対的に必然的であることなしに普遍的な）本性，それらの本能的な起源，そして理性と経験とがそこで果たす役割に由来する。その根本的な両義性は，道徳が理論と同時に実践にも関係することから来ている。ここに，道徳に対して百科全書〔構想〕のなかで確たる地位を与える際の困難が生じる。道徳が学（science）の名に値するためには，その諸要素は数学のそれと同じく十分に確立されうるのでなければならない。「もし誰かが形而上学や道徳において数学者のように書こうとしても，それを厳密に行なうのを妨げるものは何もないだろう〔…〕」[205]。しかしながら，道徳において産み出される論証は（もしひとが，必要とされるあらゆる正確さをもってそこに至るのだとすれば）幾何学の論証とはまったく異なるだろう。なぜなら，一方で，〔道徳の〕定義は最終的に，明晰ではあるが錯雑とした概念（快と苦）に基づくからである。他方で，賢者の行なう計算は，諸々の偶然的な，そして収集や，立証さえしばしば困難であるような所与に，すなわちわれわれがけっして絶対的確実性に達することができないような素材——蓋然的なもの——に基づいているからである。偶然的真理に固有なものとは，その分析が完成されえず，むしろ無限の過程

---

§40, §47〔K I, 4, 203f., 209f., 213–223, 225f.〕; Th §64, §326–328〔K I, 6, 169f., K I, 7, 82–84〕：コスト宛 1707 年 12 月 19 日付（GP III, 403）。パルマンティエはこの点で「徳の技術」について述べている（前掲書，232 頁以下）。

　205）　NE II, 29, §12（260）〔K I, 4, 317〕.

448 第Ⅳ部／第7章 道徳の地位とその諸原理の起源

を求めるということである。すべての原因，状況，そして来たるべき結果を伴うような事実の完全な把握は，ゆえに不可能である。しかしながらそのような把握は，われわれにとって最大の関心事すなわち幸福においては，「神のおかげにより」必要でない。

　倫理学がそれであるところの実践あるいは倫理学が求める実践は，規則や格率への特異な関係を前提とするものである。賢者は，アプリオリな仕方で法律を認識し，いつどのようにこれを適用すべきかを正確に知っている者ではなく，むしろ，彼の実践が道徳にその諸規則を与える者である。というのも，賢者にとって規則などはないか，あるいは彼は規則など必要としないからである[206]。賢者は規則の彼方に存在する。なぜなら，彼の努力，彼の傾向は彼を自然的な仕方で，そして間違いなく最善へと導くからである。賢者においては，力能（puissance）が法（droit）をなしている。しかし，他の人々——大多数！——にとっては，規則や格率は不可欠である。しかしながら，道徳性は機械的で盲目的な適用には属していない。ライプニッツは，蓋然的なものの理性的な評価を，結果が自動的に得られ，採るべき最善の方針を機械的に指示するような計算とは考えていない。諸々の理由——それらはたんに数えられるだけでなく量られなければならない——に加えて，本能の声，「善き動き」，神の恩寵（「光を与える快」[207]）もまた，それらが善き目的を指示するかぎりにおいて，考慮に入るのである。

　またライプニッツはあらゆる種類の形式主義からも遠ざかる。ライプニッツは規則や格率を，命令（dictamina）と

　206）　これはパウロの教えに従うものである。「テモテへの手紙2」1:9。

　207）　NE II, 21, §31–35（187）〔K I, 4, 213–218〕.

7.5. 結論

してよりは，〔むしろ〕行為を方向づけ，意志に真の善を
示しながら意志を（これを強いることなく）傾ける案内と
して考えている。抽象的な原理よりも[208]，ライプニッツが
強調するのは，むしろ，その意志を変え，善き習慣を獲得
し，怠慢や過失を未然に防ぎ，少しずつ徳を・自・然・な・も・の・に
するために人間が用いる，そうしたすべての具体的な手段
である。というのも，諸々の善き原理，善き規則をわれわ
れは〔すでに〕有しているのだから。徳はいわばわれわれ
の手の届くところにある。欠けているのはとりわけ注意，
記憶，堅固さ，恒常性であって，これらが〔原理と規則の〕
適用と実行を要求するのである。われわれに必要なのは，
こうした「原理を諸々の出来事に適用する術」であり，こ
の適用術は，「よく判断し推論する術，未知の真理を発見
する術，そして最後に，ちょうどよいタイミングで，それ
が必要なときに，既知のことを想起する術」[209]を含む。

　ゆえに，その二つの側面，つまり理論的な側面と実践的
な側面によって，ライプニッツの倫理学は学にも術（テク
ネーの意味での）にも属している。しかし，それは理性的
かつ感性的である被造物に対して，定言命法の形ではけっ
して示されず，欲望はつねにそして本性上善への傾きであ
るという口実の下，盲目的に欲望の運動に従うような実践
としても示されることはない[210]。重要なのはむしろ，理性

―――――――――

　208）　中国人の道徳と政治について，ライプニッツはこう書いて
いる。「〔…〕真の実践哲学は〔…〕徳と義務の一般的な教えによりは，
人々の教育のための，そして対話と社交のための，これらの善き指示
に存する」（ブーヴェ宛 1697 年 12 月 2 日付. *G. W. Leibniz, Discours
sur la théologie naturelle des Chinois*, plus quelques écrits sur la question
religieuse de Chine, présentés, traduits et annotés par Christiane Frémont,
L'Herne, 1987, p. 172f.）。

　209）　『知恵について』（A VI, 3, 669f.）。

　210）　M・ドゥ・ゴドゥマールがきわめて正当に書いているよう
に，「道徳は，被造物ができるだけ多くの判断力をもって，その自然

450 第Ⅳ部／第7章 道徳の地位とその諸原理の起源

と本能とを，〔そして〕光と熱情とを結びつけることによって，より高度な自由の条件であるこうした自制を獲得するために，自己への真の働きかけ[211]の手段を与えることである。「なぜなら，ひとは気質まで変わることができるのだから」[212]。

な対象である最善を選択するのを助けることで，いつも最善への傾向を導く義務を負うだろう」（前掲書，67頁）。

211) Th§328, GP Ⅵ, 310：「自らに対してはたらきながら，他のものに対してはたらきながらであるようにしなければならない。その対象の構成と性質を認識し，それに自らの作業を合わせなければならない。ゆえに，一瞬で，意志の単純なはたらきによって，ひとは自らを改めるのではないし，最善の意志を獲得するのでもない」。

212) ゾフィー宛1706年2月6日付（GP Ⅶ, 569）。

第8章

無神論者は有徳でありうるか？

―――――――――

8.1. 無神論
――哲学的な問題？――

　無神論者（athée）（このフランス語は 16 世紀に現われ
る）[1] という呼称の下に集められた正確には一致しない
異なる意味が見出される。この術語は，ギリシア語では
athéos，文字通り「神（々）なし」ということを表す。異
教徒たちはこのように呼ぶが，それは無神論者が「偶像
への敬意を表さない」[2] からである。無神論者とは「神を
信じない」[3] 者であり，「神の摂理も信じず，真なる宗教も
偽なる宗教ももたない」[4] 者である。無神論者は無信心者
（impius）と同義語であり，無神論は不敬虔（impietas[5]）と

―――――――――

　　1）　ペルティエ・デュ・マン『詩作品』（J. Peletier du Mans,
Œuvres poétiques, Paris, 1547）。
　　2）　ミクラエリウス『哲学用語辞典』，項目「無神論」（J.
Micraelius, *Lexicon philosophicum*, Iéna, 1653）。
　　3）　リシュレ『フランス語辞典』，項目「無神論者」（P.
Richelet, *Dictionnaire françois*, Paris, 1680）。
　　4）　フュルティエール『総合辞典』，項目「無神論者」（A.
Furetière, *Dictionnaire universel*, La Haye-Rotterdam, 1690）。
　　5）　リシュレ『古フランス語および現代フランス語辞典』，項

452   第Ⅳ部／第8章　無神論者は有徳でありうるか？

同じである。異なるこれらの定式が同等のものとして措定されえないことは明らかだが，それは次の三つの理由のためである。まず〔否定の対象としての第一に〕，神々の現実存在を否定する者が他の仕方で「真の神」を認めうるからである。それは偶像崇拝者からキリスト教徒を区別することですらもある。両者ともそのようにして無神論だと互いに非難しうるからである。次に〔否定の対象の第二に〕，否定の対象が，神性全体，神々（異教徒たちの神々），或る一人の神（啓示宗教の神），唯一神，さらに多くの神の属性（知性，意志，力，など），あるいは多くの完全性（善意，正義，知恵，全知，など）とさまざまであるが，それでいて神の存在が問いに付されることはないからである。さらに〔否定の対象の第三に〕，いろいろな出来事の経過への神の介入（神の摂理），諸々の目的に従った神の行ない，そして反論を喚起しうる諸々の人間的な関心事への神の憂慮がある[6]。つまるところ，無神論者を（神の否定，不信仰，不敬虔として）定義するために考慮された三つの特徴的な原理は，異なった領域においてはっきりしてくるのであって，必ずしも含みあってはいないからである。

　神の否定は一つの理論的な立場に帰着する。それは，精神ないし心に属しうるし，一つの思弁的進行の案件（「哲学的」無神論）への一つの判断という行為でもありうるし，また信仰の欠如を示しうる。さらにそれは，福音書の

────────────

目「無神論」（P. Richelet, *Dictionnaire de la langue françoise ancienne et moderne*, Lyon, 1732）。

　　6）エピクロスとスピノザは，前者は神々をよく認め，後者は神性を，つまり唯一で永遠の実体を認めるのに，このように無神論者と表明されうるだろう。DHC，項目「パウリキウス派」，F；CPD，§144, in OD III, p. 396a,〔そこでは〕グロティウスとプーフェンドルフを引用している。RQP III, 15, OD III, p.938a.

8.1. 無神論　　　　　453

規定に明らかに反した行ない（事実上の，あるいは「実践
された」無神論）を目の前にして，当事者が形式的に神を
否定することなしに，行なわれる推定や下される結論でも
ありうる[7]。不信仰（incrédulité）は，こと信仰に関しては，
信仰の領域，すなわち「真理」内容に対する同意（または
拒絶）という内的感情の領域に帰着する。不信仰は，神の
否定からの帰結でありうるが，その動機が合理的でないの
みならず，まずもって合理的ではないところでは，また，
キリスト教の文脈で神の恩寵の結果であるところでは，神
の否定に還元されはしない[8]。さらに不敬虔は，それが神
や神々に帰する祭礼への不敬によって表現されるかぎり，
先行する二つの性格から厳密には由来しない。というの
も，神の否定や不信仰は，公的な宗教の儀式や典礼につい
て，同意せずとも礼儀や順応を通して，これらへの外面的
な敬意を伴いうるからである。裏返せば，それら実践的な
ものの拒絶とは，誠実な信仰に打ち込み，それらの実践が
無用とか神にはふさわしくないと判断する精神の問題であ
りうる。ここでの争点は，もし都市や国家が一なる神ある
いは多くの神々を承認し讃えるよう命じるなら，もはやた
だ宗教的だけでなく，社会的であり，政治的なものでさえ
ある。

　それら〔無神論の三つの性格〕は，根本的に基準とされ
た神（ないし神々）の概念に相対的であるがゆえに，否定
や反対によって鋳造されたそれらの諸定義は，結局のと
ころただ言語化する一定程度の一般性にとどまる。〔すな

---

　7)　ボシュエ：「隠れた無神論はすべての心の内に有り，それは
あらゆる行動に伝播している。ひとは神を無とみなすが，他方で神
にすがるときには，事態は絶望的で，為すべきことはもはやないと
思っている」（*Pensées détachées, II*, in: *Œuvres complètes,* vol. X, Paris,
Louis Vivès, 1863）。

　8)　パウロ書簡，「エフェソの信徒への手紙」2:8。

454　第Ⅳ部／第8章　無神論者は有徳でありうるか？

わち〕明確に同一視された一つの神学的立場ないし一般に
認められた宗教，決められた文脈での使用だけが，athée,
athéisme, athéiste などの術語に，その名に相応しい内容
を与えうる。さらにいえば，この計画においても，それら
の術語が大方の時代に，論争的枠組みで使用された程度に
応じて，それらが与えられたことを確かめる必要がある。
これが，それらの用法が提起するところの，（定義の問題
に次ぐ）第二の問題である。それらは，もし配当される意
味をもつとすれば，ただ宗教的論争の精密な文脈において
のみであり，またある場合には，純粋にただ人格への非難
で述べられたことに属しており，そのうえ，神学の，ある
いは反対者に神学が不在であることを貶めるための罵倒や
破門に属しているのである。

　そこでもなお，フランス語の辞書および17, 18世紀の
哲学辞典を参照すれば参考になる。そこでは無神論は，ひ
とつの「悪徳（vice）」[9]，「不敬虔」そのもの[10]と描かれて
いる。それは，無神論者自身がそうであるように「忌まわ
しく，スキャンダラスで，恐ろしい，憎むべきで，劣って
いて，有害である」。つまり無神論者は「火刑に値し」，し
ばしば「偽善的」であり，〔ひとが〕その好敵手になろう
と努め，「その振る舞いに勇気をもって戦わねばならない」
ほどなお一層危険である[11]。無神論は虚偽の，あるいは
「浅学者たち」の事実であり，「真なること」の事実ではな
い。「なぜなら彼らは神にも自然にも十分な認識をもって
いるのではないからである」[12]。ひとはそのような教説の，

　9）　ミクラエリウス『哲学用語辞典』，項目「無神論」。
　10）　『アカデミー・フランセーズ辞典』，項目「無神論」
（*Dictionnaire de l'Académie française*, 1694）。
　11）　リシュレ『フランス語辞典』，項目「無神論」,「無神論者」
（Richelet, *Dictionnaire françois*, 1706）。
　12）　同上，項目「無神論」。

8.1. 無神論　　　　455

支持されえない不合理な性格を暴く。その教説がじっさい擁護されるのは，ただ気の触れた者たち[13]によるのであり，——聖書の伝統が教えることに従えば[14]——浅薄であるか，彼らの誠実さが問われるような作家たちによるのである[15]。ひとは不評を終わらせようとして，——今度は道徳面で——無神論をとかく不規則で放蕩した生活に結びつけ，そこからそれは自由思想[16]であるとの帰結を生じる。

　体系的か実践的か，実在的か情動的か，隠さず教授されるか入念に隠されるかにかかわらず，無神論は忌まわしく[17]，正当化されざる，非難すべき罪である。すなわち，ひとはそれについて，含蓄的または明示的で真実，またはまやかしの前提と帰結によって，すぐれた神学や宗教的実践と認められるものから逸れるあらゆる教説を，ただちに告発する。自発的にせよそうでないにせよ，「耳障りな」（あるいは誤解されるリスクのある）いくつかの命題を通してそれに向かうことはすでに罪であって，それらを支持する人間の合法的な疑いから高じる。諸観念の歴史として

---

13)　「無神論だとして正当な理由で非難できるのは，ただ気の触れた者たちだけである」（同上）。

14)　「詩篇」14:1「愚か者は心の内で言う，神はいない，と」。

15)　「無神論者の傑物スピノザは，体系と思弁で無神論者になることによって，〔自分は〕区別される，と信じた」（フュルティエール『総合辞典』，項目「無神論者」）。「無神論は心の内よりも口先にのぼるものである。無神論の論客をその最期まで観察せよ，そうすれば彼らの顔から仮面が剥がれるのが見えるだろう」（同書，項目「無神論」）。

16)　『アカデミー・フランセーズ辞典』，項目「無神論」；フュルティエール『総合辞典』，項目「無神論」；リシュレ『フランス語辞典』，項目「無神論」。

17)　無神論は「カオスと夜とがもたらした怪物である」とメルセンヌは『当代の理神論者，無神論者，自由思想家の不信仰』（*L'Impiété des Déistes, Athées et Libertins de ce temps* […], 1624）において，彼のリシュリューへの献辞で書いている。

456 第Ⅳ部／第8章 無神論者は有徳でありうるか？

の哲学という観点からするなら，論争的な使用がそこで示される不可避の濫用という理由で，そのような告発から何であれ示唆を引き出すのは難しいように思われる。

一つの結論が認められよう。〔「無神論」という語は〕それが，よく定義され確かな理論的意味をもたず，──「不敬」と判定されたあらゆる思考ないし行動に，悪意や時折誹謗の意図がなくはないが──，たんに無差別に付された不名誉な印しではない場合には，ただ「それぞれの個別的な場合において決定されるべき歴史的価値」しかもたないがゆえに，それは「哲学的議論」[18]の枠内ではあらゆる適切さを失うのである。ある術語の乱用，つまり未確定の部分に関するその特徴は，そこから語法を絶対的に弾劾するにも，それを遠ざけるための十分なモチーフを構成するにも十分ではない，とくにそれがまさに内容豊かな「哲学的議論」の対象であったときには十分ではない──それは17世紀では事例だったのだから──と答えられるであろう。論争は本質的に二つの問いを含んでいる，すなわち思弁の無神論者たち（athées de spéculation）の実在的存在についての問いと，有徳な無神論者（athée vertueux）の可能性[19]についての問いである。ベールは，たしかに，後者の可能性を弁護する最初の人ではなかったが，しかしもしかしたら鮮やかで挑発的でもある仕方でそれをした最初の人だった。これら二つの問いは次の仕方で要約することができる：

───────────

18) *Le Vocabulaire technique et critique de la philosophie* (A. Lalande), Paris, 1993, t. I, « Athéisme » (p. 90) によれば，「そこからそれ〔無神論〕が姿を消そうとするところの〔哲学的議論〕」とされる。

19) ベーコン：「無神論は，それ自体不快なものではあるが，にもかかわらず，宗教がなくとも真なる道徳への案内として役立ちうるような何らかの哲学上の意見を，人間に与える」。（ベーコンのRQP III, 10, in OD III, p.921b から引用）。É. Labrousse, *Pierre Bayle. Hétérodoxie et rigorisme,* Paris, 1996, 2e éd. p. 107f., n.22 も見よ。

8.1. 無神論　　　　457

1. ひとは，疑いを超え，言葉と行動の無神論を超えて，「思弁的な恒久的な確固とした確実な学」[20]によって，神の存在について真に内心で説得されるところまで，進むことができるのか？

2. もし無神論が，部分的には完全で，原則的に不条理や不可能性を背負わされていないような哲学的立場であるなら，それを弁護する者は，現世ないし来世のいかなる懲罰も神の報酬も恐れず希望もせず，悪徳や放蕩に陥るのか，それとも，喜びや利害とは何か別の可変的なものによって鼓吹され，真正な仕方で徳に従って行為し得るのだろうか？

後者の問いの争点——ここではわれわれはより特殊な仕方で興味を持とうとするのだが——は，道徳と宗教とを解いて，第一の問いの自律を，第二の問いへの関係によって考えるという可能性である。その自律は，それが完全であるためには，理論面と実践面とで同時に存在しなければならない。自律が前提とするのは，倫理学の源泉と原理が，明確な審級あるいは上位の学科（自然神学ないし啓示神学）によって外から与えられていないこと，そしてその規定（規則，格率）は，それが有効で，実効的に尊敬されるために，外的な権威や超越的な正当性の支えを必要としないだろうということである。別の言い方をすれば，重要なのは，神学の土台も参照もなしに，そして善悪の概念，不動で永遠で必然的な存在者，すなわち（諸事物の非被造的本性を含む）知性または（諸真理と諸原理を自由に確立する）意志における神のもつ正義の普遍的法則を基礎づける

---

20) ヴォエティウスが書いているように（ベールによって RQP III, 13, OD III, p.930b. で引用されている）。

必要もなしに，道徳は概念できるのかを知ることである。さらに重要なのは，この道徳はそれ自体実効的で十分に拘束力があるか，そしてそこからそれの力が，その諸規定に従う義務が生じるであろうかを自問することであり，懲罰と報酬という体系によってそれらの〔諸規定の〕厳密で完全な適用を保障する裁判官たる神はいないかだけでなく，またそれらを制定する立法者たる神はいないかを自問することである。

　ベールの立場は周知のものである。『彗星雑考』第133節で，「無神論は習俗の腐敗に必ずしも導かない」と主張することによって，彼は，理論と実践との断絶を導入し，また活動領域の自律を思惟領域のそれとの関係によって確立する思弁的諸真理と道徳的諸規則という両者の分離を導入する。一方で彼は，人間はその行為において，自分の意見や信念や，また一般的で抽象的な格率の認識によるよりも，むしろ本能や諸情念によって初めから方向づけられていると主張する。他方で彼は，理論の間違い（無神論）は実践的過失（悪徳）を，理性の錯乱は道徳的逸脱を必ずしも引き起さず，逆に，キリスト教徒の放縦な習俗が証すように，善き原理が正しい行為を必ずしも導かないことを示しながら，真の秩序を，善と正の秩序からラディカルに区別する。

　これらの反省が偶像崇拝と無神論という二つの悪の比較という枠組みに至ったこと，そしてその比較の結論によって，後者の悪の優位のもと，その不敬虔で支持できない性格は除去されえない，ということに注意しなければならない。〔本章の〕目的は，無神論者が，その無信仰の事実から，かつ無信仰のかどで，必ずしも悪徳ではない（それは彼らの徳をまだ確立するものではない）と示すことであり，次に，ある神学的な伝統では真なる宗教への第一歩と解釈される偶像崇拝は，神の完全性にふさわしくない観念

8.1. 無神論　　　　459

を捏造するのではなく[21]，神を否定または尊重しない無
神論より，じっさいはずっと危険だと示すことである。し
かし『彗星雑考』はただ論争的意図にだけ応えている訳で
はない。ベールは，異教に好意的な神学的偏見と闘い，福
音の諸原理に反するキリスト教習俗を告発することに満足
してはいない。したがって，彼は無神論者の徳というテー
ゼの支持へ肯定的な議論を進める。それは二つの要点にま
とめられる。

　一つは，アポステリオリなものであって，「習俗の堕落
によって区別されるのではない」[22]有名な無神論者たちの
例から引き出される。彼らの振る舞いは文句なく称賛に値
いするものでさえあった。〔じっさい〕ディアゴラス，エ
ピクロス，ヴァニーニ，スピノザ[23]を引用するまでもない。
もう一つはアプリオリなものであって，マルブランシュと
グロティウスに示唆をうけている。すなわち，道徳の諸概
念と諸原理は普遍的で不動で創造されず，それらは神の決
定には依存せず[24]，神なしですら存続するであろう[25]。それ

---

　21)　ベールは，プルタルコスとその論考『迷信について』（とく
に169f-170a）以来古典的になった反迷信論を踏襲する。

　22)　PDC, §174, éd. de J. et H. Bost, 2007, p. 362.

　23)　PDC, §181 に引用されている。にもかかわらずベールは，
『エチカ』の著者の生涯の最期についての，ほとんど美化されていな
い（そして定かではない）逸話を流布させている。

　24)　例えばCPD, §152. マルブランシュ『真理の探究』第10解
明；『道徳論』I, 1, 第6–14節。

　25)　「神性もいかなる摂理もないと仮定した場合であっても，わ
れわれには自然法に従う義務があるだろうとグロティウスは言明す
る［…］。一部の彼の注釈者はこの一節に異議を唱えて，神はいない
というありえない仮定においては，人間は自然法に従う義務を負わな
いことになろう，なぜなら，その義務は上位の権威者からの命令を前
提にしているのだから，と主張している。それにもかかわらず，彼ら
は，神の命令に先立って誠実なものが有ると認めている。彼らには気
に入られないが，私はグロティウスの説を支持する。すなわち，人間

460 第Ⅳ部／第8章 無神論者は有徳でありうるか？

ゆえ，それらの概念と原理は自然の光（あるいは良心[26]）によって各人に知られ，〔それどころか〕神性を全部無視したり，その存在を形式的に否定する人たちにも理解されることができる。

> ［…］神をまったく信じない人がいかなる誠実さ（honnêteté）の観念ももたないとは理解しにくいし，同様に，人間的正義によって懲罰されないならすべての罪を行なえると人が想像するとは考えにくい。われわれが考え違いをするのは，エピクロス派たちが懲罰への恐れから行ない，そしてそこにおいては徳に有用さと快を捧げたところの立派で誠実な行ないを，われわれが数多く目にしてきたからである。理性は古代の賢者たちに，善そのものの愛のために善を為さねばならず，徳はそれ自体が報酬の代わりにならねばならず，そして懲罰への恐れによって悪を差し控えることは，悪意ある人間にのみ属するのだ，と教えた。[27]

経験は，善なる傾向に刺激された無神論者たちや有徳な諸行為の作者たちについて伝えている。それは無神論が

には，知性の諸々の作用において論理学の諸規則に従う義務があるのと同様に，意志の行為においても正しい理性の諸概念に従う義務があるように私には思われる。ところで，無神論者と仮定した場合でも，もし推論の諸法則を超えようとすれば笑いものになることは明白である」（CPD, §152, in OD III, p. 409a；強調ラトー）。フーゴー・グロティウス『戦争と平和の法』（Proleg. XI, Paris, 1625）。

26）「自然的道徳は魂のうちで輝く或る種の光にほかならない。その光の力によって人倫の一般的第一原理を認識しないような人はいない［…］。それによってわれわれが人倫の諸原理を承認するところのこの自然的光こそは良心と呼ばれる」（『哲学の体系』，項目「道徳」，in OD IV, p. 260a）。

27）PDC, §178, éd. citée, p. 373-374.

8.1. 無神論　　　461

「悪意をもった生の必然的な原因」[28]ではありえないことを
証明するのに十分である。人間は意見や信念に従うのでは
なく，気質や感情や，身につけた習慣に従って行為すると
いうテーゼは，――多くのキリスト教徒が福音の規定に順
じて生きてはいないという事実のように――見たところ逆
説的な事実を説明することをゆるす。このテーゼが示すの
は，将来のいかなる懲罰の恐怖にも遮られることのない無
神論者なら，神の否定がそれに影響するであろう不道徳的
な格率を必ずしも用いない，ということである。[29]

　宗教に対する道徳の自律の肯定は，さらなる一歩を踏
み出すことを許す。正義や誠実さという永遠の観念は理
性または良心によって与えられているのだから[30]，無神論
者はひとりの人間全体としてそこに接近し，ゆえに完全そ
して真に徳を実践しうる。そのときなおも立ちはだかるの
は最後の偏見である。すなわち，無神論はアナーキーの源
泉で，社会にとって根本的に有害だという偏見である。と
ころが，無神論者たちの社会は持続的であるだけでなく
（「社会が犯罪を厳格に処罰させ，そして名誉と不名誉を特

---

28)　無神論は，ただ「偶有による原因であるか，あるいは，悪
への性向をきわめてつよく持っているためそれ〔偶有による原因〕が
なくても義務を怠るような人々においてのみ堕落を産出する原因であ
る」（PDC, §175, éd. citée, p.369）。CPD, §153, OD III, p. 411a も参照。

29)　RQP, III, 29, in OD III, p. 984b。

30)　PDC, §178：「なぜなら，神は無神論者には完全には明らか
にならないにもかかわらず，神は精神に作用せずには，そして精神の
ために，それによってすべての人間が形而上学と道徳の第一次的原理
の真理を理解するところの，この理性と形而上学を保持せずおかない
ということを知らねばならないのだから」（éd. citée, p.375）；DHC,
「Knuzen」B, t. III, p. 12b：「〔…〕神の現実存在に関する諸観念や，来
世への信仰が消された後でさえ，自然宗教の観念，公正の観念，理性
による印象，一語でいえば，良心の光が人間の精神の内に存続しうる
のである」。

462 第Ⅳ部／第8章 無神論者は有徳でありうるか?

定の事柄に認めさえするならば」[31]), またそこでは「宗教
の誤った熱意」, 狂信, 不寛容に結びついた不節制や荒廃
は避けられるだろう。そこでは道徳法則は, 逆説的なこと
に, より容易に知られ尊重されるだろう, というのも, ス
ピノザ主義者の王やキリスト教徒の王という比喩が描くよ
うに[32], 人は異端者や宗教的正統派の敵対者を迫害するた
めに何らかの神の命令を持ち出しながら, 決してそれ〔す
なわち道徳法則〕なしには済ませられないだろうからであ
る。

　これらのベールのテーゼも, それが引きこした激しい論
争も無視しえないのに, ライプニッツは『弁神論』でそれ
らに言及しておらず(ロッテルダムの哲学者〔ベール〕の
著作の批判的検討には多くが捧げられていたが), 公的に
この問題を受け止めてはいない。しかしながら彼は, 少な
くとも一般的定式においては〔ベールと〕同じ立場を共有
する。然り, 道徳はその格率を神学からは導出せず, 完全
な徳は, 宗教が影響している報酬目当ての動機(報酬への
期待と懲罰への恐れ)を排除するのであるから, 無神論者
も真正に有徳でありうる。ではライプニッツのこの沈黙は
なぜなのか? そして, 無神論者の徳について論じるライ
プニッツのテクストには, ベールについてのいかなる言及
もなされていないのはなぜか? 二つの理由を提示するこ
とができる。一つには, 先述のように, 『彗星雑考』の著
者〔ベール〕はこの問題については不可避の権威というわ
けではないという理由である。というのも, 有徳の無神論
者というテーゼは, たとえそれが〔ベールに〕そのチャン
ピオンを見出し, ベールのおかげで, 反響と新たな幸運を
知ることになろうとも, 過去によって既に支持されている

---

31) PDC, §172, éd. citée, p.359.
32) RQP, III, 20, in OD III, p. 954a–955b.

からである。もう一つには，以下の論述がその証示に結び
つくように，ここでの二人の哲学者の一致は一回限りの表
面的なものですらある，という理由である。というのも
じっさいにはこの一致は理論的な相違，とくに極めて異
なった人間学的な諸概念を覆い隠しているからである。彼
らが達した結論は似ているように見えるが，彼らはそれを
同じ前提から導いたのでもなく，それに同じ機能をもたせ
てもいない。ライプニッツは，ベールの立場を公には批判
も支持もしないことを選択している。彼はベールの立場を
その大筋では実質的に共有しているが，しかしその立場を
著者〔ベール〕は宗教に反して使おうとしているように見
え（彼が決して認めることのできないこと），また，自分
が異論を唱える或る原理のうえに基づける。

8.2.　神の知性と力能
——道徳への二重の依存——

　ライプニッツの道徳の概念は根本的に無神論と両立しな
いように思われる。すなわち，ハノーファーの哲学者によ
れば，道徳が外的な行為のみに，現世におけるわれわれの
振る舞いのみに，また時間的な目的のみに止まり，表に現
れないわれわれの行動や，われわれの秘密の行為や，意図
や，内的思惟に適用されないのであれば，そしてやがて来
世における[33]われわれの救済に関わるのでないならば，道
徳は「完全」であることはできない。道徳は，最高に賢明
で善なる正義の神の存在を確立する神学に，そして人格的

---

　33)　ライプニッツにおける道徳学の本性について，その対象，
目的，および知の他の学科へのその関係については，第7章「ライプ
ニッツにおける道徳の地位とその諸原理の起源」。

464　第Ⅳ部／第8章　無神論者は有徳でありうるか？

同一性の保存[34]と同様，（善行と悪行の代償を来世におい
て受け取れる）魂の不死をも証明する形而上学[35]に基づく。
また道徳はかなりのテクストにおいて形而上学の続きか自
然神学[36]の一部として見られている。有徳な無神論者とい
う観念そのものは，万物にまさる神への愛（誠実で賢明な
愛，すなわち神の属性と完全性についての正しい認識に基
づく愛）において成就する徳を成り立たしめるこの倫理学
の思惟においては矛盾するように思われる。普遍的正義あ
るいは敬虔はじっさい「完全に道徳的な徳」であり[37]，そ
れと同時に，自然法の最高原理である[38]。反対に，無神論
は――少なくとも潜在的に――神への憎しみであるが，そ
れは，神が世界の明らかな無秩序に基づき，その結果摂理
の存在を否定するその程度に応じている：「このことは，
彼ら〔無神論者たち〕が考えたり言っていることが何であ
れ，諸事物の本性と状態が彼らの不興を招きさえすれば，
それで彼らは神を憎むのだ，もっとも彼らが憎むものを神
とは呼ばないにしても」[39]。無神論者たちは，そのようなわ
けで，神が君主である諸精神の国における最悪の臣下であ
る。

――――――

　34)　少なくとも，その現実存在と不死が可能であることを論
証しなければならない（コンリング宛1670年1月23日付，A II, 1,
47)：「しかし，神の現実存在と魂の不死は真らしい（probabilis）か，
あるいは少なくとも可能であることが論証されれば，道徳の学には十
分でありうると私は考える。このことを達成するため，私はあらゆる
ことをしてきた」。

　35)　「道徳学は形而上学の子である」（A VI, 4-A, 481)；『真の方
法』（La vraie méthode, A VI, 4-A, 4)。

　36)　NE IV, 8, §9（A VI, 6, 432)〔K I, 5, 227f.〕。

　37)　NE IV, 8, §12（(A VI, 6, 432)〔K I, 5, 229〕。

　38)　『国際法史料集成』「序文」（Codex juris gentium
diplomaticus, Klopp VI, 472)〔K II, 2, 363〕。

　39)　『哲学者の告白』（Belaval, p.91；A VI, 3, 141)〔K II, 2,
238f.〕。

8.2. 神の知性と力能 465

　神は，基礎と不可謬の遂行者との役割を演じる。すなわ
ち，その知恵によって，神は厳格法や衡平法（交換的で配
分的な正義）の規則を確かなものとし，その全能によっ
て，神はそれらの規則の完全で，（われわれの隠れた行為
にいたるまで）普遍的で，そして例外のない適用を保障す
る。そしてそれらの規則に，その抗い難い力による支えを
与え，また神自身の関心と共通の有用性とのあいだの一致
をもたらすことによって，それらの規則に欠けている
「物理的紐帯」（vinculum physicum）を神は確保する。

　　さらに，公的に，すなわち人類と世界とに有用である
　　すべてのものが，個々のものにも有用となるように，
　　したがって，誠実なものすべてが有益であり，恥ずべ
　　きものすべてが有害であるようにするには神が必要で
　　ある。なぜなら，神がその知性によって正しき人々に
　　報酬を，不正な人々に懲罰を配当したことは揺るが
　　ず，そして神はその全能によって，自分が配当したも
　　のを成就させるのである。[40)]

　神学は，三つの重大な問題を解消するために必要であ
る：

　1. 力の支えがなければ非効果的で空虚であるという法
の問題〔がそれである〕。なしには不均一で当てにならな
いという法のそれ〔問題〕。ホッブズが見たように，法は
上位者に依存し，上位者にとって有用であるものからな
る。しかし，ライプニッツによれば，それはイングランド
の著者〔ホッブズ〕[41)]が理解している意味ではない。法は

---

　40)　『法学を学習し教授するための新方法』（*Nova methodus
discendae docendaeque jurispudentiae*, A VI, 1, 344)。
　41)　われわれは，ライプニッツの思惟に「主意主義的」な時期
（1663–1670）があったとするアンドレ・ロビネの解釈を疑問視する。

466 第Ⅳ部／第8章 無神論者は有徳でありうるか？

神に依存するが，それは神の恣意的な意志あるいは絶対的な力能から発出するのではなく——反対に——法は創造されざる知恵に由来する——，むしろ法は事実に移行するためには力を必要とするからである[42]。法は神には有用なものであるが，それは神の移り気や気まぐれを満足させるのではなく，神にとっての有用性（神の栄光）は一般的善と世界の調和と一緒のものだからである。

2. もしも他人に好ましいがそれ自体は有害な行為を，あるいはわれわれがそこから間接的にすら何の利点も引き出せないような行為を成就するよう命じるなら，じっさい最も大きな愚かさであるような正義についてカルネアデスによって定式化された問題である[43]。道徳的義務は正しい理性から帰結するので，たとえ神が存在しないとしても——すなわち，それが不利であるときも含めつねに正直に行為する者に，この世の生または死後に報いることのできる審判が仮に不在であっても，存続すると主張することによって，反論をそらさなかったグロティウスを，ライプニッツは評価する。また，徳に関するストア派やサドカイ派〔前2世紀–後1世紀のユダヤ教の一派でモーセの律法の

すなわちその時期には哲学者［ライプニッツ］は，「すべての義務は制定された法から生じるゆえ，〔また〕神は自らの制定した法に従ってはいないゆえに，法を与えても法を受け入れはしないのだから，法を超えている」ような神の概念を認めていたというのである（*G.W. Leibniz: le meilleur des mondes par la balance de l'Europe*, 1994, p. 9）。それでは，ライプニッツを彼の師ヤコプ・トマジウスよりもホッブズにいっそう近いものにしてしまう（ibid., p. 11）。この点について拙著 *La question du mal chez Leibniz*［…］, p. 60–68.

42) 『国際法史料集成』「序文」（Klopp VI, 473）〔K II, 2, 364〕：「この力と予見によって，すべての法が事実に移行し，自分自身による場合は別として誰も被害を受けず，報酬のないいかなる正しい行為もなく，懲罰のないいかなる罪もないように現実化する」。

43) 『自然法の諸要素』（*Elementa juris naturalis*, A VI, 1, 431）〔K II, 2, 52〕。

8.2. 神の知性と力能　　467

み を 重視〕たちの諸々の傲慢な宣言は，それが実践される
のを前にしてもまったく変わらない。それらの宣言は人間
の本性[44]であるものについての深い無知を立証するだけで
ある。一般の利益のための個人の利益の犠牲は，現在の代
償か，あるいは将来の代償の保障なしに要求されることは
できない。

　　それゆえすべて正義であるものは個人（privatim）に
　　とって／において有用でなければならない。しかし，
　　正義の本質は公的な有用性に存するのであるから，
　　「慎慮の人はつねに正しいことを為す」という命題を
　　厳密に論証することはできない，〔ただし〕公的な有
　　用性の恒久的な防衛者（というのも，他者への配慮や
　　恐れは，他者が助けるか害しうるものを超えてまで慎
　　慮の人を拘束はしないからである），すなわち神がい
　　ると論証しない限りは。そしてこの世の生にはこうし
　　た支持者が常にいるわけではないということは感覚に
　　よって明白であるから，これについては〔上の命題と
　　は〕別の命題がある，すなわち，すなわち神なるもの
　　がいて，人間の魂は不死であるというものである。[45]

　神は誠実（honnête）と有益を両立させる。もし神がい
なければ，賢者でさえ，そこから何らかの有利さを引き出
さない限りは，自分の固有の有用性を超えた慈愛や，また
誠実さへ義務づけられることはないだろう。それは，もし
魂が不死でなければこの生においては頻繁には起きえない
だろう[46]。神は，法のすべての規定が，それを行なう者に

44）　コンリング宛 1670 年 1 月 23 日付（A II, 1, 47）。
45）　同上。
46）　A VI, 4-C, 2871.

468 第Ⅳ部／第8章 無神論者は有徳でありうるか？

利となるように，〔そして〕その者に一般的な善が（この
世の報酬がとりうるさまざまな形によって）直接に，ある
いは間接的に，来るべき報いによって跳ね返るようになす
のである。こうして神の存在と，魂の不死との論証（少な
くとも，それらが可能であることの論証）は，慈愛[47]の最
も充実した最も自由な行使を許すのである。最も充実した
というのは，われわれの行為や思惟のいかなるものも全知
の存在者から逃れることはないため，われわれは，いかな
る善き意図や行動も報われぬまま，またいかなる有害な意
志もいかなる悪行も罰せられぬまま放置されることはない
だろうと，わかっているからである。最も自由なというの
は，諸規則の順守や正義の実践は，他人を助け一般的善と
神の栄光とに貢献しながらわれわれは自らに固有な善へ向
かって働くのだということの確かさによって，助けられ奨
励されるからである。

　見て取れるのは以下のことである：ライプニッツは，
〔宗教の〕教えの義務は絶対的で無条件的であって，行為
者の個別的な善への考慮から切り離されているべきだとは
考えていない。それはベールとの特筆すべき違いであっ
て，ベールは道徳性の定義から利害を除外することによっ
て，有用を誠実から明示的に切り離すのである：

　　このように，有用性が正義の源泉と尺度であると言う
　　者は，粗雑な誤謬のうちにいる。というのも狭い意味
　　に解された自然法は不動で明晰であり，したがって人
　　がそこから引き出せるような利点に依存してはいな
　　い。[48]

────────────
47）A Ⅵ, 4-C, 2894f.
48）『哲学の体系』，項目「道徳」，in OD Ⅳ, p. 262f.；「〔…〕神
を認識しない理性でも，行ないには美しく称賛すべき誠実なものがあ
ると，人間にときに納得させうるのは，そのことで与えられる有用さ

8.2.　神の知性と力能　　　469

このことは，或る有用な善が誠実でもあることができる
ということを妨げないし，逆に，正義の実践が快をもたら
すということを妨げるものではない。しかし厳密な意味で
は，この快は，われわれを道徳法則に従わせる動機に含ま
れてはならない。この快は，真に有徳な者における道徳法
則の尊重からの心理学的な一つの結果なのであって，幸福
であろうとする欲求の形態のもとでは，彼の誠実さの原因
であってはならない[49]。

懲罰への恐れと報酬への期待のみに基づいた法を尊重
することによる「報償目当て」の性格を――ベールと同
様――非難しながら，ライプニッツは，利益が真の徳と
両立できないのではないと示すことによって，（自己愛と
無私の愛との間の対立のような[50]）有用さと誠実との対立
を超えようと考える。というのも，完全に有徳な人とはま
さしく，「一般的なものの利害に合致することよりも大き
な利害は何もないと考えている」ような人であり，「人々
の真の利をもたらすと喜んで，自分自身に満足する」よ
うな人[51]だからである。徳はわれわれの善，すなわち至福
（félicité）[52]を実現する最善の手段である。しかしそれは神
を前提とするのであり，神によって「すべての道徳的善は

――――――――――
のゆえではなく，それが理性に一致するからなのである」(PDC, §178,
éd. p. 375)；RQP, III, 29, in OD III, p. 987a.

49)　この点について，J. デルヴォルヴェに続いて，É. ラブルー
スが，カントの定言命法との興味深い比較をおこなっている（*Pierre
Bayle. Hétérodoxie et rigorisme*, La Haye, 1963–1964, t. II, p. 275f.）。

50)　この問題について，前述の，〔本書第6章〕「愛――同一性
と表出」を参照。

51)　Th Préface（GP VI, 27f.）〔K I, 6 15〕。

52)　このようにライプニッツは，ヴァッラとガッサンディによっ
て更新されたエピクロス派快楽主義に連続している。そのことをフ
ランチェスコ・ピロが論文 *Leibniz et l'Éthique à Nicomaque* でたいへ
ん正当に注意している。R. Cristin (éd.), *Leibniz und die Frage nach der
Subjektivität*, in: *Studia Leibnitiana, Sonderhefte* 22, 1994, p. 179–181.

470 　第Ⅳ部／第8章　無神論者は有徳でありうるか？

自然的となる，あるいは古代の人々が言っていたように，すべての誠実さは有益である」[53]。

　道徳的諸原理の適用が無私無欲であり，いっさいの可感的動機から絶対的に切り離されてありうることは，ライプニッツにとっては不可能である。なぜなら，もしそうだとすれば，魂は彼にとって善きことには無関心で，自分の不幸を積極的に欲することさえできることを含意しかねない[54]。それゆえ，自分の個人的利益を放棄することは——どんな可能なやり方でも——まったく問題ではありえないだろう。人がそれを断念できるのはただ一時的でしかなく，それももっとうまく，実際に自分の個人的利益を満足するためだけである，ただし他のやり方で，他の道で，他のプランで。もし，自分の個人的利益が一般的利益と一致せず，そのうえ直接的に対立するのであれば，ひとは，ただ代償の保障がえられるか，そうでなければ他から，場合によっては違う仕方で得られた利益を条件にしてのみそれを「犠牲にするであろう」。国家は或るいくつかの制限の内で保障を与えることができ[55]，このようにして，市民たちが個別的な正義，〔つまり〕「限られた」[56]徳の実践に制限されるのではなく，普遍的正義に高まるようにする。しかしながら

　53）　NE II, 28, §4–5（A VI, 6, 250）〔K I, 4, 303〕。

　54）　そこから，純粋愛をめぐる論争においてライプニッツが，静寂主義を批判し，（彼によれば「空想的でしかないような」）無私無欲の愛，すなわち魂に永遠の断罪にもかかわらず神を愛するよう要求しうるほどの愛を拒否したことも説明される。

　55）　ひとは，国家がもっとも称賛に値するものとして市民に約束できるものとして，賛辞，名誉，（死後であっても）栄光を考えることができる。

　56）　『正義の共通概念についての省察』（*Méditation sur la notion commune de justice*, Mollat p.63）〔K II, 2, 163〕。

8.2.　神の知性と力能　　　471

[…] 現世の利益というこの原理のみだけでは，もし
徳がより大きな快をなすように人間を上昇させる稀な
秘訣を見つけるのでなければ，つねに有徳的であれと
彼らに命じることはできない […]。それはアリスト
テレスが示すよりはむしろ望んでいたように見えると
ころのものである。けれども私は，もし敬虔がそこに
結合されるなら，それがとくに達成されるような時と
場所があるということはまったく不可能であるとは思
わない。[57]

　ゆえに宗教を道徳に加えることが必要である。というの
も，[さもなければ] 国家の一時的な諸目的は，その全き
広大さにおいて解された正義の完全な実践を鼓吹するのに
十分であることはできないからである。
　3. 最後に，神についての考察は三つ目の問題を解くこ
とを可能にする。すなわち，諸概念と道徳的諸規則との基
礎，そしてより一般的には永遠真理の基礎という問題であ
る。ここでは二つの障害を避けねばならない。もし（デカ
ルトのように）実践の諸真理が，思弁による真理と同じよ
うに，それらを自由に定めた神の意志に依存すると主張す
るなら，人は善や悪の観念，正義の諸規則をまったく恣意
的にしてしまい，それらを順守する義務に，条件づけられ
強制されたという性格を付与してしまう。〔しかし〕善や
正義がそうしたものであるのは，それ自体がそうなのでは
なく，神がそれらをそのように決定したというこの──外
的な──理由のためなのであり，神はまったく別のものを
善や正義と決することができたのである。善や正義を成就
せよと命令する教えに関して，神はその力を神自身から
（神の内的有効性から）ではなく，もっぱら権威から，そ

---

57)　同上，p.64.〔K II, 2, 163f.〕

472   第Ⅳ部／第8章　無神論者は有徳でありうるか？

して法を制定し特定の報酬を遵守につなぐ神の立法者と裁判官という抗いがたい能力から引き出す。とはいえ，ひとが神と無関係に真理があると断言するなら，たとえ神が存在しなかったとしてもこのように世界が有る——グロティウスの「不可能な」仮定と（神学者と哲学者の幾人かによって表明されている）神の知性を除いた本質の永遠性についての理論がそれを暗示しているように[58]——と，盲目的本性，つまり世界の秩序と適法性を表現するのには事物の必然性だけで十分と主張するだろう無神論者を，叡知に恵まれた最高の存在にすがる必要はなく正しいと認めるおそれがある。

　ライプニッツの解決は次の主張に存する：a）あらゆる種類の主意主義を排除することによる，概念，真理，原理の一義性と普遍性。対してb）諸々の本質と神の知恵とのあいだにあるいっさいの区別を拒否することによる，神の知性における本質の実在性（réalité）。

　a）ライプニッツにとって，善き道徳と徳との尺度は，「神がそれを維持する責任を負う理性の不変の規則」[59]である。それゆえ道徳は，気まぐれにも意見にも個人の気質にも，具体的な法制や国家にも依存しない[60]。道徳は，いかなる様式であれ，人間の意志や神の意志または神の全能によって（デカルトにおけるように[61]）制定されることはない。なぜなら道徳は神の知性に含まれた諸事物の創造され

　58）　とくにドゥンス・スコトゥス（CPD, §114, in OD III, p.348a–b, 脚注でベールが引用）。またスアレスとヴァスケスで異なった意味で（J.-L. Marion, *Sur la théologie blanche de Descartes*, 1991, p.56–59）。

　59）　NE II, 28, §4–5（A VI, 6, 250）〔K I, 4, 303〕.

　60）　『形而上学叙説』第2節におけるホッブズ，スピノザ批判，および『人間知性新論』II, 28, §4–5（A VI, 6, 250）〔K I, 4, 302f.〕におけるロック批判。

　61）　『デカルト哲学について』（*De la philosophie cartésienne*, A VI, 4-B, 1481）。

8.2. 神の知性と力能 473

ざる本性に由来するからである[62]。実践の諸規則や教えと
正義の諸法則は根源的にわれわれの魂に刻まれ[63]、天と地
で同じものであり、すべての精神に、例外なく、神に至る
まで課されている[64]。道徳の自然的基礎、その格率の普遍
性、そしてそれら諸概念の一義性は――ライプニッツが
ベールと共有する立場である[65]――、主張された普遍的同
意という経験的確認によって確立されるのではないし、ま
た諸事実（不正、未開人の習俗や風習他）によって再び問
題にされることもできない。

b）諸々の本質と真理を神の（意志ではなく）知性に結
びつけることは、しかしながら、問題を投げかけずにはお
かない。〔すなわち〕諸事物に（少なくとも論理的に）先
行し、それを思惟しそれに自らを一致させる神においては
優越し、神と同じく必然的で永遠な秩序を想定することに
よって、じっさい、それらの〔本質と真理の〕独立の主張
が、神の知性とその対象のあいだに外在性（extériorité）の
関係を、そしてそこから二元論を導くというリスクを冒し

---

62) Grua 474.「道徳性は自然によってあるのであって、神の恣
意によってではない」。

63) 使徒パウロが見たように。「ローマの信徒への手紙」2:15。

64) エルンスト・フォン・ヘッセン゠ラインフェルス方伯宛
1690年9月14日付（A II, 2, 341）。

65) われわれは「秩序についての諸観念」と「創造主、被造物、
父、主、君主などわれわれが出会う何らかの主題において、善意の本
質と諸特質とについて判断させる諸概念」（DHC, 項目「パウリキウ
ス派」、M, I, t. III, p. 634b–635a）を用いる。すなわち、「無限な存在
の善意は、被造物の善意と同じ諸規則には従わないとここで主張して
はならない。というのも、ひとが善意と呼びうる一つの属性がもし神
にあるとすれば、善意の特徴は一般的には神にも一致するのでなけれ
ばならないからである」（RQP, I, 81, in OD III, p. 663a）。しかしエリ
ザベス・ラブルースは、主意主義的なテーゼによってベールに作用し
た「誘惑」に言及している（*Pierre Bayle. Hétérodoxie et rigorisme*, p.
270–271.〔本章注49を参照〕）。

474　第Ⅳ部／第8章　無神論者は有徳でありうるか？

ていないか，がなおも決定されるべきである。ベールは，
デカルトの議論[66]を再びとりあげ，難点を指摘する。すな
わち人は，神はこの諸真理と諸原理の秩序に何の支配力も
もっていないと宣告することによって，神を一種の不可侵
な外的運命，「絶対的に克服されざる自然的必然性」[67]に従
わせる。それは，神の全能と神の自由に抵触し，意志を
付与され世界の作者たる知性的存在者〔神〕への言及を無
用にしてしまう。〔つまり〕自然は，それらの真理や原理
を知ることも理解することもなくそれ自身から帰結するこ
とができるのであり，人が示さずともいつでも自分の道を
見つける〔見つけることができる〕のだということになる。
別の言葉でいえば，諸々の本質や真理の独立〔という主張〕
は，世界を規則的で神なしに秩序づけられているとみなす
か，ごく少なくみても，それらの独立〔という主張〕を説
得的か，最も説得的とみなす無神論者の仮説を強固にして
しまう。というのも，神学的な想定は（諸原理の節約とい
う観点から）無益であるだけではなく，さらにきわめて問
題の多いものとなるのである。なぜなら，結局それは神を
或るもっと高い秩序に従属させ，あるいは神を純粋かつ単
純に盲目的な必然性と，つまり運命そのものと同一視する
こと等々になるからである。それは，世界を超えた人格的
な神の存在を認めないことによって，神からその伝統的な
属性（知性，意志）を奪い，スピノザ主義に，すなわち無
神論に陥ることである。
　本質と真理を神の知性に組み入れ，そのうえそれらを固
有の本性と一緒にすることによって，ライプニッツは同一
化についての伝統的なトマス主義の立場に帰ることに満足

　66）　メルセンヌ宛1630年4月15日付（AT I, 145）。
　67）　CPD, §114, in OD III, p. 348a；ライプニッツが『弁神論』第
190節〔K I, 6, 298f.〕で引用。

8.2. 神の知性と力能   475

しているわけではない[68]。

> [...] これらの真理は，それらの認識をおこなう知性
> なしにはない。なぜなら，それらの真理がいわば現実
> 化されているのがそこで見出されるところの神の知性
> がもしないとしたら，諸真理は存続しないだろうから
> である。[69]

　諸々の本質，可能，そして真理は基体[70]から独立には存
続しえず，それらは自存するためには知性によって思惟さ
れねばならない，なぜならそれらの存在は観念的でしかな
く，それらは神が認識する限りにおいてのみ存在したり無
くなったりするからである，と言うことだけが重要なので
はない。〔そうではなくさらに〕本質，可能，真理の実在
的（réel）な——客観的（objectif）なだけでなく——存在
を肯定することが重要であるが，ただしそれらはそれら自
身において，またそれら自身によって存在できるのではな
く（それは不可能である），それらが神の知性において実
現されている（réalisés）のを見出すのである。
　この「実現されている」ということの意味は，可能なも
のの本性についての議論の枠組みの中でのみ理解されう
る。ライプニッツは，とくにシモン・フシェとガブリエ
ル・ヴァグナーに反対して，〔現実に〕存在していないか
存在しないであろうもの（シーザーはルビコン河を渡らな

　68）　J.-L. Marion, *Sur la théologie blanche de Descartes*, p. 58.
　69）　Th §189（GP VI, 229）〔K I, 6, 298〕.
　70）　「なぜなら神の本質はいわば永遠真理の領域であり，それゆ
え，現実存在していない可能なものに関する諸真理が神の現実存在に
よって実現されるのである。さもなければそれらの真理は主体と支え
を欠くだろう（subjecto et sustentamento alias cariturae）」（ヨハン・ベ
ルヌイ宛 1699 年 5 月 16 日付，GM III, 586）。

476 第IV部／第8章　無神論者は有徳でありうるか？

いだろうというような出来事や，ケイラの住民たちはサウ
ルが町を包囲するなら，ダビデをサウルに引き渡すという
ような条件つきの偶然についての）も含め，諸々の可能な
ものはわれわれの外にあって，われわれの思考や実効的存
在から独立した実在性をもつ，と主張する。それらはたん
なる想像，人が考えるのを止めるや消滅するキマイラ，実
在的相関者のない思考様態ではなく，むしろ神の知性のな
かに存在する真なる事物（res）である。

　　したがって，円の本性はそれの諸特性とともに，存在
　　する永遠な何ものかである。すなわち，注意深く思惟
　　するすべての人は同一の事物を見出すのであり，その
　　ようにさせる何らかの恒常的な原因がわれわれの外に
　　ある［…］。[71]

　神は，諸々の可能，本質，そして永遠真理の主体，場
所，領域である。神なしには，これらのものは純粋なフィ
クションとなり，心的な存在しかもたないであろう[72]，あ
るいはむしろまったく存在しないだろう。さらに神は，そ
れらを実現する，すなわちそれらを実在的なもの，そして
存在するものにするという固有の意味において実現する審
級である。実在的であること（réel）と現実存在すること
（existant）とは同義ではない。諸々の本質が（それらのす

　71）　フシェ宛 1675 年（A II, 1, 388）。
　72）　ガブリエル・ヴァグナーとの議論（1698 年 3 月）（Grua
392f.)：「形而上学的な可能性，あるいは本質的なものの可能性は，何
らかの実際に存在しているもののうちに，すなわち第一の実体ないし
モナドの内に，すなわち神のうちに基礎づけられているのでなけれ
ば虚構であるだろう」。或る事物を不条理なく構想できるなら，その
現実存在はたしかに虚構になるだろうが，しかしその可能性は虚構
にはならない。『事物の根本的起源について』（De rerum originatione
radicali, GP VII, 305）〔K I, 8, 96〕も参照。

8.2. 神の知性と力能　477

べてが世界における現実存在にもたらされる訳ではないけ
れども[73]）存在するのは神によってであり，またそれらが
諸事物の本質であることも神によって，換言すれば，精
神全体によって概念把握されうるのであり，それぞれひ
とつの無矛盾で決定された内容すなわちひとつの実在性
（réalité）を賦与される。ひとつの事物は，それを他と区別
する一定数の特徴や特性によって思惟され定義されうるも
のである。神なしには，「現実存在する何ものもないばか
りか，可能な何ものもない」[74]。無神論者はたしかに幾何学
者であることはできるだろう，なぜなら彼は，自らがそれ
らの第一の源泉において観想する永遠諸真理を生じはしな
いだろうから。けれども神におけるそれら〔諸事物〕の存
在およびそれらの実現とは，もし神なくば，本来いかなる
ものも，数学的対象も，幾何学も，幾何学者も，無神論者
も存在しない，というようなものだろう！

　現実存在しない諸事物の本質に（それらに，すべての可
能と同様に，現実存在への要求を付与するに至るまで）存
在論的な一貫性を与えることによって，明らかにライプ
ニッツは絶対的必然主義の信奉者たちに対抗しようとして
いた。彼らは可能をただ（過去，現在，未来の）現実的な
だけのものと同一視し偶然性を破壊する。可能は，他のよ
うにあり，それ自身を産出しえたかもしれないような事物
が想像されたもの，すなわち人がそれらの原因や必然的連
鎖について無知であることから思い浮かべるような，あり

---

73)　現実存在（existence）の概念は，それが，神によってじっ
さいに創造されたもの（宇宙，およびそれが含むすべてのもの）に関係
するだけでなく，また，神が自らの知性において理解するすべてのも
の（可能なるものの無限性）にも関係する限りにおいて，多義的なも
のとなる。

74)　Th §184（GP VI, 226f.）〔K I, 6, 294f.〕．また Mo §43〔K I,
9, 224〕．

478   第Ⅳ部／第8章　無神論者は有徳でありうるか？

えない実在性をもったキマイラなのではない。すべての可
能は，それらが存在しているか，宇宙のなかで存在へ導か
れるためには，神においてかつ神によって実現され，存在
するのである。その場合諸々の永遠真理は神に運命のよう
に，つまり神がそれに従わねばならないような外的で独立
の秩序として課されるのではない。というのも，永遠諸真
理は神に属しており，「自らの知恵や善意に諸規則を供給
するところの」神の知性を構成するからである[75]。神は永
遠なる秩序そのものであり，諸事物の本性である。そし
て，可能は，〔現実に〕創造されたものを限りなく超過し
ているので，すべての可能のなかから事物の個性的で唯一
の系列——すなわち最善——を選択するためには，神に知
性と意志が賦与されなければならない。それゆえストラト
ン派〔ストラトン（?–AD270/68）が創始者。自然的世界は
原因によって説明されるとし目的論を退けた〕の無神論者
は「諸事物の起源に属するものの認識を排除すること」[76]
にも，盲目的自然の考察から世界の秩序と規則性を説明す
ることにも成功はしないだろう。

　　ベールのように，そして伝統に従い，「自然の秩序によ
れば，諸々の対象はそれらを認識する能力に先行する」，
したがって「徳は，それゆえ神がそれをこのようなものと
認識するより前にも道徳的に善であった」[77]と考える人に
とっては，認識の主体（神の知性）をその対象（永遠真
理）と同一視することは問題が多いと思われるという点に
注意しよう。諸々の真理が神に依存しなくなるや，それら
に依存するのは神なのだとみなすことによってジャン＝
リュック・マリオンは次のように主張する。すなわち，ラ

---

　　75)　Th §191（GP Ⅵ, 230）〔K Ⅰ, 6, 299〕.
　　76)　Th §189（GP Ⅵ, 229）〔K Ⅰ, 6, 298〕.
　　77)　ROP, Ⅲ, 29, in OD Ⅲ, P. 987b.

8.2. 神の知性と力能 479

イプニッツは，何を言うときでも，諸本質と神の知性のあいだの「対象性の関係」を再確立し，それを明らかにする者との対象の隔たりを考え，そして知性認識の作用においては，それを把握する能力との関係によって観念的内容の少なくとも論理的な優先権を認めるように導かれているのだ，と[78]。これが，もし人がベールに従って以下のように言うなら，そこで現れる新たな困難である。すなわち，神的知性はつねに，直接に，必ず永遠的諸真理に一致するが，しかしその場合神は自分を導く認識に支えられることはない，つまり他の観念に基づくことはない，ということを説明できなければならない（そうでなければ説明のかわりに承認できなければならない）。なぜなら，もし〔上のことを説明〕できなければ，神は，当の観念が真であることを認識するためには別の観念を参照しなければならず，かくして無限後退において後続のものを参照しなければならないだろう[79]。諸真理の秩序に，それらを認識することなく従属して自然の必然性を主張するストラトン派を論駁することは，これと同じ秩序に，また完全に必然的な仕方で，いうなれば盲目的な仕方で一致するようになる神を，人が自ら認めるときに困難になるだろう！

ライプニッツは，対象は能力あるいは観念より先には存在しないと示すことによって，じっさい二元論を免れる。むしろ反対である，というのも「最初には対象はどこにも存在しておらず，それが存在するときには対象はこの観念

---

78) J.-L. Marion, *De la création des vérités éternelles au principe de raison. Remarques sur l'anti-cartésianisme de Spinoza, Malebranche, Leibniz*, Dix-septième siècle 147（1985 年 4–6 月），p. 152; p. 159f.

79) CPD, §114, OD III, p. 348a. ライプニッツによって『弁神論』第 190 節で引用されている〔K I, 6, 298〕。いわゆる「第三人間」の議論のこの変形については G. Mori, *Bayle philosophe*, 1999, p. 142 を参照。

480 第Ⅳ部／第8章 無神論者は有徳でありうるか？

にあわせて形成されるであろう」[80]からである。関係は転倒される。すなわち，観念が第一で，対象が第二であって，これは二重の意味でいわれる。神にあっては観念が対象を生じさせる。すなわち観念は対象を実現し，対象を神の知性のうちに現実存在させる。次に，神はその対象を場合によっては創造することを決心するであろう。そうすれば対象は世界のうちに現実存在することによって，その観念に正確に一致する。次のことが見て取れる：それは，知性はライプニッツにとって，純粋な力能でも，あらかじめ与えられた内容をもたない認識能力でもない，ということである。それが神的なものであれ被造的なものであれ，対象は，単なる受容性，空の容器，あるいは対象によって形相づけられるのを待ち受ける板ではない。対象はいつでも既に無数の観念からなる秩序および結合である。たとえ，被造精神の場合であっても，これらの観念は知覚されたすべてのものでも，判明なすべてのものでもない。対象も目的ももたない純粋な意志がないのと同様に，純粋な精神も，思惟されたものをもたない「我思惟す」(cogito sans cogitata) もない。あるのはただ，個別的で多様化された思惟だけであり（「多様なものが私によって思惟されている」(varia a me cogitantur) とライプニッツは〔彼の〕『デカルト的原理』[81]，に書き加えている），また個々の異なった欲求作用だけである。神は，判明な観念しかもたないゆえに，またその知性がこれらの真理そのものであるがゆえに，自分のもつ諸観念が永遠的諸真理によく一致していることを確かめるために第三の認識に基づく必要はない。そこではそれらの真理は神から（あるいはその意志から）独

---

80) Th §192, GP Ⅵ, 230〔K I, 6, 299f.〕.

81) 『デカルト『哲学原理』総論への批評』(*Animadversiones in partem generalem Principiorum Cartesianorum*, GP Ⅳ, 357)「〔第1部〕第7項について」(Ad artic. 7)。

立しているのでも，神に（あるいはその現実存在に）依存
しているのでもない。それらの真理の神的知性への関係は
正確には（主体の対象への）関係ではない。諸々の本質は
神なしにはありえず，神も諸々の本質なしにはありえない
という相互的依存のために，以上のことはあらゆる隔たり
とあらゆる優先を排除するのである。

8.3. 倫理の相対的自律と宗教の役割

　ライプニッツにとって，道徳はそれゆえ，その知性があ
らゆる真理と，実践の普遍的格率との基礎であり，また
その全能が道徳に，それら〔格率〕の，少なくとも現世
で，とにかく他者に対して，完全で誤りのない適用を保障
するような神を要求するのである。神学への関係によるこ
の〔真理と格率との神への〕二重の依存は，たとえ神がい
ないとしても自然法そのものは存在するとのグロティウス
による想定に抵触するのではないか？　見ての通り，まっ
たく厳密にいうなら神なしには，法も幾何学も，そしてい
かなる永遠真理もないであろう。しかしライプニッツは，
グロティウスは或る意味で正しいと認めている。数学的真
理と正義の普遍的規則とは，神を考慮に入れなくても，そ
れらの神的起源をまったく参照しなくてもきわめてよく認
識されることができる。無神論者は幾何学者や，裁判官で
すらありうる[82]。というのも，「すべての事物の相互の，ま
たは神との繋がりを見ない人たち」は，しかし，「或る学
知を理解することができるが，それらについて，神のうち

　82）　Dutens IV, 3, §13, 273：「無神論者は幾何学者でありうるよ
うに，法律家でもありうる。そして，たとえ神はいないと仮定したと
しても，自然法は理解されるのだ，と考えたグロティウスは不合理で
はない」。

482 第Ⅳ部／第8章 無神論者は有徳でありうるか?

にある第一の源泉を知ることはない」[83]からである。ライ
プニッツはここで，真なる学を神の存在の確実性に依存さ
せ，この最終的な認識なしには「何かを完全に知ることが
できるというのは不可能である」[84]と断言するデカルトか
ら明確に離れる。また，『省察』の作者によれば，

> [……] 無神論者が，三角形の三つの角は二直角と等し
> いと明晰に認識することができるということを私は否
> 定しているのではなく，彼がそのことを認識するのは
> 真の確実な知によるのではない，と主張しているだけ
> である。なぜなら，疑わしくなりうるような認識はす
> べて学知と呼ばれるべきではないからである。[85]

ライプニッツ的な学者は，学を実践し真理を発見するた
めに，神による保証を必要とはしない。というのも，それ
によって諸真理が産出される手続きが形式上正しければ，
つまり論理学の諸規則を完全に尊重しているなら，彼はそ
れらについて疑う理由を何らもたないのである。デカルト
との違いは，認識的，認識論的な面と同時に神学的な面に
もある。ライプニッツはデカルトとまったく別の仕方で真
理と学とを概念している。すなわち，ライプニッツは，知
の諸学科における自律によって，或る学科に他よりも優位
を与えることによって，主観的意識の第一のものを，直観
された内容への同意から切り離す，そして第二のものにお
いては「垂直的」ないし位階づけられたアプローチよりも
「水平的な」アプローチを優先する[86]。ついには彼は，デカ

---

83) Th §184, GP VI, 227〔K I, 6, 294〕.
84) 『第五省察』（AT IX, 55）。
85) 『第二答弁』（AT IX, 111）。
86) 諸学科がたがいに従属している認識の木というデカルト的
イメージよりも，一であって連続している海のイメージをライプニッ

8.3. 倫理の相対的自律と宗教の役割　　　483

ルト派の神すなわちその全能によって真理と法をなす創造
主に，その非被造的本性によってそれらの起源であるよう
な神を対置するのである。

　ゆえに，神の知性のなかに諸々の永遠真理が書き込まれ
ていることは，無神論者が確実性とともに数学や自然法を
認識することを妨げはしない。しかし，この法を行使させ
るために神の力能を必ず引き合いに出すことは，思弁的な
真理の場合には起きない特殊な問題を生じる。ライプニッ
ツは，正義の適用は神なしには，すなわち心中を探ること
ができ，地上の生を超えて報酬と懲罰を免れている至高
の裁判官たる神なしには制限されたままであると主張して
はいないか？　倫理学は——幾何学と異なり——形而上学
と神学の助けがなければ不完全なままである。「実体一般
の教説に，諸精神についての認識が，とくに神と心につい
ての認識が依存しているということは，それほどまでに真
である」[87]。それは，もし人が自分の魂の不死について確信
していないのなら，もし人が神を知らないのなら，そして
もし人がすべての事柄に関して神を愛さないなら，人は完
全に有徳的であることはできないということなのか？　そ
うだとすれば，無神論者は道徳的な完成を達成することは
まったくできず，また望むことすらできないだろう。

　この問題に答えるため，道徳の骨組みおよびその実際の
適用において，神に準拠することで満たされる正確な機能
を明らかにするのがよい。ところで，神学的で形而上学的
な認識は，〔道徳の〕教えの内容を変様しないし，それと
違うことを示唆するのでもなく，むしろ既に知られた教え
を強化し，それの実践が人間における習慣となるようにす

ツは好む。そこでは，それぞれの学は，完全にそれぞれ固有の原理を
もちながら，他のすべての学に結合されている。この問題については，
「ライプニッツにおける道徳の地位」〔本書第7章〕を参照。

　87)　NE IV, 8, §9, A VI, 6, 432〔K I, 5, 227〕.

484　第Ⅳ部／第8章　無神論者は有徳でありうるか？

るように思われる。というのは，この世の生を考えるだけ
では「人間たちにつねに有徳的であるよう義務づけるこ
と」はできないからである。倫理が形而上学と神学とを必
要とするのは，それが基礎づけられるためでも証明される
ためでさえもない。すなわち，倫理がそれを必要とするの
は，（もっと）実効的であるためである。なぜなら，神の
摂理についての教説や，未来の生についての確信は，直接
的で現在の快を追いかけるよう傾向づけられており，良心
の呵責[88]にはほとんど鈍感な人間たちにおける動機として
役立つからである。そのような人間たちは，もし彼らが真
の知恵をもつのでなければ，彼らには懲罰への恐れと将来
の報酬への期待が，彼らを正しくあるよう仕向けるために
必要である。たしかに病は不節制にならないように戒める
だろうが，ライプニッツは「しかし，不節制は初めから万
人に害をもたらす訳ではないのだから，いかなる罪にも懲
罰なしに，いかなる善行にも報酬なしには済ませない神が
もしいないとしたら，人が不可避的にそうすべく義務づけ
られるような教えはほとんどないことを私は認める」[89]と
記している。

　現世だけの善に制限された倫理は「きわめて不完全」で
あり，もしも魂の不死性がなければ「神学は，摂理をもた
ないエピクロス派の神々と同様，人間たちを義務づける力
をもたない」，そして「実践的無神論に対して何の価値も
ない」[90]と主張することによって，ライプニッツは，われ
われに道徳を教え，その諸原理を示すのは宗教の役目であ
る（宗教は道徳の諸原理を確認するだけである），と言お
うとしているのではない。そうではなく，宗教は道徳の諸

88）「良心の呵責」（conscientiae stimulus）（A Ⅵ, 4-C, 2779）。

89）NE I, 2, §12, A Ⅵ, 6, 96〔K I, 4, 90〕.

90）ビアリング宛（GP Ⅶ, 511）。

8.3. 倫理の相対的自律と宗教の役割　485

原理を，それらにあの世にいたるまで制裁を付与すること
によって，義務づけと命令へ移すために必要なのである。
道徳の概念，真理，そして格率は普遍的なものであり，す
べての精神にとって一義的であり到達可能である，という
ことに注意喚起しよう。神と来世についての考察を除けば
倫理は空虚で破壊されている，というのではない。倫理は
つねに価値があるが，（完成した賢者の場合以外では）十分
な力や道徳的必然性のないリスクもある。さらにいかなる
点において倫理は「きわめて不完全」であるのか？　それ
は，その力の使用には大きな限界があり，それは，より高
度な考察であっても倫理を最高の観点に高めることはな
く，より広大な使用の野を倫理に開き示すこともないほど
である，という点においてなのである。

　　なぜなら［…］もし摂理も来世もないとすれば，賢者
　　は徳の実践においてもっと制限されることになるから
　　であり，また，彼はいっさいを現在の満足にしか結び
　　つけないだろう。そしてソクラテス，マルクス〔・ア
　　ウレリウス・アントニヌス〕帝，エピクテトスや他の
　　古代の人々にすでに現れていたこの満足ですら，宇宙
　　の秩序と調和がわれわれに限りない未来にいたるまで
　　開示するところの，これらの美しい偉大な展望がなけ
　　れば，これほどまでにつねに基礎づけられることはな
　　かったであろう。[91]

　ライプニッツは異教徒たちの徳の真正さを否定はしな
い。異教徒に悪徳と傲慢だけを見ていた聖アウグスティヌ
スとは反対に，ライプニッツは，人はキリスト教徒でなく
とも実際に有徳的でありうるし，原罪は，神の恩寵によっ

---

　91)　NE IV, 8, §9, A VI, 6, 432〔K I, 5, 227〕.

486　第Ⅳ部／第8章　無神論者は有徳でありうるか？

て再生されない人間を，「真なる道徳の徳」と，「いかなる
悪い意図もなく，また現実の罪の混入もなしに[92]善き原理
からくるところの市民生活における善行」とが不可能であ
る地点にまで意志を堕落させたのではなかった，と考える
のである。ここでライプニッツはベールよりもずっと先へ
行っているように思われる。ストア派たちの品行を非常に
称賛しながらも，ベールはおそらく正統派を尊重するとい
う慎慮と気遣いによって，真正の（そして単に見かけでは
なく）善き振る舞いに外的に一致するような徳は，恩寵の
助けを想定し，ゆえに唯一キリスト教徒に固有なものにと
どまると主張する[93]。再生されない者たちの「善行」はし
たがって損得と虚栄心によってのみ成し遂げられるであろ
う［…］。ライプニッツは，異教徒の行為は，たしかに徳
および公共善への愛によって，正義の理由からの刺戟のも
と，神のためという見地によってさえ，いかなる野心の悪
しき意図も，個人的な利害も，あるいは肉の感情も混入さ
せずに，おおいに鼓吹されることができる，と自ら宣言す
る[94]。誠実さは，それが正直な生がもたらす報酬以外には
報酬を待ち望むことなしに，それが彼らに活動させるなら
ば，また，もし彼らが正直な生による労苦とは別の労苦に
よって悪しき行為をするなら[95]，それだけ一層称賛される

---

92)　Th Préface, GP VI, 46〔K I, 6, 39〕; Th §259〔K I, 7, 25f.〕.

93)　CPD, §153, in OD III, p. 412a；『学芸共和国通信』1685年6
月，記事4, in OD I, p. 308a–b.

94)　Th-CD §95, GP VI, 453〔K I, 7, 278〕（強調ラトー）。こうし
た行為だけでは彼〔異教徒〕の救済をなすにはもちろん十分でない。
神学面と道徳面の区別はじっさい維持されている。〔すなわち〕徳は
救済をなさないということ，しかし（復活せざる者の）精神の死は悪
徳をなすわけではないということを，同時に主張することをこの区別
は可能にするのである。

95)　もし彼らの徳の誓いがただの虚勢でないなら（コンリング
宛1670年1月23日付）。

8.3. 倫理の相対的自律と宗教の役割   487

のであり功績あるものであると考えることによって，ライ
プニッツはとりわけ或るストア派の人々の誠実さ[96]を称賛
する。彼は，プラトンとエピクテトス（彼らはここではそ
れをアリストテレスについて言っている）がそれについて
語っている「この崇高な徳」は，「キリスト教徒の完成に
ほとんど近づいている」と評価しているのである[97]。

　諸々のテクストや文脈にしたがって，ライプニッツは徳
についてのこの古代的理想とキリスト教との隔たりを強調
し，あるいは逆に，隔たりを単なる程度の違いとして緩和
する。一方では，ストア派の知恵は「必然性から徳」を
行なえとのみ教え，必然性を諦観して受容することのう
ちに成り立つことによって，憂慮と涙を無益[98]なものとす
る「忍耐の技法」に還元される。ストア的運命がそこへ導
くところの，精神のこの静寂は諸々の出来事に直面するの
であり，それはキリスト教的運命が抱かせる真の満足では
ない。すなわち，「最大の一般的善のためのみならず，さ
らに，神を愛する人々の最大の個別的善のために」[99]，賢明
で善なる神が宇宙を統率しつねに最善を為すという不可謬
の確信に基づけられた，諸事物の秩序へのこの全面的で喜
ばしい同意[100]ではない。〔それは〕忍耐よりも喜び，たん
なる静寂よりも満足であり，善を欲する摂理なのであっ
て，純粋な必然性ではない。これが，「真の道徳」をスト
ア派やエピクロス派のそれとは根本的に区別するものであ
る[101]。

　96）　ブラッキウス宛 1678 年 2 月 14 日付（A II, 1, 593）。

　97）　A VI, 4-A, 481.

　98）　A VI, 4-B, 1482；A II, 1, 777；Th Préface, GP VI, 30〔K I, 6,
19〕.

　99）　DM §4〔K I, 8, 147f.〕.

　100）　クラーク宛第五書，1716 年 8 月付第 13 節（GP VII, 391）
〔K I, 9, 336f.〕.

　101）　Th §254〔GP VI, 267f.〕〔K I, 7, 21〕.

488 第Ⅳ部／第8章 無神論者は有徳でありうるか？

　しかし，別の諸節はキリスト教との差異を減じている。ライプニッツは，ストア派たちは，厳密な意味での彼らの必然性を全く排除して行動の決定を認めたゆえに，神を世界霊魂[102]として概念することで間違っており，「人が思うほど必然性には賛成でなかった」[103]にもかかわらず，宇宙の善を欲するような神を考えていたのだということを知っている。それどころか，彼らは神のこの〔宇宙〕統率や魂の不死を信じるだけでなく，「神を愛するかまたは徳を陶冶する人々に神は最大の至福を用意する[104]こと」まで信じるようになっていたと思われる。

　プラトン〔の対話篇〕はもっと明らかにそして明示的に述べている：

　　　それはわれわれに善き理性による最善の生を望むようにさせ，最もキリスト教に接近するので，魂の不死やソクラテスの死についての［この］卓越した対話篇を読めば，それらについての高尚な観念を懐くには十分である。[105]

　ライプニッツがそれ以上に進んで[106]，古代の賢者を真正な聖人にはできなかったことは明らかである。しかしながら，「キリスト教的な完成」との〔古代の賢者の〕近さは，啓示の──少なくとも理論的な──範囲を最小化し，成就

────────────

102)　Th §217〔K I, 6, 323〕.

103)　『弁神論』索引，項目「ストア主義者」（GP VI, 374）；Th §331〔K I, 7, 85〕.

104)　A VI, 4-A, 485.

105)　A II, 1, 777f.〔ライプニッツ差出・宛名不明書簡，1679年〕（『パイドン』のこと）。

106)　「とはいえ，神を知らずとも敬虔に生きることができる，ということは奇妙な教説である」（ヴェスィエール・ラ・クローズ宛 1706年12月2日付，Dutens V, 484）。

8.3. 倫理の相対的自律と宗教の役割　　489

された自然的道徳を, 正しい理性という唯一の力によって構築する可能性を示すのである。

理性の使用は, じっさい, （われわれが神についてもつ概念およびその諸帰結を考察することによって[107]）神の認識に導き, 神を世界の作者として確認し, 神の諸完全性を称賛し, 自分の意志を神の意志（高潔な仕方で活動する者）に一致すべく導くには十分である。

それが, イエス・キリストが「教えとして広め［…］公共的ドグマの権威を与えることに成功した」ところの「自然宗教」である。その使命は, ひとえに多くの哲学者が為そうとして徒労に終わったものを成就することだった。そしてキリスト教徒たちはついにはローマ帝国において優位に立ち［…］賢者の宗教は民衆のそれになったのだ[108]。キリストによって演じられた役割とは,「どんなに粗野な精神にも」[109]明らかで達成可能なやり方によって, 理性のこうした崇高な教えを表現できる説教師のそれであり, それらの教えに神の法とドグマとがもつ力を与える律法学者のそれである。イエスの教化活動は, たんなる言語を超えて, 天の王国, 神が被造物にもたらす愛, 神が神を愛する人々に与える至福に言及する, そして比喩に富み感覚にわかりやすい仕方で（とりわけ喩え話によって）われわれの主要な義務を想起させる。しかしそれらの義務は, 理性が教えるそれであって, それ以外のものではない。このように, 敵にまで広がる普遍的な愛は, キリストの教えという

107）　DM §1〔K I, 8, 143f.〕.

108）　Th Préface（GP VI, 26f.）〔K I, 6, 14〕.

109）　DM §37〔K I, 8, 210f.〕. テクストの最終項においてキリストの権威に言及するというのは, 先行する「重要な諸真理」を確認しかつ強固にする仕方であり, また真理は権威とは無関係に確立されたということを表す仕方でもある。

490   第Ⅳ部／第8章　無神論者は有徳でありうるか？

よりも，至高の理性の教えなのである[110]。

8.4.　有徳な無神論者の可能性，
そして真と善のあいだの区別

　ストア派やプラトンの道徳に比べてキリスト教道徳の優
位は，それゆえ，それが教える諸原理の内容によるのでは
なく，それらの諸原理の採る法的な形式，すなわち，それ
らに神の担保と，将来の永遠において期待される報酬およ
び恐れられる労苦の表象とが与える力による。その力の起
源は完全に理性的なものであるがゆえに[111]，倫理は，理性
がつねに遵守されているわけではない哲学の他の諸部分か
らと同様，啓示宗教から独立している。古代の人々の例が
描いているように，説かれた道徳は，悪しき神学や誤った
形而上学と比べられはしても，卓越したものでありうる，
ただし間違っているかもしれない自然学や論理について語
るのでないならば。それは，もし神や魂の不死や来世への
完全な言及がなければ，善きものですらありえないのであ
ろうか？　ライプニッツは次のことを認めている。「現世
の真の幸福そのものについての考慮があれば，そこでは義
務は（人が将来の生を想う場合ほど）[112]決定的ではないに
もかかわらず，幸福から遠ざかる欲望よりも徳を選好する
には十分であろう」。それゆえ，もし死後に何も望むもの
がないなら，食べて飲もう，明日死ぬのだから[113]という

---

　110)　A Ⅵ, 4-A, 373.

　111)　それは，格率の把握と適用とにおいて本能が主要な役割を
演じることを妨げない。「ライプニッツにおける道徳の地位 […]」〔本
書第7章〕を参照。

　112)　NE Ⅱ, 21, §54 (A Ⅵ, 6, 200)〔K Ⅰ, 4, 236〕.

　113)　「イザヤ書」22:13。

8.4. 有徳な無神論者の可能性　　　491

格率を自分のそれにしなければならない，と主張するのは
誤りである。なぜなら，その場合でさえ，理性的な生は，
魂の平静を確保し身体の健康を維持するのであり，依然と
してより好ましいからである[114]。したがって，有徳的で，
「気質，習慣，あるいは幸せな先入主によって道徳的に善
き人間」であることができない人は無神論者でさえないの
である[115]。

　しかし，神と魂の不死とについての考察がなければ，
「最も正直な者はまた最も有用な者であることを論証する
手段がない場合」[116]には，慎慮のあるエピクロス派や善
き人たる無神論者の徳は，諸々の限界やより高尚に言及さ
れた例外に突き当たるであろう。なぜなら〔その場合に〕
彼らは完全な徳にしたがって行なうための動機を欠くであ
ろうから。もしわれわれは恐れなしには神を尊敬できない
のなら，もしわれわれがその前で釈明せねばならないが，
騙すことはできない神が存在しないのなら，いかにして，
例えば神の約束を守らねばならないということを証明する

---

　114)　NE II, 21, §55（A VI, 6, 201）〔K I, 4, 237〕および §70（p.
208）〔K I, 4, 247f.〕．『正義の共通概念についての省察』（Mollat p.61）
〔K II, 2, 160〕：「最大の快を徳において，最大の悪を罪において，つ
まり意志の完全性または不完全性において見出すような精神のこうし
た落ち着きは，たとえ来世で得られるものが何もないとしても，現世
で人間が受容しうる最大の善である，と言うことができる」。

　115)　ヴェスィエール・ラ・クローズ宛 1706 年 12 月 2 日付
（Dutens V, 484）

　116)　NE II, 21, §55（A VI, 6, 201）〔K I, 4, 237〕．コスト宛 1712
年 5 月 30 日付に付け加えられた『[シャフツベリの] 三作品に関する
注記』（GP III, 429）：「神性から独立した一定程度の善き道徳が存す
るが，神の摂理と魂の不死性についての考察は，道徳をその頂点に至
らせ，賢者にあって道徳の特質はすっかり実現され，誠実さは例外も
言い逃れもなく有益と同視されるようにする，と人は言うことができ
る」。

492　第Ⅳ部／第8章　無神論者は有徳でありうるか？

のか[117]？　そのような場合ですら，もしも正義に従うこと
が彼らにとって最大の快であるなら，彼らが正しく行為
することは不可能ではない。〔しかし〕じっさいのところ，
無神論者は完全な善人ではありえないだろう。

　　この大きな点を達成しないかぎり，すなわち徳のうち
　　に快を，悪徳のうちに醜さを見出さないかぎり，これ
　　らは現世での他のどんな快や不快をも上回るが，きわ
　　めて稀できわめて難しいように思われる。〔これに対
　　して〕幸福な教育，対話，省察，衡平な実践が人をそ
　　れ〔完全な善人〕に導くことは全く不可能ではないが，
　　しかし信仰をもてば人はいつでもより容易にそれに到
　　達するだろう。[118]

　いろいろな条件を再統一するのは〔たしかに〕困難であ
る。なぜなら，徳の快が，最も生き生きとした快に徳をも
たらし，また最も辛い苦痛が，希望そして恐怖に徳をもた
らすのに十分大きなものであるということは稀だからであ
る[119]。「自然の偉人，あるいは強固な徳」[120]，「並外れた精神
の状況」[121]，きわめて好都合な状況が必要なのかもしれな
い。しかしながら普遍的正義を模範的に実践することは不

---

　117)　この例が，バナージュ・ド・ボーヴァル宛書簡（日付な
し）（*Exposition de la doctrine de Leibnitz sur la religion*, publiée par M.
Emery, 1819, p. 400）に見出される。
　118)　ヴェスィエール・ラ・クローズ宛 1706 年 12 月 2 日付
（Dutens V, 484）。
　119)　『人間を認識する術に関する考察』（*Réflexions sur l'Art de
connaître les hommes*, FC (L), p. 141–142）。また『国際法史料集成』
「序文」，Klopp VI, 472–473〔K II, 2, 363f.〕。
　120)　『人間を認識する術に関する考察』（FC (L), p. 142）。
　121)　ヴェスィエール・ラ・クローズ宛 1706 年 12 月 2 日付
（Dutens V, 484）。

8.4. 有徳な無神論者の可能性

可能ではない，無神論者にあっても。

　非キリスト教徒にも真正な徳があると認めることは，
——それがいかに例外的なものであろうと——善と真の分
離が可能であることを証明し，倫理の圏域の自律を確立す
る。〔しかしだからといって〕そのことは意見や信念が実
践に対していささかも（または殆ど）影響をもたないと，
ベールが主張するように，言おうとするものではなく，た
だ次のことを言おうとする。すなわち，善き道徳原理が哲
学や神学の悪しき教説と緊密に結びついていることがあり
うる——その逆，すなわち，真なる教説が悪しき道徳に導
きうることは不可能と思われる——ということである[122]。
ゆえに理論は虚偽で，不条理で，不敬虔（無神論）であり
うるし，実践は正しく，善く，称賛されうるものですらあ
る。徳による愛，すなわち善を成すことで得られる快は，
善に伴う快が神，摂理，来世について何らの認識ももたな
いときには，じっさい道徳的行為の十分な原理である。そ
れ〔徳による愛〕は十分である，なぜなら，それは，それ
がいかなる宗教からも引き出されず，いかなる神学にも基
づかず，またいかなる形而上学にも支えられずとも，完全
な道徳性なのだから。

　賢者は，正しい理性に従って行為するために，来たる報
酬と懲罰を思い描く必要のある非‑賢者とは異なり，賢者
であるために神を必要とはしない，ということなのだろう
か？　宗教は，死後の賞罰という動機を必要としない者に

---

　122)　真だけがそこから生じうるような真とは異なり，それに
よれば偽から偽と同様に真も帰結しうるところの原理に一致して。こ
れは，善き原理の採用が実効的な徳を確実に含意し保証するとは意味
しないということに注意しよう。というのも，情念や習慣はそれ〔実
効的な徳〕に抵抗し，それを妨害することがあるからである。私〔ラ
トー〕の結論における，ライプニッツとベールの不一致の第三の点に
ついての検討を参照（本書 502 頁）。

494　第Ⅳ部／第8章　無神論者は有徳でありうるか？

おいては，誠実さに何も付け加えない。というのも，徳の
行使が賢者にもたらす快は，賢者にとって唯一つの真の報
酬なのだから[123]。徳は徳そのもののために愛されるのであ
り，したがってひとは，（自らの善からまったく切り離され
た愛を要求したフェヌロンを正しいとはせず）次のように言
うことができる。すなわち，「その特性が正義に向けられて
いる人々は，彼らが恐れるべき懲罰も，期待すべき報酬も
もたないときに正義を遵守するだろう，またそれら〔懲罰
や報酬〕がけっして明らかにされていないときに〔正義を〕
裏切ろうとはしないだろう」[124]。個人の利益は否定されて
いない，むしろ反対である。なぜなら，正義を実践する快
こそが徳の理由にして目的だからである。どれほど犠牲を
払ってでも道徳法則に従う，というのはそれゆえ重要では
ない。むしろ，道徳法則に従わなければ高くつく（不快）
のである。すなわち，罰は外的な賞罰からではなく，悪い
行ないをしたことの意識からくるだろう。ゆえに完全な賢
者とは神のよう〔な存在〕である。つまり彼は，それを前
にして自らの行為の責任をとり，また不正を犯しても罰を
受けずにすむことも「できてしまうような」上位者をもた
ないにもかかわらず，知恵の永遠な諸規則に自らを決して
間違わずに一致させるところの神を模倣するのである。賢
者に恩恵を施し，賢者を脅迫し，賢者に報酬を希望させる
必要はない。賢者が正義に従うのは，自分自身からであ
り，自発的で自然な傾向による。この必然性がライプニッ
ツが「幸福な〔必然性〕」と呼ぶものである。賢人にあっ
ては，命令，規則，教えは不要である[125]。

---

　123)　A Ⅵ, 4-C, 2779f.
　124)　選帝侯妃ゾフィー宛（日付なし）（Klopp Ⅸ, 422）。
　125)　「テモテへの手紙一」1:9 が示すように。『正義の原理につ
いての所見』第 15 節（*Observationes de principio juris*, Dutens Ⅳ, 3,
274）および『意見』第 4 節（*Monita* [⋯], Dutens Ⅳ, 3, 280）。

8.4. 有徳な無神論者の可能性 495

　倫理の観点からすれば，たしかに，尋常ならざる性質を
賦与され，次のような状況のうちへ，すなわち，徳によっ
てそのような人間においてかくも定着した習慣をつくり，
その習慣が罪をじっさい不可能にする（絶対的または論理
的ではなく道徳的・な・不可能性にしたがって[126]）という状況
のうちへ置かれ高められた人間にあっては，信心がなくと
も誠実さだけで十分であろう。そのような誠実さで十分で
あるのは，それが，「真なる信心」でないとすれば，〔むし
ろ〕実践的で自然的と呼びうるような信心であり，これこ
そが，何よりも正義を愛するときに，彼を，すなわち正義
の源泉であり目的である神を知ることなしに，漠然と正義
を愛する人のもつ信心であるだろう[127]。真正なキリスト教
徒との違いは徳ではなく，諸観念の認識，明晰さ，区別に
おけるものであろう。というのも，完全な信心／敬虔は，
神とその諸完全性について照らされた愛のうちに存するか
らである[128]。しかし慈愛は，何らかの仕方で，光の不足を
補うようになるのであり，絶対的信仰（foi implicite）は明
示的信仰（foi explicite）を代替する（もちろん等しいもの
にするのではないが）[129]。非キリスト教徒の賢者はゆえに
大罪の状況にはない。彼は啓示を無視するが（それはもし
彼がそれを知るために何も惜しまなければ赦される），完

　126）　つねに遠隔能力によってなしうるとはいえ，選ばれた者た
ちや善き天使たちは罪を犯すことがもはやできないのだから（Th §282
〔K I, 7, 44f.〕）。

　127）　『哲学者の告白』で描かれているような，世界の秩序に不
満をいだくゆえに，神をひそかに憎む無神論者とは違う。本書 464 頁
を参照。

　128）　Th Préface, GP VI, 27〔K I, 6, 16〕.

　129）　「彼〔ギルバート・バーネット〕は，ひとはイエス・キリ
ストによってのみ救われることができるが，しかしイエス・キリスト
についてのはっきりとした認識が必要であるかは確かではない，と言
う」（Grua 456）；NE IV, 18（A VI, 6, 500–502）〔K I, 5, 318–326〕.

496 第Ⅳ部／第8章 無神論者は有徳でありうるか？

全な自由（latitude）において自然法則を認識し従う人と同
様である，あるいは，善き信仰を持って悪意なしに，誤っ
た神学に固執するところの，形の上ではなく実質的な異教
徒に似ている[130]。異端者は善き信条を悪意なく信じて誤っ
た神学に肩入れするのである[131]。これらの二つの場合にお
いて，何ものも（つねに必要な条件としての）神の恩寵に
よる救済を妨げない，なぜなら，ペラギウス派に転向する
ことではなく，神は非キリスト教徒の賢者に彼に欠けてい
るイエス・キリストについての知を，必要なら奇蹟によっ
て与えるだろう，と考えることが重要だからである，とラ
イプニッツは見ている[132]。これが，アルノーが「かくも多
くの異端者たち」や，ひとたびその言葉が世界に広がった
イエス・キリストを知ることをしなかった者たちをすぐに
弾劾するのをライプニッツが非難する理由である[133]。

────────────

130)　啓示を認識するための努力はなおざりにされるべきではな
い。さもなければ，とくにスピノザが主張するように，宗教はたんな
る道徳に帰着してしまう（ヨハン＝フリートリヒ公宛1677年，A II,
1, 469）。

131)　ポール・ペリッソン＝フォンタニエ宛1690年10月末（A
I, 6, 117–119；Grua 211）およびベラモン伯爵夫人宛1703年7月付
（Grua 216；Grua 741）。

132)　『ポリアンデルとテオフィルの対話』（*Dialogue entre
Poliandre et Theophile*, A VI, 4-C, 2221）：「異教徒の救済というその問
題は私にはあまりに高度である。しかし私は少数の博学で敬虔な神学
者の考えをよく理解している。彼らは神を真摯に探究するすべての
人々に，イエス・キリストについて知るべきことを内的な仕方で示し
さえすることによって，神はそうした人々に少なくとも死に関する箇
条を明らかにするだろうと考えている。自分の肩にかかっていること
を行なう人々に対する恩寵を神は拒みはしない，というこの反論され
ざる規則によるならば」。Th §98〔K I, 6, 196f.〕も参照。

133)　「この世界に福音が伝えられた後，イエス・キリストを知
らなかったすべての人々は生きる術もなく見捨てられるのだと私に
は考えられない。それを不当と思わずには誰もいられないだろう」（エ
ルンスト・フォン・ヘッセン＝ラインフェルス方伯宛1690年9月14

8.4. 有徳な無神論者の可能性 497

　無神論者の場合は，もし無神論者が，実際にそして誠実に有徳的でありながら，神の観念を（単に無視する代わりに）それと承知の上で明示的に拒否するのであれば，明らかによりデリケートである。テクストを読む限り，二つの答えが予想されうる。

1.　第一の答えは，ライプニッツにとって，思弁による真の無神論は事実上も権利上もおそらく存在しないというものである。事実上というのは，無神論者たちのユートピア（nusquamia atheorum）[134]を話題にすることによって，ライプニッツは，神のいない[135]いかなる国家もないと主張する（ファブリキウスのような）人々のテーゼを，無神論の民衆や人物の紛れもない存在は，彼らが「至高の実体」をまったく思惟しなかったことだけを証明するのであって，神の観念が内在的でないということではなかったと主張するよりも以前に認めているように見えるからである[136]。権利上というのは，無神論は理論的に支持できない立場だからであり，厳密な意味で不条理だからである。じっさい，「何らかのものが存在する

日付，A II, 2, 340–341）。たとえ啓示を無視してはならないとしても，誰かがそれを知らないか，あるいは「信ずるに足るような仕方で理解してはいない」場合でも，「その無知によって悲惨になることはありえず，また自然宗教は，それが実践されるならば，悲惨を避けるのに十分でなければならない」（バーネット宛 1707 年 12 月 29 日付，GP III, 314）。にもかかわらずライプニッツは，哲学的な罪と神学的罪の区別を拒否するのである（Grua 235–240 も参照）。

　　134)　グレヴィウス宛 1670 年 4 月 16 日付（A II, 1, 59）。
　　135)　シュピッツェル宛 1670 年 2 月 20 日付（A II, 1, 55）。
　　136)　A VI, 6, 11；NE I, 3, §8（A VI, 6, 103）〔K I, 4, 103〕. J. L. ファブリキウスは『無神論の誹謗に対する人類の弁護人　』（*Apologeticus pro genere humano contra calumniam atheismi*），Heidelberg, 1682 の著者。

498   第Ⅳ部／第8章　無神論者は有徳でありうるか？

と考える者は，神，すなわち諸事物の理由が存在す
ると考える。存在するとは理由をもつということに
他ならない」[137]。神がいないということを支持する
者は，彼自身に矛盾している。狂気による告発は，
〔無神論という〕この語で別のものを解すべきでな
い限り，根底的に無神論に結びついているのだ。す
なわち，諸事物の理由の否定ではなく，世界を統率
する賢明で力強い神，死後の報酬と罰を免れている
神のその否定である。これらは魂の不死の拒否をも
たらす[138]。以上が，ライプニッツが〔無神論という
語に〕認め，ヴァニーニやスピノザを無神論者と規
定するときに用いる唯一の意味である[139]。

2.　第二の答えは次のようなものである。すなわち，も
し無神論者が存在し――そして無神論者は，ライプ
ニッツにとって，上に明らかになった意味で解され
たときにのみ存在しうるのだが――，そして有徳的
であるなら，その無神論者は自己自身と完全には一
致していない。彼は，彼に普遍的正義を発見し愛し
実践するようにさせる彼の理性の自然的使用が，彼
を，それの充実した完全な適用を保障されて，間違
いなく彼の起源について反省し，その根底において
無限に善で賢明な至高の存在者の存在を結論するよ
うにもたらさねばならないことを考慮するなら，い

───────────

137)　『自然法の諸要素』（A Ⅵ, 1, 452）。
138)　この二つの項目（神の現実存在と魂の不死性）はつねに結
びついている。Grua 740f.：「無神論者とは，賢明で力ある支配者が，
死後に善人には報酬を，悪人には懲罰を確定するとは認めない者であ
る。それゆえ，魂の不死を否定する者が無神論者である」。
139)　エルンスト・フォン・ヘッセン＝ラインフェルス方伯宛
1683年8月14日付（A Ⅱ, 1, 843f.）。

わば途中で止まっている。彼の場合は，先述の二つの場合，すなわちキリスト教的啓示についての無知という場合と，実質的な異教という場合と最終的に異なりはしないだろう。そこに欠けているものはなおも理論にあるのであって，実践ではない，また知性のうちにあって意志のうちにはなく，光の欠損からくるのであって慈愛の欠如からくるのではないだろう。

8.5. 結論

実践面では，有徳な無神論者は非難されることはできず，キリスト教徒の信心から区別される点は何もない。無神論者は，ライプニッツにとって，その立場は理論面では矛盾でないにしてもとにかく不整合的であるにもかかわらず，例外的だがしかし可能であるような場合を代表する。おそらくそこに或る人たちは，常軌を逸した信仰の表明をつねに見ようとするような，無神論への執拗で敵意にみちたこうした偏見の痕跡を認めるだろう——ベールその人は速断された信仰から逃れるであろう。むしろ重要なのは，諸々の先入見から自由になり，有徳的な無神論者というテーゼの帰結を導き出すことである。ライプニッツは，法とあらゆる真理との神的起源と，神の存在（および魂の不死）を措定せずに道徳的で幾何学者である可能性とを同時に主張する。それは，神学への倫理の依存ということが，学全体のそれ〔すなわち神学への依存〕と同様，厳密なものではないからであり，［倫理に］或る自律が認められているからである。もし道徳が（幾何学のように）それの諸規則の究極の基礎としての神的知性を想定することが，理論的水準では真であっても，そうした基礎は徳のために

（また真理のために）先入見がなくても無視されうるのであり、それは、異教徒や、善き人たる無神論者（あるいは数学者）によって事実無視されている。またもし神の存在が正義の完全な実施や、誠実と有用の一致を保障するために必要であるということが、実践的水準で真であっても、完全な賢者は、善く行なうためにこの全知全能の審判を考慮する必要を最終的には感じないのである。宗教に関しては、それが（すでに理性によって備えられた）諸々の倫理的格率の内容そのものに何も加えないとしても、その寄与はそれらの格率にドグマの権威と力を与え、そしてそれらの格率を単純な言葉によって、万人に理解可能な形式のもとに教える、ということに存する。

彼らの一致する点——無神論者は有徳的でありうる——の他に、〔それでは〕ライプニッツとベールを決定的に分けているものは何か？ この二人の著者は、無神論への彼らのアプローチや、彼らの異なった道徳概念および人間学によって互いに区別される。ライプニッツは、厳密な意味での思弁による無神論の存在を疑問視するが、無神論の存在をベールは歴史上の諸例に立脚することによって承認し、部分的には完全な哲学的立場というステイタスを無神論に付与することに同意するのである。ベールは道徳の定義から利害を遠ざける、そしてわれわれを導く可感的な諸動機を行為自体になされた評価（〔行為が〕理性と一致しているか否か）から分離する。これに対してライプニッツは、人は、その善が他によって代償される確実性がともなわないかぎり、けっして自分の善に反して行なわないと見て、徳から有用をけっして切り離さない。厳格主義[140]と功利主義の対立？ ここで対立〔という言い方〕は単純化

---

140) これはエリザベス・ラブルースの語である（Elisabeth Labrousse, *Pierre Bayle. Hétérodoxie et rigorisme*）。

8.5. 結論　501

し過ぎである，というのも，ベールにとって道徳法則の尊敬は，賢人において，誠実な行為を成就する快を伴い，徳はそれとともに報酬（道徳と幸福を融和するもの）をもたらすのであるから[141]，またライプニッツにとって，利害のもつ利己的で狭小な性格が，ひとたびそれが公共の利益と同一視されるや，あるいは同じことだが，ひとたび他人の善が自分の善に帰着するや取り除かれるからである[142]。

　最後に，人間，および意見と振る舞いについての両者の概念が向かい合う。ベールは，ここでは正統の信仰に忠実に，人間は原罪で腐敗しているため，恩寵の救いがなければ，本性的につまり自分自身では，完成した徳をけっして達成することはできないというその考えに帰順する。これに対してライプニッツは，われわれの本性の堕落は，救われざる者においてさえ，完全に純粋で理性的な諸動機に従った道徳の実践を不可能にするようなものではないと見る。彼は，同様に，採用された行為格率と犯された行為とのあいだにロッテルダムの哲学者〔ベール〕によって導入されたこの断絶に異議を唱える――こうした格率と行為は両者においてしばしば対立しているのだが。〔ライプニッツによれば，〕人が考え，思い，表明しさえしたことと，事実に行なったこととのこのギャップは，人間は彼らの信念や諸原則が彼らに影響したはずの動機とは別の動機によって行為するということを証明するのではなく，彼らの信念や諸原則があまりにも弱いため，対抗するもっと強い

---

141)　RQP III, 29, in OD III, p. 986b; CPD §153, in OD III, p. 412b–413a.

142)　有益なものについてのこの「弁証法」については，前述の〔本書第 6 章〕「愛――同一性と表出」を参照。処罰的正義（justice vindicative）の概念（Th §73–74〔K I, 6, 174–176〕）はライプニッツ的道徳のたんなる功利的主義的な解釈とは相容れない，ということを付言しておこう。

502 第Ⅳ部／第8章 無神論者は有徳でありうるか？

情念，傾向，習慣に直面してしまうということを証明する
のである。もちろんライプニッツは，本性，性格，教育，
慣習がわれわれの行動においてはたす原初的な役割を認め
てはいる。しかし彼は，修練，実行，そして長期の自己努
力によって，「人は気質までも変わることができる」ほど，
新しい習慣が創られ，別の性質が与えられることができ
る，と主張するのである[143]。

　悪しき教説と不道徳な実践のあいだに（そして善き教説
と善き実践のあいだに）通常設けられる帰結関係に異議を
唱えるベールは，宗教的および世俗的な寛容を支持する決
定的な論点を提起している。〔これに対して〕意見や信念
が人間の行為に及ぼす影響を認知するライプニッツは，た
だ誤っているだけでなく，さらに時として社会と救いに有
害な教説が十分にあるという事実を認める。ゆえに〔その
ような教説は〕検閲の正当な対象である。罪に誘うような
意見はこれを禁止する必要があるだろし，その著者がそれ
を教えたり広めたりするのを妨げる必要があるだろう[144]
ということは明白である。しかし無神論はそのような犯罪
的な意見に伍する訳ではない。にもかかわらずライプニッ
ツは，若い時の或る手紙のなかで，無神論を，放擲されね
ばならず，そして「普遍的なアナーキーや人間社会の転
覆」に劣らずおおいに怖れられねばならない「怪獣」と
して描いていたのではないか[145]？　彼にとって無神論は異論
の余地なくひとつの危険をあらわしている。たしかに，エ
ピクロスやスピノザのような人は「まったく模範的な生活
を送った」。だが有徳的な無神論者というのは稀なケース
にとどまるのであって，摂理も魂の不死も（それゆえ死後

───────────────
　143)　選帝侯妃ゾフィー宛 1706 年 2 月 6 日付（GP VII, 569）.
　144)　そこで言われているのは，見解の非難であって，人格の非
難ではない（NE IV, 16, §4: A VI, 6, 461–463）〔K I, 5, 267–270〕.
　145)　シュピッツェル宛 1670 年 2 月 20 日付（A II, 1, 55）.

8.5. 結論 503

の賞罰へのいかなる恐れも）ないとするような意見は，弟子や模倣者たちに，悪徳，放縦，腐敗，騒乱を引き起こしうる[146]。そのような教説に対する戦いは必要である […]，しかしその戦いはそのような教説を黙認（tolérer）することを妨げない。なぜなら肝要なのは，それを禁じることでも，その信奉者を迫害することでもなく，それが間違っていると彼らに示すことだからである。ライプニッツ的寛容（tolérance）は〔以下の〕二つの主要な論点に基づいている：

1. 実践の観点においては，真なる教説は，善い諸原理をもっていても，徳の行使を保障するには十分でなく，それは誤った教説が必ずしも悪徳を産み出す訳ではないのと同様である。このことは，非キリスト教徒の徳や，本性的で善き傾向の善が，誤りから時に生じうる悪い結果に対して免疫力を付けた人々のもつ徳とが示しているとおりである。

2. 誰かを罰することができるのは，ただその人が為したことに対してのみであって，その人が考え表明することは理由にはけっしてならない。なぜならそれは自然法に反するからである。さらに，もし或る行為が，その行為者によって，良心が命じたところに一致して為されたのなら，人は身体的罰によって罰せられることはできない。もう一度くり返すが，その行為が犯罪でない限りは[147]。

---

146) NE IV, 16, §4 （A VI, 6, 462）〔K I, 5, 268〕.

147) エルンスト・フォン・ヘッセン＝ラインフェルス方伯宛 1683 年 8 月 14 日付（A II, 1, 843）。しかしながらライプニッツは，「［…］真理と信じることを言うべきであるという自然法」（ibid., 844）を思い起こさせて信奉者を作ろうとする無神論者たちの場合には，自分の意見をすっかり表明することを躊躇し，結局は拒否する。

504 第Ⅳ部／第8章 無神論者は有徳でありうるか？

　迫害は，たんに不正で，自然法に反するというだけでは
なく，また無益で不条理でもある。なぜなら，迫害は，た
とえ被迫害者が耐え忍ぶことを受け入れたとしても，〔本
来〕要求されることのできないものを要求するからであ
る。〔つまり〕被迫害者は，人間は自分が信じていること
の，欲していることの，考えていることの主人であるかの
ように想定するのである。しかるに，意志が，意志の権能
のうちにはないのと同様（私は意志することを意志するこ
とはできない，そのことをあらかじめ意志するのでない限
り），知性は知性が欲する観念を自らに与えることができ
ないのである[148]。私は無理やり信じることも，(少なくとも
直接に) 自分の努力によって信じることも，まして他者か
らの強制によって信じることもできない。教説や信条につ
いての寛容は，ゆえに，権利と同様に事実にも基づいてい
るのである。私の反対者の，正統的キリスト教徒であれ異
教徒であれ，その権利と自由を保障することによって，寛
容はまた私を，彼に対して，また私の永遠の救済を口実に
「公正の法則を犯す」[149]すべての人々に対して護るのであ
る。

---

　　148)　NE II, 21, §22–23（A VI, 6, 182）〔K I, 4, 210〕；Th §51〔K
I, 6, 159〕；Grua 181f.；ベラモン伯爵夫人宛 1703 年 7 月付（Grua
216）。
　　149)　NE IV, 16, §4（A VI, 6, 463）〔K I, 5, 270〕.

終　章

フランスにおけるオプティミスムの運命
（1710–1765 年）
——あるいは「問題」としての弁神論——

————————

　「オプティミスム」（最善主義）という語はライプニッツ自身の語彙には含まれていない。それもそのはず，これは，神は最善の可能世界を選択するというライプニッツの教義にまさに反対したいと思う人々によって鋳造された語なのである。それゆえ，この語は中立的でなく論争的な術語であり，ライプニッツの弁神論に対する偏向した解釈から生じ，それを毀損しようとする意図に起因する。元は特殊な形態の神学的および宗教的な異端を示す軽蔑語なのである。オプティミスムとはフランスのイエズス会士たちの発明である。彼らはこの語を 1737 年に『トレヴー紀要』（*Mémoires de Trévoux*）で初めて使用した。その機会はド・ジョクール騎士による『弁神論』の新版に対する彼らの書評だった。この語はまもなく成功をおさめ，すみやかに辞典に記載され（トレヴーの辞典には 1752 年，アカデミーの辞典には 1762 年），ダランベールによって『百科全書』（1765 年刊）第 11 巻で独立の項目とされた。

　イエズス会士たちが創った新語に彼らが 1752 年に与えた定義はこうだ：「オ・プ・テ・ィ・ミ・ス・ム・。男性名詞。オプティミストの教説。オプティミスムは隠された唯物論，精神的

506 終章 フランスにおけるオプティミスムの運命

なスピノザ主義にすぎない。オプティミスムは神を自動機
械のようなものにする」[1]。見てのとおり，この定義は定
義などではない。それはひとつの判断であり，しかもスピ
ノザ主義——この上なく「不敬虔」で，唯物論や無神論と
同義であり[2]，「流行」しているだけになおさら危険な教
説——との同一視から為された最終判決なのだ[3]。『百科
全書』の項目「オプティミスム」は，一般的教説であって
著者たちは無罪だとの観点に立ち，もう少し精密である：

> ライプニッツ氏とともに「神は自分になしえた最良
> の，自分に知りえた最良の仕方で諸事物を作った」と
> か「世界を創造する際，神はもっと良く作ることがで
> きるのなら，神はそうしただろう」と主張する哲学者
> たちにこの名が与えられる。マルブランシュ神父は最
> も著名なオプティミストのひとりである。[4]

　十八世紀フランスにおけるオプティミスムの運命は，神
父たちの上述の判断によって刻印されたように思われる。
彼らはひとつの教説（ライプニッツはその他多くの代表者

　1）『フランス語及びラテン語普遍辞典，通称トレヴー辞典，補
遺』ナンシー，1752年，第2巻，1746頁。
　2）『フランス語及びラテン語普遍辞典［通称『トレヴー辞典』］
パリ，1732年，第4巻，項目「スピノザ主義」，2161頁：「スピノザ
派の教説。スピノザ流のやり方で示される無神論［…］。スピノザ主
義の原理は，物質と物質の変様以外には絶対に何もないというもので
ある［…］。
　3）同上，項目「スピノザ主義者」2161頁。スピノザは全宗教
の諸基礎を覆す。「その対話の中で彼は率直に述べたのだ。すなわち，
神は，われわれが考えるような，知性的で，無限に完全で，幸福な存
在者なのではない。むしろ全被造物中に拡がっているのは，この自然
の力に他ならない，と」（2162頁）。
　4）『フランス語及びラテン語普遍辞典［…］補遺』第2巻，項
目「オプティミスト」，1746頁。

507

の一人に過ぎない）に名前を与えるだけで満足せず，その
教説に振り回されぬよう理解のために採られるべき方法を
示唆することで，その読み方を持続的に方向づけたのである。オプティミスムの誤謬を暴こうと，イエズス会士たち
はそれに三つの特徴をあげる：

1. これは危険な説である，なぜなら偽りであるから。
   この説は一見感じがよく，神性（それは「最善」を
   為したといわれる）を重んじているかのように見え
   るが，じつはキリスト教にとって有害な思想，すな
   わち唯物論と無神論を隠し持つ。その点でこの説
   は，少なくとも自らは偽装しないスピノザ主義より
   も悪質かもしれない。

2. この説は必然主義であり，神を自動機械にしてその
   自由を破壊し，また神が自らの意志をすべて行なえ
   る訳ではないようにする最高の法に従属させて神の
   力を弱めてしまう。しかも，制限されているため
   に，為したよりもっとうまく為す方策を神に教える
   ことができないようなものは，神の知恵ではない。
   かくして神はその伝統的な諸属性（全能，自由，全
   知）を剥奪され，知性も意志もなしに存在し，機械
   に似て，盲目的必然性，不可避の運命，純然たる宿
   命からもはや区別されない。

3. この説はライプニッツによって擁護されたが，彼だ
   けのものではない。他の著者たちも同様に「オプ
   ティミスト」と呼べるからである。その筆頭はマル
   ブランシュ――神は最善世界を創造しえたであろう

と主張した[5]——だが，後で見るように，ポープや，イングランド理神論の伝統に属する著者たちもそうである。オプティミスムによって示された危険は比較的大きなものに過ぎない。オプティミスムは一人の著者に特有の説ではないからである。オプティミスムが指示しているのは，より一般的にみたひとつの思想傾向であり，積極的な代表者や宣伝者が昔も今もいるようなひとつの学派である。とはいえ，それも「流行」しうるような見解が人々におよぼしうる誘惑に対して警戒することが重要である。

　イエズス会士たちは，この〔オプテミィズムという〕語を鋳造し，これに当初より軽蔑的な意味を込め，有害とまではいかなくても疑わしい教説を結びつけることによって，18世紀に，少なくともフランスにおいて，最善可能世界という教説をめぐる論争の用語を定めた，というのがわれわれの仮説〔つまり推論〕である。なぜなら，この新語が成功しただけでなく，この語をとおして，神父たちの『弁神論』に対する根本的な見方が成功を収めからである。より善くはなくても，すべては善いということをめぐる議論の枠組みが設定され，この見方が後に真に疑われたり，反論されたりすることはなかった。

　『百科全書』の執筆者たちを待てばよいのかもしれない。というのも彼らはライプニッツの「体系」の仮定的「真理」を回復した訳ではないが，彼らによる教説の扱い方やテクストの読み方が，イエズス会士たちが意図的にその中へと論争を押し込めた制限から彼らを脱出させたからである。本論考〔「終章」〕の目的は，18世紀前半のフランス

---

　5)　マルブランシュ『自然と恩寵について』（*Traité de la nature et de la grâce*），I, I, §14.

における『弁神論』受容の沿革を述べ，それは受容などではないと示すことである。〔つまり〕，百科全書派の人々は歪曲，混同，偏見を避けるどころか，彼らの歩みをカトリック正統派の擁護者たちの歩みの内に置き，最終的にはその擁護者たちの〔オプティミスムへの〕主要な非難に信用を与え，それどころか，その或る部分から諸帰結を徹底的に引き出すことによって，おそらくそれらの〔非難の〕強化にさえ貢献することになるのが見てとれるだろう。彼ら〔百科全書派〕はかの高名な学会〔アカデミー・フランセーズ〕とは別の目標を，別の動機から追求したとはいえ，それでも同じ拒絶を示し，ほぼ類似した結論「オプティミスムは自由を否定する」に至ることになる。ダランベールが言うように，オプティミスムは「すべてを説明したと優位を自称することによって，おそらく危険」[6]である。オプティミスムは結局またおそらく何より空しいものである。なぜなら，「このオプティミスムの形而上学全体は無内容であると白状しなければならないからである」[7]。たしかに，オプティミスムは不敬虔とも形容されない。オプティミスムが隠しているのは無神論ではなく無知である。オプティミスムは不条理で，擁護できず，ほとんど滑稽なものとなった。

a.　最初の受容（1710–1716 年）
——『弁神論』へのイエズス会士たちの期待感——

　すべてが善いわけではなかった。しかし最善の保護の下

---

6)　『百科全書』「緒論」（*Discours Préliminaire* [à l'Encyclopédie], 1751），xxviii 頁。

7)　『百科全書』（*Encyclopédie*），第 11 巻，項目「オプティミスム」，517 頁。

510 終章 フランスにおけるオプティミスムの運命

にすべては始まった…。ライプニッツはつねにカトリック，とりわけイエズス会士たちと良い関係を保った。彼らの組織と知的教養を彼は称賛する[8]。ウィーン宮廷に滞在中，ライプニッツは1713年に皇帝によって帝国宮廷顧問官の地位に引き上げられ，それによって，ローマの宗教に近く改宗するだろうと人々に期待させることができた。ライプニッツは1706年以来ケルンのデ・ボス神父（ライプニッツにパリのイエズス会士たちを仲介する役割を果たす）と重要な文通を行ない，高名な『トレヴー紀要』に定期的に寄稿し，彼の諸論文は好評を博すのである。この雑誌の編集を1701年の創刊から主宰するトゥルヌミーヌ神父はライプニッツを高く評価する[9]。しかし同神父がライプニッツに反論を提起し，後者の仮説を問題視せずにはいない部分もあった。すなわち，形而上学では，〔同神父によって〕1703年に『トレヴー紀要』に発表された『心身の合一に関する考察』においてはライプニッツの予定調和説が，そして1716年の『フランス語の起源に関するライプニッツ氏の論考についての省察』においてはライプニッ

---

8) こうした称賛に下心がないわけではない。というのも，ライプニッツは彼らの影響を利用して，デカルト哲学に対して自らの哲学を奨励する計画を抱いているからである（1681年初頭の日付をもつ，エルンスト・フォン・ヘッセン゠ラインフェルス方伯宛：A II, 807–808）。イエズス会士たちとの関係については Jean Baruzi, *Leibniz et l'organisation religieuse de la terre, d'après des documents inédits*, Alcan, 1907, chap. II, p. 46–105.

9) トゥルヌミーヌはライプニッツを「すぐれた天才」，「一流の批評家」と評価する（『トレヴー紀要』1716年1月，記事 I，1頁）。「もしある著者の名だけでその見解に関する検討が不要になる人物がいるとすれば，それはライプニッツ氏の名であろう。たいていは分離している広大な学識と幾何学的精神とが，この偉大な人物のなかで結びついている〔…〕」とトゥルヌミーヌは，フランス語の起源に関するライプニッツの仮説を批判するのに先立って記している（記事 II，10頁）。

a. 最初の受容 (1710–1716 年)　　　511

ツの歴史考察がそうした部分であった。

1710 年アムステルダムで『弁神論』が出る。その刊行は同年 2 月に『学芸雑誌』(*Journal des Sçavants*) によって，また 4 月には『学芸共和国通信』(*Nouvelles de la République des Lettres*) によって告知された。〔後者の〕ベルナールの有名な雑誌は『弁神論』を真っ先に書評した。それは 7 月（記事 V）と 10 月（記事 I）になされたが，きわめて徹底し，きわめて正確なものであった。その調子は，マルブランシュとの和解がすでになされているにしても（被造物の行為に関する問いと罪の説明とについて）[10] 称賛的である。このことは，後に非常に詳論されることになるひとつの批判が指摘している。すなわち，ライプニッツ説は，たとえ著者自身が弁解したとしても，人間の諸行為について必然性を措定することになる，という批判である[11]。にもかかわらず〔上記の〕10 月の記事はこうした批判を緩和し，次のことを思い出させる。つまり，著者によれば，神が最善を選択する際の道徳的必然性は「神の自由をいささかも傷つけない」ということ[12]，そして神の自然的協働というライプニッツ説は被造物に活動を否認することにはならないということを思い出させる[13]。この記事の執筆者は，最後に〔『弁神論』附録〕『神の大義』については，意志の原因となる恩寵に関して，「著者は少し混乱しているように見える」[14]と評している。

『弁神論』がプロテスタント側では（ルター派とカルヴァン派）双方の「信仰」によって好意的に迎えられ，ラ

---

　10)　『学芸共和国通信』ジャック・ベルナール主幹，アムステルダム，1710 年 9 月，記事 V，332–333 頁。

　11)　同上，333 頁。

　12)　『学芸共和国通信』1710 年 10 月，記事 I，369 頁。

　13)　同上，383 頁。

　14)　同上，394 頁。

512 終章 フランスにおけるオプティミスムの運命

イプニッツは，学者のサークルすら超えて称賛を受けたのに対し[15]，フランスの複数の雑誌は無言のままだった。それらの雑誌の最も前面にあったのが『トレヴー紀要』である。ライプニッツはこの沈黙を不安に思い，文通相手とくにデ・ボスに状況を問いあわせる。そこではライプニッツはデ・ボスに，自分の「省察」について「学識豊かで偉大な才能の人物」のトゥルヌミーヌ神父がどう考えているかがわかれば嬉しいと表明している[16]。1713 年 7 月，イエズス会士たちによる書評がようやく出る（ライプニッツは少なくとも翌年までそれを知ることができなかったのだが）。バーバーはこの遅滞から何の結論も導いておらず，エラールもそれがイエズス会側の「敵意の徴などでは全くない」と記しているだけである[17]。しかし結局『学芸雑誌』はこの遅滞を非難することになる。『弁神論』の要約も〔すでに〕1713 年（1 月）には出ているからである。しかし人は気づくだろうが，『学芸雑誌』によって書評された〔『弁神論』の〕版は 1710 年の初版ではなく，1712 年の二版なのだ。これは遅滞を埋め合わせ，忘却をごく簡単に修正するため巧妙なやり方かもしれず，しかもそれは部分的〔な書評〕でしかない[18]。

『トレヴー紀要』の場合はそれとは異なり，さらに驚くべきものである。というのも，イエズス会士たちは二度に渡り見解を公表したが，いずれも三年が必要だったのである（すなわち彼らは，『弁神論』初版については 1713 年

---

15) W. H. Barber, *Leibniz in France, from Arnauld to Voltaire,* Oxford at the Clarendon Press, 1955, p. 91.

16) デ・ボス宛 1711 年 9 月 7 日付（GP II, 425）。

17) Jean Ehrard, *L'idée de nature en France dans la première moitié du XVIIe siècle,* Albin Michel, 1994 (1re edition: S.E.V.P.E.N., 1963), p. 639.

18) この雑誌が『弁神論』の刊行を 1710 年 2 月以来『文献ニュース』欄に欠かさず告知していたことに注意しよう（228 頁）。

a. 最初の受容 (1710–1716 年) 513

に，ジョクールによる 1734 年の『弁神論』再版については 1737 年に，それぞれ見解を公表したのだ）。著作物を刊行年かその翌年には書評するのが習わしであった雑誌にしては，この遅滞は非常に大幅なもので異例だった。

われわれの仮説はこうだ。すなわち，この遅れは理由のないものではなく，『弁神論』——ルター派の人物の手になる著作である——の読解と，宗教へのその益と「効用」とに関して，フランス・カトリック界の内部，おそらくイエズス会士たち自身のあいだで生じていた対立に由来する。トゥルヌミーヌの率いる親ライプニッツ派は 1713 年には優位を占めたのだが，より批判的な——敵対的ではないとしても——もうひとつの党派である「厳格派」と対立した。この〔批判的な〕党派は 1720 年以後重きをなし，1737 年の弾劾声明を出すことになる。こうした内部対立の徴候は，デ・ボスとの往復書簡だけでなく，1713 年刊行の『トレヴー紀要』の記事自体にも見られる。後者の記事はいわば「穏健派」の解釈を発信しながら，反対派にも言い分を与えようと腐心している。他方，1737 年の記事は「厳格派」の解釈と，彼らの考える「穏健派」の誤りの諸理由を示すであろう。

ライプニッツは 1711 年 12 月 7 日，デ・ボスに宛て次のように書いている。

> 私はフランスから，最も厳格な人たち (rigidiores) は私の『弁神論』にあまり好意的でない，と聞きました。オウィディウスのキューピッドと同様，私は次のように言い得るでしょう。「戦争が，明らかに，私に対する戦争が準備されている」と。[19]

---

19) GP II, 426.

514 終章 フランスにおけるオプティミスムの運命

　デ・ボスはこの噂を否定しなかったが，ライプニッツに
好意的な，「おそらくもっと善い」人々もいると回答し，
こう言明する。

　　いずれにしても『弁神論』はトゥルヌミーヌの気に
　　入っておりますことをお知りおきください。以下にお
　　伝えしますのが，彼の言葉です。「私が大きな喜びを
　　もって『弁神論』を読んだこと，そしてライプニッツ
　　氏がいずれわれわれの雑誌のなかに要約を見つけ，気
　　に入るであろうことを，前もってライプニッツ氏に知
　　らせ下さって構いません。私はライプニッツ氏の『弁
　　神論』について最初に書くという光栄に浴するでしょ
　　う」。

　デ・ボスは後の書簡（1712年6月12日付）で，トゥル
ヌミーヌによれば『トレヴー紀要』における『弁神論』の
書評はすでに完成しており，ライプニッツはそれに満足
（contentum）するだろうと付け加えている。実際には，そ
れはやっと翌年になって出版された。神父たちの躊躇が出
版をさらに遅らせたのだろうか？　レモンが報告している
ように，トゥルヌミーヌにはイエズス会のなかに友人しか
いなかったわけではないというのは本当である。レモン自
身，トゥルヌミーヌについて非常に意地の悪い見解をもっ
ていた。「私やイエズス会の学者たちが考えていることを
あえてあなたにお話しするなら，トゥルヌミーヌは虚栄心
と無知のかたまりです」[20]。

　20）　レモンからライプニッツ宛1715年4月1日付（GP III,
64）。これはレモンがくり返し述べる評価で，後の書簡でも反復され
ている。トゥルヌミーヌ神父は「非常に尊大な虚栄心しか有しておら
ず，いかなる良識ももたず，欠陥のある，皮相な学識しかもちあわせ
ておりません。［…］私はしばしば笑いながらこう言うのです，彼は

a. 最初の受容（1710–1716 年） 515

いずれにせよトゥルヌミーヌは，ヴォルテールによれば，「自分の想像するすべてのことを信じる者，それは我らが神父トゥルヌミーヌ」という二つの短い韻文によってイエズス会士のあいだで知られていたのだが[21]，この人物が 1713 年 7 月に，全体としては好意的な書評を出した（記事 CI）。それは著者の複数の誤りを強調しつつもそのすぐれた意図を認めるものだった。〔『弁神論』の〕『信仰と理性の一致についての緒論』に関して，この記事の執筆者はこう記す。「ライプニッツ氏がベール氏の諸議論について行なっている分析は疑いなく識者のお気に召すだろう。この分析は，正しい精神の方が狭隘な精神よりも優位にあることを完璧な明証性において示している」[22]。さらにライプニッツは，「ベール氏の著作の中から，よりすぐれた，またはむしろより絢爛たるものと思われた著作を選んでこれを論駁し，神の大義をまったく盤石にした」としていっそう称賛される。

しかしながら二つの批判が提示されている。第一の批判は，神の愛に関するルター派の考え方に賛意を示したとしてライプニッツを非難する[23]。第二の批判は，神による最善選択と道徳的必然性に関するものである。じっさいこの執筆者は，神の振る舞いを規制するこの最善律に対して「多数の神学者」が異議を唱えるだろうと予想している。というのも，

私に間違った原理を信じ込ませると」（ライプニッツ宛 1716 年 3 月 15 日付（GP III, 671））。

21) Lettre de Voltaire à M. Duclos (7 juin 1762), in *Œuvres complètes de Voltaire*, tome LXXXI, *Correspondance*, Baudouin Frères, 1831, tome XIV, p.312.

22) 『トレヴー紀要』1713 年 7 月, 記事 CI, 1181 頁。

23) 同上, 1183–1184 頁。

516　終章　フランスにおけるオプティミスムの運命

　　[…] 彼らはこう言うだろうから。すなわち，神は何
　　も必要とせず，完全にそして最高度に自由である。神
　　は何も創造しないこともできたのだから，神は自身が
　　創造した他のものより不完全な存在者を創造すること
　　ができる。神は最善なものへ決定されているわけでは
　　ない。神の観点からすれば最善など存在しない。神は
　　自足している。[24]

　たしかにライプニッツは，この不可謬なる最善選択が絶
対的必然性の領域に属することを排除している。しかし，
この最善選択が不可謬なのはそれが神の本性そのものにの
み由来するからである以上，それは自由とは相容れないよ
うに思われる。しかし，このイエズス会士は急ぎ次のよう
に付け加える。

　　この高名な著者〔ライプニッツ〕が認めない帰結を彼
　　自身のせいにしないでおこう。不可謬の最善選択につ
　　いて彼の述べていることをすべて集めれば，彼が，自
　　由意志の維持に最も熱心な神学者たちを恐れさせるよ
　　うなことは何も述べていない，ということがわかるだ
　　ろう。

　じっさい，彼〔ライプニッツ〕は，「意志は，意志がそ
れに続くところの傾きに従うよう強いられることはない，
と何度もくり返している［…］」[25]。
　この点について，〔書評の〕執筆者は，仮に自分が予定
調和説に完全に賛成という訳ではないとしても，自分は
「予定調和説は自由にきわめて好都合だ」と確信する旨明

　　　　24)　同上，1186 頁。
　　　　25)　同上，1187 頁。

a. 最初の受容（1710–1716 年） 517

言しておくのが有益である，と判断している[26]。それゆえ，批判は慎重さを保ち，より神の自由に関連したものとなる。そして，このイエズス会士は最善選択の道徳的必然性を検討するとき，次のように考える。すなわち，ライプニッツは（この点に関する）ベールの「執拗だが筋の通った」反論を「彼の見解〔＝予定調和説〕をずっと緩和することによってしか免れないが，幸いにも神の大義はこの特殊な見解には左右されない」[27]。最後には，そして英国国教会司祭ウィリアム・キングやイエズス会士たち自身によって擁護された無差別の自由をライプニッツが拒否しているにもかかわらず，「［…］根底においては，彼をキング氏と和解させるのは不自然ではなかろう」〔とこのイエズス会士は考えるのである〕[28]。

　見てとれるように，この書評は要約であるだけでなく，「厳格派の」あるいは「熱心な」神学者たちがこのドイツの哲学者とその説——神を最善なるものの必然性に服従させるように思われる——に対してもつ反感や反論への回答でもある。ライプニッツのルター主義に対して〔この書評の執筆者の〕非難は不可避だった。それに反して道徳的必然性に関しては，この執筆者の努力は否定できない。ライプニッツのテーゼを受け入れ可能なものにするためか，あるいは，それがカトリックの立場に相容れない場合でも，ライプニッツが然るべく論じたテーマ（神の正当化）に結局まったく影響しないと示すためか，いずれにしても。

　最後に，ついでのように書評に挿入され，最も正統派の

　26）　同上，1189 頁。ライプニッツ説に関するこの明白な黙説法は，この項目の執筆者がトゥルヌミーヌ自身ではないかと考えさせる。後者は『心身の合一についての考察』（『トレヴー紀要』1703 年 5 月，記事 XCI，869–871 頁）で，予定調和による解決を批判していた。

　27）　『トレヴー紀要』1713 年 7 月，記事 CI，1195。

　28）　同上，1198 頁。

518　終章　フランスにおけるオプティミスムの運命

人々にライプニッツを〔彼らに〕好ましい観点から示すことによって彼らの疑念や心配を和らげ得るところの，二つの要素を指摘しておこう：

1.　〔その一つ目の要素は〕ペリパトス派のいう能動的知性と受動的知性に関する，『信仰と理性の一致についての緒論』における余談である。この〔書評の〕執筆者はこうコメントする：

　　　マルブランシュ主義者たちはその箇所で，アリストテレスかむしろその注釈者アヴェロエスが，われわれの個別的理性にはたらきかける普遍的理性を想定した最初の者だったと学ぶだろう。それが新しいものではないと知った彼らはこの見解〔普遍的理性の想定〕に白けないだろうか。[29]

　　ライプニッツは，その説がイエズス会士たちの側から再三攻撃されていたマルブランシュに対抗して武器を提供する。彼らはマルブランシュの説がスピノザ主義を利するものだとしてこれを弾劾していたのである[30]。

2.　〔二つ目の要素として〕この執筆者は，ライプニッツが，イエズス会の一員ボシュエとかわした往復書簡，とりわけその中で『弁神論』の著者が別のイエズス会士シュペー神父を称賛している一通の手紙に

---

　29)　同上，1183 頁。
　30)　マルブランシュとイエズス会士たちについてはとくに以下を参照：Alfred R. Desautels, *Les Mémoires de Trévoux et le movement des idées au XVIIIᵉ siècle, 1701–1734*, Institutum historicum, 1956, p.18–26.

a. 最初の受容（1710–1716 年）　　　519

言及する[31]。

　デ・ボスを介して，トゥルヌミーヌは自分が『弁神論』
について，それが「いくつかの誤謬」や曖昧な箇所を含む
とはいえ，それでも「この卓越した書物」を高く評価して
いるとライプニッツに言明した[32]。彼は（デ・ボスの手に
よる）この著作のラテン語訳の計画[33]に好意を示し，それ
どころか，「これまでフランスで『弁神論』に何か物申す
者など誰一人現れなかった」と——自己矛盾の推測も恐
れもなしに——さえ断言するに至る[34]。疑いなくトゥルヌ
ミーヌは最も「厳格な」党派にも勝ち，たぶん彼らの躊躇
いを克服しさえしたのだろう。『弁神論』は 1714 年にパ
リでイエズス会士たちの手で再版されたからである。た
だ，彼らは用心して〔出版地名の〕「アムステルダム」を
表紙に残すことになる。ライプニッツはこのいかにも外交
的な慎重さの理由をたやすく見抜いている：

　　［…］検閲されずに済むように，パリ［という出版地
　　名］は入れないのです。じっさい，私はルターやカル
　　ヴァンについて多くのことを，そして適切に語りまし

　31）　『トレヴー紀要』1713 年 7 月，記事 CI，1190 頁。
　32）　LBr 95: 1714 年 1 月 20 日付パリのトゥルヌミーヌ神父の書
簡からの抜粋：「私はすでにあなたにお送りした最後のもの以降に（つ
まり 1711 年 9 月号以後に）出版された『トレヴー紀要』をすべてあ
なたにお送りします。あなたはその中に『弁神論』の抜粋をみとめる
でしょう。この卓越した書物のなかにはいくつかの誤謬があります」。
　33）　LBr 95: 1714 年 3 月 13 日の同一人物のもうひとつの書簡か
らの抜粋。
　34）　ボシュエからライプニッツ宛 1715 年 7 月 20 日付（GP II，
502）。アスペルクはパリからライプニッツに宛て，「弁神論の著書は
当地ではとても高く評価されています」と書いている（1714 年 10 月
8 日付，A I，482）。

520　終章　フランスにおけるオプティミスムの運命

たから。しかし，私はローマの教会のすぐれた人々に
ついても同様に評価しています。[35]

　トゥルヌミーヌからライプニッツが享受した個人的関係
や尊敬は別として，明らかなのは──トゥルヌミーヌは
1716 年の『フランス語の起源』の機会にも，ライプニッ
ツへの自らの感嘆を明示している──次のことである。す
なわちそれは，『弁神論』が，いくつかの神学的に非難さ
れうる命題にもかかわらず，神父たちの目には懐疑論と無
神論（ベールが蘇らせたマニ教は彼らにとってその一化身
にすぎない）に対する戦いにおける重要な一部分をなすと
いうことである。それにこのドイツの哲学者は，その反デ
カルト主義的命題によって知られ──これがイエズス会士
たちの気にいらない筈はない──[36]，有益な同盟者と思わ
れた。自然の光と啓示の教えとの間のいわゆる不一致と，
『歴史批評辞典』の著者〔ベール〕によって表明された信
仰絶対主義とに対抗して，『弁神論』は信仰と理性の関係
についての伝統的な考え方，それは哲学から神学の婢女を
つくり，この呼称とともに〔哲学を〕キリスト教護教論に
とって不可欠な補助とする考え方なのであるが，そうした
考え方の枠組みにうまく入るように思われる。

─────────
　35）　グライフェンクランツ宛 1715 年 5 月 2 日付（GP VI,
12–13）。
　36）　『トレヴー紀要』の反デカルト主義については，Desautels,
op. cit., p. 3–18。スピノザ主義は「極端なデカルト主義」であるとい
うライプニッツの判断（Th§393, GP VI, 350）は神父たちに共有され
ている。彼らの考えでは，「スピノザは厳格なデカルト主義者にすぎ
ない。彼はその［デカルトの］体系のあらゆる帰結を理解し採用する」
（『トレヴー紀要』1726 年 5 月，記事 XLII, 834 頁）。

b. 追悼文，そして最初の嫌疑
（1716–1721 年）

　フランスで『弁神論』を普及させようとするイエズス会士たちの努力が公衆に及ぼした実際の効果を測ることは，じつは困難である。パリで再版されたこの著作が「かなり話題になって」[37]おり，自著をデカルトの祖国でいっそう認知させた点でライプニッツはこの神父に恩義があると思うだろうとトゥルヌミーヌはほのめかしているが[38]，バーバーによれば，フランスの読者の間に文字どおりの熱狂があったと指し示すものは何もないようである[39]。むしろ，「『弁神論』は，読まれるよりもそれについて語られる，そういう重要にして影響力のある多くの書物の一冊になるよう宿命づけられていたと思われる」[40]。この注釈者〔バーバー〕に従えば，このことは，一方では，公衆の嗜好が実際にはもはやこの種の神学的かつ形而上学的な読み物には存していなかったという理由から，また他方で，公衆の注目がニュートンとの論争および微積分計算の優先権問題にそれだけ向けられていたという理由から説明される。〔しかし〕この著作の認知度がどのようなものであれ，ライプニッツの名の威光が大きかったことは明らかである[41]。それは 1716 年 11 月 14 日のライプニッツの死去の際の追悼

　37）　レモン宛 1715 年 2 月 11 日付（GP III, 638）

　38）　デ・ボス宛 1715 年 6 月 30 日付（GP II, 499）

　39）　「［…］この書物がそこ［フランス］で広範な人気を博したという証拠はごく僅かしかない」（バーバー，前掲書，91 頁）。

　40）　同上，92 頁。

　41）　トゥルヌミーヌはライプニッツについて「彼はフランスできわめて尊敬されている」と述べている（『トレヴー紀要』1716 年 1月，記事 I, 1–2 頁）。

522   終章　フランスにおけるオプティミスムの運命

文，なかでもフォントネルによって述べられたそれが証言
しているとおりである。この追悼文は多くの雑誌にくり返
し取り上げられ，ディドロが『百科全書』の項目「ライプ
ニッツ主義」を書いたことによって多くの目にふれること
になる。

　フォントネルの追悼文は，彼が書いたあらゆるものの
中でおそらく最も称賛に満ち，最も詳細なものであるが，
——その構想とそれが提供する情報とによって——ライプ
ニッツの生涯と著作を紹介する数多くの項目，注記，報告
のためのモデルの役割をはたすことになる。それは，この
諸学アカデミー終身幹事〔フォントネル〕による，この普
遍的精神〔ライプニッツ〕への心からの深い称賛を示すテ
クストである。ライプニッツは「いわば並んでつながれ
た八頭の馬をたくみにさばく古代の人々に似て，[…] あ
らゆる学問を同時にこなした」[42]。フォントネルは「彼はこ
の二つの語〔哲学者と数学者〕が含むすべてだった」と明
言し，この詩人，政治家，歴史家，法律家，「卓越した哲
学者にして数学者」を称える[43]。だが形而上学にふれると，
この賛辞はよりニュアンスを帯びてくる。すなわち，たし
かにライプニッツはすべてにおいて「最も高尚かつ最も一
般的な原理」を把握できた。しかしこれらの原理（充足
理由律，連続律，適合の原理）はほとんど応用不可能で，
「少し恣意的なところがあるので，体系上の必要が決定を
下すことのないよう気を付けなければならない」[44]。ここに
初めて，体系的な精神[45]と上述の一般諸原理とに関する批

　42）　フォントネル『追悼ライプニッツ氏』（*Éloge de M. Leibnitz*,
in: *Histoire de l'Académie royale des sciences* (1716; prononcé en 1717),
Paris)，94 頁。

　43）　同上，104 頁。

　44）　同上，116 頁。

　45）　しかし，この精神は政治においては称賛される。フォント

b. 追悼文，そして最初の嫌疑 （1716–1721 年） 523

判が現れたのであり，それらがよく基礎づけられているか
について，またとくに有用性や実際上の生産性について疑
念がもたれたのである。しかも，フォントネルは予定調和
説について多くを語らない。それは彼をほとんど納得させ
ていないようだ。「この説は創造主の無限知性についての
驚くべき観念を与えるが，しかし創造主をわれわれにとっ
ておそらくあまりに崇高なものにしてしまう」[46]。疑わしい
仮説や空想的な幻影さえ産み出すような形而上学へのこの
警戒は，18 世紀の多くの哲学者に共有され，コンディヤッ
クの『体系論』（*Traité des Systèmes*, 1749）以後，ほとんど
決まり文句となるであろう。それでもなおフォントネルは
『弁神論』をそれだけで著者の全才能を要約している〔ライ
プニッツの〕真の主著とみなすのである[47]。

　この賛辞は次のような側面にも，すなわち哲学的では
（ほとんど）ないが，フランスにおけるライプニッツ主義
の受容を研究する者にはそれなりに重要な側面にも筆を割
いている。しかも驚くべきことに，その側面はこれまで注
釈者たちから指摘されることがなかった。〔すなわち〕初
めて公衆はライプニッツの生涯，公的キャリアのみなら
ず，性格や習慣についても情報を与えられる。たしかに

ネルは，皇帝と教皇がその首長であるキリスト教共同体の観念をライ
プニッツが擁護していたと注意喚起する。このような観念には，たと
えそれがカトリック派のそれだったにせよ，ルター派のそれだったに
せよ，驚かせるものは何もないだろう。追悼文の著者はそこから次の
ように結論する。「彼が最高度に有していた体系的精神は，宗教に関
して党派的精神をはるかに凌ぐものだった」（同上，97 頁）。

　46）　同上，117 頁。

　47）　同上，121 頁。「『弁神論』だけがライプニッツ氏を十分に
代表するであろう。広範な読書量，さまざまな書物や人物に関する好
奇な逸話，引用された著者たちへの十分な公平さとさらには好意，ま
た以上とは反するが，崇高にして明快な見解，つねに幾何学的精神が
感じられる徹底的な推論，力のみなぎる文体，それでいて，そこには
巧みな想像力による楽しみも許されている」。

524 終章 フランスにおけるオプティミスムの運命

フォントネルは人物をめぐる逸話にも個人的詳細にも話を拡げていないが、ただ付言として、信心深い人々の注意を免れないであろう二つの事実を報告している。第一のものは、ライプニッツがヴェネツィアから（フェラーラの）メソラへ小舟で向かったときの旅のエピソードである。哲学者は供もなく出発したのだが、イタリア人の船頭たちに危うく船外に投げ落されそうになった。彼らはこのドイツ人——当然〔彼らからみて〕異端である——のせいで恐るべき嵐が起きたと考えたのだ。われらがルター派のヨナ〔海上で大嵐に遭い海に投げ込まれた旧約の預言者〕が助かるとすれば偽装工作しかない。彼は自分のポケットからロザリオを取り出し、信心深さに満ちた雰囲気で祈った。船頭たちは、客の宗旨について思い違いをしていたと考え、彼らの犯罪の企てを捨てた〔というものである〕[48]。フォントネルは最後に次のような見方をあげる。「彼〔ライプニッツ〕はただ自然法の偉大で厳格な遵法者でしかなかったと咎められている。彼の牧師たちはその件で彼に公の、そして無用な叱責を行なった」[49]。この追悼文の筆者はそこからいかなる結論も引き出してはいない。その役目を彼は読者にゆだねている。神学者で、神の正義の擁護者ライプニッツは、儀式と礼拝にはほとんど敬意をいだいていなかったであろう。彼は結局のところ自然宗教の信奉者、つまり理神論者に過ぎなかったのであろうか？ 彼はかくも信仰心に乏しく、また牧師たちの非難も無駄であるほど尊大だったのであろうか？

ライプニッツの誠実さは、とくに宗教に関して、くり返されるテーマとなる。それは書物や雑誌で流布した新しい逸話や風聞によって増幅されてゆく。こうした諸事

---

48) 同上，98頁。
49) 同上，127頁。

b.　追悼文，そして最初の嫌疑（1716–1721 年）　　525

実が知らされることで，続く数年のあいだ，ライプニッ
ツを読みその思想を解釈する仕方について影響がないわ
けではなかった。1718 年には，「ライプニッツ氏の歴史的
追悼」（これは，1717 年 7 月『学報』に公表されたクリス
ティアン・ヴォルフによる『ゴットフリート・ヴィルヘル
ム・ライプニッツ讃』に着想を得ている）の中で，『学識
あるヨーロッパ』はライプニッツがパリ滞在中にカトリッ
クになるのを拒んだことに注意喚起する。すなわち，「彼
は「賢者とはあらゆる国家の市民である」と考えていたと
しても，「賢者はあらゆる神々の司祭でなければならない」
とは考えていなかった」と[50]。またこの雑誌〔の匿名の論
説者〕は，ライプニッツの虚栄心，君主たちからの厚遇の
追求（彼は「自身と，そして諸学の進歩のためにそれをう
まく用いた」），生涯の最後の数年における哲学者より宮廷
人としての生活，彼の金銭欲などについても言及してい
る[51]。そしてついにはこう述べる。

> 彼は僧侶たちをあまり好まなかった。幾人かのルター
> 派の聖職者は彼の信仰心を疑わしいと判断しようとし
> た。なぜなら，彼は彼らの説教をまるで聞きに来な
> かったからである。あたかも，〔彼のように〕すぐれ
> た人物は自分の宗教の教義を学ぶにあたって彼らの組
> 織など必要でないかのように，あるいは，実際はそう
> ではないのに，自分が彼らと同じ見解であると公には
> 装わねばならなかったかのように。[52]

不誠実と偽善についての疑いは急速に人物から著作へ移

---

50)　『学識あるヨーロッパ』（*L'Europe savante*）1718 年 11 月，
第 6 巻，記事 VII，134 頁。

51)　同上，151–152 頁。

52)　同上，152 頁。

526　終章　フランスにおけるオプティミスムの運命

り，とりわけ『弁神論』を叩くことになる。その第一歩を
踏み出したのは，『哲学，自然宗教，歴史，数学などのさ
まざまな著作の選集』（アムステルダム1720年刊）の序言
におけるデ・メゾーである。彼はそこで〔収載した〕『マ
ルブランシュ神父の諸原理の検討』を次のようなテクスト
として挙げる。すなわちそこでは〔ライプニッツは〕フィ
ラレートの名で次のように書かれている。

　　〔ライプニッツは〕彼固有の見解ではないのに公衆に
　　与えた仮説を確立した。それは彼が，この著書〔『弁
　　神論』〕が公教的な論弁であり，些かも秘教的な論弁
　　ではない53)と認め，自らわれわれに告白していること
　　である。つまり，彼は古代の哲学者たちを範にとりな
　　がら通俗的に語るのであって，彼が心底考えているこ
　　とを明かすことはない。おそらく，彼が別の場所で，
　　『弁神論』についてはすべてを教育に向けるよう努め
　　たと語る際に言っていることも同じ意味で受け取る必
　　要があるだろう。54) 55)

　このような二枚舌に関する証言はすぐに現れる。ル・
クレールは，自著『古代および現代叢書』で，クリスト
フ・マテウス・プファッフの『反ベール論』（Dissertationes
Anti-Baelianae，テュービンゲン，1720年）を書評した折

───────────
　53)　この出典は，〔デ・メゾー編〕『選集』第2巻132頁に翻刻
されたところの，ライプニッツからレモン宛1715年7月29日付書簡
（GP III, 648）。
　54)　レモン宛1714年1月10日付。『選集』第2巻132頁に翻
刻（GP III, 606）。
　55)　*Recuil de diverses pieces, sur la Philosophie, la Religion
Naturelle, l'Histoire, les Mathematiques, etc. Par Mrs. Leibniz, Clarke,
Newton, et autres Autheurs célèbres*, des Maizeaux, Amsterdam, 1720,
volume 1, Préface, p. lxxii.〔『選集』第1巻〕

b.　追悼文，そして最初の嫌疑（1716–1721 年）　　527

に，『弁神論』の真実を読者に暴露する。それは彼がすで
に垣間見ていた真実だったのだが，彼の慎み深さがそれま
で人々に言うのを躊躇わせていた。すなわち，ライプニッ
ツは「ベールを攻撃するふりをしようとしていても」実際
にはベールと同じ見解であった，というのである。ル・ク
レールはそうつよく疑っていたので，『弁神論』について
は語らないと選択していた。それは，「この主題に関する
論争を求めていると思われないためであり，かくも重大な
事柄において，もはや何も隠さずにはおかないためであ
る」。しかし，今やプファッフが証拠を握る。「［…］ライ
プニッツ氏が或る書簡で彼〔プファッフ〕に告白したとこ
ろでは，彼の見解はベール氏の見解を破壊するよりはむ
しろそれを許容可能なものにできる」[56]。プファッフの言で
は，ライプニッツは「悪と善の混交のなかに世界の美を求
めていたが，それはベール氏と同様の深淵に落ち込むこと
への恐れからだった［…］」[57]。その深淵とはつまりマニ教
のことである。

　プファッフは，すぐさま自身の申し立てを正当化するよ
う求められ，1728 年 3 月『ライプツィヒ学報』で[58]証拠
書類，それも証拠中の女王ともいうべきものを示す。それ
は著者自身による犯罪告白である！ライプニッツの手に
なる書簡——その信憑性には疑わしさが残るが[59]——，そ

---

56)　*Bibliothèque ancienne et moderne. Pour servir de suite aux Bibliothèques Universelle et Choisie*, tome XV, Amsterdam, 1721, article VII, p. 179–180. Cf. *Dissertationes Anti-Baelianae, in quibus Petrus Baelius* […], *Petrus Baelius, ubi ea, quae de origine mali et de imputation peccati quibus Christiani credunt* […], Tübingen, 1720, p. 9.

57)　*Bibliothèque ancienne et moderne*, tome XV, Amsterdam, 1721, article VII, p. 195–196.

58)　*Fragmentum epistolae a Cel. D. Christoph Matthaeo Pfaffio* […], p. 127.

59)　プファッフの申し立てと書簡とされているものについて

528 終章 フランスにおけるオプティミスムの運命

のなかでライプニッツは、『弁神論』では自分が「気晴らしする」(lusum) ことしか求めていなかったと告白している。なぜなら、神学者と違って、「哲学者は常に真面目に振る舞わねばならない訳ではなく、諸説を鋳造し〔…〕、自分の精神の力を示すものだから」というのである。ライプニッツのこの二重の戯れは〔それ自体〕一つの戯れに過ぎない。すなわち精神の戯れである。『選集』改訂第二版 (1740年) の前書きで、デ・メゾーはプファッフの書簡を盾に、ル・クレールと共に自分も次のことを正しく見ていたと示そうとする。すなわち、『弁神論』は「純然たる冗談にすぎない」のであり、〔その冗談とは〕「想像力の豊かさにまかせ多くの精魂と力とともに主張して、人々に彼の本当の見解と信じさせるような体系や仮説を発明しては喜ぶひとりの該博な天才による冗談〔…〕」[60] だというのである。偽善だとの非難と、無益な形而上学を産出するとの非難とはたがいに結びつき、最終的には説明しあう。つまり、ライプニッツに裏表があるとすればそれは彼が形而上学を行なっているからに他ならない。そして形而上学は戯れにすぎず、そこではすべてを仮定することも、何も信じないことも許されている。

1720年以後、経験科学の発展と成功にともなって反形而上学的な偏見が根を生やすようになるのと同時に、ライプニッツのひとつの新しいイメージが目立ってくる[61]。この頃このドイツ人哲学者へのイエズス会士たちの口調が変

は、Carl Günther Ludovici, *Ausführlicher Entwurff einer vollständigen Historie der Leibnizischen Philosophie*, Bd. I, Leipzig 1737 (Repr.: Hildesheim 1966), Kap. VII, S. 474–478; Stefan Lorenz, *De Mundo Optimo. Studien zu Leibniz' Theodizee und ihrer Rezeption in Deutschland (1710–1791)*, Studia Leibnitiana Supplementa 31, Franz Steiner Verlag, 1997, S. 49–50.

60) 『選集』、1740. 第1巻，序 (Avertissement), xviii 頁。

61) バーバー，前掲書，99–100 頁。

b. 追悼文，そして最初の嫌疑（1716–1721 年） 529

化し始めるのである。たしかにトゥルヌミーヌはこの会の
内部では〔ライプニッツの〕最も良き支持者であったが，
機関誌主幹から退きその席をトゥボー神父に譲ったばかり
だった。1721 年『トレヴー紀要』においてライプニッツ
に当てられた二つの記事はこの新しい態度の好例であり，
「穏健派」と「厳格派」のあいだの力関係が逆転し始めた
ことを示している。

　第一の記事は同年 7 月に現れ，デ・メゾーの『選集』を
引き合いに出している。人間[62]と神の自由を破壊したとす
る非難，それは，1713 年に言及されたものの結局退けら
れた非難であるが，しかしこれ以後はっきりとライプニッ
ツ説に対し向けられる。〔すなわち〕理由律および最善律
の名のもとにライプニッツは神の能力（神の為し得るこ
と）を神の知恵と対立させる。そしてこの神の知恵は，或
る事柄についてはこれを神が為すことを許さず，考えられ
るかぎり最善の世界を選択するよう神を強いる[63]〔という
非難である〕。この記事の執筆者──おそらく物理学者カ
ステル神父その人であろう──は思弁的な説に対する不信
を同時代人たちと共有し，空間，時間，運動，延長の本
性と諸性質について決定をくだすのは疑いなく形而上学
ではなく幾何学の仕事であると判断している。というの
も，「それ［形而上学］がそれらの事柄に干渉すると，従
来見てきたように，終わりのない運動，あまたの恣意的な
原理，訳の分からない特効薬，永遠の甲論乙駁を目にする
ことになるからである［…］」[64]。それらは，言い換えれば，
もはや決着のつかない議論である。もはやモナドも容赦さ

---

　62)　「［…］しかしながら，第二原因から，とりわけ自由な原因，
つまり魂から運動を産出する力を取り除くのは難しいことに気づくこ
とだろう［…］」（『トレヴー紀要』1721 年 7 月，記事 LV，1240 頁）。

　63)　同上，1248 頁。

　64)　同上，1249 頁。

530   終章　フランスにおけるオプティミスムの運命

れない。一言でいうなら,

> [...] デ・メゾー氏が非難するライプニッツ氏の説の
> 真髄は,〔ライプニッツの著作の〕いたるところに見
> て取れる。それは創意工夫に富まざるところはなく,
> まさに真らしい。ひとは喜んで彼の諸著作を読むが,
> 忘れても大したことはない。それらは素敵な小説なの
> だ。ライプニッツ氏がひとつの対象だけに止めなかっ
> たのは残念なことである [...]。[65]

　第二の記事は,〔同年〕8月に掲載されたもので, フォ
ントネルのライプニッツ追悼文にほぼ従いながらライプ
ニッツを称賛している。〔しかし〕「普遍学者」たるライプ
ニッツの「偉大な性格」,「膨大な仕事」を称賛した後[66],
この記事は宗教についての章では, 自らがモデルとしたも
のから離れる。〔すなわち〕ライプニッツは「寛容派」で
あったという新たな非難が登場するのである。〔この記事
の〕執筆者は寛容をめぐる〔ライプニッツの〕ペリッソン
との論争に言及し, ペリッソンの方が「自らの側に真理と
確実な諸原理を有している」と評価する。「ライプニッツ
氏の穏やかさと自然な慎ましさがこの点では彼を悪しき神
学者にしたと言える」と断言するより前に〔ペリッソンを
評価するのである〕[67]。ライプニッツが『弁神論』を執筆し
たのは,「ペリッソン氏に被った敗北をベール氏で取り戻
すため」だった, という憶測すら, そこではなされてい
る[68]。宗教に関するライプニッツの寛容にこのように注意

---

　65)　同上, 1254 頁。
　66)　『ライプニッツ氏歴史的追悼』:『トレヴー紀要』1721 年 8
月, 記事 LXI, 1350, 1364 頁。
　67)　同上, 1364 頁。
　68)　同上, 1365 頁。

b. 追悼文, そして最初の嫌疑 (1716–1721 年)　　531

を喚起することには重要性がないわけではない。というのも, 1737 年の断絶（おそらく部分的にはこの〔寛容派であるとの〕批判によって説明されるだろう）以後にずっと明白で中心的な仕方で現れることになる批判がそこには告げられているからである。それは, 教説と教義に関する「宗教的無関心」（今日のわれわれなら「相対主義」と呼ぶであろう）の一形態に基づくところの, 和解と「折衝」というライプニッツ的方法への批判である。ライプニッツは『一般的フランス語およびラテン語辞典』〔いわゆる『トレヴー辞典』〕ではまさにドイツにおける寛容派の支持者としてとりあげられている[69]。しかるに, 〔この記事を執筆した〕イエズス会士の筆によれば, 寛容派へのライプニッツのこの加盟はほとんど喜ばしいものではない。もし, 1732 年版の『辞典』に登場する新語である項目「寛容主義」(Tolérantisme) の言葉を信じるなら, それはおおいに断罪さるべきものでさえある。「「寛容主義」とは宗教の破壊のことである。「寛容主義」に与する人々は無神論か少なくとも理神論に至るのがふつうである」[70]。

　寛容から無信仰へのこの帰結は, 1721 年〔の『辞典』〕にはまだ引き出されていないか, ほとんど引き出されていない。『弁神論』は感嘆の的であり, そこでは到る所で著者〔ライプニッツ〕の学問, 学識, 精神が輝いている。

　　しかし, さして宗教に結びつくわけでもない多くの教説については彼〔ライプニッツ〕は称賛されている。そして, 人は知らぬ間に彼の諸構想しか認めていないことに慣れる。人はあらゆることを議論し, 信仰に必要な従順に衝撃を与える。人は知識を有し, すべてを

---

69)　第 5 巻 , 1721 年, 項目「寛容派」(Tolérant), 253 頁。
70)　第 5 巻 , 1732 年, 261 頁。

理解しようと欲する。人は哲学者であり，すべてを体系へと変貌させる。研究は精神を養いながら心を干あがらせ，信仰は弱められるか失われる。私がライプニッツ氏を非難するのは，嫌々ながら，そして彼自身の牧師たちに従ったまでのことだ。彼らはライプニッツ氏を自然法の厳格な遵法者に過ぎないとして，公にそして不必要に非難してしまう。それが意味するところは明らかだ。つまり，ある面ではわれわれの非難は彼への称賛を正当化もする。じっさい，彼は，少なくともかつては信心深かったか，むしろその振りをしたことを自賛できる，と言いうるのである［…］。[71]

イタリアでの渡し舟の旅の逸話の続きをみよう。ライプニッツは海に放り出されるのを免れた。この執筆者は「感謝が彼の眼を開かせたのなら幸いなことである」とコメントする。洞察力に富んだ非常に広大な精神の誠実さが「宗教によって聖別されなかった」ことを遺憾に思う前に[72]。

1724 年には，ライプニッツの元秘書エックハルトのカトリックへの改宗を知って，『トレヴー紀要』「文芸新報」欄の執筆者はこう判断することになる。すなわち，エックハルトは「著名なるライプニッツ男爵よりもこの点で賢明で幸福だった。彼はライプニッツと非常に緊密な関係にあったが，そのライプニッツは寛容派として死んだとされていたからである」[73]。寛容が，隠された懐疑主義という根底に由来するにせよ[74]，あるいは神学上のあらゆる難点と

---

71) 『ライプニッツ氏歴史的追悼』:『トレヴー紀要』1721 年 8月，記事 LXI, 1365–1366 頁。

72) 同上，1368 頁。

73) 『トレヴー紀要』1724 年 6 月，記事 LVI, 1126 頁。

74) アルシムボー神父編『歴史，文学等の散逸しやすい著作の新選集』（パリ，1717 年）のなかで，ラミによって提示された神の現

c. 断絶（1737 年），オプティミスムの創案　　533

不一致を理性によって克服すると主張する思い上がった合理主義から出てくるにせよ，寛容は実践的な面で同様の危険をもたらす。すなわち，信仰の秘儀——これがキリスト教を自然宗教に還元され得ないものにしている——と，啓示の言葉に帰された服従とを問題視するという危険である。それでもライプニッツの哲学は〔キリスト教の〕忠実な信奉者なのだろうか？

c. 断絶（1737 年），
そしてオプティミスムの創案

1721 年はそれゆえ転換期である。ライプニッツの名はつねに尊敬されており，数学者として学者として称賛されている。しかし，「体系」に関しては不信が広まる。事態はそこで止まることもありえた。バーバーは，じっさいこの年以後ライプニッツの『弁神論』と彼の形而上学全般に対する或る種の無関心が認められると指摘する。〔ライプニッツへの〕批判はいつも同じである。〔それらは〕プロテスタント陣営ではクルーサ（『人間の精神について』1726 年）やブリエ（『獣の魂についての哲学的試論』1728 年）に見出され，〔『弁神論』は〕恣意的で曖昧な形而上学であり，恣意的で胡散臭く，その道徳的帰結は危険な仮説（自由の否定）であるという批判である。ベールが[75]，次いでクラー

実存在の論証へのライプニッツの批判について，すでにアルシムボー神父は次のように鑑定していた。「[…] ライプニッツ氏の精神を服従させるには他の人間の場合よりはるかに大きな度合いの明証性が必要であった。彼の信仰は必ずしも疑いに耐えるものではなかった。そして彼が信仰を有していたとしても，しばしばそれは彼が長い間，それも時には少し軽率にさえ疑った挙げ句のことであった」（第 3 巻，164 頁）。本書 387 頁で引用するヴォルテールの見解も参照。

[75]　「宿命的な機械論，〔すなわち〕人間的自由の転倒ではない

534　終章　フランスにおけるオプティミスムの運命

クが[76]，すでにライプニッツを，人間と神からいっさい自
由を取り除き，彼の抗弁にも拘わらず，最終的には「宿命
論的機械論」を認めてしまうとして非難していた。このお
定まりの弾劾に付け加わるのが，根強いものとなった反形
而上学的な偏見である。ブリエは予定調和を，曰く，各人
の内的感覚にひどく反し，「かつて哲学者の頭の中をかけ
めぐった最もつまらない空想」とみなす[77]。1731 年の『ト
レヴー紀要』は，トゥミギウス『ヴォルフ哲学の諸原理』
への書評のなかで，〔予定調和について〕ほとんど価値を
認めていない：

　　　ライプニッツ氏は予定調和をひとつの巧みな思想と
　　して提示した，と人は言う。つまり彼はそこでは自分は
　　それを全く信じていない，と告白した。実際，この仮
　　説をひとつの詩的な表現，またはせいぜい哲学的な比
　　喩として以外に受け取ることは難しいだろう。[78]

　この仮説は真剣なものではなく，創案者〔ライプニッツ〕
によっても真剣に受け取られる筈はなかった。そこには，
二枚舌だとの非難と，遊びではないかとの疑いが見出され
る。なぜなら，「身体の必然的に拘束的で規則的な，そし
て純粋に機械的な必然的メカニズムに対して，精神の自由

────────────
かという反論から身を守ることは，デカルト主義者にとって，あるい
は他の哲学者たちにとって以上に，ライプニッツ氏にとって容易なこ
とではない，と私にも思えなくはない」（『歴史批評辞典』，項目「ロ
ラリウス」，L，第 12 巻，パリ，1820 年，617 頁）。
　76）『選集』1720 年，第 1 巻。『クラーク氏の第五反論』（1716
年，10 月中旬），170 頁および 191–195 頁。
　77）　David Renaud Boullier, *Essai philosophique sur l'âme des
bêtes, où l'on traite de son existence et de son nature*, Amsterdam, 1728, p.
274.
　78）『トレヴー紀要』1731 年 5 月，記事 XLVIII，851 頁。

c. 断絶（1737 年），オプティミスムの創案　　535

で独立した，また機械というには不規則な進行は，それに
正確に対応し得ないからである」[79]。

　1728 年パリでオラトリオ会士ウトヴィルが，明らかに
ライプニッツ的な着想のもとに『摂理についての哲学的試
論』を出版したが，それは『弁神論』に対する関心を刷新
するには十分ではなかった。この著作はほとんど成功しな
かったらしく，そのため幾人かの注釈者（バーバー，エ
ラール[80]）はこの著作を周縁的なもので，フランスのライ
プニッツ受容では後に続くものもなく，実質的な影響もな
かったとみなしている[81]。けれどもこの著作は二重の意味
で興味深い。すなわち，一方でそれは，悪〔が存在するこ
と〕と，最善の可能世界を神が選択したこととの問題に関
してマルブランシュとライプニッツを総合する可能性を，
最初に，そして具体的な仕方で明示しているからである。
それゆえこの著作は，「オプティミスム」という同じひと
つの教説の時代を迎えることになるテーゼについて，それ
を贔屓にするのでないとしても，それに信用を与える。そ
の〔オプティミスムという〕御旗のもと，ライプニッツと
マルブランシュという二人の主要代表者が並べられる。他
方でこの著作は，その同じ年にこの著作を書評するイエズ
ス会士たちに，彼らが直接取り組むライプニッツ説への批
判を，また初めてとなるスピノザ説への批判をも展開し深
化させる機会を与える。マルブランシュとの近さが確認さ

　79）　同上，852 頁。
　80）　バーバー，前掲書，104 頁；エラール，前掲書，640 頁，注
2。
　81）　『百科全書』の項目「マニ教」（第 10 巻，25 頁）が『摂理
についての哲学的試論』（「第二問」，第 10 節，182 − 185 頁）の長い
一節を，それとは言わずに，逐語的にくり返しているのを見れば，こ
うした判断に根拠があるとは思われない。そこの箇所でウトヴィルは
世界を絵画に譬え，ライプニッツの最善可能世界説を説明しているの
である。

536　終章　フランスにおけるオプティミスムの運命

れたのは，1737 年の弾劾へ至るこの進展のなかで，取る
に足らぬことではない。つまり，たとえトゥルヌミーヌ
が 1713 年には『弁神論』の著者とかの著名なオラトリオ
会神父を入念に区別していたとしても，マルブランシュ主
義者ウトヴィルはその著作を通じて，自身をライプニッツ
訴訟の熱烈な弁護人とすることによっていかにもまずい仕
方で貢献したのである！　なぜなら，それまでは，唯物論
を助長しスピノザ主義に導くとして弾劾されたマルブラン
シュにとどめていたイエズス会士たちの不満が，いまやか
のドイツの哲学者に向けられることになったからである。

　1728 年 7 月の『トレヴー紀要』に掲載された，〔ウト
ヴィル著〕『摂理についての哲学的試論』への書評は，イ
エズス会士たちにとっては自らの武器をみがく一つのやり
方であり，1737 年の記事以前の一種の総復習をなす。そ
こではウトヴィルの誠実さが引き金となっている。彼は，
自分が摂理に対する〔イエズス会士たちの〕諸反論と戦う
と主張するのだが，彼らの反論へ彼が向けた応答よりもす
ばらしい仕方で彼らの反論〔そのもの〕を彼が提示してい
るのは明らかである。また彼〔ウトヴィル〕の著作も「一
般的な疑い」，すなわち「自由思想家や無信仰者が切望す
る唯一の状態である永遠の動揺 […]」を強めているよう
である[82]。理神論であるという非難は〔ウトヴィルに対し〕
ほとんど隠されてはいない。著者〔ウトヴィル〕はわれわ
れの判断は教会と理性という両権威に立脚すべきことを
肯定するが，じっさいは彼の考察は後者にだけ基づいて
いる。そこからくる〔イエズス会士たちの〕主な非難はラ
イプニッツと同時にマルブランシュに対する攻撃でもあ
る[83]。この二人の哲学者に追随してウトヴィルは神を一般

---

　82)　『トレヴー紀要』1728 年 8 月，記事 LXXXI，1507 頁。
　83)　ウトヴィルは「ライプニッツ的マルブランシュ主義者」な

c. 断絶（1737 年），オプティミスムの創案　　537

法則の必然性に服させている。彼は神をしてすべての他の
世界よりもこの世界を優先するようにさせるのだが，その
ことによって神の自由を破壊してしまう。「しかしこれら
の［世界の機械的な］法則は，あたかも詩人たちの描き出
すユピテルが運命に従属しているのと同様，それに従属す
る神が示されるところの法則であって，それは摂理の全面
的な破壊である［…］」[84]。ライプニッツのいくつかの命題
が一層直接的に批判の対象とされている。例えば，「神が
つねに「善に対する自身の傾向性の最大の帰結に従う」」[85]
とする命題である。〔この書評の〕執筆者は次のようにコ
メントする。

> これは神を物体にしてしまう。つまり物体は内在する
> 重さにより最短線上の諸傾向性の最大結果へ強いら
> れ，その最大結果が〔物体の〕最善の道である」。こ
> うした表現以上にスピノザ主義的なものはない。それ
> は，われわれの諸悪が「普遍法則へのわれわれの従属
> による必然的帰結である」と述べ，諸悪は「全体にお
> ける最大の善に必然的に依存する」と述べるのと同じ
> ことである［…］。[86]

　このイエズス会士にとって，形而上学的必然性と道徳的
必然性との区別は見かけ上のものに過ぎない。なぜなら実
際には，この体系においては，神，宇宙，そして宇宙に含
まれる全存在者は絶対的必然性に依存しているからであ
る。続いて，ウトヴィルは黙して触れないがライプニッツ
自身は引き出している「世界は永遠で無限である」という

る名を贈られている（同上，1525 頁）。
　84）　同上，1521–1522 頁。
　85）　Th §22（GP VI, 116）.
　86）　『トレヴー紀要』1728 年 8 月，記事 LXXXI, 1523 頁。

538　終章　フランスにおけるオプティミスムの運命

結論がそれにともなう[87]。明らかにこのテーゼには，神と
世界を混同するスピノザ主義の臭いがする。〔書評の〕執
筆者は，そうした必然主義の中に予定調和の帰結を見てと
る。予定調和を「著者〔ウトヴィル〕は言及することなし
にここで採用している」。この教義が意味するのは「いっ
さいの自由，いっさいの摂理，いっさいの霊性の破壊」で
ある[88]。なぜなら，それは，機械的諸原因の必然的秩序と，
諸行為の自由で非連続な秩序を混同することになるからで
ある。

　　ひとはメカニズムに従う物体や天体の進行を予見し予
　　想することができる。しかし，精神の進行はどうやっ
　　て予想できるのか。まして，例えば人間の身体のよう
　　に実際に自由をもった精神によって動かされた物体の
　　進行をどうやって予想できるのか？　もしそのような
　　ことを強弁し得る者がいるとすれば，それはスピノザ
　　主義者を措いてない。[89]

　個々の精神を個々の物体のように考える者は，諸精神を
不特定の諸物体のように考えるのと大してかわらない。言
い換えれば，ライプニッツ的必然主義から唯物論へという
この帰結は決定的である。それはこの〔書評執筆者である〕
イエズス会士がなおも明示的には引き出さないよう気を付
けている帰結である。
　そのような帰結が明らかになるにはなお数年待たねばな
らないだろう。〔すなわち〕間接的な仕方で，その余波と
して，ライプニッツへの関心の復活を刺激し，ライプニッ

---

　87)　同上，1526–1527 頁。
　88)　同上，1529 頁。
　89)　同上，1530 頁。

c. 断絶 (1737年), オプティミスムの創案   539

ツの立場に対してきわめて激しい批判をひき起こし,「オ
プティミスム」という言葉を生むことになる出来事は, ア
レクサンダー・ポープの『人間論』の仏訳が1736年に出
版されたことである。この詩は大成功をおさめ, 再版さ
れ, 新訳がお目見えする。直接的には, このイギリスの詩
人とライプニッツとが[90],〔すなわち〕「存在するものはす
べて善い」(Tout ce qui est, est bien) とスィルエットによっ
て訳された「何であれ存在するものは善い」(Whatever is,
is right)[91]と,「全体は最善である」(Le Tout est le meilleur)
とが関連づけられる。たしかにポープには, 神の知恵がそ
れらの中から最善を選択すべき「可能な諸システム」への
明示的な言及がある[92]。アレッサンドロ・ザンコナートが
指摘するように, このライプニッツへのほのめかしは奇
抜なものではあるが,「ポープに関するフランスの論壇に
おいて, 二つのオプティミスムの同一視につよく貢献し
た」[93]。そしてそれは, 両者のあいだの実際のそして深い違
いを無視してのことであり, かのイギリス人作家〔ポープ〕
はあのドイツ人哲学者〔ライプニッツ〕を一度も読んだこ
とがないと主張するスィルエットの抗議にもかかわらずの

---

90)   例えば, 以下を参照。『学芸雑誌』1736年4月：ポープ『人
間論』〔仏語訳〕(*Essai sur l'Homme, traduit de l' Anglois en François
par M. D. S.*〔= M. Étienne de Silhouette〕), 1735, p. 704–705. なお,
この〔書評の〕執筆者はクラークとマルブランシュをも引用している。

91)   *Essai sur l'homme. Par Monsieur Pope* […]. *Édition revue par
le traducteur*, Lausanne, 1737, Épître I, p. 17, Épître IV, p. 63 et p. 77.

92)   ポープ『人間論』書簡1, 第43–45行：「もしかの無限なる
「叡智」が, ／凡そ可能なる組織の中で, 必ずや最高なるものを形づ
くり, ／一つに集まる力が失われぬかぎり, すべては充実し」〔上田
勤訳, ポウプ『人間論』岩波文庫, 1950年〕。

93)   *La dispute de fatalism en France, 1730–1760*, Alessandro
Zanconato, Schena Editore, Presses de l'Université de Paris-Sorbonne
2004, p.16.

540 終章 フランスにおけるオプティミスムの運命

ことであった[94]！

『トレヴー紀要』に 1736 年 6 月に出た最初の書評はこの詩をきわめて称賛するもので[95]，スピノザ主義だとの非難に対してそれを擁護するまでに至るのだが，しかし翌 1737 年，『人間論と題したポープ氏の著書についての考察』と題する二つの記事が刊行された。〔そこでの〕急激な変化は全面的なものである。すなわち，それらの記事は，その〔ポープの〕「自然宗教の体系」[96]を，キリスト教の敵であり，原罪とキリストの功績を無視することによって当代の理神論者たちに相応しいと激しく暴きたてている[97]。哲学的に過ぎない信仰，キリスト教教義の無視，礼拝の事柄や信仰の仕方に対する無関心，宗派の違いを超えた融合等々[98]。これらの非難こそは，同じ 1737 年に，イエズス会士たちが『弁神論』について行なった書評の中でライプニッツに宛てたとわかる非難なのだ。ドイツ人の著作とイギリス人の著作，この両人の著作がパラレルに読まれ，その批判者──〔二つの記事の〕執筆者は同一人物，すなわちカステルだろう──によって，いずれも本質的に反キリスト教的な哲学の二つの変形だとみなされたのは明白である。

---

94) バーバー，前掲書，117 頁。

95) とはいえ若干のニュアンスは伴っている。ポープは啓示の徴しのもとに身を置いていないし，彼のいう神はただ理性のみによって知られ称えられる（記事 LXIV，1216–1218 頁）。

96) 〔『トレヴー紀要』〕1737 年 3 月，記事 XXVI，403 頁。

97) 同上，406，409 頁（そこでこの執筆者はマシュー・ティンダルと，1730 年にロンドンで出版されたその『創造と等しく古いキリスト教』を引き合いに出す。423 頁も参照）：〔『トレヴー紀要』〕1737 年 4 月，記事 XLV，717–721 頁。

98) ポープは「平和を全般的なものにし，すべての人々を同一の信において再統合する巧みな交渉人」である，と言明されている（〔『トレヴー紀要』〕1737 年 3 月，記事 XXVI，411 頁）。

c. 断絶（1737年），オプティミスムの創案 541

　ジョクール（ド・ヌフヴィル氏という偽名で）による
『弁神論』の1734年の再版は，ライプニッツの伝記と著
作一覧を付したものだが，そのときまで人目を惹くことは
ほとんどなかった。唯一『文芸雑誌』だけがそれの書評
の労をとったのだが[99]，『学芸雑誌』にも『トレヴー紀要』
のなかにも〔書評は〕ひとつもない。それについてはとく
に述べることはないとみなされていたのだろうか？　そし
て，最善可能世界の教説は，抽象的な形而上学的体系への
公衆の無関心とともに，以後は時代遅れとなり，ウトヴィ
ルという短い挿話の後もはやほとんど読者を見出さなく
なったとみなされていたのだろうか？　しかし今この教説
が戻って来たのだ。それはドイツからではなくイギリスか
ら，別の詩的で，魅力的な，分かりやすい形態をまとっ
て。そして今やこの教説が熱狂をひきおこしていた。そこ
にイエズス会士たちは危険を察知する。ライプニッツの教
説と，宗教の二つの大きな敵——すなわち理神論と唯物論
——とのあいだに突如形成される同盟という危険を察知し
た。しかし，この同盟を証明するためには，テクストに戻
らなければならなかった。つまり，テクストが神学面でも
道徳面でも有害なものの萌芽を含むということを示し，ラ
イプニッツ主義との断絶を——正当化すると同時に——
明示しなければならない。当の雑誌〔『トレヴー紀要』〕に
よってその時まで詳しく考察されてきたひとりの著者〔ラ
イプニッツ〕について，こうした態度の変化というもの
は（たしかに1721年以来多くの記事で用意されていたが）
多少の説明を要求する。『トレヴー紀要』はかくして1737
年に立て続けに『弁神論』のジョクール版に関する四つの
長い記事（1月，2月，3月，6月）を公にし，1738年4月

　99）　1734年以降，第XXII巻，第1部（記事VIII，166–190頁），
及び第2部（記事III，276–294頁）。

542 終章 フランスにおけるオプティミスムの運命

には〔『弁神論』冒頭の〕『信仰と理性の一致についての緒
論』についての記事が加わる。

その執筆者によれば,「かくも褒めそやされ,かつ多分
あまりに無名の」[100]著作『弁神論』,は〔それ自体ひとつ
の〕「問題」(problème) である。というのも,ライプニッ
ツの実際の意図,または想定された意図が何であれ,彼の
テクストの正統性(orthodoxie)や彼の「真正なカトリッ
ク信仰」には疑問の余地があるからである。この問題は,
一方では著者〔ライプニッツ〕によって用いられている方
法(正反対の教義や党派を一致させようとする「調停の技
法」,「交渉」)に起因し,他方ではその読者,とりわけイ
エズス会士たちの期待と関心に起因する。カトリック信者
の或る者たちはライプニッツのうちに懐疑主義者ベールへ
の敵対者を発見して喜び,彼〔ライプニッツ〕をカトリッ
クに改宗させる希望を抱いたが,しかし彼らは過度に甘く
誤りを犯し,そのうえこのドイツ人哲学者の教説の正確な
ところを詳細に検討するのを拒むことで,いわば故意に判
断を誤ったのである。たしかに〔彼をカトリックに改宗さ
せることは〕やってみる価値はある:

> ライプニッツ氏はひとつの獲物であり,しかも有益で
> 名誉なそれでさえあった。著名なカトリック信者は一
> 人ならず,それは〔カトリック信者の〕雄弁と熱意の
> ためにあると考えた。〔この獲物を〕獲得する望みが
> 議論の真の核心から目を閉じさせた。すなわち,人々
> はライプニッツ氏をあまりに小心な仕方で真なるもの
> [真の宗教]へ連れ戻そうとして,彼を真なるものか
> ら遠ざけることを,不安から怠ったのである。[101]

---

100) 『トレヴー紀要』1737 年 2 月,記事 XIII,197 頁。
101) 同上,201–202 頁。

c. 断絶 (1737 年), オプティミスムの創案　　543

それは高慢の罪だろうか？　おそらくここでは遺恨は僅かなものである。なぜなら改宗は起きず，あるいは期待された〔ライプニッツの〕側からは行なわれなかったからだ。「穏健派」のイエズス会士たち——執筆者はここでは彼らのことを指弾している——はライプニッツの教説を蚤屓にした。しかしもし彼らが〔ライプニッツ説の真の検討という〕その労をとっていれば，この教説が実際にはカトリックの立場には役立たないことに気づいただろうに。

この執筆者は，他の人々がやらなかったか，やろうとしなかった検討作業を行なおうと企てる。すなわち，遺漏無く完全で，「信頼以上に義務による」書評を企てる[102]。プファッフとル・クレールによって擁護された二重のテーゼをすっかり拒否し，また，ベールへの非難においてはライプニッツに誠意を認めながらこの執筆者は次のように警告する。「『弁神論』は正統と言えるような書物ではない。逆にそこにはこれからわれわれが示す多くの誤謬が見出されると考えられる」。しかしながら，このような理由でライプニッツとベールのどちらの肩ももたないというわけにはいくまい：

　　それ〔『弁神論』〕は，ベール氏の全著作を汚染する懐疑主義的悪意に満ちているのではない。ライプニッツ氏の誤謬は，あまりにもすべての事物を理性の光に従わせようとする彼のあまりに哲学的であまりに推論家的な精神から発している，つまり，体系を作ることにあまりに慣れ，そして自然と物理学とのテーゼにおけるのと同じ容易さで信仰のテーマにおいても姿をくらますような精神から発しているとわれわれには思われる。ベール氏のきどった懐疑は，心底から，それも抜

---

102)　同上，198 頁。

544 終章 フランスにおけるオプティミスムの運命

け目ない批判的な心から発しているようである。それ
は好んで罠を仕掛け，諸々の異議の種をまきちらし，
良心のはたらきを妨げ，人々の精神を困惑させるよう
な心である。〔そこでは〕或る者は欺かれ，他方は欺
こうとし，そして手練れのペテン師を公言するのであ
る。[103]

　ライプニッツはベールではないが，しかし彼らは似てい
る。一方は或る種他方の転倒した姿である。前者は，いた
るところであらゆるテーマについて，あらゆる人々，あら
ゆる党派，あらゆる意見を仲裁しようとした[104]。その体系
は「他のあらゆる体系からなる複合」である[105]。後者つま
りベールは，体系に関しては「否定的な」調停者であっ
た。彼はあらゆる真理を拒み，あらゆる体系の欠陥を示し
てみせ，そのどれにも与しなかった。

　　じっさい，一方〔のライプニッツ〕にとってはすべて
　が真であり，他方〔のベール〕にとってはすべてが偽
　である，そして，表面では彼らを分かつが，裏面では
　うまく結びつける二つの先端で彼らは手を握ることが
　できると言えば，この二人の高名な著者をそれぞれ特
　徴づけることができるように思われる。[106]

　このイエズス会士にとって，相反するものを和解させる

────────────
　103)　同上，203-204 頁。
　104)　『トレヴー紀要』1737 年 1 月，記事 XLVII，8，34 頁。
　105)　『トレヴー紀要』1738 年 4 月，記事 XLVII，701 頁：「ベー
ルはすべてを破壊しようとして，すべてを分裂させた。ライプニッツ
氏は反対にすべてを和解させる手段を求めた。後者の体系はあらゆる
異なる体系からなる複合物である。前者の体系はこうしたものを何一
つもたず，すべての人々を困惑させる」。
　106)　『トレヴー紀要』1737 年 2 月，記事 XIII，201 頁。

c. 断絶 (1737年), オプティミスムの創案   545

という，神学に適用されたライプニッツ的方法は次のような根本的確信に基づく。すなわち，或る教義の統一はそれを概念把握し説明する手段の多様性を妨げない，という確信である。それは信仰に，「中庸と極端をもつ一種の自由 (latitude)」を与える。しかるに，「両極端は相通じる。異質なものが結びつくのは両極端によってなのだ。それゆえ，まさにそこからライプニッツ氏はすべてを調停しようとする」[107]。寛容であるとの〔ライプニッツへの〕批判はすでに 1721 年に定式化されていたが，ここに再び現れる。しかるに，すでに見たように，神父たちにとって，寛容は宗教の事柄への無関心に，理神論に，それどころか無神論に導くものである。

その調停者〔ライプニッツ〕を駆り立てる信念はしかしもっと遠いところからくる。この〔書評の〕執筆者は序言でその〔信念の〕起源と明確な定式を確認している。それは，賢明で啓蒙された人間が肯定する事にはつねに真理があるというものだ。また，誤りが見出されるのは，彼らが否定する事柄や，他者への批判の中だけである[108]。調停と寛容との理由は与えられている。すなわち，すべては調

---

107) 同上，204 頁。この執筆者は，ライプニッツがこの方法を応用する例として，三つの問題をあげている (205 頁から 206 頁)。すなわち，恩寵，受肉，そして政治（皇帝と教皇の権威の下にヨーロッパ諸侯を再統合するという彼の計画）である。

108) Th Préface:「しかし私は，格別有能な人々の間の争いでは通常は［…］どちらの側にも理があるが，異なっている点では，攻撃する側よりも擁護する側に理があるのを見出した［…］」(GP VI, 46)。明らかに，この執筆者の言い方は，1714 年 1 月 10 日付レモン宛書簡でライプニッツが用いたそれをさらに思い起こさせる：「私が見出したのは，党派の大部分が自分たちの述べていることのうち良い部分では理があり，彼らが否定していることの多くにおいてはそうではないということである」(GP III, 607)。この書簡は，『選集』（第 2 巻，アムステルダム，1720 年，134 頁）においてこれを刊行したデ・メゾーのおかげで知られることになった。

546　終章　フランスにおけるオプティミスムの運命

停可能である，なぜならすべては根底では真なのだから。そしてすべてが真なのであれば，すべては受け容れられる（tolérable）。誰でも自分の欲するところを考え信じることができる。だれもが理性を有している。だがそこでもまたベールが鏡映し，反対に，だれもが間違っていると主張する，そして，「あらゆる種類の主張と真理を破壊するために，さまざまな党派間の相互否定」を指摘しようと努める[109]。この対照は，それぞれの独自性と同時に，二人の相棒の隠された共犯関係とまでは言えないにしても，類似性をとらえることを許すのである：

　　　この二人の稀有な，それぞれ〔人間という〕種において唯一でさえある人間は互いに向かい合う。それはまるでモリエールに出てくる，すべての点で衝突する診察中の医師たちのごとく，一方は「たいへん良い」と言い，他方は「たいへん悪い」という。「たいへんよい」がライプニッツ氏の方であることは察しがつく。じっさい，それは彼の言葉であり，あらゆる困難における彼の解決法なのである。彼は専門用語でこれを「最善なるものの理由」，あるいはより学者らしく，そして神学的にも幾何学的にも，「最善なるもの」（Optimum）の体系，すなわち「オプティミスム」（Optimisme）と呼ぶ。[110]

───────────

109)　『トレヴー紀要』1737 年 2 月，記事 XIII，206 頁。
110)　同上，206–207 頁。　執筆者はここで複数の出典を混入させているようだ。すなわち，モリエールについては *Monsieur de Pourceaugnac* (I, 8) と *Le Médecin malgré lui* (II, 4) からだが，それだけでなくラ・フォンテーヌも混じっている。彼〔ラ・フォンテーヌ〕は「医師たち」（『寓話集』第 5 巻 12）のなかで，同じ病を回診して「大変悪い」と言う医師と，「大変よい」と言う同僚医師とを登場させている。

c.　断絶（1737年），オプティミスムの創案　547

「すべては真である」から，ひとは難なく「すべては善
い」へと移行し，「すべては偽である」から，「すべては
悪い」に至る。表と裏，〔つまり〕ライプニッツとベール
は同じメダルの表面と裏面，同じヤヌスの二つの顔であ
る。彼らが双生児のようであるのは滑稽なことになる。彼
らは笑いを誘うのだ。それゆえヴォルテールは，「あらゆ
る難点」に答える代わりに倦まず繰り返されるこの「大変
善い」のなかに，喜劇的な強力バネを発見した最初の人物
ではないことになるであろう。〔ヴォルテール『カンディー
ド』の〕パングロスは，この執筆者がモリエール〔の作品
中〕に見出したオプティミストの医師を引き継ぐだろう。

　「オプティミスム」なる語の誕生である。それは，その
最高原理が思想と信仰に関する絶対的寛容であるところの
体系を，またそういう方法（反対者の一致）の適用を描
く。それは和解の道具でありその実現の手段である[111]。そ
の語の一般的な意味，ないしはその言うなれば精神，つ
まりオプティミスムの精神は以上のとおりである。しかし
さらにそれの特殊な含意を，とくに神学的な面で，悪と摂
理に関して明確にしておく必要がある。なぜなら，そこに
こそ〔オプティミスムなる語の〕真の姿が示されるからで
ある。自然や道徳の無秩序にかこつけ摂理を批判する者た
ちに対して，

　　〔…〕人間性に満ちた新しい調停者は次のように答え
　　た。すなわち，悪は存在せず，批判すべきこともな
　　い。すべては善であり，あるいは少なくとも善のた

---

111)　「疑いなくわれわれの著者は，ただ対立する両項の一方と
してのみ，こちらの〔オプティミスムの〕側についたのだが，その
両項とは，それによって他のあらゆる類の哲学的および神学的な対立
を仲裁できる，と彼が得意になっていたところのものなのだ」（『トレ
ヴー紀要』1737年2月，記事XIII，208頁）。

548   終章　フランスにおけるオプティミスムの運命

め，またより大きな善のためにある。結局は「窮乏を
このように考える」(Sic volvere parcas) ことである。
神は最善を尽くしているので，神はもっとより善く作
ることができなかっただけでなく，別様に作ること
ができなかった。その場合，つねに最善に向けられた
その善意も，この最善を完全に知っているその知恵
も，より少なく善であるものを，すなわち最善が競合
しているのに，より少なく善であるものを神が選択す
ることを許さなかったように思われる。というのも，
この体系はまさにそこに向かうのであり，ライプニッ
ツ氏も明らかにそこまで進めているからである。[112]

　神の知恵とともに能力をそして善意さえも制限するこ
のテーゼは，『トレヴー辞典』において〔ライプニッツの
それに〕近い言い方で要約されているのが見出される[113]。
たしかにライプニッツはこのような仕方で考える唯一人で
もなければ最初の者でもないし，他の神学者たちも「オプ
ティミスト」だった。マルブランシュもそうだ。しかし，
ライプニッツ的なオプティミスムは一つの特有の意味と，
〔そこから〕引き出されるべき諸々の帰結とを有している。
とはいえ，これらの諸帰結はこの著者〔ライプニッツ〕に
よって必ずしも予見されている訳ではない：

　　オプティミスム，少なくともライプニッツ氏のそれ
　　は，ひとつの偽装した唯物論であり，精神的スピノザ
　　主義に過ぎない，またそれに関する著者〔ライプニッ
　　ツ〕の全学説は多くの箇所で疑わしさの域を超えてい

────────────
112)　同上，207–208 頁。
113)　本書 485 頁の引用を参照。

c. 断絶（1737 年），オプティミスムの創案　　549

る。[114]

　思い起こそう，イエズス会士たちの考えでは「「スピノ
ザ主義」の原理とは，質料とその諸変様の他には絶対に何
も存在しない［…］」というものであることを[115]，そして
スピノザにとって神は知性的で無限に完全な存在者ではな
く，「全被造物に拡がる自然の力」に過ぎないことを[116]。
スピノザ主義はさらに宿命論である。それはあらゆる事物
を機械的法則の必然性に服せしめる。なぜなら，それは根
本的にはデカルトの体系がその最終的な帰結にまでもたら
されたものに過ぎないからである[117]。
　しかるに，ライプニッツの形而上学のなかに，この完全
な唯物論は，この（無限にして永遠と宣言された）世界と
神との混同は，この絶対的な必然主義は見出されないだろ
うか？　予定調和は，精神と身体を「盲目的で純粋に物体
的なメカニズムと同じ法則」に従わせる。動物の不滅は身
体と魂に「被造的な不死性よりもむしろ神と共通の永遠性
（coéternité）」を与える。「なかば物質，なかば精神である
彼の「モナド」はしたがってまったくのストラトン主義的
なもの，スピノザ主義的なものである」[118]。間違いなく以
上が，この〔書評の〕執筆者が「偽装した」唯物論につい
て語る理由である。なぜなら，ひとつの二重の運動におい
て，ライプニッツは身体を精神化し（身体はモナドの集合

　114）『トレヴー紀要』1737 年 2 月，記事 XIII，208–209 頁。

　115）『トレヴー辞典』第 4 巻，項目「スピノザ主義」，2161 頁。

　116）同上，項目「スピノザ主義者」，2162 頁。

　117）『トレヴー紀要』，1737 年 2 月，記事 XIII，217 頁：「推論
するデカルト主義者なら誰しも，間違いなくそこに至りつくだろう。
すなわち質料の永遠性と無限性に。そこから残余はすべて数学的に生
じる」。同じく『トレヴー紀要』1726 年 5 月，記事 XLII，834 頁（本
書 499 頁の注 36 での引用）。

　118）『トレヴー紀要』1737 年 2 月，記事 XIII，209 頁。

550　終章　フランスにおけるオプティミスムの運命

に還元される)，魂を物質化するからである（モナドはそれ自体が物質の究極的構成素である)[119]。

　ついには「オプティミスムは神をひとつの自動機械として規制する」。そして「最善則に神を従属させることによって，最善なるものは神に対して，選択の自由もいかなる種類の自由も残さない」[120]。執筆者はこの体系の基礎は著者〔ライプニッツ〕の物理学のうちに見出されると考える。ライプニッツはまず物理学者にして数学者なのであり，形而上学と神学にこの「あまりに幾何学的で，あまりに力学的で，あまりにスピノザ主義的で，あまりに自由とは，それが神のであれ人間のであれ両立できないような」近代科学の諸原理を移し替え適用しようとした[121]。これは自由な行為の特殊性を誤認し[122]，霊の領域に物体の秩

---

　119)　「偽装した唯物論」(Matérialisme déguisé) という表現は 1724 年以後に『トレヴー紀要』に現れる。それはカステル神父著『物体の普遍的重力に関する物理学上の論文』への書評に際してのことである。機械論の不十分さを前にして，〔書評の〕執筆者はこう説明する。すなわち，ライプニッツとニュートンは「新しい体系を試みたが，前者が到達したのはただ推論と曖昧な観念か，あるいは，せいぜい偽装した唯物論に過ぎないところの唯心論だけである。他方，後者が把握したのは，隠れた性質に少し似過ぎているように見える […]」(1724 年 4 月，記事 XXVIII, 618 頁)。

　120)　『トレヴー紀要』1737 年 2 月，記事 XIII, 209–210 頁。神を自動機械に比するこうしたやり方は 1724 年以降『物体の普遍的重力についての物理学試論』において提示されていることに人は気づくだろう。そこではカステルは，神を「数学的諸法則に服した機械仕掛けの」自動機械に変形したこれら当代の不敬虔な人々（無神論者，理神論者，そして「自由思想家」）について語っている（第 1 巻，第 4 書，第 5 章，383 頁）。

　121)　『トレヴー紀要』1737 年 2 月，記事 XIII, 215 頁。

　122)　その点をカステルはすでに彼の『物体の普遍的重力についての物理学試論』の時期に強調していた：「[…] それは正確には，霊性を証示する規則性とわれわれが呼ぶものではない。それは，運動またはむしろ精神の活動ほど不規則なものはないということの，ごく不

c. 断絶（1737 年），オプティミスムの創案　　551

序に属する諸原理を導入し[123]，純粋意志が理性にとって代
わる神の至高の独立性と全能を無視することである。そし
て，じっさい，「神の諸作用における完全な知恵を，数学
が曲線の変遷において規制されるのと同様に規制しようと
することは純然たるスピノザ主義である」[124]。ライプニッ
ツのスピノザ主義は霊的（spirituel）である。霊的という
のは，物体を支配する必然性を神自身にまで至る諸精神の
領野に彼が移すからである。これは物質を神化するやり口
であって，神性を物質化するそれに劣らず不敬虔なもので
ある[125]。そして物体を支配する必然性とはじっさいには神
と同等なのである。さらに霊的というのは，ライプニッツ
的スピノザ主義が通俗的唯物論よりも緻密で洗練され巧妙
だからである（またそれゆえ通俗的唯物論よりも危険であ

十分な反省である。スピノザは宇宙の誤認された規則性しか考察して
いないのに，神性そのものを自動機械に変えてしまったのである」（第
1 巻，第 4 書，第 6 章，420–421 頁）。

123)　このイエズス会士は，物理学的秩序におけるこれらの原理
は，諸現象の説明としてすら不十分だと考えている。そこから彼は，
ライプニッツが「悪しき物理学は間違いなく人々を悪しき神学者にす
る」ということの証拠である，と言う（『トレヴー紀要』1737 年 2 月，
記事 XIII，217 頁）。

124)　同紀要 1737 年 3 月，記事 XXVIII，451–452 頁。

125)　カステル神父は，検閲官エロー宛書簡で，「霊的スピノザ
主義」という表現を今度はニュートンに帰するために繰り返すことに
なる。その書簡をとおして彼は，ラ・フォートリエールの『神の観
念に関連して，空虚あるいはニュートン的空間についての試論』の出
版を称賛している。というのも，「[…] ラ・フォートリエールはこの
試論を，新種の「霊的スピノザ主義」の発展を阻止するために大変有
益だと考えているからである。霊的スピノザ主義は著名なるニュート
ンの名を濫用して導入され始めている。それは，ちょうど物質的スピ
ノザ主義が著名なるデカルトの名を濫用して導入されたのと同様であ
る。この二つのスピノザ主義は根本的には同一のものである。一方は
物質を神化し，他方は神を物質化する」（ラ・フォトゥリエールのこ
の著作の附録に収載された書簡，パリ 1739 年，24 頁）。

552　終章　フランスにおけるオプティミスムの運命

る）。

　ゆえにオプティミスムは仮面を剥がされた。それはスピノ
ザ主義，唯物論であり，悪しき物理学と悪しき神学との果
実である。結局はよく知られた教説を叙述するために新し
い語を創り出さねばならないのか？　「弁神論は類まれな，
そしてまったく特異な性質の書である」[126]。このイエズス
会士の執筆者は，表明された体系の中にではないとして
も，とにかく文体，すなわち体系を促進するやり方の中に
新規性を見ている。オプティミスムはすぐれた人々による
新たな発明である，という最後の矢を彼が射ようとするの
は，まさにそこである：

　　これまで，自由思想家たちからの偉大な批判は［宇宙
　の］不完全性をめぐるものだった。もっともベールは
　それについてとくに知っていた訳ではない。このこと
　は特別な注意に値する。これは弁神論についても一つ
　の鍵である。ライプニッツ氏は真に創意のある才能に
　よってまったく新しい道を拓いた，そして，才人ぶっ
　た哲学の新たな様式を導入した。おそらく，それをマ
　ルブランシュが予告していたのだが，そこに悪い意図
　はなかった。いずれにせよ，多くのすぐれた人々がこ
　の霊感に従ったし，今日も従っている。それはもはや
　摂理を批判する様式ではない。これらの〔摂理への〕
　批判はあまりにも陳腐で，あまりにも露骨に不敬虔で
　自由思想的である。自由な空気とは，摂理に賛成し，
　そして万物について，あの「良心の指導者」デプレ
　オー〔＝ボワローの別名〕が「つねに良いと言い続け
　たいずれの大罪にも，良い」と言ったように，「たい

───────────
　126)　『トレヴー紀要』1737 年 3 月，記事 XXVIII, 470 頁。

c. 断絶（1737年），オプティミスムの創案   553

へん良い」と言うことである。[127]

　これが新しさである。すなわち，人はもはや直接的にも明示的にも摂理を攻撃はせず，反対に摂理を受け入れ承認するふりをする。これは実際には摂理をより上手に破壊するためである。マルブランシュ，ライプニッツ，ポープ，ヴォルテールは結局同じことを主張しているのであり，同じ立場に立っているのである：

　　すべては善い。すべては悪い。すべてはとても善い。悪は悪ではない。なぜなら，それは善の必然的な原因なのだから。神にすらそれは必要である。神は悪から善を引き出すことができるだけではなく，悪からしか善を引き出すことができない。しかも，その知恵に反してのみならず，まさにその知恵ゆえにそうなのである。ライプニッツ氏は中庸をえた人物であり，聡明で用心深い人物であって，ただ推論，説得，暗示を通してのみこうしたことを述べた。当代の極端な人たちは

――――――――
　127)　『トレヴー紀要』1737年2月，記事 XIII, 219–220 頁。この一節はおそらく『『人間論』と題するポープ氏の著書についての考察』〔という記事〕に関連づけられる。それは翌月の『トレヴー紀要』（記事 XXVI）に発表された。そこにはこう書かれている（p. 415–416）：「こうした性格の人物［不敬虔な詩人］は啓示を公然と攻撃するには不器用過ぎるのだろうか？　恐らくそうではない。彼は最初の段階から一挙に自分の考えを述べるが無駄に終わった。不敬虔がむき出しになっている書物に対して人は一般に憤慨するものであり，騙されることはほとんどない。それゆえ，彼が隠そうとした自らの危険な意図にとって，哲学において，啓示はまったく入り込まず，またそれは起きなかったとみなされるような宗教の一般的体系を建設する以上に好ましいことを彼は為しえるだろうか〔いや為しえない〕」。弛緩した良心の指導者についてはボワロー『諷刺詩』（Œuvres satire X (p. 127)）。

554   終章　フランスにおけるオプティミスムの運命

これらに欠けることはなくても，〔しかし〕宝庫を暴き，性急に議論した。イギリスではポープなる者が，フランスではヴォルテールなる者が，あたかも彼らはそのための特別な任務をもっているかのように，そして一種の熱狂をもって，散文と韻文でわれわれに絶えずこう説教するのである。悪など存在しない。自然は善である。〔自然を〕支配する体系は麗しき自然のそれである。自然はそれがあるべきとおりにある。自然は別様にはありえない。人間はそこから始まった。無垢の状態は妄想にすぎない等々と。[128]

オプティミスムは，キリスト教をそれの根本教義の一つである罪を拒否することによって破壊する。罪は人間からその無垢を，自然からその純粋さを失わせた。罪は人間の過誤によって世界のうちに導き入れられた。また罪は当初は善きものであった創造を損なった。ライプニッツはベールに答えながら「摂理への誤った非難を，摂理の誤った弁護」に置き換えているだけである[129]。その体系は一直線に「理神論」に至る。それは，自然宗教の諸原理が説明されている『弁神論』序文が示しているとおりである。理性による，つまり啓示から解放された理性による，まったく哲学的で，祭礼も秘儀もないこの宗教[130]は，じっさいにはむしろ宗教の否定である[131]。『弁神論』と『人間論』の双

---

128)　『トレヴー紀要』1737 年 2 月，記事 XIII，221–222 頁。

129)　『トレヴー紀要』1737 年 6 月，記事 LVIII，959 頁。

130)　『フランス語及びラテン語普遍辞典〔通称：トレヴー辞典〕』1721 年，第 2 巻，項目「理神論者」（Déiste），591 頁。自然的信仰へのこうした宗教の還元については，『トレヴー紀要』1737 年 3 月，記事 XXVI，『『人間論』と題するポープ氏の著書に関する考察』421–422 頁も参照。

131)　『トレヴー紀要』1734 年 10 月，記事 XCII（*Nouveaux Essais sur la bonté de Dieu, la liberté de l'homme, et l'origine du mal,*

方についてのイエズス会士たちの判断を報告している『聖
職者通信』が要約するように，この両著作は「ドイツ，オ
ランダ，そしてとりわけイギリスで広まったこの種の自由
思想家の党派に属する。イギリスではこの党派がおおいに
拡大した。この党派は（記者たちが必ず観察しているよう
に）フランスで浸透し，そこで支持者を見出し始めた」[132]。

d. 『百科全書』. . .
——空疎になったオプティミスム——

　遺漏無きを期すため，フランスで 1760 年代まで続くこ
とになる宿命論に関する論争の枠内で，どのようにライプ
ニッツのオプティミスムが受容され解釈されているかが
示されねばなるまい[133]。かのドイツ人哲学者の擁護とその
思想の普及において，エミール・デュ・シャトレが彼女
の『物理学教程』（1740 年）によって果たした役割を調べ
る必要もあろう[134]。〔しかし〕ここでは本報告の諸々の制
限のせいで，それはできない。〔そこで〕宗教的正統の擁
護者たちが「才人ぶった人物」，「自由思想家」，理神論者，
スピノザ主義者，唯物論者，無神論者などのラベルをつけ
て並べていた人物のなかで，ライプニッツが非常に複雑で
ときに矛盾した運命にあったことを観察すればわれわれに

---

traduits de l'Anglois de M. Chubb)，1736 頁。

　　132）　*Nouvelles ecclésiastiques, ou Mémoires pour server à
l'Histoire de la Constitution* Unigenitus, 4 mai 1737, p. 69.

　　133）　これは A. Zanconato の前掲書のテーマである

　　134）　それの，1741 年 5 月の『トレヴー紀要』（記事 XLVI，p.
894–927）における書評がきっかけとなり，イエズス会士たちは，
1737 年にライプニッツに対し既に表明されていた諸々の批判の要点
をくり返すことになる。

556　終章　フランスにおけるオプティミスムの運命

は十分である。「穏健な」オプティミスム[135]から、『リスボンの災厄についての詩』（1756 年）の激しい攻撃へ、次いで『カンディード』の嘲笑へと移行したヴォルテールの場合はもちろん最もよく知られている。唯物論と無神論を助長するライプニッツなのか？　例えばラ・メトリはオプティミスムを引き合いに出すことはないが、[136]ディドロによって『哲学的思想』（第 15 番）に登場した無神論者は、オプティミスムを拒否し、神の現実存在とは反対方向に議論を向ける[137]。ドルバックはと言えば、ライプニッツをデカルト、マルブランシュ、そしてカドワースと同列に並べ、例えば予定調和や機会原因といった説のような「形而上学的小説」や「才気あふれる妄想」の発明者のひとりだ

---

135)　Celada Ballanti, *Job au siècle des Lumières - Voltaire et la crise de la théodicée*, in : *300 Jahre Essais de Théodicée-Rezeption und Transformation*, Wenchao Li/ Wilhelm Schmidt-Biggemann (éd.), *Studia Leibnitiana Supplementa* 36, Franz Steiner Verlag 2013, S. 272.

136)　La Mettrie, *L'Homme machine*, Leiden, 1748, p. 2:「ライプニッツ主義者たちは、彼らの「モナド」とともに、知解不可能な仮説を立てた。彼らは魂を物質化するよりむしろ物質を精神化した」。デカルト、マルブランシュ、ライプニッツ、ヴォルフの才能を称賛しなければならないとしても、「彼らの深淵な省察と全著作からいったいどんな果実が得られたと言うのか？」(p. 8)。

137)　「あなたがたに言うが、神は存在しない。創造は妄想である。世界の永遠性は精神の永遠性と同様に不都合ではない。［…］そして、もし物理的な秩序において目につく諸々の驚異が何らかの知性〔の存在〕を指し示すとすれば、道徳的な秩序において支配的な無秩序は摂理全体を消滅させる。あなたがたに言うが、もしすべてが神なるものの作品であるなら、すべては可能なかぎり善くなければならない。なぜなら、もしすべてが可能なかぎり善いわけではないとしたら、それは神のうちに無能力もしくは悪意があるということだからである。したがって、私が神の現実存在についてもはや納得していないのはこの最善ということのゆえである。そうである以上、私はあなたがたの知識から何を必要とするのか？」(*Œuvres complètes*, édition Assézat et Tourneux, Paris, 1875–1877, vol. 1, p. 131–132)。

としている[138]。

　本書終章の目的はこれらの読者や批判者の目録を作ることではなく，意外な繋がりを示すことである。イエズス会士たちが1737年に蒔いた種は実を結んだ。オプティミスム，その特徴，そしてそれに対する主要な議論の提示は，続く著者たちによって広範にくり返され展開されることになる。この点で百科全書派の面々は，神父たちの判断を修正するどころか彼らと歩を同じくし，最善なるものに関するライプニッツの教説を毀損しようとして彼らが創案した語を疑うことなく繰り返し用い，実際にその語に〔イエズス会士たちと〕同じ不満を結びつけることになる。

　イエズス会士たちが非常に意地悪な照明の下でオプティミスムを描く術を知っていたのは本当である。それはまず，そして何よりオプティミスムを体系（système）にすることによる。「体系的精神」を非難するすべての者にとって，そのような教説が好意的に受け入れられる可能性はきわめて少ない。「オプティミスムの体系」（système de l'optimisme）という表現はダランベールが『序論』で用いたものであるが，それだけでそのように表示された教説の信用を失わせるに十分であったろう。オプティミスムは，あらゆる体系に内在する傾向，すなわちいっさいを説明しようとするこの傾向から生じる。これこそが最大の誤りである。空疎で何も説明しない仮説の源泉である，この抽象的，恣意的，無益な原理に満ちた形而上学の完全な説明こそ，コンディヤックがその『体系論』のなかで告発したものであり，それはダランベールによれば幸いにも学問における流行の過ぎたものである[139]。

　138）　D'Holbach, *Systeme de la Nature*, Première Partie, chap.VII, London 1770, p. 98, note 28.

　139）　*Discours préliminaire* [à l'Encyclopédie], p. xxxi.

558　終章　フランスにおけるオプティミスムの運命

体系に関するこうした一般的な批判に，より特殊な批判
が加わるが，それはライプニッツによって展開された体系
に対応する。項目「オプティミスム」において，ダラン
ベールはそれを数語で要約している。すなわち，オプティ
ミスムは理論的な反論を免れず（なぜ善は悪を介さずには
生じ得ないのか？　オプティミスムは神の自由に反するの
ではないか？），また経験的で有無を言わさぬ反論も免れ
ない（「いかに多くの人間が諸可能世界のうちの最善のも
のにおいて犠牲となっていることか？」）。オプティミスム
は無知の避難所に他ならない。なぜならその論点は，説明
の最後には，神の知恵の底知れぬ深みを再認識する結果に
なるからである[140]。言い換えれば，オプティミスムには理
性と経験が対立するだけではなく，それは何も説明しない
のだ。「オプティミスムのこうした形而上学の全体がきわ
めて空疎なものであることを認めなければならない」と，
この百科全書派の人物は結論している。

項目「ライプニッツ主義あるいはライプニッツの哲学」
のなかでディドロは，それほど厳しくはない判定を下して
いる。というのも，彼はダランベールと同じ反形而上学的
な先入見を懐く訳ではないからである。しかし，『弁神論』
に関する彼の説明は明らかにイエズス会士たちによる分析
から着想を得ている。それを彼は直接にもしくはブルッ
カー（1744年）経由で読んでいた[141]。イエズス会士たちと
同様，ディドロは最善なるものの教説を物理学から派生さ

140）　「これらすべての問いへの答えは二語ですむ，すなわち「お
お，深みよ」（o altitudo!）等々」（[『トレヴー辞典』]項目「オプティ
ミスム」，第11巻，517頁）。

141）　ヤコブ・ブルッカーは彼の著書でイエズス会士たち
の 分 析 を 引 用 し て い る。*Historia Critica Philosophiae: A Tempore
Resuscitatarum in Occidente Litterarum ad nostra tempora* […], Leipzig
1744, period. III, pars II, lib. I, cap. VIII, §xxx, p. 385.

d. 『百科全書』 559

せるが，それは〔以下のように〕人間と神の自由を破壊するという帰結をともなう：

　　[ライプニッツは] 一般物理学について特殊な観念をなおも抱いていた。それは神ができるかぎりの節約をしながらより完全でより善いものを造ったというものである。彼はオプティミスムの創始者，すなわち神をその意志と行為において自動機械となし，古代の人々がいう宿命，つまり諸事物が有る通りに有る必然性を，別の名と精神的な形式のもとに再興すると思われるような体系の創始者である。[142]

　ディドロはより慎重であり——神は自動機械になる「ように思われる」——，その語調に論争的なところは少ない。「霊的スピノザ主義」はひとつの霊的な宿命論となる。しかし，「偽装した唯物論」も仄めかされてはいないか？宿命の信奉者であるこれらの古代人とはストア派の唯物論者にほかならない。理神論に関して，あるいは少なくとも，既成宗教に対するライプニッツのいわゆる軽視に関して，そのことが暗に示唆されている。それはディドロが，たしかにそこから結論を引き出すことはせぬものの，イタリアでの小舟の一件を語り——この逸話をほぼ同じ性質をもつ別のそれに結びつけ，「無神論者アナクサゴラス」を登場させているのだ！——，次いで「自然法の偉大にして厳格なる遵守者」に過ぎないとしてライプニッツを非難する牧師たちの「公にして無益なる叱責」を報告するときのことである[143]。

　　142）　『百科全書』第 9 巻，項目「ライプニッツ主義あるいはライプニッツ哲学」，371 頁。
　　143）　同上，372 頁。

560　終章　フランスにおけるオプティミスムの運命

　スピノザとの同一視が項目「十分な理由,「充足理由律」」
で明らかになることに人は気づくだろう。その項目の著
者（不詳）は，充足理由の原理が世界の偶然性と両立でき
ないと宣告している。じっさい世界の偶然性は均衡的無差
別を前提とするものだが，これはまさに上述の原理によっ
て排除される。「それゆえこう言わねばならない。世界は
偶然的に現実存在するのではなく，「充足理由」のおかげ
で現実存在するのであり，この告白はスピノザ主義の寸前
まで導くものである」[144]。項目「ライプツィヒ」でも理神
論はジョクールによって同じように仄めかされている——
ただしそれは『ライプニッツの生涯』では，ライプニッツ
を不敬虔だとする非難から擁護するために用いられていた
——。この項目〔「ライプツィヒ」〕で彼〔ジョクール〕は
ヴォルテールの判断を引用している。「この著名なるライ
プニッツは［…］1716 年 11 月 14 日にハノーファーで賢
者として亡くなった。七十歳だった。ニュートン同様，神
を崇拝し，人間に相談することはなかった」[145]。理神論〔と
の関連について〕は項目「サラセン人あるいはアラブ人の
哲学」でディドロ自らによって確認されている。そこで彼
がおそらく『弁神論』の序文を参照して主張するのは，ラ
イプニッツにとってキリスト教は自然宗教にも根本的に何
ももたらさないということである。「イスラム教徒が神の
本性についてすぐれた観念を有していること，そしてキリ
スト教はそれより崇高なものにはならなかったとライプ
ニッツが述べているのは正当であることは，認めなければ
ならない」[146]。

　144）『百科全書』第 15 巻，635 頁。
　145）『百 科 全 書』（*Encyclopédie*）　第 9 巻，380 頁。Voltaire,
Collection complette des Œuvres de Mr. De Voltaire, tome 12, *Suite du
siècle de Louis XIV*, Génève, 1769, chap. xxxiv, p. 67.
　146）『百科全書』第 14 巻，670 頁。

d. 『百科全書』   561

　イエズス会士たちにならって，ディドロはライプニッツ
の物理学が彼の予定調和の仮説から直接着想をえていると
評している。予定調和は，「幾何学的に論証された」運動
量と物質とに関する機械的法則を精神の領域に適用するこ
とから帰結する。しかるに百科全書派たちによれば，ライ
プニッツの仮説が解明的なものであることが確かでないだ
けでなく[147]，それが心身の区別を混同して事実を複雑にす
ることも十分あり得る。唯物論の疑いが再び現れる。この
仮説が「多くの難点」を，とくにそれが酷く傷つけるよう
に思われる自由に関して免れないという点を考慮するまで
もない[148]。たしかに「ライプニッツ主義者たち」は，そん
なことはない，人間の自由は守られる，と主張している。
ディドロは付け加える，「人間は〔それが〕できると信じ
よ」と。

　ディドロがライプニッツの言葉を信じていないことはた
しかである。彼は，ライプニッツが絶対的必然性の支持者
であると確信している。そしてそのことを彼は「ライプ
ニッツの自然神学の諸原理」についての解説のなかで，自
らが翻訳するテクストへの誠実を犠牲にして証明しようと
する。ディドロは，ブルッカーの手になる『神の大義』の

　147）　項目「宿命」(fatalité) で，モルレは，この〔予定調和の〕
仮説は巧みではあるが，内心の意見に反しており，自分は真剣なもの
とは考えないと判断して次のように言う：「ライプニッツがプファッ
フ氏宛書簡──1728 年 3 月に『学芸雑誌』の記事のなかで掲載され
た──において，「仮説を立てる際に彼らの才能の強度を試す哲学者
たちも，よく協議してはいるが，その件について真剣には合意してい
ない」（第 6 巻，423 頁）と言っているのはまさに『弁神論』という
彼の秀作のこの部分についてである，と私は確信する」。
　148）　『百科全書』第 9 巻，項目「ライプニッツ主義あるいはライ
プニッツ哲学」，376–377 頁。この意見は，項目「原因」（第 2 巻，
787 頁）と項目「マニ教」（第 10 巻，26 頁）におけるイヴォンの意見
でもある。

562   終章　フランスにおけるオプティミスムの運命

要約版に依拠する[149]。ブルッカーは既に、『弁神論』の意
図を要約するこのラテン語小篇から広範な抜粋を作ってい
た。〔ただ〕恩寵と罪の問題では、彼は啓示神学へのいっ
さいの言及をそこから除外していた。しかし彼がにもかか
わらずその出典を明示し、自然神学だけで満足するという
選択を告げている一方で[150]、ディドロはそうしたことにつ
いて何も述べず、その結果、ライプニッツが実際に自然宗
教にしか同意していなかったと〔読み手に〕想定させ、あ
るいは想定させ得るのだ。しかし、そこにはそれ以上のこ
とがあるか、またはむしろそうでなく、別のことがある。
ディドロは彼独自の要約、抜粋、省略を行なっている。そ
れは、第一に、一書の全体を要約しているレジュメの、そ
のレジュメであり、第二に、これらのさまざまなフィル
ターを一度通したうえで、ライプニッツ原典からディドロ
が最終的に取り上げたものによる一篇の驚くべきテクスト
である、そしてこれは驚くべきものだが、この項目の著
者が懐いている考えに確かに適合したテクストなのであ
る[151]。それは根底では自由を（原理的ないくつかの遠慮が
ちな宣言にもかかわらず）否認し、神と人間の行為に必然
性を課すテクストである。
　ディドロは、怠惰の論理の拒否にあてられた『神の大
義』の諸節（第45節、第106節と第107節）を彼が除外す
る際にはブルッカーに従っている。しかし（ブルッカーで
は全部取り上げられている）第102節からはただ、自由

───────────
　149）〔ブルッカー〕前掲書，第XXXVIII節，432–439頁。
　150）同上，432頁。
　151）この点で、初版に紛れ込んだ誤植（次版では訂正）は面白
い。すなわち、377頁には「意志の本性は自由を仮定し、自由は自発
性と熟慮を仮定する。すなわち、「それらの下に」(sous lesquelles) 必
然性が存するところの条件を仮定する」とあるが、これは、1798年
版で修正されることになるように、「それらなしに」(sans lesquelles)
が正しい。

d. 『百科全書』 563

は「必然性と強制（coaction）を免れている」というテーゼと，「諸事物の未来，出来事の事前決定，神の予知，それらはわれわれの自由には関わらない」というテーゼのみを取り上げる。そして詳細やそれらの証明（第 103 節から第 108 節までを，ブルッカーは自身を部分的ではあるが取り上げていた）については言及していない[152]。神とその振る舞いについてディドロは，神は自動機械としてのみ作用すると読者が結論するのを避ける手段を読者に与えないのである：

> 神は，選択において誤ることはできなかった。その自由はより完全であるというだけである。神が選択したのとは異なった，諸事物の多くの可能な秩序がある。神の知恵と善意を称賛しよう。そこから神の自由に反する何ものも結論しないようにしよう。[153]

ここで要約されている『神の大義』第 21 節には実際には以下のように書かれている：

> というのも，神は選択において誤ることができず，つねに最も適合したものを選択するにもかかわらず，この不可謬性は，神の自由に反するどころか，反対に神の自由をきわめて完全なものにするものである。もしこの不可謬性が神の自由に反するとしたら，それは神の意志の可能な対象が一つしかないか，他の術語でいえば，事物にはただ一つのあり方しかなく，その場合にはもはや選択の余地がないだろう，そして行為者の

---

152) ブルッカーの第 LV–LVIII 節は『弁神論』第 102–105 節を再録している。

153) 項目「ライプニッツ主義あるいはライプニッツ哲学」，377 頁。

564 終章 フランスにおけるオプティミスムの運命

知恵も善意も称賛され得ないであろう。[154]

ディドロがここで，ブルッカーによってテクストに施された変更にのみ追随している点にひとは気づくだろう。つまりブルッカーは〔『神の大義』〕第21節を忠実に再現するが，しかし最後の重要な部分を削除していたのだ。それは「その場合にはもはや選択の余地がないだろう」（quo casu cessaret electio）という部分である！　また先行的意志と帰結的意志のあいだの区別に関する諸節も，ブルッカーのテクストでは重大な欠落を含む。ディドロはそれらの節を要約するが，そこにライプニッツの中にもブルッカーの中にもないような部分を付け加えるのである：

意志は先行的か帰結的である。先行的意志により，神はすべてが善であることを，そして悪が存在しないことを意志する。〔これに対して〕帰結的意志により神は，有るところの善が存在することと，有るところの悪が存在することとを意志する。なぜなら，全体は別様では有り得ないだろうから。[155]

だが原テクストは別のことを言っている。すなわち，悪は帰結的意志のなかに間接的に含まれるのである（第34節）――このテーマについて，ディドロは，およそ善なるものの必要条件（sine qua non）であることと，或る特定の善のためのひとつの手段であることとの間の重大な区別について沈黙している[156]。要するに，われわれの世界を構成する善と悪の混合物を神がそれに従って帰結的に意志する

---

154)　GP VI, 441.
155)　項目「ライプニッツ主義あるいはライプニッツ哲学」，377頁。
156)　Th-CD, §36: GP VI, 444.

ところの理由は，ライプニッツにとっては，全体が別様にはあり得ないということではない。それはまさに別様にあり得るのであって（ディドロがごく部分的にのみくり返している第43節が想起させるとおり），悪のまったく無い世界すらあり得るのである。もっともそれは最善の世界ではないだろうが。

ディドロは第43節から第48節までをまとめる（これらの節をブルッカーは，彼が削除した第45節は別として，事実上変更無しにくりかえしていた）：

> 神の命令は取り消すことができない。なぜなら，神はすべてをもたらす前にすべてを意志したのだから。われわれの祈りとはたらきはその計画に含まれている。そしてその計画は可能なかぎり最善のものであった。それゆえ，諸々の出来事に服従しよう。それらのいくつかは不都合なものかもしれないが，神の業をいささかも非難しないようにしよう。神の業に仕え，服従し，それを愛そう。そして神の善意を全面的に信頼しよう。[157]

〔しかし〕諸事物の秩序への服従とそれへの必然的同意とを強調することは明らかに偏向している。それは読者を，ライプニッツを宿命論の支持者とみなすように仕向ける。ディドロは帰結による必然性すなわち仮定的必然性と，偶然と両立し得る後件の必然性（第43節）との区別や，われわれが望む未来の出来事を手に入れるための祈りと労働の有効性の証明（第44節）や，怠惰な論理の拒絶（第45節，第106・107節）や，ストア主義者たちによっ

---

[157]　項目「ライプニッツ主義あるいはライプニッツ哲学」，377頁。

て説かれたストア主義的宿命，諦念，忍耐とは異なり，神に対する真の愛のことであるかのキリスト教的宿命の諸基礎などを黙殺している。最後にディドロは，罪に対する神の物理的および道徳的な協働の問題に充てられた諸節全体（第60–73節）を無視している。

『神の大義』の注意深い読者は，ライプニッツが必然的ということと，決定されたということとの差異に注意を喚起する文章や，あるいは彼が宇宙とその出来事の偶然性を主張する文章のほぼすべてが〔ディドロでは〕無視されているのを見てただ驚くばかりである。またさらに驚くべきことに，悪の問題（三種の悪の区別）についてのライプニッツの処理と，神の正義（『弁神論』の中心テーマ）についてのそれが，まったくではないものの，ほとんど言及されていないのである！そのテーマについての主要な諸議論を報告する労がもはや取られないという点で，オプティミスムは失格ということなのか？　ダランベールの軽蔑——彼は，オプティミスムは空疎な形而上学から生じると見る——には〔ディドロと〕同様の侮蔑的な無視が対応するであろう。ジョクールのものとされる項目「悪」を読んだ人が懐く見解とはまさにこのようなものである。

ライプニッツの読者にして讃美者であり，1734年版『弁神論』の編者であるジョクールは，そこではこのドイツ人哲学者に対して簡単に次のように述べ，非常に慎重な言及に止めている。

　　この重要な問題をギョーム・キング博士以上にうまく論じたものは誰もいない。その著作はもともとラテン語で書かれ，イギリスのロンドンで1732年に八ツ折版の二巻で出版された。これにはエドモンド・ロー氏

のすぐれた注が付いている［…］。[158]

　そして〔ジョクールは〕，キングの著作を要約した後，
以下のように結論する。

　　いずれにせよ，自然的な善も道徳的な善も世界の中で
　　悪に勝るとするダブリンの著名な大司教の証明とは別
　　に，読者はさらにシャーロックの『摂理論』，ハチス
　　ンの『自然および諸情念の導きについて』（ロンドン，
　　1728 年），ライプニッツの『弁神論』，チャップの『神
　　の道徳的性格の弁明への補遺』，そしてルーカスの
　　『幸福の探求』を参照できる。[159]

　おそらくライプニッツのオプティミスムは，百科全書派
の人たちの中でそれを最もよく知るはずの者がじつは知ら
ず，〔あろうことか〕イギリスの著者たちへの別の言及の
只中で，単なる参考図書としての案内で済ませているとい
う，それほどの不評に陥っていたに違いない[160]。

e.　結論

　イエズス会士たちは，自分たちの立場に役立つように思
われた教説を持ち上げたあと，彼らが自分たちの最大の敵

---

　158)　項目「悪」，第 9 巻，916 頁。
　159)　同上，919 頁。
　160)　項目「マニ教」は言ってみれば例外である。というのも，
この項目は可能な最善世界（le meilleur monde possible）というライ
プニッツのテーゼを再現しているからである。しかしそれは，この
〔テーゼの〕諸帰結を，すなわち自由の否定とあらゆる出来事の必然
性とを暴露するためである（第 10 巻，25–26 頁）。

568　終章　フランスにおけるオプティミスムの運命

とみなす者すなわち理神論者たちによってその教説が継承されているのをみるや、その教説の信用を失墜させるためにありとあらゆることをした。弁神論は彼らにとってはひとつの問題（problème）であった。すなわち、彼らはオプティミスムという術語を発案することによってその問題を解決し、その術語は〔人々に〕受けた。〔だが〕『百科全書』の時代には、弁神論はもはや問題ではなかった。なぜなら、それは本当のところもはや真剣には受けとめられていなかったからである。ディドロは例外か？　『エルヴェシウス論駁』のなかで彼はこう書いている。

　　私は世界の神学者たちの全著作よりも、幾何学、力
　　学、天文学における最も偉大な発見よりも、ライプ
　　ニッツの「予定調和」あるいは「オプティミスム」の
　　中にこそ多くの頭脳を見る。[161]

　この賛辞は両義的である。じっさいディドロは何を称賛しているのだろうか？　頭脳、精神、諸々の誤謬にいたるまで多産であり、どんなに常軌を逸した空想であっても称賛されるような才能。まず拒絶され、次に嘲笑されたオプティミスムは、少なくともフランスでは支持者を見出すことはもはやほとんどない。1788年にコラン・ダルルヴィルが『オプティミストあるいはつねに満足した人間』という戯曲を作った[162]。ヴォルテールとともに、オプティミスムは哲学的コントとなった。それに残されたのは、もはや

---

　　161)　*Réfutation suivi de l'ouvrage d'Helvétius intitulé L'Homme*, in : *Œuvres complètes*, édition Assézat et Tourneux, vol. 2, p. 348.
　　162)　五幕からなる韻文喜劇で、次の言葉で締めくくられる。「［…］人生では、／幸福は遅かれ早かれ苦痛を忘れさせる。／それが心地よければよいほど、善き人、心優しき人は言いうるのだ、すべては善い（Tout est bien）、と」。

e. 結論

通俗喜劇のテーマとなることだけであった。

訳者解説

本書は，Paul Rateau, *Leibniz et le meilleur des mondes possibles,* Paris, Classiques Garnier 2015 の全訳で，本邦初訳である。これは，著者ポール・ラトーがもう十五年以上も一貫して行なっているライプニッツ『弁神論』の分析と，その思惟の再構成の仕事をさらに展開するもので，2008 年の第一書『ライプニッツにおける悪の問題——弁神論の諸基礎と改良』(*La question du mal chez Leibniz. Fondements et élaboration de la Théodicée.* 英訳：Oxford Univ. Press 2019) に続く第二書となる。また，彼はライプニッツの弁神論について多くの論文を発表するだけでなく，国際的専門誌『ライプニッツ研究』において立て続けに論文集を編集したことでも話題を呼んだ。すなわち，*L'idée de théodicée de Leibniz à Kant : héritage, transformations, critiques* (*Studia Leibnitiana Sonderhefte,* 36, 2009)，および *Lectures et interprétations des Essais de théodicée de G. W. Leibniz* (40, 2011) がそれである。

ライプニッツの『弁神論』(*Théodicée,* 1710) は一般には長い間，通俗書あるいは論争書とみなされ，本来の意図や内容からは逸脱して受け取られていた。またライプニッツ研究の内部でも何か"軽めの本"とか"引用集"と見る向きが少なくはなかったのである。そのような受容史を一新したのが，2 巻 936 頁からなる『ライプニッツ未公刊テクスト集』(1948 年) の編者グリュアである。グリュアは，

訳者解説 571

それまで殆ど研究されてこなかった自然神学，弁神論，正
義などに関するライプニッツの思想を，ライプニッツ自身
に語らせ，年代的な発展に沿い明らかにした二冊の著書，
Jurisprudence universelle et théodicée selon Leibniz, 1953 と，
La justice humaine selon Leibniz, 1956 を刊行した。これに
より本格的に『弁神論』の内在的読解に先鞭がつけられ
た。ラトーはこうした『弁神論』研究をさらに前進させ，
その「近代化」を成し遂げたと評される。ラトーは，この
総合的かつ緻密に構成され，論証的かつ証明的に展開され
たライプニッツ生前最大の著作に対し，その理論的な重層
性を解き明かすとともに，ライプニッツの哲学全体におけ
るその重要性を正当に指摘し，その再評価・復権への道筋
をしっかりとつけた，といえよう。

1. 本書の特色，立場

本書の特色は，『弁神論』というこの複雑きわまりない
総合書の精緻で徹底した読解である。さらに本書第 1–8
章は，『弁神論』の「最善世界説」に結集されたライプ
ニッツの思想的努力を，実体の形而上学から，認識論，道
徳論，神学に至る拡がりのなかで徹底的に解明する試みで
ある。本書は『弁神論』の従来の一面的で皮相的な解釈史
を一挙に刷新するものである，といっても過言ではない。
著者ラトーが『弁神論』読解のために設けたいくつもの鋭
利な切り口は本書の序章に示されている：

- 三つのテーゼ／立場
    神学的な一義性（univocité）；認識論的な一義性；
    理性と信仰の一致
- 三つのアプローチ

法学的；神学的；人間学的
- 弁神論の「二つの面」
  教説（doctrinal）な面
  弁護的（défensif）な面（カントはこの面しか見て
  いない）
- 二つの証明法
  「論証」（démonstration）―必然的論証
  「証明」（preuve）―道徳的論証
- 「可能性（神の全能）と現実性（神の知恵と善意）の
  区別」。「能力と意志の区別」：
  可能性においては，全能の神は最善以外のものも
  選択できる（→絶対的必然性）・
  現実性においては，善意の神は最善以外のものを
  選択できない（→偶然性）

　以上の切り口や概念装置を幾重にも仕掛けながら，ラ
トーは，「神は最善以外のものを選択することはできな
かった，つまり最善を選択しないことはできなかった」，
つまり「諸可能世界のうち最も完全なもの以外のものを創
造することは，論理的にではなく道徳的に不可能だった。
それは矛盾を含むのではなく不完全性を含むからである」
と結論するのである。

　アダムズ（R. M. Adams, *Leibniz. Determinist, Theist,
Idealist*, 1994）が提起した，「命題《神は最善を選択する》
が偶然真理であることを示そうとライプニッツが提起した
論は失敗している」との批判に対し，ラトーは明確に反論
する。すなわち，アダムズによれば，ライプニッツでは，
自由な意志決定とは，意志することを意志するということ
であり，これは無限遡進に陥っているとされるのだが，そ
んなことはない，と。「神は最善を選択する」という『弁
神論』の主張は，ラトーによれば，厳密な意味での「論

証」ではなく，道徳的な意味で「証明」される，というべきなのである。

　ラトーの本書の目的は，「諸々の可能世界のなかの最善」すなわち「最善世界」についてのライプニッツの理論の意味とその深いオリジナリティを解明すること，そして，悪〔の起源〕を説明し，神〔の摂理〕を正当化することを見据えた他の哲学的試みに関連づけて示すことである。またそれは，ライプニッツの理論がいかなるタイプの道徳に達し，これを促進するのかを示し，もって実践計画に関する彼のテーゼの内容と射程を考察することでもある。ラトーが示しているように，「諸々の可能世界のなかで最善のもの」すなわち「最善世界」の説が完全に理解されるとすれば，それは，ライプニッツが「世界」，「可能性」，「共可能性」，「完成」そして「最善」などの概念に与えている特殊な意味を把握するという条件においてのみである。ライプニッツにとって，最善であるところのもの，それは，あるひとつの部分，あるひとつの瞬間ではなく，無限な全体として受け取られた世界なのであり，そういう無限世界とは，すべての被造物と，それらからなる現実の出来事の全部として，すべての時間とすべての場所において見られたものなのである。「諸可能世界の最善」が「悪」を受入れることができるのは，またそれが「悪」の存在と両立（compatible）しうるのは，まさにそのためである。

　このようにラトーは，ライプニッツが『弁神論』に縦横に設けた論理設定を明示し，腑分けしつつ，それにより，最善世界説に込められた真剣な思惟動機に照明をあてる。それはライプニッツの意図を積極的なものとして理解しようとする態度となっている。そして返す刀でラトーは，ベールやカントからの批判を無効化し無力化する。そうしたラトーの主張は，しかしただライプニッツの肩をもつという党派的なものではなく，上述のように，『弁神論』の

論理的，概念的な解析によって十分に説得力のあるものとなっている。これを共時的な視点とすれば，さらに，いわゆる「オプティミスム」論争を軸に，『トレヴー紀要』から『百科全書』までの18世紀フランス精神史における『弁神論』受容の考察が通時的な視点として加わる（本書終章）。どこまでも論理的内在的なテクストの構造分析と，そして同時に，多彩で豊かな受容史の歴史考察とが，まさに縦軸と横軸として織り成す本書は，まさに「弁神論研究の近代化」と称されるに相応しい。

　ラトーの本書は新しい探究の次元を切り開くものでもあるが，それは，「悪」と「神の正義」についての反省がライプニッツにおいてもつ中心的性格を明らかにするだけではない。それはさらに，西洋思想史における「悪と，神の正義」という問題系の重要性を認識することによっても切り開かれる。具体的にはラトーは，「諸可能世界の最善」という教説が，これを非難し揶揄しようとしたイエズス会士たちに「オプティミスム」（最善主義）なる語を考案させるに至った経緯にとりわけ注目するのである。ライプニッツ的弁神論の後代の諸解釈，そしてそれらが引き起こす批判が織りなす一連の思想ダイナミズムへの関心は，さらに，他の歴史的伝統や他のエポックを考察することへわれわれを招く。ラトーによれば，これらの考察はライプニッツ的立場の再獲得か，逆にその拒絶かのどちらかとなるであろう。

2.　著者の前著『ライプニッツにおける悪の問題』との関係

　ところで，本書（2015）は，著者の前著（『ライプニッツにおける悪の問題』2008）とはどのような関係にあるの

だろうか。ラトー自身が監訳者に語ったところによれば，両著はどちらも『弁神論』の内在的考察でありながら，しかし問いのモチーフが異なる：

1）悪，およびその現実存在は，正であり善であると言われる神の下では，いかにして正当化されうるのか。この問題に結びつけられているのは次のような問いである：「神は悪の作者か」，「神はそこに貢献するのか」，「悪の起源とは何か」，「人間は悪を自由にそれとも必然的に行なうのか」。アプローチはここでは歴史的（historique）かつ発生的（génètique）である。

2）いかなる理論的基礎のうえにライプニッツは，われわれの世界が「諸可能世界の最善」であることを肯定できるのか。いかなる意味においてわれわれの世界は最善なのか。別のもっと完全な世界が可能ではなかったのか。この世界は最善だとしても，それは進歩ということと整合しうるのか。われわれは自らの行動を導くためには世界においていかなる道徳に従うのか。本書では，悪について，上の前著のように直接的にではなく，むしろ分析的に問われている。つまり前著と本書とは相補的であって，混同も反復もない。弁神論は両方の問題を含み，扱うからである。

弁神論 $\begin{cases} 「悪」について（Rateau, 2008） \\ 「諸可能世界の最善」について（Rateau, 2015） \end{cases}$

要するに，『弁神論』は悪論と最善世界論の両輪からなる，というのがラトーの解釈である。しかも最善世界論こそ弁神論の思惟を「肯定の道」で完成させるものであり，われわれの道徳への指針ともなり得る。現在のラトーの研究もまさにこの「最善世界」ということに集中するのであり，本書はラトーの『弁神論』研究の最もアクチュアルな部分であるといっても過言ではない。ラトーが，自著の初

576   訳者解説

めてとなる日本語訳として，悪論の前著ではなく，まさに
本書を望んだ所以でもあるだろう。

3. 『弁神論』の受容史，研究史

　ライプニッツの『弁神論』（テオス−ディケー＝神の−正
義）は，17–18世紀ヨーロッパの共通語だったフランス語
で書かれ，しかも流布しやすさを考え小型の八ツ折判で刊
行された。その副題「神の善意，人間の自由，悪の起源」
が示すように，当時の人々の精神生活にとって切実な話
題を集める。1710年にアムステルダムの書肆から（最初
は匿名で）刊行され，二年後には再版がなされ，ヨーロッ
パの思想，宗教，文学界において多く読まれ，賛否をまき
おこしてきた。人が近代的であると同時に伝統を守るには
どうすべきかが示されていたからである。当時流行し始め
ていた自由思想家たちの批判的論調に対し，ライプニッツ
は，聖書の教えは近代の世界像とあくまで一致し得るとし
て，理性的信仰を弁護する。
　しかし，この世界が神によって選ばれた最善世界である
という説は，先述のように，ライプニッツの死後，トレ
ヴーのイエズス会士から「オプティミスム」（Optimisme）
であると揶揄され（1737年），新旧両教会からも攻撃され，
さらにヴォルテールの『カンディード』（1759年）によっ
て露骨な嘲笑の対象とされた。しかし，そのような論難が
まったくの誤解であることに気づいた読者は稀だった。
　その後も『弁神論』への非好意的な態度は続く。批判哲
学に立つカントは『弁神論のあらゆる哲学的試みの失敗に
ついて』（1791年）を書き，ヘーゲルは「『弁神論』は通
俗書に過ぎない」と酷評し，さらに20世紀に入って汎論
理主義の先鞭をつけたラッセルは，弁神論をライプニッツ

訳者解説　　　577

が世俗と妥協した最も陳腐な部分と決めつけ，現象学においてはフッサールもハイデッガーも「モナド」には注目するが，『弁神論』はほぼ無視している。このような冷遇は20世紀の中頃，さらに監訳者の修学期1970–1980年代にまで及んだ。

　だがようやく1997年，学説としての弁神論の生成に焦点をあて，とくに18世紀前半のドイツにおける賛否渦巻く受容に関して，文献史料を駆使した画期的な研究が出た。アカデミー版第II系列と第VI系列を担当するミュンスター編纂所研究員シュテファン・ロレンツの *De mundo Optimo. Studien zu Leibniz' Theodizee und ihrer Rezeption in Deutschland (1701–1791), Studia Leibnitiana Supplementa*, Bd. 31である。これにより文献学的で哲学史的な新しい『弁神論』研究の機運が一気に高まった。そしてこれにフランスで呼応するかのように現れたのが新星ラトーの『弁神論』研究であった。テクストの入念な解剖と，その哲学的議論の剔出，さらにはトレヴォーのイエズス会士からヴォルテールにいたる18世紀フランスにおける受容に向けられたラトーの研究は，ドイツのロレンツとともに『弁神論』研究を一挙に近代化させたといっても過言でない。それほどのインパクトを，「『弁神論』300年」の節目となる2010年前後のライプニッツ研究全体にもたらしたのである。そして，ラトーが2008年の前著『ライプニッツにおける悪の問題』に続いて，彼の『弁神論』研究第二弾として刊行した本書『ライプニッツの最善世界説』もまた，第一弾と同様か否それ以上に，こうした『弁神論』とその受容史をめぐる研究の急速な高まりという世界的潮流に掉さすものである。

4. 著者ラトーの紹介

ラトーは 1974 年シャルトルに生まれ，高等師範学校
(l'École Normale Supérieure de Fontenay-Saint-Cloud) を
卒業。ストラスブール大学で Martine de Gaudemar の指
導のもと学士取得資格審査試験に合格。2005 年提出の
博士論文 *La question du mal chez Leibniz : fondements et
élaboration de la Théodicée* での主査は，Michel Fichant で
あった。

2008 年からパリ第一大学准教授（maître de conférences）。
専攻は近世哲学。現在，フランス語ライプニッツ研究協
会（la Société d'études leibniziennes de langue française）会長，
ライプニッツ協会（Gottfried-Wilhelm-Leibniz-Gesellschaft）
副会長。また，*La Revue Archives de Philosophie* 誌にお
いて 2015 年から Bulletin de bibliographie internationale
critique des études leibniziennes ("Bulletin leibnizien") の責
任者を務める。

2008 年の博士論文の出版とともに，国際的なライプニッ
ツ研究の舞台に，『弁神論』のフレッシュで学究肌の若き
研究者ラトーの登場は一躍注目をあびた。おりしも『弁神
論』刊行 300 年（1710–2010 年）という機運のなか，（本
解説冒頭にも述べた）ラトーの編集になる『弁神論』の国
際研究論文集が 2009 年と 2011 年に上梓される。

Poser や Fichant ら重鎮も寄稿する国際論文集を束ね，
序文も執筆したことからも，ラトーがいかに認知されてい
るかがうかがえる。そのラトーも今年五十歳となる。コ
ロナ禍明けで七年ぶりとなった第 11 回国際ライプニッツ
会議（ハノーファー，2023 年夏）では，フランス語ライプ
ニッツ研究協会会長にとどまらず，今や世界のライプニッ

ツ研究のニューリーダーとして自他ともに認める存在感を
示し，最終日午後の全体討議でも三人の講演者の一人に指
名された。その流れるようなフランス語，そして時折踊る
ような身振りすらまじえた熱弁は，長身の洗練された風貌
とともに，八年前の初来日をも想い出させたのだった。

　2010年ライプニッツ基金講座がハノーファー市によっ
て同地の大学に設置され，そのイニシアチブにより，毎年
多くの国際研究集会が開催された。その一環として2014
年10月には『モナドロジー』300年記念シンポジウムが
開かれたが，同じく招かれて参加していたラトーと再会
した際，日本へ招待したい旨を伝えたところ好反応を得
た。そして2015年11月学習院大学の客員研究員として
初来日が実現し，日本ライプニッツ協会，学習院大学，そ
して筑波大学でも講演やセミナーが行なわれた。「弁神論
研究の近代化をもたらした」との評そのままに，形而上学
の伝統的問題とその重要性を真っ直ぐに受け止め，テクス
トをどこまでも（論争書や護教書よりも）学的な議論とし
て，精緻に分析し読み解く手法は，その哲学史的な知識と
共に，聴衆に感銘を与え，またライプニッツ『弁神論』が
18世紀前半のヨーロッパ思想史上に大きなインパクトを
有したことを示した。

　ドイツの国家事業として進められているアカデミー版ラ
イプニッツ全集のうち，ミュンスター編纂所が担当する
第VI系列「哲学著作」は，2024年12月時点で，第5巻
（1690年7月–1703年）の暫定版がインターネット上に公
開中であり，まもなく冊子体も出版される予定である。第
6巻の『人間知性新論』は既刊であるゆえ，第7巻（1704
年以後）の編纂が軌道にのる日も遠くはない。この第7巻
は『弁神論』刊行直前期を含むため，その編纂に向けた調
査と研究によって，『弁神論』の生成プロセスにも新たな
発見があるのではとの期待が高まる。すでに2023年秋に

は，『弁神論』の成立事情や編纂工程に関する独仏共同研究プロジェクトが発足し，ドイツ側の代表者をミュンスター編纂所のマイアー＝オェーザーが，フランス側の代表者をラトーが務める。このようにアカデミー版第VI系列における第7巻，さらには『弁神論』本体を収載する後続巻の編纂を控え，今後『弁神論』への関心が一層高まり，研究は歴史や文献の調査をはじめ，哲学・哲学史の考察も含みさらなる段階へ進んで行くだろう。そしてその中心的な役割を期待されるラトーの著した本書は，その意味でも必読の基礎文献として益々認知されてゆくであろう。

5. 後書きに代えて

　最後に，本訳書の成立事情，および翻訳作業について簡潔に記す。上述のようにラトー氏は2015年11月に来日したが，講演や質疑で彼が示したのは，『弁神論』をはじめとするライプニッツ形而上学のテクスト，書簡，断片の精力的で驚くほど鋭利な分析と読解であり，またそれにもまして，（とくにアメリカの）分析哲学的方向のライプニッツ研究の顕著なプレゼンスに対し，ライプニッツ研究における形而上学や道徳への問題関心を何としても回復せねばならない，という使命感にも似た熱い想いであって，われわれに深い感銘を与えた。そして滞在最終日にラトー氏から私に本書の日本語版刊行のことが打診されたのだった。

　彼のライプニッツ『弁神論』研究は，わが国の『弁神論』研究——それは佐々木能章氏の『弁神論』全訳（1990/1991, K I, 6, 7）によって初めて確かな足場を得たといえる——を，さらに新たな段階へ誘うイムパクトを，そして日本のライプニッツ研究全体にも大きな刺激を与える筈と確信されたゆえ，本書の邦訳を決断した。そして，日

訳者解説 581

本ライプニッツ協会（2009年創立）の設立趣旨でもある次世代の研究者の育成にも資すればと願い，若手の協会員を主とした共訳とすることにした。まず，ライプニッツの弁神論的思惟について博論を出版している長綱啓典氏に共同監訳者への就任を依頼し快諾を得た。続いて同氏と共に訳者編成案を練り，林拓也，根無一信，寺嶋雅彦，谷川雅子，三浦隼暉，清水洋貴，上野里華氏に本文各章の分担訳を依頼したところ，全員が参集下さった。いずれもライプニッツの形而上学，倫理学，あるいは18世紀フランス思想史などを専攻され，また2015年11月の来日時の著者と交流された方々である。こうして監訳者と訳者の計九名からなる「ラトー翻訳チーム」が発足した。

　翻訳の作業については，まず第一段階として，訳者がそれぞれ分担の章を訳出することとし（序，序章，終章の訳出と，前付および索引の作成は監訳者が担当した），順調にスタートした。しかしまもなく新型コロナウィルス感染拡大の混乱に巻き込まれ，そのうえ監訳者両名に，移動や病気などが重なり，当初の計画は数年の遅れを余儀なくされた。早々と訳稿を提出下さった方や，お待たせしてしまった知泉書館，そしてラトー氏にはお詫び申し上げる。ただ，その間も本計画は空中分解することなく，コロナの収束とともに速やかに再開できたのは幸いであった。

　次に第二段階として，四つの部を構成する各二つの章の訳者からなる小グループをつくり，訳稿の形式に関する確認を行なった。また同時に，監訳者による訳稿を全員で検討し，それを通じて可視化された技術的な注意事項などを監訳者が整理し，訳稿作成のガイドラインを策定した（この訳文検討会はほぼ毎週行なわれ約3か月に及んだ。コロナは別にしても，訳者の所在が四国，北陸，東海，関東そしてパリに及んでいたため，毎回オンラインで実施した。これらのミーティングの開催は長綱氏のお世話になった）。そして

訳稿の入稿後には，第三段階として，監訳者両名は全ての校正ゲラに目を通し，各訳稿を原文と逐文逐語的に照合し，訳語や表記の統一，内容理解，訳文推敲などについてチェックと修正を行なった。修正についてはその提案を各訳者にフィードバックし，対話を重ねながら進めた。なお，最終的な決定を各訳者が行なったところもある。これらの作業は多岐に渡り多大な時間を費やしたが，豊かな学びがあり有意義であった。世代や所属や地域を超えて9名の「モナド」が集ったこの訳業は相互信頼の雰囲気のなかで完結できたように思う。このことをチーム全員への感謝とともに記しておきたい。

　著者ラトー氏は本プロジェクトをつねに気にかけ支援され，監訳者および訳者陣の質問にそのつど迅速かつ適切に回答くださった。心より感謝の意を表したい。

　知泉書館の小山光夫社長には，出版事情が益々厳しくなるなか，本訳書の計画に当初からあたたかい御理解とともに，そのつど的確な御示唆と力強い激励をいただいた。そしてじっさいの工程では編集部の齋藤裕之氏にも行き届いたお世話をいただいた。あつく御礼申し上げる。

　本訳書の出版には，令和6年度学習院大学文学会研究成果刊行助成の交付を受けることができた。御配慮を下さった同会長の眞野泰文学部長はじめ同会の先生方，そして申請にあたって推薦の辞をいただいた同文学部哲学科主任の陶久明日香教授に，深甚の謝意を表する次第である。

　2024年（令和6年）12月21日

酒井　潔

人　名　索　引

ア　行

アウグスティヌス（AUGUSTIN D'HIPPONE (Augustinus), 354–430）
ラテン教父最大の神学者・哲学者といわれる。北アフリカ・ヒュッポの司教。神の善と地上の悪についても思索を深めた。神と人間を峻別する彼の予定説に対し，ライプニッツの弁神論は神と人間の「一義性」を強調する　　4, 5, 46, 103, 193, 325, 361, 485

アステル（Mary ASTELL, 1666–1731）イギリスの神学者，作家。女性の権利を主張　　314

アダムズ（Robert M. ADAMS, 1937–2024）アメリカのライプニッツ研究者。著書 *Leibniz. Determinst, Theist, Idealist,* 1994 において，ライプニッツの説く神の最善選択は偶然的であるとは言えないと批判したが，これにシェーパースやラトーは反論し，ライプニッツにおいて最善選択の偶然性は十分に論証されていると主張する　　33–35, 572

アプレイウス（APULÉE (Apūlējus), 123 頃 –170 頃）北アフリカ・ヌミディア生まれの哲学者，弁論作家。折衷的プラトン主義　　333

アベラール（Pierre ABÉLARD (Abelardus), 1079–1142）ペトゥルス・アベラルドゥス。フランスの哲学者。唯名論派の創始者といわれる。「可能」や「意志」の意味にかんしてライプニッツは『弁神論』でアベラールを批判する　　37

アリストテレス（ARISTOTE (Aristotelēs), 前 384– 前 322）「万学の祖」とも称されるギリシアの哲学者。ライプニッツの旧師ヤコプ・トマジウスは当時ドイツの大学で一般的だったアリストテレス主義に立つ。ライプニッツはアリストテレスの「実体」，「正義」，「慎慮」などの概念を一定の仕方で受容する　　51, 52, 56, 258, 260, 383, 427, 435, 438, 441, 471, 487, 518

アルシムボー（神父）（Jean Albert de ARCHIMBAUD / ARCHAMBAUD (Abbé), 1650 頃 –1740）フランス・シャンパーニュ生れの著作家，シトー会修道士。専制政治に反対する説教によりバスティーユに監禁されるも脱。ハノーファーに隠通し，*Histoire de mon évasion* (1719) 他を出版した　　532

アルノー（Antoine ARNAULD, 1612–1694）フランスの神学者，哲学者，論理学者。ジャンセニスト。デカルト哲学に近い立場から，ライプニッツとの文通では「個体概念」説を批判した他，「実

584　人名索引

体」,「一性」,「物体」等の概念について議論を交わした　63,
64, 75, 76, 84, 87, 92, 177, 239, 245, 246, 248–50, 252, 266, 270,
279, 291, 311, 314, 403, 433, 434, 437, 438, 496

アントン・ウルリッヒ（Anton Ulrich von, 1633–1714）ブラウンシュ
ヴァイク＝ヴォルフェンビュッテル公爵。ライプニッツの庇護
者の一人。啓蒙絶対君主の典型。叙事詩や小説も書く　80

イヴォン（Claude YVON, 1714–1789）フランスの神学者，著述家。
ディドロとダランベールの『百科全書』では神学関係の編集責
任者の一人。自身も「魂」,「無神論者」,「スピノザ」などの項
目を執筆。異端を排斥した宗教的真理を哲学的方法で証明しよ
うとした　309, 561

ヴァグナー（Gabriel WAGNER, 1665 頃 –1717 頃）ドイツ啓蒙の自
由思想家。哲学者，数学者，自然科学者。アリストテレス主
義からの解放を唱え，折衷主義を自認。ライプニッツと文通
139, 197, 231, 256, 269, 271, 277, 285, 291, 476

ヴァスケス（Gabriel VASQUEZ1549–1604）スペインの神学者，イ
エズス会士。スアレスの反対者。トマス『神学大全』の注解（8
巻）を著す。「自然法は神が存在せずとも妥当する」との価値
客観主義はグロティウスに影響を与えたとされる　472

ヴァッラ（Lorenzo VALLA, 1405/7–1457）イタリアの人文主義者。
そのキリスト教的快楽主義は，ライプニッツの「愛」と「快」
の概念にも通じる面をもつ　313, 469

ヴァニーニ（Giulio Cesare VANINI, 1585–1619）イタリアの哲学者，
神学者。無神論を唱え異端と宣告され焚刑。ルネサンスのアヴェ
ロエス主義から近世の汎神論的自然哲学への移行的思想ともい
われる。今日では，同様に異端宣告されたブルーノの陰に隠れ
た感があるが，ヴォルテールは哲学辞典で，ヘーゲルは哲学史
講義で取り上げている　459, 498

ヴェスィエール・ラ・クローズ（Mautrin VEYSSIÈRE LA CROZE,
1661–1739）ナント生れのユグノー。ベルリン・プロイセン王
立図書館第一司書。オリエント学者，古文献収集家。コプト語，
アルメニア語，スラヴ語，シリア語の辞書を刊行。ライプニ
ッツと文通した　488, 491, 492

ヴェダーコプフ（Magnus WEDDERKOPF, 1637–1721）キール大学
法学教授。若きライプニッツはヴェッダーコプフと交わした書
簡（1670.11–1671.5）のなかで，必然的世界観の克服など後の『弁
神論』の思想を示している　34

ヴェラス（Denis VEIRAS (VAIRASSE), 1635 頃 –1700 頃）南仏出身
のユグノーの作家。イングランドに渡りユートピア小説『セヴァ
ランプ物語』を刊行（1675）　34

ヴォエティウス（Gilbertus VOETIUS, 1589–1676）オランダの改革
派（カルヴァン派）教会の神学者　457

人 名 索 引　　　585

ヴォルテール（VOLTAIRE (François-Marie Arouet), 1694–1778）フランス啓蒙の中心人物。リスボン大地震（1755）の後，『カンディード——または最善説』（*Candide, ou l'optimisme,* 1758）を書き，ライプニッツ『弁神論』を戯画化し批判する。ポープの文言「有るものはすべて正しい」（Whatever is, is right）を「すべては善である」（Tout est bien!）と通俗化した　515, 533, 547, 553, 554, 556, 560, 568, 576, 577

ヴォルフ（Christian WOLFF, 1679–1754）ドイツ啓蒙期を代表する哲学者，数学者。ライプニッツ晩年の弟子。ライプニッツの言う「充足理由律」を徹底する反面，通俗化したとも評される　129–31, 198, 231, 305, 525, 534, 556

ウトヴィル（Claude François HOUTTEVILLE, 1686–1742）オラトリオ会士。「ライプニッツ的マルブランシュ主義者」とも呼ばれ，『弁神論』を支持し，イエズス会士たちから必然観であるとして非難された　355–58, 341

エックハルト（Johann Georg ECCARD (Eckhart), 1674–1730）ライプニッツのヴェルフェン家史編纂の助手。ベルリン諸学協会の会員　157, 532

エピクテトス（ÉPICTÈTE (Epictetus), 55 頃 –135 頃）ローマ帝政期のトア派哲学者。「賢者」にふさわしい逸話がのこる　485, 487

エピクロス（エピクロス派）（ÉPICURE (Epikuros) (Épicuriens), 前341 頃 – 前 270 頃）古代ギリシアの哲学者。原子論，経験主義，快楽主義の立場をとる　58, 59, 60, 251, 452, 459, 460, 469, 484, 487, 491, 502

エラール（Jean EHRARD, 1926–2000）18 世紀フランス思想，『学芸雑誌』等の研究者　512, 535

エルスター（Jon ELSTER, 1940–）ノルウエー出身のアメリカの哲学者，社会学者，ライプニッツ研究者　137, 138

エロー（René HÉRAULT, 1691–1740）フランスの警察長官，国家参事官　551

オウィディウス（OVIDE (Ovidius), 前 43– 後 17/18）帝政ローマ時代初期の詩人　513

オリゲネス（ORIGÈNE (Origenes), 184/5–253/4）ギリシア教父。最初の聖書学者。理性的被造物は最終的には救済されるのだとするオリゲネス主義は，553 年異端を宣告されたが，ライプニッツはその考えに好意的なように見える　142, 186, 190–92, 196, 220

カ　行

カステル（Louis Bertrand CASTEL, 1688–1757）フランスの数学者，

586 人 名 索 引

物理学者。イエズス会士。ライプニッツの理由律を神の自由に反するとして批判した　529, 540, 550, 551

ガッサンディ（Pierre GASSENDI, 1592–1655）フランスの哲学者。懐疑主義に立ちデカルトを批判。エピクロス的な原子論と快楽主義を継承　469

カドワース（Ralph CUDWORTH, 1617–1688）ケンブリッジ・プラトン学派の哲学者。ホッブズの唯物論に反対し，神と霊的世界の現実存在を主張　556

カルヴァン（Jean CALVIN, 1509–1564）スイスの宗教改革者。その予定説をラトーは「両義性」の哲学だとして，ライプニッツの「一義性」の哲学に対置する　14, 43, 511, 519

カルスタッド（Mark KULSTAD, 1947–）ヒューストンのライス大学名誉教授。形而上学，認識論，心理学，宗教の観点からライプニッツを研究。北米ライプニッツ協会元会長。2024 年 12 月日本ライプニッツ協会第 16 回大会で講演（「『弁神論』における自然法則——人間と神の自由に関して」）　285, 302

カルネアデス（CARNÉADE (Carneades), 前 214– 前 129）アカデメイアの学頭。懐疑論を徹底し，ストア派を批判　401, 466

カント（Immanuel KANT, 1724–1804）ドイツの哲学者。経験の対象を感性的直観に制限する批判主義の立場から，ライプニッツのモナド概念や弁神論を批判。『弁神論のあらゆる哲学的試みの失敗について』（1791 年）を著す。しかし教説と弁護の両面をもつ『弁神論』の後者しか見ていない　4, 5, 45, 304, 355, 427, 469, 572, 573, 576

キケロ（CICÉRON (Cicero), 前 106– 前 43）古代ローマの政治家，弁論家，哲学者　333, 342

キング（William KING, 1650–1729）ダブリン主教。ローマ・カトリックや長老派と論争。『悪の起源』（1702）刊行。ライプニッツは『弁神論』の第三附論でキング『悪の起源』について詳論している　15, 67, 127, 517, 566, 567

クーザン（Victor COUSIN, 1792–1867）フランスにおける哲学史研究の創始者，および哲学教育の組織者といわれる。「折衷主義」（éclectisme）を掲げる　5

クーデルト（Allison COUDERT, 1941–）ロンドン大学名誉教授。17 世紀ヨーロッパにおけるユダヤ教とキリスト教の関係が専門。著書に Leibniz and the Kabbalah（1995），The Life and Thought of Francis Mercury van Helmont（1999）がある　139

クネヒト（Herbert KNECHT）ライプニッツの幾何学，論理学を専攻するスイスの研究者。La Logique chez Leibniz. Essai sur le rationalisme baroque（Lausanne 1981）の著者　30

クラーク（Samuel CLARKE, 1675–1729）イギリスの哲学者，神学者。ニュートンを代弁してライプニッツと論争。神の自由を，理性

人 名 索 引   587

に対立するものとして，主意主義的，唯名論的に主張。これを
ライプニッツは批判し，主知主義的な立場から論じ，「理由律」
を重視した　　60, 70, 72, 103, 287, 487, 533, 534, 539

グリュア（Gaston GRUA, 1903–1955）『ライプニッツ未公刊テクス
ト集――ハノーファー地方図書館収蔵遺稿に基づく』（全 2 巻）
を編纂・刊行（1948 年）するとともに，弁神論や正義論に関
する二つの著書を刊行し，『弁神論』の本格的研究に大きく寄
与した　　3, 139, 140, 156, 193, 204, 205, 310, 312, 313, 316,
349, 365, 372, 383, 385, 435, 570

クリュシッポス（CHRYSIPPE (Chrysippos), 前 280 頃 – 前 207 頃）
ストア派哲学者。善を引き立てる個々の悪の有用性を主張した，
と批判される　　46

クルーサ（Jean-Pierre de CROUSAZ, 1663–1750）スイス・ローザン
ヌの哲学者，数学者。多数の著書を出版し，1725 年アカデミー・
フランセーズの外国人準会員となる。ベール，ライプニッツ（『モ
ナドロジー』と予定調和説），ヴォルフ，さらにポープ『人間論』
を攻撃した　　533

グロティウス（Hugo GROTIUS, 1583–1645）オランダの法学者。近
代自然法学および国際法学の父と称される。その「理性」主
義をライプニッツは評価している　　385, 386, 452, 459, 460,
466, 472, 481

ゴクレニウス（Rudolf GOCLENIUS, 1547–1628）マールブルク大学
で哲学，論理学，形而上学，倫理学の教授。『哲学辞典』（*Lexicon
Philosophicum*, 1613）　　199, 200

ゴドゥマール（Martine de GAUDEMAR）現代フランスのライプニッ
ツ研究者。ストラスブール大学における著者の旧師　　331,
449

コラン・ダルルヴィル（Jean-François COLLIN D'HARLEVILLE,
1755–1806）フランスの劇作家・脚本家。アカデミー・フランセー
ズ会員　　568

コルドモワ（Géraud de CORDEMOY, 1628–1684）フランスの哲学者。
厳格なデカルト派。機会原因論の代表者。原子論を唱え，フラ
ンスの唯物論者に影響を与えた　　251

コンウェイ（Géraud de CORDEMOY, 1628–1684）イングランドの
哲学者。ケンブリッジ・プラトニストのヘンリー・モアによっ
て哲学に導かれる。F.M. ファン・ヘルモントからユダヤ教カ
バラを知る。彼女の残存する唯一の著作 *The Principles of the
Most Ancient and Modern Philosophy*, London 1692 をライプニッ
ツは所持していた。この書がライプニッツの「モナド」概念に
影響したともいわれる　　140, 141, 166, 192, 196

コンディヤック（Étienne Bonnot de CONDILLAC, 1714–1780）グル
ノーブルに生れパリで活動した哲学者。ロックに影響を受け，

観念の分析と再構成を重んじた感覚論者。『人間認識起源論』
（1746），『感覚論』（1754）が有名。『体系論』（1749）ではデカ
ルトやライプニッツの体系を批判している　284, 523, 557

コンリング（Hermann CONRING, 1606–1681）ドイツのヘルムシュ
テット大学政治学および医学教授。若きライプニッツが親交を
結ぶ　28, 385, 399, 464, 467, 486

サ　行

サルスティウス（SALLUSTE, 前86–前35）共和政ローマの政務官。
歴史家。『カティリーナの陰謀』（Bellum Catilina）は当時の政
治腐敗を臨場感とともに記す。彼の著書は近世以降もよく読ま
れた　342

サン＝ヴィクトールのフーゴー（Hugues de SAINT-VICTOR,
1096–1141）ザクセン出身の哲学者，神学者。1115年以降パリ
のサン＝ヴィクトール修道院で研究し講義を行なう。数理神学
と神秘神学の最も優れた学者の一人。主著は『学芸論』全七巻。
信仰は理性を超えるが，反してはいない，とした　92, 460

シャトレ（Émilie du CHÂTELET, 1706–1749）フランスの数学者，
物理学者，哲学者。著書に『物理学教程』（1740）他。ニュー
トンの『自然哲学の数学的諸原理』を仏語訳した。ライプニッ
ツの力概念（mv^2）や理由律を支持。また最善説を信奉し，愛
人だったヴォルテールに教えてともいわれる　555

シャーロック（William SHERLOCK, 1641頃–1707）ロンドンのセ
ント＝ポール大聖堂参事会長。王権神授説を支持　567

シュペー（Friedrich SPEE, 1591–1635）デュッセルドルフ生れのイ
エズス会士。神学者，教会詩人。魔女裁判を批判。彼の『黄金
の徳の書』（Güldenes Tugend-Buch, Köln 1649）を読んだ若きライ
プニッツは，愛を快として解するようになる　313, 325,
376, 518

ジョクール（Louis de JAUCOURT, 1704–1779）フランスの啓蒙思
想家。『百科全書』の多くの記事を執筆。ライプニッツの讃
美者であり，1734年『弁神論』を再刊　505, 513, 541, 560,
566, 567

ショヴァン（Étienne CHAUVAN, 1640–1725）改革派。ベルリンに
て哲学教授。Nouveau journal des savants の編集責任者。ライ
プニッツと文通（1696–1697.7）　3, 14

スィルエット（Étienne de SILHOUETTE, 1709–1767）リモージュ
生れ。ルイ15世の下で財務総監。ポープ『人間論』の仏訳者
539

スアレス（Francisco SUÁREZ, 1548–1617）グラナダ生まれ。イエ
ズス会士。コインブラ大学神学教授。その唯名論的な立場は，

人 名 索 引

589

ライプニッツ『個体の原理についての形而上学的論議』(1663)
における，個体はその存在によって個体化されるという主張に
一定の仕方で影響している　　52, 472

スキュデリー（Madeleine de SCUDÉRY, 1607–1701）フランスの小
説家。ライプニッツとの間に往来信 11 通（1697.11 ～ 1699.10）
が存する。兄ジョルジュも文筆家，劇作家　　80, 314

ストラトン（STRATON, 前 270/68 没）古代ギリシアの哲学者。ペ
リパトス派 3 代目の学頭。自然的世界はただ原因のみによって
説明されるとし，目的論を退けた　　478, 479, 549

スネル（Willebrord SNELL (ou SNELLIUS), 1580–1626）オランダ
の天文学者，数学者。光線の屈折に関する「スネルの法則」で
有名。ライプニッツによれば，その発見は「目的因」によって
可能になったのであり，光が最も容易な道を選ぶことは「最善
律」にも合致する　　118

スピノザ（Baruch de SPINOZA, (et Spinozisme), 1632–1677）オラン
ダ在住ユダヤ人哲学者。唯一実体たる神から，その様態として
いっさいの事物が必然的に帰結するとして，「自由」や「目的」
の概念を否定。またキリスト教の啓示の意味を道徳に帰着させ
る。ライプニッツはそこに運命論や唯物論の危険を見出し，批
判する　　43, 53, 58, 80, 156, 372, 378, 379, 407, 452, 455, 459,
462, 472, 474, 496, 498, 502, 506, 507, 518, 520, 535–38, 540,
548–52, 555, 559, 560

セーヴ（René SÈVE, 1954–）フランスの法哲学者。元 CNRS 研究
員。著書に *Leibniz et l'école moderne du droit naturel* (1989)，
編書にライプニッツの政治哲学テクストを収めた *Le droit de la
raison* (1994) がある　　328, 436

セール（Michel SERRES, 1930–2019）フランスの哲学者。『ライプ
ニッツのシステム』（竹内・芳川・水林訳，朝日出版社 1985）
他著書多数。体系をもたない思惟により百科学をめざし，時間・
歴史，認識，科学について独自の論を展開　　205

ソクラテス（SOCRATE (Socratēs), 前 470– 前 399）古代ギリシアの
哲学者。ライプニッツにとって，ソクラテスの主知主義は十分
に同意できる。しかしその「よく生きること」の倫理は，神と
来世への宗教的展望によって充実されるべきであり，その点で
エピクテトスやマルクス・アウレリウスと同様である（本書第
8 章）　　267, 268, 485, 488

タ　行

ダランベール（Jean le Rond D'ALEMBERT, 1717–1783）数学者・物
理学者。フランス啓蒙主義の中心人物の一人。ディドロと共に
『百科全書』を編纂。有名な「序論」は彼の担当。本書終章で

590　　　　　　　人名索引

　　言及されるように，ダランベールは項目「オプティミスム」を
　　執筆し，経験に反した空疎な体系だと非難する　　505, 509,
　　557, 558, 566

チャップ（Thomas CHUBB, 1679–1747）イギリスの理神論者。理
　　性を宗教に勝るとみなし，キリスト教を理性的根拠によって弁
　　護する　　567

ディアゴラス（DIAGORAS, 紀元前5世紀）メロス島生れの詩人，
　　ソフィスト。神信仰への批判者としてアリスファネス『雲』に
　　も登場。彼の無神論には多くの逸話があり，キケロも言及
　　459

ディドロ（Denis DIDEROT, 1713–1784）フランスの哲学者。フラ
　　ンス啓蒙主義の中心人物の一人。理神論から無神論・唯物論
　　へと転じた。ダランベールと共に『百科全書』を編纂。ディド
　　ロは項目「ライプニッツ主義あるいはライプニッツの哲学」を
　　執筆。そこでは『弁神論』の論証を適宜無視し，ライプニッ
　　ツが必然主義を主張していると読者に印象付ける（本書終章）
　　522, 556, 558–66, 568

ディロワ（François DIROYS, 1625–1690）フランスのカトリック神
　　学者。彼の主張にライプニッツは『弁神論』第197–202節で言
　　及している　　114, 223, 228

ティンダル（Matthew TINDAL, 1657–1733）ジョン・トーランド
　　と並ぶイギリス理神論者。主著『天地創造以来のキリスト教』
　　（1730）は「理神論の聖書」といわれている　　540

デカルト（René DESCARTES, 1596–1650）フランスの哲学者，数
　　学者。後にオランダに移る。ライプニッツはデカルトの著作を
　　読み，批判し，その支持者たちと論争する。批判の対象は，精
　　神と物体からなる「実体」概念，真理の主意主義，目的因の排
　　除，心身分離，表象と意識との同一視，「コギト」の根源的位
　　置，欲愛を主とした愛の概念，制定としての道徳など，デカル
　　ト哲学の全般に及ぶ。まさにこれらの批判的対決から，「単純
　　実体」・「モナド」の概念，真理の主知主義，目的因の肯定，無
　　意識の表象，欲愛とは別の相互的な愛，神に基づく道徳など，
　　ライプニッツ独自の思想が形成されてゆく　　5, 9, 10, 24, 43,
　　53, 58, 59, 118, 119, 156, 175, 237, 238, 258, 259, 275, 276, 288,
　　293, 294, 318, 372, 378, 379, 395, 396, 407, 409, 471, 472, 474,
　　480, 482, 510, 520, 521, 534, 549, 551, 556

デソテル（Alfred R. DESAUTELS, 1917–2010）アメリカのイエズ
　　ス会士。The College of the Holy Cross の名誉教授。『トレヴー
　　紀要』と18世紀前半の思想運動にかんする著書を，フランス
　　語により1956年ローマで刊行した　　518, 520

デ・ボス（Bartholomäus DES BOSSES, 1668–1738）イエズス会
　　士。ヒルデスハイムやケルンのギムナジウムで哲学，神学を

人 名 索 引 591

講じた。『弁神論』をラテン語訳し、1719 年匿名で出版。「実
体」、「一」、「物体」等の概念をめぐる哲学、神学上の往復書簡
(1706.1–1716.5) は重要　　5, 17, 20, 27, 44, 62, 69, 239–41,
249, 250, 252, 25–69, 275, 306, 510, 512–14, 519, 521

デ・メゾー (Pierre DES MAIZEAUX, 1666/73–1745) ユグノーの著
述家、出版人。スイス、イギリスで活動。ベールの協力者。著
編書多数。『ベール氏伝』は有名。イギリスの思想を大陸に紹
介　　276, 526, 528–30, 545

デモクリトス (DÉMOCRITE (Dēmokritos), 前 420 頃) 古代ギリシ
アの原子論者。しかし「原子」、すなわち「不可分割体」(アトモン)
は可感的物体に他ならない。ライプニッツが事物の真の要素と
しての「単純実体」を、「真のアトム」とか「モナド」(一なるも
の) と呼ぶとき、そこには原子論者への明確な批判が定在する
251

デルヴォルヴェ (Jean DELVOLVÉ, 1872–1948) モンペリエ、トゥー
ルーズで哲学教授。著書に *L'organisation de la conscience
morale* (1906)　　469

トゥボー (Claude Joachim THOUBEAU, 1653–1728) イエズス会神
父。『トレヴー紀要』の編集主幹を 1720 年トゥルヌミーヌから
引き継いだ　　529

ドゥルーズ (Gilles DELEUZE, 1925–1995) フランスの哲学者、ポ
スト構造主義の代表者。哲学史とも取り組む。1988 年『襞——
ライプニッツとバロック』を刊行。世界の差異・変化を強調し
た　　95

トゥルヌミーヌ (René Joseph de TOURNEMINE, 1661–1739) フラ
ンスの神学者、哲学者。イエズス会士。ライプニッツとも文
通。『弁神論』の刊行に好意的に反応した　　510, 512–15, 517,
519, 520, 521, 529, 536

ドゥンス・スコトゥス (Jean DUNS SCOT (Duns Scotus), 1265/66–
1308) スコットランド出身の哲学者。フランシスコ会士。オク
スフォードやパリで活動し、ケルンで没した。主著に『オルディ
ナツィオ』、『任意討論集』。個物について知性は普遍のみを認
識するとのトマス説に対して、スコトゥスは、個物の本質 (お
よびその知性的認識) を認めた　　51, 472

トマジウス (Jacob THOMASIUS, 1622–1684) ライプツィヒ大学の
形而上学教授。アリストテレスに基づく。ライプツィヒ大学に
おけるライプニッツの指導者　　155, 383, 466

トマス・アクィナス (THOMAS D'AQUIN (Thomas Aquinas),
1224/25–1274) 中世最大のスコラ哲学者。ドミニコ会士。アリ
ストテレスを受容し、『神学大全』を完成した。ライプニッツ
は 1689 年 4 月 –11 月のローマ滞在中にスコラ哲学の伝統諸概
念を知る　　51, 52, 55, 104, 105, 333, 364

592 人 名 索 引

ドルバック（Paul-Henry Thiry D'HOLBACH, 1723–1789）フランス
　で活動したドイツ出身の啓蒙主義者。唯物論と無神論の宣伝者
　として知られる　556

ナ　行

ナエール（Émilienne NAERT, 1920–2001）リール第三大学哲学教授。
　ライブニッツ研究者。著書に *Leibniz et la querelle du pur amour*
　(1959), *Mémoire et conscience de soi selon Leibniz* (1961) など
　316, 364
ニコ（Jean NICOT, 1530–1604）フランスの外交官。学術的辞典学
　の創始者。*Thrésor de la langue française* は, 18,000 余の詳細
　な項目を含み, 死後 1606 年にパリで刊行された　39, 285
ニコル（Pierre NICOLE, 1625–1695）フランスの神学者, 論理学者。
　穏健派ジャンセニスト。アルノーとの共著『ポール・ロワイヤ
　ル論理学』(1662) で有名。アルノーと共にイエズス会と論争。
　パスカルの『プロヴァンシャル』にも協力し, これをラテン語
　訳した　39
ニュートン（Isaac NEWTON, 1643–1727）イギリスの数学者, 物理
　学者。哲学ではケンブリッジ・プラトニストの影響を受ける。
　主著『自然哲学の数学的諸原理』(1687)。ライプニッツ及びそ
　の支持者との微積分原理の優先争いが有名だが, 友人クラーク
　に代弁させた論争では, 空間・時間の絶対性（「神の感覚器官」）
　を主張し, ライプニッツの「理由律」に込められた理性（合理）
　主義を, 神の自由に反するとして激しく非難した　73, 521,
　550, 551, 560
ノリス（John NORRIS, 1657–1712）イングランドの哲学者, 神学者。
　プラトンとマルブランシュの信奉者。ロックやトーランドら理
　神論者たちと戦った　314

ハ　行

パウロ（使徒）(PAUL de Tarse (apôtre), 60 頃没) キリスト教の使徒,
　新約聖書の著者の一人。愛や信仰にかんしてライプニッツはパ
　ウロの徹底した思想を参照している　362, 413, 448, 473
バークレー（Jean BARCLAY (John Barclay), 1582–1621）スコット
　ランドの風刺作家, 詩人。『アルゲニス』（パリ 1621 年）はフ
　ランスの宗教紛争を寓意的に描くラテン語小説。ライプニッツ
　は『哲学者の告白』(1672/73) で言及している　80
パスカル（Blaise PASCAL, 1623–1662）フランスの数学者, 哲学者,
　キリスト教護教家。その数学や計算機にライプニッツは注目。
　パリ滞在中にはパスカルの遺稿を閲覧・筆写した　62

人 名 索 引 593

ハッキング（Ian HACKING, 1936–2023）カナダの科学哲学者。確率や法則の概念を考察　67

ハッチスン（Francis HUTCHESON, 1694–1746）グラスゴー大学道徳哲学教授。「道徳感覚」（morale sense）を想定。「仁愛」（benevolence）にまとめられる道徳的感情を徳の源泉とした　567

バナージュ・ド・ボーヴァル（Hemri BASNAGE de BEAUVAL, 1657–1710）『学術著作史』の編集者。ライプニッツと文通した　492

バーネット（Gilbert BURNET, 1643–1715）スコットランド出身。ソールズベリーの司教，政治家，歴史家。*An Exposition of the thirtynine articles of the Church of England,*（London 1699）など彼の著書をライプニッツは度々読んでいる　24, 41, 179, 184, 191, 192, 250, 298, 380, 398, 423, 427, 440, 443, 495, 497

バーバー（William H. BARBER, 1918–2004）ロンドン大学教授。ヴォルテール全集の総編集者として有名。*Leibniz in France, from Arnauld to Voltaire*（1955）の著者　512, 521, 528, 533, 535, 540

バリュズィ（Jean BARUZI, 1881–1953）フランスの哲学者，宗教史家，ライプニッツ研究者。著書に *Leibniz et l'organisation religieuse de la terre*（1907），編書に *Leibniz, avec de nombreux textes inédits*（1909）がある　350, 355, 362, 366, 510

パルマンティエ（Marc PARMENTIER, 1959–）リール第三大学哲学科講師。ロック，ライプニッツ，メーヌ・ド・ビランにかんする諸論文がある　116, 117, 430, 447

ピロ（Francesco PIRO, 1957–）イタリアのサレルノ大学教授。哲学史研究の視座からライプニッツについて多くの論文を発表している　469

ヒンティッカ（Jaakko HINTIKKA, 1929–2015）フィンランドの哲学者，論理学者。様相論理の研究。可能世界や個体などの概念の解明　67

ファブリキウス（Johann Ludwig FABRICIUS, 1632–1696）改革派神学者。ハイデルベルク大学教授。同大学へのスピノザ招聘計画や，教会再合同運動にも関わった　193, 497

ファン・ヘルモント（François-Mercure VAN HELMONT, 1614–1698）フランドルの医師・化学者・錬金術師。ライプニッツは彼と 1696–1698 年文通。「モナド」なる語を 1696 年にヘルモントから知ったと推定されている　139, 140, 141, 166, 192, 196, 205

フィシャン（Michel FICHANT, 1941–）存命中のフランスのライプニッツ研究の最重鎮。パリ - ソルボンヌ大学近世哲学史名誉教授。著者ラトーの博士論文（『ライプニッツにおける悪の問

594 人名索引

題』）の主査。ライプニッツの動力学論，あるいは『形而上学叙説』および『モナドロジー』に詳細な解説・校訂を施した *La réforme de la dynamique* (1994) と，*Discours de métaphysique suivi de Monadologie* (2004) はとくに有名。『形而上学叙説』から『モナドロジー』への発展史を解明した。カント研究でも知られる　90, 173, 183, 187, 193, 241–43, 245, 246, 251, 252, 257

フェヌロン（François de Salignac de La Mothe FÉNELON, 1651–1715）フランスの神学者，著作家。カンブレーの大司教。静寂主義（quiétisme）を説く。その敬虔的心情にライプニッツは一定の興味は覚えたが，しかし瞑想の深化における魂の受動性や無力を強調するその行き方には断固反対する　494

フェミスター（Pauline PHEMISTER）現代イギリスの哲学者。エディンバラ大学教授。ライプニッツを主とする近世哲学，自然哲学が専門。「モナド」を生命体として解釈。*Leibniz and the Environment* (2016) の著者　140, 177, 220

フェルデン（Johann von FELDEN, ?–1668）ドイツの法学者，哲学者。グロティウス『戦争と平和の法』の注解で知られる　385

フェルマー（Pierre de FERMAT, 1607–1665）トゥールーズの数学者，議会勅撰委員。解析幾何学，数論，微分積分学等の分野で先駆的な仕事を遺した　115

フォントネル（Bernard Le Bouyer de FONTENELLE, 1657–1757）フランスの科学啓蒙家，パリの王立諸学アカデミーの終身書記。彼がライプニッツの死の翌 1717 年アカデミーで述べた追悼文（*Éloge de M. Leibnitz*）は有名　522–24, 530

フシェ（Simon FOUCHER, 1644–1696）ディジョンの司教座聖堂参事会員。プラトン哲学の復興者ともいわれる。1675–1696 年までライプニッツと文通。とくに「予定調和」説を批判した　291, 372, 475, 476

フシェ・ド・カレイユ（Louis-Alexandre FOUCHER DE CAREIL, 1826–1891）フランスの作家，外交官，政治家。ハノーファー所蔵のライプニッツ遺稿を用い選集を編纂・刊行した　372

ブートルー（Émile BOUTROUX, 1845–1921）フランスの哲学者。唯心論的実証主義の立場に立つ。『モナドロジー』の編集・刊行（1885）でも知られる　293

プファッフ（Christoph Matthäus PFAFF, 1686–1760）テュービンゲン大学神学教授。ルター派，敬虔主義，初期啓蒙などの折衷を唱えた　526–28, 543, 561

プーフェンドルフ（Samuel PUFENDORF, 1632–1694）ドイツの法学者，自然法論者。法を厳格法に一元化しようとするその唯名論的主張をライプニッツはつよく批判する　13, 385, 386, 452

人 名 索 引　　　　595

フュルティエール（Antoine FURETIÈRE, 1619–1688）小説家，辞典編集者。アカデミー・フランセーズ会員。死後『総合辞典』（二折判 3 巻。ハーグ／ロッテルダム 1690）が刊行された　285, 451, 455

ブラウン（Gregory BROWN, 1951–）ヒューストン大学哲学科名誉教授。17 世紀哲学が専門。ライプニッツの可能世界や個体概念について研究。2012 年 11 月日本ライプニッツ協会第 4 回大会で講演「ライプニッツの真空の可能性論」（『ライプニッツ研究』3, 2012, 1-43）　131

プラトン（PLATON, 前 428– 前 348 頃）古代ギリシアの哲学者。ライプニッツは若い頃，魂の不死を説く『パイドン』に傾倒，ラテン語訳を試みた。中期の『形而上学叙説』では「想起」説を継承し，生得観念を肯定。これを否定したロック『人間知性論』を主題的かつ逐条的に論駁する『人間知性新論』を執筆した。後期には単純実体を「モナド」＝「一なるもの」へ向け際立たせる文脈で再びプラトンさらにはプロティノスに接近する　4, 5, 8, 333, 435, 487, 488, 490

ブリエ（David Renaud BOULLIER, 1699–1759）オランダのユグノー神学者。ピュロン的懐疑論に反対し，バークリの唯心論を支持した　139, 197, 231, 475, 476

プルタルコス（PLUTARQUE (Plutarchus), 46 頃 –119 頃）帝政ローマ期のギリシア人著述家。穏健な懐疑主義者といわれる。『英雄伝』が有名。本書の文脈では『モラリア（倫理論集）』が重要　46, 459

ブルッカー（Jacob BRUCKER, 1696–1770）ドイツのプロテスタント神学者，哲学史家。ヴォルフ派。*Kurze Fragen aus der philosophischen Historie* (7Bde, Leipzig 1731–1736) はドイツ初の批判的哲学史で好評を博し，ディドロの『百科辞典』に受容された。主著 *Historia critica philosophiae Historia critica philosophiae*(5 Bde., Leipzig 1742–1744)において，『弁神論』-『神の大義』の要約を作成　558, 561–65

フレモン（Christiane FRÉMONT）フランスの CNRS の研究者。ライプニッツ及び 17 世紀哲学が専門。*Singularités. Individus et relations dans le Système de Leibniz* (2003) の著者　82, 449

ベーコン（Francis BACON, 1561–1626）イングランドの司法官，政治家，文筆家，哲学者。経験に即して自然を支配せよと説くベーコンにもライプニッツは注目する。医事改革案や諸学協会設立案において，人類の幸福へ向け，情報の提供，諸学の組織化，実科教育の促進を説く際，ベーコンの『ノヴム・オルガヌム』，『ニューアトランティス』などに言及している　456

ペーターセン（Johann Wilhelm PETERSEN, 1649–1727）ドイツの神学者。神秘主義者，ラディカルな敬虔主義者（Pietist）

596 人名索引

192, 193

ベーメ（Jakob BÖHM (Böhme), 1575–1624）シレジアの神智学的神
秘思想家。善と悪を，神と人間をそれぞれ対立させる行き方に
反対するライプニッツは，ベーメの説く人間の堕落には同調し
ない　190, 191

ベラヴァル（Yvon BELAVAL, 1908–1988）フランスのライプニッ
ツ研究者。1966 年のライプニッツ協会（ハノーファー）創立
では副会長となる。著書多数。邦訳に『ライプニッツのデカ
ルト批判』（上・下）（伊豆藏好美・岡部英男訳，法政大学出版
局 2011, 2015）がある　78, 102, 133, 154, 159, 161, 162, 173,
188, 220, 309, 316, 330, 337, 338, 340, 341, 343, 350, 351, 354,
362, 376, 403, 408, 464

ペリッソン＝フォンタニエ（Paul PELLISSON-FONTANIER,
1624–1693）南仏出身，パリで活動した作家。1690 年 8 月，そ
の Réflexions sur les différends de la religion (1686) への意見を
選帝侯妃ゾフィーから求められたライプニッツは，新旧教会再
合同を期待し，彼と一連の文通・論争を開始　496

ベール（Pierre BAYLE, 1647–1706）南西フランスの寒村に改革派の
牧師の家に生まれ，後にオランダ・ロッテルダムで活動した哲
学者，批評家，出版人。批判的懐疑論者。1684 年『学芸共和
国通信』を発刊。新刊の著書や論文を精力的に紹介し，「学者
の共和国」の中心として活躍。信仰と理性の二重真理を主張し
たが，ライプニッツの『弁神論』はそれに反対し，信仰と理性
の一致を掲げる　11, 12, 18, 20, 22, 23, 25, 27, 43, 46, 67, 75,
105, 115, 191, 264, 279, 456–59, 462, 463, 468, 469, 472–74, 478,
479, 486, 493, 499, 500–02, 505, 509, 515, 517, 520, 527, 530,
533, 542–44, 546, 547, 552, 554, 557, 558, 566, 573

ペルティエ・デュ・マン（Jacques PELETIER DU MANS, 1517–
1582/83）フランスの人文主義者，詩人，数学者。ホラティウス
『詩法』を最初にフランス語訳した。『フランス語の正書法と発
音の対話』(1550)　451

ベルナール（Jacques BERNARD, 1658–1718）ニヨンに生れ，オ
ランダに亡命したユグノーの哲学者，神学者，ジャーナリス
ト。ベールから『学芸共和国通信』の編集主幹を引き継ぐ。
1710 年『弁神論』が刊行されるといち早くその書評を掲載し
た　511

ボシュエ（Jacques-Bénigne BOSSUET, 1627–1704）モーの司教。フ
ランスのカトリック教会の指導的存在。ルイ十四世の教育係。
対プロテスタント強硬論者。新旧教会再合同へのライプニッツ
からの働きかけを拒絶する　61, 313, 453, 518, 519

ホッブズ（Thomas HOBBES, 1588–1679）イングランドの哲学者。
唯物論，機械論，名目論。若きライプニッツは老大家ホッブズ

に敬意をはらい，とくに推論における論理性を評価した。しかしその名目論および主意主義に対しては当初より明確に反対であった　8, 13, 14, 28, 43, 53, 58, 152, 183, 372, 378, 379, 385, 407, 465, 466, 472

ボデウス（Richard BODÉÜS, 1948–）ベルギー - カナダの哲学史家。モントリオール大学教授。古代哲学とくにアリストテレスを専攻。ライプニッツついては，翻訳に *Leibniz, Correspondance : 1663–1672* (Vrin 1993) がある　383

ポープ（Alexander POPE, 1688–1744）イギリスの詩人。『人間論』（1733–1734）で理神論を説く。同書の大流行はイエズス会士たちの反感を招き，さらにライプニッツ『弁神論』への批判も呼び起こす　508, 539, 540, 553, 554

ホーホシュテッター（Erich HOCHSTETTER, 1888–1968）ベルリン大学でベンノ・エルトマンに師事。戦後ミュンスター大学にライプニッツ研究所を開設（1956 年）。後任はハインリヒ・シェーパース　383

ボワロー〔＝デプレオー〕（Nicolas BOILEAU〔= DESPREAUX〕, 1636–1711）パリ生まれの文芸批評家，風刺詩人。『風刺詩集』（*Les Satires*, 1666），『詩法』（*L'art poétique*, 1674）など　552, 553

マ　行

マリオン（Jean-Luc MARION, 1946–）フランスの哲学者。その思索は神学，現象学，哲学史に広がる。デカルト研究では，伝統的形而上学の存在 - 神 - 論と，これを超出する地平を探究。またハイデッガーの影響も受け，「贈与」の現象学を唱えた　478

マルクス・アウレリウス（MARC-AURÈRE (Marcus Aurelius), 121–180）ローマ帝国五賢帝の最後。禁欲を旨とするストア派哲学者。『自省録』が有名だが，ライプニッツからみれば，神と来世の信仰をもたない倫理であって，ソクラテスやエピクテトスと同様，真の充足をもたらさない（本書第 8 章）　485

マルブランシュ（Nicolas MALEBRANCHE, 1638–1715）フランスの哲学者。オラトリオ会士。イエズス会士からはライプニッツと同様のオプティミスムとして批判された。機会原因論を説き，ライプニッツは被造物の無力性のゆえにこれを批判したが，両者の交流は長く続いた　43, 53, 55, 99, 100, 104, 115, 372, 430, 459, 506, 507, 508, 511, 518, 526, 535, 536, 539, 548, 552, 553, 556

ミクラエリウス（Johannes MICRAELIUS, 1597–1658）ドイツの詩人，神学者，哲学者，歴史家，哲学辞典編集者。シュテッティ

598   人 名 索 引

　ン，グライフスヴァルトで神学および哲学の教授　　451, 454

メイツ（Benson MATES, 1919–2009）アメリカの論理学者，哲学
　史家。懐疑論者。カリフォルニア大学バークレー校教授。*The
　Philosophy of Leibniz. Metaphysics and Language*（1986）の著者
　67

メルセンヌ（Marin MERSENNE, 1588–1648）フランスの聖職者，
　科学思想家。デカルトやガッサンディらの学問的連絡を取り次
　ぎ，のちの諸学協会（アカデミー）の基礎を築いたといわれる
　451, 474

モリ（Gianluca MORI）イタリアのピエモンテ東洋大学哲学史教授。
　Bayle philosophe（Paris 1999）では，従来の説に対し，ベール
　の思惟の整合性と，彼の宗教に対する批判的立場の重要性を主
　張。近年は，スピノザからドルバックにいたる神学批判と哲学
　的無神論を主に近世思想を解釈　　546, 547

モリエール（ジャン＝バプティスト・ポクラン）（MOLIÈRE (Jean-
　Baptiste Poquelin), 1622–1673）フランス古典期の俳優，劇作家。
　鋭い風刺を効かせた多くの優れた喜劇を制作。ライプニッツは
　パリ滞在中の 1672 年，当地でモリエールの舞台を鑑賞してい
　る　　546, 547

モルミーノ（Gianfranco MORMINO, 1962–）ミラノ国立大学で倫理
　学史他を教える。ガリレオからニュートンにいたる科学と哲学
　思想を研究。ホイヘンスとライプニッツの批判的エディションを
　刊行　　25, 372

モルレ（André MORELLET, 1727–1820）リヨンに生れパリで活動
　した司祭，作家。ディドロとダランベールの知己を得，『百科
　全書』には「宿命」，「信仰」など 6 項目を寄稿した　　561

モレル（Andreas MORREL, 1646–1703）ライプニッツと文通し，往
　来信 57 通が残る。プロテスタント改革派

　　　　　　　　　ラ　行

ライリー（Patrick RILEY, 1941–2015）ハーヴァード大学でロール
　ズらに師事し学位取得。ウィコンスィン＝マディソン大学教授。
　ライプニッツ，ルソー，カントを政治哲学，普遍法学の視点か
　ら研究。彼の編集・英訳による *Leibniz. Political Writings*（1972）
　は画期的な貢献　　372

ラザフォード（Donald RUTHERFORD, 1957–）カナダ出身の近世
　哲学研究者。カリフォルニア大学サンディエゴ校名誉教授。北
　米ライプニッツ協会元会長。*Leibniz and the Rational Order of
　Nature*（1995）の著者　　67, 70, 100

ラッセル（Bertrand RUSSELL, 1872–1970）イギリスの哲学者，論
　理学者。汎論理主義的ライプニッツ解釈を提示（1900 年）。少

数の前提から論理的に導かれ得る帰結以外は学問性を欠くとした。本書の著者ラトーは、いまだに大学での研究にみられる、「彼〔ラッセル〕が，神学や道徳にささげられたライプニッツの諸テクストに対して行なった侮蔑的な判定」の影響を指摘する（本書「日本語版への序」）　67, 576

ラ・フォンテーヌ（Jean de LA FONTAINE, 1621–1695）フランスの詩人，イソップ『寓話』を基にした『寓話詩』（*Fables,* 1668）で知られる　546

ラブルース（Élisabeth LABROUSSE, 1914–2000）フランスの哲学史家。専門は啓蒙期哲学とプロテスタント史。CNRS（Centre national de la recherche scientifique）研究員。パリ大学（ソルボンヌ）でアンリ・グイエのもと *Pierre Bayle.Heterodoxie et rigorisme*（1963/64）により博士号取得　456, 500

ラマラ（Antonio LAMARRA, 1952–）ローマの Sapienza 大学卒業。ストラスブールの European Science Foundation の人文系前主任。ライプニッツの専門家　254

ラミ（François LAMY, 1636–1711）パリ南部ボース出身。ベネディクト会に入る。サン・ドニ修道院で没。マルブランシュの影響下にあるが，その機会原因説に関して心身の相互作用を認めたため，ライプニッツから批判される。ラミは，ライプニッツの予定調和説は人間の自由に反すると論駁した　107, 147, 204, 288, 532

ラ・メトリ（Julien Offray de LA METTRIE, 1709–1751）ブルターニュ地方サン・マロの出身。医師，哲学者。啓蒙期フランス唯物論の代表。1747 年『人間機械論』をライデンで刊行。翌年プロイセンに亡命，フリードリヒ二世に仕えた　556

リシュリュー（Armand Jean du Plessis de RICHELIEU, 1585–1642）フランス・カトリック教会の聖職者。ルイ 13 世の宰相（1624–1642）。国内ではプロテスタントを抑圧。外交では，ハプスブルク家に対抗し，三十年戦争ではプロテスタント側で参戦。フランス語の純化を目標にアカデミー・フランセーズを創設　455

リシュレ（Pierre RICHELET, 1626–1698）方法的計画による最初のフランス語辞典を編纂。それは，語や事項だけでなく，フランス語とその本義ならびに転義の表現などへの新注を含んでいた　451, 454, 455

リード（Jane Ward LEADE, 1624–1704）イングランドのキリスト教神秘主義者。一連の著作に著わされている彼女の霊感によって，1670 年ロンドンに，信仰心の進歩と神的哲学のための Philadelphian Society が創設された。調和の思想をライプニッツと共有したともいわれる　190

ルックシャイター（Stefan LUCKSCHEITER, 1974–）ポツダムのラ

人名索引

イプニッツ編纂所研究員。ライプニッツの政治哲学やアカデミー構想などの専門家　270

ルビオ（Antonio RUBIO, 1548–1615）スペインのイエズス会士。アリストテレス『天界論』を注解　52

ルーカス（Richard LUCAS, 1648/49–1715）イングランドの聖職者，著作家。後に視力を失うも，*Enquiry after Happiness*（1685）を著わす。1701 年に大学長（Sion College）。没後 Westminster 寺院に埋葬された　567

ル・クレール（Jean LE CLERC, 1657–1736）ジュネーブ出身で，後オランダに定住したアルミニウス派の学者，ジャーナリスト。ロックをフランス語圏に最初に紹介　191, 192, 526–28, 543

ルター（Martin LUTHER, 1483–1546）ドイツの宗教改革者。ライプツィヒ生まれのライプニッツの宗旨はルター派であり，宗教改革を支持した。しかし神（予定）と人間（原罪）の断絶を強調するルターの「両義性」の思想には同調せず，むしろ理性に基づく限りでの人間の自由や進歩を積極的に肯定する　14, 337, 353, 519

ルドヴィキ（Carl Günther LUDOVICI, 1707–1778）生没ともにライプツィヒ。ルター派。哲学教授，辞典編纂者，図書館司書。ライプニッツとヴォルフの紹介に努める。とくにヴォルフの「数学的方法」を自らの哲学の中心とした。また Zedler から任命され 18 世紀ドイツ最大のドイツ語辞典を編纂した　528

ルック（Brandon C. LOOK, 1966–）ケンタッキー大学哲学科教授。ライプニッツとカントを中心とする近世哲学史，形而上学が専門。*Leibniz and the 'Vinculum Substantiale'*（1999）。*The Leibniz-Des Bosses Correspondence*（ラザフォードとの共訳）（YaleUniv. Press 2007）　198

レスラー（Claire RÖSLER）フランスの新進ライプニッツ研究者。新教両派の統一に向けたライプニッツとヤブロンスキの文書や書簡を批判的校訂を付して刊行（*Negotium irenicum*, 2013）　361

レッシャー（Nicholas RESCHER, 1928–2024）ドイツ・ハーゲン生れ。ピッツバーグ大学哲学教授。北米ライプニッツ協会元会長，アメリカ哲学会はじめ多くの学協会の会長を務めた。専攻は多岐にわたるが，生涯ライプニッツに関心を持ち続けた　67, 99, 100

レモン（Nicolas-François REMOND, 1676–1725）オルレアン公の顧問長官。プラトン哲学に親しむ。『弁神論』に感激し，ライプニッツと文通を開始。『モナドロジー』執筆を依頼した　69, 215, 239, 263, 274, 514, 521, 526, 545

レルネ（Michel-Pierre LERNER, 1943–）フランス CNRS の主任研究員。カムパネラ『ガリレオの弁明』を出版（2001）　56

人 名 索 引　　　　　601

ロー（Edmund LAW, 1703–1787）英国国教会の聖職者。ケンブリッジ大学哲学教授，カーライル司教。人類は神の教育を通じて宗教でも漸進的に進歩し続けるとした。哲学ではロックの信奉者。司祭としては当時の最も自由主義的な立場を代表したが，彼のキリスト教信仰は奇蹟の明証性に基づいていた　　566

ロック（John LOCKE, 1632–1704）イングランドの哲学者。『人間知性論』（1690）において「生得観念」を否定し，「複合観念」の実在性を否定する経験論を打ち出した。P・コストの仏訳により大陸にも流布した。これを読んだライプニッツは危機感を懐き，大部の逐条的論駁書『人間知性新論』を執筆　　265, 276, 288, 298, 300, 303, 404, 407, 414–16, 418, 472

ロビネ（André ROBINET, 1922–2016）フランスの哲学史家。ブリュッセル自由大学哲学史正教授。ライプニッツの著作の編纂と研究に貢献。著編書多数。とくに『理性に基づく自然と恩寵の原理／哲学の原理またはモナドロジー』（PUF 1954）は批判的校訂版で各草稿の異同も記載して重要であり，生前のハイデッガーも称賛した。ロビネはマルブランシュ全集の編纂にも携わる　282, 335, 345, 366, 465

ロレンツ（Stefan LORENZ）ミュンスター大学ライプニッツ編纂所研究員。*De Mundo Optimo*, 1997 によって，18 世紀ドイツの『弁神論』受容史を解明　　313, 577

事 項 索 引

あ 行

愛 (amour, amor)

神の愛, 神への愛 (amour de Dieu) 154, 219, 309, 314–16, 322–27, 333, 334, 337, 338, 345, 346, 352, 354, 356, 359, 360, 362, 365, 367, 374, 376, 403, 464

自愛, 自己愛 (amour propre, amor sui) 316, 331, 347–49, 352, 358, 362, 377, 469

慈愛, 善意の愛 (amour de bienveillance) 313, 316, 323–27, 333, 342, 357

純粋な愛 (amour pur, pur amour) 310, 313, 314, 317, 320, 345

他者愛 (amour de l'autre) 331

無私の愛, 無私欲な愛 (amour désintéressé) 314, 316, 320, 323, 324, 331, 349, 377, 469

欲愛, 欲望愛 (amour de concupiscence) 316, 321, 323–25, 332, 333

隣人愛 (amour du prochain) 352, 403

愛情 (affection) 325, 330, 339

曖昧 (な) (obscur) 75, 184, 280, 304, 305

愛欲 (cupiditas) 318

悪 (mal)

形而上学的悪 (mal métaphysique) 9, 91

道徳的悪 (mal morale) 8, 9, 16, 17

身体的悪 (mal physique) 9, 16

悪徳 (vice) 16, 128, 354, 454, 457, 458, 485, 486, 492, 503

アトム (atome) 238, 241, 250–53, 258, 259, 265

アプリオリ (a priori) 21, 23, 25, 28, 29, 31, 40–42, 44, 47, 101, 102, 106, 114, 174, 204, 224, 385, 404, 435, 436, 448, 459

アポステリオリ (a posteriori) 21, 25, 101, 106, 459

過ち (faute) 15, 19, 30, 105, 106, 109, 127, 394, 412

安定 (stable) 202, 211, 220, 225

イエズス会士 (jesuite) 52, 312, 508, 509, 510, 513, 516–19, 521, 537, 538, 541, 543, 544, 549, 552, 555, 557, 558, 561

異教徒 (païen) 62, 192, 401, 451, 486, 496, 500

移行的作用 (action transitive) 312

意志 (volonté, voluntas)

帰結的意志 (volonté conséquente) 24, 127, 412, 564

自由意志 (volonté libre, libre-arbitre) 31, 119, 393, 516

先行的意志 (volonté

事 項 索 引　　　　603

antécédente）　24, 412,
564

意識，良心（conscience）
153, 156, 157, 162, 273,
276, 284, 290–93, 295, 300,
302, 305, 307, 334, 384,
386, 460, 461, 484, 503,
544, 552, 553

意識的表象（apperception）
276, 278, 285, 291, 300,
305, 414, 428–30

意志決定，決定（décret）　32,
33, 54, 84, 85, 86, 126, 174,
459, 572

意志作用，欲求作用（volition）
430, 480

異端（hérétique）　505, 524

一義性（univocité）　12, 14,
312, 316, 325, 326, 349,
364, 366, 414, 472, 473, 571

一（un）　5

一性，統一，統一性（unité）
10–12, 29, 54, 64, 69, 81,
83, 84, 133, 156, 198, 239,
241, 244, 246, 247, 249,
256, 257, 261, 276, 290,
292, 299, 345, 363, 389,
394, 396, 404, 437

　偶有による一性（unité par
　accident）　64

一致（accord）　10, 92, 130,
133, 231

一般的規則（règle général）
17, 142, 143, 159

入れ子構造（emboîtement）
61

因果性（causalité）　64, 74,
93, 339

印象（impression）　182, 184,
185, 278–84, 287, 290, 431,
461

宇宙（univers）

可能な宇宙（univers possible）
29, 51, 217

　最善の宇宙（le meilluer
　univers）　100, 111, 120,
　123, 137

運動（mouvement）　57,
66, 68, 77, 110, 126, 150,
152–54, 161, 169, 197–200,
238, 246, 270, 286–89, 296,
305, 328, 330, 334, 335,
341, 344, 347, 362, 382,
415, 423, 424, 432, 449,
529, 549, 550

運命（destin）　59, 87, 124,
507, 537

栄光（gloire）　60, 99, 109,
121, 133, 165, 172, 173,
179, 195, 230, 272, 325,
334, 342, 345–58, 360, 363,
364, 367, 373, 375, 376,
380, 397, 403, 466, 468, 470

永劫回帰（éternel retour）
59, 141, 150, 151, 166, 177,
179, 182, 185, 186, 194,
195, 215

エピクロス派（épicurien）
60, 460, 469, 484, 487, 491

選ばれた者（élu）　38, 39,
153, 158, 160, 162, 219,
220, 226, 233, 339, 341,
354, 495

エンテレケイア（entelechie）
237, 249, 254–57, 260, 262,
263, 276

教え（précept）　377, 381,
392, 407, 415, 425, 428,
429, 449, 468, 471, 473,
483, 489, 490, 494

オプティミスム（optimisme）
193, 505–09, 535, 539,
546–48, 550, 552, 554–59,
566–68

604 事項索引

オリゲネス主義 (origénisme)
142, 190, 191, 196, 220
恩寵 (grâce) 52, 60, 175,
191, 192, 198, 221, 271,
387, 448, 453, 485, 486,
496, 501, 511, 545, 562

か 行

快 (plaisir, voluptas)
懐疑論 (scepticisme) 7, 520
蓋然性 (probabilité) 21,
40–42, 433, 440–42, 445
回復 (réstitution) 190, 191
快楽 (volupté) 156, 157
鏡 (miroir) 61, 279, 292,
331, 333–35, 340, 348, 358,
365
学，知，学知 (science)
至福についての学 (science de
la félicité) 374
確実性 (certitude) 29, 30,
42, 44, 297, 346, 381, 406,
407, 431, 443, 447, 482,
483, 500
形而上学的確実性 (certitude
métaphysique) 41
道徳的確実性 (certitude
morale) 42, 443
格率 (maxime) 376, 378,
382, 405, 414–17, 422, 425,
428, 435, 436, 448, 457,
458, 461, 462, 473, 481,
485, 490, 491, 500, 501
過去 (passé) 58, 62, 68, 77,
80, 151, 181, 193, 194, 208,
278, 282, 291, 297, 349,
350, 376, 421, 462, 477
下降 (descente) 175,
206–11, 213, 214, 216, 233
学科 (discipline) 376, 380,
382, 384, 388, 389, 391,

392, 396, 401, 402, 404,
407, 445, 457, 463, 482
活動性 (activité) 69, 70
カトリック (catholique)
344, 509, 510, 513, 517,
523, 525, 532, 542, 543
悲しみ (tristesse) 156, 158,
417, 418, 422, 425, 427
可能性 (possibilité)
神，神性 (Dieu, Divinité)
神に見放された者 (réprouvé)
158, 159, 175
神の国 (Cite de Dieu) 174,
354, 357, 363, 364, 366
神の大義 (cause de Dieu) 7,
11, 20, 515, 517
カルヴァン派 (calviniste)
43, 511
感覚，感覚作用 (sens, sensation,
sentiment) 156, 157,
167, 181, 182, 184, 185,
263, 271, 274, 275, 279–81,
286, 287, 289, 294, 295,
297–99, 303, 305, 307, 317,
379, 406, 407, 415, 417,
421, 422, 425, 430, 431,
436, 467, 489, 534
感情，情動 (affect) 88, 184,
185, 275, 317, 322, 327,
333, 344, 379, 383, 417,
428, 431, 432, 439, 453,
461, 486
感官 (sens) 281, 297–99,
303, 379, 406
関係 (relation)
因果関係 (relation de
causalité) 74, 75, 219,
220
共在の関係 (rapport de
coexistence) 93
継起の関係 (rapport de
succession) 76, 93

事 項 索 引

関心，利益 (intérêt)
  無私の関心 (intérêt
    désintéressé)　320
完全性 (perfection)
  形而上学的完全性 (perfection
    métaphysique)　128
  自然学的完全性 (perfection
    physique)　99, 100, 128,
    175
  質的完全性 (perfection
    qualitative)　224
  道徳的完全性 (perfection
    morale)　99, 100, 175,
    176
  量的完全性 (perfection
    quantitative)　215
完足的概念 (notion complète)
  246
寛大さ (générosité)　367
観念 (idée)
寛容 (tolérance)　502–04,
  530–33, 545, 547
記憶 (mémoire)　151, 155,
  177, 180, 181, 184, 230,
  278–80, 282, 284, 285, 292,
  449
機械 (maschine)　61, 250,
  255, 270, 286, 506, 507,
  535, 550, 551, 559, 563
  自然の機械 (maschine de la
    nature)　61, 244, 250,
    252
気質 (tempérament)　182,
  381, 385, 418, 450, 461,
  472, 491, 502
規則 (règle)
期待 (espérance)　48,
  323–25, 338, 355, 469, 484,
  490
キマイラ (chimère)　10, 476,
  478
義務 (devoir, obligation)　26,

27, 30, 42, 46, 103, 106,
  178, 179, 353, 377, 378,
  385, 398, 410, 427, 435,
  436, 446, 449, 450, 458–61,
  466, 468, 489
救済 (salut, salvation)　7,
  148, 158, 190–92, 194, 220,
  324, 337, 346, 355, 375,
  386, 463, 486, 496, 504
救霊予定 (prédestination)
  15, 17, 19
共可能性 (compossibilité)
  67, 70, 71, 74, 78, 79, 88,
  89, 92, 93
教説 (doctrine)　5, 6, 17, 19,
  21, 24, 25, 27, 28, 40, 41,
  44, 45, 47, 81, 246, 309,
  312, 364, 365, 371, 382,
  385, 401, 405, 454, 455,
  483, 484, 488, 493, 502–08,
  531, 535, 541–43, 552, 557,
  558, 567, 568
協働 (concours)　17, 19, 23,
  41, 167, 239, 240, 243, 250,
  350, 357, 393, 511, 566
キリスト教徒 (chrétien)
  192, 395, 452, 458, 461,
  462, 485–87, 489, 495, 499,
  504
苦, 苦痛, 苦しみ, 痛み (douleur,
  souffrir)　9, 15, 16, 75,
  76, 127, 128, 141, 152, 153,
  155, 157, 158, 169, 182,
  220, 283, 314, 316, 320,
  340, 341, 344, 417–22, 427,
  434, 447, 492, 568
空間 (espace)　57, 59, 61,
  65–74, 76–78, 92, 93, 113,
  115, 131, 146, 170, 529
偶然性 (contingence)　31,
  33, 35, 43, 44, 53, 54, 68,
  81, 88, 95, 96, 102, 121,

606　　　　事 項 索 引

477, 560, 566

偶像崇拝（idolâtrie）　　458

経験（expérience）

敬虔（piété）　7, 45, 193, 323,
346, 352, 367, 376, 377,
385, 399, 464, 471, 488, 495

傾向，傾向性（tendence）
19, 76, 93, 163, 165, 167,
171, 274, 283, 295, 311,
386, 412, 416, 417, 420,
422, 424, 427, 429, 431,
432, 436, 448, 450, 460,
494, 502, 503, 537

計算（calcul）　116, 124, 181,
184, 185, 187, 195, 428,
438, 439, 442, 443, 447, 448

啓示（révélation）　11, 355,
356, 401, 495, 496, 497,
499, 520, 533, 540, 553, 554

形而上学（métaphysique）

系列（suite, série）　29, 55,
60, 68, 71, 73, 77–80, 82,
83, 85, 89, 92, 147, 165,
167, 173, 203, 228, 286,
289, 478

結果（effet）

欠如（défaut, privation）　90,
164, 167–69, 181, 388, 395,
412

決定（décision）

原因（cause）　29, 47, 56, 70,
73–78, 118, 120, 143–45,
158, 163, 169, 176, 200,
220, 223, 243, 244, 255,
268, 284, 286, 287, 301,
304, 319, 330, 336–39, 354,
416, 418, 421, 448, 461,
469, 476, 477, 478, 511,
529, 538, 553, 556

作用因（cause efficiente）
118, 120, 121, 286

第一原因（cause première）

54, 55

目的因（cause finale）　118,
119, 124, 164, 175, 222, 286

原罪（péché originel）　485,
501, 540

現在（présent）　58, 68,
75–78, 87, 208, 349, 350,
427–29, 467, 477, 484, 485

賢者（sage）　14, 110, 146,
357, 410, 432, 439, 442,
447, 448, 460, 467, 485,
488, 489, 491, 493–96, 500,
525, 560

減少（décroissement）　61,
158, 159, 175, 207, 209,
210, 211, 215

現象（phénomène）　46, 64,
69, 70, 83, 92, 93, 98, 101,
119, 121, 123, 126, 144,
218, 219, 239, 246, 247,
283, 289, 393, 551

現象主義（phènoménalisme）
251, 252

原理（律）（principe）
最善の原理，最善律
（principe de meilleur）
24, 118, 120, 205, 232, 515,
529

充足理由律，理由律（principe
de raison suffisante）　34,
55, 83, 145, 154, 165, 195,
223, 294, 301, 394, 408,
522, 529, 560

第一原理（principe premier）
433, 460

矛盾律（principe de
contradiction）　31, 55,
83, 294, 301, 394, 406, 408,
414

賢慮，慎慮（prudence）　377,
435, 436, 467, 486, 491

後退（recul, régression）

事 項 索 引　　　　　607

141–43, 146, 149, 158, 160,
168–71, 196, 197, 200, 201,
204, 208–10, 212, 216, 222,
226, 232, 233, 306

幸福, 至福 (bonheur)

衡平, 衡平法 (équité)　　385,
399, 400, 465

合目的性 (finalité)　　42, 118,
130

効用 (usage)　　12, 40, 41,
326, 383, 389, 513

コギト (cogito)　　294, 299

個体 (individu)　　71, 73, 86,
87, 93–96, 131, 202, 266,
363, 365

コナトゥス, 努力 (conatus,
effort)　　93, 197, 279,
330, 344, 351, 335, 379,
388, 429, 432, 434, 436,
437, 439, 448, 496, 502, 504

さ 行

差異 (différence)　　30, 87, 90,
94, 95, 113, 124, 133, 151,
185, 195, 231, 260, 278,
294, 298, 304, 306, 310,
316, 345, 362, 363, 382,
388, 413, 418, 424, 488, 566

最完全, 最完全なもの, 最も
完全なもの (le plus parfait)
32, 33, 43, 108, 108, 112,
114, 123, 125, 128, 129,
142–48, 150, 159, 166, 203,
203, 229, 292

最完全な存在者 (Ens
perfectissimum)　　163

最高の形式の方法 (méthode de
formis optimis)　　120,
121, 123

最小, 極小 (minima)　　106,
115, 116, 117, 123, 196,

202, 209–13, 218

最善, 最善のもの, 最善なもの,
最善なるもの (le meilleur,
optimum, optimus)

最大, 極大 (maxima)　　106,
115–17, 121, 123, 132, 186,
196, 202, 207, 209–13, 439

錯雑 (な) (confus)　　75, 156,
182, 184, 189, 218, 278,
280, 305, 415, 417, 420,
422–26, 430, 432, 447

作用者 (agent)　　219, 221

慈愛 (charité)　　333, 366,
367, 402, 403, 468, 499
賢者の慈愛 (charité de sage)
378, 386, 435, 439

思惟, 思考 (pensée, cogitatio)

自我 (ego, moi)　　285,
291–95, 298–300, 302–04,
335

時間 (temps)　　53, 56–59, 61,
62, 65–74, 76–78, 89, 92,
93, 95, 108, 113, 115, 117,
130, 131, 147, 149, 150,
163, 170, 194, 200, 201,
203, 208, 209, 216, 217,
226, 232, 274, 427, 529

自然 (nature)

自然学 (physique)　　118, 191,
199, 200, 217, 229, 251,
279, 389–91, 395, 408, 433,
490

自然の光 (lumière naturelle)
11, 12, 416, 417, 425, 460,
520

実在性 (réalité)　　17, 42, 53,
63–65, 69, 70, 72, 91–93,
99, 100, 121, 125, 129, 131,
142, 144, 146, 159, 176,
197, 221, 229, 231, 232,
247, 248, 250, 251, 256,
329, 355, 359, 472, 476–78

608 事項索引

実践を伴う理論 (Theoria cum praxi) 374

実体 (substance)
　単純実体 (substance simple) 69, 237–45, 250–53, 255–58, 275, 277, 286
　被造実体 (substance créée) 76, 92, 310

実体化されたもの (substantiata) 252

実体形相 (forme substantielle) 63, 237, 246, 254, 255, 393

質料, 物質 (matière, materia)
　第一質料 (matière première) 255–57
　第二質料 (matière seconde) 250, 251, 255–57, 260, 264, 266, 269, 270

自発性 (spontanéité) 280, 302, 312, 358, 430, 431, 562

至福 (béatitude, félicité)

至福直観 (vision béatifique) 153, 154, 341, 359, 434

主意主義 (voluntarisime) 8, 43, 472

自由 (liberté)

習慣 (habitude) 39, 283, 385, 418, 429, 442, 446, 449, 461, 483, 491, 493, 495, 502, 523

宗教 (religion) 10, 42, 62, 88, 259, 382, 398, 451, 453, 454, 456–58, 461–63, 468, 471, 484, 489, 493, 496, 497, 500, 506, 510, 513, 523–25, 530–32, 541, 542, 545, 553, 554, 559
　啓示宗教 (religion révélée) 452, 490
　自然宗教 (religion naturelle) 461, 489, 524, 533, 540, 554, 560, 562

集合 (assemblage, collection) 54–57, 60, 63, 68, 73, 93, 101, 113, 129, 217, 239, 423, 549

宿命, 運命 (fatalité, fatum) 394, 474, 478, 507, 559, 561
　キリスト教的宿命, キリスト教的運命 (fatum christianum) 487, 566
　ストア的宿命, ストア主義的運命 (fatum stoïcum) 566

手段 (moyen) 8, 9, 82, 85, 100, 105, 115, 121, 127, 286, 295, 318, 321, 351, 357, 360, 374–77, 383, 387, 388, 390, 393, 400, 404, 427, 429, 430, 446, 449, 450, 469, 547, 564

受動者 (patient) 219, 221

受容性 (capacité, réceptivité) 5, 45, 65, 66, 68, 91, 167, 170, 190, 257, 281, 310, 480, 487, 491, 509, 523, 535, 555, 570, 574, 576, 577

照応, 共感 (sympathie) 77, 344, 345, 365

浄化 (prugatio) 193, 194

正直 (probité) 385

上昇 (ascension) 196, 201, 203, 206–16, 227, 233, 306

証明 (preuve) 13, 27, 29, 31, 40, 41, 44, 55, 90, 101, 229, 379, 390, 426, 433, 461, 563, 565, 567

諸真理の連鎖 (chaîne des vérités) 11, 291, 306

女性 (femme) 94, 314, 315, 431

諸定義の連鎖 (chaîne de définitions) 28

所有 (appropriation) 26,

事項索引　　609

132, 152, 319, 342, 359, 362

自律 (autonomie)　288, 392,
　394, 457, 458, 461, 482,
　493, 499

私利的な無関心 (désintérêt
　intéressé)　321

神学 (théologie)
　啓示神学 (théologie révélée)
　　12, 445, 457, 562
　自然神学 (théologie naturelle)
　　5, 15, 380, 387, 457, 464,
　　561, 562, 571
　道徳神学 (théologie morale)
　　384, 386
　理性神学 (théologie
　　rationnelle)　12

信仰 (foi)　10–12, 26, 43, 47,
　48, 337, 345, 352, 355, 388,
　461, 492, 495, 496, 499,
　501, 511, 520, 532, 533,
　540, 542, 543, 545, 547, 554

信仰と理性の一致 (conformitéde
　la foi avec la raison)　11,
　12

進展 (évolution)　75, 107,
　159, 196, 203, 204, 206,
　208, 211, 212, 216, 217,
　222, 223

信念 (croyance)　43, 336,
　337, 338, 339, 458, 461,
　493, 501, 502, 545

信憑性 (crédibilité)　40, 42,
　527

進歩 (progrès)

真らしさ (vrasemblance)
　40, 41, 440

真理 (vérité)
　永遠真理 (vérité éternelle)
　　10, 68, 408, 409, 471, 475,
　　476, 478, 481, 483
　偶然的の真理 (vérité
　　contingente)　33, 447

原始的真理 (vérité primitive)
　294, 416, 428

事実真理 (vérité de fait)
　29, 41

実定的な真理 (vérité positive)
　409

第一次真理 (première vérité)
　29

道徳上の真理 (vérité morale)
　409

派生的真理 (vérité dérivative)
　428, 433

必然的真理 (vérité nécessaire)
　291, 292, 293, 297

理性真理 (vérité de raison)
　28, 40

理性的真理 (vérité
　rationnelle)　9

ストア派 (stoïcien)　4, 46,
　466, 486–88, 490, 559

ストラトン派 (storatonicien)
　478, 479

スピノザ主義 (spinozisme)
　58, 474, 506, 507, 518, 520,
　536, 538, 540, 548, 551,
　552, 559, 560

正義 (justice)
　神の正義 (justice divine, de
　　Dieu)　4, 12–18, 20, 22,
　　25, 45, 47, 193, 376, 524,
　　566
　交換的正義 (justice
　　commutative)　327, 385
　配分的正義 (justice
　　distributive)　327, 385
　普遍的正義 (justice
　　universelle)　327, 385,
　　399, 464, 492, 498

制限 (limitation)　90, 91,
　102, 145, 167–71, 192, 196,
　222, 257, 271, 293, 307,
　360, 409, 413, 470

事 項 索 引

政治，政治学（politique）
　24, 343, 374, 375, 377,
　382–85, 387, 396–99, 402,
　434, 440, 445, 449, 545

誠実さ（honnêteté）　385,
　455, 460, 461, 467, 469,
　470, 486, 487, 491, 494, 495

静寂主義（quiétisme）　350,
　365, 470

精神（esprit）
　瞬間的精神（mens
　　momentanea）　278
　被造精神，被造的精神（esprit
　　créé）　81, 346, 348, 359,
　　364, 366, 408, 413, 480

聖性（sainteté）　16, 17, 37,
　44, 412

正統（orthodoxe）　462, 486,
　501, 504, 509, 517, 542,
　543, 555

正当化（justification）　46,
　430, 434, 517

生命（vie）　61, 152, 238,
　252, 262, 265

精霊（génie）　154, 160,
　188–90, 226

世界（monde）
　可能世界（monde possible）
　　4, 20, 22, 25, 26, 31, 33, 38,
　　39, 41–43, 45, 51–54, 58,
　　60, 67, 71, 79–89, 95, 96,
　　98, 100–02, 107, 108, 110,
　　124, 128, 203, 408, 409,
　　505, 508, 535, 541, 558
　最善世界（le meilleur monde）
　　9, 44, 98, 99, 100, 115, 121,
　　125, 133, 146, 147, 172,
　　201, 203–05, 217, 232, 351,
　　355, 410, 507, 567
　最善可能世界（le meilleur
　　monde possible）　53,
　　508, 535, 541

最も完全な世界（monde le
　plus parfait）　110, 145

摂理（providence）　7, 8, 12,
　17, 19, 22, 59, 337, 393,
　451, 452, 459, 464, 484,
　485, 487, 491, 493, 502,
　537, 538, 547, 552–54, 556

善（bien）
　一般的善（bien général）
　　352, 373, 375, 388, 403,
　　466, 468, 487
　共通善（bien commun）
　　179, 352, 353, 367, 375, 399
　公共善（bien public）　397,
　　486
　自分の善（bien propre）
　　323, 397, 398, 400, 500, 501
　身体的善（bien physique）
　　16
　他人の善（bien d'autrui）
　　318, 319, 323, 397, 400,
　　402, 501
　道徳的善（bien morale）
　　16, 407, 469
　補足的な善（bien subsidiaire）
　　9

善意（bienveillance, bonté）
　4, 7, 8, 12, 16, 18, 20, 25,
　27, 30, 35, 37–39, 43, 52,
　90, 102, 103, 121, 127,
　191–94, 221, 323–25, 333,
　339, 342, 349, 351, 352,
　354, 356, 357, 366, 377,
　392, 452, 473, 478, 548,
　563–65, 572, 576

前進（avancée, progression）
　48, 143, 146, 152, 169, 171,
　172, 175, 177, 178, 181,
　189, 194, 198–201, 208,
　215–17, 219, 220, 222–24,
　228, 233, 261, 269, 307,
　335, 341, 396, 402, 420, 571

事項索引　　　　　611

善性 (bonté)　99, 324, 325

選択 (choix, élection)

　最善選択，最善の選択 (choix
　du meilleur)　31, 34–36,
　41, 103, 127, 143, 411, 437,
　515–17

全知 (omniscience)　30, 133,
　274, 400, 412, 452, 468,
　500, 507

全能 (Toute-puissance)　4,
　13, 16, 18, 25, 37–39, 399,
　400, 407, 412, 465, 472,
　474, 481, 483, 500, 507, 551

占有 (possession)　319, 325

増加 (augmentation, croissance)
　104, 154, 161, 164, 175,
　179, 182, 188, 190, 198,
　202, 205, 207, 210, 217,
　223, 227, 329, 330, 340

創造 (création)

　移行的創造 (transcréation)
　306

　連続的創造 (création
　continuée)　17

それらしさ (apparence)　25,
　27

た　行

体系 (système)　57, 60, 61,
　70, 72, 81, 93, 120, 141,
　287, 365, 372, 373, 379,
　382, 393, 508, 520, 528,
　532, 533, 537, 540, 541,
　543, 544, 546–50, 552–54,
　557–59

退行 (regrès)　197, 201

態勢 (disposition)　295, 296,
　416, 429, 446

怠惰の論理，怠惰の詭弁
　(sophisme paraisseux,
　raison parasseuse)　351,

　562

惰性 (inertie)　91

他人の立場 (place d'autrui)
　343–45, 363, 377

タブラ・ラサ，白紙 (table
　rase)　296

楽しみ，喜び (delectatio,
　laetitia)　138, 155, 156,
　158, 162–65, 172, 175, 208,
　310, 311, 317, 322, 331,
　333, 337, 340, 347, 378,
　383, 417, 418, 422, 425,
　427, 428, 457, 487

魂 (âme)

　世界霊魂 (âme du monde)
　63, 488

多様性 (diversité)　9, 20, 61,
　81, 98, 100, 130, 132, 133,
　156, 188, 195, 198, 231,
　249, 258, 362, 424, 434, 545

堕落 (dégradation)　191,
　459, 461, 501

断罪 (damnation)　59, 159,
　161, 168, 190, 220, 317,
　338, 339, 341, 355, 412

断罪された者 (damné)　38,
　39, 153, 158, 159, 160, 161,
　169, 175, 191, 219, 220,
　225, 226, 230, 340–42, 354,
　403, 414

単純性 (simplicité)　53, 82,
　104, 248, 255, 259

知 (savoir)

知解可能性 (intelligibilité)
　81, 130, 198, 231, 240, 394

力 (force)

　原始的受動的力 (force
　passive primitive)　255,
　257

　原始的能動的力 (force active
　primitive)　255

知性 (entendement)

受動的知性 (entndement passif) 518

能動的知性 (entendement actif) 518

懲罰, 罰 (châtiment, peine, poena 16, 17, 19, 140, 193, 194, 292, 324, 353, 386, 400, 401, 412, 457, 458, 460–62, 465, 466, 469, 483, 484, 493, 494, 498

調和 (harmonie)
　一般的調和 (harmonie générale) 78, 171
　事物の調和 (harmonie des choses) 48, 130, 187, 196, 231, 305
　普遍的調和, 普遍的な調和 (harmonie universelle) 9, 43, 46, 48, 153, 154, 158, 161, 162, 170, 188, 192, 219, 220, 340, 342, 360, 366, 403, 439
　予定調和 (harmonie préétablie) 47, 71, 92, 190, 262, 287, 289, 307, 424, 510, 516, 517, 523, 534, 538, 549, 556, 561, 568

直観 (intuition) 29, 162, 305

罪 (péché)

定義 (définition)
　因果的定義 (définition causale) 421
　実在的定義 (définition réelle) 419, 421
　名目的定義 (définition nominale) 419, 421

停滞 (stagnation) 171, 175, 177, 201, 203, 210, 212, 213, 216, 217, 223, 226, 227, 232

デカルト主義 (cartésianisme) 58

適合, 適合性 (congruence, convenance) 73, 74, 92, 120, 189, 406, 522

哲学 (philosophie)
　実践哲学 (philosophie pratique) 372, 373, 375, 379, 383, 384, 390, 402, 449
　理論哲学 (philosophie théorique) 372, 384

点 (point)
　形而上学的点 (point métaphysique) 250, 251
　数学的点 (point mathématique) 241, 251, 272
　物理学的点 (point physique) 251

展開 (développement) 74–78, 82, 138, 145, 147, 166, 169, 175, 190, 196, 201, 203, 217, 221, 228, 231, 307

同一性 (identité) 12, 74, 87, 94, 95, 130, 132, 133, 188, 263–70, 273, 288, 309, 310, 345, 362, 365, 399, 401, 423, 434, 464

道徳 (morale)
　真の道徳 (véritable morale) 380, 382, 387, 434, 487

動物 (animal) 46, 63, 76, 81, 163, 170, 215, 237, 249, 250, 252, 255, 262–64, 266–74, 278, 280–83, 285, 286, 290, 297, 304–07, 422, 431, 549

徳 (vertu)
　トマス主義 (thomiste) 105, 474

な　行

能力 (pouvoir, faculté, capacité)

事 項 索 引　　　　613

4, 8, 12, 13, 17, 19, 30, 37,
43, 47, 65, 156, 167, 168,
170, 182, 186, 187, 189,
190, 193, 257, 273, 274,
278, 279, 283–85, 290, 295,
296, 366, 379, 387, 435,
440, 442, 444, 478–80, 529,
548

遠隔的能力（pouvoir éloigné）
38, 39, 414

近接的能力（pouvoir
prochain）　38, 39, 414

は 行

博愛（philantropie）　431

場所（place）　53, 56, 58, 62,
65, 66, 69–73, 77, 89, 108,
113, 130, 217, 227, 263,
471, 476

反省（réflexiion）　142, 162,
173, 273, 285, 291, 293,
295, 297–301, 303, 334,
340, 344, 345, 377, 407,
424, 426, 458, 550

判明（な）（distinct）　48, 75,
76, 154, 183, 184, 187, 197,
198, 208, 218, 231, 274,
278, 280, 281, 289, 290,
291, 297, 298, 304, 305,
310, 340, 341, 359, 414,
415, 417, 420, 422–26, 428,
429, 432, 433, 444, 480

美（beauté）　42, 131, 133,
231, 366, 374, 527

非キリスト教徒（non chrétien）
192, 493, 495, 496, 503

悲惨（misère）　158, 159, 171,
220, 351, 397, 428, 438, 497

被造物（créature）
非理性的な被造物（créature
non rationnelle）　160,

175, 226

理性的被造物，理性的な被
造物（créature rationnelle,
créature raisonnable）
81, 98, 99, 100, 131, 148,
160, 171, 175, 189, 191,
194, 220, 315, 347

被造物の総体（universitas
creaturarum）　53, 57,
62, 113

必然主義（nécessitarisme）
477, 507, 538, 549

必然性（nécessité）　30, 31,
39, 44, 59, 102, 103, 119,
120, 296, 300, 302, 349,
404, 406, 408, 412, 414,
427, 472, 474, 479, 485,
487, 488, 494, 511, 517,
537, 549, 551, 559, 562,
563, 565, 567

仮定的必然性（nécessité
hypothétique）　565

幾何学的必然性（nécessité
géométrique）　406

形而上学的必然性（nécessité
métaphysique）　30, 412,
537

自然的必然性，自然学的必
然性（nécessité physique）
47, 406, 474

獣的必然性（nécessité brute）
124

絶対的必然性（nécessité
absolue）　118, 120, 301,
516, 537, 561

道徳的必然性
（nécessitémorale）　35,
36, 38, 42, 103, 104, 120,
410–13, 511, 515, 517, 537

盲目的必然性（nécessité
aveugle）　507

必然的存在者（Être nécessaire）

102

必要条件（conditio sine qua non） 8, 9, 37, 39, 414, 564

否定（négation） 35, 59, 90, 91, 452, 453, 461, 498, 533, 546, 554, 567

百科全書（encyclopédie） 378, 384, 385, 390, 447

表現（représentation） 74, 76, 183, 184, 209, 277, 279, 287, 289, 305, 331, 425

表出（expression） 61, 64, 74, 75, 77, 157, 218, 219, 277, 279, 288, 305, 309–12, 328, 329, 343, 359, 363–65

表象（perception, représentation）

微小表象（petite perception） 75, 420

不安（inquiétude） 152, 341, 345, 346, 418, 419

不完全性（imperfection） 9, 12, 19, 37, 43, 59, 91, 120, 144, 157, 158, 159, 161, 169, 170, 171, 175, 194, 225, 316, 360, 410, 421, 491, 552

　根源的不完全性（imperfection originale） 168

複合，複合的なもの（composé） 70, 76, 212, 238–45, 248–60, 262, 266, 271, 274, 277, 286, 289, 293, 294, 391, 417, 419, 544

福者（bienheureux） 39, 154, 158, 160, 162, 175, 189, 220, 225, 226, 272, 307, 360, 414, 433

不敬虔（impiété, impietas） 451–54, 458, 493, 506, 509, 551, 552, 560

不幸（malheur, misère） 15,

17, 47, 59, 80, 155, 158, 168, 175, 219, 314–16, 340, 354, 403, 410, 427, 434, 470

不死（immortalité） 259, 273, 360, 387, 399–401, 428, 464, 467, 468, 483, 484, 488, 490, 491, 498, 499, 502, 549

不信仰（incrédulité） 452, 453, 455

不正義（injustice） 15

不足（manque） 90, 91, 379, 431, 495

物理的紐帯（vinculum physicum） 400, 465

普遍性（universalité） 53, 54, 60, 86, 89, 90, 93, 296, 300, 302, 386, 387, 394, 405, 406, 414, 427, 472, 473

プロテスタント（protestant） 511, 533

分析（analyse） 24, 28, 29, 30, 86, 157, 251, 256, 335, 377, 392, 434, 447, 515, 558

弁護（défence, justification） 21, 22, 24–27, 46, 554

変遷，循環（révolution） 170, 202, 206, 210, 213, 215, 242, 329, 334, 338, 342, 551

法（droit）

　厳格法（droit strict） 385, 399, 400, 465

　自然法（droit de nature, droit naturel） 384–86, 398, 399, 429, 433, 459, 464, 468, 481, 483, 503, 504, 524, 532, 559

　法学（jurisprudence, droit） 24, 120, 372, 377, 382, 384, 386, 387, 390, 396–99, 402, 434, 435

事 項 索 引   615

自然法学 (jurisprudence naturelle) 15, 386, 408

普遍法学 (jurisprudence universelle) 13, 371, 386, 387

報酬 (récompense, praemium) 16, 17, 19, 59, 324, 386, 387, 400, 401, 409, 457, 458, 460, 462, 465, 466, 468, 469, 472, 483, 484, 486, 490, 493, 494, 498, 501

包蔵 (enveloppement) 75, 76, 138, 196

法則, 法 (loi)

　一般法則 (loi générale) 536

　運動法則 (loi des mouvements) 287

　最善則 (loi du meilluer) 550

　自然法則 (loi de la nature, naturelle) 119, 301, 406, 408, 409, 496

　生成の法則 (loi du devenir) 142, 145

　道徳法則 (loi morale) 409, 462, 494, 501

　普遍の法則 (loi universelle) 457

保存 (conservation) 17, 138, 173–76, 197, 265, 399, 401, 464

本能 (instinct) 416, 417, 422–33, 446, 448, 450, 458, 490

ま 行

マニ教 (manichéisme) 25, 191, 520, 527, 535, 561, 567

未来 (futur) 58, 62, 68, 77, 78, 87, 91, 112, 208, 232,

278, 306, 349, 350, 351, 353, 376, 428, 440, 446, 477, 484, 485, 563, 565

無為 (inaction) 333, 346, 351, 353, 388

無限 (infini)

無限性 (infinité) 62, 63, 267, 275, 477, 549

無差別 (indifférence) 10, 93, 108, 109, 165, 394, 436, 560

無私 (désintéressement) 321, 324, 326, 365

無信仰 (incroyance) 7, 458, 531

無神論 (athéisme) 7, 451–61, 463, 464, 474, 484, 493, 497–500, 502, 506, 507, 509, 520, 531, 545, 556

無神論者 (athée) 401, 451, 452, 454–56, 458–62, 464, 472, 474, 477, 478, 481–83, 491–93, 495, 497–500, 502, 503, 550, 555, 556, 559

　思弁の無神論者 (athée de spéculation) 456

　有徳な無神論者 (athée vertueux) 456, 462, 464, 499

無謬 (infaillible) 42, 44, 445

明晰 (な) (claire) 183, 184, 278, 280–82, 284, 290, 294, 297, 304, 305, 415, 420, 422, 433, 447, 468, 482, 495

モナド (monade)

　支配的モナド (monade dominante) 254, 255, 261

　従属的モナド (monade subordonnée) 250, 255, 262

や 行

唯一性 (unicité)　54, 58, 72, 84, 85, 133, 366

唯物論 (matérialisme)　505–07, 536, 538, 541, 548, 549–52, 556, 559, 561

湧出説 (traduction)　306

友情 (amitié, amicitia)　317, 333, 342, 356

有用性 (utilité)　46, 193, 314, 317, 318, 380, 437, 465–68, 523

　自分の有用性 (utilité propre)　397

ユートピア (utopie)　80, 125, 497

容認 (permission)　13, 46

善き人間 (vir bonus)　434–38, 442

欲望 (désir)　152, 153, 182, 321, 333, 449, 490

寄せ集め (agrégat, aggregatum)　57, 63–66, 68, 77, 90, 238–40, 243–48, 250–52, 254, 259–63

予先形成 (préformation)　76, 138

欲求 (appétition)　76, 92, 93, 275, 278, 286, 287, 304, 306, 317, 424, 429, 432, 469, 480

喜び (joie, delectatio, laetitia)　138, 154–56, 158, 163–65, 172, 175, 208, 310, 311, 317, 322, 331, 333, 340, 347, 378, 383, 417, 418, 422, 425, 427, 428, 457, 487

ら 行

連続体 (continuum)　61, 113, 153, 185, 240, 308, 389

力能, pusissance, pouvoir)　36, 52, 55, 59, 65, 90, 91, 102, 104, 111, 121, 155–57, 167, 173–76, 190, 191, 198, 219, 224, 257, 274, 291, 348, 393, 414, 422, 448, 466, 472, 480, 483

理神論 (déisme)　508, 531, 536, 541, 545, 559, 560

理性, 理由 (raison, ratio)

理論 (théorie)　25, 138, 284, 312, 379, 380, 382, 384, 385, 416, 436, 447, 457, 458, 472, 493, 499

倫理, 倫理学 (éthique)

ルター派 (luthérien)　43, 511, 513, 515, 523, 524, 525

論証 (démonstration)

　道徳的な論証 (démonstration morale)　382

　必然的な論証 (démonstration de nécessité)　40, 41

論理学 (logique)　9, 29, 40, 268, 382, 383, 389, 390, 396, 404, 407, 433, 440, 445, 460, 482

監 訳 者

酒井 潔（さかい・きよし）
〔担当箇所〕前付，序章，第 6 章，終章，訳者解説，人名索引
1950 年生。京都大学大学院文学研究科哲学専攻博士課程修了。文学博士（京都大学）。学習院大学名誉教授。
〔主要業績〕『ライプニッツの正義論』（法政大学出版局，2021），『ライプニッツ』［人と思想・新装版］（清水書院，2014），『ライプニッツのモナド論とその射程』（知泉書館，2013），『世界と自我──ライプニッツ形而上学論攷』（創文社，1987），『ライプニッツ著作集・第 II 期』第 1 ～ 3 巻［共同監修・共訳］（工作舎，2015–2018）。

長綱 啓典（ながつな・けいすけ）
〔担当箇所〕序章，第 7 章，終章，事項索引
1975 年生。学習院大学大学院人文科学研究科哲学専攻博士後期課程修了。博士（哲学）。日本大学文理学部哲学科准教授。
〔主要業績〕『ライプニッツにおける弁神論的思惟の根本動機』（晃洋書房，2011）；『モナドから現存在へ──酒井潔教授退職記念献呈論集』［共編著］（工作舎，2022）；『ライプニッツ読本』［共編著］（法政大学出版局，2012）；『ライプニッツ著作集・第 II 期』第 2 巻［共訳］（工作舎，2016）・第 3 巻［共訳］（工作舎，2018）。

訳 者

林 拓也（はやし・たくや）
〔担当箇所〕第 1 章
1988 年生。パリ第一大学（パンテオン＝ソルボンヌ）哲学科博士後期課程修了。博士（哲学）。京都大学文学研究科准教授。
〔主要業績〕*Leibniz et la double liberté divine*, in : *Revue de théologie et de philosophie* 156 (2), 2024；*Les débats sur l'omniscience dans la scolastique protestante. À la lumière d'Abraham Calov (1612-1686)*, in : *Revue des sciences philosophiques et théologiques* 108, 2024；「ライプニッツの知恵概念──神の知恵との連関」（『ライプニッツ研究』7, 2022）。

根無 一信（ねむ・かずのぶ）
〔担当箇所〕第 2 章
1979 年生。京都大学大学院人間・環境学研究科博士後期課程単位取得退学。博士（人間・環境学）。名古屋外国語大学 現代国際学部 国際教養学科 准教授。
〔主要業績〕『罪びととワインを酌み交わしたイエス』（名古屋外国語大学出版会，2024）；『ソクラテスからの質問』（名古屋外国語大学出版会，2022）；『ライプニッツの創世記』（慶應義塾大学出版会，2017）。

寺嶋 雅彦（てらしま・まさひこ）

〔担当箇所〕第 3 章

1990 年生。早稲田大学大学院文学研究科哲学コース博士後期課程退学。博士（文学）。金沢星稜大学教養教育部講師。

〔主要業績〕「哲学者は身体をどのように捉えるのか──ライプニッツとカント」（『ライプニッツ研究』8, 2025）；「予定調和の哲学──1686 年から 1705 年にかけて, G. W. ライプニッツは知的交流に基づき, どのように真理へと接近したのか」（博士論文, 2023）；「感染症と「哲学者」──ライプニッツとカントをモデルにしつつ, 今日的状況を考える」『モナドから現存在へ──酒井潔教授退職記念献呈論集』（工作舎, 2022）。

谷川 雅子（たにがわ・まさこ）

〔担当箇所〕第 4 章

1985 年生。パリ第四大学（ソルボンヌ）文学部博士課程修了。博士（文学）。松山大学経営学部准教授。

〔主要業績〕*Pierre Bayle en contexte : Tolérance, soumission politique, liberté de conscience*, Honoré Champion, 2024；*Anthropologie sceptique et modernité*, ENS Éditions, 2022［共著］；*Bayle et l'histoire dans les années 1680*, in: *Libertinage et philosophie à l'époque classique*, 17-4, 2020.

三浦 隼暉（みうら・じゅんき）

〔担当箇所〕第 5 章

1991 年生。東京大学大学院人文社会系研究科修士課程修了。修士（文学）。成城大学, 専修大学, 桜美林大学他非常勤講師。

〔主要業績〕「経験からの要求と実体的紐帯──後期ライプニッツにおける複合実体の問題」（『哲学雑誌』135（808）, 2021）；「後期ライプニッツの有機体論──機械論との連続性および不連続性の観点から」（『ライプニッツ研究』5, 2018）。

清水 洋貴（しみず・ひろき）

〔担当箇所〕第 6 章

1976 年生。筑波大学大学院人文社会科学研究科博士課程修了。博士（文学）。筑波大学他非常勤講師。

〔主要業績〕『ホモコントリビューエンス研究』［共編著］（2011）；「ライプニッツ『形而上学叙説』における観念と思考について」（『フランス哲学・思想研究』11, 2006）；『ライプニッツ著作集第 II 期』第 2 巻［共訳］（工作舎, 2016）。

上野 里華（うえの・りか）

〔担当箇所〕第 8 章

1994 年生。学習院大学大学院人文科学研究科哲学専攻博士前期課程修了。修士（哲学）。同大学院人文科学研究科哲学専攻博士後期課程。

〔主要業績〕「語の意味の「一般性」について──『人間知性新論』第 3 巻「語について」を手がかりに」（『人文』21, 2023）；「ライプニッツにおける「可能性」概念──1935/36 年冬学期演習を手引きに」（『哲学会誌』45, 2021）。

〔ライブニッツの最善世界説〕　　　　　ISBN978-4-86285-429-2

2025 年 3 月　5 日　第 1 刷印刷
2025 年 3 月 10 日　第 1 刷発行

監訳者　酒長　井綱　潔典
　　　　　　山　啓　夫
　　　　長　綱　光　子

発行者　小原　愛

印刷者　藤原

発行所　〒 113-0033 東京都文京区本郷 1-13-2　　株式
　　　　電話 03 (3814) 6161 振替 00120-6-117170　　会社　知泉書館
　　　　http://www.chisen.co.jp

Printed in Japan　　　　　　　　　　　　印刷・製本／藤原印刷

ライプニッツのモナド論とその射程
酒井 潔 A5/406p/6000 円

ライプニッツ デカルト批判論集 [知泉学術叢書]
山田弘明・町田一編訳 新書/368p/4000 円

初期ライプニッツにおける信仰と理性 『カトリック論証』注解
町田 一訳著 菊/400p/7000 円

懐疑主義と信仰 ボダンからヒュームまで
J. パガニーニ/津崎良典他訳・谷川多佳子解説 A5/280p/4500 円

デカルト哲学の根本問題
山田弘明 A5/536p/8500 円

デカルトの「観念」論 『省察』読解入門
福居 純 A5/250p/4500 円

パスカルの宗教哲学 『パンセ』における合理的信仰の分析
道躰滋穂子 A5/304p/5000 円

聖書解釈者オリゲネスとアレクサンドリア文献学
復活論争を中心として
出村みや子 菊/302p＋口絵12p/4200 円

13 世紀の自己認識論 [知泉学術叢書]
アクアスパルタのマテウスからフライベルクのディートリヒまで
F.X.ピュタラ/保井亮人訳 新書/816p/7200 円

存在の一義性 ヨーロッパ中世の形而上学 [知泉学術叢書]
ドゥンス・スコトゥス/八木雄二訳註 新書/816p/7000 円

ルターの知的遺産 (ラテン語/ドイツ語原文・解説付)
金子晴勇 四六/168p/2200 円

カント哲学試論
福谷 茂 A5/350p/5200 円

十九世紀フランス哲学
F. ラヴェッソン/杉山直樹・村松正隆訳 菊/440p/6500 円

学問の共和国
H. ボーツ・F. ヴァケ/池端次郎・田村滋男訳 A5/304p/5000 円

四枢要徳について 西洋の伝統に学ぶ
J. ピーパー/松尾雄二訳 菊/296p/4500 円

(本体価格，税抜表示)